首任校长郭沫若塑像

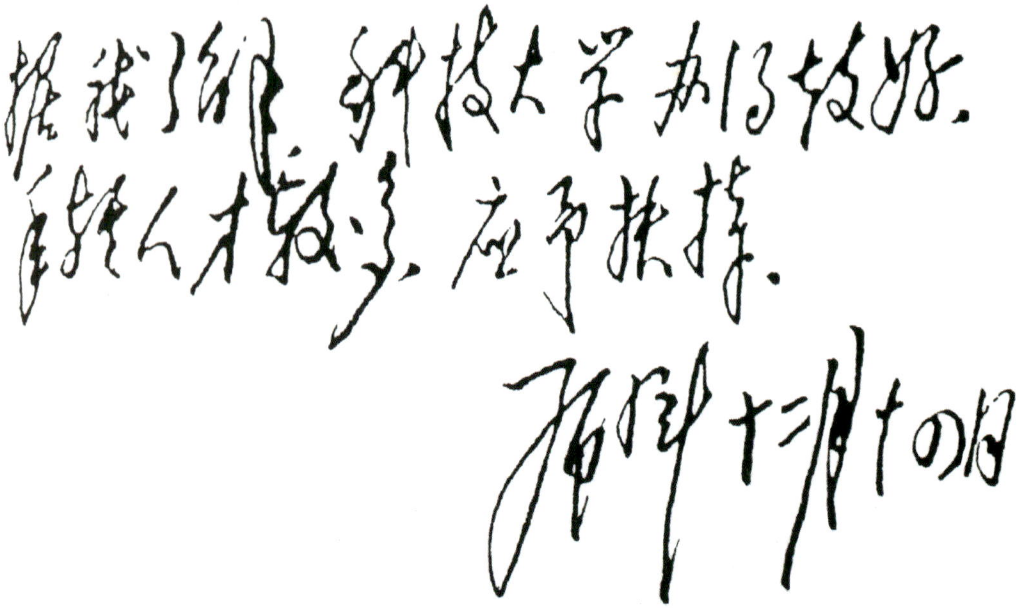

1983年12月，邓小平同志为中国科大题词

2016年4月，习近平总书记考察中国科大，与同学们亲切交流

校党委书记　舒歌群

校长、中国科学院院士　包信和

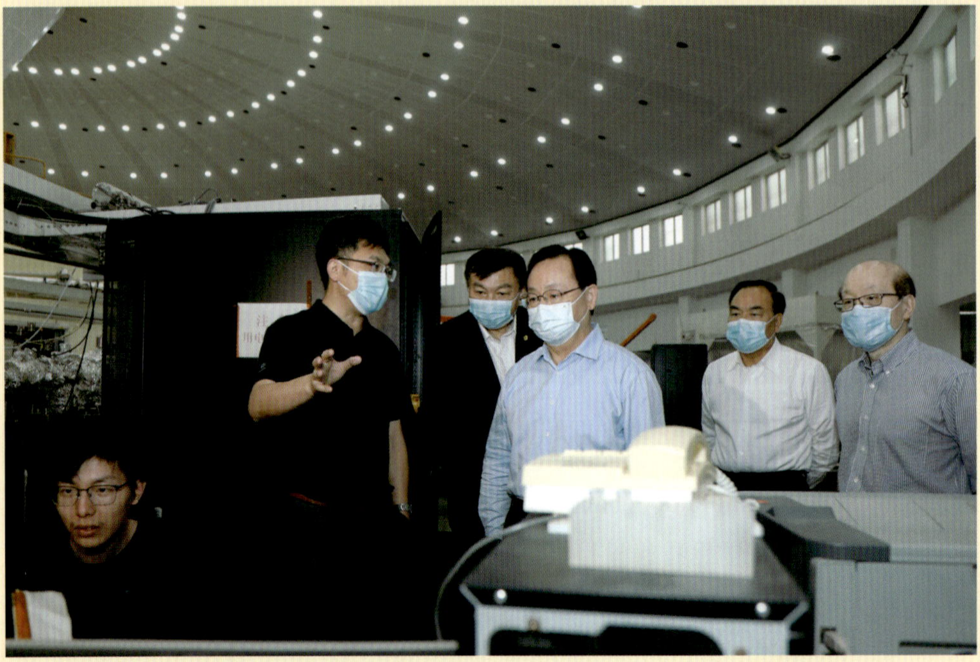

2023年6月5日，全国政协副主席蒋作君（左三）视察中国科大

2023年7月4日，全国人大常委会副委员长蔡达峰（左二）视察中国科大

2023年5月25日，学校主办“一流大学建设系列研讨会-2022暨中国大学校长联谊会”

2023年9月20日，学校召开建校65周年纪念大会

2023年7月7日，中国科学院、教育部、安徽省签署共建中国科大协议

2023年6月15日，学校与北京协和医学院签署战略合作协议

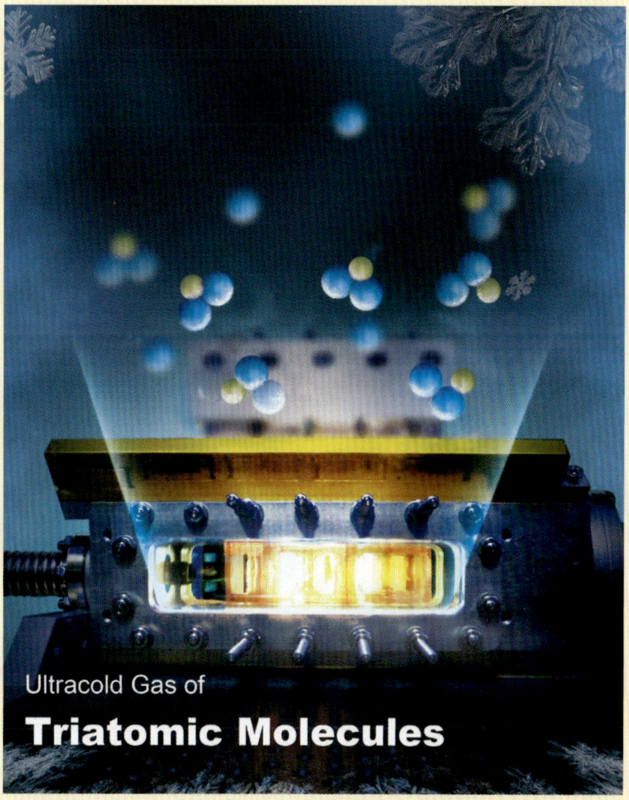

2023年3月，由学校牵头完成的“实现超冷三原子分子的量子相干合成”研究入选“中国科学十大进展”

2023年4月，学校合作开发出“镧系金属卤化物基固态电解质新家族”

2023年7月4日，菲尔兹奖获得者、法国科学院院士Laurent Lafforgue（左二）一行访问学校

2023年8月21日，学校代表团访问澳大利亚

航天科普活动

跆拳道表演

专场文艺演出

勤奋路

一鉴亭

孺子牛

雪松

中国科学技术大学
年鉴 USTC Yearbook
2023

《中国科学技术大学年鉴》编委会　编

中国科学技术大学出版社

内 容 简 介

本书是全面反映2023年中国科学技术大学基本情况及各项建设事业改革与发展的史料性文献资料，收录了2023年学校主要活动和各项工作的重要文献、文件、统计数据等资料，内容共分16个部分，涉及学校概况、年度聚焦、重要文献、文件选辑、规章制度、机构与干部、学科专业、教学与人才培养、科学研究与科技产业、教职工队伍、国内外学术交流与合作、“全院办校、所系结合”、办学支撑条件、学院和国家实验室介绍等各个方面和2023年大事记。

图书在版编目(CIP)数据

中国科学技术大学年鉴. 2023 /《中国科学技术大学年鉴》编委会编. -- 合肥 : 中国科学技术大学出版社，2025.4. -- ISBN 978-7-312-06251-3

Ⅰ. G649.285.41-54

中国国家版本馆CIP数据核字第2025CJ2246号

中国科学技术大学年鉴(2023)

ZHONGGUO KEXUE JISHU DAXUE NIANJIAN (2023)

出版 中国科学技术大学出版社
安徽省合肥市金寨路96号，230026
http://press.ustc.edu.cn
https://zgkxjsdxcbs.tmall.com

印刷 安徽国文彩印有限公司

发行 中国科学技术大学出版社

开本 787 mm×1092 mm 1/16

印张 50.75

插页 6

字数 1241千

版次 2025年4月第1版

印次 2025年4月第1次印刷

定价 100.00元

编　委　会

主　编　邓建松

副主编　王　伟　方黑虎　彭　慧　兰　荣

编　委（按姓氏笔画排序）

万　绚　李　琦　吴　佳　汪　喆

张欣宇　周宗源　钟志辉　谈世鑫

黄晟鹏　戴耀华

出版说明

一、《中国科学技术大学年鉴(2023)》(以下简称《年鉴》)是全面反映2023年中国科学技术大学基本情况及各项建设事业改革与发展的综合性资料工具书,收录了2023年学校主要活动和各项工作的重要文献和数据,部分统计资料的时间跨度有所延伸。

二、本《年鉴》内容共分16个部分,涉及学校概况、年度聚焦、专题文献、重要文献、文件选辑、规章制度、机构与干部、学科专业、教学与人才培养、科学研究与科技产业、教职工队伍、国内外学术交流与合作、"全院办校、所系结合"、办学支撑条件、学院和国家实验室介绍等各个方面和2023年大事记。除另有注明的以外,所有资料的截止时间均为2023年底。

三、本《年鉴》力求资料完整、内容翔实、数据准确。由于编辑力量和水平有限,疏漏、误差之处在所难免,读者如有发现,敬请批评指正。

四、本《年鉴》由中国科学技术大学档案文博院和党政办公室联合组织编写,得到了学校领导、各学院和国家实验室、机关各部门和各直属单位的大力支持与帮助,谨此一并致谢。

编　者

2024年10月

目　录

一、学校概况

中国科学技术大学是中国科学院所属的一所以前沿科学和高新技术为主，兼有医学、特色管理和人文学科的理工科大学。学校现有 32 个学院，含 8 个科教融合学院；设有苏州高等研究院、上海研究院、北京研究院、先进技术研究院、国际金融研究院、附属第一医院（安徽省立医院）。

学校于 1958 年 9 月在北京创建，郭沫若为首任校长。这是我党为"两弹一星"事业而创办的红色大学，她的创办被称为"我国教育史和科学史上的一项重大事件"。建校后，中国科学院实施"全院办校、所系结合"的办学方针，高起点、宽口径培养新兴、边缘、交叉学科的尖端科技人才，汇集了严济慈、华罗庚、钱学森、赵忠尧、郭永怀、赵九章、贝时璋等一批著名科学家，建校第二年即被列为全国重点大学。

1970 年初，学校迁至安徽省合肥市。1978 年以来，学校锐意改革、大胆创新，在全国率先提出并实施一系列具有创新精神和前瞻意识的教育改革措施，创办少年班、首建研究生院、建设国家大科学工程、面向世界开放办学等，成为国家高质量人才培养和高水平科学研究的重要基地，是国家首批实施"985 工程"和"211 工程"的大学之一。2017 年 9 月和 2022 年 2 月，学校两度入选全国世界一流大学和世界一流学科建设高校，共有 11 个学科入选世界一流学科建设名单。建校 65 年来，学校坚持红专并进、理实交融的校训，敢为人先，锐意进取，培养了大批德才兼备的优秀人才，取得了一系列举世瞩目的科研成果，为党和国家事业发展作出了重要贡献。

校党委全面贯彻党的教育方针，坚持社会主义办学方向，将习近平总书记关于中国科大系列重要指示精神融入办学治校各环节，团结带领全校广大党员干部和师生员工，深刻领悟"两个确立"的决定性意义，不断增强"四个意识"、坚定"四个自信"、做到"两个维护"，围绕"潜心立德树人、执着攻关创新"两大根本任务，大力推进"双一流"建设，努力办出中国特色、科大风格的世界一流大学。

二、年度聚焦

扎实开展学习贯彻习近平新时代中国特色社会主义主题教育

扎实开展学习贯彻习近平新时代中国特色社会主义主题教育，高质量举办 7 天读书班，自觉用党的创新理论武装头脑、指导实践。坚持“第一议题”学习、党委理论学习中心组学习制度，深入学习党的二十大精神和习近平总书记系列重要指示批示精神，全年共组织“第一议题”学习 20 次，校级党委理论学习中心组学习研讨 24 次。4 月 26 日，在习近平总书记考察中国科大七周年之际，举办贯彻落实习近平总书记考察中国科大重要讲话精神系列活动，重温精神、对标对表、统一思想、坚定信心。将习近平总书记重要指示精神写入新修订的《章程》，坚定沿着习近平总书记指引的方向开新局、建新功。

全面加快“双一流”建设，夯实世界一流大学建设根基

学校坚持教育、科技、人才一体推进，围绕“潜心立德树人、执着攻关创新”两大根本任务，深入推进新一轮“双一流”建设，积极服务国家战略需求，不断优化学科布局。

开启一流大学建设新征程。学校入选新一轮“双一流”建设高校，顺利完成中期自评工作。落实党中央关于加快推进教育现代化和建设教育强国决策部署，中国科学院、教育部、安徽省人民政府成功签署持续重点共建中国科学技术大学协议。主办“一流大学建设系列研讨会——2022 暨中国大学校长联谊会”，与国内顶尖高校共同探讨在“三位一体”建设框架下中国特色世界一流大学的建设之道。积极对接国家发展和改革委员会、中国科学院，推动学校获得“十四五”期间教育强国推进工程项目支持，获批国家人工智能产教融合创新平台首批“挂帅”高校。

开拓一流学科建设新局面。通过“11＋8”学科布局形成“主干学科与支撑学科交叉融合、传统学科与新兴学科协同发展”的体系结构，面向尖端、前沿和关键领域，进一步强化基础学科，加大新兴交叉学科建设力度，催生新的学科增长点，促进学科交叉融合。推进纳米科学技术学院重构、数据科学与人工智能学院建设、深空探测学院筹建，持续打造学校“基础学科率先一流，新工科跨越发展，新医学融合发展，特色文科稳步提升”的学科生态。

潜心立德树人，人才自主培养质量不断提高

学校坚持社会主义办学方向，贯彻党的教育方针，围绕立德树人根本任务，以学生全面发展为中心，推动教育教学创新，着力提高人才自主培养质量，以高质量教育支撑高质量发展。

着力构建“大思政”工作格局。创新开展“形势与政策”课教学，校党委书记、校长为学生上“新生开学第一课”“毕业生思政课”，打造学生们喜爱的思政“金课”。推进思想政治工作理论研究，组织实施多项省部级思想政治研究项目，安徽省高校思想政治工作创新心理育人项目顺利结题并获评优秀。不断建设“六个预警与援助”体系，持续推进智慧思政工作，作为主要完成单位申报的《提升亲和力 增强时代感：高校智慧思政育人大格局的探索与实践》获高等教育（本科）国家级教学成果二等奖。加强马克思主义学院建设，建强思政课教师队伍，深化与安徽省委党校合作，继续共建马克思主义学院。精准推进课程思政，发挥“一院一课”示范带动作用，实现本科生课程思政全覆盖，积极构建思政课程和课程思政协同育人体系。探索实施将研究生思政课统一纳入马克思主义学院进行管理，全面推动思想政治理论进教材、进课堂、进头脑，把思想政治教育工作有机融入研究生的学习科研生活中，初步形成“门门含思政、课课有特色、人人重育人”的局面。

不断提升一流本科教育质量。推动专业结构调整和内涵提升，获批新增“行星科学”“网络空间安全”2 个本科专业。加强精品教材建设，2023 年立项校级“十四五”规划教材建设项目 33 项、累计立项 89 项，获批安徽省省级教材建设项目 3 项，安徽省“三全育人”精品教材项目 5 项。完善实践教学管理体系，推动开展各项学科竞赛活动，本科生斩获省级以上学术竞赛奖项 233 项，全年立项“大学生研究计划”项目 222 项、“大学生创新创业训练计划”项目 272 项。加强英才教育管理顶层设计和制度建设，对现有英才教育进行系统规划和整体改进，完善培养方案和课程体系，《科教结合、所系结合、理实结合——中国科大拔尖人才培养模式的探索与实践》荣获国家级教学成果奖二等奖。

全面深化研究生教育综合改革。强化研究生培养管理制度建设，发布实施博士研究生分流退出机制实施办法，修订研究生培养方案总则和学籍管理实施细则，全面开展研究生教育质量督导工作，提升研究生教育质量和学位授予质量。2023 年，正式获批“纳米科学与工程”“行星科学与探测技术”两个一级交叉学科博士学位授权点和“知识产权”专业类别硕士授权点。完成自审增设“生物与医药”专业类别博士点校内程序。成功获批试点建设物理学、化学两个数理化生国家高层次人才培养中心。完成教育部学科交叉中心试点建设申报和数学、物理、化学、生物四个安徽省基础学科研究中心申报工作。围绕卓越工程师培养目标，探索组建卓越工程师学院，积极对接科技领军企业，持续完善产教融合协同育人机制。深化落实中组部“工程硕博士培养改革专项”，积极落实教育部“国家高层次紧缺人才培养专项”，围绕“集成电路”“网络空间安全”“关键软件”“核科学与技术”“新材料”等 5 个专项领域，加大力度与重点科技领军企业开展联合培养。持续实施研究生教育创新计划，荣获“高等教育（研究生）国家级教学成果奖”一等奖 1 项、二等奖 5 项。

积极谋划推进科教融合 3.0。大力推进实施科教融合协同育人工作机制，先后完成与合肥实验室、浦江实验室、苏州实验室，以及宁波东方理工研究院、北京通用人工智能研究院等单位联合培养研究生的协议签署。积极探索科教融合 3.0 规划先行试点工作，研究制定科教融合苏州示范区工作方案，联合制定深化与中国科学院赣江创新院科教融合工作方案。进一步深化对口支援工作，成立中国科大-西南科大对口合作发展联合基金，与六盘水师范学院共建科技成果转化中心。持续推进校所研究生和导师服务，完成 2023 年度科教融合优秀导师和优秀研究生荣誉奖项评选，组织开展校本部院所研究生系列文体活动，推动完成赣江创新院、广州能源所研究生导师培训交流，有效提升各院所导师和研究生对学校的归属感和认同感。

汇聚合力促进学生全面发展。深入推进“三全育人”，切实加强本科生院和书院建设。积极打造书院特色育人活动品牌，组织开展系列文体活动，增强书院学生归属感、认同感。做好通识课程的顶层设计，修订完善通识课程管理办法，不断提升通识课程类型和质量。2023 年全校共开设通识核心课程 239 个课堂，选课人数达 15387 人。积极营造校内通识教育文化氛围，常态化举办“通识教育讲座系列”活动。不断完善“2＋X”体育课程体系，加强体育课程建设，举办特色体育运动，体育竞赛再创佳绩，在安徽省第十五届运动会中摘得 16 金、11 银、8 铜。构建美育培养新方案，将公共艺术课程与美育实践全面纳入本科生培养方案，完善美育课程设置，丰富校园美育品牌活动，做好美育课程的成果展示，参加安徽省第七届大学生艺术展演，获评高校优秀组织奖和各类作品奖项 19 项。

持续推进特色创新创业教育。落实“中国科学技术大学学生创新创业和成果转化行动计划”。精心组织“雏鹰计划”“雄鹰计划”，扎实推进项目资助、双创教育、平台建设三项任务，深入探索中国科大特色“四金”双创教育体系建设。开办“新先产研”和“生医同契”科创试点班，与中安创谷共建创新创业实践基地，与皖仪科技、福昕软件等共建创新创业课程实践基地，不断丰富双创实践平台。2023 年，学校共有 200 余支创新创业项目团队参加“互联网＋”“挑战杯”等重点双创赛事，获得“互联网＋”“挑战杯”等大赛国赛金(特)奖 5 项、银奖 5 项、铜奖 6 项，省级赛事金奖 24 项、银奖 14 项、铜奖 41 项，金奖总数、奖牌总数均创历史新高。

生源质量不断提升。坚持“读好书 · 来科大”的本科招生理念，不断加强招生队伍的建设管理，着力提升招生队伍业务能力。2023 年，绝大部分省份本科普招录取最低位次位于各省的前 0.5‰到 2‰，平均生源质量在全国名列前茅。探索优化研究生分类招生机制改革，针对基础学科和战略科技力量需求，推进研究生招生培养贯通，在基础学科领域继续试点直博招生。面向应用型专业学位招生，持续承担并探索面向国家急需、重大区域发展需求的项目制、订单式招生。2023 年，录取硕士 6939 人，其中学术学位硕士 3084 人，专业学位硕士 3855 人。录取博士 2824 人，其中学术学位博士 2298 人，专业学位博士 526 人。

人才培养成效日益彰显。2023 年全年授予博士学位 1961 人，学术学位硕士 1275 人，专业学位硕士 3073 人，学士学位 1742 人。博士研究生在《Science》《Nature》《Cell》系列期刊及其子刊上共发表论文 135 篇。8 位本科生获批基金委首次试点的青年学生基础研究项目。继续开展书记校长访企拓岗促就业专项行动，深入落实学校毕业生就业工作“一把手”工程，带动学校全员深度参与做好毕业生就业工作，全面深化校企合作、供需对接，加强校、院、系就业工作联动。

执着攻关创新，国家战略科技力量不断强化

学校坚持立足国家重大战略需求，瞄准世界科技前沿，系统谋划并启动实施全面加强基

础研究的“理实工程”，不断求索科学边界，积极开展重点领域科技攻关，为实现高水平科技自立自强持续贡献力量。

卓越科技创新体系持续完善。深度参与合肥国家实验室建设，全力支持深空探测实验室建设，扎实推进国家重点实验室重组工作，加强科研基地支撑保障。作为独立依托单位建设合肥微尺度交叉科学国家研究中心、火灾安全全国重点实验室、精准智能化学重点实验室，作为共同依托单位建设认知智能全国重点实验室、深空探测全国重点实验室，同时作为联合共建单位建设7个全国重点实验室；作为独立依托单位建设的免疫应答与操控重点实验室已成功纳入中国科学院第七批次重点实验室序列；正加快推进2个牵头建设、2个依托建设的全国重点实验室的争创工作。加强重大科技基础设施建设，墨子巡天望远镜正式投入观测并获得初步结果，合肥先进光源正式启动建设，超级陶粲装置关键技术攻关项目启动，“子午工程二期”重要大型设备阵列式大口径激光雷达顺利通过工艺测试及工程联试，中国科学院临床研究医院进展顺利。持续优化省部级平台布局，新增2个教育部重点实验室、7个安徽省重点实验室。学校现有国家级科研机构19个、省部级科研机构89个。

国家重大科研任务承担能力稳步提升。围绕国家需求，不断提升承担国家科技任务能力。2023年，获批各类竞争性纵向科研项目981项，获批经费约15.01亿元，到款各类竞争性纵向项目经费18.14亿元。国家自然科学基金保持良好态势，共组织申报国家自然基金各类项目1729项，获批528项，总经费6.12亿元，首次突破6亿元。附属第一医院新立项国家自然科学基金项目95项，立项数升至全国第17位。获批“杰青”项目21项，位居全国高校第二；“优青”项目21项，位居全国高校第一；创新群体项目3项，位居全国高校第二。面向国家重大战略需求，牵头承担首批中国科学院抢占科技制高点专项任务。组织申报并获批国家重点研发计划和科技创新2030重大项目22项。战略高技术领域经费体量再创新高，年度获批经费首次突破3亿元，较去年增长70.3%；重大任务竞争能力显著提升，年度获批9项千万级重大项目，较去年增长125%。

落实中国科学院“基础研究十条”，着力加强基础研究。启动实施全面加强基础研究的“理实工程”，对学校立项的重点基础项目予以匹配支持，不断营造优越的科研创新环境，积极组织“重大前沿项目”，力争在多个领域形成“科大学派”。坚持人才引领，实施“高水平基础研究人才支持计划”。坚持自由探索和目标导向“两条腿走路”，探索实施重点类基金项目资助计划，2023年部署经费3600万元，持续实施重大项目支持计划，2023年分类支持经费4755万元，项目121项。加强卓越科技创新体系建设保障，加大科研创新基地、重大科技基础设施支持力度，启动实施全国重点实验室支持计划，全年部署经费4700万元。2023年，我校“极端流动的多过程问题研究”获批立项，实现国家自然科学基金基础科学中心项目零的突破。“面向化学研究新范式的精准与智能化学”B类先导专项正式获批运行，牵头在研B类先导科技专项4项，居中国科学院首位；获批中国科学院稳定支持基础研究领域青年团队项目2项，累计获批14项，居中国科学院首位。

科研学术生态环境积极向好。大力弘扬科学家精神，国家同步辐射实验室和档案文博院入选2023年科学家精神教育基地。召开第十一届校学术委员会第六、七次全体会议，切实发挥校学术委员会对学术事务的决策、审议、评定和咨询作用。加强科研诚信和科技伦理治理体系建设，规范失信行为审查流程，优化科研失信行为调查处理模式，全年共受理科研诚信案件 27 起，完结案件 17 起，查实存在科研失信行为案件 8 起。成立学校科技伦理委员会，制定并发布科技伦理委员会章程，健全科技伦理审查制度。建立科技成果五元价值评价体制，完成科技部专项试点任务，推进科技成果评价工作不断完善。加强科学普及工作，组织举办科技活动周，承办第六届全国科学实验展演汇演活动和第八届“中国航天日”系列活动，建立中国科大-冷湖天文科普基地，作为唯一获奖高校获全国科技活动周重点示范活动优秀组织奖。推进期刊建设，校办期刊影响力不断提升。加强面向科研人员和科研管理队伍的交流与培训，全年累计开展系列活动百余次。

重大原创性科技成果不断涌现。“实现超冷三原子分子的量子相干合成”入选中国科学十大进展，“51 个超导量子比特簇态制备刷新世界纪录”入选年度国内十大科技新闻，“九章三号”光量子计算原型机刷新世界纪录、“墨子巡天望远镜正式投入观测”等成果入选年度国内重大科技成就。最新自然指数排名国内高校首位，全球高校第 2 位。以第一署名单位在国际顶尖综合学术期刊《Nature》《Science》《Cell》上发表 10 篇论文。作为第一完成单位获 2022 年安徽省科学技术奖 15 项，其中一等奖 8 项；获高等学校科学研究优秀成果奖(科学技术)一等奖 3 项。

坚持人才强校，高水平师资队伍日益壮大

学校坚持贯彻落实习近平总书记关于做好新时代人才工作的重要思想，想方设法“引进来”，多措并举“育人才”，健全分类评价机制，推动教学科研、管理、支撑三支队伍协调发展，为加快高质量发展提供坚实支撑。

人才队伍建设卓有成效。切实加强人才工作的统筹谋划。坚持引育并重，大力引进培养使用战略科学家，打造一流科技领军人才和创新团队，探索青年人才体系建设，支持青年人才挑大梁、当主角。大力推进教师队伍学术荣誉体系建设，支持不同发展阶段的科研人才成长。加大人才经费支持力度，学校科研启动经费支持额度稳中有增，获得上级部门经费及补贴额度保持持续增长趋势。不断拓宽人才招聘宣传渠道，提高人才招聘宣传的深度和广度。学校现有教学科研岗人员 1574 人，聘期制和博士后人员 1427 人。国家级高层次人才共计 706 人，约占固定教师总数的 44.9%。附属第一医院全职引进全国医学知名专家 1 名，新增双聘专家 6 名、特聘专家 27 名，入选国家级青年人才计划 1 名，获国务院津贴 4 名。2023 年，俞汉青教授当选中国工程院院士，多位教师荣获全国创新争先奖、何梁何利基金科学与技术创新奖、中国科学院青年科学家奖、未来科学大奖等殊荣。

人事制度改革持续深化。扎实开展教师、支撑岗位专业技术等级聘用工作。强化科研诚信审核，树立科学评价导向、坚决“破五唯”。重点保障实验教学中心和公共实验中心的支撑岗位设置需求，不断提高人员素质，持续优化人员结构。规范开展职员岗位聘用工作，不断完善职员制度，努力建设一支优化、精干、高效的职员队伍。坚持人岗相适、优化结构原则，坚持多岗位培养锻炼、提升综合素质原则，激发干事创业激情、提高工作效能，继续开展管理岗位轮岗交流工作。进一步完善收入分配制度，优化调整高层次人才绩效工资分配政

策，促进教师队伍稳定发展，不断健全教职工社会保障和福利体系。

师德师风建设不断加强。把教师思想政治和师德师风建设放在首位，着力构建大教师工作格局。打造“众行课堂”“众言沙龙”等品牌活动，面向不同教职工群体举办青年骨干教师培训班等5类专题培训班，开展红色精神谱系教育，增强教师的归属感和荣誉感。落实《新时代高校教师职业行为十项准则》，教育引导广大教师严守师德红线，对师德违规问题“零容忍”，对师德失范行为严格执行“一票否决”。加强教职工兼职双聘等行为管理，引导教师落实立德树人根本任务。火灾安全科学与工程教师团队荣获教育部第三批“全国高校黄大年式教师团队”。

加强校地合作，积极服务经济社会发展

学校紧紧围绕国家和区域发展战略，在开展关键核心技术攻关方面大显身手、主动作为，创新科技成果转移转化模式，全力融入区域发展格局，提升社会服务能力。

加快推动产学研深度融合。进一步完善赋权试点项目转让合同权益兑现制度，稳步推进“赋权试点改革”工作。相关做法入选国务院“国家知识产权强国建设典型案例”、科技部“2022年度中国科技成果转化年度报告”工作案例；2023年国家发展和改革委员会以赋权试点改革“中国科大模式”为基础，发布全面创新改革揭榜任务推广应用；2023年7月中共安徽省委决定在省内扩大职务科技成果赋权改革试点范围，推广“赋权＋转让＋约定收益”的“科大模式”。推动企业主导的产学研深度融合，加强校企联合平台的建设和管理。积极参与举办安徽“双创汇”活动，支持科技人员创新创业。积极参加第二届中国（安徽）科技创新成果转化交易会，组织开展中国科大赋权展区建设，进行赋权试点项目推介。2023年，学校落实横向科研经费3.23亿元（合同额），横向到款经费2.45亿元，较去年增长22％。赋权试点科技成果转化项目新设或增资企业16家，知识产权原始评估值约5545万元，企业经过融资后，知识产权估值达5.3亿元，赋权企业市值累计约25亿元。2023年全年申请专利1279件，获得授权748件，获中国专利奖优秀奖1项，登记计算机软件著作权115件。

大力实施成果转化“鲲鹏计划”。以“鲲鹏计划”为抓手，深入推进产学研深度融合，累计与合肥、芜湖等13个地市签署“鲲鹏计划”合作协议，完成“鲲鹏计划”第二批和第三批项目评审，推荐资助水性超薄重防腐材料、高性能磁流变技术产业转化等13个项目。积极支持打造“科大硅谷”，建成全球校友事务部，吸引校友投资企业和科技企业入驻，助力地方经济发展。

高起点建设科技商学院。依托学校科研实力和办学条件，借鉴国内外知名商学院的办学经验，成立中国科大科技商学院，培养“懂科技、懂产业、懂资本、懂市场、懂管理”的复合型科技产业组织人才，推动创新链产业链资金链人才链深度融合，促进科技成果高效率转化和科技产业高质量发展，积极探索科技产业组织人才培育新路径。目前科技商学院立项已获合肥市发展和改革委员会批复同意，设计总承包项目顺利完成定标。

不断提升医疗科研服务能力。附属第一医院医疗服务能力和诊疗质量日益提升，国家

三级公立医院绩效考核位居全国第20名。开展国内首例国产磁共振引导下介入治疗手术，认知障碍学科完成了国内第一个血液生物标记物的多中心研究，神经内科后循环介入技术世界领先，修改了世界卒中治疗指南。各院区基本建设迈出坚实步伐，北区按期开诊，西区二期投入使用，滨湖院区开工建设，感染病院区改扩建项目顺利获批。

高质量推进校地合作机构建设。着力推动上海研究院、苏州高等研究院、北京研究院、先进技术研究院、国际金融研究院等建设发展。顺利完成苏州高等研究院若水路校园接收工作，上海科教基地(一期)工程启动建设。稳步推进先进技术研究院创新平台建设，研究能力持续提升，产业培育成果丰硕，累计孵化科技创新企业321家，其中科大系校友企业225家，国家级高新技术企业104家，雏鹰、瞪羚等高成长企业71家。着力运营中国科大技术转移中心，深度融入区域经济发展大局。

按照“一校一策”要求，持续推进巡视整改“再总结”工作

学校党委坚决履行巡视整改主体责任，要求针对“一校一策”提出的共性问题和个性问题，持续整改、长期整改，既要体现在每年巡视整改落实情况“再总结”工作中，也要在校内巡视中予以重点关注。2023年5月17日，校党委常委会会议审议通过《2023年中央巡视整改落实情况“再总结”工作方案》，将学习贯彻习近平新时代中国特色社会主义思想主题教育与巡视整改有机融合、一体推进，明确9个方面25项工作任务和责任单位。5月下旬至8月底，面向各院级党组织、机关各部门，开展中央巡视整改落实情况“再总结”工作。9月18日，校党委召开2023年中央巡视整改落实情况“再总结”工作汇报会，认真听取各部门汇报，学校主要领导逐一点评、审核把关，要求始终坚持“四个融入”，持续巩固深化巡视整改成果。9月26日，校党委召开党委常委会会议，听取中央巡视整改落实情况“再总结”工作汇报，强调要高悬巡视利剑，把持续推进巡视整改作为管党治党、办学治校的重要抓手，充分运用好巡视整改成果，着力推动系统治理，让师生感受到实实在在的成效，促进学校高质量发展。

三、专题文献

中共中国科学技术大学委员会
关于深化“红专工程”的指导意见

党字〔2023〕7号

为深入学习贯彻党的二十大精神，认真落实好《中国共产党普通高等学校基层组织工作条例》《中共安徽省委教育工委关于印发〈安徽省高校党的基层组织建设“强基础、提质量、创品牌”三年行动计划(2022—2024年)〉的通知》要求，在持续实施“红专工程”的基础上，校党委结合学校党建工作实际，提出如下指导意见。

一、总体要求

以习近平新时代中国特色社会主义思想为指导，认真学习宣传贯彻党的二十大精神，推动全校党员深刻领悟“两个确立”的决定性意义，增强“四个意识”、坚定“四个自信”、做到“两个维护”，全面贯彻新时代党的建设总要求和新时代党的组织路线，坚持大抓基层的鲜明导向，以“强基础、提质量、创品牌”为目标，以创建星级党支部为抓手，坚持“标准＋示范”建设，促进各级党组织政治功能和组织功能更加突出，融入中心、服务大局更加有力，基层党建品牌特色更加突显，把党组织建设成为宣传党的主张、贯彻党的决定、领导基层治理、团结动员群众、推动改革发展的坚强战斗堡垒，为建设世界一流大学提供坚强的组织保障。

二、重点措施

(一) 充分发挥院(系)党组织政治核心作用

严格执行院(系)党组织会议和党政联席会议制度，健全集体领导、党政分工合作、协调运行的工作机制。强化院(系)党组织政治把关作用，在教师引进、课程建设、教材选用、学术活动等重大问题上把好政治关。落实基层党建工作“三个清单”，明确党建工作重点，破解党建工作难点，突出党建工作亮点。落实学院、实验室党组织会议“第一议题”制度，把学习宣传贯彻落实党的二十大精神作为首要政治任务，引导广大师生员工把思想和行动统一到党的二十大精神上来，做习近平新时代中国特色社会主义思想的坚定信仰者、忠实实践者。

(二) 着力加强基层党支部建设

按照有利于开展党员教育、管理、监督和服务，有利于促进业务工作的原则，不断规范和优化基层党组织设置，严格控制党支部党员人数上限。强化党员日常教育管理，高标准严格规范党员党籍和组织关系管理。坚持把政治标准放在首位，严把发展党员入口关，注重从高层次人才、优秀青年教师和低年级本科生中发展党员，不断提高发展党员质量。创新党支部活动形式和载体，深入推动支部结对共建工作，加强党工共建、党团共建，推动党工团建设相互促进、共同发展。发挥支部主体作用，每半年至少组织1次全班级或全学科、教研室、实验室、系的党内外师生开展政治理论学习。

（三）加强党务工作者队伍建设

选优配强基层党支部书记，注重选拔党性强、懂教育、会管理、有威信、善于做思想政治工作的党员干部担任支部书记。继续实施教师党支部书记“双带头人”培育工程，坚持做到教师党支部“双带头人”支部书记全覆盖，逐步推进由正高级专业技术职务党员教师担任教师党支部书记。注重从优秀辅导员、骨干教师、优秀学生党员中选拔学生党支部书记。每个院（系）至少配备1～2名专职组织员。鼓励各单位从党务工作经验丰富的退休人员中选聘1名兼职组织员。健全党务干部常态化培训机制，确保党务干部每年至少参加1次集中培训。

（四）持续开展党建“双创”工作

巩固深化“支部建设年”“支部提升年”“支部特色年”建设成效，继续加强省级及以上的党建示范标杆院系、样板党支部和“双带头人”工作室的培育建设，推动已建成的样板支部与建设期内的支部联合共建，并加强选树研究生样板支部和研究生党员标兵。扎实做好第二批校级党建“双创”工作，院（系）级党组织会议每学期至少专门研究1次校级及以上样板支部的建设工作，及时掌握创建工作进展情况，加强指导督促，狠抓工作落实，确保取得实效。坚持以“见经验、见案例、见效果”为导向，以推动党建工作与业务“双融合、双促进、双提高”为目标，健全党建“双创”培育与推广机制，形成可复制、可推广的党建“双创”经验做法，加大宣传交流，充分发挥党建“双创”工作的示范作用。

（五）建立星级管理体系

根据学校制定的星级党支部认定办法及指导标准，建立星级管理体系，将党支部星级创建作为党建“双创”工作的重要指标，推动实现全校党支部星级管理全覆盖。各院级党组织结合实际，对不同类型党支部分类定级，做到“创星”有目标、“定星”有规范、“亮星”有成效，动态调“星”、评价看“星”，着力打造示范效应好、带动作用强、特色鲜明的党支部。强化结果运用，将党支部星级创建工作成效作为党内评先选优、党支部年度考核的重要依据，作为学校党建“双创”评选的重要依据。

（六）推动党建业务深度融合发展

坚持学校事业发展到哪里，党的建设工作就推进到哪里。坚持党的基层组织与科研平台建设同步谋划，实现全面覆盖，推动基层党建与院（系）、实验室中心工作融合发展。持续推动机关党建提质增效，引领“模范机关”建设。党组织活动围绕立德树人、科研攻关、学科建设、志愿服务等工作高质高效组织开展，在课程思政、关键核心技术和重大科技任务攻关等核心工作中积极发挥党组织作用，推进党建工作和事业发展同向发力、有机结合、深度融合。以师生满意为目标，建立“党建＋信访”工作机制，发挥基层党组织的政治功能，推动矛盾问题就地化解。

（七）加强党建理论研究

要结合党建工作实际，积极开展党建工作研究，注重应用研究。认真组织部署学校党建与思想政治工作研究课题申报，遴选推荐优秀项目申报省级以上党建专项研究课题，加大党建理论研究项目申报指导力度，切实提高项目申报质量，力争形成一批能够指导党建工作实践的理论成果和实践创新成果。

三、组织领导

各院级党组织要加强组织领导，切实履行主体责任，把组织实施深化“红专工程”指导意见纳入学院党建工作总体安排，专门研究、专项规划、专题部署，细化工作举措，扎实推动，确保各项工作任务取得实效。加大基层党建工作的宣传力度，特别是发挥好新媒体平台优势，运用现代化信息手段，多形式、多渠道宣传展示成功经验和典型做法，发挥示范引领作用，形成学习先进、创先争优的良好氛围。校党委把实施深化“红专工程”指导意见的工作情况作为年度基层党建工作考核评优的重要内容，强化主体责任落实。

关于印发《关于在全校各级党组织和广大党员干部中大兴调查研究的实施方案》的通知

党办字〔2023〕30号

为深入学习贯彻习近平总书记关于调查研究的重要论述，全面贯彻党中央关于在全党大兴调查研究的重大部署，动员组织全校各级党组织和广大党员干部广泛深入调查研究，更好贯彻落实党的二十大精神和习近平总书记关于中国科大系列重要指示精神，加快推进“十四五”规划实施和新一轮“双一流”建设，根据《中共中央办公厅印发〈关于在全党大兴调查研究的工作方案〉的通知》要求，结合学校实际，制定本方案。

一、重要意义

调查研究是我们党的传家宝，是谋事之基、成事之道。在全面贯彻党的二十大精神开局之年，党中央决定在全党大兴调查研究，对于深入学习贯彻习近平新时代中国特色社会主义思想和党的二十大精神，深刻领悟“两个确立”的决定性意义、坚决做到“两个维护”，切实转变工作作风、密切联系群众，提高履职本领、强化责任担当，更好推进中国式现代化、防范化解各种风险挑战，具有重大而深远的意义。

当前，全校上下正在深入学习贯彻党的二十大精神和全国两会精神，立足学校工作实际，全力推动党中央各项决策部署落实落细。全校各级党组织和广大党员干部要坚持以习近平新时代中国特色社会主义思想为指导，围绕“潜心立德树人、执着攻关创新”两大核心任务，把大兴调查研究作为贯彻落实习近平总书记关于中国科大系列重要指示精神的具体举措，作为组织开展学习贯彻习近平新时代中国特色社会主义思想主题教育的重要内容，作为谋划推进学校各项事业改革发展的有效路径，深入开展调查研究，用党的创新理论观察新形势、研究新情况、解决新问题，加快建设中国特色、科大风格的世界一流大学。

二、总 体 要 求

开展调查研究，要坚持以习近平新时代中国特色社会主义思想为指导，全面贯彻落实党的二十大精神，紧紧围绕党的理论和路线方针政策、党中央重大决策部署的贯彻执行，大力弘扬党的光荣传统和优良作风，突出问题导向和目标导向，促进广大党员、干部特别是领导干部带头深入调查研究。要采取集中学习与个人自学相结合，通过党委理论学习中心组学习、院级党组织“第一议题”学习、读书班等方式，深入学习领会习近平总书记关于调查研究的重要论述，深度思考本部门本单位推进改革发展中的重大问题，找准调查研究的切入点、落脚点和着力点。要坚持系统观念，深入实际、深入基层、深入师生调查了解情况。要坚持问题导向，增强问题意识，敢于正视问题、善于发现问题，以解决问题为根本目的，真正把情况摸清、把问题找准、把对策提实，不断提出真正解决问题的新思路新办法，把调研成果转化为推进工作、攻坚克难的实际成效。

三、调 研 内 容

开展调查研究，要紧紧围绕全面贯彻落实党的二十大精神，结合学校实际，科学选定调研课题，力求把存在的问题困难调研清楚，把面临的风险挑战分析透彻，把改进工作的方法路径找准谋实，着力解决理论学习、政治素质、能力本领、担当作为、工作作风、廉洁自律6个方面突出问题，重点围绕以下课题开展调研。

1. 贯彻落实党中央决策部署和习近平总书记关于中国科大系列重要指示精神的主要情况和重点问题。

2. 深入贯彻落实新时代党的组织路线，提升党建工作水平的主要情况和重点问题。

3. 潜心立德树人，提升人才自主培养质量的主要情况和重点问题。

4. 执着攻关创新，打造国家战略科技力量的主要情况和重点问题。

5. 坚持人才强校战略，建设一流人才队伍的主要情况和重点问题。

6. 落实意识形态工作责任制，营造良好舆论氛围和新闻舆论引导、网络综合治理的主要情况和重点问题。

7. 巩固深化巡视整改成果，推动全面从严治党向纵深发展的主要情况和重点问题。

8. 抓实抓细抓好学校防范化解重大风险工作，营造安全和谐稳定的校园环境的主要情况和重点问题。

9. 立足国家战略，服务区域经济社会发展的主要情况和重点问题。

10. 完善“大外事”工作格局，提升学校国际化水平的主要情况和重点问题。

11. 营造良好育人环境，建设现代大学校园的主要情况和重点问题。

12. 坚持依法治校，加快治理体系和治理能力现代化的主要情况和重点问题。

四、组 织 实 施

（一）加强组织领导

各院级党组织要把大兴调查研究作为一项极为重要的大事来抓，抓紧制定具体方案，作出专门部署，统筹做好方案设计、过程实施、监督问效等工作。各院级党组织书记和机关各部门主要负责同志负总责，主持研究制定工作方案，抓好本部门本单位调查研究的推进落实，班子其他成员抓好分管领域的调查研究工作。党委组织部要将大兴调查研究纳入主题教育，做好组织指导、检查督导、成果汇总、意见督办等工作。党委宣传部要大力宣传大兴调查研究的重要意义和各部门各单位的创新举措与实际成效，凝聚起大兴调查研究的共识和力量，营造浓厚氛围。

（二）严格推进步骤

调查研究要按照党中央提出的提高认识、制定方案、开展调研、深化研究、解决问题、督查回访6个步骤进行，一步不落抓推进，逐项任务抓落实，确保规定动作做到位，自选动作有特色，调查研究见实效。坚持集中调研和日常调研相结合，2023年4月至8月开展集中调研，把日常调研贯穿主题教育全过程，并长期坚持下去。

（三）注重方式方法

发挥领导示范作用，从校党委常委做起，处级以上领导班子成员每人牵头1项重点课题调研。综合运用座谈、看现场、听意见等方式，围绕学校改革发展重点工作和师生关心的热点难点问题进行专项调研。坚持边调查边研究边落实，全面掌握第一手情况，梳理形成问题清单、责任清单、任务清单。在广泛调研基础上，深入研究谋划，建立调研成果转化运用清单，形成一批高质量的调研成果，制定一组可操作、可执行、可评估的实施方案或具体举措。

（四）严明纪律要求

严格执行中央八项规定实施细则和学校具体举措，更多采取“四不两直”方式开展调研，不搞层层陪同，尽量减少随行人员。加强调研统筹，避免扎堆调研、多头调研、重复调研。力戒形式主义、官僚主义，杜绝作秀式、盆景式、蜻蜓点水式调研。学校纪检监察机构要跟进监督，对违反作风建设要求和廉洁自律规定的，依规依纪严肃问责。

调查研究是做好各项工作的基本功，必须长期坚持。全校各级党组织要及时总结大兴调查研究的有效做法和成功经验，完善常态长效机制，使调查研究成为党员干部的经常性工作，在全校各级党组织和广大党员干部中蔚然成风、收到实效。

中共中国科学技术大学委员会开展学习贯彻习近平新时代中国特色社会主义思想主题教育实施方案

党字〔2023〕32号

根据《中共中央关于在全党深入开展学习贯彻习近平新时代中国特色社会主义思想主题教育的意见》，结合学校实际，制定本方案。

一、充分认识重大意义

习近平新时代中国特色社会主义思想是当代中国马克思主义、二十一世纪马克思主义，是中华文化和中国精神的时代精华，是党和人民实践经验和集体智慧的结晶，是中国特色社会主义理论体系的重要组成部分，是全党全国各族人民为实现中华民族伟大复兴而奋斗的行动指南，必须长期坚持并不断发展。新时代10年伟大变革，是全党全国各族人民一道拼出来、干出来、奋斗出来的，最根本在于有习近平总书记掌舵领航，有习近平新时代中国特色社会主义思想科学指引。实践充分证明，“两个确立”是党在新时代取得的重大政治成果，是推动党和国家事业取得历史性成就、发生历史性变革的决定性因素，是战胜一切艰难险阻、应对一切不确定性的最大确定性、最大底气、最大保证。开展学习贯彻习近平新时代中国特色社会主义思想主题教育，坚持不懈用习近平新时代中国特色社会主义思想凝心铸魂，切实加强党的思想建设，对于推动全党更加深刻领悟“两个确立”的决定性意义，更加自觉增强“四个意识”、坚定“四个自信”、做到“两个维护”，始终在思想上政治上行动上同以习近平同志为核心的党中央保持高度一致，具有十分重大的意义。党的二十大描绘了全面建设社会主义现代化国家、全面推进中华民族伟大复兴的宏伟蓝图。开展主题教育，是推动贯彻党的二十大战略部署的有力举措，是深入推进新时代党的建设新的伟大工程的重大部署，对于贯彻新发展理念、构建新发展格局、推动高质量发展，推进中国式现代化，推进党的自我革命、时刻保持解决大党独有难题的清醒和坚定，始终与人民同心，保持党的先进性和纯洁性，使全党更加紧密地团结在以习近平同志为核心的党中央周围，完成党在新时代新征程的使命任务，具有十分重大的意义。

当前，学校正处在全面创建世界一流大学的关键时期，特别是习近平总书记2018年对学校未来发展提出了新期望和新要求。开展主题教育，用习近平新时代中国特色社会主义思想和党的二十大精神武装头脑、指导实践、推动工作，对激励广大领导干部牢记习近平总书记的嘱托，潜心立德树人，执着攻关创新，办出中国特色、科大风格的世界一流大学具有更加重要的意义。

二、准确把握目标要求

开展主题教育，总要求是“学思想、强党性、重实践、建新功”，根本任务是坚持学思用贯通、知信行统一，把习近平新时代中国特色社会主义思想转化为坚定理想、锤炼党性和指导实践、推动工作的强大力量，使全党始终保持统一的思想、坚定的意志、协调的行动、强大的战斗力，努力在以学铸魂、以学增智、以学正风、以学促干方面取得实实在在的成效。具体达到以下目标。

（一）凝心铸魂筑牢根本。全面、系统、深入学习习近平新时代中国特色社会主义思想，完整准确掌握这一重要思想的主要内容，全面把握这一重要思想的世界观、方法论和贯穿其中的立场观点方法，深刻理解这一重要思想的道理学理哲理，推动党员、干部真学真懂真信真用，推动学习往深里走、往实里走、往心里走，提高思想觉悟，切实做到筑牢信仰之基、补足精神之钙、把稳思想之舵。

（二）锤炼品格强化忠诚。深刻领悟“两个确立”的决定性意义，增强忠诚核心、拥戴核心、维护核心、捍卫核心的政治自觉、思想自觉、行动自觉，不断提高政治判断力、政治领悟力、政治执行力，始终忠诚于党、忠诚于人民、忠诚于马克思主义，真心爱党、时刻忧党、坚定护党、全力兴党。

（三）实干担当促进发展。突出实践导向，真抓实干、务求实效，紧紧围绕新时代新征程党的中心任务，胸怀“国之大者”，牢固树立正确的权力观、政绩观、事业观，增强推动高质量发展本领、服务群众本领、防范化解风险本领，敢于斗争、勇于负责，聚焦问题、知难而进，以“时时放心不下”的责任感、积极担当作为的精气神为党和人民履好职、尽好责，以新气象新作为推动高质量发展取得新成效，依靠顽强斗争打开事业发展新天地。

（四）践行宗旨为民造福。坚持人民至上，一切为了人民、一切依靠人民，始终同人民同呼吸、共命运、心连心，把为民办实事作为重要内容，以师生员工满意不满意作为根本评判标准，紧紧抓住师生员工最关心最直接最现实的利益问题，把惠民生、暖民心、顺民意的工作做到师生员工心坎上，不断增强师生员工获得感、幸福感、安全感，让学校事业发展成果更多更公平惠及师生员工。

（五）廉洁奉公树立新风。坚持以党性立身做事，增强纪律意识、规矩意识，践行“三严三实”，严格落实中央八项规定及其实施细则精神，持续纠治“四风”，把纠治形式主义、官僚主义摆在更加突出位置，坚决反对特权思想和特权现象，做到公正用权、依法用权、为民用权、廉洁用权，推动形成清清爽爽的同志关系、规规矩矩的上下级关系，当好良好政治生态和社会风气的引领者、营造者、维护者，树立求真务实、团结奋斗的时代新风。

主题教育坚持目标导向和问题导向相统一，着力解决 6 个方面的突出问题。

（一）理论学习方面：主要是学风不纯不正，学习不走心不深入不系统，用党的创新理论指导实践、解决问题存在差距和不足。

（二）政治素质方面：主要是政治判断力、政治领悟力、政治执行力不够强，信仰信念淡化，贯彻落实党中央决策部署和习近平总书记重要指示批示精神有令不行、有禁不止，做选择、搞变通、打折扣、不到位，不顾大局、搞部门和地方保护主义。

（三）能力本领方面：主要是新发展理念树得不牢，推动高质量发展、做好群众工作、应对风险挑战的本领不够强，缺乏及时发现和解决自身存在问题的意识和能力。

（四）担当作为方面：主要是干事创业精气神不足，缺乏担责意识，缺乏斗争精神，遇事明哲保身，“躺平”不作为，不敢动真碰硬，不敢攻坚克难，存在思维惯性和路径依赖，瞻前顾后、畏首畏尾，上推下卸、推拖躲绕，奉行利己主义。

（五）工作作风方面：主要是宗旨意识和群众感情淡漠，脱离群众、脱离实际，调查研究不经常、不深入，对迅速变化的客观实际和师生冷暖了解不深、感知不真，落实党中央决策部署简单化、“一刀切”，照抄照搬、上下一般粗，报喜不报忧，弄虚作假、搞花架子，搞形式主义、官僚主义，存在特权思想和特权行为。

（六）廉洁自律方面：主要是纪法意识淡薄，对党规党纪不上心、不了解、不掌握，运用法治思维和法治方式开展工作的意识不强，顶风违纪现象仍有发生，利用权力和影响力谋私贪腐，存在损害群众利益的腐败问题等。

三、科学统筹工作安排

按照中央统一部署，校党委开展学习贯彻习近平新时代中国特色社会主义思想主题教育从2023年4月开始，8月基本结束。主题教育不划阶段、不分环节，要把理论学习、调查研究、推动发展、检视整改等贯通起来，有机融合、一体推进。

（一）认真开展理论学习。全面深入学习贯彻习近平新时代中国特色社会主义思想，大力弘扬马克思主义学风，坚持全面系统、及时跟进，坚持多思多想、学深悟透，坚持知行合一、学以致用，坚持联系实际、立足岗位，从事什么工作就重点学什么，做到知其言更知其义、知其然更知其所以然，在深学细照笃行中提高理论素养、坚定理想信念、升华党悟境界、增强能力本领，夯实坚定拥护"两个确立"、坚决做到"两个维护"的思想根基。

1. 明确学习重点。坚持读原著学原文悟原理，认真研读党的二十大报告和党章，学习《习近平著作选读》《习近平新时代中国特色社会主义思想专题摘编》《习近平新时代中国特色社会主义思想学习纲要(2023年版)》等，全面学习领会习近平新时代中国特色社会主义思想的科学体系、核心要义、实践要求，把握好这一重要思想的世界观和方法论，坚持好、运用好贯穿其中的立场观点方法。结合工作实际和职责任务，深入学习习近平总书记关于教育、科技、人才的重要论述以及对中国科学院、中国科大系列重要讲话和重要指示批示精神，跟进学习习近平总书记最新重要讲话和文章。认真学习中国式现代化理论，围绕统筹推进"五位一体"总体布局和协调推进"四个全面"战略布局，有侧重地进行研读，突出对贯彻新发展理念、构建新发展格局、推动高质量发展的理解掌握。

2. 提升学习成效。校党委要加强集中学习，组织举办读书班，集中学习时间不少于一周。各级党组织理论学习中心组结合单位实际列出若干专题，组织党员领导干部联系思想和工作实际，深入研讨，交流运用党的创新理论解决实际问题的具体案例和体会，提出改进工作的思路措施。各级领导班子成员要结合学习体会和实际工作讲专题党课，主要负责同志带头讲，其他班子成员到联系单位或所在党支部讲。党员领导干部要把学习作为一种生活态度、一种工作责任、一种精神追求，抓好个人自学。

专题一：推进中国式现代化，昂扬奋进新时代

重点学习习近平总书记在学习贯彻党的二十大精神研讨班开班式上的重要讲话精神，深刻认识中国式现代化的重大意义，坚定历史自信，增强历史主动，团结广大师生心往一处想、劲往一处使，昂扬奋进新时代，以中国式现代化全面推进中华民族伟大复兴，努力创造无愧于党、无愧于人民、无愧于时代的新业绩。

专题二：牢记总书记嘱托，办出世界一流大学

重点学习习近平总书记三次视察中国科大的重要讲话和系列重要指示精神，认真贯彻落实党的教育方针和党中央关于高校的决策部署，围绕"潜心立德树人、执着攻关创新"两大核心任务的落实进行深入研讨，增强办出世界一流大学的责任感和使命感。

专题三：大兴调查研究，破解改革发展难题

重点学习习近平总书记关于调查研究的重要论述，认真学习中共中央办公厅《关于在全党大兴调查研究的工作方案》，突出问题导向和目标导向，着眼我国发展面临新的战略机遇、新的战略任务、新的战略阶段、新的战略要求、新的战略环境，把调查研究与履职尽责、完成党中央部署的任务和当前正在做的事情结合起来，破解改革发展难题，为新征程开好局起好步提供有力支撑。

专题四：牢记建校初心，教育科技人才一体发展

重点学习习近平总书记关于教育、科技、人才“三位一体”的重要论述，深刻牢记中国科大“红专并进，理实交融”的校训精神，充分发挥一流高校在立德树人、科技自立自强、人才创新驱动主力军作用，为聚科教人才合力、筑国家强盛之基奠定坚实的理论基础。

专题五：学习党章党规，弘扬伟大建党精神

重点学习党章党规，更加深刻地理解把握中国共产党的伟大建党精神，进一步树牢党的意识、党章意识、党员意识，从党的百年奋斗历程特别是党领导高等教育改革发展的伟大实践中汲取继续前进的智慧和力量。

专题六：坚定理想信念，传承科学家精神

重点学习习近平总书记关于理想信念的重要论述，学习“两弹一星”精神和老一辈科学家精神，接续光荣传统，矢志爱国奋斗，为加快建设教育强国、科技强国树立政治自觉和实践担当。

专题七：潜心立德树人，培养“六有”大学生

重点学习习近平总书记关于立德树人的重要论述和关于中国科大系列重要讲话精神，落实立德树人根本任务，教育和引导学生肩负时代责任，高扬理想风帆，静下心来刻苦学习，努力练好人生和事业的基本功，做有理想、有追求的大学生，做有担当、有作为的大学生，做有品质、有修养的大学生。

专题八：执着攻关创新，为建设世界科技强国作出贡献

重点学习习近平总书记关于科技创新的重要论述和关于中国科大系列重要讲话精神，坚持“四个面向”，在基础性战略性工作上多下功夫，鼓励原始创新和自由探索，在实现高水平科技自立自强中勇担当善作为，不断强化国家战略科技力量建设，为建设创新型国家、建设世界科技强国作出新的更大贡献。

专题九：全面从严治党，办好人民满意的教育

重点学习习近平总书记关于从严治党的重要论述，持之以恒推进全面从严治党，完善党的自我革命制度规范体系，建设堪当民族复兴重任的高素质干部队伍，增强党组织政治功能和组织功能，坚持以严的基调强化正风肃纪，坚决打赢反腐败斗争攻坚战持久战，牢记为党育人、为国育才的使命，办好人民满意的教育。

专题十：防范化解风险，维护学校安全稳定

重点学习习近平总书记关于防范化解风险的重要论述，增强忧患意识，坚持底线思维，保持时时放心不下的精神状态和责任担当，不断健全防控机制，增强驾驭风险的本领，做到居安思危、未雨绸缪，下好防范抵御重大风险先手棋，有效防范各类风险连锁联动，筑牢风险防控的铜墙铁壁，有效维护校园安全稳定。

党支部依托“三会一课”、主题党日，通过交流研讨、宣讲阐释、案例教学、线上培训等方式组织党员学习，深刻领悟习近平新时代中国特色社会主义思想的真理力量和实践伟力。结合党史学习教育常态化长效化，运用红色教育资源和党性教育基地开展学习，砥砺理想信念和初心使命。注重抓好学生党员、青年教师党员、离退休干部职工党员的学习。坚持以党内教育引导和带动全校的学习，让党的创新理论“飞入寻常百姓家”。

（二）深入基层调查研究。要按照党中央《关于在全党大兴调查研究的工作方案》和校党委《关于在全校各级党组织和广大党员干部中大兴调查研究的实施方案》要求，组织广大党员、干部扑下身子、沉到一线接地气，掌握真实情况和民情民意，在调查研究中加深对党的创新理论的理解，运用党的创新理论研究新情况、解决新问题，使调查研究的过程成为理论学习向实践运用转化的过程，成为转变作风、增进同师生员工感情的过程，成为提高履职本领、增强责任担当的过程。

1. 聚焦调研重点。各级领导干部要围绕贯彻落实党中央决策部署和习近平总书记重要指示批示精神，围绕“双一流”大学建设，围绕“潜心立德树人、执着攻关创新”两大核心任务，围绕学校改革发展遇到的瓶颈性问题，师生反映强烈、社会关注的热点难点等问题，有针对性地研究，开展专题调研。

学校领导班子成员：深入分管部门、联系单位进行面上调研，听取师生对学科发展、师资队伍建设、人才培养、科学研究、教育教学、国际合作、校园建设与后勤保障、综合管理等各方面的意见建议；在此基础上进行专题调研，重点围绕潜心立德树人、提升人才自主培养质量，执着攻关创新、打造国家战略科技力量，立足国家战略、服务区域经济社会发展，坚持人才强校、建设一流人才队伍，完善“大外事”工作格局、提升国际化水平，营造良好育人环境，建设现代大学校园，落实意识形态工作责任制、积极防范化解重大风险，加强基层党组织建设、提升党建工作水平，巩固深化巡视整改成果、推动全面从严治党向纵深发展，坚持依法治校、加快治理体系和治理能力现代化等方面开展调研。

学院、重点科研机构、附属第一医院中层领导班子成员：围绕“潜心立德树人、执着攻关创新”两大核心任务，聚焦学科建设、人才培养、师资队伍建设、科学研究、党建和思想政治工作等，有重点地深入开展调研。

机关、直属单位中层领导班子成员：围绕进一步改进工作作风、提升管理服务水平，聚焦本部门、本单位的具体工作，有重点地深入开展调研。

2. 注重调研实效。各级领导干部要深入基层单位，摸准情况、吃透问题，问计于实践；要转换角色、走进师生，了解师生的烦心事操心事揪心事，发现和查找工作中的差距不足，推动解决一批发展所需、改革所急、基层所盼、民心所向的问题。开展典型案例的“解剖麻雀式”调研，加强督查式调研。基层党组织要利用主题党日，组织党员、干部采取走访调研等多种方式，广泛听取师生意见，真心帮助师生解决实际困难，扎实推动各项工作部署落地生效。

要多采取“四不两直”方式，多到困难多、师生意见集中、工作打不开局面的地方和单位，体察实情、解剖麻雀，把问题研究透彻、把措施提准提实。要加强工作协调和衔接，对表现在基层、根子在上面的问题，对涉及单位、部门的问题，上下协同、一体推进解决。要制订调研计划，统筹确定调研时间、地点，防止扎堆调研、作秀式调研，不折腾基层、不增加基层负担，坚决克服调研中的形式主义、官僚主义。

3. 用好调研成果。从校党委常委做起，处级以上领导班子成员每人牵头1项重点课题调研，形成高质量调研成果。调研结束后，各级领导班子要召开调研成果交流会，运用习近平新时代中国特色社会主义思想的立场观点方法,交流调研情况,集思广益研究对策措施,形成指导实践、推动工作的思想办法和政策举措,并抓好组织实施,真正把调研成果转化为解决问题、促进发展的实际行动。

(三) 扎实推动高质量发展。紧紧围绕高质量发展这个全面建设社会主义现代化国家的首要任务,以强化理论学习指导发展实践,以深化调查研究推动解决发展难题,形成工作任务清单,把学习和调研落实到完成党的二十大部署的各项任务中去,以推动高质量发展、促进一流大学建设的新成效检验主题教育成果。

1. 破难题、促发展。各级领导班子和领导干部根据工作职责,结合理论学习和调查研究,深入查找分析在贯彻新发展理念、构建新发展格局、推动高质量发展中的问题短板及其根源,找准切入点、发力点,把推动学校"双一流"建设融入新发展格局,形成共促高质量发展的强大合力。紧密结合中心任务和日常工作,组织党员、干部立足岗位作贡献,积极履职尽责,勇于担当作为,以每名党员、干部本职工作水平的提升,推动学校事业高质量发展。各级领导班子和领导干部要紧密结合实际,认真贯彻落实党中央关于全面建设社会主义现代化国家的战略部署,增强系统观念和大局意识,正确处理推进中国式现代化的一系列重大关系,聚焦世界一流大学建设,在推动学科发展、人才培养、科学研究、教育教学等方面工作,形成共促高质量发展的强大合力。

学校领导班子成员:要紧密结合学校实际工作和面临的问题、挑战,深刻理解党的二十大对教育、科技、人才所提出的要求,牢记作为高水平研究型大学、国家战略科技力量肩上所担负的使命和责任,聚焦世界一流大学建设,深入思考、主动谋划教育、科技、人才"三位一体"发展。

学院、重点科研机构、附属第一医院中层领导班子成员:要紧密围绕"潜心立德树人、执着攻关创新"两大核心任务,结合单位的实际工作和面临的问题、挑战,聚焦一流学科建设,围绕人才培养、师资队伍建设、科学研究、党建和思想政治工作等工作,深入思考、主动谋划本单位的高质量发展。

机关、直属单位中层领导班子成员:要紧紧围绕学校年度党委、行政工作要点,结合单位的实际工作和面临的问题、挑战,细化目标任务,深入思考、主动谋划本部门的具体落实举措。

2. 办实事、解民忧。牢固树立以人民为中心的发展思想,积极探索开展"民呼我为""接诉即办"等,持续开展"我为群众办实事"等活动,解决师生急难愁盼的具体问题。聚焦民生领域突出问题,建立民生项目清单,完善解决民生问题的制度机制。落实党员领导干部直接联系师生制度,对师生普遍关切的问题及时开题作答、解疑释惑、回应诉求。发挥基层党组织战斗堡垒作用和党员先锋模范作用,广泛开展党员志愿服务,激励党员在服务师生、奉献社会中发挥作用。

(四) 对照目标检视整改。发扬刀刃向内的自我革命精神,坚持边学习、边对照、边检视、边整改,坚持分类整改与集中整治相结合,深入查摆不足,抓好突出问题的整改整治。

1. 开展党性分析。各级领导班子对标对表习近平新时代中国特色社会主义思想,针对完整准确全面贯彻新发展新理念、加快构建新发展格局、着力推动高质量发展等战略部署落实情况,党中央提出的重点任务、重点举措、重要政策、重要要求贯彻情况,属于本单位的职责担当情况，系统梳理调查研究发现的问题、推动发展中的问题、群众反映强烈的问题，结合巡视、审计监督发现的问题，列出问题清单。党员、干部从政治、思想、能力、作风、纪律等方面进行党性分析，找准问题症结，着力从思想根源上解决问题。主题教育结束前，各级领导班子召开专题民主生活会，基层党组织召开专题组织生活会，党员、干部特别是领导干部把自己摆进去、把职责摆进去、把工作摆进去，咬耳扯袖、红脸出汗，严肃认真开展批评和自我批评。

2. 开展整改整治。对查摆出的问题，一项一项制定整改措施，能改的马上改。一时解决不了的要明确具体措施、整改时限、责任分工，确保整改到位。各单位要确定若干师生反映强烈、长期没有解决的突出问题，制定专项整治方案，采取台账式管理、项目化推进的方式进行集中整治，动真碰硬、务求实效。专项整治方案及落实情况，要以适当方式向党员师生通报。

（五）总结经验建章立制。坚持“当下改”与“长久立”相结合，对主题教育中学习贯彻习近平新时代中国特色社会主义思想的好做法好经验，及时以制度形式固定下来。同时，建立巩固深化主题教育成果的长效机制，健全学习贯彻党的创新理论的制度机制，确保常态长效。

四、切实强化组织领导

（一）成立领导小组。主题教育在校党委领导下开展。成立中共中国科学技术大学委员会学习贯彻习近平新时代中国特色社会主义思想主题教育领导小组（以下简称主题教育领导小组），校党委书记担任组长，党委常委为小组成员。主题教育领导小组下设办公室，负责日常工作。办公室设联络调研组、学习宣传组、推动发展组、检视整改组、建章立制组。发挥主题教育领导小组成员单位职能作用，形成齐抓共管合力。

（二）压实主体责任。各级党组织要高度重视、精心组织，党组织主要负责同志要履行第一责任人职责。各级党组织把开展主题教育同推动中心工作结合起来，防止“两张皮”。围绕党的创新理论掌握运用、调查研究成果转化、师生急难愁盼问题解决、专项整治突出问题、党员干部师生员工满意程度等方面，采取述学、问卷调查、实地查看、随机走访等方式，把过程评价与总结评估结合起来，通过领导班子全面自评、指导组研判分析，评估主题教育效果。校党委把主题教育开展情况列为领导班子和领导干部年度考核、党组织书记抓党建述职评议考核的重要内容。

（三）加强指导督促。校党委将主题教育纳入校内巡视内容，加强工作统筹衔接，协调推进。校党委组建 7 个指导组，采取巡回指导、随机抽查、调研访谈等方式，对各院级党组织开展主题教育进行督促指导，确保主题教育质量。

（四）加强宣传引导。加强宣传引导，充分发挥学校媒体等宣传主渠道作用，注重运用新媒体，深入宣传党中央部署要求，宣传习近平总书记关于主题教育的重要讲话和重要指示批示精神，反映主题教育进展成效，及时选树宣传先进典型，营造良好舆论氛围。

（五）务求取得实效。开展主题教育要务求实效，坚决反对形式主义，坚决防止“低级红”“高级黑”。不对写读书笔记、心得体会等提出硬性要求，不随意要求基层填报材料，严格控制简报数量，严格控制网络平台载体痕迹管理。对开展主题教育消极对待、敷衍应付、搞形式主义的要严肃批评，对走形变样、问题严重的按照规定追究责任。

关于召开中层领导班子学习贯彻习近平新时代中国特色社会主义思想主题教育专题民主生活会的通知

党字〔2023〕71号

各院级党组织、附属医院党委，机关各部门：

根据习近平总书记关于开展主题教育的重要讲话和重要指示批示精神以及《中共中央关于在全党深入开展学习贯彻习近平新时代中国特色社会主义思想主题教育的意见》（以下简称《意见》）等精神和要求，现就中层领导班子党员领导干部在主题教育中开好专题民主生活会有关事项通知如下。

一、聚焦学习贯彻习近平新时代中国特色社会主义思想主题

开展学习贯彻习近平新时代中国特色社会主义思想主题教育，坚持不懈用习近平新时代中国特色社会主义思想凝心铸魂，切实加强党的思想建设，是统一全党思想意志行动、始终保持党的强大凝聚力战斗力的必然要求，是推动全党积极担当作为、不断开创事业发展新局面的必然要求，是深入推进全面从严治党、以党的自我革命引领社会革命的必然要求。

开好专题民主生活会是主题教育检视整改的一个重要载体，也是确保主题教育成效的一项重要举措。各单位领导班子要紧紧围绕学习贯彻习近平新时代中国特色社会主义思想主题召开专题民主生活会，聚焦学思想、强党性、重实践、建新功总要求，对照凝心铸魂筑牢根本、锤炼品格强化忠诚、实干担当促进发展、践行宗旨为民造福、廉洁奉公树立新风具体目标，深入学习领悟以学铸魂、以学增智、以学正风、以学促干的丰富内涵和实践要求，检视问题、深刻剖析，着力从思想根源上解决问题。要精准把握发扬党内民主、加强党内监督、依靠领导班子自身力量解决矛盾和问题的功能定位，检视差距不足，进行党性分析，开展批评和自我批评，抓好问题整改，推动全党进一步统一思想、统一意志、统一行动，坚定拥护“两个确立”，坚决做到“两个维护”。

二、打牢开好专题民主生活会的思想基础

各单位领导班子和党员领导干部要把学习贯彻习近平新时代中国特色社会主义思想作为主题主线贯穿主题教育始终。在主题教育理论学习的基础上，专题民主生活会召开前，要专门举行一次集中学习，认真学习领会习近平总书记关于党的建设的重要思想，学习习近平总书记关于严肃党内政治生活的重要讲话和重要指示批示精神，学习习近平总书记关于以学铸魂、以学增智、以学正风、以学促干等重要论述，深入学习习近平总书记关于教育、科技、人才一体化发展的重要论述以及关于中国科学院、中国科大系列重要讲话和重要指示批示精神，学习党章、新形势下党内政治生活若干准则、县以上党和国家机关党员领导干部民主生活会若干规定等党内法规，进一步统一思想、深化认识。

三、深入开展谈心谈话

领导班子成员之间，班子成员与本人分管工作的相关同志之间、与本人组织关系所在党支部党员代表之间，一对一、面对面开展谈心谈话，开诚布公讲不足、推心置腹提建议，既谈收获体会又谈差距不足，既谈自身缺点又谈对方问题，努力把问题谈开、把思想谈通、把意见谈实、把改进方向谈明白，消除隔阂、加深了解、增进信任。谈心谈话贵在一个“诚”字，要谈到位、真交心，防止泛泛而谈，防止只谈工作不触及思想，防止把谈心谈话变成简单交换会上批评意见。

四、全面梳理问题

各单位领导班子和党员领导干部要对照《意见》明确的理论学习、政治素质、能力本领、担当作为、工作作风、廉洁自律6个方面突出问题，特别是对照习近平总书记关于以学铸魂、以学增智、以学正风、以学促干的12条具体要求，把自己摆进去、把职责摆进去、把工作摆进去，深挖问题症结，深刻进行党性分析，找准思想根源，有针对性地提出改进措施。要全面梳理、认真盘点主题教育调查研究、整改整治问题清单，把清单中尚未销号的问题，与上一年度民主生活会、巡视巡察整改和审计整改等专题民主生活会尚未完成整改的问题，谈心谈话过程中提出的问题，一并作为这次专题民主生活会检视整改的问题。

五、结合典型案例进行剖析

各单位领导班子要结合典型案例的解剖式调研中确定的1个反面案例，举一反三进行剖析。选定的反面典型案例要报学校指导组同意。党员领导干部要围绕案例，联系个人思想、学习和工作实际，深刻查摆自身存在的差距不足，关键是要见人见事见思想，注重从主观上、思想上进行深刻检视，深挖思想根源，不能轻描淡写、隔靴搔痒，不能停留在表面、归结于客观。典型案例剖析的内容，要在班子的对照检查材料和班子成员的个人发言提纲中单列一块进行阐述。

在全面梳理问题和结合典型案例剖析的基础上，领导班子主要负责同志主持起草班子对照检查材料。班子成员自己动手撰写个人发言提纲，并报主要负责同志审阅把关。班子对照检查材料和个人发言提纲主要包括问题查摆、原因剖析、整改措施等，对字数不作硬性规定。个人发言提纲要在问题查摆部分列出需要说明和报告的事项。

六、严肃开展批评和自我批评

各单位领导班子和党员领导干部要自觉贯彻整风精神，坚持刀刃向内、自我革命，充分运用批评和自我批评武器，开展积极健康的思想斗争，着力打扫思想上和政治上的灰尘，增强党内政治生活的政治性、时代性、原则性、战斗性。

自我批评要正视问题，揭短亮丑，不以讲道理、谈体会代替查摆问题，不以班子问题、下级问题代替个人问题，做到不讲成绩只谈问题。相互批评要出于公心、实事求是，直截了当、开门见山，注重从具体问题表现入手，点出在思想、政治、作风等方面的危害，指出差距不足，不得以提希望代替点问题、以工作建议代替批评意见，真正做到咬耳扯袖、红脸出汗。对待批评意见要胸襟坦荡、闻过则喜，有则改之、无则加勉，不搞无原则的纷争。

党员领导干部要对上一次民主生活会后群众反映、巡视和审计反馈、组织约谈函询、个人需报告的重大事项和有关问题逐一作出说明。个人需报告的重大事项主要包括：领导干部用车、司机、秘书等配备情况，配偶和子女及其配偶从业、国籍等情况，在国（境）内外拥有的房产、投资等情况。受到问责、党纪政务处分的党员领导干部，要在民主生活会上作出深刻检查。

七、扎实抓好问题整改

（一）上报中层领导班子主题教育专题民主生活会工作方案

根据上级要求，在召开专题民主生活会前，将专题民主生活会工作方案、班子对照检查材料和班子成员个人发言提纲等报学校指导组审核。

（二）制定整改方案和整改措施

要把抓好专题民主生活会问题整改融入主题教育整改整治，作为巩固提高主题教育成效的重要措施。会后，领导班子要将会前梳理问题和谈心谈话、会上相互批评意见，以及主题教育调查研究成果转化清单、整改整治尚未完成的任务等贯通起来，制定完善整改方案，细化整改措施，明确整改时限和责任，统筹组织整改；党员领导干部也要细化个人整改措施，认真抓好问题整改。要结合主题教育建章立制工作有关要求，坚持“当下改”与“长久立”相结合，及时建立健全相关制度规定，将整改落实成效巩固下来、坚持下去。整改措施和落实情况要在一定范围内公开，自觉接受党员、群众监督。

八、加强组织领导

各单位领导班子要强化主体责任，按照党中央部署要求，结合实际制定会议方案，对理论学习、谈心谈话等环节工作，作出周密安排。院级党组织书记、机关部门正职要切实履行第一责任人责任，结合班子实际提出开好专题民主生活会的具体要求，严格把关、抓好落实；要带头开展自我批评，带头对其他班子成员逐一批评，带头坚持真理、修正错误，及时指出和纠正批评和自我批评中的不良倾向，营造严肃认真的氛围，带动推动领导班子和本单位各级党组织专题民主生活会、组织生活会开出高质量新气象。要把民主生活会作为淬炼干部、了解干部、识别干部的重要渠道，注意发现那些对党绝对忠诚、扛硬活打硬仗、斗争本领过硬、严守纪律规矩的干部。

九、从严从实加强督促指导

学校指导组要提前介入、全程参与、从严把关，认真督促指导所联系单位的专题民主生活会。会前，审阅会议方案，审核班子对照检查材料和个人发言提纲，与班子成员谈心谈话，对准备工作不充分的，及时予以纠正，达不到要求的不能召开民主生活会；对班子对照检查材料和个人发言提纲拼凑抄袭、由他人代写的，严肃批评并向校党委报告。会上，督促严肃认真开展批评和自我批评，对偏离主题、批评走过场、未对组织约谈函询作出说明等不符合要求的，直接点出、现场纠正。会议结束前，指导组组长对会议召开情况进行客观点评，肯定成绩、指出不足、提出改进要求。会后，指导所联系单位认真制定整改方案、做好情况通报。

本次主题教育专题民主生活会，一般安排在 8 月中下旬，年底不再召开年度民主生活会。各党支部要参照专题民主生活会时间安排，以“学习贯彻习近平新时代中国特色社会主义思想”为主题召开 1 次专题组织生活会，开展批评和自我批评，增强党员意识，强化党性观念，发挥先锋模范作用。党员领导干部要以普通党员身份参加所在党支部或党小组的专题组织生活会。

四、重要文献

潜心立德树人　执着攻关创新　勇攀科学高峰

——在习近平总书记考察安徽七周年座谈会上的讲话

党委书记　舒歌群

（2023 年 4 月 24 日 14:30　省行政中心 341 会议室）

2016 年 4 月 26 日，习近平总书记考察中国科大，对学校工作给予充分肯定，作出了明确指示，为学校发展指明了方向。2018 年建校 60 周年之际，习近平总书记给学校发来贺信，要求我们“潜心立德树人，执着攻关创新”“努力办出中国特色、世界一流大学”。7 年来，校党委深入学习贯彻习近平总书记关于中国科大系列重要指示精神，带领全校师生昂扬斗志，积极投身“中国特色、科大风格”的世界一流大学建设。

一是坚持学思用贯通、知信行统一，将习近平总书记系列重要指示精神作为办学治校的根本遵循。学校党委把学习贯彻落实习近平总书记系列重要指示精神同学习贯彻总书记关于教育、科技、人才等重要讲话重要指示批示精神相结合，定期组织专题学习重温，做到对标对表、常学常新。将习近平总书记系列重要指示精神写入学校“十三五”“十四五”发展规划，落实到学校章程修订工作中，确保在中国科大落地生根、开花结果。

二是潜心立德树人，培养德智体美劳全面发展的“六有”大学生。学校党委按照总书记在考察中提出的“六有”大学生要求，研究制定“六有”大学生培养方案，开展以“潜心立德树人”为主题的“一流本科教育质量提升年”活动，制定并深入推进“一流本科教育质量提升计划”行动纲领，落实总书记关于创新人才培养的重要指示精神，制定并扎实推进研究生“德创”领军人才培养计划。首批建设未来技术学院，新建量子信息、人工智能等 7 个英才班。促进学生全面发展，成立本科生院，建成 3600 平方米艺术教学中心。打造特色双创教育体系，在省委省政府支持下设立“雏鹰计划”“雄鹰计划”，鼓励学生创新创业，在刚结束的第十三届“挑战杯”创业计划竞赛中斩获 1 金 1 银 3 铜。

三是执着攻关创新，强化国家战略科技力量。学校党委按照总书记关于科技创新的系列指示要求，研究制定关于加强执着攻关创新工作的指导意见，全力支持国家实验室建设，积极参与综合性国家科学中心建设，深度参与江淮前沿协同创新中心建设，扎实推进全国重点实验室重组。合肥先进光源、空地一体量子精密测量装置、未来网络试验设施等重大科研基础设施建设顺利推进，获批建设中国科学院临床研究医院（安徽临床研究医院）。

学校原创科技成果不断涌现。主持或参与的探月探火、量子信息等重大创新成果获党的二十大报告“点赞”。同步辐射光源、“墨子号”量子科学卫星、“祖冲之二号”“九章二号”量子计算原型机、《中国手工纸文库》等亮相“奋进新时代”主题成就展。2016 年以来，23 项成果入选国内十大科技进展，作为第一完成单位获国家科学技术奖励 10 项。在最新版自然指数排名中，学校位居中国高校第 2 位、全球高校第 5 位。

四是加强协同创新，积极服务区域经济社会发展。学校党委持续加强产学研深度融合，近 5 届毕业生留皖就业人数位居各区域首位，占就业总人数的 28.5％。探索赋权试点改革

“中国科大模式”,2 年来,申请成果近 50 项,批准转化 21 项,涉及知识产权 84 项,设立科创企业 17 家,依托学校先进技术研究院累计培育企业 301 家。积极推进“科大硅谷”建设,共建科技商学院,汇聚校友资源,推动校友企业在安徽落户,形成以国盾量子、科大讯飞等为代表的新兴产业集群,打造具有全球影响力的“量子中心”“中国声谷”。

中国科大的发展,离不开党中央的关心和爱护,得益于地方的支持和帮助。在此,我代表学校党委,向安徽省委省政府一直以来对学校发展建设的关心和厚爱表示衷心的感谢!中国科大将深入学习贯彻党的二十大精神和习近平总书记系列重要指示精神,潜心立德树人、执着攻关创新、勇攀科学高峰,以实际行动助力现代化美好安徽建设,为建设创新型国家、建设世界科技强国贡献科大力量!

深学细悟明理　笃行实干担当　努力创造经得起历史和人民检验的实绩

——在学习贯彻新时代习近平中国特色社会主义思想主题教育校领导班子读书班开班式上的总结讲话

党委书记　舒歌群

(2023 年 4 月 26 日 11:00　先进技术研究院二楼会议室)

第一部分　习近平总书记系列重要指示精神为学校高质量发展提供了方向指引和根本遵循

一是指明了红色立校、科教报国的办学根本。一所大学的精神气质和前途命运与她的历史、建校的初心使命息息相关。习近平总书记在致学校建校六十周年的贺信中指出“中国科学技术大学是为两弹一星事业而创办的一所大学”,肯定学校“坚持红专并进、理实交融的校训”,强调要“全面贯彻党的教育方针,坚持社会主义办学方向,传承科教报国、追求卓越的精神”。这些重要论述为我们坚持以习近平新时代中国特色社会主义思想为指导,牢牢把握正确办学方向,办出中国特色、科大风格的世界一流大学提供了根本遵循。

学校党委深入学习贯彻落实习近平总书记关于中国科大系列重要指示精神。在 2019 年学校第十二次党代会上明确提出,把学习贯彻习近平总书记系列重要指示精神作为当前和今后一个时期的重大政治任务,明确以贯彻落实习近平总书记系列重要指示精神作为未来 5 年的工作主线。把学习贯彻落实习近平总书记系列重要指示精神同学习贯彻党的十八大报告、十九大报告、二十大报告相结合,同学习习近平总书记关于教育、科技、人才等重要论述相结合,定期组织专题学习重温,做到对标对表、常学常新。

在学习贯彻中坚持以上率下,紧紧抓住领导干部这个“关键少数”,建立“第一议题”制度,第一时间组织学习习近平总书记重要讲话指示批示精神,第一时间贯彻落实党中央各项重大决策部署。校党委坚决贯彻党委领导下的校长负责制,研究制定《关于进一步加强学校领导班子建设的意见》,从领导班子自身做起,切实担负起党中央赋予的职责使命。将习近平总书记关于中国科大系列重要指示精神写入学校“十三五”“十四五”发展规划纲要，落实到学校章程修订工作当中，确保党的教育方针落地生根。

二是确立了全面发展、以德为先的育人目标。习近平总书记指出“青年是国家的未来和民族的希望”，希望同学们肩负时代责任，高扬理想风帆，静下心来刻苦学习，努力练好人生和事业的基本功，做有理想、有追求的大学生，做有担当、有作为的大学生，做有品质、有修养的大学生。对学校提出“潜心立德树人”的殷切期望，强调“为培养德智体美劳全面发展的社会主义建设者和接班人作出新的更大的贡献”。

学校党委牢记习近平总书记嘱托，落实立德树人根本任务，按照习近平总书记在考察中提出的“六有”大学生要求，研究制定了《“六有”大学生培养方案》。开展以“潜心立德树人”为主题的“一流本科教育质量提升年”，制定并深入推进“一流本科教育质量提升计划”行动纲领。落实习近平总书记关于创新人才培养的重要指示精神，制定并扎实推进研究生“德创”领军人才培养计划。成立思想政治工作领导小组，制定实施《关于加快构建思想政治工作体系的方案》和《关于加强研究生思想政治工作体系建设的指导意见》。加强马克思主义学院建设，推动马克思主义学院实现实体化运行，并成功入选安徽省重点马克思主义学院。

学校聚焦拔尖创新人才培养，获批建设首批未来技术学院，新建量子信息、人工智能、集成电路等 7 个本科生英才班。促进学生德智体美劳全面发展，成立本科生院，建设本科生书院，建成 3600 平方米的艺术教学中心。打造特色双创教育体系，在安徽省支持下设立“雏鹰计划”“雄鹰计划”，鼓励学生创新创业，在刚刚结束的第十三届“挑战杯”中国大学生创业计划竞赛中斩获 1 金、1 银、3 铜的好成绩。

三是擘画了源头创新、追求卓越的职责使命。科技立则民族立，科技强则国家强。习近平总书记指出“安徽作为科技大省，中国科技大学作为以前沿科学和高新技术为主的大学，这些年抓科技创新动作快、力度大、成效明显，值得肯定”，勉励学校“勇于创新、敢于超越、力争一流，在人才培养和创新领域取得更加骄人的成绩，为国家现代化建设作出更大的贡献”。明确提出要“瞄准世界科技前沿，立足国内重大需求”，“在基础性、战略性工作上多下功夫”。这些重要指示，充分说明习近平总书记对科技创新工作的高度重视和对中国科大的殷切希望。

学校党委心系“国家事”、肩扛“国家责”，大力打造国家战略科技力量，支撑高水平科技自立自强。按照习近平总书记关于科技创新的系列指示要求，研究制定了《关于加强执着攻关创新工作的指导性意见》，全力支持合肥国家实验室建设，积极参与合肥综合性国家科学中心建设，深度参与江淮前沿协同创新中心建设，扎实推进全国重点实验室重组。稳步推进合肥先进光源、空地一体量子精密测量装置、未来网络试验设施等重大科研基础设施，以及深空探测实验室、中国科学院临床研究医院、碳中和研究院等建设。

学校瞄准世界科技前沿，勇攀科学高峰，原创性重大科技成果不断涌现。主持或参与的探月探火、量子信息等领域重大创新成果，获党的二十大报告“点赞”。合肥同步辐射光源、“墨子号”量子科学实验卫星、“祖冲之二号”和“九章二号”量子计算原型机、《中国手工纸文库》等亮相“奋进新时代”主题成就展。2016 年以来 23 项成果入选国内十大科技进展，作为第一完成单位获国家科学技术奖励 10 项。在最新版自然指数排名中，学校位居中国高校第 2 位、全球高校第 5 位。

四是明确了引育并重、自信自强的人才方略。办好中国的事情，关键在党，关键在人，关键在人才。习近平总书记高度重视人才和人才工作，就如何识才、爱才、敬才、用才作出一系列重要论述和指示批示，指出“人才是我们经济建设的第一资源”，强调要“得天下之英才而育之、而用之”。中国科大全面贯彻习近平总书记关于人才工作的重要指示批示精神，坚持人才强校主战略，充分发挥重大科研平台对人才的集聚作用，用好各类人才政策，近 10 年引进海外人才共 664 人，目前学校高层次人才占固定教师总数的 42%。学校实施长周期柔性考核机制，创造性地以“阶段考核”来代替“年度考核”，以“同行交流”代替“述职考评”，不设“科研工分”，充分激发人才创新活力。同时，大胆鼓励青年人才“揭榜挂帅”，在国家重大战略任务中挑大梁、当主角。近 5 年来，青年人才承担国家级重点、重大科研任务占学校全部重点、重大项目数的 69.3%。

科学没有国界，科学家有祖国。习近平总书记深刻指出，“具有强烈的爱国情怀，是对我国科技人员第一位的要求”，要求大家“要向我国老一辈杰出科学家学习，争取青出于蓝而胜于蓝”。中国科大在人才工作中将坚持正确政治方向放在首位，制定实施《关于完善教师思想政治和师德师风建设工作体制机制的实施方案》，充分发挥学校红色文化和学术文化教育引导作用，持续加强和改进知识分子工作。大力弘扬科学家精神，总结凝练以“两弹一星”精神和老一辈科学家精神为代表的科大精神谱系，在全校师生中广泛开展“爱国荣校”教育。建设“红专并进、科教报国”中国科学院党员主题教育基地，举办“科大精神系列报告会”，拍摄《永怀初心》《月是故乡明》系列微电影，深入推进党史学习教育，引导广大教职工“不断努力、自强不息”，厚植爱国情怀，坚定前进信心，勇担时代重任。

五是部署了立足需求、服务社会的时代任务。科技创新是一个国家和民族发展的不竭动力，科学技术和经济社会发展加速渗透融合是新一轮科技革命和产业变革显著的特征之一。习近平总书记高瞻远瞩、举旗定向，在安徽省及中国科大考察期间高度关注原始创新赋能社会经济发展和科技成果的转移转化应用，提出“国家已经进入一个新的发展阶段，走老路难以为继、不可持续，所以现在必须有新的动能来推动我们发展”，强调“核心技术现在是要不来的”，要求我们“进一步夯实创新的基础，加快科技成果转化，加快培育新兴产业，锲而不舍、久久为功”。

近年来，中国科大紧紧围绕国家战略需求，主动融入长三角一体化发展、持续加强产学研深度融合，充分发挥科教优势，服务区域经济社会发展。学校于 2021 年制定并发布了《关于进一步加强科技成果转移转化工作的意见》，探索“赋予科研人员职务科技成果所有权或长期使用权”改革的“中国科大模式”。2 年时间有近 50 项成果申请加入赋权改革，批准转化 21 项成果，涉及 84 项知识产权，设立高质量科技创新企业 17 家。依托中国科大先进技术研究院，打通“基础研究-中试孵化-产业化”的创新链条，累计培育企业 301 家，国家高技术企业 90 家，高成长企业 52 家，成为区域高新技术产业生态链的技术引擎。积极推进“科大硅谷”建设，与安徽省、合肥市三方合力共建科技商学院。设立“雏鹰计划”“雄鹰计划”“鲲鹏计划”，打通从创新教育到创业孵化的科技成果转移转化通道。推动形成了以国盾量子、国仪量子、本源量子为代表的量子科技，以科大讯飞为代表的新一代人工智能技术等新兴产业集群，打造具有全球影响力的“量子中心”“中国声谷”，将学校原始创新的庞大势能转化为促进地方经济社会发展的强大动能。

第二部分　同心聚力、踔厉奋发，坚定沿着习近平总书记指引的方向开新局、建新功

一、在坚持用习近平新时代中国特色社会主义思想凝心铸魂，把习近平总书记系列重要指示精神融入办学治校全过程上下功夫。

要以扎实开展学习贯彻习近平新时代中国特色社会主义思想主题教育为契机，组织全校师生员工读原文、学原著、悟原理，教育引导广大党员干部和师生员工把思想和行动统一到习近平总书记关于中国科大系列重要指示精神和党的二十大精神上来。全面梳理习近平总书记关于教育、科技、人才的重要论述以及关于中国科学院、安徽省、中国科大的重要指示批示精神，逐项抓好落实，健全完善贯彻落实习近平总书记重要指示批示的全链条责任体系。

要充分发挥校党委把方向、管大局、作决策、抓班子、带队伍、保落实的领导作用，坚持和完善党委领导下的校长负责制，持续推进制度的废改立工作，加快形成以大学章程为核心，规范统一、分类科学、层次清晰、运行高效的学校制度体系。全面实施学校"十四五"规划和2035年远景，进一步强化责任落实，健全科学有效的动态监测评估机制，深入推动习近平总书记系列重要指示精神落地融入办学治校全过程。

二、在潜心立德树人，大力培养堪当民族复兴重任的时代新人上下功夫。

要把抓好思想政治工作作为首要政治责任，深化思想政治理论课改革创新，扎实推动习近平新时代中国特色社会主义思想和党的二十大精神进教材、进课堂、进头脑。深化"三全育人"综合改革，加强教学管联动，全面推进基于网络和人工智能的"六个预警与援助"体系建设。要坚持"五育并举"，推动"第二课堂"与"第一课堂"协同育人，健全多维度的学生评价标准，促进学生德智体美劳全面发展。

要坚持强基固本、科教融合，走好基础研究人才自主培养之路。深化少年班、创新试点班等特殊类型招生改革，探索拔尖创新人才选拔新模式。深入实施"一流本科教育质量提升计划"行动纲领，以中法数学英才班、严济慈物理英才班等科技英才班为抓手，优化基础学科人才培养方案和课程体系。紧密围绕国家重大发展战略需求，推进未来技术学院、人工智能与数据科学学院、深空探测学院等建设。充分依托国家重大科研平台和重大科技基础设施，整合国家实验室、国家科研机构、科技领军企业等力量，着眼培养高层次紧缺人才谋划推进科教融合3.0，潜心打造高质量人才培养体系。

三、在执着攻关创新，强化国家战略科技力量上下功夫

要坚持"四个面向"，按照"率先实现科学技术跨越发展，率先建成国家创新人才高地，率先建成国家高水平科技智库，率先建设国际一流科研机构"的总要求，强化科技创新工作的前瞻性、战略性、系统性布局，加强对基础性、战略性工作的投入和引导，进一步完善以国家实验室、国家研究中心和大科学装置等重大平台为依托，以服务国家重大需求为目标的有组织科研模式，和以各学院为基础、以重点实验平台为支撑、以自由探索为主的卓越科技创新体系。

要落实中国科学院"基础研究十条"要求，加快打造原始创新策源地，加快突破关键核心

技术,努力抢占科技制高点,研究制定全面加强基础研究工作的"理实工程"。加快深空探测实验室、合肥先进光源、空地一体量子精密测量实验设施、碳中和研究院、中国科学院临床研究医院等建设发展,稳步推进全国重点实验室重组工作,推动共依托的全国重点实验室实体化运行,争取更多牵头或共建的全国重点实验室。高质量推进科技成果五元价值评价机制专项试点,持续加强科研诚信、科技伦理建设,打造良好学术生态。

四、在弘扬优良师风学风,建设高水平师资队伍上下功夫。

要将贯彻落实习近平总书记系列重要指示精神与学习贯彻习近平总书记关于做好新时代人才工作的重要思想相结合。把立德树人的成效作为检验学校一切工作的根本标准,把师德师风作为评价教师队伍素质的第一标准,将社会主义核心价值观贯穿教师思想政治和师德师风建设全过程。充分发挥党委教师工作委员会作用,着力构建党委集中统一领导、党政齐抓共管、教师工作部门统筹协调的大教师工作格局。

要加强人才工作统筹谋划,充分利用重大科研平台、大科学装置,释放以才引才的磁聚效应和以才育才的共鸣效应。用好用活各类人才政策,加大力量培养和引进战略科学家,营造积极且充满活力的创新文化,打造一流科技领军人才和创新团队,支持和鼓励全校科技工作者紧扣国家发展急迫需要和长远需求,把论文写在祖国大地上,将红旗插上科学的高峰。

五、在贯彻新时代党的建设总要求,为主动融入中国式现代化大局、开创一流大学建设新局面提供坚强组织保障上下功夫。

要全面贯彻新时代党的组织路线,坚持大抓基层的鲜明导向,深入实施《关于深化"红专工程"的指导意见》,开展基层党组织"强基础、提质量、创品牌"的三年行动计划,促进各级党组织政治功能和组织功能更加突出,融入中心、服务大局更加有力,把党组织建设成为宣传党的主张、贯彻党的决定、领导基层治理、团结动员群众、推动改革发展的坚强战斗堡垒。

要持之以恒推进全面从严治党,认真落实党风廉政建设和反腐倡廉责任制,紧盯关键少数、重点领域和关键环节,加强对"一把手"和领导班子的监督。要充分发挥巡视利剑作用,统筹谋划新一轮校内巡视工作,加强巡视整改和成果运用,写好巡视"后半篇文章"。要以咬定青山不放松的精神坚决打赢反腐败斗争攻坚战、持久战,坚持以严的基调强化正风肃纪,更严更细落实中央八项规定精神,持续深化纠治"四风",为建设中国特色、科大风格的一流大学营造风清气正的良好环境。

丹心报国铸重器,追光逐梦启征程

——在合肥先进光源开工誓师大会上的致辞

党委书记　舒歌群

(2023 年 6 月 26 日 11:00　同步辐射实验室一楼大厅)

尊敬的何多慧院士,各位老师:

大家好!

在这仲夏时节,我们收到了合肥先进光源项目初步设计概算获得批复的好消息。这不仅是党和国家对学校及实验室前一阶段工作的高度认可，同时也代表着合肥先进光源项目建设正式启动，进入为期五年的工程倒计时。在这里，我代表学校，对项目组在前期工作中付出的辛勤努力表示衷心的感谢，向项目建设正式启动表示热烈的祝贺！

作为一所为“两弹一星”事业创办的大学，服务国家重大战略需求是中国科大与生俱来的价值追求。四十年前，中国科大举全校之力为国铸“重器”。以何多慧院士等为代表的第一代“追光者”们从零起步，于艰难困苦中披荆斩棘，勇担使命，敢为人先，锐意进取，攻克了同步辐射领域诸多关键核心技术，完成了一件件看似“不可能完成”的事，取得一系列重要创新成果。1989 年，中国第一束“神奇之光”从合肥迸发，照亮了中国科学家“追光”的赛道，创造了中国加速器界的四个第一。最终，我国第一台专用同步辐射装置、第一个国家级实验室、第一个依托高校的建设大科学工程顺利建成，成为中国科大南迁合肥二次创业过程中的一项标志性成果。实验室成果曾多次荣获国家自然科学奖、中国科学十大进展等重要奖项。在中国共产党成立 100 周年之际，实验室作为由高校建设运行的“大国重器”成功入选全国爱国主义教育示范基地！

习近平总书记深刻指出“世界已经进入大科学时代”，强调“要科学规划布局前瞻引领型、战略导向型、应用支撑型重大科技基础设施”。四十年后的今天，新一代“追光者”们朝气蓬勃、整装待发，踏上了建设合肥先进光源的新的征程。合肥先进光源瞄准建设成为国际先进的低能区第四代同步辐射光源，将应用于微观世界的观测，为能源与环境、量子材料、物质与生命交叉等领域的研究与发展带来更多机遇。我相信，合肥先进光源作为国家战略科技力量，将面向世界科技前沿、经济主战场、国家重大需求和人民生命健康，发挥“科技利器”作用，为突破科学前沿、解决经济社会发展和国家重大科技问题提供重要的物质基础和技术保障。

同时，我们也要充分认识到，合肥先进光源工程面临着建设周期短、技术难关多、工程项目重等众多问题的考验。时间紧、任务重，希望项目组全体成员能够牢记一代代“追光者”们为国铸器的光辉事迹，继承并发扬前辈们科教报国的爱国主义情怀和“自立自强、拼搏奉献、追求卓越”的奋斗精神，万众一心、砥砺前行，保质、保量完成项目建设各项任务，将“小我之力”融入“大国之梦”，讲好新时代的“光源事”，追逐新时代的“光源梦”，开启追光逐梦的新征程，助力国家同步辐射实验室再次腾飞！

合肥先进光源项目计划于今年 9 月 20 日校庆日土建动工，这是对中国科大诞辰 65 周年最好的献礼。学校也将继续在政策、资金、人才引进等多方面全力支持合肥先进光源的建设，急实验室所急，解实验室所困，充分释放实验室创新活力，做好各方面的保障工作，让我们的科研工作者和工程建设者们能心无旁骛地投入建设工作！祝福合肥先进光源工程早日建成出光，打开探索前沿科学的“慧眼”，占领未来科技发展的制高点，为加快实现高水平科技自立自强，为建设世界科技强国、实现中华民族伟大复兴推进作出新的更大贡献。

最后，预祝合肥先进光源项目顺利实施，并期待 5 年后学校的“七十大寿”能够收到项目成功建成的好消息！

我就讲这么多，谢谢大家！

乘势而上开新局　扬帆起航再出发

——在院部省重点共建中国科大签约仪式上的表态讲话

党委书记　舒歌群

（2023年7月7日17:30　省委东131会议室）

尊敬的韩俊书记、清宪省长、建国院长、陈杰副部长，中国科学院、教育部、安徽省的各位领导、各位来宾：

在中国科学技术大学即将迎来建校65周年之际，中国科学院、教育部、安徽省决定在持续共建中国科大的基础上，紧密合作、全力支持学校建成中国特色、世界一流大学，充分体现了对中国科大的深切重视和殷切希望。在此，我谨代表中国科大向中国科学院、教育部、安徽省长期以来对学校建设发展的大力支持与关心厚爱表示衷心的感谢！

近年来，在院、部、省的正确领导下，中国科大坚持以习近平新时代中国特色社会主义思想为指导，深入贯彻落实习近平总书记关于中国科大系列重要指示精神：潜心立德树人，深入实施“强基计划”和基础学科拔尖人才培养计划，“强基计划”实施三年来在培学生662人，数、理、化、天、地、生等8个学科入选拔尖计划2.0。深化新时代教育评价改革试点，完善“五育并举”育人体系，大力培养“六有”大学生。执着攻关创新，全面落实中国科学院“基础研究十条”，重大原创性科技成果不断涌现，合肥同步辐射光源、量子科学实验卫星、量子计算原型机、《中国手工纸文库》等亮相“奋进新时代”主题成就展。7项研究成果入选中国科学院“率先行动”计划第一阶段重大科技成果及标志性进展。2016年来，作为第一完成单位获国家科学技术奖励10项。用新动能推动新发展，设立“鲲鹏计划”，与安徽8个地市签署校地合作协议。探索科技成果转化赋权试点改革的“中国科大模式”，现已开展赋权改革项目27项。支持打造“科大硅谷”，建设科技商学院，形成“立足合肥、覆盖安徽、辐射全国”的科技成果转移转化体系。学校坚持将习近平总书记系列重要指示精神融入办学治校各环节，各项工作取得显著进展，“双一流”建设迈上新的台阶。

今年是全面贯彻落实党的二十大精神开局之年，也是学校“十四五”规划实施、新一轮“双一流”建设承前启后的关键之年。学校将以共建协议签署为新的起点，牢记习近平总书记嘱托，突出培养一流人才、服务国家战略需求、争创世界一流的导向，全面落实新一轮“双一流”建设八大重点任务，教育、科技、人才有机结合、统筹推进，形成推动高质量发展的倍增效应，探索走出一条建设“中国特色、科大风格”世界一流大学的新路，在以下四个方面持续用力：

一是坚持教育是基础性支撑，在培养德智体美劳全面发展的社会主义建设者和接班人上下功夫。充分发挥高等教育在教育强国建设中的龙头作用，以立德树人为根本任务，扎实推进新一轮“双一流”建设。进一步突出所系结合、科教融合特色，谋划推进科教融合3.0版，充分发挥重大创新活动和高水平科技基础设施平台的优势，着力培养当前和未来我国现代化建设急需的高端科技人才和高质量后备人才，为实现高水平科技自立自强和抢占国际科技制高点提供教育支撑。

二是坚持科技是创新性引领，在强化国家战略科技力量上下功夫。坚持“四个面向”，落实“四个率先”的总要求，加强对基础性、战略性工作的投入引导，制定实施“理实工程”。全力支持合肥国家实验室建设，加快深空探测实验室、合肥先进光源、空地一体量子精密测量实验设施、碳中和研究院等建设，稳步推进全国重点实验室重组工作，争取更多牵头或共建的全国重点实验室。推进科技成果五元价值评价机制专项试点，持续加强科研诚信、科技伦理建设，打造良好学术生态。

三是坚持人才是主体性驱动，在建设高水平师资队伍上下功夫。构建党委集中统一领导、党政齐抓共管、教师工作部门统筹协调的大教师工作格局。加强人才工作统筹谋划，用好用活各类人才政策，充分利用重大科研平台、大科学装置，加大力量培养和引进战略科学家，打造一流科技领军人才和创新团队。支持和鼓励全校科技工作者紧扣国家发展急迫需要和长远需求，把论文写在祖国大地上，将红旗插上科学的高峰。

四是坚持创新是发展原动力，在打造具有重要影响力的科技创新策源地和新型产业聚集地上下功夫。进一步深化探索知识产权“赋权＋转让＋约定收益”的“中国科大模式”，推动“鲲鹏计划”实现全覆盖，支持职务科技成果优先在省内转化，加强产学研深度融合。持续建强先进技术研究院、国际金融研究院，全力配合省市建设“科大硅谷”，支持更多校友企业落地合肥。加快推进科技商学院建设，着力培养复合型科技产业组织人才，为省校融合发展注入新动能。

此次共建协议的成功签署，吹响了中国科大乘势而上开新局、扬帆起航再出发的号角。学校将深入开展学习贯彻习近平新时代中国特色社会主义思想主题教育，全面贯彻落实党的二十大作出的重大决策部署，坚持教育科技人才一体推进，以高质量教育涵养源头活水，以高水平科技创新激发动能活力，以高素质人才增创发展优势，为推进教育强国、科技强国、人才强国建设贡献“科大力量”。

谢谢大家！

在第十三次党代会动员部署会上的讲话

党委书记　舒歌群

（2023年12月13日8:30　东活五楼报告厅）

同志们：

大家上午好！

经校党委研究，报请中组部、安徽省委同意并报告中国科学院党组，学校将于2024年召开第十三次党代会。校党委高度重视此次大会的筹备工作，先后召开党委常委会会议、党委全委会会议，成立党代会筹备工作领导小组及工作组，对筹备工作进行专题研究、统筹安排，前期已经召开了筹备工作交流会。刚才，蒋一常务副书记宣读了安徽省委教育工委关于同意召开学校第十三次党代会的通知，党代会筹备工作组也向大家通报了大会的筹备工作安排，大家要认真学习、仔细研讨，准确把握党代表选举工作和“两委”委员候选人酝酿提名工作的有关政策、基本要求和工作程序，高标准高质量地做好各项筹备工作，为大会的顺利召开提供坚强保证。

下面，根据上级精神以及学校党委的要求，我就筹备好第十三次党代会提三点要求。

一、统一思想，深刻认识召开第十三次党代会的重要意义

习近平总书记在党的二十大报告中指出，教育、科技、人才是全面建设社会主义现代化国家的基础性、战略性支撑，坚持教育、科技、人才“三位一体”统筹推进，把建设中国特色、世界一流的大学和优势学科作为重中之重，加快建设教育强国、科技强国、人才强国。近年来，校党委深入学习贯彻习近平新时代中国特色社会主义思想和习近平总书记关于中国科大系列重要指示精神，全面贯彻党的教育方针，牢牢把握社会主义办学方向，团结带领全校师生员工，紧紧围绕“潜心立德树人，执着攻关创新”核心任务，深入实施“一流本科教育质量提升计划”“研究生教育‘德创’领军人才培养计划”，不断完善拔尖创新人才培养体系，培养了一批国家急需紧缺人才；扎实开展“理实工程”，瞄准国际科学前沿和国家战略需求，取得了关键核心技术重大突破，成为国家重要战略科技力量；紧密结合国家和区域经济社会发展需要，产学研深度融合有力促进经济社会发展；加强基础学科，强化交叉学科和新兴学科建设，加快形成“基础学科率先一流，新工科跨越发展，新医学融合发展，管理与人文特色发展”的一流学科体系，学校事业蓬勃发展，一流大学建设成效显著，高质量完成了第十二次党代会提出的各项任务。

奋楫扬帆风正劲，勇立潮头逐浪高。学校第十三次党代会是在全面贯彻落实党的二十大精神和全党深入开展学习贯彻习近平新时代中国特色社会主义思想主题教育，加快实施学校“十四五”规划、推动“双一流”建设的关键时期召开的一次重要会议，是全校党员干部和师生员工政治生活中的一件大事。

我们要通过这次大会，系统总结第十二次党代会以来学校的发展成绩和工作经验，科学规划未来五年乃至更长时间学校事业发展的宏伟蓝图；选举产生学校第十三届党的委员会和纪律检查委员会；动员全校党员干部和师生员工，更加紧密地团结在以习近平同志为核心的党中央周围，贯彻落实习近平总书记关于中国科大系列重要指示精神，潜心立德树人，执着攻关创新，努力办出中国特色、科大风格的世界一流大学，为加快建设教育强国、科技强国、人才强国，以中国式现代化全面推进中华民族伟大复兴作出新的更大的贡献。

各级党组织要提高政治站位，充分认识第十三次党代会的重要意义，利用筹备召开第十三次党代会的契机，进一步凝聚共识、提振信心、鼓足干劲，把全校师生的思想和行动统一到“为党育人、为国育才”的使命担当上来，统一到“潜心立德树人、执着攻关创新”的核心任务上来，全面推进学校各项事业迈上新台阶。全校上下要以饱满的政治热情、奋进的精神状态、扎实的工作作风，全力以赴、团结协作，做好各项筹备工作，把第十三次党代会开成一个团结的大会、奋进的大会、胜利的大会。

二、求真务实，高质量高水平做好党代会各项筹备工作

筹备召开第十三次党代会，时间紧、任务重、要求高、程序严，学校党委专门制定了党代会的筹备工作方案和时间节点图，明确了工作流程、时间节点、具体任务，大家一定要密切配合，全力以赴做好各项筹备工作。

一是广泛集智聚力，做好“两委”报告的起草工作。起草好“两委”工作报告是开好党代会的重中之重。要深入基层、深入师生开展调研，广泛听取各方意见建议，使起草报告的过程成为统一思想、明确目标、凝聚人心的过程。在群策群力、精心撰写的基础上，报告要主题鲜明、脉络清晰、方向明确、任务具体，具有思想性、战略性、科学性，充分体现全校上下关于建设中国特色、科大风格的世界一流大学的重要共识，真正成为指导学校高质量发展的重要文件。

二是严格组织程序，认真做好党代表选举工作。根据《中国共产党基层组织选举工作条例》相关规定，在党代表选举过程中，要突出程序的规范性，充分发扬党内民主，认真贯彻民主集中制原则，广泛听取意见、制订工作计划，确保党代表选举规范有序。要突出代表的广泛性，根据学校党委确定的比例，认真遴选教学科研、管理支撑、学生、离退休教职工等不同类型的党代表，重视推荐妇女党员代表、50 周岁以下的党员代表。要突出代表的先进性，加强代表资格审查，严把遴选关，真正把思想政治素质过硬、作风品行端正、议事能力较强、工作成绩显著、群众基础良好的同志推选出来。

三是规范推选流程，做好“两委”委员候选人的提名推荐工作。“两委”委员候选人的产生有严格的程序要求，要坚持自下而上、上下结合、充分酝酿，要把握比例、严格条件，真正将政治立场坚定、领导能力突出、思想品德优秀的同志推选出来。各级党组织要立足学校工作全局，着眼学校长远发展，本着对学校事业发展高度负责、对广大党员群众和师生员工高度负责的态度，自觉把思想和行动统一到学校党委的决策部署上来，高质量完成“两委”委员候选人的提名推荐工作。

四是广泛开展宣传，为党代会召开营造良好舆论氛围。要充分运用专题网站、宣传栏、新媒体等渠道，开设专题栏目，大力宣传近年来学校各项工作取得的成就、师生身边的先进模范事迹以及党代会筹备进展情况。各级党组织要加强教育引导，提高广大党员参与的积极性，增强全体党员和师生员工的主人翁意识，营造创先争优、团结和谐的浓厚氛围。

三、周密部署，切实加强对党代会筹备工作的组织领导

党代会筹备工作是一项系统工程，既环环相扣，又涉及方方面面，这是对全校党员干部政治觉悟、能力素质和工作作风的一次集中检验。大家要吃透政策，立即行动起来，履好职、站好岗、尽好责，高标准高质量完成各项筹备工作，确保党代会顺利召开。

一是强化责任落实。筹备工作领导小组负责牵头抓总，各工作组要做到思想认识到位、工作落实到位、组织措施到位，全面梳理近期需要完成的相关工作，进一步细化安排、明确节点、压茬推进。各级党组织要从讲政治、讲大局的高度，切实担负起责任，认真做好组织、宣传、思想政治工作，周密安排、严格把关、抓好落实，职责明确、任务到人。

二是严明组织纪律。要严格执行民主集中制，严格按照规定和程序办事。各级领导干部要率先垂范，带头讲党性、讲大局、讲纪律。全体党员要以强烈的政治责任感和使命感正确行使民主权利，认真负责地参加推荐、选举等工作，营造风清气正的良好生态。

三是注重统筹兼顾。马上就要临近岁末年初，学校各项工作进入“收官”阶段，党代会筹备工作与本科教育教学审核评估、学校主要领导经济责任审计整改、学生考试季等叠加，这就需要大家齐心协力、协同配合。大家要紧密结合当前工作实际，合理安排、扎实推进，既保证党代会各项工作顺利圆满，又卓有成效地完成各项工作任务，切实做到筹备召开党代会和中心工作相融合相促进。

同志们，第十三次党代会筹备工作，任务艰巨、意义重大、使命光荣。各级党组织要强化思想政治引领，团结带领全体党员和师生员工，以强烈的事业心和责任感积极投身到党代会筹备工作中，共同营造团结和谐、蓬勃向上的良好氛围，高质量开好学校第十三次党代会，凝聚起推动学校事业发展的强大力量，奋力谱写习近平总书记擘画的“努力办出中国特色世界一流大学”新篇章。

谢谢大家！

加强人才培养，夯实基础研究
支撑国家高水平科技自立自强

校长　包信和

（2023 年 3 月 22 日 14:30　教育部）

党的二十大报告强调“教育、科技、人才”统筹安排、一体部署，加快实现高水平科技自立自强，加快建设科教强国，极具战略意义和深远影响。2 月 21 日，中央政治局就基础研究进行了专门的集体学习，总书记明确指出，加强基础研究，归根结底要靠高水平人才，必须下气力打造体系化、高层次基础研究人才培养平台，让更多基础研究人才竞相涌现。习近平总书记曾三次考察中国科大，对学校长期以来坚持注重基础人才培养和高水平的科学研究给予了肯定，要求中国科大瞄准世界科技前沿，立足国内重大需求，潜心立德树人，执着攻关创新，在基础性、战略性工作上多下功夫。下面结合学习贯彻“二十大”精神和总书记系列重要讲话，就发挥高校基础研究人才培养主力军作用谈几点体会。

一、优化体系、夯实基础，坚持走高水平人才自主培养之路

1958 年，为打破西方发达国家的封锁，解决中国在“两弹一星”工程中的重大科学问题，党中央和国家创办了中国科大，通过参与国家重大战略工程、重大任务来凝练学科方向、培养尖端科技人才，再通过输出尖端科技人才来充实国家科研和行业力量，解决国家“卡脖子”难题。历史的发展惊人的相似，现今，美西方限制我国学生进入他们的关键领域和专业，千方百计阻挠在 STEM 相关领域和专业学习的青年学生回国服务，目的就是要遏制我国基础研究的发展。我们必须丢掉幻想、敢于斗争，坚持走基础研究人才自主培养之路。近年来，国家未雨绸缪，深入实施了“中学生英才计划”“强基计划”“基础学科拔尖学生培养计划”，初步形成具有中国特色的基础学科教育和基础研究人才自主培养新体系。

中国科大聚焦国家对基础学科人才和关键领域急需人才要求，充分发挥“科大少年班”和各类“英才计划”的优势，深入实施“一流本科教育质量提升计划”行动纲领和研究生教育“德创领军人才”培养计划，完善具有特色的“两段式、三结合、长周期、个性化、国际化”的拔尖创新人才培养模式。在夯实学生数理基础的成功实践的基础上，近年来率先引入计算思维基础课程，面向科技前沿培养学生利用计算解决复杂问题的综合素养。面向国家战略，培养急需基础人才是我们的使命，中国科大首批建设未来技术学院，创办量子信息科技、严济

慈物理、华罗庚数学、钱学森力学等科技英才班，从本科生开始培养基础研究的“好苗子”。学校贯彻“全院办校，所系结合”的办学方针，充分发挥中国科学院一流研究机构的科研优势，通过科教融合、协同育人的方式联合培养研究生，取得了一定成效。进一步希望在教育部、中国科学院的指导下，深入探索科教融合、产教融合新模式，促进高质量人才培养和高水平科学研究深度融合，优化基础学科教育体系和基础人才培养新范式。

二、尊重科学、把握大势，坚持目标导向和自由探索有机结合

习近平总书记指出，基础研究处于从研究到应用、再到生产的科研链条起始端，地基打得牢，科技事业大厦才能建得高。要坚持“四个面向”，坚持目标导向和自由探索“两条腿走路”，把世界科技前沿同国家重大战略需求和经济社会发展目标结合起来，统筹遵循科学发展规律提出的前沿问题和重大应用研究中抽象出的理论问题，凝练基础研究关键科学问题，从源头和底层解决关键核心技术问题。20 世纪 90 年代，中国科大率先在国内开展量子基础研究，经过多年的潜心研究，当年的“冷板凳”已经变成了“热炕头”，在量子通信、量子计算、量子精密测量等领域取得了一系列举世瞩目的重大成果，站上了世界科技的高峰，同时，中国科大深入贯彻习近平总书记关于基础研究的系列重要论述精神，把研究工作同国家重大战略和经济社会发展需要结合起来，凝练关键问题，组织人才队伍，有效地解决了“量子保密通信”“量子计算原型机”，以及高精密测量仪器等领域的“卡脖子”问题，走出了一条基础研究支撑高科技发展的新路。

积极推进战略导向的体系化基础研究、前沿导向的探索性基础研究、市场导向的应用性基础研究。中科大与国家航天局、安徽省人民政府共建深空探测实验室，与紫金山天文台共建“墨子”巡天望远镜，统筹地球科学、空间科学、信息自动化等学科谋划建设深空探测学院，努力服务航天强国建设；面向国家双碳目标，立足于学校在太阳能、生物质、储能、氢能等方面的优势，建设碳中和研究院；面向人民生命健康，深度融合安徽省立医院，统筹生命科学、临床医学、生物医学工程、公共卫生等学科成立生命科学医学部，建设中国科学院临床研究医院、合肥综合性科学中心大健康研究院，初步形成从基础设施，到基础研究和应用研究，最终进行成果转化的创新链，着力解决影响制约国家发展全局和长远利益的重大科学问题。

三、几点建议

一是更好地统筹和优化聚焦基础人才培养的“强基计划”和“英才计划”，进一步完善招生和后续培养的衔接(保证推免指标)，充分激发学生从事基础研究的积极性；

二是注重学生实践能力的培养，支持有条件的高校适当增加科教融合、产教融合博士研究生培养规模，积极探索基础性人才高质量培养新范式；

三是长期稳定支持一批基础研究创新基地、优势团队和重点方向，打造原始创新策源地和基础研究先锋力量。

持续发挥基础研究优势　打造国家战略科技力量

校长　包信和

（2023 年 3 月 27 日 15:40　安徽省行政中心）

习近平总书记在中共中央政治局第三次集体学习时强调，要切实加强基础研究，夯实科技自立自强根基。科技部王志刚部长也对加强前沿导向的探索性基础研究和开展战略导向的体系化基础研究进行重点部署。安徽省近年通过合肥综合性国家科学中心等系列前瞻布局，打造科技创新的强劲动力，尤其对学校发挥基础研究优势，打造国家战略科技力量、建设世界一流大学给予了大力支持。学校先后建设一批重大科技基础设施、产出“九章”量子计算原型机和证明微分几何学两大核心猜想等重大原创性科技成果。

中国科大 65 年前因“两弹一星”事业而创建，学校的建设发展得到了党和国家的充分肯定，将习近平总书记的殷切期望作为建设发展的核心任务，潜心立德树人，执着攻关创新，瞄准基础性、战略性工作，将人才培养、科技创新与国家发展紧密结合，系统提升教育、科技、人才一体化建设能力，开展了一系列工作。

一、培育高水平基础研究人才队伍，打造基础研究先锋力量

加强基础研究，归根结底要靠高水平人才。学校充分发挥基础研究人才培养主力军作用，聚焦基础学科人才和关键领域急需人才培养要求，打造拔尖创新人才培养模式，充分发挥“少年班”“科技英才班”和“强基计划”“基础学科拔尖学生培养计划”等优势，首批建设未来技术学院，创办严济慈物理英才班、华罗庚数学英才班、钱学森力学英才班，从本科生开始培养基础研究的“好苗子”。

在青年科技人才的培育上，学校开展科技成果“五元”价值评价试点，探索建立符合基础研究和人才成长规律的评价体系。面向基础研究青年人才，学校设立科研创新支持体系，探索符合人才发展规律的青年科技人才全周期、体系化培育路径，统筹实施青年创新重点基金、原创探索类基金、“揭榜挂帅”项目、稳定支持基础研究领域青年团队、学术领军人才培养计划等，稳定、精准支持青年人才，引导、激励科研人员投身原创性基础研究。学校支持青年人才积极争取国家基础研究任务，在国家自然科学基金面上项目的获批比例一直稳居全国高校前列、人才和团队类项目获批数量保持高位稳定。

目前，学校基础学科均为 A＋学科，正积极建设基础学科研究中心，积极面向取得若干“从 0 到 1”重大原创性成果开展前沿交叉学科研讨。

二、组织战略导向的体系化基础研究，打造原始创新策源地

学校以国家级科研平台建设为牵引，积极推进战略导向的体系化基础研究。在量子信息领域，学校全力支持合肥国家实验室建设，共同推进科技创新 2030“量子通信与量子计算机”重大项目实施及“空地一体量子精密测量”重大科技基础设施建设，深度参与量子科技产学研联盟，打造全球量子科技创新策源地。在深空探测领域，学校与国家航天局、安徽省共建深空探测实验室，与紫金山天文台共建“墨子”巡天望远镜，谋划建设深空探测学院，共同承办 2023 年“中国航天日”主场活动，服务航天强国建设。

学校全力推进合肥先进光源、高精度地基授时系统、未来网络试验设施等重大科技基础设施建设，积极部署超级陶粲等预研项目。把握全国重点实验室重组建设机遇，通过调整布局、重组力量、优化资源配置，开展成体系、有组织的科研。目前，学校作为依托单位或共同依托单位的认知智能、微尺度、火灾科学、精准智能化学 4 个实验室已获中国科学院/科技部正式下文建设；作为共建单位共有 5 个实验室获正式下文建设；另有精密探测物理与技术、免疫治疗、磁测量仪器及应用、量子网络等牵头建设的实验室处于重组推进中。

三、主动融入新发展格局，推动区域经济社会高质量发展

学校坚持“四个面向”，积极发挥一流大学科学研究和人才培养紧密结合的优势，积极服务地方经济社会高质量发展。如学校积极面向人民生命健康，深度融合安徽省立医院，统筹生命科学、临床医学、生物医学工程、公共卫生等学科成立生命科学医学部，建设中国科学院临床研究医院、大健康研究院，初步形成从基础设施到基础研究和应用研究，最终进行成果转化的创新链。

学校创新科技成果转化体制机制，探索赋权试点改革“赋权＋转让＋约定收益”的“中国科大模式”，积极推进科技成果转化落地。以“服务师生、惠聚校友、支持地方”为目标，全力支持打造“科大硅谷”。高起点建设科技商学院，培养“五懂”复合型科技产业组织人才，推动创新链、产业链、资金链、人才链深度融合。

中国科大的发展离不开科技部和安徽省的关心和支持。科技部长期以来在重大科研平台和攻关任务等方面给予学校大力支持，全力支持科大以量子为代表的研究工作，指导微尺度物质科学国家研究中心建设和全国重点实验室重组工作。安徽省委书记韩俊同志到安徽履新第二站即调研中国科大，并深切表示省委、省政府将一如既往地秉持“怎么支持科大都不为过”的理念，成为学校建设发展的动力！

新的历史阶段，学校将充分发挥基础研究优势，心怀“国之大者”，进一步强化基础研究前瞻性、战略性、系统性布局，坚持目标导向和自由探索“两条腿走路”，凝练基础研究关键科学问题，成为支撑国家科技自立自强的重要战略科技力量，更好地服务国家世界重要人才中心和创新高地建设。

在严济慈先生生平档案资料捐赠仪式暨“科学之光——严济慈先生纪念展”开幕式上的讲话

校长　包信和

（2023 年 4 月 20 日 8:30　东活五楼）

尊敬的各位来宾、老师们、同学们：

上午好！

今天，中国科大举办严济慈先生生平档案资料捐赠仪式暨“科学之光——严济慈先生纪念展”开幕式，以此隆重纪念我校第二任校长、著名科学家、教育家严济慈先生。参加今天仪式的有严济慈先生亲属代表严慧英女士、严小雄先生和全校师生代表，在此，我谨代表学校对大家的到来表示热烈的欢迎和衷心的感谢！

严济慈先生是我国著名物理学家。他自幼好学，成绩优异。1923年毕业于南京高等师范学校和东南大学。1927年获法国国家科学博士学位。1948年当选中央研究院院士。1955年当选中国科学院学部委员。他长期担任中国科学院领导职务，1983年任全国人大常委会副委员长。他毕生致力于"让科学研究在中国大地上生根"，以发展中国科学为己任，不论是在科学研究、技术创新，还是在科学管理、科技传播方面都作出了重大贡献。他是我国现代物理学研究的开创者之一，也是我国科技管理领域的杰出代表。

严济慈先生是我国著名教育家。他是中国科大的创始人之一，先后担任教授、副校长、研究生院院长、校长、名誉校长，为学校各方面的发展作出了重要贡献。作为教授，他花甲之年登台执教，率先垂范，立德树人；作为副校长，他主管教学，注重基础，鼓励创新，提倡教研结合。作为校长，他开放办学，实施一系列创新改革举措，其"创寰宇学府，育天下英才"的国际视野和宏大格局，使学校在二次创业中迅速崛起、重振辉煌；作为名誉校长，他始终牵挂和鼎力支持中国科大的发展，把中国科大视为自己的"掌上明珠"，为学校发展殚精竭虑。

严济慈先生一生治学严谨、治教用心，在科学研究中勇于开拓、不断创新，在教书育人上诲人不倦、桃李芬芳，在科教管理中极具高瞻远瞩的战略眼光，对党和国家一腔赤诚，为我们留下了宝贵的科教思想和精神财富。他的教育理念、科学思想一直指导着中国科大的办学实践，使一代代科大人在"科学之光"的指引下，不忘科教报国、服务人民之初心，勇担追求卓越、勇攀高峰之重任。

2022年3月，严慧英女士向中国科大捐赠了6000余件严老的珍贵生平档案资料。这里面包含严老在长期学习、工作、生活中形成的手稿、书信、题词、照片等弥足珍贵的档案资料，部分档案资料在这次展览中是第一次公开面世。在此，我代表学校向以严慧英女士为代表的严老亲属们的大力支持表示衷心感谢！

为传承以严济慈先生为代表的老一辈科学家精神，学校特举办"科学之光——严济慈先生纪念展"，一方面是铭感严济慈先生为我国科教事业以及中国科大发展所作出的突出贡献，缅怀先生的爱国情怀和科学精神，另一方面是希望通过此次活动，激励广大党员、师生深入学习以严济慈先生为代表的老一辈科学家胸怀祖国、服务人民的爱国精神，勇攀高峰、敢为人先的创新精神，淡泊名利、潜心研究的奉献精神，甘为人梯、奖掖后学的育人精神，主动肩负起历史重任，为建设中国特色、科大风格的世界一流大学作出新的更大贡献。

栉风沐雨葆初心　砥砺奋进续辉煌

——在2023年郭沫若奖学金颁奖典礼上的讲话

校长　包信和

（2023年4月22日14:30　东区大礼堂）

尊敬的各位来宾、老师们，亲爱的同学们：

大家下午好！

今天，我们欢聚在春暖花开的中国科大校园，举行2023年郭沫若奖学金颁奖典礼。我谨代表中国科大全体师生员工，向荣获第41届、42届郭沫若奖学金的65位同学表示热烈的祝贺！向远道而来的各位家长、各位中学校长和老师表示诚挚的欢迎！向长期以来对郭沫若奖学金给予大力支持的新创校友基金会、海内外校友和社会各界朋友表示衷心的感谢！

郭沫若奖学金是以学校首任校长郭沫若先生生前交给中国科学院党组的15万元稿费设立的，是新中国第一个以个人名义命名的专项奖学金，希望以此来激励莘莘学子勇攀科学高峰。自1981年首届郭奖颁发至今，共有1075位同学获得了资助，当前他们大多活跃在教育、科研、金融、IT领域的国际舞台。因此，郭奖在国内外都享有崇高声誉，成为了每一位在校的科大学生梦寐以求的最高荣誉。今天我们有幸邀请到首届郭奖获得者、777校友林间教授，他是国际著名海洋地球物理学家、欧洲科学院院士、俄罗斯自然科学院院士，在海洋地球物理和地震学领域作出了原创性和系统性的卓越贡献。在此，我要感谢林间校友受邀出席今天的典礼，同时，我要再次祝贺今天获奖的65位同学们，祝贺你们加入到“郭奖得主”这个群星璀璨的集体，你们当中有26人选择留在国内，中国科大、北京大学、清华大学等世界一流的高校和科研院所学习；有39人选择远渡重洋，前往普林斯顿、哈佛、斯坦福、麻省理工等世界一流名校深造，今后无论身在何处，都希望你们永远秉持科大人“科教报国、追求卓越”的初心使命，砥砺奋进、再创辉煌。

65年前，郭沫若、严济慈、华罗庚、钱学森、郭永怀、钱临照等老一辈科学家披荆斩棘，克服重重困难，创办了中国科大。今天的科大人心怀“国之大者”，把个人抱负与国家发展同频共振，使人生理想与民族命运休戚与共，以民族复兴的步伐为节拍，以砥砺奋进的青春为旋律，谱写了自强不息的动人乐章：少年班81级校友、第五届郭奖获得者、美国国家科学院院士、斯坦福大学终身教授骆利群面向世界科技前沿，利用关键技术探究生命本质，通过解剖9000多只果蝇的大脑，找到神经细胞两种蛋白“里应外合”组队执行精准连接的密码，拓展了人类对于大脑和神经系统的认识，在发育神经科学研究领域作出了杰出贡献；地球和空间科学系85级校友、第九届郭奖获得者、中国科学院院士、中国科学院国家空间科学中心主任王赤瞄准国家战略需求，带领空间中心的研究团队，以空间科学战略性先导科技专项二期为依托，围绕宇宙起源、生命演化等关键科学问题，相继研制并发射引力波暴高能电磁对应体全天监测器“怀柔一号”和综合性太阳探测卫星“夸父一号”，产出系列重要原创性科研成果，带领中国的空间科学逐步走近世界空间科学舞台的中央。

同学们，希望你们以他们为榜样，勇担时代重任，敢于攻坚克难，敢于创新创造，学会从挫折中磨砺意志，在磨炼中成长成才，积极投身科技创新最前沿，不断向科学技术的广度和深度进军，把自己的科学追求融入民族复兴的伟业中，融入国家富强的宏图中。

同学们，今天的颁奖既是对以往学习生活的肯定与鼓励，更是对未来的期许与鞭策。希望你们在前进的道路上，仰望星空又脚踏实地，敢想敢为又善作善成，用朝气与汗水绘就新时代青年的灿烂画卷，用智慧与毅力战胜前行路上的困难和挑战，让青春在全面建设社会主义现代化国家的火热实践中绽放最绚烂的光彩，在全面推进中华民族伟大复兴的宏伟蓝图中书写最华丽的篇章！

最后，希望你们有机会常回家、回母校看看，父母、亲友、母校的师生永远是你们的避风港和加油站，是你们的坚强后盾。谢谢大家！

在教育强国战略咨询会上的发言

校长　包信和

（2023年6月20日14:00　武汉东湖宾馆）

党的十八大以来，以习近平同志为核心的党中央始终高度重视教育强国建设，坚持优先发展教育事业，并对高校在建设教育强国、服务高质量发展方面应发挥的作用提出了一系列具体要求。习近平总书记在2016年4月26日考察中国科大时，特别指出“安徽作为科技大省，中国科技大学作为以前沿科学和高新技术为主的大学，这些年抓科技创新动作快、力度大、成效明显，值得肯定。中国科技大学要勇于创新、敢于超越、力争一流，在人才培养和创新领域取得更加骄人的成绩，为国家现代化建设作出更大的贡献”。

作为中国共产党为“两弹一星”事业亲手创办的红色大学，中国科大始终坚守“科教报国、追求卓越”的初心使命，牢记习近平总书记的殷殷嘱托，围绕“潜心立德树人、执着攻关创新”两大核心任务，坚持“四个面向”，心怀“国之大者”，立足国家重大战略需求，主动服务经济社会发展，坚持走拔尖创新人才自主培养之路，为建设中国特色社会主义教育强国作出科大贡献，不断把红旗插上科学的高峰。

一、聚焦关键学科领域，加强拔尖创新人才培养

学校坚守为党育人、为国育才的初心使命，注重“基础宽厚实、专业精新活”，总结凝练人才成长规律，通过“科教结合、所系结合、理实结合”，提升学生源头创新和实践能力，大力培养理论联系实际、动手实践能力强的拔尖创新人才。

学校努力打造“基础学科率先一流，新工科、新医学跨越式发展，特色文科稳步提升”的学科体系，大力实施“基础学科拔尖学生培养试验计划”，先后与相关研究院所合作创办了19个科技英才班，数学、物理学、化学、生物科学、地球物理学、力学、计算机科学、天文学先后入选教育部基础学科拔尖学生培养计划2.0基地。以少年班学院为试点，推动交叉学科培养，定制36个专业方向的培养方案，真正实现“一生一方案”。持续深化“科教融合、所系结合”，充分发挥中国科学院人才培养和科教融合的特色、优势，与中国科学院研究院所共建8个科教融合学院、7个所系结合研究生培养基地，打造从“所系结合1.0”到“科教协同2.0”，再到“科教融合3.0”新模式，积极探索实施中国科学院教育科技人才一体化发展苏州示范区，争当科教融合、协同育人的典范。在教育部的指导下，全面推进高层次紧缺人才专项和工程硕博士人才培养模式改革专项，承担“集成电路”“网络空间安全”“关键软件”等5个专项，与华为、中石化、中国电子、中国电科、中核集团等领军企业签订联合培养协议。学校心怀国之大者、面向国家急需，先后成立了聚焦量子科技的未来技术学院、网络空间安全学院、微电子学院、稀土学院、核科学技术学院和深空探测学院等，鼓励更多学生投身重点急需行业领域，想国家之所想、急国家之所急、研国家之所需。

二、立足国家重大需求，担当国家战略科技力量

学校牢记作为国家战略科技力量的使命担当，心怀“国家事”、肩扛“国家责”，充分发挥基础研究主力军和重大科技突破生力军作用，整合创新资源和优势力量，加快学科交叉融合，不断推动“大国重器”建设。

近年来，学校聚焦科技前沿、协同攻关创新，大力支持合肥国家实验室建设，全面参与合肥综合性国家科学中心建设，稳步推进国家同步辐射实验室、合肥先进光源、空地一体量子精密测量实验设施、未来网络试验设施、巡天望远镜等重大科学基础设施建设。面向世界航天科技前沿和国家航天强国战略需求，学校与国家航天局、安徽省共建深空探测实验室，围绕深空探测领域国家重大科技工程和国际大科学计划，开展战略性、前瞻性、基础性的研究，实现科学、技术、工程融合发展。围绕国家“双碳”战略，学校集中化学、材料、环境等优势力量，筹建碳中和研究院，通过关键技术的突破，助力国家实现“碳达峰、碳中和”目标。面向人民生命健康，学校大力发展“理工医交叉融合、医教研协同创新、生命科学与医学一体化发展”的“科大新医学”，构建以本部为基础与应用基础研究主干力量，合肥综合性国家科学中心大健康研究院为中试放大转化平台，附属第一医院和中国科学院临床研究医院为临床出口的创新链条布局。

三、面向区域发展战略，主动服务地方经济发展

学校积极融入新发展格局，主动对接长三角一体化国家战略，助力安徽“三地一区”建设，利用高质量基础研究的优势为科技成果转化提供丰富的“源头活水”，不断提升科技成果转化和产业化水平，提高服务区域经济社会发展的能力。

在促进产学研深度融合方面，学校不断探索体制机制改革，激发科研人员创新活力，创造性地提出了知识产权“赋权＋转让＋约定收益”的科技成果转移转化“中国科大模式”，有效促进科技成果转化为经济效益，与地方合作共建支持学生创新创业和成果转化的“雏鹰计划”“雄鹰计划”和“鲲鹏计划”。在服务区域经济社会发展方面，学校坚持高质量推动上海研究院、苏州高等研究院、北京研究院、先进技术研究院、国际金融研究院等建设发展，建立长三角科技战略前沿研究中心、长三角信息智能创新研究院，积极参与“科大硅谷”建设，以实际行动服务美好安徽建设和长三角一体化发展。为更好推动教育科技人才三位一体发展，在安徽省的大力支持下，学校成立全球首个科技商学院，培养“懂科技、懂产业、懂资本、懂市场、懂管理”的复合型科技产业组织人才，探索解决科技和经济“两张皮”问题，推动创新链产业链资金链人才链深度融合，为我国加快建设教育强国、科技强国探索人才涵养路径。

按照会议的要求，我提三点建议供参考：一是稳步推进促进人才培养的“拔尖计划”和

"强基计划",做好各类计划的衔接工作,鼓励有条件的学校探索交叉学科的人才培养的新体制机制;二是依托理科强校建设"卓越工程师学院",积极推动理工结合和科教融合,完善面向未来需求的"新工科"体系建设,将新增研究生资源向重大科研任务和重大科研平台倾斜;三是支持部分理工医交叉融合优势学科探索新医学教育发展,从体制机制上鼓励在培养优秀医生的基础上,培养出更多的具有创新能力、面向未来发展的杰出"医生科学家"。

新时代开启新征程,新时代呼唤新作为。中国科大将始终坚持教育科技人才一体推进,以高质量教育涵养源头活水,以高水平科技创新激发动能活力,以高素质人才增创发展优势,为加快推进教育强国、科技强国、人才强国建设贡献"科大力量"。

谢谢大家!

踔厉奋发新征程,扬帆启航"犇"未来

校长　包信和

(2023 年 6 月 25 日 9:00　中区综合体育馆)

亲爱的各位同学、老师们、来宾们、亲友们:

大家上午好!

夏日如期而至,毕业如约而来。今天我们欢聚一堂,隆重举行中国科学技术大学 2023 年毕业典礼暨学位着装授予仪式。首先,我谨代表学校全体教职员工,向圆满完成学业、顺利获得学位的 6119 名同学表示衷心的祝贺!向辛勤养育你们的父母、悉心指导你们的老师、默默支持你们的亲朋好友致以衷心的感谢!

同学们,你们这一届是非比寻常的一届,你们见证了新中国成立 70 周年、中国共产党成立 100 周年、党的二十大胜利召开等系列"大庆",也经受住了人类历史上前所未遇的重大疫情:线上学习、云端考试、空中求职,这些困难、这些挑战,你们都经历了、扛住了!在独特的磨炼中你们丰富了人生阅历,涵养了心怀"国之大者"的家国情怀。习近平总书记 2016 年考察中国科大时曾勉励同学们,肩负时代责任,高扬理想风帆。同学们,现在你们到了高扬理想风帆的时候了。作为你们的校长,此时此刻,我和你们一样,既有不舍,也满怀期待。我在想,身处"百年未有之大变局"的时代,我们的同学应该以怎样的姿态拥抱未来?多年以后,当你们再回首想起母校时,除了图书馆、也西湖,你们还应该记住的是什么?什么是母校留给你们的精神眷恋?

我想起了在校史馆西侧的芳草地上静卧着的、我们科大人所钟爱的"孺子牛"。那是一件来自 1983 届校友的礼物。作为恢复高考后的第一届科大学子,他们在告别生活了数载的母校,依依惜别之际,送给母校这件沉沉的礼物。你们注意到没有,在宽厚的基座上,两头小牛肩峰突出、低首蹬足、相向奋蹄,用犄角与阔背奋力推动大大的地球,大有"扭转乾坤"之势,这是怎样的气派!我时常走到这里,想到当年,这些在科学春天里走进校园的年轻人,恰如初生牛犊,他们敢想敢为、刻苦拼搏,脚踏实地、自强不息。时光荏苒,40 年来,"孺子牛"

低调、含蓄、踏实、顽强地守护着校园，也守护着科大人勇于担当、坚韧不拔、砥砺前行的精神家园！

同学们，在你们即将开启人生新篇章的时候，我衷心地祝愿你们保持和发扬科大人的“牛劲”，在实现中国高水平科技自立自强、全面建设社会主义现代化国家、书写中华民族伟大复兴的壮丽史诗的征程中，以闯劲、拼劲和韧劲，诠释、传承、弘扬科大人的“孺子牛”精神。

希望大家以“初生牛犊不怕虎”的闯劲，做与国同行、敢为人先的先行者。

勇当排头兵、敢为先行者，是科大人践行科教报国的使命担当。1958 年，中国科大在北京正式成立，她是我党为“两弹一星”事业而创办的一所红色大学，她的诞生被称为“我国教育史和科学史上的重大事件”。血液中流淌着红专并进的坚定信念，灵魂中散发着敢为人先的创新精神。从自力更生研制“两弹一星”，到首创少年班培养尖端科技人才，再到应国家所需建成高校首个大科学装置，乃至从无到有建成涵盖量子通信、量子计算、量子精密测量领域的量子科学研究体系，中国科大始终领一代风气之先。成功组建我国首个国家实验室，培养造就了郭光灿、潘建伟、杜江峰、陈仙辉、窦贤康等一大批量子领域守望“国之大者”的战略科学家。今天，郭光灿院士和陈仙辉院士也来到现场向大家表示祝贺。在推进中国科教事业发展道路上，科大人真正做到了初心不改、始终如一。40 年前，新中国首批自主培养的 18 位博士在人民大会堂被授予博士学位，科大人占据了 7 位。40 年后的今天，你们在这里毕业，既传承了科大人的使命担当，也赓续了科大人的精神禀赋与独特气质。

同学们，岁月如流、精神弥坚。希望你们以“初生牛犊不怕虎”的闯劲，以青春之我践青春之志，在今后工作学习中，敢于逢山开路遇水搭桥，敢于走新路开新篇，努力把“不可能”变为“一定能”，把“办不到”变为“必须办”，谱写科大人的青春之歌。

希望大家以“不破楼兰终不还”的拼劲，做自强不息、勇往直前的开拓者。

越是伟大的事业，越是充满挑战，越需要像孺子牛那样知重负重。20 世纪 70 年代末，以何多慧院士为代表的一群平均年龄不到 35 岁的“追光者”，矢志建设属于中国人自己的同步辐射光源。何多慧院士曾回忆道：“当时国家没有同步辐射实验室，大家就一条心，一定要把这个东西搞出来，为国家争气。”就凭着这样一股不负韶华、不辱使命的劲头，这支年轻的队伍几乎从头开始，通过三年夜以继日的预研，创造了中国加速器界的四个第一。近年来，新一代科大“追光者”在封东来院士的带领下正积极推进世界上综合性能最先进的低能区第四代光源——合肥先进光源的建设。这一属于国家“十四五”的重大科教设施建设项目已于本月 7 日获得国家正式批复，将于明天召开开工誓师大会，今年 9 月 20 日，在学校 65 周年校庆之日举行隆重的开工典礼，这将在中国科大发展史上留下浓墨重彩的篇章！从无到有，从有到优，从优到强，一代代科大人接续奋斗，以“为国铸器”的拼劲，占领了探索未来科技发展的战略制高点。今天，何多慧院士、封东来院士也来到现场，他们将为同学们扶正流苏，为同学们壮行。

同学们，青蓝相接、薪火相传。希望你们以“不破楼兰终不还”的拼劲，以担当实干、奋发有为的状态，找准人生坐标和奋斗方向，谋定后动、笃行致远，一锤接着一锤敲，一项接着一项干，在实现第二个百年奋斗目标新征程上努力拼搏，刻下科大人的青春印记。

希望大家以“咬定青山不放松”的韧劲，做追求卓越、勇攀高峰的奋进者。

干事创业不仅要只争朝夕的拼劲，还要孺子牛久久为功的韧劲。中科大是我党为“两弹一星”而创办的大学，老一辈科大人白手起家，艰苦奋斗，为开创我国航天事业作出了重大贡献。在2016年首个“中国航天日”来到之际，习近平总书记发出了“探索浩瀚宇宙，发展航天事业，建设航天强国”的号召。“两弹一星”精神的信仰伟力始终鞭策着科大人在建设航天强国的道路上勇担重任、冲锋在前。中国探月工程总设计师、我校756校友吴伟仁院士，带领团队逐梦深空、脚踏实地，实现了人类首次月球背面软着陆，完成了我国无人月球探测从跟跑、并跑迈向领跑的伟大跨越。“子午工程”总工程师、我校857校友王赤院士围绕宇宙起源、生命演化等关键科学问题，相继组织发射“悟空”“墨子”“慧眼”“天问一号”“夸父一号”等空间科学试验卫星，带领中国空间科学迈向世界空间科学舞台的中央。今天王赤校友也来到现场，一会儿他将用他的经历，畅想广阔空间的无限可能。最近，我们中科大与国家航天局和安徽省共建了剑指浩瀚深空的“天都实验室”，将创建聚焦培养“不懈追求航天梦”的新一代航天人的“中国科学技术大学深空探测学院”。格物致知、叩问苍穹，“心怀国之大者”的科大人将永不缺席、勇往直前。

同学们，高山仰止、景行行止。希望你们以“咬定青山不放松”的韧劲，以干一行爱一行，专一行精一行的恒心，坚持愈挫愈勇、愈险愈进的精神追求，一张蓝图绘到底，于实践中磨砺品性，于风浪下厚积薄发，在推进中国式现代化进程中绽放绚丽之花。

同学们，科大虽是你们年少匆匆的落脚，你们却是科大永远珍视的骄傲。你们用青春陪伴母校数年，母校愿用温暖守候你们的一生。前路漫漫，道阻且长，行则将至。在接下来的旅途中，希望你们乘新时代春风，以更足的闯劲、更大的拼劲、更强的韧劲破浪远航，奋力刻画科大之光和科大人之辉煌！在你困倦的时候，请想想“孺子牛”，你会有“扭转乾坤”之力，在你春风得意的时候，请你也想想“孺子牛”，你会更加慎独、不滞于物、不困于心。无论如何，母校都将和你们钟爱的“孺子牛”一起守护着属于你们的精神家园！

谢谢大家！

在2023年“挺膺担当，奋斗青春”优秀大学生夏令营开幕式上的讲话

校长　包信和

（2023年7月20日8:38　中校区体育馆）

亲爱的同学们，大家好！

欢迎你们来到2023年中国科学技术大学优秀大学生夏令营！大家从近三万报名同学中脱颖而出，都是青年大学生中的佼佼者，我代表学校祝贺大家，也感谢各位优秀的同学选择中国科大！

中国科大诞生于1958年，是我党为国家“两弹一星”事业而创办的大学，时任中国科学院院长郭沫若为学校首任校长，在“全院办校、所系结合”的方针指导下，钱学森、华罗庚、严济慈等多位科学大师担任首任系主任，郭永怀、赵九章、周光召等11位“两弹一星”功勋奖章获得者都曾站在中国科大的三尺讲台上，为国家培养人才，填补科学技术空白，为中国国防

与科技事业输送了大批新生力量。

1970 年，中国科大南迁合肥，五十余年来，一城一校休戚与共，携手共进。中国科大人始终坚持“红专并进、理实交融”的校训品格，传承“科教报国、追求卓越”的攀登精神，敢为人先、锐意进取，近年来，在量子通信、深空探测、高温超导等多个前沿科学领域助力实现领跑并跑。作为“大湖名城，创新高地”，当前，我们所在的合肥市依托科技创新优势，展现出心系“国之大者”的担当。近些年，合肥国家实验室、合肥综合性国家科学中心研究院、认知智能全国重点实验、深空探测实验室等一批战略性科技力量和“大国重器”加速建设，为科大学子施展才华、实现科教报国理想提供了有力支撑。今年 9 月 20 日，中国科大建校 65 周年之际，世界上综合性能最先进的低能区第四代光源——合肥先进光源也将隆重开工。未来，中国科大将与合肥汇聚成更加澎湃的创新“合”力，继续砥砺前行。

同学们，中国科大既有一流的师资队伍，一流的学科体系，也有一流的科研平台。2017 年以来，学校多次被习近平主席新年贺词点赞，作为第一完成单位获国家自然科学奖二等奖 7 项，技术发明奖二等奖 2 项；国际重大进展、中国科学十大进展新闻入选次数及自然指数 2020 年度、2021 年度排名等均居全国高校首位。我相信，在中国科大学习，你们一定能更加深刻地感受到科研的无穷魅力。

期待大家在未来几天的夏令营里，与名家大师多交流，向师兄师姐多学习，全面了解在中国科大学习、科研和生活的方方面面，寻觅一代代科大人留下的“科技报国，追求卓越”的足迹，体会中国科大浓厚的学术科研氛围，感受“红专并进，理实交融”的校风文化底蕴。再次欢迎大家选择中国科大，期待明年 9 月与你们再会！

执着攻关创新　勇攀科学高峰
加快打造具有重要影响力的科技创新策源地

——在学习贯彻习近平总书记考察安徽重要讲话重要指示精神三周年座谈会上的讲话

校长　包信和

（2023 年 8 月 18 日　安徽省委）

习近平总书记 2020 年 8 月考察安徽时高度肯定了安徽在推进科技创新和发展战略性新兴产业上取得积极进展，强调安徽要加快融入长三角一体化发展，实现跨越式发展，关键靠创新，要求我们进一步夯实创新的基础，加快科技成果转化，加快培育新兴产业，锲而不舍、久久为功。安徽省委省政府全面贯彻落实习近平总书记考察安徽重要讲话指示精神，积极制定“三地一区”建设的战略性举措，努力为现代化美好安徽筑势赋能。中国科大始终牢记习近平总书记的殷殷嘱托，以总书记给中国科大 60 周年校庆的贺信精神为指引，潜心立德树人，执着攻关创新，着力打造国家战略科技力量，自觉履行高水平科技自立自强的使命担当。三年来，在省委省政府的坚强领导下，在基础研究、核心技术攻关和科技成果转化等方面集中发力，立足国际科学前沿、满足国家战略需求、助力区域经济发展，着力打造和完善从原始创新到成果落地的高质量创新体系。

一、心怀国之大者，聚焦国家急需，完善科研布局，努力构建卓越创新体系

中国科大为“两弹一星”事业而创立，在建设和发展中坚持着眼国家重大战略需求，瞄准基础研究和前沿关键领域，不断优化学科布局。“数、理、化、天、地、生、材”等7个基础学科以及计算机科学与技术、核科学与技术、安全科学与工程、科学技术史等4个前沿学科进入世界一流。学校聚焦国家急需领域，相继成立未来技术学院、微电子学院、网络空间安全学院、临床研究医院、碳中和研究院等，积极推动量子信息、集成电路、网络安全、临床医学、碳中和等方向人才培养创新，源源不断向国家和地方输送急需的高层次人才。今年7月，安徽省与中国科学院、教育部签署共建中国科大新一轮协议，韩俊书记和清宪省长做出重要指示，要求我们坚持教育、科技、人才一体部署，坚决扛起在国家科技创新格局中勇担第一方阵的使命，加快打造具有重要影响力的人才发展和创新高地。

学校充分发挥基础研究深厚、学科交叉融合优势，打造卓越科技创新体系。通过人员双聘、学生代培、平台共建、资源共享等方式，全方位支持合肥国家实验室建设。与国家航天局、安徽省共建深空探测实验室，服务航天强国战略。坚持四个面向，牵头建设合肥综合性国家科学中心人工智能研究院和大健康研究院。目前，学校正主持和参与建设合肥先进光源、未来网实验设施、稳态强磁场实验装置、“墨子”大视场巡天望远镜等八项重大科技基础设施，为国家基础研究重大创新打破硬件围堵、提供一流的平台支撑，并且结合大科学装置建设，沿途下蛋，布局体系化的成果转化。在一流学科和科研平台的基础上，中国科大产出了一大批基础研究领域的重要成果。2023年最新自然指数显示，中国科大仅次于哈佛大学，位居全球高校第二、中国高校第一。前几天刚刚揭晓的国内科学大奖“未来科学大奖”，我校陈仙辉院士因高温超导的卓越研究成果获物质科学奖，8名获奖人中有4位中国科大校友。

二、立足地方需求，打通成果转化链条，着力构建高科技产业发展新格局

2020年，中国科大入选首批科技成果赋权改革试点单位。2023年，中国科大获批国家全面创新改革任务，深入探索“以事前约定收益为基础的职务科技成果协同转化方式”，创新性地提出了“赋权＋转让＋约定收益”模式。近期，我们通过赋权转化成果34项，涉及142项知识产权，科研人员通过作价入股方式新设或增资企业33家，其中大部分在安徽转化。

为了进一步推动科研成果在安徽本地落地转化，在安徽省大力支持下，学校和省市共同设立总额2亿元的“鲲鹏计划”专项基金，按照“地方出资、学校配套、共同管理、定向转化”方式，结合中国科大“职务科技成果赋权改革试点”等配套政策，重点支持学校赋权项目，打通科技成果转化的“最初一公里”。目前，学校已完成与合肥、铜陵、池州、马鞍山、阜阳、蚌埠、滁州、芜湖、淮北、亳州、宿州等11个地市的签约，一批涉及新一代信息技术、高端装备、新材料、新能源、节能环保、生物医药等领域的创新成果已经在安徽省内设立了转化公司。“立足合肥，覆盖安徽，辐射全国”的成果转化新格局蓄力迸发。

三、助力经济社会发展，深入推进校地合作，打造靓丽名片

“科大硅谷”是安徽科技体制改革的“试验田”。中国科大以全球校友为纽带，对接服务校友师生，发掘创新项目，引导要素聚集，为科大硅谷的双招双引工作打通渠道。2022年6月科大硅谷成立至今，组织了27场科大硅谷校友高端峰会、6场成果转化高端论坛。学校领导亲自带队访问美国、欧洲、澳洲和中国港澳地区，开启丰富的校友活动，积极推介科大硅谷，希望吸引更多的国际校友、创新资源关注安徽、集聚合肥、落户硅谷。近期，来自美国、日本及北京、上海、广州等地的25家企业成为科大硅谷首批全球合伙人，以阿尔法公社、云岫资本为代表的12家科大校友企业位列其中。

中国科大科技商学院在安徽省委省政府的指导下于2022年11月正式成立，清宪省长亲自担任指导委员会主任，聘请中国上市公司协会会长宋志平为首任院长，努力发挥中国科大理工医等学科优势，建立科技产业理论和体系，创立科技产业组织学科，培养“懂科技、懂产业、懂资本、懂市场、懂管理”的复合型科技产业组织人才。安徽省、合肥市不遗余力地支持科技商学院建设，对标世界一流商学院，在中国科大高新校区周边规划了总建筑面积达18.8万平方米的空间，让科学家、资本家和企业家“比邻而居”。在省市校各方的共同努力下，科技商学院平台作用初显。今年6月以来，包括长江商学院在内的相关机构陆续组织校友企业家访问安徽，共同研讨高科技项目在安徽的投资布局；由香港议员、科学家、企业家组成的30人“皖港科创交流团”参加了科技商学院组织的“皖港科技联合创新合作论坛”，推动港科、港资、港企、港才入皖兴业。

下一步，我们将坚持以习近平新时代中国特色社会主义思想为指导，坚持教育科技人才一体推进，加快建设中国特色、科大风格的世界一流大学，以高质量教育涵养源头活水，以高水平科技创新激发动能活力，以高素质人才增创发展优势，为扎实推进长三角一体化发展和现代化美好安徽建设贡献科大力量！

墨子巡天望远镜首光仪式上的致辞

校长　包信和

（2023年9月17日　赛什腾山科学家工作站）

尊敬的各位专家和来宾：

首先我代表中国科大欢迎大家来参加我们墨子巡天望远镜的首光仪式！来自全国天文领域的专家学者和支持墨子望远镜建设的各方面领导，齐聚在这么高海拔的科学家工作站，本身就是一件特别难得的事情。非常感谢大家对中国科大以及墨子巡天望远镜建设的支持和关心！

国家提出强化基础研究前瞻性、战略性、系统性布局，科学规划建设重大科技基础设施，实现使用我国自主的研究平台和仪器设备来解决重大基础研究问题。中国科学院党组也对全院提出了“以抢占科技制高点为核心任务，在更高起点、更高水平上谋划和推动基础研究工作”的要求，墨子巡天望远镜的建成启用正是我们落实国家和中国科学院战略部署，为加快实现高水平科技自立自强贡献力量的重要举措。

墨子巡天望远镜是中国科大“双一流”学科平台建设项目，由中国科大和中国科学院紫金山天文台于2018年3月1日启动联合研制，2019年7月正式开建，2022年10月深空探测实验室也开始参与望远镜建设，今年8月建成并开展调试观测，到今天举行首光仪式，望远镜项目建设团队不畏艰辛、克服重重困难、战胜种种挑战，在此要向他们表示感谢和祝贺！同时，感谢海西州对望远镜建设的大力支持，我们的望远镜才能成为赛什腾山上第一个投入运行并开展天文观测研究的大型设备。

墨子巡天望远镜调试运行以来，已经初步展现出科学观测优越性，希望能够按照既定科学目标，提升时域天文研究能力，争取尽早取得突破性成果，培养天文及相关领域拔尖创新人才，同时更好地支撑青海和海西吸引、汇聚和培养高端科技人才，提升科技创新能力，支持地方经济多元化发展。我也恳请各位专家在稍后举行的科学战略研讨会上对望远镜后期的建设发展提出宝贵的意见和建议！

最后，再次感谢方方面面的专家和来宾一直以来对我们墨子巡天望远镜的帮助，也恳请大家今后继续指导和支持望远镜的建设和发展！预祝本次活动圆满成功！

谢谢大家！

在合肥先进光源项目启动会上的讲话

校长　包信和

（2023 年 9 月 20 日 8:30　合肥先进光源园区）

尊敬的各位领导、各位院士及专家，大家好！

今天是中国科学技术大学建校六十五周年校庆之日，也是合肥先进光源国家重大科技基础设施项目正式启动建设的日子！在这里，我代表学校，对出席今天项目启动会的各位领导、专家表示热烈的欢迎！对项目建设正式启动表示衷心的祝贺，对所有在前期工作中付出辛勤努力的同志们表示诚挚的感谢！

中国科大作为一所为“两弹一星”事业而创办的红色大学，从 1958 年诞生之日起就肩负着科教报国的神圣使命，服务国家重大战略需求是科大人与生俱来的价值追求。六十五载风雨春秋，六十五载砥砺前行，一代代科大人始终秉持“红专并进，理实交融”的校训精神，牢记“国家人”，心系“国家事”，肩扛“国家责”，为实现中国式现代化贡献科大力量。近年来，学校将习近平总书记关于中国科大系列重要指示精神作为办学治校的根本遵循，深入推进教育、科技和人才“三位一体”，潜心立德树人、执着攻关创新，推动学校各项事业高质量发展，加快推进中国特色、科大风格的世界一流大学建设。

其中，国家同步辐射实验室的漫漫“追光”路便是学校心怀“国之大者”，勇担国家使命的生动写照。四十年前，以何多慧院士等为代表的第一代“追光者”们从零起步，于艰难困苦中披荆斩棘，敢为人先，锐意进取，攻克了同步辐射领域诸多关键核心技术，完成了一件件看似“不可能完成”的事，取得一系列重要创新成果，照亮了中国科学家“追光”的赛道。四十年后，为实现“合肥先进光源”的宏大梦想，以封东来院士为代表的新一批年轻“追光”者汇聚在一起，开始新一轮拼搏，踏上为国再铸重器的新征程！合肥先进光源项目于 2017 年 12 月启动预研，2021 年 1 月完成预研工艺验收，2021 年 10 月正式列为国家重大科技基础设施项目。过程之曲折艰难让我印象深刻，但是项目团队凭着一股不畏困难、永不言弃的精神，圆满完成了各项任务。今天，合肥先进光源项目在中国科大诞辰六十五周年之际正式开工，必将在中国科大发展史上留下浓墨重彩的篇章！

20世纪70年代初，科大南迁，百废待兴，合肥光源的建设是科大二次创业的抓手，其对于当时的科大犹如第一声春雷。今天合肥光源支撑着全国用户和科大各个学科的发展，科大高被引学者中有70%是同步辐射的用户。而合肥先进光源亮度是合肥光源的百万倍，也将是世界上最高水准的四代低能区光源，能够为新型功能材料、能源、环境、物质与生命交叉等学科及产业提供先进的实验研究平台，它的建设具有重要的科学意义和战略价值，也将为学校发展注入强大动力，为科大未来成为国际一流大学，打下坚实的基础。合肥先进光源将是献给中国科大七十周岁最好的生日礼物。

学校将继续在政策、资金、人才等多方面全力支持合肥先进光源的建设，急项目所急，解工程所困，努力做好各方面保障工作。同时，我代表学校对国家、中国科学院、安徽省、合肥市、各兄弟单位，长期以来关心与支持中国科大和合肥先进光源表示衷心的感谢！“众力并，则万钧不足举也”，真诚地希望各位领导、专家们未来一如既往地关心支持合肥先进光源建设，持续推动人才、技术等方面的深入交流与合作，让我们共同为建造“大国之眸”而不懈努力！

最后，预祝合肥先进光源项目顺利实施！

谢谢大家！

红专并进传承科大精神　科教报国续写时代华章

——在中国科大2023年开学典礼暨建校65周年纪念大会上的讲话

校长　包信和

（2023年9月20日　中区综合体育馆）

金秋是满载希望的时节。今天，我们欢聚一堂，隆重举行中国科大2023年开学典礼暨建校65周年纪念大会，共同欢迎优秀的青年学子圆梦科大，共同庆祝中国科大建校65周年。在此，我谨代表全校师生员工，向同学们表示衷心的祝贺，向莅临庆典的各位领导、各位来宾和各位校友表示热烈的欢迎，向中国科学院、教育部、安徽省长期以来对学校建设发展的关心与支持表示诚挚的感谢，向65年来为学校改革创新发展作出贡献的老领导、老同志和所有教职员工致以崇高的敬意，向全球科大人致以节日的问候！

作为一所新中国为“两弹一星”事业创办的新型理工科大学，中国科大有着独特的办学情怀与精神积淀。京华肇始，为实现民族复兴、攀登科学高峰，第一代科大人继承抗大传统，乘着永恒的东风，踏上了勤奋刻苦、红专并进的报国之行。南迁坚守，第二代科大人于艰难困苦中，重建校园、再次创业，为国家创寰宇学府，为民族育科教英才，赢得了海内外崇高声誉。新征程上，科大人永怀初心、执着创新，在基础性、战略性工作上苦下功夫，与时代同题共答、同向而行，为加快实现高水平科技自立自强作出了科大贡献。65年峥嵘岁月，科大精神历久弥坚，由抗大精神、“两弹一星”精神和老一辈科学家精神共同构成的中国科大精神谱系，深深融入科大人的血脉，成为科大生生不息的力量源泉。

习近平总书记多次视察中国科大，对学校的办学成绩给予充分肯定，五年前的今天，学校建校60周年之际，习近平总书记对学校作出重要指示，赞扬学校坚持红专并进、理实交融的校训，敢为人先，锐意进取，培养了大批德才兼备的优秀人才，取得了一系列举世瞩目的科研成果，为党和国家事业发展作出了重要贡献。勉励学校传承科教报国、追求卓越的精神，瞄准世界科技前沿，立足国内重大需求，潜心立德树人，执着攻关创新，在基础性、战略性工作上多下功夫，努力办出中国特色世界一流大学，为培养德智体美劳全面发展的社会主义建设者和接班人，为建设创新型国家、建设世界科技强国作出新的更大的贡献。

从"两弹一星"到新时代的号角，从科学的春天到创新盛世，一代代科大人用实践证明，世界科技的前沿、党和国家的需要，就是中国科大前进的动力和方向。

传承科大精神，"潜心立德树人"是科大人不变的信念。2016年4月26日，习近平总书记考察中国科大，希望学校培养"有理想、有追求，有担当、有作为，有品质、有修养"的大学生。学校始终牢记习近平总书记嘱托，以提升学生综合素质为根本目标，坚持"五育并举"，深入实施"一流本科教育质量提升计划"行动纲领和"研究生德创领军人才培养计划"，深入打造"少年班"拔尖人才培养试验田的特色和品牌，创立特色鲜明的本科生书院、创办面向国家急需人才培养的科技英才班，全面提升人才培养质量。学校身肩国家使命，成立了未来技术学院、数据科学和人工智能学院、深空探测学院、碳中和研究院等，鼓励学生大胆选择、大胆创新，自觉把爱国之情、报国之志融入国家建设和改革发展的伟大事业之中，成为秉承科大红色血脉、无愧于祖国培养的有志青年，学得文武艺、报效祖国和人民。

传承科大精神，"执着攻关创新"是科大人永恒的追求。学校始终牢记习近平总书记嘱托，坚持"四个面向"，在量子信息、探月探火、深海深地探测等前沿领域取得重大创新成果。"墨子号"卫星在国际上首次实现千公里级基于纠缠的量子密钥分发，"九章""祖冲之号"的问世实现量子计算优越性，火星磁强计随我国首个火星探测器"天问一号"成功发射，中国科大"托珠单抗＋常规治疗"进入新冠肺炎第七版诊疗方案并向全国推广。建校60周年时立项的北半球光学时域巡天能力最强的墨子巡天望远镜，历经5年的攻关，三天前(9月17日)正式投入观测，首光拍摄到了目前世界上最大视场仙女座星系最高分辨图像。就在今天早晨，国际最先进、亚洲唯一，低能量区第四代同步辐射装置——合肥先进光源成功奠基、动工建设，计划5年后，在建校70周年时建成出光，向学校献大礼。科大人用一项项举世瞩目的科技成就铸就了一座座科学的高峰，获得党和国家的高度肯定。随着重大科技成就的不断涌现，学校在快速发展中吸引更多优秀校友与创新团队来校、来皖创新创业。从建设先进技术研究院和国际金融研究院伊始，到深度参与国家实验室和合肥综合性科学中心建设，再到"科大硅谷"构想落地和科技商学院培养"五懂"人才，中国科大携手地方为打造科技创新策源地和新型产业聚集地，建设现代化美好安徽贡献了科大力量。

历史照亮未来，征程未有穷期，科大精神始终指引我们前行的道路。党的二十大吹响了全面建成社会主义现代化强国、以中国式现代化全面推进中华民族伟大复兴的号角，我们要不断传承和发扬科大精神，按照教育、科技、人才"三位一体"战略部署，加快建设中国特色、科大风格的世界一流大学。

我们要坚持潜心立德树人，培养德智体美劳全面发展的社会主义建设者和接班人。全面贯彻党的教育方针,以立德树人为根本任务,扎实推进新一轮“双一流”建设。进一步突出所系结合、科教融合特色,谋划推进科教融合 3.0,充分发挥重大创新活动和高水平科技基础设施平台的优势,着力培养当前和未来我国现代化建设急需的高端科技人才和高质量后备人才。

我们要坚持执着攻关创新,强化国家战略科技力量。以国家战略需求为导向,积聚力量进行原创性引领性科技攻关,加强基础研究,统筹开展兴趣导向的自由探索和目标导向的有组织科研。积极支持国家实验室、合肥综合性国家科学中心、深空探测实验室等建设,加快合肥先进光源、空地一体量子精密测量等重大科技设施建设,稳步推进全国重点实验室重组工作。改善学术评价,营造良好学风和学术生态,激发创新灵感,促进学科发展。

我们要坚持人才强校战略,建设创新人才高地。坚持党管人才,努力培养造就一支政治素质过硬、业务能力精湛、育人水平高超的高素质教师队伍。加强人才工作统筹谋划,加大战略科学家、教育家、科技领军人才和创新团队的培养与引进力度,精准化支持培养一大批青年科技人才。鼓励科研人员紧扣国家发展急迫需要和长远需求,把论文写在祖国大地上,将红旗插上科学的高峰。

我们要坚持创新驱动引领,服务经济社会发展。加强产学研深度融合,推动“鲲鹏计划”和成果赋权改革,支持职务科技成果优先在省内转化。积极融入长三角一体化发展国家战略,形成“立足合肥、覆盖安徽、辐射全国”的科技成果转移转化体系,助力区域经济社会高质量发展。

中国科大不断迎来新生的力量。今年,我校招收本科新生 1966 名,各类研究生新生 10663 名。一代人有一代人的使命,一代人有一代人的担当。同学们,你们生逢盛世,重任在肩,未来的蓝图将由你们来绘制。到 2035 年,你们将成为现代化强国的创造者,成为建设的主力军。到 2050 年,你们将成为民族伟大复兴的圆梦者,成为国家的栋梁。希望你们牢记习近平总书记的嘱托,“厚植家国情怀、涵养进取品格,以奋斗姿态激扬青春,不负时代,不负华年”,以“功成不必在我,功成必定有我”的人生态度,于未来的科大时光中求真学问、悟真道理、明真事理,在科大精神的浸润下,努力成长为一名优秀的科大人,在推进强国建设、民族复兴的伟业中绽放炫丽之花。

六十五载报国志,科大精神永相传。回望过去,我们攻坚克难,砥砺前行;着眼当下,我们意气风发,挥斥方遒;面对未来,我们整装待发,扬帆逐梦。让我们以习近平新时代中国特色社会主义思想为指导,牢记习近平总书记的嘱托,秉承“红专并进、理实交融”的校训,坚持“科教报国、追求卓越”的初心,凝心聚力、开拓创新,在新时代新征程中谱写科大人的新辉煌。

最后,祝学校弦歌永继、再谱新章,祝同学们在科大学习愉快、创新愉快,祝各位来宾工作顺利、身体健康!

在上海科教基地开工仪式上的讲话

校长　包信和

（2023年12月16日10:00　中国科大上海研究院）

尊敬的上海市、浦东新区的各位领导，合肥国家实验室、相关协同单位和建设单位的同仁，上海研究院的各位师生，同志们，朋友们：

大家上午好！

很高兴和大家相聚在中国科大上海研究院，参加“上海科教基地开工启动仪式”。在此，我谨代表中国科学技术大学，向上海科教基地的开工启动表示热烈的祝贺，对上海市、安徽省以及浦东新区长久以来的大力支持表示衷心的感谢！对远道而来的各位领导、各位嘉宾表示诚挚的欢迎！

近年来，在安徽省、上海市、科技部和中国科学院的关心支持下，特别是在浦东新区区委区政府的大力支持下，校地双方共同推动中国科大上海科教基地和合肥国家实验室上海基地按照“两个基地一个规划，两位一体并行运作，相互支撑融合发展”的思路进行建设，将布局量子等领域相关学科建设，共建科研、人才培养平台，打造集科研、教学、生活为一体的国际一流的科技园区，建成后力争成为国家量子信息重大科技创新布局中的重要承载单元，我校“双一流”建设的重要战略支点，上海科创中心建设“四梁八柱”中的重要组成单位，协力为创新型国家建设贡献力量！

2023年11月28日，习近平总书记在考察上海时指出，“推进中国式现代化离不开科技、教育、人才的战略支撑，加快向具有全球影响力的科技创新中心迈进。要着力造就大批胸怀使命感的尖端人才，为他们发挥聪明才智创造良好条件”。重大原始创新成果往往萌发于深厚的基础研究，产生于学科交叉领域。加强基础研究，是实现高水平科技自立自强的迫切要求，是建设世界科技强国的必由之路。多年来，在高质量推动上海科教基地的建设中，已吸引了一大批国内外高端科技人才，有效协同中国科学院在沪科研院所和沪区一流高校等优势科研力量，面向世界科技前沿，攻坚克难，砥砺创新，取得了一大批具有重大国际影响力的科研成果，正在成为我国打造创新策源地的重要承载点。

今天，借此机会也向上海市委市政府、安徽省委省政府以及省市各单位的大力支持表示衷心的感谢！我始终坚信，在各方的一道努力下，栽下梧桐树，必然引来金凤凰！上海科教基地的“海纳百川”必然收获科技创新的“波澜壮阔”！

最后，祝上海科教基地项目开工顺利！祝大家身体健康！万事如意！谢谢！

培兰植桂　肃风雅行
——在夏培肃先生雕像揭幕仪式上的致辞

校长　包信和

（2023 年 12 月 21 日 10:00　西区）

尊敬的各位嘉宾，亲爱的老师、同学们：

大家上午好！

今年正值夏培肃先生一百周年诞辰，我们在这里隆重举行“培兰植桂，肃风雅行——夏培肃先生雕像揭幕仪式”，纪念她为中国计算机事业发展作出的杰出贡献。我代表中国科大全体师生，向夏培肃先生表达我们最深的敬意，也向到场的各位嘉宾表示热烈的欢迎。在此，还要特别向雕像捐赠方——龙芯中科技术有限公司，和负责雕像设计制作的北京央美城市公共艺术院表示衷心的感谢！

夏培肃先生是我国计算机研究的先驱和计算机事业的奠基人之一，一生奋战在科研和教育的一线，取得了一系列丰硕成果。经华罗庚先生推荐，夏先生出任我校第一任计算机教研室主任。1960 年，夏先生主持设计试制成功中国第一台自行设计的电子计算机——107 计算机，安装于中国科大调试并正式投入使用，使我校成为我国第一个有计算机的学校，内部定名为“科大一号（KD-1）”。她组织完成了计算机专业的学科规划、教师队伍和实验室建设等一系列工作，编写了中国第一部正式的计算机核心课程教材《电子计算机原理》，为我校乃至我国计算机学科的发展奠定了坚实基础。

当下，新一轮科技革命和产业变革深入发展，大数据、云计算、人工智能等新一代数字技术成为当代创新最活跃、应用最广泛、带动力最强的科技领域。作为国内最早开设计算机专业的院校之一，在夏先生的精神引领下，经过一代代科大人的拼搏努力，中国科大计算机学科逐步发展壮大，成为我国计算机科学领域的重要力量。2017 年、2022 年计算机科学与技术学科入选“双一流”建设名单，第四轮学科评估 A－，并在第五轮评估中稳步前进。中国科大计算机科学与技术学院以建设世界一流的计算机科学研究机构、培养计算机科学家和工程师为使命，为企业、科研院所、高校、国防等社会各领域输送了一大批德才兼备的领军人才和骨干力量。

夏培肃先生追求真理、严谨治学的求实精神，勇攀高峰、敢为人先的创新精神，集智攻关、团结协作的协同精神，甘为人梯、奖掖后学的育人精神，为我们树立了楷模，影响了一代又一代的科大人，永远值得我们铭记和敬仰。

党的二十大报告指出，“弘扬以伟大建党精神为源头的中国共产党人精神谱系”“培育创新文化，弘扬科学家精神”。习近平总书记指出：“科学成就离不开精神支撑。科学家精神是科技工作者在长期科学实践中积累的宝贵精神财富。”“两弹一星”精神、科学家精神，是中国共产党人精神谱系的重要组成部分。在建校 65 周年之际，我校以实际行动贯彻落实党的二十大精神，力争用 5 年左右时间，按照成熟一个建设一个的原则，不断丰富校园科学家雕像，在建校 70 周年前初步建成老一辈科学家雕像群，进一步培育创新文化，传承和弘扬科学家精神。

今年，学校决定把每年的 9 月作为校风传承月，在同期举办了夏培肃先生百年诞辰纪念展，这一系列的纪念活动，一方面是缅怀夏先生创新报国的拳拳赤子之心，感念她对中国计算机事业的辛勤耕耘，铭记她对中国科大计算机学科发展作出的巨大贡献。另一方面也希望全校师生以夏先生为榜样，传承追求真理、自主创新的科学精神，弘扬甘为人梯、淡泊名利的奉献精神，为建设中国特色科大风格的世界一流大学努力奋斗。

谢谢！

五、文件选辑

中国科学技术大学2023年党委工作要点

（党字〔2023〕21号）

2023年是全面落实党的二十大精神开局之年，也是学校“十四五”规划实施、新一轮“双一流”建设承前启后的关键之年。在学校领导班子民主生活会、2023年春季务虚会充分研讨的基础上，学校深入研究了今年的主要工作，明确了指导思想和工作重点。2023年学校工作的指导思想是：以习近平新时代中国特色社会主义思想为指导，深入贯彻落实党的二十大精神，深刻领悟“两个确立”的决定性意义，增强“四个意识”、坚定“四个自信”、做到“两个维护”，潜心立德树人，执着攻关创新，将习近平总书记关于中国科大系列重要指示精神贯穿办学治校全过程，大力推进“教育、科技、人才”一体部署，加快推进“十四五”规划和新一轮“双一流”建设，在基础性、战略性工作上多下功夫，努力办出中国特色、科大风格的世界一流大学。

一、全面学习宣传贯彻党的二十大精神，推进学校“十四五”发展，加快新一轮“双一流”建设

1. 深入学习宣传贯彻落实党的二十大精神，扎实开展学习贯彻习近平新时代中国特色社会主义思想主题教育，不断巩固拓展党的二十大精神学习成果，将党的二十大精神传达到每一位师生员工。（主要责任单位：党委宣传部、党委组织部）

2. 紧扣“潜心立德树人、执着攻关创新”两大核心任务，开展习近平总书记考察中国科大七周年回顾、贯彻落实习近平总书记重要指示批示精神总结工作，坚决把党的教育方针和党中央关于高校的决策部署贯穿办学治校全过程。（主要责任单位：党委宣传部、党政办公室）

3. 与中国科学院商讨筹备召开第五次中国科大发展工作会议，积极争取中国科学院与教育部、安徽省三方共建中国科大，加快新一轮“双一流”建设。以65周年校庆为契机，举办一流大学建设研讨会暨中国大学校长联谊会、中国航天日等系列活动。进一步优化学科布局，持续推进“基础学科率先一流，新工科跨越发展，新医学融合发展，特色文科稳步提升”的学科生态体系建设。（主要责任单位：党政办公室、发展和改革办公室、党委宣传部、科研部、研究生院、生命科学与医学建设办公室、文科建设办公室）

4. 深入实施《中国科学技术大学“十四五”规划和2035年远景目标》，强化责任落实，健全科学有效的动态监测评估机制，确保规划落地见效。（主要责任单位：发展和改革办公室）

5. 按照中国科学院统一部署安排，谋划科教融合3.0，坚持以国家重大科研平台和重大科技基础设施为依托，与中国科学院合肥物质科学研究院共同打造科教融合示范区，健全以人才培养、导师队伍、学科建设、科学研究“四位一体”的科教融合协同育人机制。设立科教融合联合基金，完善科教融合管理机制，增强科教融合师生对学校的归属感和荣誉感。（主要责任单位：“全院办校、所系结合”工作委员会办公室）

二、坚持和完善党委领导下的校长负责制，切实履行好管党治党、办学治校主体责任

6. 坚持和完善党委领导下的校长负责制，健全党委统一领导、党政分工合作、协调运行的工作机制。健全议事决策机制，完善党委常委会会议、校长工作会议议事规则和“三重一大”决策制度，坚持重大事项请示报告制度，切实抓好党委常委会会议、校长工作会议决议事项的督办落实。（主要责任单位：党政办公室、机关党委办公室）

7. 发布《中国科学技术大学章程（修订稿）》，推动异地研究院章程建设，推动形成以大学章程为核心，规范统一、分类科学、层次清晰、运行高效的学校制度体系。（主要责任单位：学校章程建设工作小组）

三、深入贯彻落实新时代党的组织路线，不断提升党建工作水平

8. 深入实施“红专工程”，开展基层党组织“强基础、提质量、创品牌”三年行动计划，持续开展党建“双创”工作，大力推动国家级、省级“双创”品牌建设质量。（主要责任单位：党委组织部）

9. 贯彻落实《中国共产党普通高等学校基层组织工作条例》，深入监督院级党组织规范执行党委会会议、党政联席会议议事规则，增强政治把关意识。落实党支部书记例会制度，认真执行《师生党支部建设标准》，制定星级党支部认定办法及指导标准，建立星级管理体系，促进党支部建设提质增效。（主要责任单位：党委组织部）

10. 充分发挥中国科学院党校合肥分校作用，健全校院两级党务培训体系，努力培养一支“政策通、活字典、多面手”的党务工作队伍。强化政治吸纳和政治引领，加大在本科生、高层次人才中发展党员力度，不断优化结构、提升质量。（主要责任单位：党委组织部）

11. 落实《中层干部队伍建设规划（2021—2025 年）》，分类开展党的二十大精神培训班，强化干部政治素质和专业能力要求，树立重实干重实绩导向，拓宽选人用人视野，重视一线学生工作经历。持续优化中层干部结构，选优配强领导班子，增强班子整体功能。开展科级干部换届，做好青年教师校内挂职工作，注重发现和培养选拔优秀年轻干部。完善全方位管理和经常性监督，激励干部担当作为。（主要责任单位：党委组织部）

四、坚持以立德树人为根本，大力培养堪当民族复兴重任的时代新人

12. 进一步推动学校思想政治工作体系建设，构建“大思政”格局。深入落实《中国科学技术大学思想政治理论课建设优化提升方案》，把“大思政课”建设作为推动思政课高质量发展的重要抓手，扎实推动习近平新时代中国特色社会主义思想和党的二十大精神进教材、进课堂、进头脑。推深做实课程思政建设，加强思政课程项目建设，推动课程思政与思政课程协同育人。加快重点马克思主义学院建设，推动马克思主义理论学科发展。（主要责任单位：马克思主义学院、教务处、研究生院）

13. 深化“三全育人”综合改革，加强“部（处）-院系”联动，提升学生工作队伍专业化能力。加强教学管联动，全面推进基于网络和人工智能的“六个预警与援助”体系建设。强化学生安全教育和管理，做好学生心理健康教育与咨询工作，推动学院二级心理工作站建设。探索少数民族学生的教育管理服务模式。（主要责任单位：学生工作部（处））

14. 坚持“五育并举”，深入实施“一流本科教育质量提升计划”行动纲领，扎实推进研究生教育“德创”领军人才培养计划，持续完善拔尖创新人才培养体系。完善大类教育、专业培养的“2＋X”培养模式，增强学生的专业认同。加强教材建设与管理，完善教材选用审核机制，深入实施出版社教材出版振兴计划。加强团学骨干培养，发挥社团育人作用，促进“第二课堂”与“第一课堂”融合，健全多维度学生评价标准，加强创新创业教育，促进学生德智体美

劳全面发展。（主要责任单位：本科生院、研究生院、学生工作部（处）、教务处、团委、创新创业学院、出版社）

15. 深入落实《中国科学技术大学深化新时代教育评价改革试点工作方案》，坚持以教育评价改革牵引育人方式改革，办学模式改革、管理体制改革和保障模式改革，加快推进试点工作。（主要责任单位：学校深化新时代教育评价改革工作组）

五、坚持“四个面向”，执着攻关创新，强化国家战略科技力量

16. 心怀“国之大者”，推动国家科研平台建设，全面参与合肥国家实验室和合肥综合性国家科学中心建设，加快深空探测实验室、合肥先进光源、空地一体量子精密测量实验设施、碳中和研究院、临床研究医院等建设发展。稳步推进全国重点实验室重组工作，争取更多学校牵头或共建的全国重点实验室，推动共依托的全国重点实验室实体化运行。深入落实中国科学院“基础研究十条”，依托国家重大科技基础设施，开展建制化体系化基础研究，提升承担国家重大科技任务的能力，加快提升基础研究和原始创新能力。高质量推进科技成果五元价值评价机制专项试点，持续加强科研诚信、科技伦理建设。（主要责任单位：科研部、发展和改革办公室、学风与科研诚信建设办公室）

17. 服务国家战略，建强上海研究院、苏州高等研究院、北京研究院、先进技术研究院、国际金融研究院，启动中国科大上海科教基地建设，推动区域经济高质量发展。汇聚校友资源，加快“科大硅谷”建设，促进科技商学院发展。深化产学研融合，推动赋权改革试点工作，完善科技成果转移转化生态体系建设。（主要责任单位：上海研究院、苏州高等研究院、北京研究院、先进技术研究院、国际金融研究院、科技商学院、对外联络与基金事务处、科技成果转移转化办公室、资产经营有限责任公司）

六、坚持党管人才，加强师德师风建设，打造一流师资队伍

18. 坚持新时代人才强校战略，主动对接国家重大战略需求，用好用活各类人才政策，加大力量培养和引进战略科学家，打造一流科技领军人才和创新团队，加强青年人才体系建设，支持青年人才挑大梁、当主角。（主要责任单位：党委教师工作部、人力资源部）

19. 加强师德师风建设，健全师德师风长效机制，完善大教师工作格局。充分发挥先锋模范典型带动作用，持续开展“众言沙龙”“众行课堂”等系列品牌活动，健全教职工培训体系，培养“经师”和“人师”相统一的大先生。加强教职工校外兼职和在合作机构兼聘、双聘行为管理，对师德违规问题零容忍，对师德失范行为“一票否决”。（主要责任单位：党委教师工作部、人力资源部）

七、落实意识形态工作责任制，进一步做好新闻宣传工作，营造良好舆论氛围

20. 紧紧围绕学习宣传贯彻党的二十大精神谋划推进宣传思想工作。围绕学校65周年校庆等重点工作，加强新闻报道选题策划，策划制作学校65周年校庆五个“一”文化宣传作品，持续产出“有温度、有亮点”的新闻作品，提升学校办学声誉。（主要责任单位：党委宣传部）

21. 坚持马克思主义在意识形态领域指导地位，落实意识形态工作责任制，督导推动各级党组织落实意识形态工作主体责任。健全意识形态工作会商联动、应急处置等机制，加强对课堂、讲坛、图书馆、“报网端微屏”等意识形态阵地管理力度，严格落实网络意识形态工作责任制，将苗头性、倾向性问题消除在萌芽状态。（主要责任单位：党委宣传部、网络安全和

信息化办公室）

22. 加强爱国主义教育，推动国家同步辐射实验室全国爱国主义教育基地建设。深入挖掘校史资源，持续开展中国科大红色精神谱系的研究和传播工作。（主要责任单位：党委宣传部、档案文博院）

八、巩固深化巡视整改成果，推动全面从严治党向纵深发展

23. 健全中央巡视整改长效机制，持续开展中央专项巡视整改落实情况“再总结”工作，巩固深化巡视整改成果。（主要责任单位：党委巡视工作办公室、党政办公室、党委组织部、党委宣传部、纪检监察机构）

24. 认真落实党风廉政建设和反腐倡廉责任制，督促各级领导干部切实履行“一岗双责”。紧盯关键少数、重点领域和关键环节，加强对“一把手”和领导班子的监督。常态化开展警示教育，定期召开全校警示教育大会，做到以案示警、以案为戒、以案促改。（主要责任单位：纪检监察机构、党政办公室）

25. 扎实推进作风建设，对违反中央八项规定精神和形式主义、官僚主义的突出问题，紧盯不放、举一反三，建立长效机制。加强政治机关建设，持续办好“我为师生办实事”活动，增强机关部门与基层单位、师生员工的密切联系。（主要责任单位：机关党委办公室、纪检监察机构）

26. 贯彻落实中管高校纪检监察体制改革精神，加强政治监督，做实做细日常监督，推动各类监督协调贯通。建强纪检监察队伍，压实各级纪检委员监督责任，一体推进不敢腐、不能腐、不想腐，推动学校纪检监察工作高质量发展。（主要责任单位：纪检监察机构）

27. 坚定不移深化政治巡视，启动新一轮校内巡视工作，加大校内巡视“回头看”力度，适时开展专项巡视和机动式检查。加强巡视队伍建设，健全校内巡视与纪检监察机构、组织人事、审计财务、宣传、信访等部门的贯通协作，形成常态长效监督合力。（主要责任单位：党委巡视工作办公室）

九、抓实抓细抓好学校防范化解重大风险工作，营造安全和谐稳定的校园环境

28. 深入落实《中国科学技术大学2023年校园安全稳定暨防范化解重大风险方案》，坚持底线思维，积极防范化解重大风险，筑牢校园安全防范体系。健全“四级”校园消防安全建设体系，推动各校区视频监控数据联通，完善实验室安全管理责任体系，精准落实新冠病毒感染“乙类乙管”各项措施，全面加强校园安全、网络安全、公共卫生安全和食品安全等重点领域风险防控，提升校园综合安全治理水平。（主要责任单位：保卫与校园管理处、实验室安全办公室、校医院、饮食服务集团）

29. 落实保密工作责任制，不断完善学校保密管理体系，提高综合防范能力。以资格认定为契机，推进学校保密工作转型升级。积极推进涉密场所和设施建设，提升保密安全服务保障水平。加强保密监督检查，及时排除风险隐患。（主要责任单位：保密办公室）

十、加强统战和离退休工作，完善工会建设，做好乡村振兴和对口支援

30. 加强政治引领，落实党员领导干部与党外代表人士联谊交友制度，支持民主党派基层组织、党外知识分子联谊会、欧美同学会等建设，巩固共同思想政治基础。以人大、政协和民主党派组织换届为契机，扎实推进党外代表人士队伍建设“1421”工程。认真做好民族宗教工作，抵御和防范各种邪教组织的渗透，维护校园和谐稳定。（主要责任单位：党委统战

部、保卫与校园管理处）

31. 加强工会改革，完善“智慧工会”建设，开展工会委员会换届工作。开展形式多样的劳动和技能竞赛，大力弘扬劳模精神、劳动精神、工匠精神。持续推动“教工之家”建设，开展品牌创建活动，支持院级工会开展“一会一品”创建工作。（主要责任单位：工会）

32. 加强离退休干部党建工作，推广“微老服务”，推动离退休工作提质增效。利用关工委、老科协、老年大学、金秋艺术团、老年体协五大平台，引导老同志发挥余热，老有所为、积极作为。持续开展“暖心行动”，关爱学校高龄空巢独居老人等特殊群体，探索居家养老新模式。（主要责任单位：离退休干部工作处）

33. 坚决贯彻落实党中央关于全面推进乡村振兴的决策部署，做到“四个不摘”，继续做好各项定点帮扶工作，助力贵州省六枝特区、安徽省金寨县全力推进乡村振兴，做好托管帮扶岳西县岳西中学、汤池中学相关工作。（主要责任单位：定点帮扶工作领导小组办公室）

34. 深化对口支援工作机制，按照精准支援、合作共赢的工作思路，进一步加大支援力度，助力西南科技大学、新疆师范大学、六盘水师范学院、闽江学院、江西理工大学等对口支援高校综合实力提升。（主要责任单位：党政办公室）

中国科学技术大学2023年行政工作要点

（校字〔2023〕23号）

2023年是全面落实党的二十大精神开局之年，也是学校“十四五”规划实施、新一轮“双一流”建设承前启后的关键之年。在学校领导班子民主生活会、2023年春季务虚会充分研讨的基础上，学校深入研究了今年的主要工作，明确了指导思想和工作重点。2023年学校工作的指导思想是：以习近平新时代中国特色社会主义思想为指导，深入贯彻落实党的二十大精神，深刻领悟“两个确立”的决定性意义，增强“四个意识”、坚定“四个自信”、做到“两个维护”，潜心立德树人，执着攻关创新，将习近平总书记关于中国科大系列重要指示精神贯穿办学治校全过程，大力推进“教育、科技、人才”一体部署，加快推进“十四五”规划和新一轮“双一流”建设，在基础性、战略性工作上多下功夫，努力办出中国特色、科大风格的世界一流大学。

一、加快新一轮“双一流”建设，推动“十四五”发展

1. 与中国科学院商讨筹备召开第五次中国科大发展工作会议，积极争取中国科学院、教育部、安徽省三方共建中国科大，加快新一轮“双一流”建设。以65周年校庆为契机，举办一流大学建设研讨会暨中国大学校长联谊会、中国航天日等系列活动。（主要责任单位：党政办公室、发展和改革办公室、党委宣传部、科研部）

2. 深入实施《中国科学技术大学“十四五”规划和2035年远景目标》，强化责任落实，健全科学有效的动态监测评估机制，全面推动规划落地。（主要责任单位：发展和改革办公室）

3. 结合学科评估结果，进一步优化学科布局，持续推进“基础学科率先一流，新工科跨越发展，新医学融合发展，特色文科稳步提升”的学科生态体系建设。谋划天都校区建设，扎实有序推进未来技术学院、人工智能与数据科学学院、示范性能源学院、深空探测学院、高性能计算系统与软件前沿交叉研究院等工作，做实知识产权研究院，高水平打造几何与物理研究中心、中法数学中心等。（主要责任单位：发展和改革办公室、研究生院、生命科学与医学建设办公室、文科建设办公室）

4. 按照中国科学院统一部署安排，谋划科教融合3.0，坚持以国家重大科研平台和重大科技基础设施为依托，与中国科学院合肥物质科学研究院共同打造科教融合示范区，健全以人才培养、导师队伍、学科建设、科学研究“四位一体”的科教融合协同育人机制。设立科教融合联合基金，完善科教融合管理机制，增强科教融合师生对学校的归属感和荣誉感。（主要责任单位：“全院办校、所系结合”工作委员会办公室）

二、潜心立德树人，大力提升人才自主培养质量

5. 坚持以习近平新时代中国特色社会主义思想铸魂育人，传承科大精神，进一步推动学校思想政治工作体系建设，构建“大思政”格局。深化思想政治理论课改革，加快以习近平新时代中国特色社会主义思想和党的二十大精神为核心内容的思政课课程群建设，扎实推动党的创新理论进教材、进课堂、进头脑。充分发挥课堂教学的主渠道作用，提升思政教师教育教学能力，推动思政课程与课程思政协同育人。加快重点马克思主义学院建设，推动马克思主义理论学科发展。（主要责任单位：马克思主义学院、教务处、研究生院）

6. 持续推动“一流本科教育质量提升计划”行动纲领，坚持因材施教，以科技英才班为抓手，优化培养方案和课程体系。加强基础学科人才培养，办好中法数学班等科技英才班。推进课程组建设，制定课程组建设管理办法，实行课程组长负责制，完善课程组考核与评估机制，提升青年教师教育教学能力。坚持“五育并举”，促进“第二课堂”和“第一课堂”融合，健全多维度学生评价标准，打造特色劳育、体育和美育品牌课程和活动，促进学生德智体美劳全面发展。（主要责任单位：本科生院、教务处、少年班学院、团委）

7. 深入推进研究生教育“德创”领军人才培养计划，强化研究生全过程培养，建立工作专班做好研究生培养质量整改工作。制定《中国科学技术大学博士研究生培养分流退出机制实施办法》，全面实施博士生分流退出机制，加强培养过程关键环节质量监控，着力提升研究生培养质量。加快推进基础学科领军人才培养专项工作，探索建立校级“卓越工程师学院”，全面推进基础学科专项、高层次紧缺人才专项和工程类硕、博士人才培养模式改革专项。加强国家关键领域急需人才培养，高水平建设“微电子实训中心”。办好德创导师学校，建强研究生导师队伍。（主要责任单位：研究生院、校学位委员会办公室、发展和改革办公室、信息与智能学部）

8. 加强教风学风建设，落实校院（系）领导和教学督导听课制度，持续推动资深教授上课堂，强化过程管理与评价结果运用，形成质量监督闭环。（主要责任单位：教务处、研究生院）

9. 深化教材建设与管理，加强教材的选用审核，深入实施出版社教材出版振兴计划，推动教材高质量发展。（主要责任单位：教务处、研究生院、出版社）

10. 加强创新创业学院建设，健全以“金课”（课程）、“金牌”（赛事）、“金奖”（项目）、“金字”（品牌）为依托的中国科大特色双创教育体系，推进创新工场建设。全面实施“中国科学技术大学学生创新创业和成果转化行动计划”，汇聚创新创业资源，推动“雏鹰计划”“雄鹰计

划”更好发展，培养一流创新创业人才。（主要责任单位：创新创业学院）

11. 优化本科招生专业设置和计划分配，推进少年班、创新试点班、强基计划和自强计划等特殊类型招生改革，探索创新人才选拔新模式，招收适量规模、适合科大的优秀生源。加强研究生招生考试工作改革，优化研究生招生计划配置，切实做好工程类硕、博士培养改革专项试点，持续推进专业学位招生改革工作。（主要责任单位：招生就业处、研究生院）

12. 拓宽就业市场，加强与国家重点单位、重点地区、重点领域的合作，引导毕业生到国家最需要的地方建功立业。加强毕业生就业指导服务体系建设，加大就业引导和帮扶，提升毕业生的初次就业率和就业质量。（主要责任单位：招生就业处、学生工作部（处）、团委、党委组织部）

13. 深入落实《中国科学技术大学深化新时代教育评价改革试点工作方案》，坚持以教育评价改革牵引育人方式改革、办学模式改革、管理体制改革和保障模式改革，加快推进试点工作。（主要责任单位：学校深化新时代教育评价改革工作组）

三、坚持人才强校战略，培育国家战略人才力量

14. 落实《中国科学技术大学“十四五”人才发展规划》《关于加强新时代人才工作的实施方案》，充分发挥高端人才工作领导小组、优秀人才引进委员会作用，启动海外招聘，拓宽引才渠道，组织第八届“墨子·云论坛”学术品牌活动，吸引海外优秀青年人才加盟。用好国家、中国科学院、安徽省和学校等各类人才支持政策，加大力度培养和引进战略科学家，打造一流科技领军人才和创新团队，探索青年人才体系建设，支持青年人才挑大梁、当主角。（主要责任单位：人力资源部）

15. 持续实施学术领军人才培养计划、中国科学院青年创新促进会、墨子杰出青年、仲英青年学者等项目，推动中国科学院特聘研究员工作，深化聘期制科研队伍建设，加强人才经费支持保障，支持青年教师全面成长。（主要责任单位：人力资源部）

16. 完善学术荣誉体系队伍建设，探索“预聘-长聘”教职制度和学术荣誉体系、聘期制的有机结合。（主要责任单位：人力资源部）

17. 进一步深化人才分类评价改革，推进教师、管理、支撑三支队伍协调发展。规范做好教师及支撑岗位专业技术职务等级聘用、职员职级聘用工作，推进管理岗位人员轮岗交流。（主要责任单位：人力资源部）

18. 在中国科学院的指导下，梳理学校收入分配体系，探索员工绩效工资改革，健全以岗位分类评价为核心的绩效考核与收入分配制度。稳步推进事业单位养老保险制度改革，健全企业年金管理机制。（主要责任单位：人力资源部）

四、执着攻关创新，打造国家战略科技力量

19. 深入落实中国科学院“基础研究十条”要求，依托国家重大科技基础设施，开展建制化体系化基础研究，全面加强基础研究工作。持续优化科研组织方式，提升承担国家重大科技任务的能力，加快提升基础研究和原始创新能力。（主要责任单位：科研部）

20. 心怀“国之大者”，推动国家科研平台建设，全面参与合肥国家实验室和合肥综合性国家科学中心建设，加快深空探测实验室、合肥先进光源、空地一体量子精密测量实验设施、碳中和研究院、临床研究医院等建设发展。稳步推进全国重点实验室重组工作，优化资源配置，争取更多学校牵头或共建的全国重点实验室，推动共依托的全国重点实验室实体化运行。在学科建设亟须或新兴交叉领域谋划一批重点科研机构，提升省部级平台建设质量。（主要责任单位：科研部、发展和改革办公室）

21. 深入贯彻《中国科学技术大学关于加强执着攻关创新工作的指导性意见》，健全配套体制机制。高质量推进科技成果五元价值评价机制专项试点，持续加强科研诚信、科技伦理建设，办好科协和期刊中心，进一步推动科普工作，营造良好的学术生态环境。（主要责任单位：科研部、学风与科研诚信建设办公室、科学技术协会、期刊中心）

五、立足国家战略，持续服务区域经济社会发展

22. 完善科技成果转移转化生态体系建设，健全成果熟化、产业孵化、企业对接、成果落地、科技金融服务的全链条衔接机制。深入推进赋予科研人员职务科技成果所有权改革，规范赋权项目管理流程，总结赋权改革经验，积极申报国家发展和改革委员会全面创新改革项目。探索产学研合作创新机制，深入推进校企合作，规范校企联合实验室管理，推动创新链、产业链、资金链、人才链深度融合。（主要责任单位：科技成果转移转化办公室、资产经营有限责任公司）

23. 服务国家战略，推进校地合作迈上新台阶。深度整合北京研究院、北京教学与管理部，持续建好上海研究院、苏州高等研究院、先进技术研究院、国际金融研究院，启动中国科大上海科教基地建设，支撑学校高质量发展。加强与安徽省的沟通联系，整合校友资源，加快“科大硅谷”建设，促进科技商学院发展。（主要责任单位：上海研究院、苏州高等研究院、北京研究院、北京教学与管理部、先进技术研究院、国际金融研究院、科技商学院、对外联络与基金事务处）

六、完善“大外事”工作格局，提升学校国际化水平

24. 深度整合国际合作资源，健全中国科大国际化发展基金（USTC Fellowship）体系。利用 AEARU 轮值主席、APRU 科研副校长年会主办方契机，讲好科大故事，传播科大声音，提升学校国际影响力。不断扩大国际合作网络，进一步挖掘院系国际化潜力，推动有实质性内容的合作协议签署。打造具有中国科大特色的高水平国际论坛，实施国际学者“行知中国”计划。打造重点引智品牌，加强对国际优秀科学家的引进力度。（主要责任单位：国际合作与交流部、国际学院）

25. 推动国际学院发展，多渠道加强国际招生宣传，重点围绕俄罗斯和中东欧国家开展招生宣传，录取优质生源。借助中国科学院“一带一路”国际科学组织联盟，试点国际学生海外招生考试机制，推进国际学生海外考点建设。修订国际学生培养方案，加强精细化和信息化管理，培养知华友华爱华的国际学生。（主要责任单位：国际合作与交流部、国际学院）

七、营造良好的育人环境，建设现代大学校园

26. 着力优化校区功能布局，加快高新园区配套设施建设，全力推进“十三五”建设项目竣工验收交付。有序推进“十四五”规划重点项目建设，加快推进合肥先进光源、上海科教基地、少年班大楼、国际学术交流中心、医算中心附楼、国产精密测量装备研发测试平台、苏州高等研究院仁爱路 166 号教师公寓等建设工作。推进西区学术交流空间、中区学习空间、物理楼、人文学院楼等校园教学科研基础设施建设与改造工作。（主要责任单位：发展和改革办公室、高新园区建设与管理委员会办公室、基本建设处、资产与后勤保障处）

27. 加强校园综合安全治理工作，提升校园安全风险防范与治理的信息化水平，建设平安校园。推动各校区视频监控数据联通，实现保卫业务一网通办。完善实验室安全管理责任体系，应用和推广实验室安全管理信息化基础信息系统、安全检查系统，加强危废处置、危化品、核与辐射、生物安全等管理。（主要责任单位：保卫与校园管理处、实验室安全办公室）

28. 强化后勤体系建设，提升后勤服务保障能力。推进公用房管理模式改革，修订公用房管理办法，提升公用房使用效率。加强资产登记及账务管理，完善固定资产管理机制。围绕“热饭热菜热心肠”，锻造就餐服务名片。深化附属第一医院和校医院合作，提升医疗保障水平。继续做好离退休教职工工作，提升基础教育集团所属学校的办学水平，切实满足教职工需求。（主要责任单位：资产与后勤保障处、校医院、饮食服务集团、离退休干部工作处、基础教育集团、附属第一医院）

29. 落实网络安全责任制，加强信息化建设，大力推进“智慧校园”建设，推动高新园区“智慧校园”建设试点工作。（主要责任单位：网络安全和信息化办公室、网络信息中心）

八、坚持依法治校，加快治理体系和治理能力现代化

30. 发布《中国科学技术大学章程（修订稿）》，推动异地研究院章程建设，推动形成以大学章程为核心，规范统一、分类科学、层次清晰、运行高效的学校制度体系。（主要责任单位：学校章程建设工作小组）

31. 进一步规范对外合作管理，对全校各类对外合作协议、校地合作机构进行全面排查、分类评估、规范管理，探索建立授权分级签署合作协议的管理机制。（主要责任单位：党政办公室、发展和改革办公室）

32. 多渠道筹集办学资源，坚持中央财政投入为主导的办学资源保障机制，构建成本分摊机制。（主要责任单位：财务处、科研部、资产与后勤保障处、人力资源部）

33. 健全多元化筹募体系，打造具有全球影响力的品牌活动，拓展学校发展资源。充分利用校友资源，建设校友大数据资源平台，为学校各项工作提供数据支持。扎实推进预算一体化实施工作，落实“过紧日子”要求，建立资金运行监测系统。（主要责任单位：对外联络与基金事务处、财务处）

34. 充分发挥审计委员会作用，建立健全审计工作机制，强化廉洁从业风险防控，防范化解重大风险。加强审计、纪检监察、财务、资产等部门的协作联动，持续做好审计监督工作。（主要责任单位：审计处、纪检监察机构、财务处、资产与后勤保障处）

关于学校领导班子成员工作分工的通知

（党字〔2023〕11 号）

各院级党组织、附属医院党委，机关各部门：

根据工作需要，校党委近期对学校领导班子成员分工进行了调整，经党委常委会会议研究，并向上级党组织报备，学校领导班子成员具体工作分工如下：

党委书记舒歌群：主持并全面领导学校党委工作。负责统战、党委巡视、离退休工作。兼任教育基金会理事长、校务委员会主席。

校长包信和：主持并全面领导学校行政工作，履行学校法定代表人的职责。负责人事、审计工作，分管人力资源部、审计处。兼任本科生院院长、校友会会长。

常务副校长潘建伟：负责量子信息与量子科技创新研究院工作，协助校长开展对外联络与校友工作、人才引进工作。分管上海研究院。

党委常委、常务副书记蒋一：负责党的建设、干部、校地合作与公共关系、网络安全与信息化建设工作。分管党政办公室、党委组织部（党校）、机关党委办公室、网络安全和信息化办公室。兼任机关党委书记、党委组织部部长。

党委常委、副校长王晓平：负责资产、后勤保障与服务、基本建设、安全保卫、校园综合治理、物业管理工作。分管资产与后勤保障处、基本建设处、保卫与校园管理处、实验室安全办公室、饮食服务集团、校医院。

副校长杨金龙：负责学位与研究生教育、所系结合和科教融合、外事、公共实验服务体系工作。分管研究生院、校学位委员会办公室、所系结合和科教融合办公室、国际合作与交流部（含港澳台办公室）、国际学院、公共实验中心。兼任研究生院院长、国际学院院长。

党委副书记、纪委书记、国家监察委员会派驻监察专员毕金初：负责纪律检查、监察工作，协管党委巡视工作。主持纪委、监察专员办公室工作，分管纪检监察机构、党委巡视工作办公室。

党委常委、副校长傅尧：负责“双一流”建设、发展与规划、科学研究、军民融合、实验室和科研平台、质量体系建设、学风与科研诚信工作，以及与合肥国家实验室、合肥综合性国家科学中心协调工作。分管发展和改革办公室、发展规划处、科研部、学风与科研诚信建设办公室。

党委常委、副校长吴枫：负责科技合作和科技成果转移转化、保密、经营性资产工作。分管科技成果转移转化办公室、保密办公室、先进技术研究院、国际金融研究院、北京教学与管理部、北京研究院、网络信息中心、出版社、资产经营有限责任公司。兼任先进技术研究院法定代表人、高新园区建设与管理委员会党工委书记、主任。

党委常委、副校长周丛照：负责本科教学、招生就业、工会、基础教育工作。分管本科生院、教务处、招生就业处、创新创业学院、工会、基础教育集团。

党委副书记邓建松：负责新闻宣传、学生管理、团学、特色文科、校园文化、档案文博、定点帮扶、对口支援工作，协管人事、离退休工作。分管党委宣传部（新闻中心）、党委教师工作部、党委学生工作部、学生工作处、党委人民武装部、团委、离退休干部工作处、文科建设办公室、图书馆、档案文博院。兼任党委宣传部部长。

党委常委褚家如：主持苏州高等研究院日常工作，协管统战工作。分管党委统战部、民主党派办公室。兼任党委统战部部长、苏州高等研究院执行院长。

校长助理薛天：协管财务和会计核算、资产登记以及所属分支机构的财务监督和指导、对外联络、校友工作。负责生命科学与医学学科建设工作。分管财务处、对外联络与基金事务处、生命科学与医学建设办公室。

特此通知。

中共中国科学技术大学委员会

2023 年 2 月 6 日

关于黄素芳不再担任总会计师的通知

（校干字〔2023〕12 号）

各院、系、重点科研机构、直属单位、附属医院，机关各部门：

经 2022 年 12 月 21 日校党委常委会会议研究决定：

黄素芳不再担任总会计师职务。

特此通知。

中国科学技术大学
2023 年 1 月 28 日

关于成立学校师德考核委员会的通知

（党教字〔2023〕92 号）

各院级党组织、附属医院党委，机关各部门：

为深入贯彻习近平新时代中国特色社会主义思想，认真落实习近平总书记关于教育的重要论述和教师队伍建设的重要指示批示精神，强化学校师德考核的“指挥棒”作用，规范教师职业行为，根据《中共安徽省委教育工委　安徽省教育厅关于印发〈安徽省高校教师师德考核办法（试行）〉的通知》要求，经 2023 年 11 月 2 日校长工作会议、党委常委会会议研究，决定成立学校师德考核委员会，在校党委领导下，统筹组织师德考核工作。委员会人员组成如下：

主　任：舒歌群　包信和

副主任：邓建松

委　员（采取席位制）：

党政办公室、党委组织部、党委统战部、党委宣传部、党委教师工作部、党委学生工作部、研究生院、教务处、科研部、离退休干部工作处、团委、工会主要负责人，各院系、重点科研机构、直属单位、附属医院党组织主要负责人

学校师德考核委员会下设办公室，负责师德考核的日常工作，党委教师工作部部长兼任办公室主任。

特此通知。

中共中国科学技术大学委员会
2023 年 11 月 21 日

关于成立学校教学事故认定委员会的通知

（校教字〔2023〕64号）

各院、系、重点科研机构、直属单位、附属医院，机关各部门：

为加强学校教学管理，维护教学管理秩序，及时、妥善处理教学事故，切实提高教学质量，经校长工作会议研究，决定成立学校教学事故认定委员会。委员会人员组成如下：

主　任：杨金龙　周丛照

副主任：李思敏　曾长淦

委　员（采取席位制）：

少年班学院、数学科学学院、物理学院、化学与材料科学学院、工程科学学院、信息与智能学部（含信息科学技术学院、计算机科学与技术学院、大数据学院、网络空间安全学院、微电子学院、软件学院）、地球和空间科学学院、生命科学与医学部（含生命科学学院、基础医学院、临床医学院、附属第一医院、生物医学工程学院）、管理学院、公共事务学院、人文与社会科学学院、马克思主义学院、环境科学与工程系（直属）、核科学技术学院、本科生院、科教融合学院、研究生院科学岛分院、国家同步辐射实验室、合肥微尺度物质科学国家研究中心、火灾科学国家重点实验室等分管本科教学或研究生教学相关负责人

特此通知。

中国科学技术大学

2023年5月18日

六、规章制度

关于在全校各级党组织和广大党员干部中大兴调查研究的实施方案

（党办字〔2023〕30号，2023年4月10日）

为深入学习贯彻习近平总书记关于调查研究的重要论述，全面贯彻党中央关于在全党大兴调查研究的重大部署，动员组织全校各级党组织和广大党员干部广泛深入调查研究，更好贯彻落实党的二十大精神和习近平总书记关于中国科大系列重要指示精神，加快推进“十四五”规划实施和新一轮“双一流”建设，根据《中共中央办公厅印发〈关于在全党大兴调查研究的工作方案〉的通知》要求，结合学校实际，制定本方案。

一、重要意义

调查研究是我们党的传家宝，是谋事之基、成事之道。在全面贯彻党的二十大精神开局之年，党中央决定在全党大兴调查研究，对于深入学习贯彻习近平新时代中国特色社会主义思想和党的二十大精神，深刻领悟“两个确立”的决定性意义、坚决做到“两个维护”，切实转变工作作风、密切联系群众，提高履职本领、强化责任担当，更好推进中国式现代化、防范化解各种风险挑战，具有重大而深远的意义。

当前，全校上下正在深入学习贯彻党的二十大精神和全国两会精神，立足学校工作实际，全力推动党中央各项决策部署落实落细。全校各级党组织和广大党员干部要坚持以习近平新时代中国特色社会主义思想为指导，围绕“潜心立德树人、执着攻关创新”两大核心任务，把大兴调查研究作为贯彻落实习近平总书记关于中国科大系列重要指示精神的具体举措，作为组织开展学习贯彻习近平新时代中国特色社会主义思想主题教育的重要内容，作为谋划推进学校各项事业改革发展的有效路径，深入开展调查研究，用党的创新理论观察新形势、研究新情况、解决新问题，加快建设中国特色、科大风格的世界一流大学。

二、总体要求

开展调查研究，要坚持以习近平新时代中国特色社会主义思想为指导，全面贯彻落实党的二十大精神，紧紧围绕党的理论和路线方针政策、党中央重大决策部署的贯彻执行，大力弘扬党的光荣传统和优良作风，突出问题导向和目标导向，促进广大党员、干部特别是领导干部带头深入调查研究。要采取集中学习与个人自学相结合，通过党委理论学习中心组学习、院级党组织“第一议题”学习、读书班等方式，深入学习领会习近平总书记关于调查研究的重要论述，深度思考本部门本单位推进改革发展中的重大问题，找准调查研究的切入点、落脚点和着力点。要坚持系统观念，深入实际、深入基层、深入师生调查了解情况。要坚持问题导向，增强问题意识，敢于正视问题、善于发现问题，以解决问题为根本目的，真正把情况摸清、把问题找准、把对策提实，不断提出真正解决问题的新思路新办法，把调研成果转化为推进工作、攻坚克难的实际成效。

三、调研内容

开展调查研究，要紧紧围绕全面贯彻落实党的二十大精神，结合学校实际，科学选定调研课题，力求把存在的问题困难调研清楚，把面临的风险挑战分析透彻，把改进工作的方法路径找准谋实，着力解决理论学习、政治素质、能力本领、担当作为、工作作风、廉洁自律6个方面突出问题，重点围绕以下课题开展调研。

1. 贯彻落实党中央决策部署和习近平总书记关于中国科大系列重要指示精神的主要情况和重点问题。

2. 深入贯彻落实新时代党的组织路线，提升党建工作水平的主要情况和重点问题。

3. 潜心立德树人，提升人才自主培养质量的主要情况和重点问题。

4. 执着攻关创新，打造国家战略科技力量的主要情况和重点问题。

5. 坚持人才强校战略，建设一流人才队伍的主要情况和重点问题。

6. 落实意识形态工作责任制，营造良好舆论氛围和新闻舆论引导、网络综合治理的主要情况和重点问题。

7. 巩固深化巡视整改成果，推动全面从严治党向纵深发展的主要情况和重点问题。

8. 抓实抓细抓好学校防范化解重大风险工作，营造安全和谐稳定的校园环境的主要情况和重点问题。

9. 立足国家战略，服务区域经济社会发展的主要情况和重点问题。

10. 完善“大外事”工作格局，提升学校国际化水平的主要情况和重点问题。

11. 营造良好育人环境，建设现代大学校园的主要情况和重点问题。

12. 坚持依法治校，加快治理体系和治理能力现代化的主要情况和重点问题。

四、组织实施

(一) 加强组织领导

各院级党组织要把大兴调查研究作为一项极为重要的大事来抓，抓紧制定具体方案，作出专门部署，统筹做好方案设计、过程实施、监督问效等工作。各院级党组织书记和机关各部门主要负责同志负总责，主持研究制定工作方案，抓好本部门本单位调查研究的推进落实，班子其他成员抓好分管领域的调查研究工作。党委组织部要将大兴调查研究纳入主题教育，做好组织指导、检查督导、成果汇总、意见督办等工作。党委宣传部要大力宣传大兴调查研究的重要意义和各部门各单位的创新举措与实际成效，凝聚起大兴调查研究的共识和力量，营造浓厚氛围。

(二) 严格推进步骤

调查研究要按照党中央提出的提高认识、制定方案、开展调研、深化研究、解决问题、督查回访6个步骤进行，一步不落抓推进，逐项任务抓落实，确保规定动作做到位，自选动作有特色，调查研究见实效。坚持集中调研和日常调研相结合，2023年4月至8月开展集中调研，把日常调研贯穿主题教育全过程，并长期坚持下去。

(三) 注重方式方法

发挥领导示范作用，从校党委常委做起，处级以上领导班子成员每人牵头1项重点课题调研。综合运用座谈、看现场、听意见等方式，围绕学校改革发展重点工作和师生关心的热点难点问题进行专项调研。坚持边调查边研究边落实，全面掌握第一手情况，梳理形成问题清单、责任清单、任务清单。在广泛调研基础上，深入研究谋划，建立调研成果转化运用清单，形成一批高质量的调研成果，制定一组可操作、可执行、可评估的实施方案或具体举措。

（四）严明纪律要求

严格执行中央八项规定实施细则和学校具体举措，更多采取“四不两直”方式开展调研，不搞层层陪同，尽量减少随行人员。加强调研统筹，避免扎堆调研、多头调研、重复调研。力戒形式主义、官僚主义，杜绝作秀式、盆景式、蜻蜓点水式调研。学校纪检监察机构要跟进监督，对违反作风建设要求和廉洁自律规定的，依规依纪严肃问责。

调查研究是做好各项工作的基本功，必须长期坚持。全校各级党组织要及时总结大兴调查研究的有效做法和成功经验，完善常态长效机制，使调查研究成为党员干部的经常性工作，在全校各级党组织和广大党员干部中蔚然成风、收到实效。

2023年中央巡视整改落实情况“再总结”工作方案

（党字〔2023〕44号，2023年5月22日）

根据党中央的统一部署，2021年5月9日至7月5日，中央第二巡视组对中国科学技术大学党委开展了常规巡视。9月3日，中央巡视组向校党委反馈了巡视意见，并提出了具体的整改要求。校党委诚恳接受、照单全收，坚决扛起主体责任，勇于直面问题，敢于动真碰硬，在集中整改期内，校党委顺利完成128项巡视整改任务，以实实在在的巡视整改成效推动学校事业高质量发展。

为深入贯彻落实《关于加强巡视整改和成果运用的意见》，扎实做好巡视“后半篇”文章，按照《关于2023年度“一校一策”推动解决中管高校突出问题的方案》要求，结合正在开展的学习贯彻习近平新时代中国特色社会主义思想主题教育，推动贯彻党的二十大战略部署，校党委将于2023年5月下旬至8月底，面向各院级党组织、机关各部门，开展巡视整改落实情况“再总结”工作，进一步运用好巡视整改成果，推进解决制约学校事业高质量发展的突出问题，为中国特色世界一流大学建设提供坚强的政治保证。校党委按照中央要求，结合学校实际，制定本方案。

一、指导思想

坚持以习近平新时代中国特色社会主义思想为指导，全面贯彻落实党的二十大精神，深入贯彻落实习近平总书记关于教育的重要论述和对中国科大系列重要指示精神，扎实开展巡视整改落实情况“再总结”工作，切实把巡视整改融入日常工作，融入深化改革，融入全面从严治党，坚持“标准不变、要求不改、力度不减”，持续巩固深化巡视整改成果，为学校实现高质量发展发挥推动作用，提供坚强保障。

二、主要内容

针对“一校一策”指出的突出问题重点任务，对照《中共中国科学技术大学委员会巡视整改落实方案》、关于巡视整改进展情况有关审核评估意见以及学习贯彻习近平新时代中国特色社会主义思想主题教育调研问题清单，严格“对标”“对表”，把理论学习、调查研究、推动发展、检视整改、建章立制贯通起来，有机融合，一体推进，真正做到“以巡促改，以巡促建，以巡促治”，努力在贯彻落实上取得新进展新成效。

（一）在加强政治建设方面的整改情况

1. 提高政治站位，在学懂弄通做实习近平新时代中国特色社会主义思想上下功夫。

重点查“第一议题”学习、党委理论学习中心组集中学习、党的二十大精神学习等情况，是否及时跟进学习习近平总书记最新重要讲话、重要指示批示精神、重要理论文章，以及党和国家召开的重要会议、出台的重要文件。（牵头单位：党政办公室、党委宣传部、党委组织部）

2. 坚持社会主义办学方向，“潜心立德树人、执着攻关创新”，用习近平总书记关于教育工作重要论述和对中国科大办学发展系列重要指示批示精神指导中国特色世界一流大学建设。

重点查对贯彻落实习近平总书记对中国科大重要指示、贺信精神的定期学习和及时总结情况；是否贯彻党的教育方针和党中央决策部署，推动立德树人根本任务落地落细；是否心怀“国之大者”、践行服务国家科技自立自强职责使命。（牵头单位：发展和改革办公室、党政办公室、党委学生工作部、教务处、研究生院、科研部、人力资源部）

3. 采用生动的形式、丰富的载体、身边的榜样，在师生中大力弘扬“两弹一星”精神和老一辈科学家精神。

重点查《中国科学技术大学深入开展新时代爱国主义教育实施方案》、“传承老科学家精神、弘扬新时代科学家精神在行动”专项工作的落实情况，是否传承“红专并进”优良传统，认真研究阐释“两弹一星”精神和老一辈科学家精神，教育引导广大师生以实际行动践行“两弹一星”精神和老一辈科学家精神。（牵头单位：党委宣传部、党委学生工作部、党委教师工作部）

4. 用党的创新理论最新成果指导办学实践，将政治建设要求融入办学治校各环节。

重点查大学章程修订、学校规章制度体系建设情况，是否利用章程修订推动制度创新，提升工作规范化、法制化、正规化水平。（牵头单位：发展和改革办公室、党政办公室）

（二）在推动潜心立德树人方面的整改情况

5. 全面加强新时代马克思主义学院建设。

重点查《关于加强新时代马克思主义学院建设的意见》《普通高等学校马克思主义学院建设标准（2019年本）》《中国科学技术大学马克思主义理论研究专项管理办法》的落实情况。（牵头单位：马克思主义学院）

6. 持续深化思政课改革创新，推动思政课程与课程思政协同育人。

重点查《高等学校思想政治理论课建设标准（2021年本）》《深化思政课改革创新、提高思政课教学质量的工作方案》和《中国科学技术大学思想政治理论课建设优化提升方案》等的落实情况，以及本科生、研究生课程思政建设情况，是否发挥思想政治理论课教学主渠道作用，进一步推动习近平新时代中国特色社会主义思想进教材、进课堂、进学生头脑；是否充分运用习近平新时代中国特色社会主义思想生动实践作为教学素材，提升思政课教学水平。（牵头单位：教务处、研究生院、马克思主义学院）

7. 强化理想教育引领学生树立正确价值观，培养家国情怀。

重点查毕业生赴重点区域、重点行业、重点单位就业，学生党员发展等的落实情况，是否推动校、院、系联动，引导和鼓励学生将个人理想追求融入党和国家建设事业中，为党为祖国

为人民多作贡献。(牵头单位:招生就业处、党委学生工作部、本科生院、党委组织部)

8. 加强思想政治队伍建设,关心学生思想动态和心理状况。

重点查《中国科学技术大学关于加快构建思想政治工作体系的方案》《关于加强研究生思想政治工作体系建设的指导意见》的落实情况,配齐建强思政课教师队伍,提升思政课教师综合素质和专业化水平。完善教学管联动,对学业困难学生的学业帮扶和心理援助情况。(牵头单位:党委学生工作部、教务处、研究生院、马克思主义学院)

9. 加强“四有”好老师建设,构建师德师风建设协同机制。

重点查《关于完善教师思想政治和师德师风建设工作体制机制的实施方案》的落实情况,各级党组织在师德师风建设方面作用发挥情况。引导广大教师立德修身、开拓创新,做学生为学、为事、为人的“大先生”。(牵头单位:党委教师工作部)

10. 健全完善教材管理制度,大力推动教材建设。

重点查《中国科学技术大学教材管理规定》《中国科学技术大学教材建设管理和奖励办法(试行)》等的落实情况,全校教材梳理排查情况以及“马工程”重点教材使用情况。(牵头单位:教务处、研究生院、出版社)

11. 加快构建德智体美劳全面培养的教育体系。

重点查“一流本科教育质量提升计划”行动纲领、研究生教育“德创”领军人才培养计划,《中国科学技术大学关于全面加强新时代劳动教育的实施方案(试行)》《中国科学技术大学体育工作提升方案(试行)》《中国科学技术大学艺术教育提升方案(试行)》等的落实情况,以及科学道德与学风建设情况,是否坚持“五育并举”,大力培养德智体美劳全面发展的“六有”大学生。(牵头单位:教务处、研究生院、党委学生工作部、本科生院、团委)

(三) 在推动执着攻关创新方面的整改情况

12. 坚持“四个面向”,完善卓越科技创新体系。

重点查《中国科学技术大学关于加强执着攻关创新工作的指导性意见》《中国科学技术大学重大科技项目支持计划实施细则(试行)》等的落实情况,充分发挥攻关创新的“国家队”作用,合理布局科技创新力量,有组织加强基础研究,加快构建面向国防科技领域的国家级平台推进情况。(牵头单位:科研部)

13. 推动产学研深度融合,加快科技成果转化。

重点查《关于进一步加强科技成果转移转化工作的意见》《中国科学技术大学赋予科研人员职务科技成果所有权或长期使用权试点工作方案》《中国科学技术大学职务科技成果赋权后技术转让方案(试行)》《中国科学技术大学职务科技成果赋权后作价入股工作指引(试行)》等的落实情况,是否自觉融入长三角一体化发展,积极服务地方经济社会发展。(牵头单位:科技成果转移转化办公室、资产经营有限责任公司)

(四) 在执行党委领导下的校长负责制方面的整改情况

14. 坚持和完善党委领导下的校长负责制,健全学校领导班子议事决策机制。

重点查党委常委会会议、校长工作会议议事规则以及“三重一大”决策制度的落实情况,是否做到科学决策、民主决策、依法决策。(牵头单位:党政办公室)

15. 把党的全面领导落实到院系层面,充分发挥基层党组织的作用。

重点查《中国科学技术大学学院、实验室党组织作用发挥工程(“红专工程”)实施方案》

以及党组织会议、党政联席会议议事规则的落实情况，院级党组织的政治核心和保证监督作用发挥情况。（牵头单位：党委组织部）

（五）在做好新时代意识形态工作方面的整改落实情况

16. 坚持“党政同责、一岗双责”，加强意识形态阵地管理，层层压实责任。

重点查意识形态专项整改落实情况。（牵头单位：党委宣传部）

（六）在深化从严管党治校方面的整改情况

17. 党委履行主体责任，抓紧抓实管党治校工作。

重点查党委落实主体责任情况，是否履行“一岗双责”，层层传导压力；是否提升巡视工作质量，强化巡视成果运用；校内巡视开展情况。（牵头单位：党政办公室、党委组织部、党委巡视工作办公室）

18. 纪委强化专责监督，推动党风廉政建设和反腐败工作向纵深发展。

重点查学校纪检监察机构在补强自身建设短板的同时，是否实现政治监督具体化常态化，是否立足监督职责，研究提出针对性思路、对策，推动党委落实主体责任，深化整改和系统治理，不断健全管党治校制度体系、工作体系、责任体系。（牵头单位：纪检监察机构）

19. 加强对关键岗位、重点领域的监管，坚决杜绝廉洁风险。

重点查异地办学机构、非学历教育领域、基础教育合作办学、校办企业、附属医院等重点领域廉洁风险防控情况，是否存在廉洁风险。（牵头单位：校地合作机构、非学历教育中心、基础教育集团、资产经营有限责任公司）

20. 加强作风建设，持之以恒纠“四风”树新风。

重点查违反中央八项规定精神问题，违规公款吃喝、违规收送礼品礼金、违规发放津贴补贴等问题；纠治形式主义、官僚主义，重点查“指尖上形式主义”专项清理、“我为群众办实事”落实情况。（牵头单位：机关党委、党委组织部、党委宣传部）

（七）在加强附属医院廉洁风险防控方面的整改情况

21. 加强对附属医院的监管，维护医疗领域风清气正。

重点查附属医院涉医保等方面违纪违法问题。（牵头单位：纪检监察机构、附属医院、生命科学与医学建设办公室）

（八）在加强班子建设和基层党组织建设方面的整改情况

22. 加强领导班子建设，打造信念过硬、政治过硬、责任过硬、能力过硬、作风过硬的领导集体。

重点查《中共中国科学技术大学委员会关于进一步加强学校领导班子建设的意见》落实情况以及领导干部落实“双重组织生活”情况。（牵头单位：党政办公室、党委组织部）

23. 完善科学精准选人用人机制，打造高素质人才队伍、干部队伍。

重点查选人用人专项整改落实情况。（牵头单位：党委组织部、人力资源部）

24. 落实党建工作责任制，构建高质量党建工作体系。

重点查党建“双创”、党员发展、《中国科学技术大学师生党支部建设标准》《中国科学技术大学“支部特色年”活动实施方案》等的落实情况，从辅导员和骨干教师中选配学生党支部书记情况以及对教师政治吸纳和引领情况。（牵头单位：党委组织部）

（九）在强化整改落实方面的整改情况

25. 扎实推进基层党组织巡视整改。

重点查各院级党组织对照本单位巡视整改方案、校内巡视发现问题的整改落实情况。（牵头单位：党委巡视工作办公室、各院级党组织）

三、方法步骤

（一）认真开展自查(5月下旬至6月中旬)

各单位要按照“再总结”主要内容，对照校党委巡视整改方案、院级党组织巡视整改方案的任务要求，逐项梳理重点难点和长期坚持项，认真开展自查，并结合主题教育调查研究工作，广泛听取师生员工对整改工作的评价。

（二）深入分析研判(6月中旬至7月中旬)

各单位要深入查找问题原因，结合主题教育检视整改工作，对已取得的实际成效，要提出更高要求，在巩固已有成绩的基础上不断改进；对尚未整改到位的，要明确具体措施、整改时限、责任分工，确保整改到位。

（三）持续深化整改(7月中旬至8月底)

各单位要坚持“当下改”和“长久立”相结合，及时凝练总结整改过程中的好经验、好做法和典型案例，结合主题教育建章立制工作，及时以制度形式固定下来，形成巩固深化巡视整改成果的长效机制。

四、组织领导

各牵头单位要主动担责，结合主题教育，同步开展，协调推进。各参与单位要按照职责分工，主动配合，全力支持。各级党组织书记和机关部门负责同志要切实履行第一责任人职责，高度重视，统筹安排，确保整改到位、不留死角，并做好相关档案整理归档工作。

学校巡视整改领导小组将采取多种方式进行全面检查，对各项整改任务落实情况进行审核把关，坚决防止“再总结”中的形式主义、官僚主义。

五、结果运用

巡视整改落实情况“再总结”工作于2023年8月底完成，工作结果将通过党委全委会会议、季度书记调度会等形式予以通报，对发现的共性问题进行总结点评，对发现问题较多的单位进行通报提醒。

中国科学技术大学中层领导人员兼职管理办法

（党组字〔2023〕120号，2023年12月31日）

第一章　总　　则

第一条　为深入贯彻落实新时代党的组织路线，严格贯彻落实中央关于从严管理干部的要求，加强干部队伍建设，进一步规范学校中层领导人员兼职行为，根据《中国共产党廉洁自律准则》、中共中央组织部《关于进一步规范党政领导干部在企业兼职(任职)问题的意见》

《关于改进和完善高校、科研院所领导人员兼职管理有关问题的问答》,以及《中共中国科学院党组关于印发〈中国科学院领导人员兼职和科技成果转化激励管理办法〉的通知》等精神,结合学校实际,制定本办法。

第二条 本办法适用于学校所有副处级及以上中层领导人员。

第二章 兼职范围和数量。

第三条 兼职类型和兼职数量。

(一) 中层领导人员经批准可兼任与本单位或本人科研教学领域相关的社会团体、基金会等职务,兼职数量一般不超过 3 个。

(二) 中层领导人员一般不得在企业兼职(包括企业领导职务,以及顾问等名誉职务和外部董事、独立董事、独立监事等企业职务),不得经商办企业、从事个体经营活动和有偿中介活动,以及在经营性事业单位或其他营利性组织兼职。

经批准可在主营业务涉及国家安全、国防军工的学校或本单位出资企业兼职。经批准也可在学校或本单位出资的其他企业或参与合作举办的民办非企业单位兼职,兼职数量一般不超过 3 个。

(三) 在高水平学术期刊(影响因子位于本领域期刊的前列,下同)担任编委或在国际学术组织兼职的,兼职数量可根据实际情况适当放宽。

(四) 经批准可在党和国家机构、人民政协、民主党派机关及人民团体等,或其他各类学校、研究机构等事业单位从事具有实质性工作任务的兼职活动。事业单位兼职数量根据实际情况适当控制。

第四条 中层领导人员的科技成果转化,经学校同意,可以获得现金奖励或股权激励,但获得股权激励的中层领导人员不得利用职权为所持股权的企业谋取利益。具体依照中国科学技术大学科技成果转化相关规定执行。

第五条 中层领导人员不得在兼职单位领取薪酬。个人按照有关规定在兼职单位获得的报酬,应当全额上缴学校(本单位),由学校(单位)根据实际情况给予适当奖励。

第三章 兼 职 审 批

第六条 中层领导人员在社会团体、基金会、民办非企业单位、学术期刊、国际组织的兼职申请,需填写《中层领导人员兼职审批表》,并按相关要求提供材料,经所在单位研究同意,报党委组织部审批。

中层领导人员在事业单位兼职审批流程参照学校人事部门制定的事业单位兼职审批流程执行。

第七条 除在高水平学术期刊担任编委或在国际学术组织兼职外,中层领导人员在任期届满继续兼职的应当重新履行审批手续,兼职不得超过两届,所兼职务未实行任期制的,兼职时间最长不得超过 10 年。

第八条 对到国际学术组织或有国(境)外背景的社会团体、基金会、民办非企业单位和企业兼职的，中层领导人员所在单位要认真把握，必要时应当听取有关主管部门意见，了解其政治倾向和相关背景，并如实加以说明。中层领导人员不得到有敌视、分化我国背景的社会团体、基金会、民办非企业单位和企业兼职。

第九条 新提任为中层领导人员的，属于领导干部个人有关事项填报对象的，在首次填报个人有关事项时，一并报告本人兼职情况；属于非填报对象的，应在任职后及时将兼职情况报备党委组织部。

第十条 中层领导人员职务发生变动时，其兼职管理按照新任职务的相应规定掌握；职务变动后按规定不得兼任的，有关职务应当在3个月内辞去。不再担任领导职务后，其兼职不再按照中层干部管理。

第四章 监 督 管 理

第十一条 中层领导人员兼职及因科技成果转化获取奖励、股权激励等情况，应公开透明并以适当方式进行公示，并在个人有关事项报告和年度述职报告中予以说明。

第十二条 中层领导人员要认真履行岗位职责，把主要精力放在做好本职工作上，不能因兼职影响其应履行的职责；经批准兼职的，在兼职活动中要严格遵纪守法，切实维护学校利益，严禁私自利用学校名称、标识、设备、涉密信息、科研成果和产品等资源为兼职单位服务或牟利。

第十三条 中层领导人员违规在企业兼职或兼职取酬的，应退出兼职、上缴违规兼职取得的报酬，情节严重的按照有关规定严肃处理。

第十四条 本办法由党委组织部负责解释。

第十五条 本办法自印发之日起施行。原《中国科学技术大学中层干部兼职管理办法》（党组字〔2016〕69号）同时废止。

中国科学技术大学干部教育培训规划（2023—2027年）

（党组字〔2023〕121号，2023年12月31日）

为培养造就政治过硬、适应新时代要求、具备领导社会主义现代化建设能力的高素质干部队伍，根据中央《干部教育培训工作条例》《全国干部教育培训规划（2023—2027年）》有关要求，结合学校干部队伍建设实际情况，制定本规划。

一、指导思想

高举中国特色社会主义伟大旗帜，全面贯彻习近平新时代中国特色社会主义思想，深入贯彻落实党的二十大精神和习近平总书记关于中国科大系列重要指示精神，认真落实新时代党的组织路线，以坚定理想信念宗旨为根本，以提高政治能力为关键，以增强适应新时代学校一流大学事业发展本领为重点，紧紧围绕学校“双一流”建设的核心任务，持续深化党的创新理论武装，强化政治训练，加强履职能力培训，深入推进干部教育培训体系改革创新，增强教育培训的时代性、系统性、针对性、有效性，为全面推进世界一流大学建设提供思想政治保证和能力支撑。

二、目标任务

（一）总体目标

学校中层及以上领导人员每年参加集中培训累计不少于110学时，每5年参加集中培训累计不少于3个月或550学时；每年参加网络自学累计不少于50学时。党的创新理论武装更加系统深入，政治训练更加扎实有效，履职能力培训更加精准管用，干部教育培训体系更加科学健全，不断提高全校干部的履职尽责本领，更好地推进中国特色、科大风格的世界一流大学建设。

（二）主要任务

根据学校工作需要，结合岗位职责，分层次、分类别开展党员干部教育培训，强化培训的针对性和有效性，提升党员干部能力素质。具体任务如下：

1. 校级领导及优秀年轻干部的培训以上级组织调学为主，着力提高政治判断力、政治领悟力、政治执行力，扩展领导学校各项事业科学发展的视野、思路和胸襟，不断提高驾驭全局、开拓创新、科学决策、危机管理等方面的办学治校能力。

2. 中层领导人员的培训以理想信念教育和业务能力培训为主，突出岗位需求的导向功能，切实增强干部的全局观、责任感和使命感，提升政策理论水平和管理执行力，提高干部履职尽责的素质和能力。

3. 管理骨干（青年教师校内挂职干部、科级干部、管理岗轮岗交流人员等）的培训以政治纪律、政治规矩教育和基础知识培训为主，进一步熟悉校史校情，加深对学校治理体系、治理结构的了解，着力提升政治素质和管理能力。

4. 党务干部（系党总支书记、党务秘书、党支部书记等）的培训以党的基本理论和党务工作的方法技巧为主，进一步熟悉学校党员队伍基本情况，提高党性修养和业务能力，增强责任感和使命感。

三、内容体系

（一）坚持不懈用习近平新时代中国特色社会主义思想凝心铸魂

完善干部理论教育培训长效机制，落实党的创新理论学习教育，持续开展习近平新时代中国特色社会主义思想教育培训，系统谋划、持续用力，不断把思想铸魂、理论武装工作引向深入。组织干部读原著学原文、悟原理知原义，原原本本研读《习近平谈治国理政》《习近平著作选读》《习近平新时代中国特色社会主义思想专题摘编》等重要著作，跟进学习习近平总书记最新重要讲话和重要论述，认真学习领会习近平总书记关于中国科大系列重要指示精神，使广大干部更加深刻领悟“两个确立”的决定性意义，更加自觉增强“四个意识”、坚定“四个自信”、做到“两个维护”，把习近平新时代中国特色社会主义思想转化为坚定理想、锤炼党性和指导实践、推动工作的强大力量。

（二）围绕深刻领悟“两个确立”的决定性意义、做到“两个维护”，强化政治训练

以深入学习贯彻习近平新时代中国特色社会主义思想为主题主线，组织干部深入学习党的基本理论、基本路线、基本方略，不断提高马克思主义水平和政治理论素养，不断提高运用科学理论解决实际问题的能力。突出党章、党规党纪学习教育，加强政治忠诚、政治纪律、

政治规矩教育，强化党的宗旨、革命传统教育，开展四史教育，坚持用以伟大建党精神为源头的中国共产党人精神谱系教育干部，加强党风廉政教育、社会主义核心价值观教育、中华优秀传统文化教育，帮助干部提高辨别政治是非、保持政治定力、驾驭政治局面、防范政治风险的能力。

（三）加强履职能力培训，增强推进世界一流大学建设本领

聚焦“国之大者”，紧扣学校“潜心立德树人、执着攻关创新”两大核心任务，深入开展学习习近平总书记关于教育、科技、人才的重要论述培训和习近平总书记关于中国科大系列重要指示精神培训，持续开展校情、校史专题教育培训。围绕学校改革发展大局，突出学校治理体系、治理结构和治理能力现代化建设培训，强化与岗位职责相匹配的通识教育培训，帮助干部及时填知识空白、补素质短板、强能力弱项，不断健全干部履职的基本知识体系，提高干部综合素质。

四、主要措施

（一）坚持和完善校、院（处）两级领导班子理论学习制度

充分认识党委理论学习中心组学习的重要意义，着力提高党委理论学习中心组学习质量，充分发挥理论学习中心组领学、促学和示范带头作用。组织开展集中学习、读书班、交流研讨会等，坚持把学习贯彻习近平新时代中国特色社会主义思想作为培训学习的首要任务。集中学习要结合学校的中心工作和实际情况，把研究解决问题作为学习的出发点和落脚点，重点剖析国家在教育、科技、人才领域的改革方向和举措，重点研究讨论学校的改革发展与创新实践，更好地把科学理论转化为推动高质量发展、增进师生福祉、防范化解风险的思路举措，转化为全面从严治党、推进自我革命的实际行动。每年安排校领导为全体中层领导人员做一次相关专题培训报告，帮助中层领导人员更好地理解学校工作部署，抓好抓实年度党政主要工作。

（二）积极落实上级安排，认真做好组织调学工作

根据上级组织的要求和安排，加大组织调学力度，选派参加中央党校（国家行政学院）、国家教育行政学院、中国科学院党校和安徽省委党校（安徽行政学院）举办的“省部级干部专题培训班”“中青年干部培训班”“高校领导人员培训班”等各级各类培训班学习。严格执行调训报名、审批等规定，完善组织调训登记管理。

（三）强化“关键少数”的教育培训，重点抓好中层领导人员系列培训

坚持把政治训练贯穿中层领导人员成长全周期，使领导人员的政治素养、政治能力与担负的领导职责相匹配。面向全体中层领导人员，深入开展主题教育，组织开展习近平新时代中国特色社会主义思想和党的二十大精神集中轮训班，推动党的创新理论学习教育走深走实走心。面向各单位主要负责人，每年组织开展领导人员读书班、务虚会等专题培训；面向副处级领导人员，每年组织 1 次集中系统的党的创新理论教育和党性教育专题培训班；结合学校 2024 年中层领导班子换届，加强中层领导人员任职培训，办好新提任中层领导人员培训班。

（四）加强管理骨干的教育培训，持续完善年轻干部队伍培训体系

针对学校管理骨干，突出政治忠诚教育、理想信念教育、纪律规矩教育，加强优良传统作风和责任感使命感教育，提升管理骨干的政治素质和履职能力。面向青年教师校内挂职干

部、系主任、系党总支书记等，每年至少举办1期管理骨干培训班；面向科级干部、管理岗轮岗交流人员等，每年有计划地组织举办1期科级干部培训班，做到科级干部三年轮训全覆盖。

（五）加强党务干部的教育培训，实现党务培训全覆盖、常态化

建立校院两级党务培训制度，学校层面每年定期开展党支部书记培训，2年做到全覆盖；加强对“双带头人”教师党支部、样板党支部、星级党支部等支部书记的教育培训；组织党务工作者培训，及时跟进学习党中央新颁发的党章党规，抓实院级党组织对新党员、新支委的培训；在一年4次的季度书记调度会基础上，举办院级党组织负责人论坛，加强校党委对院级党组织党建工作的指导，促进党建与学校发展的紧密结合。努力培养造就一支政治可靠、作风过硬、群众信任、团结协调的基层党务工作队伍，进一步增强基层党组织的创造力、凝聚力和战斗力。

（六）加强优秀人才的教育培训，推动高素质人才队伍建设

校党委每年组织一定数量人才开展国情、校情研讨。面向优秀人才，结合中国科学院党性教育专题培训班，每年举办1期优秀人才培训班，通过开展政策解读、案例教学、实践锻炼等方式，吸纳高层次人才加入党组织，帮助优秀人才不断提高政治觉悟。面向优秀青年教师，利用众行课堂平台，每年举办1期青年骨干教师研修班，教育引领广大青年教师学为人师、行为世范，提升育德育人能力。

（七）整合优质资源，持续拓宽培训渠道

坚持立足学校、面向安徽，充分发挥中国科学技术大学党校的牵头引领作用，协调推进校内各类别各层次教育基地（全国爱国主义教育示范基地、科学家精神教育基地、全国科普教育基地等）特色化发展，深入推进校外红色教育基地（金寨红色教育基地等）差异化发展，着力打造“一校N基地”多元培训格局。充分利用中国科学院党校、安徽省委党校（安徽行政学院）教学资源，渡江战役纪念馆等安徽省内红色资源，安徽金寨干部学院、安徽小岗干部学院、皖南新四军干部学院、安徽组织干部学院等培训机构资源，围绕校党委中心工作，多渠道多方面开展教育培训。

（八）加强网络培训平台建设，加快培训管理数字化

认真贯彻全国干部网络培训指导意见，持续用好中国科学院继续教育网、安徽干部教育在线等网上学习平台，不断加强中国科学技术大学网上党校建设，继续推行线上线下相结合的培训模式，为全校党员、干部提供良好的网络学习平台。依托中国科学院继续教育网平台，逐步加强干部教育培训信息管理，完善干部培训档案。加强大数据技术的运用，用好培训需求调研问卷、培训效果反馈问卷等数据，做好培训记录，不断优化培训课程设计。坚持和完善在职自学制度，积极创造条件，支持干部在职自学，营造读书学习、积极向上的良好氛围。

五、培训保障

（一）完善制度机制

完善需求调研，牢固树立按需培训理念，统筹组织需求、岗位需求和干部需求，推动干部教育培训供给与需求精准匹配。统筹干部教育培训与党员教育培训，加强党委组织部（党校）与培训机构沟通协商，研究制订培训计划。

（二）加强考核评估

创新学员考核评价方式，完善训中跟踪考察机制和训后结果反馈机制，通过经验分享、座谈研讨、素质拓展等方式，全方位了解学员学习表现和综合素质，为精准培养、考察、识别干部提供参考。将干部的教育培训情况作为干部考核的重要内容和任职、晋升的重要依据。

（三）严格培训管理

加强外出培训管理，严格落实意识形态工作责任制，落实中央八项规定及其实施细则精神，厉行勤俭节约，弘扬学习之风、朴素之风、清朗之风。选好培训师资，切实加强教师授课内容、形式的审查把关。加强学员管理，严格执行学员管理相关规定。

（四）加大经费保障

将干部教育培训经费列入学校年度财政预算，保证工作需要。各院级党组织可以使用留存的党费组织培训基层党员干部。加强干部教育培训经费管理，保证专款专用，提高使用效益。

六、组织领导

校党委要加强对干部教育培训工作的领导，认真落实党建主体责任，把干部教育培训工作纳入党的建设整体部署和工作规划。校党委主要负责同志要认真履行职责，及时研究解决干部教育培训工作中的困难和问题。党委组织部（党校）要在校党委领导下抓好规划的贯彻实施。中层领导班子要结合自身学习培训，带动本单位全体教职工形成良好的学习氛围和培训机制。

中国科学技术大学章程

（校字〔2023〕142 号，2023 年 9 月 6 日）

（2014 年 10 月 11 日中华人民共和国教育部核准通过

根据 2023 年 7 月 24 日《教育部关于同意中国科学技术大学章程部分条款修改的批复》修正）

序　　言

中国科学技术大学是为“两弹一星”事业而创办的一所大学。学校 1958 年由中国科学院创建于北京，1970 年迁至安徽省合肥市，是一所服务国家战略需求、以前沿科学和高新技术为主，兼有医学、管理和特色人文的理工科大学。

学校全面贯彻党的教育方针，坚持社会主义办学方向，传承发扬抗大精神、“两弹一星”精神和科学家精神，心怀“国之大者”，坚持“全院办校、所系结合”的办学方针，坚持“红专并进、理实交融”的校训精神，坚持“科教报国、追求卓越”的初心使命，坚持“民主办学、学术优先”的治学理念，坚持“潜心立德树人、执着攻关创新”的根本任务，致力于建设质量优异、特色鲜明的世界一流研究型大学。

第一章 总 则

第一条 为保证依法自主办学，实现学校使命与目标，根据《中华人民共和国教育法》《中华人民共和国高等教育法》《中国共产党普通高等学校基层组织工作条例》《高等学校章程制定暂行办法》《中国科学院章程》等规定，制定本章程。

第二条 学校名称为中国科学技术大学，简称中国科大或中科大。英文名称为 University of Science and Technology of China，英文缩写为 USTC。

第三条 学校法定注册地为安徽省合肥市金寨路 96 号。可根据国家有关规定经有关部门批准后设立和调整校区及校址。

学校门户网站为 www. ustc. edu. cn。

第四条 学校具有独立法人资格，依法享有办学自主权。校长是学校的法定代表人。

第五条 学校是由国家举办，中国科学院主管，中国科学院、国务院教育行政部门和安徽省人民政府共建的为国家和社会培养人才的非营利性组织。

第六条 学校坚持和加强党的全面领导，高举中国特色社会主义伟大旗帜，以马克思列宁主义、毛泽东思想、邓小平理论、“三个代表”重要思想、科学发展观、习近平新时代中国特色社会主义思想为指导，增强“四个意识”、坚定“四个自信”、做到“两个维护”，全面贯彻党的基本理论、基本路线、基本方略，全面贯彻党的教育方针，坚持教育为人民服务、为中国共产党治国理政服务、为巩固和发展中国特色社会主义制度服务、为改革开放和社会主义现代化建设服务，坚守为党育人、为国育才，培养德智体美劳全面发展的社会主义建设者和接班人。

第七条 学校以立德树人为根本任务，注重内涵式发展，开展人才培养、科学研究、社会服务、文化传承创新、国际交流合作等工作，支撑教育强国、科技强国、人才强国等国家战略，贯彻新发展理念，坚持可持续发展，为构建人类命运共同体作出积极贡献。

第八条 中国科学院按照“全院办校、所系结合”的办学方针对学校进行宏观指导，领导和支持学校建成世界一流大学，保障学校基本建设经费和基本办学经费的来源，支持直属研究机构与学校开展科教融合。

学校是中国科学院人才培养、科学研究和社会服务的重要组成部分。学校充分发挥中国科学院科教资源优势，形成大学与国家科研机构紧密结合的办学模式。

第九条 国务院教育行政部门依法对学校进行业务指导和监督。学校举办者和国务院教育行政部门依法保障学校教育事业发展所需经费，并对学校发展给予政策支持和资源保障。

第十条 安徽省人民政府全力支持学校建设发展，为学校提供良好办学环境，支持学校发挥科技与人才优势，促进成果转化，服务区域经济建设与社会发展。

第十一条 学校依法开展全日制与非全日制高等学历教育和有关非学历教育。

学校根据国家政策、培养目标、社会需求、办学条件和国家核定的办学规模等，制定招生方案，自主调节招生比例，依法依规招收录取学生。

学校依法自主设置和调整学科、专业，依法授予学士、硕士及博士学位。

学校根据教学需要，自主制订教学计划、选编教材、组织实施教学活动。

第十二条 学校根据自身条件，自主开展科学研究、技术开发和社会服务，并按照国家有关规定扩大和保障教师和其他专业技术人员享有相应的科研自主权，增强创新活力。

第十三条 学校潜心立德树人，秉承英才教育理念，提倡崇尚科学、追求真理，引导教师努力成为“有理想信念、有道德情操、有扎实学识、有仁爱之心”的好老师，培养“有理想、有追求，有担当、有作为，有品质、有修养”的德智体美劳全面发展的社会主义建设者和接班人，加快建设国家战略人才力量，持续打造拔尖创新人才自主培养模式，致力于为国家和社会输送未来发展所需的科学研究、工程技术和其他领域的杰出人才。

第十四条 学校执着攻关创新，面向世界科技前沿、面向经济主战场、面向国家重大需求、面向人民生命健康，全面融入国家创新体系，积极建设科研平台，推进重大科技和科教基础设施建设，促进有组织的重大科研和交叉学科研究，健全科研质量保障体系，营造健康的学术生态，打造支撑国家科技自立自强的重要战略科技力量。

第十五条 学校进一步完善立德树人落实机制，健全引导教师潜心育人的评价制度，多元化评价学生的全面发展，加强教材建设与管理，建立健全科学、规范的质量保障体系和评价机制，充分保障和提高教育教学质量。

第二章　学　　生

第十六条 学生是由学校依法依规录取、取得入学资格、具有学校学籍的受教育者和学校建设发展的参与者，是学校教育教学活动的主体。

第十七条 学校建立学生教育管理制度和学生考核评价机制。学校对学生进行综合测评，对表现突出的学生给予表扬和奖励；对违规、违纪的学生给予批评教育或纪律处分。学校维护学生合法权益，设立学生申诉处理委员会，按照规定程序处理学生的申诉。

第十八条 学校建立学生资助体系，支持和帮助学生不因家庭经济困难影响学业。

第十九条 学生在校期间依法享有下列权利：

（一）参加学校教育教学计划安排的各项活动，使用学校提供的教育教学和科研资源；

（二）参加社会实践、志愿服务、勤工助学、文娱体育及科技文化创新等活动，获得就业创业指导和服务；

（三）申请奖学金、助学金及助学贷款；

（四）在思想品德、学业成绩等方面获得科学、公正评价，完成学校规定学业后获得相应的学历证书、学位证书；

（五）在校内组织、参加学生团体，以适当方式参与学校管理，对学校与学生权益相关事务享有知情权、参与权、表达权和监督权；

（六）对学校给予的处理或者处分有异议，向学校、教育行政部门提出申诉，对学校、教职工侵犯其人身权、财产权等合法权益的行为，提出申诉或者依法提起诉讼；

（七）法律、法规规定的其他权利。

第二十条 学生在校期间依法履行下列义务：

（一）遵守宪法、法律、法规；

（二）遵守本章程和学校其他规章制度；

（三）恪守学术道德，完成规定学业；

（四）按规定缴纳学费及有关费用，履行获得助学贷款及助学金的相应义务；

（五）遵守学生行为规范，尊敬师长，养成良好的思想品德和行为习惯；

（六）法律、法规规定的其他义务。

第二十一条 在学校接受留学生教育、非学历教育等类型的受教育者，其权利义务由受教育者与学校按照平等自愿的原则依法另行约定。

第三章 教 职 工

第二十二条 教职工是学校办学的主体，由教师、其他专业技术人员、管理人员和工勤技能人员组成。

第二十三条 学校依据相关法律、法规和政策，实行人员聘用制度，按照"按需设岗、按岗聘用、竞争择优、合同管理"的原则聘用教职工。

第二十四条 学校根据教职工岗位性质、职责，分类制定考核评价标准，依据聘用合同、岗位聘任协议和相关规定进行考核，考核结果作为调整教职工岗位、工资以及续订聘用合同的依据。

第二十五条 学校建立教师队伍学术荣誉体系，建立与发展水平和特点相适应的教职工薪酬福利制度，建立健全教职工社会保障体系。

第二十六条 学校依法建立健全教职工权益保护机制，保障教职工合法权益。

第二十七条 教职工依法享有下列权利：

（一）教师开展教育教学并获得相应设施设备支持和资源保障；

（二）教师和其他专业技术人员从事科学研究，开展学术交流，参加专业的学术团体，在学术活动中充分发表意见；

（三）教师指导学生的学习和发展，评定学生的品行和学业成绩，对学生进行表扬、奖励、批评以及教育惩戒；

（四）按时获取工资报酬，享受国家规定的福利待遇以及寒暑假期的带薪休假；

（五）对学校教育教学、管理工作、建设和发展及其他涉及切身利益的重大事项等享有知情权、参与权、表达权和监督权，通过教职工代表大会或者其他合法方式参与学校的民主管理；

（六）教师和其他专业技术人员开展课程和教学资源研发、科学普及、科技成果转化，并获得相应权益；

（七）公平获得自身发展所需的机会和条件，参加进修或者其他方式的专门培训、继续教育；

（八）在品德、能力和业绩等方面获得公正评价，公平获得各种奖励及荣誉称号；

（九）就岗位聘用、薪酬福利、评优评奖、纪律处分等事项按照程序和有关规定表达异议和提出申诉；

（十）法律、法规、学校规章制度以及合同约定的其他权利。

第二十八条 教职工依法履行下列义务：

（一）遵守宪法、法律法规和职业道德、社会公德，不断提高思想政治素质和个人修养，践行社会主义核心价值观；

（二）贯彻党和国家教育方针，遵守本章程和学校其他规章制度以及合同约定的职责，践行立德树人根本任务，遵守师德规范、学术规范和职业行为准则，爱岗敬业，忠于职守，完成岗位要求的工作任务；

（三）继承和弘扬中华优秀传统文化、革命文化和社会主义先进文化，对学生进行理想信念、爱国主义、中华民族共同体意识和国家安全教育，思想品德和法治教育以及科学文化、环境保护、卫生健康等方面的教育，组织、带领学生开展有益的社会活动；

（四）关心、爱护全体学生，尊重学生基本权利和人格尊严，促进学生德智体美劳全面发展；

（五）批评和抵制有害于学生健康成长的现象；

（六）依法依规履行公共教育服务职责，公正评价、平等对待、科学管理学生；

（七）珍惜和维护学校声誉，维护学校正当利益；

（八）法律、法规、学校规章制度以及合同约定的其他义务。

第二十九条 在学校从事教学、科研、进修活动的其他人员，依据国家和学校有关规定或合同约定，享受相应的权利，履行相应的义务。

第四章 管理体制

第三十条 学校实行中国共产党中国科学技术大学委员会（以下简称校党委）领导下的校长负责制，建立“依法治校、教授治学、民主管理、社会参与”的内部治理架构，促进学校治理体系和治理能力现代化。

第三十一条 校党委全面领导学校工作，承担管党治党、办学治校主体责任，发挥把方向、管大局、作决策、抓班子、带队伍、保落实的领导作用。校党委支持校长依法积极主动、独立负责地开展工作，保证教学、科研、行政管理等各项任务的完成。

校党委实行民主集中制，健全集体领导和个人分工负责相结合的制度。凡属重大问题都应当按照集体领导、民主集中、个别酝酿、会议决定的原则，由党委集体讨论，作出决定；党委成员应当根据集体的决定和分工，切实履行职责。

校党委坚持党管办学方向、党管干部、党管人才、党管意识形态，坚持全面从严治党，以党的建设引领推动人才培养、科学研究、社会服务、文化传承创新、国际交流合作，坚持把思想政治工作作为开展党的建设的重要抓手，坚持抓基层强基础。

校党委的主要职责是：

（一）宣传和执行党的路线方针政策，宣传和执行党中央以及上级党组织和本组织的决议，坚持社会主义办学方向，依法治校，依靠全校师生员工推动学校科学发展，培养德智体美劳全面发展的社会主义建设者和接班人。

（二）坚持马克思主义指导地位，组织党员认真学习马克思列宁主义、毛泽东思想、邓小平理论、“三个代表”重要思想、科学发展观、习近平新时代中国特色社会主义思想，学习党的路线方针政策和决议，学习党的基本知识，学习业务知识和科学、历史、文化、法律等各方面知识。

（三）审议确定学校基本管理制度，讨论决定学校改革发展稳定以及教学、科研、行政管理中的重大事项。

（四）讨论决定学校内部组织机构的设置及其负责人的人选。按照干部管理权限，负责干部的教育、培训、选拔、考核和监督。加强领导班子建设、干部队伍建设和人才队伍建设。

（五）按照党要管党、全面从严治党要求，加强学校党组织建设。落实基层党建工作责任制，发挥学校基层党组织战斗堡垒作用和党员先锋模范作用。

（六）履行学校党风廉政建设主体责任，领导、支持内设纪检组织履行监督执纪问责职责，接受同级纪检组织和上级纪委监委及其派驻纪检监察机构的监督。

（七）领导学校思想政治工作和德育工作，落实意识形态工作责任制，维护学校安全稳定，促进和谐校园建设。

（八）领导学校群团组织、学术组织和教职工代表大会。

（九）做好统一战线工作。对学校内民主党派的基层组织实行政治领导，支持其依照各自章程开展活动。支持无党派人士等统一战线成员参加统一战线相关活动，发挥积极作用。加强党外知识分子工作和党外代表人士队伍建设。加强民族和宗教工作，深入开展铸牢中华民族共同体意识教育，坚决防范和抵御各类非法传教、渗透活动。

（十）法律、党内法规和有关规定确定的其他职责。

第三十二条 校党委由中国共产党中国科学技术大学代表大会（以下简称学校党代会）选举产生，每届任期5年。校党委对学校党代会负责并报告工作。

校党委全体会议（以下简称党委全委会）在学校党代会闭会期间领导学校工作。校党委设立常务委员会（以下简称党委常委会），由党委常委会主持党委经常工作。

党委常委会会议按照党委常委会会议议事规则召开，由党委书记召集并主持，会议出席成员为党委常委，非党委常委的校领导列席会议。会议必须有半数以上党委常委到会方可召开；讨论决定干部任免等重要事项，必须有2/3以上党委常委到会。党委常委会会议讨论决定重要事项时应当进行表决，赞成票超过应到会党委常委半数为通过。

第三十三条 校党委设立教师工作委员会，统筹协调教师思想政治和师德师风建设等工作。

第三十四条 中国共产党中国科学技术大学纪律检查委员会（以下简称校纪委）是学校的党内监督专责机关，由学校党代会选举产生。校纪委在校党委和上级纪委双重领导下进行工作。国家监察委员会向学校派驻监察专员，设立监察专员办公室，与校纪委合署办公。学校纪检监察机构一体履行党的纪律检查、国家监察职责，协助校党委推进全面从严治党、加强党风建设和组织协调反腐败工作，认真履行纪委同级监督职责，代表国家监委履行“上对下”监察监督职责。

第三十五条 校长是学校行政的主要负责人，由符合法定任职条件的公民担任，按照国家有关规定产生、任命。

校长履行法定代表人的职责，全面负责学校的教学、科学研究、教材建设和其他行政管理工作。

校长的主要职权是：

（一）拟订发展规划，制定具体规章制度和年度工作计划并组织实施；

（二）组织教学活动、科学研究、教材建设和思想品德教育；

（三）拟订内部组织机构的设置方案；

（四）聘任与解聘教师以及内部其他工作人员，对学生进行学籍管理并实施奖励或者处分；

（五）拟订和执行年度经费预算方案，保护和管理校产，维护学校的合法权益；

（六）法律、法规和有关规定确定的其他职权。

校长根据工作需要，可授权其他校领导分管或协管有关工作，或组织专门领导小组或委员会负责有关工作。

校长工作会议按照校长工作会议议事规则召开，主要研究提出拟由党委常委会会议讨论决定的重要事项方案，具体部署落实党委常委会决议的有关措施，研究决定教学、科研、行政管理工作。校长工作会议由校长召集并主持，会议出席成员为学校党政领导班子成员，会议必须有半数以上成员到会方可召开。

第三十六条 学校根据实际需要和精简、效能的原则自主确定教学、科学研究、行政职能部门等内部组织机构的设置和人员配备，建立为师生提供便捷高效服务的制度和机制，提升服务意识和水平。

第三十七条 学校成立或合办的具有独立法人资格的单位和其他组织，依照法律法规及其章程运营管理，独立承担法律责任。

第三十八条 学校各民主党派、无党派人士依据法律和各自章程开展活动，参与学校民主管理、民主监督。

第三十九条 学校依法设置工会、共青团、妇女组织、科学技术协会、欧美同学会、教职工社团、学生社团等群团组织。各群团组织在校党委的领导下，履行各自职责，根据各自章程开展活动。

第四十条 学校学术委员会是统筹行使学术事务的决策、审议、评定和咨询等职权的校内最高学术机构，成员由学校各学科、专业的教授及具有正高级专业技术职务的专家组成，经校长工作会议审议，党委常委会会议讨论通过。学术委员会按照其章程开展工作，其主要职责是：

（一）审议学科、专业和教师队伍建设规划，以及科学研究、对外学术交流合作等重大学术规划；

（二）审议学术机构设置方案，交叉学科、跨学科协同创新机制的建设方案，学科资源的配置方案；

（三）对与学校教师职务聘任相关的聘用组织的学术标准及相关问题提供咨询意见，审议科研成果和人才培养质量的评价标准；

（四）对学校高层次人才引进岗位人选，自主设立各类学术科研基金、科研项目和科研奖项，对外推荐科学研究成果奖等与学术相关的事项进行学术水平评价；

（五）对学校制定的与学术事务相关的全局性、重大发展规划和发展战略提出咨询意见；

（六）审议学术评价、争议处理规则和学术道德规范，根据相关单位对学术不端行为的调查结果作出学术判断；

（七）其他需要学术委员会决策的重大事项。

学术委员会设主任委员 1 人，副主任委员若干人，秘书长 1 人。主任委员人选由校长提名，校长工作会议讨论通过，经学术委员会全体会议选举产生。

学术委员会全体会议由主任委员负责召集和主持，应有 2/3 以上成员出席方可召开。经学术委员会主任委员或者校长提议，或者 1/3 以上成员联名提议，可以临时召开学术委员会全体会议，商讨、决定相关事项。经学术委员会 1/2 以上成员联名提议，可要求校长或副校长就学校专项工作在学术委员会全体会议上进行说明。

学术委员会议事决策实行少数服从多数的原则，重大事项应当以与会成员的 2/3 以上同意方可通过，其中对涉及本条(一)至(六)款内容的决策可以要求学校就相关内容做出说明、重新协商研究或者暂缓执行。学术委员会可根据工作需要成立若干常设专门委员会或临时性工作组。

第四十一条 学校学位评定委员会是依法负责学校学位与研究生教育管理的学术机构，成员由学校相关学科专家组成，经校长工作会议审议，党委常委会会议讨论通过。学位评定委员会按照其章程开展工作，其主要职责是：

（一）论证审核学位与研究生教育发展规划、学科建设发展规划；

（二）在国务院学位委员会授权职责范围内负责各类学位授权点增列与动态调整工作；

（三）审定各类学位授予标准；

（四）审定各学科研究生培养方案；

（五）遴选研究生指导教师；

（六）作出授予各类学位的决定或撤销已授学位的决定；

（七）决议处理各类学位授予中有争议的问题；

（八）检查、评估各学科学位授予质量；

（九）审议学校学位与研究生教育工作中的其他重大问题。

学位评定委员会设主任委员 1 人，由校长担任，副主任委员若干人，秘书长 1 人。学位评定委员会会议由主任委员主持，应有全体成员的 2/3 以上出席方可召开。学位评定委员会议事决策实行少数服从多数的原则，重大事项应当以与会成员的 2/3 以上同意方可通过。学校根据学科和机构设置需要下设若干学位评定分委员会。

第四十二条 学校教学委员会是负责学校教育教学事务的专门机构，对学校教学工作有关问题进行审议、评议、指导、监督和咨询，成员由师德师风优良、教学经验丰富的教师代表与有关专家组成，经校长工作会议审议，党委常委会会议讨论通过。教学委员会按照其章程开展工作，其主要职责是：

（一）审议学校教学工作规划和重大教学改革方案；

（二）审定本科专业设置和调整，审定本科专业培养方案并指导实施；

（三）审定本科生和研究生课程建设规范和教学岗位设置原则；

（四）审议学校教学制度和教材管理制度；

（五）组织学校教学评估和教学质量监督；

（六）制定各类教学奖励的实施规则；

（七）其他需要教学委员会决策的重大事项。

教学委员会设主任委员1人，由校长担任，副主任委员若干人，秘书长1人。教学委员会会议由主任委员主持，应有全体成员的2/3以上出席方可召开。教学委员会议事决策实行少数服从多数的原则，重大事项应当以与会成员的2/3以上同意方可通过。

第四十三条 学校教职工代表大会是在校党委领导下教职工参与学校民主管理和监督的基本形式，学校依法保障教职工参与学校民主管理和监督的权利。

教职工代表大会的主要职权是：

（一）听取学校章程草案的制定和修订情况报告，提出修改意见和建议；

（二）听取学校发展规划、教职工队伍建设、教育教学改革、校园建设以及其他重大改革和重大问题解决方案的报告，提出意见和建议；

（三）听取学校行政年度工作、财务工作报告以及其他专项工作报告，提出意见和建议；

（四）讨论通过学校提出的与教职工利益直接相关的有关事项；

（五）审议学校上一届（次）教职工代表大会提案的办理情况报告；

（六）按照有关工作规定和安排评议学校领导干部；

（七）通过多种方式对学校工作提出意见和建议，监督学校章程、规章制度和决策的落实，提出整改意见和建议；

（八）讨论有关法规确定的或学校与工会商定的其他事项。

教职工代表大会由大会选举产生的常设主席团主持会议。主席团由校领导、校工会主要负责人、专门委员会主要负责人、各代表团负责人等组成。

教职工代表大会每年至少召开1次。教职工代表大会全体会议和主席团会议由主席团常务主席或常务副主席主持，实际到会人数须有代表总数的2/3以上方可召开，决议和表决须经代表总数半数以上通过方为有效。

教职工代表大会闭会期间，遇有急需解决的重要问题，可召开主席团会议讨论，其结果向下一次教职工代表大会报告。

工会为学校教职工代表大会的工作机构。

第四十四条 学校学生会和研究生会是校党委领导下的主要学生组织，是学校联系广大学生的桥梁和纽带，代表广大学生的根本利益。学校支持和保障学生会和研究生会按照其章程开展活动。

学生代表大会和研究生代表大会是学生依法依规行使民主权利、参与学校治理的机构，其主要职权是：

（一）制定或修订学生会和研究生会章程，监督章程实施；

（二）听取并审议上一届学生会和研究生会的工作报告；

（三）选举产生新一届学生会和研究生会常设机构和主席团；

（四）征求广大学生对学校工作的意见和建议，合理有序表达和维护学生正当权益；

（五）讨论和决定应由学生代表大会和研究生代表大会决定的其他重大事项。

学生代表大会和研究生代表大会闭会期间，其职责由其常设机构依法依规履行。

第四十五条 学校可根据工作需要，设置理事会，并制定理事会章程，决定其职权、职责。

第五章 教学科研机构

第四十六条 学校根据人才培养与学科建设的实际需要，按照有利于宽口径人才培养、有利于学科交叉和发展、有利于加强管理和合理配置资源等原则，设置若干学院（含直属系，下同）。学院是学校组织实施教学、科研活动和社会服务的基本单位，接受学校的领导和管理。

第四十七条 学院根据教学、科研工作的实际需要，可设置若干系、教学部。系、教学部的设立、调整与撤销，由学院提出意见和具体方案，报学校审批。

第四十八条 学校实行校、院、系三级机构设置，实施校、院两级管理体制。

学校可根据人才培养和科学研究的需要在相关学科方向设置学部，学部按照学校整体部署统筹协调所属机构融合发展，各学部的具体管理由另行制定的工作办法规定。

第四十九条 学校设立少年班学院，以 1978 年创建的“少年班”为基础，持续发挥高等教育改革“试验田”的作用，创新并完善英才选拔和培养模式。

第五十条 学院的具体职责是：

（一）制定培养方案，按培养方案和教学大纲要求，组织和实施教学活动；

（二）根据教学、科研的需要和学校有关规定，制定和实施本学院的师资队伍建设计划；

（三）在学校的部署下，实施本学院学生的教育和管理，做好学生服务工作；

（四）设置学院内部机构，并进行有效管理；

（五）管理和合理使用学校核定、拨付的办学经费、设备和固定资产；

（六）行使学校赋予的其他职权。

第五十一条 学院党组织在校党委的领导下开展工作，全面负责学院党的建设，强化政治功能，履行政治责任，保证教学科研管理等各项任务完成，支持本单位行政领导班子和负责人开展工作，健全集体领导、党政分工合作、协调运行的工作机制。其主要职责是：

（一）宣传和执行党的路线方针政策以及上级党组织的决议，并为其贯彻落实发挥保证监督作用；

（二）通过党委会会议（含党总支会议，下同）和党政联席会议，讨论和决定本单位重要事项；

（三）加强党组织自身建设，建立健全党支部书记工作例会等制度，具体指导党支部开展工作；

（四）领导本单位思想政治工作，加强师德师风建设，落实意识形态工作责任制。把好教师引进、课程建设、教材选用、学术活动等重要工作的政治关；

（五）做好本单位党员、干部的教育管理工作，做好人才的教育引导和联系服务工作；

（六）领导本单位群团组织、学术组织和教职工代表大会。做好统一战线工作；

（七）法律、党内法规和有关规定确定的其他职责。

第五十二条 学院主要行政负责人是学院院长或执行院长，受校长委托全面负责学院的教学、科学研究和其他行政管理工作。学院主要行政负责人或具有独立建制的系部、教学单元、研究机构以及相应级别的教学科研机构负责人，按照干部管理权限和组织程序，由党委常委会会议研究决定。

第五十三条 学院实行党委会会议和党政联席会议两个会议制度，按照党委会会议和党政联席会议两个议事规则召开会议。有关本单位干部任用、党员队伍建设等党的建设工作由党委会会议研究决定。涉及办学方向、教师队伍建设、师生员工切身利益等事项的，应当经党委会会议研究讨论后，再提交党政联席会议决定。

第五十四条 学院设立学术委员会或教授委员会、学位评定分委员会、教学委员会等。各委员会作为学院的学术咨询和决策及相关管理机构，充分发挥其在学院发展规划、学科建设、教师选聘晋升、科学研究、学位与研究生管理、教育教学等中的作用。

第五十五条 学校根据需要建设各类教学实验室和校内外教学实习、实践基地。

第五十六条 学校积极建设国家级、院省部级科研平台，可根据需要设立校属研究机构。

第五十七条 学校建设的教学、科研公共支撑体系，采取“集中建设、资源共享、全校开放、专管共用”的运行模式，为学校教学、科研和管理等提供支撑服务，并依据有关规定向社会开放。

第六章　科 教 融 合

第五十八条 学校在中国科学院和国务院教育行政部门的指导下，积极与中国科学院直属研究机构开展“所系结合、科教融合”。

第五十九条 学校与科教融合机构共同完善“科教融合育人”机制，在双方共同意愿的基础上，合作开展共建科教融合学院、所系结合研究生培养基地、科技英才班等工作。

第六十条 学校坚持深化科教融合协同育人，为科教融合创新人才培养提供全面支持。在科教融合机构中遴选、聘请学术水平高的科研人员承担教育教学任务，合作开展科学研究，带领年轻教师提升学术水平，并根据学校规定享有相关权利。相关学生培养由学校与科教融合机构共同承担。

第六十一条 学校与科教融合机构共同服务国家战略需求，承担重大科研任务，参与平台建设，共享科研成果。

第六十二条 学校根据需要聘任科教融合机构等单位的负责人或学术带头人担任学院院长或系主任(包含非科教融合学院和系)。

第六十三条 学校积极探索与国家战略科技力量开展科教融合和产教融合，创新融合育人模式。

第七章　社会服务与外部关系

第六十四条 学校接受国务院教育行政部门和上级主管部门依法对学校的办学进行

管理和监督，主动接受社会监督和评价，依法实行信息公开制度，及时向社会发布办学信息。

第六十五条 学校注重加强与中央政府部门、地方政府、社会团体、行业组织、科研机构以及企业的合作。

第六十六条 学校可依法与自然人、法人和非法人组织订立合同。未经校长授权，任何单位和个人不得以学校名义订立合同。

第六十七条 学校面向国家需求和世界科技前沿，积极利用海内外优质资源，开展与国内外著名大学、科研机构的科学技术文化交流与合作，提升国际交流合作水平。

第六十八条 中国科学技术大学校友包括曾在学校学习或工作过的人员。对关心学校的建设与发展、对学校作出较大贡献的人士，若本人自愿履行校友义务，学校可依法依规授予“名誉校友”称谓。

第六十九条 中国科学技术大学校友会是学校依法成立的非营利性社会组织。校友会负责联络全球校友，搭建校友与母校、校友之间交流与合作平台；传播学校发展信息，弘扬学校精神文化；开展校友服务，助力校友成长，凝聚校友力量，支持学校发展。校友会与各地区、各类校友会（组织）是指导与合作的关系。各校友组织在遵守当地有关法律法规的前提下，独立自主开展校友工作。

第八章 保障资源

第七十条 学校资产（含知识产权）归国家所有。学校通过建立健全资产管理制度，优化资源配置，提高资源使用效益，保障资产的安全和完整。

第七十一条 学校建立健全以职务科技成果（专利权、软件著作权、专有技术）为主的对外投资管理制度，依法行使投资者权利，履行投资者义务，保障投资者和经营者合法权益，实现资产保值增值。

第七十二条 学校依法多渠道筹集各类资金，促进事业发展。

第七十三条 学校严格按照国家财经法规管理财务工作，依法建立健全财务管理制度和经济责任制，不断完善内部控制制度，规范学校及校内各部门（单位）的经济行为，防控各类经济风险，保障资金运行安全。

第七十四条 中国科学技术大学教育基金会是学校依法注册成立、具有法人资格的非营利性社会组织。教育基金会积极筹集社会捐赠，遵守相关法律法规和学校制度规定，尊重捐赠人意愿管理捐赠项目和使用捐赠经费。

第七十五条 学校建立内部审计制度，设立审计机构，依法依规行使审计职权，对学校及所属机构的经济事项等进行审计。

第七十六条 学校建立必要的后勤管理与保障体系，为教学科研和师生员工服务。

第七十七条 学校设立附属中小学、幼儿园、医院等机构，大力保障和改善民生福祉，优先满足师生员工教育、医疗卫生等需求，依照有关法律法规管理和运行。

第九章　附　　则

第七十八条　学校校徽以深蓝色为主色调，由“梅花型”轮廓、腾空飞跃的火箭、托起火箭的四根线条、打开的书本、学校创建时间、中英文校名全称等元素组成。学校校旗以校徽为主图案，红、蓝、白三种色彩之一作为底色。学校校歌为《永恒的东风》。学校校庆日为每年的 9 月 20 日。

第七十九条　本章程如有与国家法律法规相抵触之处，按国家有关法律法规执行并按程序及时修改。学校制定的各项规定和管理制度与本章程相抵触的，以本章程为准，并根据本章程修订。

第八十条　本章程的制定和修改需提交学校教职工代表大会讨论，校长工作会议讨论，党委常委会会议审议，党委全委会会议讨论审定，由校长签发，报中国科学院批复后由国务院教育行政部门核准。

第八十一条　本章程由校党委负责解释。

第八十二条　本章程经核准，自发布之日起生效实施。

中国科学技术大学教职员工准入查询工作实施办法(试行)

（党教字〔2023〕59 号，2023 年 6 月 15 日）

为深入贯彻党的二十大精神，加强师德师风建设，净化校园环境，加强教职员工管理，在全校范围内建立健全教职工准入查询制度，根据《中华人民共和国刑法》《中华人民共和国刑事诉讼法》《中华人民共和国未成年人保护法》《中华人民共和国治安管理处罚法》《中华人民共和国教师法》《中华人民共和国高等教育法》《中华人民共和国劳动合同法》等法律规定，按照最高人民检察院、教育部、公安部《关于建立教职员工准入查询性侵违法犯罪信息制度的意见》和最高人民法院、最高人民检察院、教育部《关于落实从业禁止制度的意见》《教育部关于推开教职员工准入查询工作的通知》有关要求，结合学校实际，制定本办法。

一、目标任务

落实立德树人根本任务，严把教师队伍入口关。严格落实师德师风第一标准，把入职前准入查询融入教师公开招聘和引进调动等工作环节，坚决把住教师队伍入口关，从源头上夯实教师队伍质量。完善教职员工准入查询制度，探索查询平台应用机制，以信息化、数字化手段提升教师队伍治理能力，净化教师队伍，为构建高质量教育体系奠定高质量的师资基础。

二、查询范围

学校拟聘用教师。其他管理岗、支撑岗等拟聘用人员参照执行。

学校基础教育集团拟聘用教职员工，按照属地相关要求另行制定实施办法。

三、机构设置

学校是准入查询工作的主体，党委教师工作部、人力资源部是准入查询工作的责任部门，分管党委教师工作部、人力资源部的校领导是第一责任人。

成立中国科学技术大学教职工准入查询工作组(以下简称工作组)。工作组组长由党委教师工作部、人力资源部部长担任，副组长由党委教师工作部、人力资源部各分管副部长担任，成员由党委教师工作部、人力资源部相关负责同志组成。工作组根据本办法认真开展教职工准入查询工作。

四、查询程序

(一) 查询模块

对于学校拟聘用的教师，工作组负责在全国教师管理信息系统的教职员工准入查询模块进行查询。

(二) 查询节点

对于学校拟聘用的教师，工作组在签订合同前完成查询。

(三) 查询程序

1. 通过教职员工准入查询功能查询拟聘用教职员工是否存在于资格限制库中，查询结果当下可见。

2. 通过性侵违法犯罪信息查询平台查询拟聘用教职员工是否存在性侵违法犯罪，查询结果 1 至 5 个工作日后在查询管理中可见。

五、查询内容

(一) 性侵违法犯罪信息

《关于建立教职员工准入查询性侵违法犯罪信息制度的意见》和《关于落实从业禁止制度的意见》规定的性侵违法犯罪信息。

(二) 丧失、撤销教师资格信息

《中华人民共和国教师法》和《教师资格条例》规定的已纳入教师资格限制库的丧失、撤销教师资格信息。

六、结果使用

(一) 经查询发现有《关于建立教职员工准入查询性侵违法犯罪信息制度的意见》《关于落实从业禁止制度的意见》规定情形的，不得录用。

(二) 经查询发现有丧失教师资格信息和在撤销教师资格期限内的，不得聘用为从事教育教学工作的教师。

对存在上述情况的，由党委教师工作部、人力资源部书面告知查询对象不录用理由和申请复查权利。

七、异议处理

查询对象对查询结果有异议的，应在收到告知的 15 日内向党委教师工作部、人力资源部书面提出复查申请，工作组安排专人通过查询平台申请复查，并将复查结果书面告知查询对象。

八、工作要求

(一) 强化思想认识

开展教职员工准入查询工作旨在加强新时代教师队伍建设,全面落实新时代高校教师职业行为十项准则,营造安全校园环境,责任部门要切实提高思想认识,向各用人单位积极宣传解读相关政策,规范查询程序。

(二) 强化责任落实

工作组成员要切实履行好准入查询责任,工作中要严格遵守个人信息保护相关规定,不得侵害查询对象个人隐私和其他合法权益。有下列情形的,依法依规予以严肃处理:

1. 未履行申请查询或查询义务的;
2. 对查询有问题人员,未按照相关法律法规予以处理的;
3. 散布、泄露、篡改、不当使用查询获悉有关信息的;
4. 玩忽职守、滥用职权、徇私舞弊的;
5. 其他违反教职工准入查询制度情形的。

九、其他

本办法由党委教师工作部、人力资源部负责解释,自印发之日起施行。

中国科学技术大学教师师德考核实施细则(试行)

(党教字〔2023〕91 号,2023 年 11 月 21 日)

第一章　总　　则

第一条　为深入贯彻习近平新时代中国特色社会主义思想,认真落实习近平总书记关于教育的重要论述和教师队伍建设的重要指示批示精神,强化学校师德考核的"指挥棒"作用,规范教师职业行为,大力弘扬教育家精神,提高教师立德树人水平,根据《中华人民共和国教师法》《中共中央组织部　人力资源社会保障部关于印发〈事业单位工作人员考核规定〉的通知》《中共教育部党组关于完善高校教师思想政治和师德师风建设工作体制机制的指导意见》《中共安徽省委教育工委　安徽省教育厅关于印发〈安徽省高校教师师德考核办法(试行)〉的通知》等精神,结合学校实际,制定本细则。

第二条　教师师德考核是指按照规定的权限、标准和程序,对学校教职工践行职业行为要求和恪守职业道德情况的了解、核实和评价。

第三条　本细则的考核对象为与学校建立正式聘用关系的在职教师。

第四条　坚持把师德考核摆在教师考核的首要位置,通过考核,教师自觉提升职业道德修养,践行教师职业行为准则,强化以德立身、以德立学、以德施教、以德育德的职业追求,自觉担当起新时代教师的神圣使命。师德考核坚持如下原则:

(一) 坚持党的领导,落实党政同责;

(二) 坚持以人为本,遵循教师发展特点;

（三）坚持公开、公平、公正、客观、规范开展考核；
（四）坚持激励与约束并重，充分发挥师德考核导向作用；
（五）坚持过程评价与结果评价相结合，综合确定考核档次。

第二章　考核内容与组织实施

第五条　师德考核具体考核教师在政治方向、人才培养、科学研究、学校管理、社会活动、生活作风等方面遵循职业行为准则和规范的情况，内容涵盖坚定政治方向、自觉爱国守法、传播优秀文化、潜心教书育人、关心爱护学生、坚持言行雅正、遵守学术规范、秉持公正诚信、坚守廉洁自律、积极奉献社会等方面。

第六条　师德考核结果分为优秀、合格、基本合格和不合格四个档次。

（一）模范遵守师德规范，师德事迹突出，爱岗敬业，受到广泛赞誉，在本单位能够发挥立德树人模范和表率作用的，师德考核可确定为优秀档次。

（二）严格遵守师德规范，认真完成岗位工作，未发生师德失范行为，师德考核可确定为合格档次。

（三）基本遵守师德规范，基本完成岗位工作，发生师德失范行为但未造成不良社会影响的，师德考核应当确定为基本合格档次。

（四）违背师德规范，未履行岗位职责，存在严重师德失范行为、造成不良社会影响的，师德考核应当确定为不合格档次。

师德考核优秀比例可参照学校年度考核优秀比例设置，一般不超过参加师德考核人员总数的 35%。

第七条　学校成立由党委书记和校长担任主任、分管校领导担任副主任的师德考核委员会，统筹领导和组织师德考核工作。委员会成员由党政办公室、党委组织部、党委统战部、党委宣传部、党委教师工作部、党委学生工作部、研究生院、教务处、科研部、离退休干部工作处、团委、工会主要负责人，各院系、重点科研机构、直属单位、附属医院党组织主要负责人构成。

学校师德考核委员会下设办公室，负责师德考核的日常工作，党委教师工作部部长兼任办公室主任。

各单位成立师德考核工作小组(以下简称工作小组)，负责组织实施本单位教师的师德考核工作。各院系、重点科研机构成立工作小组，一般由单位党政负责人、教师代表、学生代表等构成。机关部门、直属单位成立工作小组，一般由单位负责人等构成。各单位每年须及时将工作小组成员名单报党委教师工作部备案。

第八条　学校每年组织 1 次师德考核工作，原则上与学校年度考核工作同步进行。主要程序如下：

（一）个人自评

教师个人对照考核内容及要求，进行自我评价。

（二）民主评议

在教师自评的基础上，各单位全面考核评价教师的师德表现，一般可以采取同事互评、学生测评、单位考评等方式。根据评议及教师平时考核结果，各单位工作小组提出师德考核初步意见和考核档次建议，报送学校师德考核委员会。党员教师的师德考核结果要征求所在党支部意见。

（三）综合评定

学校师德考核委员会审核各单位上报的师德考核初步意见和考核档次建议，经集体研究提出师德考核结果后进行公示，公示期不少于5个工作日，经校党委常委会会议审议，确定师德考核结果。

（四）结果反馈

师德考核结果由各单位通知被考核教师并经教师确认后，存入教师个人干部人事档案。对被确定为基本合格、不合格的，要及时向其说明理由，听取教师本人意见。

第九条 出现《新时代高校教师职业行为十项准则》《中国科学技术大学教职工师德失范行为处理办法（试行）》中“负面清单”行为并被查实处理的，依据具体处理情况确定师德考核结果。

对受到批评教育、责令检查、诫勉、组织处理等处理的，当年师德考核不得确定为优秀档次。

对受到党内警告、党内严重警告或警告、记过、记大过等处分的，当年师德考核不得确定为合格及以上档次。

对受到撤销党内职务、留党察看或开除党籍处分，或受到降低岗位等级、撤职处分，或受到撤销、丧失教师资格等行政处罚的，当年师德考核应确定为不合格。

同时受党纪政务处分、组织处理的，按照对其师德考核结果影响较重的处理、处分决定来确定师德考核结果。

第十条 教师涉嫌违纪违法被立案审查调查尚未结案的，参加师德考核，不确定档次，结案后按规定补定档次。

第十一条 对无正当理由不参加师德考核的教师，经教育后仍拒绝参加的，当年师德考核应确定为不合格。

第三章　考核结果运用

第十二条 师德考核结果作为教师年度考核、评优评先、职务晋升、职称评聘等工作的重要依据。

师德考核被确定为优秀档次的，参与各类评先评优时，同等条件下优先考虑。

师德考核未被确定为优秀档次的，年度考核不得评为优秀。

师德考核不合格的，年度考核应评为不合格。

师德考核基本合格和不合格的，按规定取消评奖评优、职务晋升、职称评聘、干部选任以及人才项目、科研项目申报等方面资格。担任研究生导师的，还应采取限制招生名额、停止招生资格直至取消导师资格的处理。限制招生、停止招生或取消导师资格的期限按学校及教育部有关规定执行。

第十三条 各单位要将师德考核基本合格和不合格的教师纳入本单位重点关注教师信

息库，定期开展谈心谈话，切实加强教育引导。

第十四条 各单位在师德考核过程中发现存在严重师德失范行为的，按有关规定处理。

第十五条 教师对师德考核结果有异议的，可根据有关规定向学校师德考核委员会申请复核，对复核结果不服的，可依法依规提出申诉。

第四章 考核监督机制

第十六条 各单位要以师德半年报告、抽查等方式，定期排查教师师德状况，及时防范和化解苗头性、倾向性师德问题。

第十七条 学校应建立师德考核工作责任追究制度。校党委书记和校长是师德考核工作的第一责任人，各单位行政主要负责人和党组织主要负责人对本单位师德考核工作负有直接领导责任，学校和各单位其他领导人员依据各自职责承担师德考核工作相应责任。对在师德考核工作中敷衍应付，造成不良影响或严重后果的，严肃追究所在单位主要负责人和相关责任人的责任。

第五章 附 则

第十八条 学校中层及以上领导人员的师德考核工作由党委组织部统筹开展。

第十九条 学校管理岗位、支撑岗位等人员的师德考核工作参照本细则执行。

第二十条 本细则由党委教师工作部、人力资源部负责解释。

第二十一条 本细则自印发之日起施行。

中国科学技术大学教师教学工作考核评价办法(试行)

（校人字〔2023〕85 号，2023 年 7 月 2 日）

第一条 为深入贯彻全国教育大会和中共中央、国务院《中国教育现代化 2035》、教育部《关于深化本科教育教学改革全面提高人才培养质量的意见》精神，落实学校“一流本科教育质量提升计划”行动纲领，完善教师教学工作考核评价体系，引导教师潜心立德树人，结合学校实际，制定本办法。

第二条 教师教学工作考核评价包括对教师教学工作量的认定和教学质量的评价。坚持全面评价和分类评价相结合的原则，将课堂教学、实践教学、教学研究与教材建设等作为考核评价的主要内容，全面考察教师教学过程的各个环节和要素，对教师教学工作“量”和“质”进行全方位评价。对教学岗和教学科研岗等不同类型教师，以及承担不同课程类别的教师，采取不同的考核评价标准。

第三条 教师教学工作考核评价主要用于：教师岗位聘任、聘期考核、专业技术职务聘用、专业技术等级聘用、岗位津贴发放、教学绩效发放、教学奖励发放和各类教学研究项目申报。教学岗和教学科研岗教师的专业技术职务聘用实行本科教学工作综合考评一票否决制。

第四条 评价机制。

1. 教师教学工作量分为课堂教学工作量和实践教学工作量。课堂教学工作量包括理论教学工作量和实验教学工作量，其中实验教学工作量按照学时的60%计算，新开设实验教学项目或课程的前三学年教学工作量按照学时的75%计算；实践教学工作量包括指导本科生从事实习、毕业设计（论文）、大学生研究计划、大学生创新创业训练计划和各类竞赛等科研实践活动。

2. 明确不同类型和不同岗位教师教学基本工作量。

教学科研岗：教学基本工作量每学年不低于80学时，其中本科课堂教学工作量不低于20学时。

教学岗：课堂教学工作量每学年不低于240学时，其中公共外语课教师每学年不低于320学时，体育课教师每学年不低于400学时。本科课堂教学工作量不低于40学时。

学校积极鼓励教师承担教学工作，考虑到部分教师存在承担重要科研任务、繁重管理工作等情况，实行以下教学基本工作量减免：

（1）承担重要科研任务的减免情况：人员范围为以学校作为牵头承担单位的重大科技项目的负责人（具体适用项目范围同《中国科学技术大学重大科技项目支持计划实施细则（试行）》相关规定），以学校作为牵头或联合承担单位的国家重大科技基础设施的负责人，以学校作为（共同）依托单位的全国重点实验室的负责人，以及担任国家重大工程任务总设计师、副总设计师、主任设计师等重要职务的人员；减免时段为项目执行期、基础设施建设期和职务聘期；减免幅度为减免相应学年20学时教学基本工作量（同时承担多项重要科研任务，不予重复计算），其中应承担的本科课堂教学工作量保持不变，不予减免。

（2）承担繁重管理工作的减免情况：人员范围为担任学校副处级及以上职务的教师（不含挂职干部）；减免时段为担任学校副处级及以上职务期间；减免幅度为减免相应学年20学时教学基本工作量，其中应承担的本科课堂教学工作量保持不变，不予减免。

既承担繁重科研任务，又担任学校副处级及以上职务的教师，合计减免相应学年30学时教学基本工作量。

教学基本工作量减免涉及岗位津贴发放和教学绩效发放的，仅作为是否达到相应标准的判断依据，有关津贴、绩效发放的具体额度，则依据有关规定，按照实际发生的教学工作量计算。

对已经出版省级及以上一流规划教材的教师，按其出版日期认定满足所在学年教学基本工作量。

3. 完善教师教学工作质量评价体系，强化课程组在课程教学质量评价中的主体责任。在学生、督导和同行三维评价的基础上，通过信息化建设和引进第三方评价体系，针对突出的教学问题开展专项建设和治理，完善提升教学质量的保障机制。

第五条 奖惩机制。

1. 对于满足学校教学基本工作量和教学质量要求的在职教师，按照“按劳分配、质量优先、兼顾公平”的原则，同时充分体现课程属性，对课堂教学工作量在扣除一定基数后发放教学绩效。

2. 对于未达到学校教学基本工作量或教学质量要求的教学岗、教学科研岗在职教师，不发放教学绩效。

3. 对于未达到学校教学基本工作量的在职教师，扣除一定的岗位津贴。

教学科研岗：未达到学校规定的本科课堂教学工作量，扣除10%岗位津贴。完成本科课堂教学工作量，但未达到学校规定的教学基本工作量，扣除5%岗位津贴。

教学岗：未达到学校规定的本科课堂教学工作量，扣除30%岗位津贴。完成本科课堂教学工作量，但未达到学校规定的教学基本工作量，扣除15%岗位津贴。

对年薪制聘用人员，参考同层次教师标准进行考核。

4. 连续三年不承担本科课程的教学岗和教学科研岗的教授、副教授，转出教师系列。

第六条 保障机制。

1. 提高思想认识。牢记初心和使命，强化思想政治教育，加强制度条件保障，全面落实以本为本，引导教师潜心立德树人。

2. 强化组织领导。教师教学工作考核评价是一项涉及面广、专业性强的系统工程，关系到学校广大教师的切身利益。在执行过程中，强化各级教学管理机构的主体责任意识，充分发挥院系的主体作用，切实做好考核评价工作。

第七条 本办法由人力资源部、教务处、研究生院、科研部负责解释。

第八条 本办法自印发之日起施行。此前开展的适用范围内相关工作已形成的工作结果，不再据此办法追溯调整。原《中国科学技术大学教师教学工作考核评价办法（试行）》（校人字〔2020〕194号）同时废止。

中国科学技术大学教师、支撑岗位专业技术等级聘用实施办法（试行）

（校人字〔2023〕86号，2023年7月2日）

第一章 总 则

第一条 为做好教师、支撑岗位专业技术等级聘用工作，根据《中国科学院岗位管理实施办法》（科发人字〔2017〕8号）、《〈中国科学院岗位管理实施办法〉文件说明》（人字〔2017〕10号）和《中国科学院人事局关于岗位与聘用管理有关问题的通知》（人字〔2020〕13号）等精神，结合学校实际，制定本办法。

第二条 专业技术等级聘用践行立德树人的宗旨，严把思想政治关，坚持师德为上，将思想政治素质和师德师风表现作为评价第一标准，对师德失范行为实行“一票否决”。

第三条 专业技术等级聘用坚持品德、能力和业绩导向，克服“五唯”倾向；突出教育教学实绩，注重人才培养、科学研究、技术支撑、保障服务等方面工作的贡献和积累。

第二章　岗 位 等 级

第四条　教师岗位高校教师系列设 12 个等级。其中，教授岗位设 4 个等级，副教授岗位设 3 个等级，讲师岗位设 3 个等级，助教岗位设 2 个等级。

教师岗位科学技术研究系列设 7 个等级。其中研究员岗位设 4 个等级，副研究员岗位设 3 个等级。

第五条　支撑岗位工程技术系列设 12 个等级。其中，高级工程师（教授级）岗位设 4 个等级，高级工程师岗位设 3 个等级，工程师岗位设 3 个等级，助理工程师岗位设 2 个等级。

支撑岗位实验技术系列设 9 个等级。其中，正高级实验师岗位设 1 个等级，高级实验师岗位设 3 个等级，实验师岗位设 3 个等级，助理实验师岗位设 2 个等级。

支撑岗位其他专业技术系列设 9 个等级。其中，正高级岗位设 1 个等级，副高级岗位设 3 个等级，中级岗位设 3 个等级，初级岗位设 2 个等级。

第六条　本办法是进行正高、副高、中级、初级各岗位内的国家通用专业技术等级聘用，不含正高四级、副高七级、中级十级以及初级十二级。

第三章　聘 用 范 围

第七条　在学校教师、支撑岗位工作已聘相应专业技术职务，且符合相应国家通用专业技术岗位等级聘用条件人员。

第四章　聘 用 条 件

第八条　根据中国科学院有关文件精神和学校有关规定，应聘人员须符合下列条件：

（一）遵守国家宪法和法律，贯彻党的教育方针，自觉践行社会主义核心价值观；遵守《中国科学院章程》；遵守《中国科学技术大学章程》；具有良好的思想政治素质和师德师风修养；学风端正，科学态度严谨，爱岗敬业，为人师表；具有岗位所需的专业或技能条件；适应岗位要求的身体条件。

（二）潜心立德树人，认真履行岗位职责，在教育教学、人才培养、科学研究、技术支撑、保障服务等方面做出工作实绩。

（三）教学科研岗和教学岗应聘人员，须按规定完成任现聘专业技术职务以来的相应教学工作量。

（四）各等级“基本聘用条件”详见附件。

第五章　聘用组织机构及职责

第九条　各单位成立资格审查小组，负责本单位应聘人员申报材料真实性、申报资格有效性、科研诚信和涉密信息的审查。

第十条 学校成立资格复核小组，负责对应聘人员申报资格进行复核，汇总有关信息和问题，研究提出处理意见。

第十一条 各有关单位成立岗位等级聘用工作小组（以下简称聘用组），负责五级及以下专业技术岗位等级的聘用工作，并负责二、三级专业技术岗位等级聘用的推荐工作。

各学院、国家（重点）实验室聘用组成员由执行院长（或主任）和具有相应专业技术等级的正高级专家组成，须按照“上级评下级、同级评同级”的原则进行评议，且各等级评议专家不少于 9 人；其他聘用组成员由单位负责人和本系列具有相应专业技术等级的专家组成，须按照“上级评下级、同级评同级”的原则进行评议，且各等级评议专家不少于 9 人。单位可视情况外请专家参加本单位聘用组的聘用工作。

聘用组按以下单位划分：

（一）各学院、国家（重点）实验室各自成立聘用组（计算机科学与技术学院、软件学院合并成立聘用组）。

（二）其他有关单位（机构）划分如下：

网络信息中心、现代教育技术中心共同成立一个聘用组；

图书馆、档案文博院共同成立一个聘用组；

附中、幼儿园共同成立一个聘用组；

医院成立一个聘用组；

出版社成立一个聘用组（校报、学报编辑出版系列人员划归本聘用组）。

在具体实施过程中，如遇特殊情况由学校人事部门协调处理。

第十二条 学校成立专业技术岗位等级聘用工作委员会（以下简称校聘委会），负责二、三级专业技术岗位等级的聘用工作，以及五级及以下岗位等级拟聘资格人选的审定工作。

第六章 岗位设置

第十三条 按中国科学院规定的岗位结构比例执行。专业技术二、三级岗位职数，由校聘委会统一控制使用（支撑岗位中实验技术、图书档案文博、编辑出版、医疗卫生以及中小学教师等系列不新设三级及以上专业技术岗位）；五级及以下专业技术岗位职数，由学校下达到各聘用组。

第七章 工作程序

第十四条 传达聘用工作有关文件，布置聘用工作。建立健全各级聘用组织；各聘用组将本聘用组的成员名单、聘用工作安排报人力资源部备案。

第十五条 二、三级专业技术岗位等级聘用工作程序：

（一）应聘人员按岗位类别进行网上申报，并提交申报材料。

（二）单位资格审查小组对应聘人员的申报资格、申报材料、科研诚信和涉密信息进行审查;单位党组织经集体研究后,对应聘人员的思想政治素质和师德师风进行考察。

(三)学校相关职能部门对教学科研岗和教学岗应聘人员的教学工作量、科研业绩,以及科研岗应聘人员的科研业绩等信息进行审查。

学校资格复核小组对应聘人员申报资格进行复核,并将复核结果反馈给各单位。

(四)各聘用组召开聘用工作会议,对复核通过的应聘人员进行评议、投票表决,同意票数达到出席会议的聘用组专家总数2/3(含)以上者为通过,并进行排序,产生推荐人选。

(五)学校召开校聘委会会议,对各聘用组报送的二、三级专业技术岗位推荐人选进行评议、投票表决,同意票数达到出席会议的校聘委会专家总数2/3(含)以上者为通过,确定拟聘推荐人选。

(六)将拟聘推荐人选提交校长工作会议研究,确定拟聘人员。

(七)对拟聘人员进行公示,公示期不少于5个工作日。

(八)将拟聘人员公示情况提交校党委常委会会议审议,确定聘用人员。

(九)学校印发聘用文件。

第十六条 五级及以下专业技术岗位等级聘用,由各聘用组负责。主要工作程序:

(一)应聘人员按岗位类别进行网上申报,并提交申报材料。

(二)单位资格审查小组对应聘人员的申报资格、申报材料、科研诚信和涉密信息进行审查;单位党组织经集体研究后,对应聘人员思想政治素质和师德师风进行考察。

(三)学校相关职能部门对教学科研岗和教学岗应聘人员的教学工作量、科研业绩,以及科研岗应聘人员的科研业绩等信息进行审查。

学校资格复核小组对应聘人员申报资格进行复核,并将复核结果反馈给各单位。

(四)各聘用组召开聘用工作会议,对复核通过的应聘人员进行评议、投票表决,同意票数达到出席会议的聘用组专家总数2/3(含)以上者为有效,并在学校下达的岗位职数范围内,按同意票数多少依次排序,产生拟聘资格人选;若遇同意票数相同而不能确定拟聘资格人选时,须对同意票数相同者再次投票表决,以同意票数多者为通过。

(五)学校召开校聘委会会议,对各聘用组报送的五级及以下专业技术岗位等级拟聘资格人选进行审定,确定拟聘推荐人选。

(六)将拟聘推荐人选提交校长工作会议研究,确定拟聘人员。

(七)对拟聘人员进行公示,公示期不少于5个工作日。

(八)将拟聘人员公示情况提交校党委常委会会议审议,确定聘用人员。

(九)学校印发聘用文件。

第八章 其　他

第十七条 原从事教学、科研工作,现调任管理岗位领导职务,且所属专业技术职务系列未发生改变,目前仍承担教学、科研工作的人员,可在本人教学、科研工作所在单位申报等级聘用。

第十八条 教师岗位(教学科研岗和教学岗)专业技术等级聘用中,有担任辅导员、班主任等学生工作经历者,同等条件下优先予以考虑。

第十九条 思政课教师专业技术等级聘用，设立马克思主义理论类别，单列计划、单设标准、单独评审。

第二十条 岗位等级须逐级聘用，原则上不受理越级申请。

第二十一条 应聘人员工作量仅计算任现聘专业技术职务以来所完成的教学、科研等工作；应聘人员任职年限、业绩成果等相关信息的计算截止时间为 2023 年 6 月 30 日。

第二十二条 专业技术等级聘用的起聘时间为 2023 年 7 月 1 日。于本次专业技术等级聘用的起聘当月（即 2023 年 7 月）达到或超过国家规定退休年龄的人员，不参加应聘。

国家规定退休年龄：男性年满 60 周岁；女性中级及以下专业技术人员年满 55 周岁，女性高级专业技术人员可自愿选择年满 55 周岁或 60 周岁。

第二十三条 申请解聘人员，不参加应聘。

第二十四条 应聘人员须严格遵守保密制度，务必对含有涉密内容的申报信息进行脱密处理。

第二十五条 应聘人员如被发现有弄虚作假、学术不端和违反师德师风等行为，实行"一票否决"，取消其本次和下一次申报资格；获得聘用的，撤销其聘用结果，并按有关规定给予其他处理。

第二十六条 评议专家应严格遵守回避规定。有下列情形之一的，应当回避：

（一）涉及本人利害关系的；

（二）涉及与本人有亲属关系人员的利害关系的；

（三）其他可能影响公正履行职责的。

亲属关系范围：夫妻关系；直系血亲关系；三代以内旁系血亲关系；近姻亲关系；其他亲属关系。

评议专家应当主动报告应回避的情形。有需要回避的情形不及时报告或者有意隐瞒的，予以批评教育；造成不良后果的，依法依规给予组织处理或处分；由于隐瞒应当回避情形、造成相应聘用结果不公正的，撤销所涉特定人员的聘用结果。

第二十七条 评议专家及相关工作人员应严格遵守聘用纪律和聘用规范，如有违纪违规行为，一经查实，给予严肃处理。

第九章 附 则

第二十八条 本办法由人力资源部负责解释。

第二十九条 本办法自印发之日起施行。原《中国科学技术大学教师、支撑岗位专业技术等级聘用实施办法（试行）》（校人字〔2021〕132 号）同时废止。

附件

教师、支撑岗位专业技术等级基本聘用条件

（一）教师岗位高校教师、科学技术研究系列

专业技术职务	国家通用专业技术岗位等级	基本聘用条件
教授（研究员）	一级	中国科学院院士、中国工程院院士
	二级	潜心立德树人，在教育教学工作中取得突出成绩；本专业领域的领军人才，对本学科领域的学术进步或高技术创新与集成产生了重大影响，并被国内外同行认可；主持并完成过国家、中国科学院重要科技项目或等效项目；任教授（研究员）三级岗位满5年或任教授（研究员）岗位满10年，年度考核合格及以上
		对特别优秀的人才或作出重大创新贡献的专业技术人员，可适当放宽任职年限要求，具体为：国务院学位委员会学科评议组成员，国内一级学会或国际重要学术组织的主要负责人，国家重大专项专家组成员，国家科技重大专项、国家重点研发计划项目（青年科学家项目除外）、科技创新2030——重大项目、国家基金委重大研究计划、国家基金重大项目、国家自然科学基金委员会创新研究群体、基础科学中心项目、国家重大科研仪器研制项目（部门推荐类）、中国科学院战略性先导科技专项、国防科技领域重大项目等项目负责人或首席科学家，获得“国家杰出青年科学基金”项目资助，获得“国防科技卓越青年科学基金”项目资助，入选“国家重大人才工程”特聘教授岗位或特设岗位，入选“国家高层次人才特殊支持计划”领军人才（不含科技创业领军人才），入选国家级教学名师，入选“国家高层次人才特殊支持计划”教学名师，以学校作为牵头或联合承担单位的国家重大科技基础设施的负责人，以学校作为（共同）依托单位的全国重点实验室的负责人，国家基金重大研究计划指导专家组成员，国家重大工程任务正副总指挥、总设计师和主任设计师，军委科技委国防科技创新特区领域专家组成员及主题专家组组长、军委科技委共性基础专业专家组成员、装备发展部专业专家组成员，少数为科技事业发展作出突出贡献的关键人才等，被聘为教授（研究员）岗位满6年
	三级	潜心立德树人，在教育教学工作中取得重要成绩；本学科领域的学术带头人，具有本学科系统的研究积累；取得具有一定影响的原创性科技成果或关键技术成果，或在解决国民经济、国家安全和社会发展的问题上，提出了有价值的新思路或新方法；作为主要负责人之一承担过国家、中国科学院重要科技项目或等效项目；任教授（研究员）四级岗位或任教授（研究员）岗位满5年，年度考核合格及以上

续表

专业技术职务	国家通用专业技术岗位等级	基本聘用条件
教授（研究员）	三级	对特别优秀的人才或作出重大创新贡献的专业技术人员，可适当放宽任职年限要求，具体为：获得“国家杰出青年科学基金”项目资助，入选“国家重大人才工程”特聘教授岗位或特设岗位，入选“国家高层次人才特殊支持计划”领军人才（不含科技创业领军人才），入选国家级教学名师，入选“国家高层次人才特殊支持计划”教学名师，“百人计划”终期考核优秀，被聘为教授（研究员）岗位满3年
副教授（副研究员）	五级	潜心立德树人，认真履行教育教学职责；具备较强的科研能力，主持过国家自然科学基金面上项目或等效项目；任副教授（副研究员）岗位满4年，年度考核合格及以上
	六级	潜心立德树人，认真履行教育教学职责；任副教授（副研究员）岗位满2年，年度考核合格及以上
讲师（助理研究员）	八级	潜心立德树人，认真履行教育教学职责；任讲师（助理研究员）岗位满3年，或博士研究生毕业任讲师（助理研究员）岗位满1年；年度考核合格及以上。博士后出站人员
	九级	潜心立德树人，认真履行教育教学职责；任讲师（助理研究员）岗位满2年，年度考核合格及以上。博士研究生毕业，年度考核合格及以上
助教（研究实习员）	十一级	潜心立德树人，认真履行教育教学职责；任助教（研究实习员）岗位满2年，年度考核合格及以上。硕士研究生毕业，年度考核合格及以上

（二）支撑岗位工程技术系列

专业技术职务	国家通用专业技术岗位等级	基本聘用条件
高级工程师（教授级）	一级	中国科学院院士、中国工程院院士
	二级	潜心立德树人，认真履行岗位职责；本专业领域的领军人才，对本学科领域的学术进步或高技术创新与集成产生了重大影响，并被国内外同行认可；主持并完成过国家、中国科学院重要科技项目或等效项目；任专业技术三级岗位满5年或任正高级专业技术岗位满10年，年度考核合格及以上

续表

专业技术职务	国家通用专业技术岗位等级	基本聘用条件
高级工程师(教授级)	二级	对特别优秀的人才或作出重大创新贡献的专业技术人员,可适当放宽任职年限要求,具体为:国务院学位委员会学科评议组成员,国内一级学会或国际重要学术组织的主要负责人,国家重大专项专家组成员,国家科技重大专项、国家重点研发计划项目(青年科学家项目除外)、科技创新2030——重大项目、国家基金委重大研究计划、国家基金重大项目、国家自然科学基金委员会创新研究群体、基础科学中心项目、国家重大科研仪器研制项目(部门推荐类)、中国科学院战略性先导科技专项、国防科技领域重大项目等项目负责人或首席科学家,获得"国家杰出青年科学基金"项目资助,获得"国防科技卓越青年科学基金"项目资助,入选"国家重大人才工程"特聘教授岗位或特设岗位,入选"国家高层次人才特殊支持计划"领军人才(不含科技创业领军人才),入选国家级教学名师,入选"国家高层次人才特殊支持计划"教学名师,以学校作为牵头或联合承担单位的国家重大科技基础设施的负责人,以学校作为(共同)依托单位的全国重点实验室的负责人,国家基金重大研究计划指导专家组成员,国家重大工程任务正副总指挥、总设计师和主任设计师,军委科技委国防科技创新特区领域专家组成员及主题专家组组长、军委科技委共性基础专业专家组成员、装备发展部专业专家组成员,少数为科技事业发展作出突出贡献的关键人才等,被聘为教授(研究员)岗位满6年
	三级	潜心立德树人,认真履行岗位职责;本专业领域的带头人,取得具有一定影响的原创性科技成果或关键技术成果,或在解决国民经济和社会发展的问题上,提出了有价值的新思路或新方法;作为主要负责人之一承担过国家、中国科学院重要科技项目或等效项目;任专业技术四级岗位或任正高级专业技术岗位满5年,年度考核合格及以上
		对特别优秀的人才或作出重大创新贡献的专业技术人员,可适当放宽任职年限要求,具体为:获得"国家杰出青年科学基金"项目资助,入选"国家重大人才工程"特聘教授岗位或特设岗位,入选"国家高层次人才特殊支持计划"领军人才(不含科技创业领军人才),入选国家级教学名师,入选"国家高层次人才特殊支持计划"教学名师,"百人计划"终期考核优秀,被聘为正高级专业技术岗位满3年
高级工程师	五级	潜心立德树人,认真履行岗位职责;作为主要负责人之一承担过国家、中国科学院科技项目或等效项目;任高级工程师岗位满4年,年度考核合格及以上
	六级	潜心立德树人,认真履行岗位职责;任高级工程师岗位满2年,年度考核合格及以上

续表

专业技术职务	国家通用专业技术岗位等级	基本聘用条件
工程师	八级	潜心立德树人,认真履行岗位职责;任工程师岗位满3年,或博士研究生毕业任工程师岗位满1年;年度考核合格及以上。博士后出站人员
	九级	潜心立德树人,认真履行岗位职责;任工程师岗位满2年,年度考核合格及以上。博士研究生毕业,年度考核合格及以上
助理工程师	十一级	潜心立德树人,认真履行岗位职责;任助理工程师岗位满2年,年度考核合格及以上。硕士研究生毕业,年度考核合格及以上

(三)支撑岗位实验技术系列

专业技术职务	国家通用专业技术岗位等级	基本聘用条件
高级实验师	五级	潜心立德树人,认真履行岗位职责;能够根据本学科国内外实验技术发展趋势,提出有实际应用价值的实验方案,在国家、中国科学院科技项目或等效项目中发挥了重要作用;任高级实验师岗位满4年,年度考核合格及以上
	六级	潜心立德树人,认真履行岗位职责;组织过本学科的大型实验,或对实验技术和仪器设备进行过重要的改进或开发利用工作;任高级实验师岗位满2年,年度考核合格及以上
实验师	八级	潜心立德树人,认真履行岗位职责;任实验师岗位满3年,或博士研究生毕业任实验师岗位满1年;年度考核合格及以上。博士后出站人员
	九级	潜心立德树人,认真履行岗位职责;任实验师岗位满2年,年度考核合格及以上。博士研究生毕业,年度考核合格及以上
助理实验师	十一级	潜心立德树人,认真履行岗位职责;任助理实验师岗位满2年,年度考核合格及以上。硕士研究生毕业,年度考核合格及以上

(四)支撑岗位其他专业技术系列

专业技术职务	国家通用专业技术岗位等级	基本聘用条件
副高级	五级	潜心立德树人,认真履行岗位职责;本专业的业务带头人,工作中作出重要成绩和贡献;任副高级岗位满4年,年度考核合格及以上

续表

专业技术职务	国家通用专业技术岗位等级	基本聘用条件
副高级	六级	潜心立德树人，认真履行岗位职责；任副高级岗位满2年，年度考核合格及以上
中级	八级	潜心立德树人，认真履行岗位职责；任中级岗位满3年，或博士研究生毕业任中级岗位满1年；年度考核合格及以上。博士后出站人员
	九级	潜心立德树人，认真履行岗位职责；任中级岗位满2年，年度考核合格及以上。博士研究生毕业，年度考核合格及以上
初级	十一级	潜心立德树人，认真履行岗位职责；任初级岗位满2年，年度考核合格及以上。硕士研究生毕业，年度考核合格及以上

中国科学技术大学职员岗位聘用管理办法(试行)

(校人字〔2023〕87号，2023年7月2日)

第一章　总　　则

第一条　为进一步推进、完善职员制度，建设优化、精干、高效的职员队伍，大力提升学校的管理水平和服务质量，根据《中国科学院岗位管理实施办法》(科发人字〔2017〕8号)、《中国科学院关于加强新时期管理队伍建设的指导意见》(科发人字〔2017〕96号)、《中国科学院人事局关于岗位与聘用管理有关问题的通知》(人字〔2020〕13号)以及《中国科学技术大学关于管理岗位全面实行职员制度的意见》(校人字〔2014〕164号)等精神，结合学校实际，制定本办法。

第二条　管理岗位全面实行职员制度，在管理岗位从事管理和服务工作的人员执行职员系列。管理岗位现有专业技术职务人员可转聘(指转系列竞聘，下文同)职员系列岗位。

第三条　职员岗位聘用践行立德树人的宗旨，严把思想政治关，坚持师德为上，将思想政治素质和师德师风表现作为评价第一标准，对师德失范行为实行"一票否决"。

第四条　职员岗位聘用遵循科学设岗、公开公正、平等竞争、择优聘用的原则。

第二章　岗位设置

第五条　职员系列岗位设置六个职级，其中四、五级为高级职员，六、七、八级为中级职员，九级为初级职员。

领导岗位根据领导干部职务级别，对应相应的职员职级，按照干部人事管理权限的有关规定执行。

第六条 在中国科学院核定的编制、岗位职数和结构比例控制下，依据学校管理队伍建设的总体规划，在综合分析工作目标、任务和队伍结构等情况的基础上，有计划地确定职员岗位聘用职数。

四级职员岗位（综合管理岗位）职数由中国科学院单独核定。

第三章 岗位职责

第七条 高级职员职责：分管校级或主持院、处（部门）级单位管理工作，或者专职从事高层次的专门性管理工作；负责拟定本职管理工作中的重要公文或者文稿；指导中、初级职员工作。

第八条 中级职员职责：分管院、处（部门）级及其以下基层单位的管理工作，或者独立承担某一方面的专门性管理工作；独立起草本职管理工作中重要的公文或者文稿；指导初级职员工作。

第九条 初级职员职责：承办具体的行政事务工作，起草本职管理工作中的一般性公文或者文稿。

各职员职级的具体岗位职责由各单位负责制定。

第四章 聘用条件

第十条 根据中国科学院有关文件精神和学校有关规定，应聘人员须符合下列条件：

（一）遵守国家宪法和法律，贯彻党的教育方针，自觉践行社会主义核心价值观；遵守《中国科学院章程》；遵守《中国科学技术大学章程》；具有良好的思想政治素质和师德师风修养；学风端正，科学态度严谨，爱岗敬业，为人师表；具有岗位所需的专业或技能条件；适应岗位要求的身体条件。

（二）认真履行岗位职责，在党政管理和服务工作中作出实绩。

（三）各职员职级的基本聘用条件，遵照附件 1 执行。

第十一条 管理岗位中的专业技术职务人员，在具备附件 1 基本能力要求的前提下，按附件 2 的基本聘用条件要求，进行相应职员职级的聘用。

第五章 聘用组织机构及职责

第十二条 单位成立资格审查和推荐工作小组，组长由单位党政领导担任，负责进行本单位应聘人员申报资格审查、申报材料审查以及推荐工作。

第十三条 学校成立资格复核小组，成员由相关部门负责人和工作人员组成。负责对应聘人员申报资格进行复核，汇总有关信息和问题，研究提出处理意见。

第十四条 学校成立职员岗位聘用工作委员会（以下简称校聘委会），负责四级职员岗位的聘用工作和五级及以下职员岗位的审定工作。

第十五条 校聘委会下设两个聘用工作小组(以下简称聘用组):学院和国家(重点)实验室为一个聘用组,机关和其他单位为一个聘用组。聘用组负责进行本聘用组所属单位五级及以下职员岗位的聘用工作。

第六章 工 作 程 序

第十六条 聘用工作程序:

(一) 传达布置聘用工作,建立健全聘用组织(单位资格审查和推荐工作小组名单及工作安排报人力资源部备案)。

(二) 应聘人员向单位提交申报材料。

(三) 单位资格审查和推荐工作小组对应聘人员申报资格的有效性和申报材料的真实性进行审查。单位党组织经集体研究后,对应聘人员思想政治素质和师德师风进行考察。

(四) 学校资格复核小组对应聘人员申报资格进行复核,并将复核结果反馈给各单位。

(五) 单位资格审查和推荐工作小组在上述工作的基础上,研究确定本单位报送聘用组人选;同一职级有两位及以上人选,须进行排序。

(六) 各聘用组召开聘用工作会议。对各单位报送的应聘五级及以下职员岗位人选进行评议、投票表决,同意票数达到出席会议的聘用组专家总数 2/3(含)以上者为有效,并在学校下达的岗位职数范围内,按同意票数多少依次排序,产生拟聘资格人选。若遇同意票数相同而不能确定拟聘资格人选时,须对同意票数相同者再次投票表决,以同意票数多者为通过。

(七) 学校召开校聘委会会议。

1. 对各单位报送的应聘四级职员岗位人选进行评议、投票表决,同意票数达到出席会议的校聘委会专家总数 2/3(含)以上者为有效,并在学校下达的四级职员岗位职数范围内,按同意票数多少依次排序,确定拟聘推荐人选。若遇同意票数相同而不能确定拟聘推荐人选时,须对同意票数相同者再次投票表决,以同意票数多者为通过。

2. 对各聘用组报送的五级及以下职员岗位拟聘资格人选进行审定,确定拟聘推荐人选。

(八) 将拟聘推荐人选提交校长工作会议研究,确定拟聘人员。

(九) 对拟聘人员进行公示,公示期不少于 5 个工作日。

(十) 将拟聘人员公示情况提交校党委常委会会议审议,确定聘用人员。

(十一) 学校印发聘用文件。

第十七条 四级职员岗位(综合管理岗位)按中国科学院规定的聘用工作程序,开展评议、考察,经校长工作会议研究,确定拟聘人员,并对拟聘人员进行公示。对公示结果不影响使用的,学校将拟聘人员有关材料报送中国科学院人事局备案;经中国科学院人事局审核且备案通过后,学校正式发文聘用。

第七章 其　　他

第十八条 为进一步推进、完善职员制度，做好管理岗位中现聘专业技术职务人员转聘职员职级工作，对有关问题作以下规定：

（一）应聘人员转聘相应职员职级未获通过，或自愿不参加转聘职员者，现聘专业技术职务保持不变。

（二）应聘人员转聘相应职员职级获得通过，按照“以岗定薪，岗变薪变”原则，执行相应职员职级工资标准。

第十九条 学校高度重视思想政治工作队伍建设，对从事专职辅导员工作的应聘人员，同等条件下优先予以考虑。

第二十条 对兼有专业技术职责要求的管理岗位，应聘人员若获得相应专业技术职务任职资格，同等条件下申报职员聘用，可在本单位内优先予以推荐。

第二十一条 应聘人员工作量仅计算任现聘职员职级或现聘专业技术职务以来所完成的管理服务等工作；应聘人员任职年限、业绩成果等相关信息的计算截止时间为 2023 年 6 月 30 日。

第二十二条 职员岗位聘用的起聘时间为 2023 年 7 月 1 日。于本次职员岗位聘用的起聘当月（即 2023 年 7 月）达到或超过国家规定退休年龄的人员，不参加应聘。

国家规定退休年龄：男性年满 60 周岁；女性七级及以下职员或中级及以下专业技术人员年满 55 周岁，女性六级及以上职员或高级专业技术人员可自愿选择年满 55 周岁或 60 周岁。

四级职员岗位聘用的起聘时间，依据中国科学院有关文件规定，以四级职员聘用工作程序中的校长工作会议研究确定的时间作为起聘时间。

第二十三条 申请解聘人员，不参加应聘。

第二十四条 应聘人员如被发现有弄虚作假、学术不端和违反师德师风等行为，实行“一票否决”，取消其本次和下一次申报资格；获得聘用的，撤销其聘用结果，并按有关规定给予其他处理。

第二十五条 评议专家应严格遵守回避规定。有下列情形之一的，应当回避：

（一）涉及本人利害关系的；

（二）涉及与本人有亲属关系人员的利害关系的；

（三）其他可能影响公正履行职责的。

亲属关系范围：夫妻关系；直系血亲关系；三代以内旁系血亲关系；近姻亲关系；其他亲属关系。

评议专家应当主动报告应回避的情形。有需要回避的情形不及时报告或者有意隐瞒的，予以批评教育；造成不良后果的，依法依规给予组织处理或处分；由于隐瞒应当回避情形、造成相应聘用结果不公正的，撤销所涉特定人员的聘用结果。

第二十六条 评议专家及相关工作人员应严格遵守聘用纪律和聘用规范，如有违纪违规行为，一经查实，给予严肃处理。

第八章 附 则

第二十七条 本办法由人力资源部负责解释。

第二十八条 本办法自印发之日起施行。原《中国科学技术大学职员岗位聘用管理办法(试行)》(校人字〔2021〕133号)同时废止。

附件1

职员系列岗位基本聘用条件

<table>
<tr><th>职员职级</th><th colspan="2">基 本 聘 用 条 件</th></tr>
<tr><td>四级职员
(综合管理岗位)</td><td>任五级职员岗位累计满10年且任处长岗位累计满5年,或具有副校级领导岗位任职经历。年度考核合格及以上。在计算五级职员任职年限时,对于在管理岗位上执行专业技术系列的人员,其副高级任职时间可视同五级职员任职年限。
近3年来年度考核获2次“优秀”的,可减少1年五级职员任职年限要求。对任五级职员以来年度考核累计获5次“优秀”的,可减少2年五级职员任职年限要求</td><td rowspan="2">系统掌握岗位所需业务知识和方法,具有较高的政策理论水平,较强的分析能力、组织管理及协调能力;能够负责单位某一部门或单位某一方面工作,能为改进管理工作、提高管理水平提出合理化建议和设想,并能组织实施;近5年,作为主要作者公开发表过一定数量的管理类文章,或起草过被学校采纳的重要报告或重要文件;1981年及以后参加工作的应具有大学本科及以上学历</td></tr>
<tr><td>五级职员</td><td>任六级职员满3年,年度考核合格及以上</td></tr>
<tr><td>六级职员</td><td>任七级职员满3年且具有大专及以上学历,年度考核合格及以上</td><td rowspan="3">掌握岗位所需专业知识和方法;有一定的政策理论水平、业务能力、系统分析能力及解决实际问题的能力;独立承担某一方面的管理工作;独立起草公文或者文稿(包括规章制度、工作计划、报告等),并能组织实施</td></tr>
<tr><td>七级职员</td><td>任八级职员满3年,年度考核合格及以上;或博士研究生毕业</td></tr>
<tr><td>八级职员</td><td>任九级职员满3年,年度考核合格及以上;或硕士研究生毕业任九级职员满1年,年度考核合格及以上</td></tr>
<tr><td>九级职员</td><td>硕士研究生毕业;或大学本科毕业并获得学士学位,试用期满且考核合格</td><td>基本掌握本职管理工作的理论知识和技能方法,胜任某项具体的管理工作</td></tr>
</table>

附件 2

管理岗位现聘专业技术职务人员转聘职员岗位基本条件

<table>
<tr><th>专业技术职务</th><th colspan="3">基 本 聘 用 条 件</th></tr>
<tr><td rowspan="2">副高专业技术职务</td><td colspan="2">任五级职员岗位累计满 10 年且任处长岗位累计满 5 年,或具有副校级领导岗位任职经历,年度考核合格及以上,可应聘四级职员。
在计算五级职员任职年限时,对于在管理岗位上执行专业技术系列的人员,其副高级任职时间可视同五级职员任职年限;对于从教师、支撑岗位转聘到管理岗位的人员,转聘前的副高级任职时间可视同五级职员任职年限。
近 3 年来年度考核获 2 次“优秀”的,可减少 1 年五级职员任职年限要求。对任副高级以来年度考核累计获 5 次“优秀”的,可减少 2 年五级职员任职年限要求</td><td rowspan="2">1981 年及以后参加工作的应具有大学本科及以上学历</td></tr>
<tr><td colspan="2">任职满 3 年,年度考核合格及以上,可应聘五级职员</td></tr>
<tr><td rowspan="11">中级专业技术职务</td><td rowspan="2">博士</td><td>工作满 3 年,年度考核合格及以上,可应聘六级职员</td><td></td></tr>
<tr><td>工作 3 年以下,年度考核合格及以上,可应聘七级职员</td><td>聘为七级职员后,在下次晋升六级职员计算任职年限时,其中级专业技术职务任职时间可与七级职员任职时间连续计算(以下类似情况,按此原则处理)</td></tr>
<tr><td rowspan="3">硕士</td><td>工作满 7 年,年度考核合格及以上,可应聘六级职员</td><td></td></tr>
<tr><td>工作满 4 年,年度考核合格及以上,可应聘七级职员</td><td></td></tr>
<tr><td>工作 4 年以下,年度考核合格及以上,可应聘八级职员</td><td></td></tr>
<tr><td rowspan="3">学士</td><td>工作满 10 年,年度考核合格及以上,可应聘六级职员</td><td></td></tr>
<tr><td>工作满 7 年,年度考核合格及以上,可应聘七级职员</td><td></td></tr>
<tr><td>工作 7 年以下,年度考核合格及以上,可应聘八级职员</td><td></td></tr>
<tr><td rowspan="3">本科</td><td>工作满 11 年,年度考核合格及以上,可应聘六级职员</td><td></td></tr>
<tr><td>工作满 8 年,年度考核合格及以上,可应聘七级职员</td><td></td></tr>
<tr><td>工作 8 年以下,年度考核合格及以上,可应聘八级职员</td><td></td></tr>
</table>

续表

专业技术职务	基本聘用条件		
中级专业技术职务	大专	工作满 12 年,年度考核合格及以上,可应聘六级职员	
		工作满 9 年,年度考核合格及以上,可应聘七级职员	
		工作 9 年以下,年度考核合格及以上,可应聘八级职员	
	中专及以下	工作满 12 年,年度考核合格及以上,可应聘七级职员	
		工作 12 年以下,年度考核合格及以上,可应聘八级职员	
初级专业技术职务	硕士	任职满 1 年,年度考核合格及以上,可应聘八级职员	
	本科及以下	任职满 3 年,年度考核合格及以上,可应聘八级职员	
		任职 3 年以下,年度考核合格及以上,可应聘九级职员	

中国科学技术大学外聘授课教师管理暂行办法

(校人字〔2023〕125 号,2023 年 8 月 6 日)

第一章 总 则

第一条 为规范学校外聘授课教师管理,保障教育教学质量,依据《中华人民共和国教师法》《中国科学技术大学章程》等精神,结合学校实际,制定本办法。

第二条 本办法所称外聘授课教师,是指学校各教学单位因科教融合、产教融合等协同育人需要或学生综合素质拓展需要,从校外聘请并系统承担我校课堂教学任务的教师。

第三条 外聘授课教师坚持从严控制、规范管理的原则。

第二章 聘 任 条 件

第四条 外聘授课教师应具备以下基本条件:

(一) 热爱教育事业,遵纪守法,治学严谨,为人师表,具有良好的政治思想品质和职业道德;

(二) 具有副高级及以上专业技术职称;

(三) 具有拟授课程的教学经历,教学效果优良,能够胜任教学工作要求;

(四) 身体健康,年龄一般不超过 70 周岁。

第五条 对于专业技能突出、实践经验丰富的专家或技术人员,其聘任条件可适当放宽。

第三章　聘任程序和期限

第六条　外聘授课教师聘任按以下程序进行：

（一）教学单位根据工作需要，对拟聘意向人员的基本条件进行审核，并以试讲等方式对其教学能力进行初步考核，报所在单位教学委员会审议；

（二）教学单位党组织对拟聘人员的思想政治、师德师风、遵纪守法等情况进行把关；

（三）教学单位党政联席会议集体研究后确定拟聘人员，并在本单位公示 5 个工作日；

（四）教学单位填写《中国科学技术大学外聘授课教师审批表》，报教务处（本科生教学）或研究生院（研究生教学）审批、人力资源部审核备案；

（五）教学单位和拟聘人员签订《中国科学技术大学外聘授课教师劳务协议书》，明确约定聘任期限、工作任务、劳务酬金等事项。

第七条　外聘授课教师一般按学期或学年聘任，每次聘任期限不超过 1 年。聘期结束且考核合格者，如需要继续聘任，经所在单位党政联席会议集体研究后，重新按本办法第六条第（四）、（五）项规定执行。

第四章　考核与管理

第八条　外聘授课教师每学期课程结束后，教学单位应组织相关专家对其教学工作进行考核，考核内容包括思想政治、师德师风、授课课时、教学能力、教学质量等方面。考核结果作为核发课酬、续约、解约的依据。

第九条　外聘授课教师的日常管理由所在教学单位负责。教学单位应认真做好对受聘教师思想政治、意识形态、师德师风和学校规章制度的宣传教育，要求并监督其遵守我校的各项教学管理规定，加强教学工作全过程管理，确保教育教学质量。聘任期间发生的有关劳动纠纷和争议等问题，由教学单位按照有关规定负责处理。

第十条　外聘授课教师应严格遵守学校各项规章制度，服从学校教学安排和管理，保质保量完成课堂教学、辅导答疑、作业批改、出题阅卷等相关工作。课堂教学工作原则上应采取线下教学方式进行。

第十一条　外聘授课教师在学校从事教学活动期间有如下情形之一者，一经发现，学校有权终止聘任，对学校造成不良影响和损失者，学校将追究相关单位和外聘授课教师责任：

（一）违反国家法律法规的；

（二）违反师德师风有关规定，造成恶劣影响的；

（三）发生较大或重大教学事故的；

（四）教学效果不佳，频繁受到学生投诉的；

（五）其他违反劳动工作纪律或学校规章制度的。

第五章　工作条件和待遇

第十二条　外聘授课教师的教学、办公条件由教学单位负责协调解决。

第十三条 外聘授课教师酬金根据其职称、所授课时等核算发放。本科生、研究生教学的外聘授课教师酬金标准分别按照《关于我校本科课程外返聘教师课时酬金标准调整的通知》(教字〔2015〕33 号)、《关于制定研究生课程外返聘教师课时酬金标准的通知》(研字〔2021〕42 号)执行。

第十四条 外聘授课教师与学校属于劳务关系。除课时酬金外,外聘授课教师不享受学校在职或退休人员的社保、公积金和其他福利待遇。教学单位应酌情为外聘授课教师购买人身意外险或雇主责任险等商业保险。

第十五条 外聘授课教师不得以"中国科学技术大学兼职(客座)教授、副教授"或类似名义对外从事活动。

第六章　其　　他

第十六条 外聘外籍授课教师聘用管理,仍按学校现有规定执行,各教学单位应每年定期将在聘的外籍教师名单报人力资源部备案。

第十七条 具有独立法人资格的分支机构,其外聘授课教师管理可参照本办法执行。

第十八条 本办法由人力资源部、教务处、研究生院负责解释。

第十九条 本办法自印发之日起施行。

中国科学技术大学教职工年度考核办法

(校人字〔2023〕192 号,2023 年 11 月 22 日)

第一章　总　　则

第一条 为了准确评价学校教职工的德才表现和工作实绩,规范教职工年度考核工作,推动建设堪当民族复兴重任、忠诚干净担当的高素质专业化教职工队伍,把新时代好干部标准落到实处,根据《事业单位人事管理条例》《事业单位工作人员考核规定》等精神,结合学校实际,制定本办法。

第二条 教职工年度考核工作,坚持以习近平新时代中国特色社会主义思想为指导,贯彻新时代党的组织路线和干部工作方针政策,着眼于充分调动教职工积极性主动性创造性、促进新时代公益事业高质量发展,坚持尊重劳动、尊重知识、尊重人才、尊重创造,全面准确评价教职工,鲜明树立新时代选人用人导向,推动形成能者上、优者奖、庸者下、劣者汰的良好局面。工作中,应当坚持下列原则:

(一) 党管干部、党管人才;

(二) 德才兼备、以德为先;

(三) 事业为上、公道正派;

(四) 注重实绩、群众公认;

（五）分级分类、简便有效；

（六）考用结合、奖惩分明。

第三条 本办法适用于学校在职教职工。中层及以上领导人员的年度考核，按照有关规定执行。

第四条 年度考核以年度为周期，对教职工总体表现进行综合性考核，一般每年年末或者次年年初进行。

第二章 考核内容

第五条 教职工年度考核，以岗位职责和所承担的工作任务为基本依据，全面考核德、能、勤、绩、廉，突出对德和绩的考核。

（一）德。坚持将政治标准放在首位，全面考核政治品质和道德品行，重点了解学习贯彻习近平新时代中国特色社会主义思想，坚定拥护“两个确立”，增强“四个意识”、坚定“四个自信”、做到“两个维护”，坚定理想信念，坚守初心使命，忠于宪法、忠于国家、忠于人民的情况；做到坚持原则、敢于斗争、善于斗争的情况；模范践行社会主义核心价值观，胸怀祖国、服务人民，恪守职业道德，遵守社会公德、家庭美德和个人品德等情况。

（二）能。全面考核适应新时代要求履行岗位职责的政治能力、工作能力、专业素养和技术技能水平，重点了解政治判断力、政治领悟力、政治执行力和学习调研能力、依法办事能力、群众工作能力、沟通协调能力、贯彻执行能力、改革创新能力、应急处突能力等情况。

（三）勤。全面考核精神状态和工作作风，重点了解爱岗敬业、勤勉尽责、担当作为、锐意进取、勇于创造、甘于奉献等情况。

（四）绩。全面考核践行以人民为中心的发展思想，依法依规履行岗位职责、承担急难险重任务、为师生办实事等情况，重点了解完成工作的数量、质量、时效、成本，产生的社会效益和经济效益，师生满意度等情况。

（五）廉。全面考核廉洁从业情况，重点了解落实中央八项规定及其实施细则精神，遵规守纪、廉洁自律等情况。

第六条 根据教师、管理、支撑各类岗位人员的工作特点和具体要求，分类确定相应的考核要素和重点，增强针对性和有效性。

教师岗位人员，结合教学科研工作特点，以人才培养、科技创新为导向，注重岗位任务、知识价值、专业能力和业绩贡献、创新服务及成果等。

管理岗位人员，结合管理工作特点，注重管理服务水平、工作实绩、组织协调能力、工作规范性、廉政勤政情况等。

支撑岗位人员，结合支撑保障工作特点，注重专业技术和技能水平、服务保障能力和任务完成数量、质量、效率等。

第三章 考核结果

第七条 年度考核的结果一般分为优秀、合格、基本合格和不合格四个档次。

第八条 年度考核确定为优秀档次应当具备下列条件：

（一）思想政治素质高，理想信念坚定，贯彻落实党中央决策部署坚决有力，模范遵守法律法规，恪守职业道德，具有良好社会公德、家庭美德和个人品德；

（二）履行岗位职责能力强，精通本职业务，与岗位要求相应的专业技术技能或者管理水平高；

（三）公共服务意识和工作责任心强，勤勉敬业奉献，改革创新意识强，工作作风好；

（四）全面履行岗位职责，高质量地完成各项工作任务，工作实绩突出，对社会或者单位有贡献，服务对象满意度高；

（五）廉洁从业且在遵守廉洁纪律方面具有模范带头作用。

第九条 年度考核确定为合格档次应当具备下列条件：

（一）思想政治素质较高，能够贯彻落实党中央决策部署，自觉遵守法律法规和职业道德，具有较好社会公德、家庭美德和个人品德；

（二）履行岗位职责能力较强，熟悉本职业务，与岗位要求相应的专业技术技能或者管理水平较高；

（三）公共服务意识和工作责任心较强，工作认真负责，工作作风较好；

（四）能够履行岗位职责，较好地完成工作任务，服务对象满意度较高；

（五）廉洁从业。

第十条 教职工有下列情形之一的，年度考核应当确定为基本合格档次：

（一）思想政治素质一般，在贯彻落实党中央决策部署以及遵守职业道德、社会公德、家庭美德、个人品德等方面存在明显不足；

（二）履行岗位职责能力较弱，与岗位要求相应的专业技术技能或者管理水平较低；

（三）公共服务意识和工作责任心一般，工作纪律性不强，工作消极，或者工作作风方面存在明显不足；

（四）能够基本履行岗位职责、完成工作任务，但完成工作的数量不足、质量和效率不高，或者在工作中有一定的失误，或者服务对象满意度较低；

（五）能够基本做到廉洁从业，但某些方面存在不足。

第十一条 教职工有下列情形之一的，年度考核应当确定为不合格档次：

（一）思想政治素质较差，在贯彻落实党中央决策部署以及职业道德、社会公德、家庭美德、个人品德等方面存在严重问题；

（二）业务素质和工作能力不能适应岗位要求；

（三）公共服务意识和工作责任心缺失，工作不担当、不作为，或者工作作风差；

（四）不履行岗位职责、未能完成工作任务，或者在工作中因严重失职失误造成重大损失或者恶劣社会影响；

（五）在廉洁从业方面存在问题，且情形较为严重。

第十二条 教职工年度考核优秀档次人数，一般不超过本单位应参加年度考核的教职工总人数的 20%。优秀档次名额应当向一线岗位、艰苦岗位以及获得表彰奖励的人员倾斜。

第四章　考核组织和程序

第十三条　学校成立教职工年度考核工作领导小组，统筹领导和组织实施相关工作。领导小组组长由党委书记和校长担任，成员由其他校领导组成。领导小组下设办公室，挂靠人力资源部，承担年度考核的具体工作。

各单位成立教职工年度考核工作小组，组长由单位主要负责人担任，成员由单位其他领导和教职工代表等组成，负责本单位教职工年度考核的组织实施、各考核档次建议人员名单的确定等工作。

第十四条　年度考核一般按照下列程序进行：

（一）学校发布年度考核通知，布置有关工作。

（二）教职工按照岗位职责任务、考核内容以及有关要求进行总结，填写年度考核表。

（三）各单位教职工年度考核工作小组组织教职工述职，可采取民主测评、绩效评价、听取主管领导意见以及单位内部评议、服务对象满意度调查、第三方评价等符合岗位特点的方法，对教职工进行综合评价，提出考核档次建议。

（四）将各单位上报的考核档次建议提交学校教职工年度考核工作领导小组和校长工作会议审议，研究审定各考核档次人员名单。

（五）对拟确定为优秀档次的人员进行公示，公示期不少于5个工作日。

（六）将公示情况提交党委常委会会议审议，确定各档次人员名单。

（七）将考核结果以书面或其他适当形式告知被考核人员。

第五章　考核结果运用

第十五条　坚持考用结合，将年度考核结果与选拔任用、培养教育、管理监督、激励约束、问责追责等结合起来，作为教职工调整岗位、职务、职员等级、工资和评定职称、奖励，以及变更、续订、解除、终止聘用(任)合同等的依据。

第十六条　教职工年度考核被确定为合格以上档次的，按照下列规定办理：

（一）增加一级薪级工资；

（二）按照有关规定发放绩效工资；

（三）本考核年度计算为现聘岗位(职员)等级的任职年限。

其中，年度考核被确定为优秀档次的，在绩效工资分配时，同等条件下应当予以倾斜；在岗位晋升、职称评聘时，同等条件下应当予以优先考虑。

受师德失范等处理、按规定应取消工资晋级资格的，不得增加薪级工资。

第十七条　教职工年度考核被确定为基本合格档次的，按照下列规定办理：

（一）责令作出书面检查，限期改进；

（二）不得增加薪级工资；

（三）不得发放年度考核绩效；

（四）本考核年度不计算为现聘岗位(职员)等级的任职年限，下一考核年度内不得晋升

岗位(职员)等级;

(五) 连续两年被确定为基本合格档次的,予以组织调整或者组织处理。

第十八条 教职工年度考核被确定为不合格档次的,按照下列规定办理:

(一) 不得增加薪级工资;

(二) 不得发放年度考核绩效;

(三) 向低一级岗位(职员)等级调整;

(四) 本考核年度不计算为现聘岗位(职员)等级的任职年限;

(五) 被确定为不合格档次且不同意调整工作岗位,或者连续两年被确定为不合格档次的,可以按规定解除聘用(任)合同。

其中,受处理、处分时已按规定降低岗位(职员)等级且当年年度考核被确定为不合格档次的,为避免重复处罚,不再向低一级岗位(职员)等级调整。

第十九条 教职工年度考核不确定档次者,按照下列规定办理:

(一) 不得增加薪级工资;

(二) 不得发放年度考核绩效;

(三) 本考核年度不计算为现聘岗位(职员)等级的任职年限,连续两年不确定档次的,视情况调整工作岗位。

其中,新入职教职工因当年工作时间不足而不确定档次的,可按实际工作时间发放年度考核绩效。

第二十条 年度考核中发现教职工存在问题的,根据问题性质和情节轻重,依规依纪依法给予处理、处分;对涉嫌犯罪的,依法追究刑事责任。

第二十一条 教职工对年度考核确定为基本合格或者不合格档次不服的,可以按照有关规定申请复核、提出申诉。

第六章 相关事宜

第二十二条 对当年新入职教职工进行年度考核,按照下列规定办理:

(一) 初次就业(含回国工作)人员,当年在学校工作不满 9 个月的(含试用期),参加年度考核,只写评语,不确定档次;满 9 个月的(含试用期),参加年度考核并确定档次。

(二) 非初次就业人员,当年在其他单位工作时间与学校工作时间合并计算,不满考核年度半年的(含试用期),参加年度考核,只写评语,不确定档次;满考核年度半年的(含试用期),参加学校年度考核并确定档次,同时须提供在原单位工作期间的考核评价材料。

第二十三条 对学校外派的教职工进行年度考核,按照下列规定办理:

(一) 挂职、援派、驻外的教职工,在外派期间由其所在校内单位进行考核并以适当方式听取派往单位意见。

(二) 学校派出学习培训、执行任务的教职工,经批准以兼职创新、在职创办企业或者选派到企业工作、参与项目合作等方式进行创新创业的教职工,由其所在校内单位进行考核,主要根据学习培训、执行任务、创新创业的表现确定档次,由相关单位提供在外表现情况。

第二十四条 当年病、事假累计超过 66 个工作日或事假累计超过 22 个工作日的教职工，参加年度考核，不确定档次。

女教职工按规定休产假超过考核年度半年的，参加年度考核，确定档次。

当年累计旷工超过 3 个工作日或全年工作量不满 2/3 的教职工，参加年度考核，确定为不合格档次。

第二十五条 当年在职工作时间达到 9 个月的退休教职工，可参加年度考核并确定档次。

第二十六条 根据师德考核有关规定，教职工师德考核未被确定为优秀档次的，年度考核不得确定为优秀档次；师德考核不合格的，年度考核确定为不合格档次。

第二十七条 除另有规定或约定外，人才交流中心人员不参加年度考核。

第二十八条 教职工涉嫌违纪违法被立案审查调查尚未结案的，参加年度考核，不写评语，不确定档次。结案后未受处分或者给予警告处分的，按规定补定档次。

第二十九条 受党纪政务处分或者组织处理、诫勉的教职工参加年度考核，按照有关规定办理。同时受党纪政务处分和组织处理的，按照对其年度考核结果影响较重的处理、处分确定年度考核结果。

第三十条 对无正当理由不参加年度考核的教职工，经教育后仍拒绝参加的，直接确定其考核档次为不合格。

第七章 附　　则

第三十一条 本办法未尽事宜，按国家、中国科学院等有关政策执行；如遇国家、中国科学院等有关政策调整，按调整后的政策执行。

第三十二条 本办法由人力资源部负责解释。

第三十三条 本办法自印发之日起施行。此前规定如有与本办法不一致的，按本办法执行。

中国科学技术大学教职工校外兼职管理办法(试行)

(校人字〔2023〕222 号，2023 年 12 月 20 日)

第一章 总　　则

第一条 为贯彻落实党的二十大精神，加快实施创新驱动发展战略、人才强国战略，加强新时代教师队伍建设改革，坚持尊重劳动、尊重知识、尊重人才、尊重创造，打造立德树人、风清气正的育人生态，秉持和传承专心教学、潜心科研、用心履职的优良校风和学风，保障学校和教职工的合法权益，规范教职工校外兼职行为，根据《中华人民共和国科学技术进步法》《中共中央办公厅、国务院办公厅关于实行以增加知识价值为导向分配政策的若干意见》《中国科学院科技人员离岗创业管理暂行办法》《中国科学院岗位管理实施办法》《人力资源社会保障部关于支持和鼓励事业单位专业技术人员创新创业的指导意见》《人力资源社会保障部关于进一步支持和鼓励事业单位科研人员创新创业的指导意见》《新时代高校教师职业行为十项准则》《教育部等六部门关于加强新时代高校教师队伍建设改革的指导意见》等有关规定，结合学校实际，制定本办法。

第二条 校外兼职是指教职工在本职工作之外，利用本人的专业知识和技能在校外单位从事与本人学科密切相关，并能发挥其专业能力的教学、科研、咨询、技术开发、科技成果转移转化、管理服务等活动。

第三条 学校坚持以立德树人为根本，倡导教职工专心教学、潜心科研、用心履职。校外兼职应当在高质量完成学校规定的教学、科研和管理服务等本职工作，经学校批准同意后方可进行。学校不支持教职工从事与学科发展、提升学校学术声誉或社会影响力无关的校外兼职。

第四条 校外兼职必须遵守国家法律法规和政策，以及中国科学院和学校的有关规定，自觉维护学校利益与声誉，恪守职业道德，不得损害国家、学校、校外单位和他人的合法权益。

第五条 学校中层及以上领导人员的校外兼职按照党委组织部及上级组织部门有关规定管理。教职工受学校委派的兼职工作按照派出单位有关规定管理。教职工在合作机构开展教学、科研、科技成果转移转化等工作，按照《中国科学技术大学合作机构兼聘、双聘教职工管理办法（试行）》管理。

第二章 兼职范围及要求

第六条 校外兼职范围主要包括：

（一）学术组织兼职。在重要学术期刊担任主编、副主编、编委，在学术组织中担任荣誉性职位、学术顾问、学术委员会成员、专家组成员，在重要国际学术组织任职（含会员）等。

（二）社会公益兼职。参与社会公益性质的决策咨询、扶贫济困、科学普及、法律援助等活动。

（三）事业单位兼职。在党和国家机构、人民政协、民主党派机关及人民团体等，或其他各类学校、研究机构等从事具有实质性工作任务的兼职活动。

（四）企业等单位兼职。在企业、民办非企业或其他开展生产经营活动的单位，从事与学校业务领域相近、本人专业相关的科技成果转化和技术转移、合作研究等活动，注重以科技创新推动和服务经济社会发展。企业等单位兼职包括以科技成果转移转化形式开展的企业兼职、离岗创业和其他企业等单位兼职。

第七条 在全面履行本单位岗位职责、完成本职工作的前提下，学校支持教职工从事学术组织兼职和社会公益兼职。

第八条 除第五条规定的情形外，教师岗（含聘期制科研人员）和支撑岗（非直属单位）在岗人员，经学校批准可开展事业单位兼职和企业等单位兼职，其他岗位一般不能开展事业单位兼职和企业等单位兼职。

第九条 教职工应依法依规适度开展兼职工作，严格控制事业单位兼职和企业等单位兼职数量。除离岗创业外,企业等单位兼职数量原则上不得超过3个,教职工原则上不得担任法定代表人、董事长、总经理、财务负责人、执行董事等关键职务或参与企业实际运营。以科技成果转移转化形式开展的企业兼职,担任法定代表人、董事长、总经理、财务负责人、执行董事等关键职务或参与企业实际运营的兼职数量原则上不得超过1个。

第十条 教职工校外兼职(不含离岗创业)全年累计不得超过3个月(含寒暑假),其中工作日不得超过22天。教职工校外兼职的期限原则上不得超过本人与学校签署的聘用合同聘期。

第十一条 教职工校外兼职应落实兼职取酬报告制度。教职工兼职取得的酬金、股权、红利等收入,每年定期报学校备案,并按国家有关规定缴纳个人所得税。学校依据教职工的校外兼职时间,统筹调整其校内绩效工资。

第三章 禁止兼职的情形

第十二条 有下列情形之一的教职工,不得从事校外兼职活动:

(一) 不积极承担学校安排的各项工作任务的。

(二) 不认真履行岗位职责,未完成岗位聘期规定的工作任务,或上轮岗位聘期考核为基本合格或不合格的。

(三) 近三年年度考核有基本合格或不合格等次的。

(四) 处于病假或事假期间的。

(五) 犯有严重错误正接受组织审查或未有处理结论的。

(六) 岗位涉及国家和学校秘密,因兼职活动可能导致泄密的;涉密人员不得在境外(驻华)机构、组织、人员及外商独资企业从事兼职工作或提供劳务、咨询等其他服务。

(七) 因兼职活动可能影响国家重大科技任务执行的。

(八) 因兼职活动可能损害学校或他人合法权益的。

(九) 其他规定不宜兼职的。

第四章 兼职审批程序

第十三条 教职工从事校外学术组织兼职和社会公益兼职的,须向所在单位提出申请并填报材料,经单位审查、单位负责人审批通过后,报党委教师工作部、人力资源部备案。

第十四条 教职工从事事业单位兼职、企业等单位兼职(不含离岗创业)的,须严格办理以下审批程序:

(一) 本人向所在单位提出申请。

(二) 所在单位须对申请材料真实性、校外兼职活动合规性、兼职与本职岗位工作的相关性等情况进行审核,经党政联席会议集体研究后,对审核通过的兼职信息进行公示(不少于5个工作日),公示无异议后由单位主要负责人签署意见。

(三) 涉及违规违纪情况的,由纪检监察机构审核;涉及承担敏感科研任务的,由科研部审核;涉及科研诚信和学术道德的,由学风与科研诚信建设办公室审核;涉及知识产权归属、科技成果转化的，由科技成果转移转化办公室审核；涉及国(境)外背景的校外机构或外籍教职工的，由国际合作与交流部审核；涉及使用学校有形资产的，由资产与后勤保障处审核；涉及涉密人员的，由保密办公室审核；涉及年度考核情况的，由人力资源部审核；涉及其他方面的，由党委教师工作部牵头组织审核。

（四）事业单位兼职、企业等单位兼职须提交校长工作会议、党委常委会会议审议。

以科技成果转移转化形式开展的企业兼职活动，除履行以上(一)(二)(三)兼职审批程序外，还须按照有关规定履行科技成果转移转化审批手续，如科技成果转移转化项目经校长工作会议审议通过，视为兼职活动经学校审议通过。

（五）经学校审议通过的企业等单位兼职，学校、所在经济实体与兼职人员应签订三方协议，对企业等单位兼职的内容、时间安排、绩效考核、收入分配、福利保险、保密义务以及科技成果、知识产权归属等事项进行约定。协议一式三份，须在 3 个月内完成签订并提交学校备案。

第十五条 教职工原则上应提前向学校提交兼职申请。新入职教职工如有校外兼职行为的，原则上应在入职 3 个月内向学校提交申请。

第十六条 教职工任职情况或校外兼职情况发生变更的，特别是涉及校外兼职期限、兼职职务、兼职取酬等情况变动的，应当按照程序重新报批。

第十七条 教职工准备办理企业注销、退出、清算的，原则上应按照本办法提交学校审批。经审议通过的，教职工应及时办理退出手续。确因经济、法律等问题难以及时退出的，由本人提供相关证明，并提出限期退出的书面承诺，经学校审批后可适当延期。

第五章　离岗创业管理

第十八条 人员范围。

（一）申请离岗创业的教职工应为在校连续工作满 3 年的事业编制人员。

（二）教职工从事企业等单位兼职的数量、时间超出学校规定的，纳入离岗创业类型进行管理。

（三）现主持国家或中国科学院重大科技项目的人员，原则上不得离岗创业。

（四）正在接受审查、调查，尚未作出结论的人员，不得离岗创业。

（五）现从事军工项目或涉及国家秘密的人员(含在脱密期的人员)，按照学校保密工作有关规定执行。

第十九条 审批程序。

（一）本人向所在单位提出申请。

（二）所在单位须对申请材料真实性、离岗创业行为合规性等情况进行审核，经党政联席会议集体研究后，对审核通过的兼职信息进行公示(不少于 5 个工作日)，公示无异议后由单位负责人签署意见。

（三）涉及违规违纪情况的，由纪检监察机构审核；涉及承担敏感科研任务的，由科研部审核；涉及科研诚信和学术道德的，由学风与科研诚信建设办公室审核；涉及知识产权归属、科技成果转化的，由科技成果转移转化办公室审核；涉及国(境)外背景的校外机构或外籍教职工的，由国际合作与交流部审核；涉及使用学校有形资产的，由资产与后勤保障处审核；涉及涉密人员的，由保密办公室审核；涉及年度考核情况的，由人力资源部审核；涉及其他方面的，由党委教师工作部牵头组织审核。

（四）提交校长工作会议、党委常委会会议审议。

（五）经学校审议通过的，学校、所在经济实体与离岗创业人员签订三方协议，对离岗创业的内容、时间安排、绩效考核、收入分配、福利保险、保密义务以及科技成果、知识产权归属、研究生培养、返回人事关系所在单位工作、违约责任处理、发生争议处理等事项进行约定。协议一式三份，需在1个月内完成签订并提交学校备案。

（六）专业技术人员将人事关系转移到学校人才交流中心，办理相关手续。

（七）签订或变更聘用合同、岗位聘任协议，办理相关手续。

第二十条 离岗创业期间人事管理。

（一）学校原则上在不超过3年时间内保留其人事关系。离岗创业期满确需延期的，经学校同意可适当延长，延长期最多不超过2年。

（二）与学校其他在岗人员同等享有参加岗位等级晋升的权利，但应符合学校岗位管理有关规定，岗位等级晋升结果计入个人人事档案。

（三）由所在经济实体负责对其进行年度考核，学校对其年度考核结果进行认定，并计入个人人事档案。

（四）离岗创业期满申请返回学校工作的，应当在离岗创业期满前30日向学校提出书面申请，并提交离岗期间创业情况的报告，经学校批准同意，在离岗创业期满15个工作日内返回。返回学校后，须参加公开招聘，竞聘上岗。

对自离岗期满之日起15个工作日内未返回学校的，学校按旷工处理，依据有关规定与其解除聘用合同，终止人事关系。

（五）申请提前返回学校工作的，应向学校提出书面申请，并提交离岗期间创业情况的报告，经学校批准同意，办理返回学校手续。返回学校后，须参加公开招聘，竞聘上岗。

（六）离岗创业期间或期满，可与学校协商一致，解除聘用合同，终止人事关系。

（七）达到国家法定退休年龄的，应当及时办理退休手续。

（八）有违法违纪行为的，学校将依据有关规定给予其处分或解除聘用合同。

（九）有违反约定事项的，学校将依据有关规定或协议约定予以处理。

第二十一条 离岗创业期间工资福利和社会保障。

（一）学校停发工资，其工资由所在经济实体支付，学校按国家有关规定做好其档案工资的管理。

（二）住房、医疗等待遇，学校予以保留，并享受同学校在岗事业编制人员同等福利待遇。

（三）社会保险和住房公积金由学校缴纳，缴费基数参照学校同类人员缴费工资基数确定，缴费所需经费由本人和所在经济实体承担。离岗创业的专业技术人员和所在经济实体应向学校一次性预交离岗创业期间单位及个人应缴费的合计额。

（四）所在经济实体应依法为其缴纳工伤保险费用，发生工伤的，由所在经济实体承担相应的工伤保险责任。

第二十二条 专业技术人员离岗创业期间，所承担的国家科技计划和基金项目原则上不得中止，确需中止的，应按有关管理办法办理手续；承担的其他科技项目，由学校与其按照有关规定协商处理。

第六章 责任与义务

第二十三条 在兼职活动中，兼职人员和兼职单位不得使用学校的人力（包括本科生、研究生）、研究和生产设备、资金、教室、场地等资源；确需使用的，应当事先提出申请，报学校有关部门审批，并与学校签订相关协议。

第二十四条 在兼职活动中，未经学校同意，兼职人员和兼职单位不得有下列行为：

（一）在单位名称、项目名称、产品品牌和商标中使用“中国科学技术大学”“中国科大”“中科大”或英文“University of Science and Technology of China”及其缩写“USTC”等字样，或者在企业标识、注册商标、广告宣传材料中使用学校的校标和标志性建筑物、纪念物等图案。

（二）在产品包装、广告宣传材料等任何文字材料和语言表述中加入或含有暗示“中国科学技术大学监制”“依托中国科学技术大学”“与中国科学技术大学合作”“与中国科学技术大学联合办学”“与中国科学技术大学或中国科学技术大学所属单位联合生产”“中国科学技术大学产学研项目”等内容，或以“中国科学技术大学”冠名。

（三）将学校拥有自主知识产权的技术等授权校外兼职单位使用。

（四）其他损害学校利益的行为。

第二十五条 教职工在校外兼职期间所发生的法律、经济、技术、安全和劳动保护等纠纷或争议，一律由兼职人员和校外兼职单位承担责任、负责处理，学校不承担任何责任。给学校造成不良影响或损失的，学校保留依法追究相关单位及人员责任的权利。

第七章 违规处理

第二十六条 教职工未经学校批准，不得擅自兼职。擅自兼职的，或校外兼职活动影响到本职工作正常开展的，所在单位应督促教职工妥善处理相关事宜，对其进行批评教育、要求限期改正，并不得审批其新增兼职申请。经教育不改的，或在其兼职过程中损害学校利益的，学校有权责令其停止校外兼职活动，并依据《中国科学技术大学教职工师德失范行为处理办法（试行）》《事业单位工作人员处分规定》等有关规定对当事人进行相应处理。

第二十七条 各单位要将教职工校外兼职管理纳入日常人事管理工作范畴，加强对兼职人员日常考勤、年度考核管理。所在单位党政主要负责人为兼职人员管理第一责任人，因对教职工兼职管理不力，出现瞒报或弄虚作假现象的，一经查实，学校将依据有关规定视情节轻重对所在单位党政主要负责人进行问责。

第八章 附 则

第二十八条 本办法在执行过程中如有与国家法律法规、上级部门政策相抵触的，以国家法律法规、上级部门政策为准。

第二十九条 本办法由党委教师工作部、人力资源部负责解释。

第三十条 本办法自印发之日起施行。原《中国科学技术大学教职工校外兼职管理暂行办法》(党教字〔2020〕52号)、《中国科学技术大学教职工经商办企业管理办法(试行)》(校人字〔2017〕164号)同时废止。

中国科学技术大学内部审计工作规定

(校审字〔2023〕122号,2023年8月3日)

第一章 总 则

第一条 为进一步加强学校内部审计工作,建立健全内部审计制度,推进学校事业发展,落实全面从严治党主体责任,加强党风廉政建设和反腐败工作,更好发挥审计在党和国家监督体系中的重要作用,根据《中华人民共和国审计法》《中华人民共和国审计法实施条例》《审计署关于内部审计工作的规定》《教育系统内部审计工作规定》《中国科学院内部审计工作规定》,以及《中国科学技术大学章程》等有关规定,结合学校实际,制定本规定。

第二条 本规定所称内部审计,是指学校内部审计机构及内部审计人员依法依规对学校及所属单位财政财务收支、经济活动、内部控制、风险管理等实施独立、客观的监督、评价和建议,以促进学校提升治理水平,实现目标的活动。

第三条 校党委加强对内部审计工作的领导,健全党领导审计工作的体制机制。学校依据国家有关法律法规、内部审计职业规范等,结合实际,建立健全内部审计制度,明确内部审计工作的领导体制、工作机构、职责权限、人员配备、经费保障、审计结果运用和责任追究等。

第四条 学校内部审计机构和内部审计人员从事内部审计工作,应当严格遵守国家有关法律法规、内部审计职业规范和本规定,忠于职守,做到独立、客观、公正、保密。不得参与可能影响独立、客观履行审计职责的工作。

第五条 学校内部审计工作接受国家审计机关的业务指导和监督,接受中国科学院监督与审计局的业务管理、指导和监督。

第二章 内部审计机构设置

第六条 学校审计委员会是学校审计工作的议事协调机构。审计委员会的主要职责是:贯彻落实上级有关加强党对审计工作领导的方针政策,部署学校内部审计工作,研究制定内部审计改革方案、重大政策和发展战略,审议决策内部审计重大事项,审议年度审计工作报告等。

第七条 审计处作为学校独立的内部审计机构,履行内部审计职责,同时作为审计委员会的办事机构，完成审计委员会交办的日常工作。

审计处在校党委、校长的直接领导下，开展学校内部审计工作。需审计委员会研究的事项，经校长批示后由审计处向审计委员会报告。特别重大的事项按规定提交校长工作会议、党委常委会会议审议决定。

第八条 审计处工作职责：

（一）建立健全内部审计制度，拟定学校内部审计发展规划和年度工作计划，按照学校决策程序经批准后实施，并报中国科学院监督与审计局备案；

（二）完成上级部门部署的审计任务；根据风险状况、管理需求等，自主开展学校及所属单位内部审计工作；

（三）监督检查学校内部审计发现问题的整改落实，并有效运用审计结果；

（四）协助中国科学院监督与审计局开展审计工作；

（五）完成中国科学院监督与审计局或学校交办的其他工作事项。

第九条 审计处履行内部审计职责所需经费，应列入学校预算。

第十条 学校应保证内部审计工作所需人员编制，合理配备专兼职内部审计人员。审计处负责人或专职内部审计人员的任免、调动和奖惩，须向中国科学院监督与审计局备案。

第十一条 内部审计人员应具备从事审计工作所需的专业能力。学校应严格内部审计人员录用标准，支持和保障审计处通过多种途径开展继续教育，提高内部审计人员的职业胜任能力。

审计处负责人应具备审计、会计、法律或者管理等工作背景。

第十二条 学校应结合岗位职责履行情况、内部审计工作质量和效果、中国科学院监督与审计局评价意见等，对审计处和内部审计人员进行考核，保持内部审计考核的相对独立性。

第三章 内部审计工作权限

第十三条 审计处应按照国家有关规定、中国科学院监督与审计局和学校要求，综合考虑学校科教特点、风险状况、管理需要和重点监督领域等，结合学校审计资源配置情况，开展下列审计业务：

（一）对学校及所属单位贯彻落实党中央重大政策措施、中国科学院重大决策部署情况进行审计；

（二）对学校及所属单位发展规划、任期目标、重大决策措施及年度业务计划执行情况进行审计；

（三）对学校内部管理的领导干部履行经济责任情况进行审计；

（四）对学校及所属单位科研经济业务真实性、合法性、合规性进行审计；

（五）对学校及所属单位财政财务收支进行审计；

（六）对学校及所属单位经济管理和绩效情况进行审计；

（七）对学校及所属单位内部控制及风险管理情况进行审计；

（八）对学校及所属单位经费预算执行、结题验收情况等进行审计；

（九）对学校及所属单位固定资产投资项目进行审计；

（十）对学校及所属单位经营性资产、投资公司进行审计；

（十一）对学校及所属单位的境外机构、境外资产和境外经济活动进行审计；

（十二）对学校及所属单位自然资源资产管理和生态环境保护责任的履行情况进行审计；

（十三）协助校党委、校长督促落实审计发现问题的整改工作；

（十四）完成中国科学院监督与审计局或学校交办的其他审计事项。

第十四条 审计处在履行职责时享有下列职权：

（一）要求被审计单位按时报送发展规划、任期目标、战略决策、重大措施、工作总结、会议记录、会议纪要、内部控制、风险管理、财政财务收支、科研业务等有关资料（含相关电子数据）；

（二）参加被审计单位有关会议，召开与审计事项有关的会议；

（三）参与研究制定有关规章制度，提出制定内部审计规章制度的建议；

（四）检查有关财政财务收支、经济活动、内部控制、风险管理的资料、文件和现场勘察实物；

（五）就审计事项中的有关问题，向有关单位、部门和个人开展调查和询问，取得相关证明材料；

（六）对正在进行的严重违法违规、严重损失浪费行为及时向学校主要负责人报告，经同意作出临时制止决定；

（七）对可能转移、隐匿、篡改、毁弃会计凭证、会计账簿、会计报表以及与经济活动有关的资料，经学校主要负责人批准，有权予以暂时封存；

（八）提出纠正、处理违法违规行为的意见和改进管理、提高绩效的建议；

（九）对严格遵守财经法规、绩效显著、贡献突出的被审计单位和个人，可以向学校提出表彰建议。

第十五条 学校内部审计可根据工作需要向社会购买审计服务。审计处应对社会中介机构开展受托业务进行指导、监督、检查和评价，并对采用的审计结果负责。涉密事项审计应符合国家保密要求。

第四章 内部审计管理

第十六条 学校主要负责人应定期听取内部审计工作汇报，加强对内部审计发展规划、内部审计年度计划、内部审计质量控制、内部审计发现问题整改和内部审计队伍建设等重要事项的管理。审计处负责人应及时向学校主要负责人报告内部审计结果和重大事项。

第十七条 审计处应运用现代审计理念和方法，坚持风险和问题导向，优化内部审计业务组织方式，加强内部审计信息化建设，全面提高内部审计效率。

第十八条 审计处应着眼于促进问题解决，立足于促进机制建设，对内部审计发现问题做到事实清楚、定性准确，并在分析根本原因的基础上提出审计建议，通过与相关单位合作促进学校事业发展。

第十九条 审计处应加强自身内部控制建设，合理设置内部审计岗位和职责分工，推进内部审计队伍建设，培训内部审计人员，优化内部审计业务流程，完善内部审计全面质量控制。

第二十条 审计处应建立健全本单位及所属单位内部审计工作评价制度，促进提升内部审计业务与内部审计管理的专业化水平。

第五章 内部审计结果运用

第二十一条 学校建立健全内部审计发现问题整改机制，明确被审计单位主要负责人为整改第一责任人，完善内部审计整改结果报告制度、内部审计整改情况跟踪检查制度、内部审计整改约谈制度，对规定时限内整改不到位的相关责任人追究责任，推动内部审计发现问题的整改落实。

第二十二条 学校对内部审计发现的典型性、普遍性问题，及时分析研究，推进制定和完善相关管理制度，建立健全内部控制措施。

第二十三条 审计处对违法违规和造成损失浪费的被审计单位和人员，给予通报批评或者提出追究责任的建议。

第二十四条 学校通过公文、会议、内部网络等途径将内部审计结果和内部审计整改落实情况在一定范围内进行通报。

第二十五条 审计处应加强与党委组织部、党委巡视工作办公室、纪检监察机构等协作配合，建立信息共享、结果共用、重要事项共同实施、问题整改问责共同落实等工作机制。

内部审计结果及整改情况作为学校考核、任免、奖惩干部和相关决策的重要依据。

第二十六条 对于内部审计发现的重大事项，审计处应及时向学校主要负责人、审计委员会报告。重大违纪违法线索应按照校内职能分工依法依规移交学校纪检监察机构，并同时向中国科学院监督与审计局报告。

第六章 责 任 追 究

第二十七条 被审计单位有下列情形之一的，由学校主要负责人责令改正，并对直接负责的主管人员和其他直接责任人员进行处理：

（一）拒绝接受或者不配合内部审计工作的；

（二）拒绝、拖延提供与内部审计事项有关的资料，或者提供资料不真实、不完整的；

（三）拒不纠正内部审计发现问题的；

（四）整改不力、屡审屡犯的；

（五）违反国家、中国科学院或学校有关规定的其他情形。

第二十八条 审计处和内部审计人员有下列情形之一的，由学校对直接负责的主管人员和其他责任人员进行处理；涉嫌犯罪的，移送司法机关依法追究刑事责任：

（一）玩忽职守、不认真履行内部审计职责造成严重后果的；

（二）隐瞒内部审计查出的问题或者提供虚假内部审计报告的；

（三）泄露国家秘密或商业秘密的；

（四）利用职权谋取私利的；

（五）违反国家、中国科学院或学校有关规定的其他情形。

第二十九条 内部审计人员因履行职责受到打击、报复、陷害的，学校应及时采取保护措施，并对相关责任人员进行处理。涉嫌犯罪的，移送司法机关依法追究刑事责任。

第七章 附 则

第三十条 本规定由学校审计处负责解释。

第三十一条 本规定自印发之日起施行。原《中国科学技术大学内部审计工作规定》（校审字〔2021〕89 号）同时废止。

中国科学技术大学经济责任审计工作规定

（校审字〔2023〕130 号，2023 年 8 月 20 日）

第一章 总 则

第一条 为健全和完善学校经济责任审计制度，强化和规范对学校中层党政主要领导人员（以下简称领导人员）的审计工作，促进领导人员履职尽责、担当作为，确保党中央令行禁止，根据《党政主要领导干部和国有企事业单位主要领导人员经济责任审计规定》《中国科学院内部审计工作规定》《中国科学院院属事业单位主要领导人员经济责任审计规定》《中国科学技术大学内部审计工作规定》和有关法律法规，结合学校实际，制定本规定。

第二条 经济责任审计工作以马克思列宁主义、毛泽东思想、邓小平理论、“三个代表”重要思想、科学发展观、习近平新时代中国特色社会主义思想为指导，增强“四个意识”、坚定“四个自信”、做到“两个维护”，认真落实党中央、国务院决策部署以及中国科学院等上级部门要求，深入贯彻新发展理念，聚焦经济责任，客观评价，揭示问题，规范权力运行，促进反腐倡廉，加快学校高质量发展，推进学校治理体系和治理能力现代化。

第三条 本规定所称经济责任，是指领导人员在任职期间，对其管辖范围内贯彻执行党和国家经济方针政策与决策部署，贯彻落实中国科学院决策要求，贯彻落实学校发展规划与决策要求，推动本单位、本部门事业发展，管理公共资金、国有资产、国有资源，防控重大风险等有关经济活动应当履行的职责。

第四条 本规定所称的领导人员，包括：

（一）正职领导人员或者主持工作 1 年以上的副职领导人员；

（二）校级领导人员兼任中层单位正职领导职务且不实际履行经济责任时，实际分管日常工作的副职领导人员；

（三）校党委要求进行经济责任审计的其他中层领导人员。

第五条 领导人员在任职期间履行经济责任的情况，应当依法依规接受审计监督。

经济责任审计可以在领导人员任职期间进行，也可以在领导人员离任后进行，以任职期间审计为主。

第六条 审计委员会办公室、审计处依法依规独立实施经济责任审计，任何组织和个人不得拒绝、阻碍、干涉，不得打击报复审计人员。对有意设置障碍、推诿拖延的，应当进行批评和通报；造成恶劣影响的，应当严肃问责追责。

第七条 审计委员会办公室、审计处和审计人员对经济责任审计工作中知悉的国家秘密、商业秘密、个人隐私和个人信息，应当予以保密，不得泄露或者向他人非法提供。

第八条 学校党委和行政应当保证履行经济责任审计职责所必需的机构、人员和经费。

第二章 组织协调

第九条 学校党委和行政加强对经济责任审计工作的领导，建立健全经济责任审计工作联席会议（以下简称联席会议）制度。联席会议在学校审计委员会领导下开展工作，联席会议召集人由审计委员会办公室主任担任。联席会议成员单位由党委组织部、党委巡视工作办公室、纪检监察机构、人力资源部、财务处、审计处、资产与后勤保障处等有关部门组成。根据需要，相关单位负责人可列席会议。

联席会议下设办公室，挂靠审计处，办公室主任由分管经济责任审计工作的审计处副职领导担任。

第十条 联席会议主要负责研究制定有关经济责任审计的制度文件，监督检查经济责任审计工作情况，协调解决经济责任审计工作中出现的问题，推进经济责任审计结果运用，完成审计委员会交办的其他工作。

联席会议办公室负责联席会议的日常工作。

第十一条 经济责任审计应当有计划地进行，根据领导人员管理监督需要和审计资源等实际情况，对审计对象实行分类管理，科学制定经济责任审计中长期规划和年度审计项目计划，推进领导人员履行经济责任情况审计全覆盖。

年度经济责任审计项目计划按照下列程序制定：

（一）审计委员会办公室商党委组织部提出审计计划安排，党委组织部提出领导人员年度审计建议名单；

（二）审计委员会办公室征求纪检监察机构等有关单位意见后，纳入审计处年度审计项目计划；

（三）审计委员会办公室将年度经济责任审计项目计划提交审计委员会审议决定。

第十二条 年度经济责任审计项目计划一经确定，不得随意变更。确需调整的，应当按照原制定程序，报审计委员会批准后实施。

第十三条 被审计领导人员有被有关部门采取强制措施、纪律审查、监察调查或者死亡等特殊情况，以及存在其他不宜继续进行经济责任审计情形的，审计委员会办公室商党委组织部、纪检监察机构等有关单位后，报审计委员会批准后终止审计。

第三章　审 计 内 容

第十四条　经济责任审计应当以领导人员任职期间公共资金、国有资产、国有资源的管理、分配和使用为基础，以领导人员权力运行和责任落实情况为重点，充分考虑领导人员管理监督需要、履职特点和审计资源等因素，依法依规确定审计内容。

领导人员由校级领导人员兼任、且实际履行经济责任的，对其进行经济责任审计时，审计内容仅限于该领导人员所兼任职务应当履行的经济责任。

第十五条　经济责任审计的主要内容包括：

（一）贯彻执行党和国家经济方针政策、决策部署情况；

（二）贯彻落实中国科学院、学校的发展规划、政策措施和决策部署情况；

（三）在经济活动中落实有关党风廉政建设责任和遵守廉洁从政规定情况；

（四）依照国家、中国科学院和学校有关规定，履行职责、完成管理服务目标情况；

（五）本单位、本部门重要发展规划和政策措施的制定、执行和效果情况；

（六）主要经济活动（包括财务与预算管理、资产、人力资源、采购、建设工程、教学、科研等）的内部控制和风险防范情况；

（七）对下属单位有关经济活动的管理和监督情况；

（八）以往审计发现问题整改情况；

（九）其他需要审计的内容。

第四章　审 计 实 施

第十六条　审计委员会办公室、审计处应当根据年度经济责任审计计划，成立审计组并实施审计。

第十七条　遇有审计力量不足、相关专业技术受限等情形时，审计委员会办公室、审计处可以从社会中介机构、科研院所、高等院校及其他企事业单位等组织中，聘请具有与审计事项相关知识的人员参加审计工作或者提供专业技术支持，但不得将经济责任审计项目整体委托社会中介机构独立实施。外聘人员不能担任审计组组长、主审，不能独立开展外部调查，不能承担现场廉政监督、经费管理、涉密资料保管等工作。

第十八条　对同一部门、单位的 2 名及以上主要领导人员的经济责任审计，可以同步组织实施，分别认定责任。

第十九条　审计委员会办公室、审计处应当在实施经济责任审计前，向被审计领导人员及被审计单位送达审计通知书，并抄送党委组织部、纪检监察机构等有关单位。

第二十条　实施经济责任审计时，应当召开有审计组主要成员、被审计领导人员及被审计单位有关人员参加的会议，安排审计工作有关事项。联席会议成员单位可根据工作需要派人参加。

审计组应当在被审计单位公示审计项目名称、审计纪律要求和举报电话等内容。

第二十一条　审计委员会办公室、审计处在经济责任审计过程中，应当听取被审计单位领导班子成员的意见，以及联席会议成员单位的意见，及时了解与被审计领导人员履行经济责任有关的考察考核、群众反映、巡视反馈、组织约谈、函询调查、案件查处结果等情况。

第二十二条 被审计领导人员及被审计单位以及其他有关单位应当及时、准确、完整地提供与被审计领导人员履行经济责任有关的下列资料：

（一）被审计领导人员经济责任履行情况报告；

（二）任职期间贯彻执行党中央和国务院经济方针政策与决策部署的情况，贯彻落实中国科学院发展规划、政策措施和决策部署的情况，落实学校发展规划、政策措施和决策部署的情况，与本单位相关的中央重大改革措施落实和推进情况；

（三）任职期间本单位发展规划、任期目标制定和落实情况，重大科研项目、投资项目、工程项目、对外合作项目等实施进展情况；

（四）机构设置、职责分工、工作计划、工作总结、工作报告、会议记录、会议纪要、决议决定、请示、批示、目标责任书、经济合同、考核检查结果、业务档案、机构编制、规章制度、以往审计发现问题整改情况等资料；

（五）任职期间财务收支相关资料；

（六）与履行职责相关的电子数据和必要的技术文档；

（七）以往审计、巡视及其他监督部门检查反馈意见及其发现问题整改落实情况；

（八）审计所需的其他资料。

第二十三条 被审计领导人员及被审计单位应当对所提供资料的及时性、真实性和完整性负责，并作出书面承诺。

第二十四条 经济责任审计过程中，可以依法依规提请有关部门、单位予以协助。有关部门、单位应当予以支持，并及时提供有关资料和信息。

第二十五条 审计组实施审计后，应当向审计委员会办公室、审计处提交审计报告。审计报告一般包括审计概况、被审计领导人员任职期间履行经济责任情况的总体评价、审计发现的主要问题和责任认定、审计建议、以往审计发现问题整改落实情况等。

第二十六条 审计委员会办公室、审计处应当书面征求被审计领导人员及被审计单位关于审计组审计报告的意见，可以组织召开会议，向被审计领导人员及被审计单位领导班子成员等有关人员反馈审计结果和相关情况。联席会议成员单位根据工作需要可以派人参加。

被审计领导人员及被审计单位应当自收到审计组审计报告之日起10个工作日内提出书面意见；未提出书面意见的，视同无异议。

审计组应进一步研究核实被审计领导人员及被审计单位提出的书面意见，对审计报告作出必要的修改，连同被审计领导人员及其所在单位的书面意见一并报送审计委员会办公室、审计处。

第二十七条 审计委员会办公室、审计处按照规定程序对审计组审计报告进行审定，出具经济责任审计报告；同时出具经济责任审计结果报告，在经济责任审计报告的基础上，简要反映审计结果。

经济责任审计报告、经济责任审计结果报告等审计结论性文书按照规定程序报主管校领导和审计委员会，按照干部管理权限送党委组织部。根据工作需要，送纪检监察机构等联席会议其他成员单位。经济责任审计报告应当送达被审计领导人员及被审计单位。

第二十八条 被审计单位应在收到经济责任审计报告90日内向审计处报送审计整改报告。

第二十九条 经济责任审计中发现的重大问题线索，审计委员会办公室、审计处按照规定向审计委员会报告。

对违反国家财政财务收支行为，依法依规应当给予处理的，由审计委员会办公室、审计处在法定职权范围内作出审计决定。

应当由纪检监察机构处理的问题线索，由审计委员会办公室、审计处依法依纪依规移送。

第三十条 被审计领导人员及被审计单位对审计结论性文书有异议的，可以自收到审计结论性文书之日起10日内向审计委员会办公室申诉。审计委员会办公室自收到申诉之日起10日内提出复查意见，报审计委员会批准后作出复查决定。复查决定为最终决定。

第五章 审 计 评 价

第三十一条 审计委员会办公室、审计处应当根据被审计领导人员职务的职责要求，在审计查证或者认定的事实基础上，综合运用多种方法，坚持定性评价与定量评价相结合，依照有关党内法规、法律法规、学校有关规定以及责任制考核目标要求等，在审计范围内，对被审计领导人员履行经济责任情况作出客观公正、实事求是的评价。

第三十二条 审计评价应当遵循全面性、重要性、客观性、相关性和谨慎性原则。审计评价应与审计内容相一致，一般包括被审计领导人员任职期间履行经济责任的主要业绩、主要问题以及应当承担的责任。

审计评价事项应当有充分的审计证据作支持，对审计中未涉及、审计证据不适当或不充分的事项不作评价。

第三十三条 对领导人员履行经济责任过程中存在的问题，审计委员会办公室、审计处应当按照权责一致原则，根据领导人员职责分工，综合考虑相关事项的历史背景、决策过程、性质、后果和领导人员实际所起的作用等情况，界定其应当承担的直接责任或者领导责任。

第三十四条 领导人员对履行经济责任过程中的下列行为应当承担直接责任：

（一）直接违反有关党内法规、法律法规、政策规定的；

（二）授意、指使、强令、纵容、包庇下属人员违反有关党内法规、法律法规、政策规定的；

（三）贯彻党和国家经济方针政策和决策部署、中国科学院发展规划和决策部署、学校发展规划和决策部署不坚决不全面不到位，造成单位公共资金、国有资产、国有资源损失浪费，公共利益损害等后果的；

（四）未完成有关法律法规规章、政策措施、目标责任书等规定的领导人员作为第一责任人（负总责），造成单位公共资金、国有资产、国有资源损失浪费，公共利益损害等后果的；

（五）未经民主决策程序或者民主决策时在多数人不同意的情况下，直接决定、批准、组织实施重大经济事项，造成单位公共资金、国有资产、国有资源损失浪费，公共利益损害等后果的；

（六）不履行或者不正确履行职责，对造成的后果起决定性作用的其他行为。

第三十五条 领导人员对履行经济责任过程中的下列行为应当承担领导责任：

（一）民主决策时，在多数人同意的情况下，决定、批准、组织实施重大经济事项，由于决策不当或者决策失误造成单位公共资金、国有资产、国有资源损失浪费，公共利益损害等后果的；

（二）违反中国科学院、学校有关管理规定造成单位公共资金、国有资产、国有资源损失浪费，公共利益损害等后果的；

（三）参与相关决策和工作时，没有发表明确的反对意见，相关决策和工作违反有关党内法规、法律法规、政策规定，或者造成公共资金、国有资产、国有资源损失浪费，公共利益损害等后果的；

（四）疏于监管，未及时发现和处理所管辖范围内本级或者下级单位违反有关党内法规、法律法规、政策规定的问题，造成公共资金、国有资产、国有资源损失浪费，公共利益损害等后果的；

（五）除直接责任外，不履行或者不正确履行职责，对造成的后果应当承担责任的其他行为。

第三十六条 对被审计领导人员以外的其他责任人员，审计委员会办公室、审计处可以适当方式向有关部门、单位提供相关情况。

第三十七条 审计评价时，应当把领导人员在推进改革中因缺乏经验、先行先试出现的失误和错误，同明知故犯的违纪违法行为区分开来；把上级尚无明确限制的探索性试验中的失误和错误，同上级明令禁止后依然我行我素的违纪违法行为区分开来；把为推动发展的无意过失，同为谋取私利的违纪违法行为区分开来。对领导人员在改革创新中的失误和错误，正确把握事业为上、实事求是、依纪依法、容纠并举等原则，经综合分析研判，可以免责或者从轻定责，鼓励探索创新，支持担当作为，保护领导人员干事创业的积极性、主动性、创造性。

第六章　审计结果运用

第三十八条 学校审计委员会应当推动经济责任审计结果的充分运用，建立健全经济责任审计情况通报、整改落实、责任追究、结果公告等审计结果运用制度。

经济责任审计结果报告以及审计整改报告应当归入被审计领导人员本人档案。

第三十九条 审计委员会办公室、审计处应当及时跟踪、了解、核实被审计领导人员及被审计单位对于审计发现问题的整改情况。必要时，审计委员会办公室、审计处应对审计发现问题的整改情况开展后续审计。

第四十条 联席会议其他成员单位应当在各自职责范围内运用审计结果：

（一）根据领导人员管理权限，将审计结果以及整改情况作为考核、任免、奖惩被审计领导人员的重要参考；

（二）对审计发现的问题作出进一步处理；

（三）加强审计发现问题整改落实情况的监督检查；

（四）对审计发现的典型性、普遍性、倾向性问题和提出的审计建议及时进行研究，将其作为采取有关措施、完善有关制度规定的重要参考。

联席会议其他成员单位应当以适当方式及时将审计结果运用情况反馈审计委员会办公室。

第四十一条 被审计领导人员及被审计单位根据审计结果，应当采取以下整改措施：

（一）对审计发现的问题，在规定期限内进行整改，将审计整改结果书面报告审计委员会办公室、审计处；

（二）根据审计发现的问题，落实有关责任人员的责任，采取相应的处理措施；

（三）根据审计建议，采取措施，健全制度，加强管理；

（四）将审计结果以及整改情况纳入被审计单位领导班子党风廉政建设责任制检查考核的内容，同时作为领导班子民主生活会以及领导班子成员述责述廉的重要内容。

第七章 附 则

第四十二条 本规定由学校审计委员会办公室、审计处负责解释。

第四十三条 本规定自印发之日起施行。

中国科学技术大学工程造价审计管理办法(试行)

（校审字〔2023〕139 号，2023 年 9 月 3 日）

第一章 总 则

第一条 为加强学校内部审计监督，规范工程造价审计工作，促进完善学校工程建设管理内部控制，促进落实管理责任，促进提高资源绩效，根据《中国科学技术大学内部审计工作规定》，结合学校实际，制定本办法。

第二条 本办法所称工程，是指学校以各种资金来源投资的新建、改扩建、修缮等各类建设工程，包括土建安装、装饰装修、园林绿化、道路管网、安防技防和信息化等。

第三条 本办法所称工程造价审计，是指学校审计处依据有关法律及政策规定，对学校工程项目有关造价及相应工程建设管理行为实施独立客观的监督和评价活动。

第四条 工程造价审计可以采取事前、事中、事后等方式进行，审计处根据具体情况确定审计方式。

第二章 审 计 职 责

第五条 审计处负责工程造价审计工作的组织与实施。根据学校要求，遵照重要性和成本效益原则，结合工程项目实际情况和内部审计资源状况确定审计范围及内容，运用恰当且有效的审计方式与方法，组织实施工程造价审计；及时向工程项目建设管理单位通报审计中发现的问题，提出意见与建议，督促整改落实；适时向学校报告工程造价审计工作情况。

学校工程项目建设管理单位负责工程项目的建设管理，应当建立健全工程造价前置审核工作机制；对送审项目资料的合法性、及时性、真实性和完整性负责；提供必要的审计工作条件，及时通报项目相关的重大事项；按照审计意见及时整改与反馈，根据要求提交整改报告。

校内相关单位应当积极配合工程造价审计工作。

第六条 审计处可根据需要选聘具有相应能力的社会中介机构（以下称造价咨询机构）提供工程造价审核等咨询服务，为学校内部审计工作提供审计专业技术支持和补充。

造价咨询机构应当坚守职业道德，践行行业规范，严格执行审计工作纪律。

第七条 审计处负责建立工程造价审计质量控制机制，创建并不断完善相应的审计质量监管体系。

第三章 审计范围及内容

第八条 审计处实施的工程造价审计包括：

（一）在项目施工阶段实施工程造价跟踪审计（以下简称跟踪审计）；

（二）在项目竣工结算阶段实施工程竣工结算审计；

（三）根据学校管理需要，开展专项审计或审计调查等。

第九条 学校对总投资或单项预算在3000万（含）以上的工程项目，以及在前述金额之下但学校认为有必要的工程项目实施跟踪审计。

项目建设管理单位应当在项目计划开工60日前向审计处提交跟踪审计书面申请，明确项目建设基本情况，经审计处研究后选定造价咨询机构，组建跟踪审计小组进场工作，开展实时、动态的造价跟踪审计。

跟踪审计小组在收到项目建设管理单位相关业务事项完整的送审资料后，及时签署对该项业务事项的审核意见；在项目竣工验收完成后，及时出具工程造价跟踪审核报告。

对跟踪审计工作中发现的管理问题，审计处视情况出具审计管理意见（建议）书。项目建设管理单位应当及时整改与反馈，并根据要求提交整改报告。

第十条 工程造价跟踪审计的主要内容如下：

（一）审查相关合同内容是否全面、真实执行，有无违法分包、转包情况；

（二）审查土石方工程、基础结构等隐蔽工程的量价，并做好相关现场记录；

（三）审查主要材料及设备采购程序是否符合国家和学校的相关规定，材料和设备是否符合设计要求，品牌是否符合招标要求，价格是否合理；

（四）审查进度款申请是否符合申报程序，是否与实际工程进度及实物工程量相符，计量计价方式及支付办法是否与合同约定相符；

（五）审查设计变更、现场签证等的经济性、合理性并进行比价分析；

（六）审查索赔事项的时效性、真实性和合规性，索赔资料和相关手续的完整性、合理性，索赔工期和索赔费用计算的准确性等；

（七）其他需要审查的内容。

第十一条 原则上所有工程项目合同实际履行完毕,应当进行工程竣工结算审计。对实施跟踪审计的工程项目开展结算审计业务,审计处根据具体项目特点及实际情况,可安排实施跟踪审计的原造价咨询机构实施,也可另行委托其他造价咨询机构实施。

第十二条 审计处组织对工程项目实施结算审计,出具工程项目结算审计结果通知并附工程项目结算审核报告,校内有关单位根据通知和报告,办理付款等手续。

第十三条 对施工过程不涉及造价变化的固定总价合同项目,可不经过结算审计程序直接办理付款手续。

第十四条 工程竣工结算审计的主要内容如下:

(一) 审查工程施工内容是否真实、完整、与施工合同一致;

(二) 审查设备、材料是否与结算内容一致,质量或运转情况是否正常;

(三) 审查竣工图是否与现场一致;

(四) 审查工程量计算是否准确、真实,有无重算、漏算、错算等情况;

(五) 审查定额套用是否合理,单价换算是否正确,主材价格是否合理;

(六) 审查取费标准是否与规范和合同规定相符,取费基数及计算是否正确,计算程序是否符合规定;

(七) 审查设计变更单、现场签证单等内容是否真实发生,数据是否正确;是否按规定签批并生效,手续是否完备;有无已取消项目未签、局部项目多签等问题;

(八) 审查人工、材料、设备等价差调整是否严格依照合同及相关规范执行;

(九) 审查数据汇总、引用是否有误等;

(十) 其他需要审查的内容。

第四章 结算审计程序

第十五条 所有工程项目的结算送审材料应当由校内项目建设管理单位(以下简称送审单位)工作人员送交至审计处,不得由其他单位或个人代为送交。审计处对送审材料有异议的,送审单位应当作出书面说明,该说明是送审材料的组成部分。

第十六条 审计处接收并登记完整的项目送审材料,落实审计任务的具体分配,组建审计组对项目实施结算审计。审计组由审计处主审人员和造价咨询机构专业人员组成,实行主审负责制。

第十七条 审计组审查送审材料,勘察工程现场,开展分析测试,编制工作底稿,形成初步审核结果。

审计组与项目施工单位及建设管理单位对账,经过多轮复核、协商、调整后,最终确定工程结算造价,形成工程结算审核报告。其中结算造价定案表应当经各方(造价咨询机构、施工单位、代建单位(如有)、项目建设管理单位等)签字盖章确认。

工程结算审计工作结束后,审计处签发工程项目结算审计结果通知并附工程项目结算审核报告,同时返还全部送审材料。工作底稿由审计处统一存档。

项目主审在实施结算审计过程中,应当统筹规划合理安排,落实审计项目管理,做好沟通协调,积极推进审计任务全面落实。

第十八条 对结算审计工作中发现的管理问题,审计处视情况出具审计管理意见(建议)书。项目建设管理单位应当及时整改与反馈,并根据要求提交整改报告。

第十九条 工程结算审计期限以审计处签收完整的送审材料之日起计算:

项目送审价2000万元(含)以下的,审计期限为30个工作日。

项目送审价超过2000万元的,审计期限为60个工作日。

如遇情况复杂的项目,出具审计结果期限可以适当延长。

第五章 造价咨询机构管理

第二十条 审计处根据工作需要,采取公开招标的方式遴选一定数量的造价咨询机构,协助开展工程造价审计工作。

审计处负责签订咨询服务协议,并委派具体的造价咨询任务。

第二十一条 审计处委托造价咨询机构进行工程造价审核,咨询服务费具体以委托咨询合同为准。

有关施工单位承担审计费的规定与承诺,项目建设管理单位应当在承发包合同中载明。

第二十二条 审计处负责督促造价咨询机构按时、按质、按量完成工作,并从合同履约情况、管理水平、造价人员职业道德、造价成果质量、服务满意度等方面对造价咨询机构实施监督与考核。

审计处对各入围造价咨询机构实施动态考核,并按年度考核结果适度调配下一年度的委托咨询业务量。

第二十三条 造价咨询机构未能全面有效履行合同规定的义务,有下列情形之一的,审计处应予以警戒告示、扣减或追回服务费用、取消服务资格等相应处理;涉嫌违法的,依法追究其相应的法律责任:

(一) 未按合同要求实施审计,随意简化审计程序;

(二) 审计程序不规范,审核报告严重失实,审核结论不准确,且拒绝进行重新审核或纠正;

(三) 存在应当披露而未披露的重大事项等重大错漏;

(四) 违反职业道德,弄虚作假、串通作弊、泄露项目相关秘密;

(五) 擅自将受托咨询业务转委托给第三方;

(六) 其他损害学校利益的行为。

第二十四条 学校或上级单位对工程项目造价进行复审,如证实既定造价有误,造价咨询机构应当及时修正并承担学校相应损失,审计处负责督促其执行。

第二十五条 学校位于合肥市外工程项目的工程造价审核工作,施行属地化管理,由项目建设管理单位商审计处就地自行组织有能力的造价咨询机构实施,并在工作开展前及时向审计处登记备案。校内有关单位根据备案文件及造价咨询机构出具的结算造价审核报告办理付款等手续。

第六章　异议的解决及责任

第二十六条　任何单位对校内工程造价审计业务过程及审计成果有异议，应当以书面形式向审计处提出并说明理由。审计处负责查明事实，协调解决。

第二十七条　因造价争议引起的诉讼或者仲裁，应当由项目建设管理单位牵头处理，审计处负责督促造价咨询机构协助处理。

第二十八条　在工程造价审计工作中，校内有关单位和部门违反本办法，未履行或者未完全履行工作职责，给学校经济利益和声誉造成损失的，应当按照有关规定承担责任。

第七章　附　　则

第二十九条　本办法由审计处负责解释。如遇国家法律法规或上级有关政策规定有原则性调整的，从其规定，并结合学校实际及时予以修订。

第三十条　本办法自印发之日起施行。原《中国科学技术大学工程造价咨询管理办法（试行）》（校监审字〔2017〕264 号）同时废止。

中国科学技术大学经济责任审计工作联席会议制度

（校审字〔2023〕144 号，2023 年 9 月 9 日）

第一章　总　　则

第一条　为规范学校中层党政主要领导人员（以下简称领导人员）经济责任审计工作，加强相关部门之间的协调、配合，根据《党政主要领导干部和国有企事业单位主要领导人员经济责任审计规定》《中国科学技术大学内部审计工作规定》，结合学校实际，制定本制度。

第二条　经济责任审计联席会议（以下简称联席会议）在学校审计委员会领导下开展工作。联席会议是学校组织、协调、检查、指导学校经济责任审计工作的议事机构。

第三条　联席会议成员单位由党委组织部、党委巡视工作办公室、纪检监察机构、人力资源部、财务处、审计处、资产与后勤保障处等有关部门组成，部门主要负责人为联席会议组成人员，其他职能部门负责人根据需要可列席会议。联席会议召集人由审计委员会办公室主任担任。学校根据工作需要，可适当增加成员单位。

第四条　联席会议下设办公室，负责督促落实联席会议各项决定及其他日常工作。办公室挂靠审计处，办公室主任由分管经济责任审计工作的审计处副职领导担任。

第二章 主要职责

第五条 联席会议的主要职责

（一）研究制定学校经济责任审计相关制度文件；

（二）监督检查学校经济责任审计工作情况，提出开展经济责任审计工作的具体意见；

（三）协调解决经济责任审计工作中出现的问题；

（四）推进经济责任审计结果运用情况；

（五）完成审计委员会交办的其他工作。

第六条 联席会议办公室的主要职责

（一）负责联络各成员单位并征集联席会议议题，经召集人同意组织召开联席会议；

（二）研究起草学校经济责任审计相关制度文件；

（三）传达上级文件精神及经济责任审计工作信息；

（四）向联席会议报告学校经济责任审计工作情况；

（五）督促落实联席会议决定事项及交办的工作任务；

（六）负责整理联席会议记录，编发会议纪要并归档。

第七条 联席会议成员单位的主要职责

联席会议成员单位要切实履行职责，充分发挥各部门在经济责任审计中的作用，共同做好经济责任审计工作。

（一）党委组织部

1. 根据干部监管工作的需要，负责提出年度经济责任审计建议计划，提交联席会议讨论决定；

2. 在审定的年度经济责任审计计划范围内，向审计处出具审计委托书；

3. 在新任干部任前谈话时明确告知有关经济责任的内容和要求；

4. 将经济责任审计结果报告及整改报告纳入领导人员个人档案，作为考核、任免、奖惩被审计领导人员的重要参考；

5. 落实联席会议研究决定的其他事项。

（二）党委巡视工作办公室

1. 结合巡视工作需要，根据所掌握信息，提出审计对象或重点审计内容的意见和建议；

2. 支持依法依规开展审计工作，根据需要向审计处提供被审计对象所在部门的巡视监督情况；

3. 将审计发现的问题列入巡视监督内容，并在巡视过程中督促审计整改责任部门落实整改；

4. 落实联席会议研究决定的其他事项。

（三）纪检监察机构

1. 根据党风廉政建设以及查信办案工作的需要，提出关于审计计划的建议；

2. 支持依法依规开展审计工作，保障审计工作正常进行；

3. 依法依纪依规受理处置审计移送的问题线索，并将处置结果反馈给联席会议办公室；

4. 落实联席会议研究决定的其他事项。

(四) 审计处

1. 负责联席会议办公室日常工作；

2. 按照规定程序，编制经济责任审计工作计划；

3. 组织实施经学校审定的年度审计工作计划；

4. 加强同其他成员单位的协调与沟通，听取有关情况介绍和意见、建议，通报审计情况或请示有关问题；

5. 将审计中发现的需要移送处理的事项，提交联席会议审议；

6. 对审计发现问题的整改情况进行监督检查；

7. 落实联席会议研究决定的其他事项。

(五) 联席会议其他各部门

1. 支持配合审计中需要予以协助的事项；

2. 对审计中发现的涉及本部门的管理问题，协助相关单位进行整改；

3. 对审计发现的相关问题和提出的相关审计建议及时进行研究，采取措施完善制度，加强管理，堵塞漏洞；

4. 落实联席会议研究决定的其他事项。

第三章 议 事 规 则

第八条 联席会议原则上每年召开 2 次。也可以根据工作需要，经召集人批准后召开。

第九条 联席会议要贯彻民主集中制原则，参加会议人员应认真讨论并严格遵守保密纪律。

第十条 联席会议审议通过的经济责任审计重要事项，由联席会议办公室主任负责向审计委员会汇报。

第四章 附 则

第十一条 本制度由经济责任审计联席会议办公室负责解释。

第十二条 本制度自印发之日起施行。

中国科学技术大学审计整改实施办法

(校审字〔2023〕161 号，2023 年 9 月 22 日)

第一条 为严格落实学校审计整改工作责任，强化审计整改工作的严肃性，提升审计整改工作质量和效果，依据《中华人民共和国审计法》《中国科学院内部审计工作规定》《中国科学技术大学内部审计工作规定》等有关规定,结合学校实际,制定本办法。

第二条 本规定所称审计整改工作,是指接受学校审计委员会办公室、审计处组织实施审计的单位(以下简称被审计单位)以及相关职能部门,在规定期限内,对审计发现问题采取措施进行纠正和处理的行为。

第三条 审计整改工作的责任主体是被审计单位,被审计单位现任党政主要负责人为审计整改工作第一责任人,负责领导、组织和落实审计整改工作。对学校中层党政主要领导人员开展经济责任审计项目,离任的被审计领导人员应积极配合原任职单位的审计整改工作。

第四条 被审计单位应将落实审计整改工作纳入领导班子议事决策范畴,加强对审计整改工作的组织领导,完善审计整改工作机制,并按照学校领导批示要求和审计意见、审计建议,制定审计整改工作方案,推进审计整改工作落实;对审计发现问题,要深入分析原因,健全内部管理机制,完善内部控制制度,增强审计整改实效,提升学校整体治理水平。

第五条 被审计单位自收到审计结论性文书 90 日内,以书面形式向审计委员会办公室、审计处提交审计整改报告。

第六条 对审计整改工作涉及学校相关职能部门职责的,各相关职能部门应积极协助被审计单位推进整改落实。对于因学校体制机制原因导致的问题,学校相关职能部门同时为审计发现问题整改的责任主体。相关职能部门自收到审计结论性文书 90 日内,向审计委员会办公室、审计处提交审计整改报告。

第七条 对审计整改报告中未完成整改的事项,被审计单位应提出后续整改方案,明确整改期限和阶段性目标,并在整改期限内,定期向审计委员会办公室、审计处报告整改进度,直至完成审计发现问题整改工作。

第八条 审计整改报告主要包括以下内容:

(一) 审计整改的总体情况;

(二) 审计发现问题的原因分析;

(三) 针对审计建议已采取的整改措施,强化单位内部管理和完善相关制度情况;

(四) 正在整改或尚未整改事项的原因分析及计划完成时间;

(五) 落实整改的必要证明材料;

(六) 其他有关内容。

第九条 审计委员会办公室、审计处对审计整改报告进行审核,开展审计整改跟踪检查,实施“问题清单”“整改清单”“销号清单”对接机制。审计委员会办公室、审计处在出具审计报告的同时出具审计发现问题清单;被审计单位在报送审计整改报告时,一并报送审计整改清单;审计委员会办公室、审计处以审计项目为单位,建立审计发现问题整改销号机制,开展审计整改情况跟踪检查时对照两个清单,实行对账销号,填写审计整改检查与对账销号清单。

根据审计发现的问题,审计委员会办公室、审计处对审计整改台账进行逐一检查,经学校审计委员会审定,对整改到位的问题予以销号;对整改不到位的,继续督促被审计单位或相关职能部门采取措施进行整改直至销号。

审计委员会办公室、审计处要结合审计整改跟踪检查情况,定期向学校汇报审计整改进展，并对未落实整改的事项深入分析原因，提出处理建议。

第十条 审计委员会办公室、审计处在审计整改跟踪检查和督查过程中，发现有整改不力、屡审屡犯的，应列入学校重点督查督办事项。对审计整改落实不到位造成一定影响的，向审计委员会提出问责建议，经审计委员会审定后，学校相关部门在各自职权范围内，按照有关规定追究相关人员责任，督促整改。

第十一条 审计委员会应完善审计整改工作会商机制，研究审计整改工作的重要事项，对审计揭示的普遍性、倾向性、苗头性问题，特别是涉及体制机制问题、历史遗留问题和其他疑难问题进行认真研究分析，提出解决措施。

第十二条 审计委员会应完善审计整改工作联动机制，强化审计整改成果运用。各职能部门应形成联动机制，督促整改，充分运用审计整改结果，并及时将审计整改落实和成果运用情况反馈给审计委员会办公室、审计处。

（一）组织人事部门应推动和促进将经济责任审计结果和审计整改情况，纳入被审计单位领导班子民主生活会及党风廉政建设责任制检查考核的内容，作为领导班子成员述职述廉、年度考核、任职考核的重要依据；

（二）巡视机构应将审计发现的问题列入巡视内容，并在巡视过程中督促被审计单位落实整改；

（三）纪检监察部门应认真核查处理审计移交的问题线索；

（四）财务、资产部门应将审计结果、审计整改情况作为加强预算管理和财务、资产管理的重要依据；

（五）内部控制管理相关部门应对审计结果和审计整改过程中反映的典型性、普遍性、倾向性问题及时进行研究，并将其作为采取有关措施、完善有关制度、健全内部控制机制的参考依据。

第十三条 本办法由学校审计委员会办公室、审计处负责解释。

第十四条 本办法自印发之日起施行。

中国科学技术大学教学事故认定及处理办法

（校教字〔2023〕65号，2023年5月18日）

第一章 总 则

第一条 为加强学校教学管理，维护教学管理秩序，及时、妥善处理教学事故，切实提高教学质量，根据《中华人民共和国高等教育法》《中华人民共和国教师法》，结合学校实际，制定本办法。

第二条 本办法所称教学事故，是指由于教师、教辅人员（包括学生助教）、教学管理人员和其他相关人员的直接或间接责任导致在教学运行过程中发生影响正常教学秩序的事件。

第三条 教学事故的认定，应以事实为依据，坚持公平、公开、公正和及时补救的原则，按规定程序进行。

第二章 教学事故界定

第四条 根据事故发生导致的后果和影响程度，教学事故分为三个等级：一般教学事故、较大教学事故、重大教学事故。

第五条 教学事故依据《中国科学技术大学教学事故界定标准》(附表)进行界定。

第三章 教学事故认定

第六条 教务处和研究生院对全校教学活动进行监管，并接受教学事故的举报。

第七条 教学事故认定程序

(一) 调查

1. 接到事故报告后，由教学管理部门主导，指定当事人所在院系(部门)或成立联合调查小组对事故进行调查核实，涉及师德师风问题党委教师工作部将介入。

2. 涉嫌发生一般教学事故的事件，由当事人所在院系(部门)充分听取当事人的陈述申辩后，填写《中国科学技术大学教学事故认定表》，当事人可提交相应情况说明，一并报送学校教学管理部门。

3. 涉嫌发生较大或重大教学事故的事件，由教学管理部门主导成立联合调查小组进行调查核实。

(二) 认定

1. 涉嫌发生教学事故的事件，由教学管理部门汇总相关调查材料，提交校教学事故认定委员会召开专项工作会议进行认定。

2. 认定结果由教学管理部门通过当事人所在院系(部门)通知当事人本人。若当事人对事故的认定结果有异议，可在接到通知后5个工作日内向教学管理部门提出书面申诉，并补充佐证材料。校教学委员会根据前期的事故调查材料及当事人提交的申诉材料进行最终认定。

第四章 教学事故处理

第八条 对于影响教学秩序、进程和质量，但情节轻微，尚未达到教学事故认定处理等级的行为或事件，作教学违规处理，由当事人所在院系(部门)通报批评。

第九条 最终认定结果为一般、较大或重大教学事故，由教学管理部门提交党委教师工作部、人力资源部进行相应处理，根据事故的情节轻重，依据《中国科学技术大学教职工师德失范行为处理办法(试行)》《中国科学技术大学教职工处分暂行规定》给予批评教育、通报批评、警告、记过、降低岗位等级或者撤职、开除等相应处理。涉嫌违反党纪的教学事故，由校纪委依规依纪处理。

第十条 承担助教的学生发生教学事故，取消助教资格，并由教务处或研究生院会同学生工作部(处)参照本办法及学校《学生手册》《助教工作管理办法》相关规定，根据事故的情节轻重给予警告、严重警告、记过、留校察看、开除学籍等相应处理。

教师是课堂教学的第一责任人，助教所在课堂的任课教师负有失察责任或发现事故隐瞒不报的，按本办法执行，并承担相应责任。

第十一条 教学事故情节严重的，教师所在院系(部门)行政主要负责人和党组织主要负责人须向学校做出检讨，由学校依据有关规定视情节轻重采取约谈、诫勉谈话、通报批评、纪律处分和组织处理等方式进行问责。

第五章 附 则

第十二条 本办法由教务处、研究生院负责解释。

第十三条 本办法自印发之日起施行。原《中国科学技术大学教学事故认定及处理办法(试行)》(校教字〔2021〕190 号)同时废止。

附表

中国科学技术大学教学事故界定标准

序号	事故情形	事故等级
1	在教学活动中发表否定或攻击《中华人民共和国宪法》的言论、发表否定或攻击党和国家大政方针的言论，造成恶劣影响；在教学中非法开展宗教活动；宣扬种族歧视，煽动民族仇恨，或传播其他不良情绪，导致种族矛盾、民族矛盾或引发即时暴力	重大
2	在教学活动中散布违背社会公德或公序良俗的言论，发表侮辱歧视性言行，造成恶劣影响	较大
3	不使用经学校教材工作委员会审议通过的、综合教务系统中的指定教材，自行指定使用的教材存在意识形态问题	重大
4	不使用经学校教材工作委员会审议通过的、综合教务系统中的指定教材	较大
5	无正当理由擅自减少教学大纲规定的教学内容和学时，或未经批准擅自变更授课语言、考核方式，造成不良影响	一般/较大
6	无正当理由未按规定履行调课、停课手续而无故缺课	较大
7	未经批准擅自找人代课，视情节及造成的影响给予相应的认定	一般/较大
8	无正当理由上课迟到超过 10 分钟或经常迟到，造成不良影响	较大
9	无正当理由上课迟到 10 分钟以内(含 10 分钟)	一般
10	无正当理由经常缩短上课时间，造成不良影响	一般/较大
11	上课时非因教学需要与外界通信、使用网络社交软件，影响正常教学，视情节及造成的影响给予相应的认定	一般/较大

续表

序号	事　故　情　形	事故等级
12	考试试题与最近三年考试试题内容重复率超过 50%	重大
13	考试试题与最近三年考试试题内容重复率超过 30%、低于 50%(含)	较大
14	考试试题与最近三年考试试题内容重复率超过 20%、低于 30%(含)	一般
15	考前泄题或遗失试卷,造成不良影响,视情节及造成的影响给予相应的认定	一般/较大/重大
16	无正当理由监考迟到超过 10 分钟或缺席	较大
17	无正当理由监考迟到 10 分钟以内(含 10 分钟)	一般
18	考试过程中组织或怂恿或参与学生作弊	重大
19	考试时非因考试需要与外界通信、使用网络社交软件,影响考场秩序,视情节及造成的影响给予相应的认定	一般/较大
20	监考过程中不作为导致考场纪律松懈,造成不良影响,视情节及造成的影响给予相应的认定	一般/较大
21	采用笔试形式进行考核的课程,未在考试结束后 2 周内(补考课程未在考试结束后 1 周内)提交成绩且无正当理由;考查类课程,未在开课学期结束后 2 周内提交成绩且无正当理由	一般
22	本科毕业论文(设计)和研究生毕业论文在撰写、评审、答辩或抽检过程中查实存在学术不端行为(包括但不限于伪造、抄袭、剽窃、弄虚作假等),以及在各级学位论文抽检中被认定为存在问题的学位论文,指导教师较大失职,造成不良影响,视情节及造成的影响给予相应的认定	一般/较大
23	其他影响正常教学秩序,视情节及造成的影响给予相应的认定	一般/较大/重大
24	对助教发生教学事故负有失察责任或发现事故隐瞒不报的,任课教师应承担相应责任,视情节及造成的影响给予相应的认定	一般/较大/重大

中国科学技术大学本科教育教学审核评估工作实施方案

(校教字〔2023〕214 号,2023 年 12 月 15 日)

为全面落实立德树人根本任务,提高本科人才培养质量,切实做好学校 2024 年新一轮本科教育教学审核评估工作,根据《关于做好“十四五”期间普通高等学校本科教育教学审核工作的通知》要求,结合学校实际,制定本方案。

一、指导思想

以习近平新时代中国特色社会主义思想为指导,全面贯彻落实党的教育方针,全面落实立德树人根本任务，坚持“以评促建、以评促改、以评促管、以评促强”指导方针，提高认识、转变观念、做好自评、切实整改、讲求实效，巩固和强化本科教育教学核心地位，不断提升人才培养质量。

二、工作目标

通过审核评估，进一步凝练学校办学特色，找出教育教学工作中存在的问题和不足，全面加强本科教学建设、教学改革和教学管理，进一步提高质量保障能力、教师和教学资源对人才培养质量的保障度、教学质量保障体系运行的有效度、学生和社会用人单位的满意度，保证培养质量对培养目标的达成度。推动学校积极构建自觉、自省、自律、自查、自纠的大学质量文化，引导学校内涵发展、特色发展、创新发展，培养德智体美劳全面发展的社会主义建设者和接班人。

三、组织机构

成立学校本科教育教学审核评估工作领导小组和工作组，负责评建工作。

（一）领导小组

组　长：舒歌群　包信和

副组长：周丛照

成　员：潘建伟　蒋　一　王晓平　杨金龙　毕金初
　　　　傅　尧　吴　枫　邓建松　褚家如　薛　天

主要职责：

1. 领导、统筹学校本科教育教学审核评估工作。

2. 审议学校审核评估工作方案、自评报告等重要文件。

3. 对学校审核评估工作的重大问题进行审议和决策。

（二）工作组

组　长：周丛照

副组长：王　伟　韦巍巍

成员单位：

党政办公室、党委组织部、党委宣传部、党委教师工作部、人力资源部、党委学生工作部、纪检监察机构、发展规划处、本科生院、招生就业处、教务处、科技成果转移转化办公室、国际合作与交流部、对外联络与基金事务处、财务处、资产与后勤保障处、基本建设处、团委、创新创业学院、图书馆、网络信息中心、各相关院系

主要职责：

1. 贯彻落实学校本科教育教学审核评估工作领导小组的决策和工作部署。

2. 负责与教育部、教育部教育质量评估中心及校内各单位的联络与协调。

3. 制定审核评估具体工作方案及工作计划，分解审核评估工作任务、落实目标责任，督办各项材料的撰写、整理、归档等工作，发布审核评估工作有关信息。

4. 指导各学部/学院（系）、职能部门的评建工作，及时总结工作情况，协调处理工作过程中发现的问题。

5. 向学校本科教育教学审核评估领导小组反馈工作进展。

工作组下设综合协调组、写作组、数据文档组等专项工作小组。

四、主要任务

(一) 机关部门及直属单位

1. 成立专项工作小组

审核评估任务分解表中涉及的各相关职能部门及直属附属单位,成立专项工作小组,由主要负责同志担任组长,并确定专人负责评估工作。

2. 全面排查存在的问题、提出解决对策,撰写报告

针对本单位负责的每个审核要点,对应任务分解表,撰写报告,记录素材来源,全面排查问题,提出对策措施。

3. 梳理、整理支撑材料

准备与本单位审核评估相关的数据、案例等支撑材料及延伸阅读内容,配合学校做好相关佐证材料的调取,建立学校支撑材料库;配合完成此次评估定量指标的数据清查,按学校实际情况补充数据并撰写情况说明。

4. 做好迎接专家进校的准备工作

做好接待专家访谈的准备工作以及材料调阅等工作。

5. 推动落实整改工作

对学校自评过程及专家进校考察时发现的相关问题提出整改方案并推动落实。

(二) 学部/学院(系)

1. 成立评建工作组

成立由党政主要负责同志任组长、教学院长任副组长的学部/学院评建工作组。工作组人员及联络员等信息报学校本科教育教学审核评估工作组备案。

2. 开展学部/学院(系)自查、自建、自评工作

对照审核评估指标体系和内涵要求,制定本学部/学院(系)审核评估工作方案,开展自查、自建、自评工作,加强教风、学风建设,确保各类教学活动的正常运行。

开展本学部/学院(系)本科教学档案材料的整理和检查工作,包括试卷、论文、实验报告、人才培养方案、教学大纲、教学管理文件等,加强教学秩序、教学纪律、教学质量的监督检查。

结合审核评估要求,系统总结学部/学院(系)本科教学工作,深入分析存在的问题,明确解决方案,形成本学部/学院(系)自评自建工作报告。

3. 梳理、整理支撑材料

准备与本学部/学院(系)审核评估相关的数据、案例等支撑材料及延伸阅读内容。配合学校做好相关佐证材料调取,建立学部/学院(系)的评估支撑材料库。配合完成此次评估定量指标的数据清查,按学校实际情况补充数据并撰写情况说明。

4. 做好迎接学校自评、专家进校评估的准备工作

做好迎接学校自评、专家进校走访的汇报准备工作,并积极配合做好材料调阅等工作。

5. 完成相应的整改工作

认真对待学校自评、专家进校评估作出的结论,及时形成改进方案并积极落实整改工作。

五、工作进度安排

（一）动员部署阶段（2023 年 11—12 月）

1. 制定学校本科教育教学审核评估工作实施方案，成立学校本科教育教学审核评估工作机构，分解任务。

2. 召开本科教育教学审核评估工作启动大会，统一思想，压实责任。

3. 召开本科教育教学审核评估工作专题会议，全面部署相关工作。

4. 各学部/学院（系）制定自评自建工作计划。

（二）自查建设第一阶段（2023 年 12 月—2024 年 1 月）

1. 相关职能部门根据分解任务，完成材料撰写及支撑材料的收集整理。

2. 各学部/学院（系）开展自评自建，梳理日常教学实施和教学管理的各环节，检查教学档案分类归档情况，查找问题并持续加以改进，规范各类工作并撰写院级自评报告。

（三）自查建设第二阶段（2024 年 3—5 月）

1. 学校本科教育教学审核评估专项工作小组汇总完成学校自评报告初稿，并对教学档案进行全面梳理和检查。

2. 学校本科教育教学审核评估工作组负责统筹协调，对学校教学管理工作、各学部/学院（系）教学情况进行全面检查，并反馈整改意见。

（四）整改完善阶段（2024 年 6—9 月）

1. 各单位针对自评自查发现的重点问题，深入研讨并提出整改方案，落实整改责任，深入开展整改工作，促进教学与管理的持续改进。

2. 本科教育教学审核评估专项工作小组对自评报告进行修改完善，更新所有相关数据，上报定稿。

3. 本科教育教学审核评估专项工作小组完成线上评估相应电子材料的准备工作，形成专家评估案头材料，为专家现场考察做好准备。

（五）线上评估阶段（2024 年 10—11 月）

1. 迎接线上评估（包括访谈、抽调教材档案等相关材料），建立沟通渠道，根据需要及时增补材料。

2. 制定迎接教育部审核评估专家进校考察工作方案，培训相关人员，进一步明确职责分工。

（六）现场考察阶段（2024 年 11 月）

专家进校考察，配合专家做好各项联络服务工作，为专家开展工作提供保障，协助专家开展现场考察工作。

（七）改进提升阶段（2024 年 11 月—2025 年 11 月）

对照审核评估报告、专家线上评估与现场考察意见和建议，制定整改方案，落实整改任务，持续加强内涵建设，完善人才培养质量保障体系，促进学校本科教育教学工作持续改进和人才培养质量全面提升。撰写并提交整改报告。

六、工作要求

（一）提高思想认识

各单位要以党的二十大精神为指引，高度重视新一轮本科教育教学审核评估工作，要深刻认识到本科教育教学审核评估既是对学校近年来本科教育教学工作的全面检验，也是总结办学经验、查找存在问题的重要契机，更是凝心聚力、进一步谋划学校事业高质量发展的重要抓手，对全面审核教育教学改革、不断提高人才培养质量具有重要意义。全校师生员工必须正确认识评估工作的目的、意义和作用，加强学习、提升认知、全员参与，切实做好审核评估的各项准备工作。

（二）加强沟通协调

本科教育教学审核评估工作面广、工作量大、内涵丰富，各单位要树立全校一盘棋的思想，加强沟通、互相支持、密切配合，及时解决审核评估工作中出现的困难和问题，协同完成审核评估中的各项任务。

（三）落实工作责任

各单位要以高度的责任心和使命感严格按照时间进度安排落实评估工作实施方案，从学校大局出发，认真做好每个阶段的工作。在评估工作中如出现责任心不强、履职不认真，或把关不严、程序不当，或推诿扯皮、懈怠拖延的单位和个人，按照学校有关规定严肃处理。

中国科学技术大学研究生培养方案总则(2023 版)

（校研字〔2023〕75 号，2023 年 5 月 28 日）

第一章　总　　则

第一条　为深入贯彻落实《教育部办公厅关于进一步规范和加强研究生培养管理的通知》《教育部　国家发展改革委　财政部关于加快新时代研究生教育改革发展的意见》《国务院学位委员会　教育部关于印发〈专业学位研究生教育发展方案(2020—2025)〉的通知》精神，进一步推进研究生教育“德创”领军人才培养计划，发挥学校、研究生培养单位及导师的作用，健全研究生培养质量保障体系，学校在原研究生培养方案总则的基础上进行修订，形成本总则。

第二章　管 理 体 制

第二条　学校是研究生培养的规则制定者、宏观组织者、培养过程与质量的评估者，为全校研究生培养提供公共服务，营造良好的学术环境与氛围。

（一）制定研究生培养总体目标、原则要求和宏观政策；

（二）争取研究生培养资源和有关政策；

（三）领导与管理各类研究生教育项目与活动；

（四）为研究生学习、科研与生活提供公共服务；

（五）评估与监督研究生培养过程与质量。

第三条　研究生培养单位（含各学院、科教融合学院、研究院、直属系、实验室等，下同）

是研究生培养的重要组织者与实施者。

（一）根据学校要求，组织或协同组织学术学位学科点（以下简称学科点）和专业学位教育指导工作组（以下简称指导组）制定研究生培养方案；

（二）组织研究生导师制订研究生培养计划；

（三）组织开设本单位各级各类研究生课程；

（四）组织实施各类研究生教育项目与活动；

（五）为师生教学科研等工作提供公共服务。

第四条 学科点（指导组）是研究生培养的学术单元。

（一）根据学校要求与学科（专业学位类别、领域）特点，制订研究生培养计划并提交学位评定分委员会审核；

（二）审核批准导师制订的研究生培养计划。

第五条 导师是研究生培养的第一责任人，负责指导研究生的学习科研、专业实践、联合培养、分流退出等工作。

（一）认真执行教育部《研究生导师指导行为准则》及学校有关导师岗位管理的相关政策；

（二）根据研究生培养方案及因材施教需求，制订研究生培养计划；

（三）指导与管理研究生的学习、科研、实践等活动，培养研究生的科研创新能力与实践创新能力，引导研究生恪守学术道德与科研伦理等要求；

（四）设定研究生“三助”岗位并进行考核；

（五）负责研究生教育过程中的其他事项。

第六条 校学位评定委员会、各学位评定分委员会是负责学校学位与研究生教育管理的学术机构，根据《中国科学技术大学学位评定委员会章程》履行各项职责。

第三章 培 养 目 标

第七条 研究生应拥护中国共产党的领导，热爱祖国，遵纪守法，具有服务国家和人民的高度社会责任感、良好的职业道德和创业精神、科学严谨和求真务实的学习态度和工作作风，德智体美劳全面发展，身心健康。

第八条 学术学位硕士研究生应掌握本学科坚实的基础理论和系统的专业知识，具有较强的科学研究工作或实际工作能力；掌握一门外国语。

学术学位博士研究生应掌握本学科坚实宽广的基础理论和系统深入的专业知识，掌握科学研究的基本技能和方法，了解所从事研究方向的国内外发展动态，具有独立从事科学研究和专门技术工作的能力，在科学或专门技术上能做出创造性的成果；至少掌握一门外国语。

第九条 专业学位硕士研究生应具有本类别（领域）的基础理论和专门知识，熟悉行业相关规范，具有良好的职业素养，掌握先进技术方法和现代技术手段，具有实践创新意识和能力；掌握一门外国语。

专业学位博士研究生应掌握本类别（领域）坚实宽广的基础理论、系统深入的专门知识；

熟悉相关领域的发展趋势与前沿，具备解决复杂问题、进行实践创新、组织研究开发等工作的能力、良好的沟通协调能力和跨文化交流能力；应做出创造性成果；掌握一门外国语。

第四章　培养模式与学习年限

第十条　我校研究生培养主要采取三种模式：硕士研究生培养模式、普通博士研究生培养模式、硕博一体化研究生培养模式（含硕博连读、直接攻博，下同）。

第十一条　我校硕士研究生基本学习年限为 2～3 年，最短学习年限为 2 年，最长学习年限为 5 年。博士研究生基本学习年限为 3～4 年，最短学习年限为 2 年，最长学习年限为 8 年。其中，直博生基本学习年限为 5～6 年，最短学习年限为 4 年，最长学习年限为 8 年。

第五章　培养方案与培养计划

第十二条　培养方案制定的范围包括硕士、博士、硕博一体化三种模式的研究生培养方案。

第十三条　培养方案的制定原则：

学术学位的培养方案应突出教育教学的理论前沿性，厚植理论基础，拓宽科研视野，强化科学方法训练以及学术素养培养，鼓励学科交叉，在多种形式的学术研讨交流、科研任务中提升思辨求真的原始创新能力，注重加强学术学位各学段教学内容纵向衔接和各门课程教学内容横向配合。学术学位研究生培养方案以一级学科为单位进行制定。

专业学位的培养方案应突出教育教学的职业实践性，强调基础课程和行业实践的有机结合，注重实务实操类课程建设，提倡采用案例教学、实习实践、真实情境实践等多种形式，提升解决行业产业实际问题的能力。支持与行业产业共同制定专业学位培养方案，明确专业实践及实践课程要求，推进课程设置与专业技术能力考核的有机衔接。专业学位研究生培养方案以专业学位类别为单位进行制定。

第十四条　培养方案的审批与调整：

（一）各学科（专业学位类别）研究生培养方案须经相应学位评定分委员会审议通过；

（二）研究生院根据研究生培养政策要求与实际情况，可对培养方案提出制定、修订建议与要求。

第十五条　培养计划的内容、审核及实施：

培养计划的内容包括：研究生研究方向、课程清单、科研活动计划、专业实践计划等。研究生培养计划经所在学科点（指导组）审核通过后执行。

第六章　导 师 指 导

第十六条　学术学位研究生导师和专业学位研究生校内导师是研究生培养的第一责任人，肩负着培养高层次人才的崇高使命。专业学位研究生教育实行“双导师制”。

第十七条　学术学位硕士、博士研究生导师和专业学位博士研究生校内导师遵照教育部《研究生导师指导行为准则》《中国科学技术大学博士生导师岗位职责与管理办法》等要求，坚持正确思想引领，科学公正参与招生，精心尽力投入指导，正确履行指导职责，严格遵守学术规范，把关学位论文质量，严格经费使用管理，构建和谐师生关系。

专业学位硕士生校内导师遵照教育部《研究生导师指导行为准则》《中国科学技术大学专业学位硕士研究生校内导师遴选与管理办法（试行）》等要求，潜心育人，成为研究生成长成才的指导者和引路人；专业学位硕士、博士研究生实践导师遵照《中国科学技术大学研究生院专业学位研究生实践导师遴选管理办法》等要求，积极参与实践教学和专业学位研究生全过程培养，融入研究生教育治理体系，充分发挥其实践指导作用。

第七章　课程设置与学分、成绩要求

第十八条　学术学位研究生课程学习和必修环节实行学分制。具体要求如下。

（一）学术学位硕士研究生

在规定的学习年限内，取得的总学分应不少于35学分。

1. 公共课程（7学分）

包括：《新时代中国特色社会主义理论与实践》（2学分），必修；《自然辩证法概论》（1学分）、《马克思恩格斯列宁经典著作选读》（1学分），必修（任选一门）；《研究生综合英语》（2学分）、《研究生高阶英语》（2学分），必修（任选一门）；《日常交流英语》（2学分）、《学术交流英语》（2学分）、《科技论文写作》（2学分），必修（任选一门）。

2. 硕士学科基础课、硕士专业基础课（不少于11学分）

主要为各单位根据人才培养目标而设置的学科（专业）基本理论、基本技能课程。

3. 硕士专业选修课

主要为各单位开设的专业技术、专业知识等课程。

4. 素质类课程（不高于3学分）

主要为各单位为提升研究生综合素质而设置的相关课程。

5. 其他课程（非学位课程）

主要为研究生根据学习、科研及综合素质提升需要而自行修读的课程。

6. 必修环节

可包括学位论文开题、学位论文中期考核等环节。

（二）学术学位普通博士研究生

在规定的学习年限内，取得的总学分应不少于10学分，其中课程学习不少于8学分。

1. 公共课程（4学分）

包括：《中国马克思主义与当代》（2学分），必修；《科技论文写作》（2学分），必修。

2. 博士专业课（不少于4学分）

主要为各单位根据人才培养目标而设置的学科（专业）基本理论、基本技能课程。

3. 必修环节

可包括学位论文开题、学位论文中期考核等环节。

（三）学术学位硕博一体化研究生

在规定的学习年限内，取得的总学分应不少于45学分。

1. 公共课程(11 学分)

包括:《新时代中国特色社会主义理论与实践》(2 学分),必修;《中国马克思主义与当代》(2 学分),必修;《自然辩证法概论》(1 学分)、《马克思恩格斯列宁经典著作选读》(1 学分),必修(任选一门);《研究生综合英语》(2 学分),《研究生高阶英语》(2 学分),必修(任选一门);《日常交流英语》(2 学分)、《学术交流英语》(2 学分),必修(任选一门);《科技论文写作》(2 学分),必修。

2. 硕士学科基础课、硕士专业基础课(不少于 11 学分)

主要为各单位根据人才培养目标而设置的学科(专业)基本理论、基本技能课程。

3. 硕士专业选修课

主要为各单位开设的专业技术、专业知识等课程。

4. 博士专业课(不少于 4 学分)

主要为各单位根据人才培养目标而设置的学科(专业)基本理论、基本技能课程。

5. 素质类课程(不高于 3 学分)

主要为各单位为提升研究生综合素质而设置的相关课程。

6. 其他课程(非学位课程)

主要为研究生根据学习、科研及综合素质提升需要而自行修读的课程。

7. 必修环节

可包括学位论文开题、学位论文中期考核等环节。

第十九条 专业学位研究生课程学习和必修环节实行学分制。具体要求如下:

(一) 专业学位硕士研究生

在规定的学习年限内,工程类专业学位硕士研究生取得的总学分应不少于 33 学分,其中课程学习不少于 25 学分。管理人文类专业学位硕士研究生取得的总学分及课程学习学分遵照所在教学指导委员会及各单位具体要求执行。

1. 公共课程

工程类专业学位硕士研究生修读公共课程 9 学分,包括:《新时代中国特色社会主义理论与实践》(2 学分),必修;《自然辩证法概论》(1 学分)、《马克思恩格斯列宁经典著作选读》(1 学分),必修(任选一门);《工程伦理》(2 学分),必修;《研究生综合英语》(2 学分),《研究生高阶英语》(2 学分),必修(任选一门);《专业英语》(2 学分),必修。

管理人文类专业学位硕士研究生修读的公共课程包括:《新时代中国特色社会主义理论与实践》(2 学分),必修;《自然辩证法概论》(1 学分)、《马克思恩格斯列宁经典著作选读》(1 学分),必修(任选一门);《研究生综合英语》(2 学分)、《研究生高阶英语》(2 学分)、《日常交流英语》(2 学分)、《学术交流英语》(2 学分)、《科技论文写作》(2 学分)、《专业英语》(2 学分)等。根据培养方案要求修读相关课程及学分。

2. 硕士专业基础课、硕士专业选修课

硕士专业基础课主要为各单位根据人才培养目标而设置的专业学位类别(领域)基本理论、基本技能课程;

硕士专业选修课主要为各单位开设的专业技术、专业知识等课程。

其中:工程类专业学位硕士研究生修读专业基础课和专业选修课学分不少于 16 学分;

管理人文类专业学位硕士研究生修读专业基础课和专业选修课学分根据所在教学指导委员会及各单位具体要求执行。

3. 必修环节

工程类专业学位硕士研究生必修环节包括专业实践(6 学分)、学术报告(含学位论文开题)(1 学分)和学位论文中期考核(1 学分)。在规定的学习年限内,硕士研究生参与学术报告次数不得少于 8 次。

管理人文类专业学位硕士研究生必修环节可包括专业实践、学位论文开题、学位论文中期考核等,环节设置及学分要求根据所在教学指导委员会及各单位具体要求执行。

(二) 工程类专业学位普通博士研究生

在规定的学习年限内,工程类专业学位博士研究生取得的总学分应不少于 18 学分,其中课程学习不少于 16 学分。

1. 公共课程(4 学分)

包括:《中国马克思主义与当代》(2 学分),必修;《工程博士英语》(2 学分),必修。外语教学强调语言应用能力的培养,使工程博士具备与国外相关行业技术或管理人员沟通交流的能力。

2. 专业基础课(不少于 6 学分)

采取模块化设计,打破学科界限、注重学科交叉,博士研究生根据专业方向及行业实际需要选择合适的模块进行课程学习。

3. 开放实践课(不少于 3 学分)

综合考虑工程博士专业方向、产业需求和重大工程项目中的实际问题等,由行业企业和学校专家为学生开设。

4. 前沿课程(不少于 3 学分)

结合工程博士研究生的实际需求,开设前沿课程或科学技术前沿讲座,拓宽学生的知识面及国际视野。

5. 必修环节(2 学分)

包括学术报告(含学位论文开题)(1 学分)、学位论文中期考核(1 学分)。在规定的学习年限内,博士研究生参与学术报告次数不得少于 8 次。

(三) 工程类专业学位硕博一体化研究生

在规定的学习年限内,取得的总学分应不少于 49 学分,其中课程学习不少于 41 学分。

1. 公共课程(13 学分)

包括:《新时代中国特色社会主义理论与实践》(2 学分),必修;《自然辩证法概论》(1 学分)、《马克思恩格斯列宁经典著作选读》(1 学分),必修(任选一门);《中国马克思主义与当代》(2 学分),必修;《工程伦理》(2 学分),必修;《研究生综合英语》(2 学分)、《研究生高阶英语》(2 学分),必修(任选一门);《专业英语》(2 学分),必修;《工程博士英语》(2 学分)、《科技论文写作》(2 学分),必修(任选一门)。外语教学强调语言应用能力的培养,使工程博士具备与国外相关行业技术或管理人员沟通交流的能力。

2. 硕士专业基础课和硕士专业选修课(不少于 16 学分)

硕士专业基础课主要为各单位根据人才培养目标而设置的专业学位类别(领域)基本理

论、基本技能课程，包括数学类课程和其他专业基础课程；

硕士专业选修课主要为各单位开设的专业技术等课程。

3. 博士专业基础课(不少于 6 学分)

采取模块化设计，打破学科界限、注重学科交叉，研究生根据专业方向与行业实际需要选择合适的模块进行课程学习。

4. 开放实践课(不少于 3 学分)

综合考虑工程博士专业方向、产业需求和重大工程项目中的实际问题等，由行业企业和学校专家为学生开设。

5. 前沿课程(不少于 3 学分)

结合工程博士研究生的实际需求，开设前沿课程或科学技术前沿讲座，拓宽学生的知识面及国际视野。

6. 必修环节(8 学分)

包括专业实践(6 学分)、学术报告(含学位论文开题)(1 学分)、学位论文中期考核(1 学分)。在规定的学习年限内，硕博一体化研究生参与学术报告次数不得少于 12 次。

第二十条 研究生公共课程成绩通过，硕士学科基础课、硕士专业基础课加权平均成绩须达 75 分及以上，其他学位课程每门课成绩均达 60 分及以上的，方可申请学位。

第八章 培养关键环节、研究(应用)成果及学位论文

第二十一条 培养关键环节及要求：

遵照《中国科学技术大学博士研究生培养分流退出机制实施办法》《中国科学技术大学硕士、博士学位授予实施细则》及各学科(专业学位类别)培养方案等执行。

第二十二条 研究(应用)成果要求：

研究生在学期间必须取得一定的研究或应用成果，在申请硕士或博士学位前，必须满足相应学位评定分委员会规定的研究(应用)成果要求。

第二十三条 学位论文要求：

学位论文的撰写参照我校相关学位论文撰写模板执行；学位论文的评阅与答辩遵照《中国科学技术大学硕士、博士学位授予实施细则》执行。

第九章 附 则

第二十四条 本版研究生培养方案总则由研究生院负责解释。

第二十五条 本版研究生培养方案总则自 2023 级研究生开始执行。原《中国科学技术大学研究生培养方案总则(2019 版)》(校研字〔2019〕254 号)、《中国科学技术大学工程博士专业学位研究生培养方案总则》(研字〔2018〕18 号)、《中国科学技术大学工程硕士专业学位研究生培养方案总则》(研字〔2018〕19 号)同时废止。

中国科学技术大学研究生学籍管理实施细则

（校研字〔2023〕76 号，2023 年 5 月 28 日）

第一章　总　　则

第一条　为规范我校研究生学籍管理，维护学校正常的教育教学秩序，保障广大研究生合法权益，全面贯彻国家教育方针，培养德智体美劳全面发展的社会主义建设者和接班人，依据《普通高等学校学生管理规定》（教育部第 41 号令）以及《中国科学技术大学章程》，结合学校研究生教育具体情况，制定本规定。

第二章　入学与注册

第二条　按国家招生规定录取的研究生新生，持录取通知书，按学校要求办理入学手续。因故不能按期入学的，应当向学校请假。请假时间不得超过 2 周。未请假或请假逾期者，除因不可抗力等正当事由以外，视为放弃入学资格。

第三条　学校在报到时对新生入学资格进行初步审查，审查合格的办理入学手续，予以注册学籍；审查发现新生的录取通知、考生信息等证明材料，与本人实际情况不符，或者有其他违反国家招生考试规定情形的，取消入学资格。

第四条　新生可以申请保留入学资格。保留入学资格期间不具有学籍，不享受在校生待遇。除参军入伍外，申请保留入学资格每次时间不超过 1 年，累计时间不超过 2 年。

新生保留入学资格应提交《研究生保留入学资格申请表》，附事由证明材料，经导师、培养单位分管领导书面同意，报研究生院审批办理保留手续。因病保留入学资格者，应提交经学校指定的二级甲等以上医院（下同）诊断证明。

新生保留入学资格期满前应向学校申请入学，提交《研究生恢复入学资格申请表》，附事由证明材料，经导师、培养单位分管领导书面同意，报研究生院审批。因病保留入学资格者，应提交学校指定医院诊断证明。经学校审查合格后，办理入学手续，予以注册学籍。以学年为时间单位保留的，与下年新生同时入学。学校审查不合格的，取消入学资格；新生逾期不办理入学手续且未有因不可抗力延迟等正当理由的，视为放弃入学资格。

第五条　新生入学后，学校在 3 个月内按照国家招生规定进行复查。复查内容主要包括以下方面：

（一）录取手续及程序等是否合乎国家招生规定；

（二）所获得的录取资格是否真实、合乎相关规定；

（三）本人及身份证明与录取通知、考生档案等是否一致；

（四）身心健康状况是否符合报考专业或者专业类别体检要求，能否保证在校正常学习、生活；

（五）艺术、体育等特殊类型录取学生的专业水平是否符合录取要求。

复查中发现新生存在弄虚作假、徇私舞弊等情形的，确定为复查不合格，取消学籍；情节严重的，学校移交有关部门调查处理。

复查中发现新生身心状况不适宜在校学习，经学校指定医院诊断，需要在家休养的，可以按照第四条规定保留入学资格。

第六条 研究生在学期间，每学期开学时应当按学校规定办理注册手续，包括学期电子注册、研究生证注册。

第七条 学期电子注册是指学校通过研究生信息平台进行的电子注册管理。由研究生通过研究生信息平台申请，经导师或班主任在研究生信息平台上确认后完成。研究生以下情况均视为正常注册：

（一）到校学习；

（二）经学校批准出境学习或交流；

（三）经导师批准赴外地学习或交流；

（四）校外导师联合培养；

（五）按学校教学计划安排在外实习或学习；

（六）在职人员回原单位培养。

第八条 除以上情况外，研究生不能如期注册，从开学日起请假 2 周以内的，由本人通过研究生信息平台请假，导师或班主任在研究生信息平台上准假后生效。研究生按时返校，导师或班主任在研究生信息平台上销假后视为完成正常注册。

研究生不能如期注册，从开学日起请假 2 周以上或不满足其他注册必要条件的，应当履行暂缓注册手续，提交《研究生暂缓注册申请表》，经导师或班主任、培养单位分管领导书面同意，交研究生院审批后生效。暂缓注册期间视为未注册，不享有在校生的各项待遇。

研究生有其他不符合注册条件的，不予注册。

第九条 处于保留入学资格、休学或保留学籍期间的研究生，无须办理学期注册。学期中非注册时间段内，暂缓注册者申请注册、保留入学资格者申请入学、休学者申请复学或保留学籍者申请恢复学籍，提交相应申请表，经导师、培养单位分管领导书面同意，研究生院审批后办理相应学籍异动，即予以当前学期注册。

第十条 除因不可抗力等正当事由外，研究生超过注册期限或请假期限 2 周以上未注册，学校予以退学处理。

第十一条 正常注册的研究生应按时、足额缴纳学费。无故未按学校规定缴纳学费者，下列在校生享有的待遇受到影响：

（一）停发各类奖助学金，补缴学费后，从次月起恢复，已停发的奖助学金不再补发；

（二）不能参加各类奖助学金评选；

（三）不能申报助教、助研、助管等教学、科研、管理辅助岗位；

（四）研究生信息平台使用功能受限。

第十二条 正常注册的研究生应完善个人信息登记，向学校提供和确认准确的邮件地址、手机号码、家庭地址、家庭电话等，学校将其作为本人声明和指定的联系方式。学校有关通知及文件等，只要确认已按该联系方式发出，视为送达。

第三章　学 习 年 限

第十三条　我校硕士研究生基本学习年限为 2～3 年(年限计算截至每年 8 月 31 日,下同),最短学习年限为 2 年,最长学习年限为 5 年。博士研究生基本学习年限为 3～4 年,最短学习年限为 2 年,最长学习年限为 8 年。直博生基本学习年限为 5～6 年,最短学习年限为 4 年,最长学习年限为 8 年。

除参军入伍外,新生保留入学资格每次时间不超过 1 年,累计时间不超过 2 年。保留入学资格时间不计入在校学习时间。

研究生休学一般以学期、学年为时间单位,累计时间不得超过 2 年。除参军入伍的服役时间外,休学、保留学籍等时间均计入在校学习时间。

第十四条　研究生一般应在基本学习年限内完成学习任务。在校学习时间达到最短学习年限且不超过最长学习年限,是获得学历证书的必要条件。研究生达到最长学习年限须结束学业,并办理离校手续,按已有学业水平申请相应学历证书。

第四章　考核与成绩记载

第十五条　研究生应参加学校培养计划规定的课程和各种培养环节(以下统称课程)的考核,考核成绩记入成绩册,并归入学籍档案。

考核分为考试和考查两种。研究生基础课考试一般应采用课堂笔试。专业课考核方式可采用笔试、口试、写调研报告或论文等多种形式,由任课教师自主确定。笔试可以采用闭卷考试或开卷考试。

课程考核不合格者,可以在最长学习年限内再次选修该门课程(重修),并进行考核(重考)。重考成绩合格后,记入成绩册,并标注为重考。

第十六条　研究生思想品德的考核、鉴定,以《普通高等学校学生管理规定》(教育部第 41 号令)第四条为主要依据,采取个人小结和培养单位评价相结合的方式。

研究生体育成绩评定突出过程管理,根据考勤、课内教学、课外锻炼活动和体质健康等情况综合评定。

第十七条　我校实行完全学分制,研究生应当在最长学习年限内,修完培养方案要求的学分。

第十八条　研究生可选修校内其他专业课程,成绩性质按培养方案确定,学习成绩记入成绩册。研究生跨校修读课程和参加开放式网络课程学习,学习成绩和成绩性质按学校有关规定审核和记载。

第十九条　学校鼓励研究生参加创新创业、社会实践等活动,研究生发表的论文、获得专利权等与专业学习、学业要求相关的经历、成果等,可记入学籍档案。学校开设创新创业课程,研究生所修学分可记入成绩册。

第二十条　学校按照研究生实际所修课程,真实、完整地记载、出具学业成绩。

研究生严重违反考核纪律或者作弊的,该课程考核成绩记为无效,并视其违纪或者作弊情节，按学校有关规定，予以纪律处分。

研究生因退学等情况中止学业，其在校学习期间所修课程及已获得学分，学校予以记录。研究生重新参加入学考试、符合录取条件再次入学的，其在我校已获得学分，经录取培养单位认定，予以承认，成绩性质按录取专业培养方案确定。

第二十一条 研究生应当按时参加教育教学计划规定的活动。不能按时参加的，应当事先请假并获得批准。无故缺席的，根据学校有关规定给予批评教育，情节严重的，予以相应的纪律处分。

第二十二条 学校利用各种渠道开展研究生诚信教育。对有严重失信行为的，学校依据有关规定予以教育及纪律处分，对违背学术诚信的，学校对其获得学位及学术称号、荣誉等作出限制。

第五章 转专业与转学

第二十三条 研究生应在录取时确定的培养单位、专业和导师指导下完成学业，有特殊情况的，可以参照《中国科学技术大学研究生转专业实施办法》(研字〔2022〕14 号)相关规定执行。

第二十四条 研究生一般应当在被录取学校完成学业。因患病或者有特殊困难、特别需要，无法继续在本校学习或者不适应本校学习要求的，可以申请转学。有下列情形之一，不得转学：

（一）入学未满一学期或者毕业前一年的；

（二）由低学历层次转为高学历层次的；

（三）以定向就业招生录取的；

（四）研究生拟转入学校、专业的录取控制标准高于其所在学校、专业的；

（五）无正当转学理由的。

研究生因学校培养条件改变等非本人原因需要转学的，学校出具证明，由所在地省级教育行政部门协调转学到同层次学校。

第二十五条 研究生转学，由本人及拟转入专业导师共同提出申请，说明理由，经所在学校和拟转入学校同意，由转入学校负责审核转学条件及相关证明，认为符合本校培养要求且学校有培养能力的，经校长工作会议或者专题会议研究决定，可以转入。

跨省转学的，由转出地省级教育行政部门商转入地省级教育行政部门，按转学条件确认后办理转学手续。须转户口的由转入地省级教育行政部门将有关文件抄送转入学校所在地的公安机关。

第二十六条 学校对转学情况及时进行公示，并在转学完成后 3 个月内，由转入学校报所在地省级教育行政部门备案，接受省级教育行政部门对学校转学行为的监督和管理。

第六章 休学与复学

第二十七条 研究生可以分阶段完成学业，除另有规定外，应当在最长学习年限(含休学和保留学籍)内完成学业。

第二十八条 研究生有下列情况之一者,可以申请休学:

(一) 创业;

(二) 支教;

(三) 在职研究生单位工作需要;

(四) 已婚女研究生符合国家计生政策生育;

(五) 其他原因不能正常在校学习者。

第二十九条 研究生有下列情况之一者,应当办理休学:

(一) 因健康原因不宜在校学习,经学校指定医院诊断确需休养的;

(二) 一学期请病假累计超过学习周数 1/3 的;

(三) 不能坚持正常学习,导师和培养单位认为必须休学的。

第三十条 研究生休学,一般以学期、学年为时间单位,期满后仍不能复学的,可以继续申请休学,休学时间累计不得超过 2 年,休学时间计入在校学习时间。

第三十一条 在校生(含新生)应征入伍服义务兵役,学校保留其学籍(或入学资格)至退役后 2 年,其中服役时间不计入在校学习时间,其余时间计入在校学习时间。退役后复学,本人申请,经学校同意并履行相关程序后可转入其他专业学习(特殊类型招生除外)。

研究生参加学校组织的跨校联合培养项目,在联合培养学校学习期间,学校同时为其保留学籍,时间不限,但计入在校学习时间。

研究生保留学籍期间,与其实际所在的部队、学校等组织建立管理关系。

第三十二条 研究生休学应提交《研究生休学、保留学籍申请表》,附事由证明材料,经导师、培养单位分管领导书面同意,报研究生院审批办理休学手续。因病休学者,应提交学校指定医院诊断证明。

第三十三条 休学研究生应当办理手续离校。休学期间,学校保留其学籍,但不享受在校学习学生待遇。研究生无论是否因病休学,除休学前已在学校参加大学生城镇居民医疗保险的年度外,以后年度均应自行参加家庭所在地医疗保险。

第三十四条 研究生申请复学,应在休学期满前提交《研究生复学、恢复学籍申请表》,附事由证明材料,经导师、培养单位分管领导书面同意,报研究生院审批,方可办理复学手续。因病休学者申请复学,应提交学校指定医院诊断证明。

第七章 退 学

第三十五条 研究生本人申请退学的,提交《研究生退学申请表》,经导师及培养单位分管领导书面同意、研究生院审查,报校长工作会议或者校长授权的研究生院院务会议审议通过后,办理退学及离校手续,学校发给退学证明。

第三十六条 研究生有下列情形之一,学校可按程序予以退学处理:

(一) 经考核不宜继续攻读硕士学位或博士学位的。

(二) 超过学校规定的最长学习年限未完成学业的。

(三) 休学、保留学籍期满,在期满前未提出复学申请或者申请复学经复查不合格的;休学、保留学籍累计时间已达到 2 年，未提出复学申请或者申请复学经复查不合格的。

（四）根据学校指定医院诊断，患有疾病或者意外伤残不能继续在校学习的。

（五）未经批准连续 2 周未参加学校规定的教学活动的。

（六）超过学校规定期限未注册而又未履行暂缓注册手续的。

第三十七条 对研究生的退学处理，由校长工作会议研究决定，并事先进行必要的合法性审查。

在对研究生作出退学处理决定之前，培养单位应送达退学处理告知书。退学处理告知书中应当明确对研究生作出退学处理的事实、理由和依据，告知研究生有陈述和申辩的权利。校长工作会议决定予以退学处理的，学校出具退学处理决定书，培养单位应送达退学处理决定书。

退学处理告知书、决定书应当直接送达研究生本人，研究生拒绝签收的，可以留置方式送达；已离校的，可以采取电子邮件或邮寄方式送达；难以联系的，可以利用学校网站以公告方式送达。

第三十八条 退学的研究生应当在学校批准或退学处理决定书送达之日起 2 周内办结离校手续。

第三十九条 退学的研究生，按已有毕业学历和就业政策可以就业的，由原毕业学校报所在地省级毕业生就业部门办理相关手续。档案退回其家庭所在地，户口迁回原户籍地或者家庭户籍所在地。

第四十条 退学的研究生，不得申请复学。

第八章 毕业与结业

第四十一条 研究生在最长学习年限内，修完培养计划规定内容，成绩合格，毕业论文答辩通过，学校准予毕业，发给毕业证书。符合学位授予条件的，学校发给学位证书。

研究生(硕博连读生自博士入学之日起计算)在校学习时间满 2 年，直博生在校学习时间满 4 年，提前完成培养计划规定内容，获得毕业所要求的学分，达到提前答辩申请学位要求的，经学院批准，研究生院审核，可以申请提前毕业。

第四十二条 研究生在最长学习年限内，修完培养计划规定内容，但毕业论文答辩未通过，学校准予结业，发给结业证书。

第四十三条 研究生可以分阶段完成学业，在最长学习年限内，可以先结业再毕业，或先毕业再申请学位。

研究生结业后可以重修或者补做毕业设计、论文、答辩，符合相应条件后，学校颁发毕业证书、学位证书，合格后颁发的毕业证书、学位证书，毕业时间、获得学位时间按发证日期填写。

第四十四条 研究生在校学习时间超过基本学习年限，但未超过最长学习年限，即硕士研究生入学满 3 年但未满 5 年、博士研究生入学满 4 年但未满 8 年、直博生入学满 6 年但未满 8 年，研究生不额外缴纳学费，不参与学业奖评选，不享受基本助学金及助研助教岗位酬金待遇，其他奖助学金以评选要求为准。

第四十五条 自博士生入学之日起满 2 年后，因不符合博士生培养关键环节相关要求或者其他原因，直博生、硕博连读生不再适合继续攻读博士学位，但具备攻读硕士学位基本条件的，可申请转为硕士研究生培养，最迟毕业时间不得超过原作为博士生的最长学习年限。博士生申请转硕时，在校学习时间（直博生自入学之日起计算，硕博连读生自硕士阶段入学之日起计算，下同）未超过硕士生最长学习年限的，须在硕士生最长学习年限内完成硕士毕业论文答辩；在校学习时间超过硕士生最长学习年限的，须在完成“转为硕士生培养”申请审批程序后的 1 年内完成硕士毕业论文答辩；否则，予以退学。

第九章 学业证书管理

第四十六条 学校严格按照招生时确定的办学类型和学习形式，以及研究生招生录取时填报的个人信息，填写、颁发学历证书、学位证书及其他学业证书。

研究生在校期间修改或变更姓名、出生日期等身份信息的，应当有合理、充分的理由，并提供有法定效力的相应证明文件。经学校审核确认，上报所在地省级教育行政部门审核确认后，方予更改，学信网保留更改前的信息。

第四十七条 学校执行高等教育学籍学历电子注册管理制度，按相关规定及时完成研究生学籍学历电子注册。

学信网电子学历注册完成并提供网上查询后，学校不得变更证书内容及注册信息，不再受理学生信息变更事宜。注册信息确有错误的，须经省级教育行政部门审核确认后方可修改。

第四十八条 对违反国家招生规定取得入学资格或者学籍的，学校取消其学籍，不发给学历证书、学位证书；已发的学历证书、学位证书，学校依法予以撤销。对以作弊、剽窃、抄袭等学术不端行为或者其他不正当手段获得学历证书、学位证书的，学校依法予以撤销。

被撤销的学历证书、学位证书已注册的，学校予以注销并报教育行政部门宣布无效。

第四十九条 学历证书和学位证书遗失或者损坏，经本人申请，学校核实后出具相应的证明书。证明书与原证书具有同等效力。

第十章 附 则

第五十条 本规定适用于在中国科学技术大学接受普通高等学历教育的博士、硕士研究生。其他类型研究生，除另有规定外，均参考本规定进行管理。

第五十一条 本规定由研究生院负责解释。

第五十二条 本规定自印发之日起施行。原《中国科学技术大学研究生学籍管理实施细则》（校研字〔2017〕186 号）同时废止。

中国科学技术大学博士研究生培养分流退出机制实施办法

（校研字〔2023〕77号，2023年5月28日）

第一章 总　　则

第一条 为深入贯彻全国研究生教育会议精神，落实《教育部　国家发展改革委　财政部关于加快新时代研究生教育改革发展的意见》《国务院学位委员会　教育部关于进一步严格规范学位与研究生教育质量管理的若干意见》要求，进一步推进研究生教育“德创”领军人才培养计划，立足提升博士研究生培养质量，造就一流高层次人才，推动研究生教育内涵式发展，建立健全博士研究生培养过程的分流退出机制，结合学校实际，制定本办法。

第二条 指导思想。以习近平新时代中国特色社会主义思想为指导，全面贯彻党的教育方针，坚定走内涵式发展道路，以立德树人、服务需求、提高质量、追求卓越为主线，潜心立德树人，执着攻关创新，深入推进研究生教育改革，加强关键环节治理，完善分流机制与退出渠道，调动研究生培养单位的责任心和积极性，不断提升高端人才培养水平，深入推进研究生教育治理体系和治理能力现代化，进一步提升全校研究生教育质量和教育声誉，加快培养科学领军人才与技术领军人才。

第三条 基本原则。坚持公开、公平、公正；兼顾学生、导师（组）、培养单位意愿，注重因材施教，鼓励多元发展，切实保障全校博士研究生教育培养和学位授予质量。

第四条 适用对象。本办法适用于所有类型的学历教育博士研究生（以下简称博士生），包括：直接攻读博士学位研究生（以下简称直博生）、硕博连读博士研究生（以下简称硕博连读生）、普通招考博士研究生（以下简称普通招考博士生）。

第五条 总体要求。博士生培养关键环节包括资格考试（仅适用于直博生）、学位论文开题、学位论文中期考核、学位论文预审、学位论文评审、学位论文答辩等。研究生培养单位在资格考试环节必须实施分流退出机制，在学位论文开题环节或学位论文中期考核环节可根据实际情况至少选择一个环节实施分流退出机制，在学位论文预审环节不实施分流退出机制，在学位论文评审和学位论文答辩环节均须实施分流退出机制。博士生所有培养关键环节均须在学籍管理规定最长学习年限范围（年限计算截至每年8月31日，下同）内完成。

第二章 博士生培养关键环节要求

第六条 资格考试。资格考试是研究生培养单位面向直博生组织实施的学科（专业学位类别、领域）综合性水平考试，是考核直博生是否具有开展创新性研究工作能力的重要环节。

研究生培养单位必须在资格考试环节对直博生实施分流退出机制，并结合本单位实际情况，制定直博生资格考试实施细则。通过硕转博考核的硕博连读生和通过入学考试的普通招考博士生不需要参加资格考试。硕转博考核和普通招考博士生的入学考试根据博士研究生招考相关政策规定执行。

(一) 资格考试时间、次数

直博生首次资格考试应于其入学 2 年内进行。每位直博生最多可参加 2 次资格考试。

(二) 资格考试内容和方式

1. 资格考试命题。资格考试的方式由研究生培养单位根据培养要求和学科类别特点确定,按一级学科、二级学科或专业学位类别、领域命题。

2. 资格考试内容。应涵盖本学科(专业学位类别、领域)应掌握的基础理论知识、专业知识、前沿及相关知识,重点考察研究生开展学术研究工作所需的综述能力、创新能力、分析和解决问题的能力。

3. 资格考试方式。资格考试可以笔试、面试等形式进行,原则上应包含外语能力考核及专业课考核。其中,仅以面试形式开展专业课考核的,每位博士生的专业知识答辩时间不少于 20 分钟。资格考试由专人负责记录且面试过程全程录音录像。

(三) 资格考试组织实施

研究生培养单位统一组织、实施资格考试。组织主体的主要职责包括:

1. 制定或修订本单位博士生资格考试实施细则;

2. 采取笔试形式的,须组织博士生资格考试笔试命题,确定参考答案,并严格落实考试保密工作;

3. 采取面试形式的,须确定面试考核组成员的基本条件和主要职责;

4. 审定资格考试结果;

5. 对本单位资格考试出现的异议提出处理意见;

6. 处理本单位资格考试的其他事项。

(四) 资格考试结果评定

资格考试结果评定等级分为"通过"和"不通过"。其中:

首次资格考试"不通过"的直博生,须在其后 1 年内重新参加考试。第 2 次考试仍"不通过"的,执行分流退出程序。

因故不能参加资格考试的直博生原则上应至少提前 2 周提出延缓考试申请,获得导师、所在研究生培养单位同意后参加下一批次考试。如无特殊情况最多只能申请 1 次延缓考试。未经培养单位批准不参加资格考试的博士生,考试结果按"不通过"评定。

第七条 学位论文开题。学位论文开题是博士生确定学位论文选题、明确研究计划的创新性和可行性的培养环节。

(一) 学位论文开题对象

博士生均须参加学位论文开题。

(二) 学位论文开题时间、次数

每位博士生均应在其入学 18 个月内完成首次开题。开题通过后满 1 年,方可申请学位论文评审。

(三) 学位论文开题要求和评审方式

每位博士生均应以书面形式提交学位论文开题报告。开题报告应包括学位论文选题的研究意义、研究目的、文献综述、研究内容和方法、创新之处、已取得的研究成果、研究工作进度安排等内容。

开题评审可以函评或会评(公开答辩)形式进行,评审组由本一级学科(专业学位类别)及相关学科(类别)不少于 5 位专家组成(其中博士生导师不少于 3 人)。以会评形式进行的,每位博士生的报告时间不少于 20 分钟,且安排专人负责记录。

学位论文开题以函评形式进行的,在学位论文中期考核环节须以会评形式进行。学位论文开题以会评进行的,在学位论文中期考核环节可以函评或会评形式进行。

(四) 学位论文开题组织实施

学位论文开题由研究生培养单位统一组织、实施。组织主体的主要职责包括:

1. 制定或修订本单位博士生学位论文开题实施细则;
2. 确定博士生自入学以来,在研究进展和相关科研工作量方面需要达到的具体要求;
3. 明确开题评审组成员的基本条件和主要职责;
4. 审定博士生开题评审结果;
5. 对本单位博士生开题评审中出现的异议提出处理意见;
6. 处理本单位博士生学位论文开题的其他事项。

(五) 学位论文开题结果评定

学位论文开题结果评定等级分为“通过”和“不通过”。

出现以下情形之一的,记为“不通过”:

1. 论文选题不当、不符合所在一级学科或专业学位类别研究方向的;
2. 研究内容缺乏创新性,研究方法或手段不恰当,或预期研究目标过低,或预期学位论文水平达不到博士学位论文要求的;
3. 科研准备工作量不充分的;
4. 研究计划缺乏严密性或可行性的;
5. 评审专家组判定为不能通过开题的其他情形。

评审专家组以投票方式判定学位论文开题结果,通过票数达到总体票数 2/3 的,学位论文开题结果评定为“通过”,否则结果评定为“不通过”。

首次开题“不通过”的博士生,须在其后 1 年内重新开题。开题“通过”的博士生,如果其学位论文选题或研究内容发生重大变化的,应重新开题,重新开题通过后,研究生培养单位可根据博士生学习进度安排博士生参加后续关键环节。

在学位论文开题环节实施分流退出机制的,对第 2 次开题仍“不通过”的博士生,启动分流退出程序;不在学位论文开题环节实施分流退出机制的,对第 2 次开题仍“不通过”的博士生,可按照本条款相关要求继续组织开题。

因故不能参加开题的博士生原则上应至少提前 2 周提出延缓开题申请,获得导师、所在研究生培养单位同意后参加下一批次开题。如无特殊情况最多只能申请 1 次延缓开题。未经批准不按要求参加开题的博士生,当次开题结果按“不通过”评定。

第八条 学位论文中期考核。学位论文中期考核是对照培养方案要求,对博士生学位论文进展情况进行全面检查,并对其后续学业安排提出改进要求的培养环节。

(一) 学位论文中期考核对象

学位论文开题通过的博士生方可参加中期考核。

(二) 学位论文中期考核时间、次数

每位通过学位论文开题的博士生须在开题通过 6 个月后、18 个月内开展首次学位论文中期考核,且须在其入学 4 年内参加首次学位论文中期考核。

研究生培养单位在本环节实施分流退出机制的,每位博士生最多可参加 2 次学位论文中期考核。

(三) 学位论文中期考核要求和评审方式

每位博士生均应以书面形式提交学位论文中期进展报告。中期进展报告应包括自学位论文开题以来在相关科研、论文撰写方面的进展情况和后续研究的安排以及预期进度情况等内容。

中期考核评审可以函评或会评(公开答辩)形式进行,评审组由本一级学科(专业学位类别)及相关学科(类别)不少于 5 位专家组成(其中博士生导师不少于 3 人)。以会评形式进行的,每位博士生的报告时间不少于 20 分钟,且安排专人负责记录。

(四) 学位论文中期考核组织实施

学位论文中期考核由研究生培养单位统一组织、实施。组织主体的主要职责包括:

1. 制定或修订本单位博士生学位论文中期考核实施细则;

2. 确定博士生自学位论文开题以来,在论文进展和相关科研工作量方面需要达到的具体要求;

3. 明确中期考核评审组成员的基本条件和主要职责;

4. 审定博士生中期考核评审结果;

5. 对本单位博士生中期进展报告评审中出现的异议提出处理意见;

6. 处理本单位博士生中期考核的其他事项。

(五) 学位论文中期考核结果评定

学位论文中期考核结果评定等级分为“通过”和“不通过”。

出现以下情形之一的,记为“不通过”:

1. 未达到研究生培养单位对于博士生自学位论文开题至中期考核期间的在论文进展和相关科研工作方面的要求;

2. 在学术道德、科研诚信等方面违反学校有关规定;

3. 评审专家组判定为不能通过中期考核的其他情形。

评审专家组以投票方式判定中期考核结果,通过票数达到总体票数 2/3 的,学位论文中期考核结果评定为“通过”,否则结果评定为“不通过”。

首次中期考核结果为“不通过”的博士生,须在其后 6 个月内重新考核。

在学位论文中期考核环节实施分流退出机制的,对第 2 次中期考核仍“不通过”的博士生,启动分流退出程序。在学位论文中期考核环节未实施分流退出机制的,对第 2 次中期考核仍“不通过”的博士生,可按照本条款相关要求继续组织考核。

因故不能参加中期考核的博士生原则上应至少提前 2 周提出延缓考核申请,获得导师、所在研究生培养单位同意后参加下一批次中期考核。如无特殊情况最多只能申请 1 次延缓考核。未经培养单位批准不参加中期考核的博士生,中期考核结果按“不通过”评定。

第九条 学位论文预审。博士学位论文预审是由研究生培养单位组织专家对博士学位论文的创新性、工作量、文献综述、规范性及其与学科(类别、领域)的符合度是否达到要求而进行的前置审核。

(一) 学位论文预审对象

学位论文中期考核通过且完成博士学位论文撰写工作的博士生方可申请参加博士学位论文预审。

(二) 学位论文预审时间

在博士生学位论文提交送审前 1 周完成预审。

(三) 学位论文预审方式

学位论文预审可以函评或会评(公开答辩)形式进行,评审组由本一级学科(专业学位类别)及相关学科(类别)不少于 3 位博士生导师组成。以会评形式进行的,须安排专人负责记录。

(四) 学位论文预审组织实施

学位论文预审由研究生培养单位统一组织、实施。

(五) 学位论文预审结果评定

学位论文预审结果评定等级分为"同意送审"和"不同意送审",对评定等级的认定遵照学校学位授予有关规定执行。

学位论文预审结果评定为"同意送审"的博士生须针对专家预评审意见对学位论文修改完善,经导师审核通过后,方可申请学位论文送审。

学位论文预审结果评定为"不同意送审"的博士生须针对专家修改意见对学位论文作出实质性修改,经导师审核通过后,方可重新提交学位论文预审申请。

重新预审的流程与结果评定按照上述要求执行。

第十条 学位论文评审。学位论文评审是由学科(类别、领域)专家对正式提交送审的博士学位论文的科研质量、在科学或专门技术上做出的创新性成果是否达到要求而进行的审核。

(一) 学位论文评审对象

完成培养方案规定的学分并达到成绩要求,且学位论文预审结果评定为"同意送审"的博士生,经导师和学位点负责人签字同意后,方可参加博士学位论文评审。

(二) 学位论文评审时间、次数

遵照学校发布的学位工作日程安排执行。

每位博士生最多可参加 2 次学位论文评审。

(三) 学位论文评审方式

博士学位论文评审专家不少于 5 名,其中应有 1 名来自培养单位的博士生导师,并且校外专家不少于 3 名(其中工程类专业学位博士论文评审专家中至少 2 名来自行业/企业)。采用全盲方式评审的,评审专家中校内外专家人数不受上述限制。申请人的导师不得作为学位论文评审专家。

学术学位博士论文评审人应具有博士生导师资格,工程类专业学位博士论文评审人应具有正高级职称。

(四) 学位论文评审组织实施

学位论文评审由研究生培养单位统一组织、实施。其中:

采用全盲方式评审的，应通过学校“学位论文评阅系统”或教育部“学位论文质量监测服务平台”开展。

采用非全盲方式评审的，评审人员名单须由学位点负责人审核后报校学位委员会办公室备案。校学位委员会办公室可根据实际情况对评审人名单作出调整。

（五）学位论文评审结果认定

学位论文评审结果评定等级分为“通过”和“不通过”，对评定等级的认定遵照学校学位授予有关规定执行。

首次学位论文评审“不通过”的，可以遵照学位授予有关规定再次申请学位论文评审。第2次学位论文评审仍“不通过”的，学校不再受理其学位论文评审申请，执行分流退出程序。

第十一条 学位论文答辩。学位论文答辩既是对学位论文科研质量和在科学或专门技术上做出创新性的成果的最终检验，也是对学位申请人在本学科（类别、领域）上掌握坚实宽广的基础理论和系统深入的专门知识、具有独立从事科学研究工作的能力的考查。

（一）学位论文答辩对象

通过学位论文评审的博士生方可参加学位论文答辩。

（二）学位论文答辩时间、次数

遵照学校发布的学位工作日程安排执行。

每位博士生最多可参加2次学位论文答辩。

（三）学位论文答辩方式

学术学位博士答辩委员会应由不少于5名本学科或相关学科的博士生导师组成。成员中至少1名来自培养单位的博士生导师，且一般应有校外博士生导师。

专业学位博士学位论文答辩委员会应由至少5名本领域和相关领域的具有正高级职称的专家组成。成员中至少1名来自培养单位的博士生导师，至少2名来自企业（行业）的具有正高级职称的专家。

学位论文答辩除有保密要求外，一般应以公开答辩形式进行。每位博士生的答辩总时长不少于90分钟。

学位申请人的导师参加答辩会议，并按要求回答答辩委员的询问，在学位论文答辩会议的有关环节予以回避。

（四）学位论文答辩组织实施

学位论文答辩由研究生培养单位按照《中国科学技术大学研究生学位论文答辩程序》统一组织、实施。

（五）学位论文答辩结果认定

学位论文答辩结果评定等级分为“通过”和“不通过”，对评定等级的认定遵照学校学位授予有关规定执行。

首次学位论文答辩“不通过”的，可以遵照学校学位授予有关规定再次申请答辩。第2次答辩仍“不通过”的，执行分流退出程序。

第三章 博士生分流退出执行机制

第十二条 我校硕士研究生基本学习年限为2～3年，最短学习年限为2年，最长学习年限为5年；硕博连读生、普通招考博士生基本学习年限为3～4年，最短学习年限为2年，最长学习年限为8年；直博生基本学习年限为5～6年，最短学习年限为4年，最长学习年限为8年。

第十三条 博士生分流退出机制包括“退学”“博士结业”和“转为硕士生培养”三种渠道。其中：“转为硕士生培养”的，自博士生入学之日起算，满2年后方可执行；其最迟毕业时间不得超过原作为博士生的最长学习年限。

第十四条 不符合博士生培养关键环节相关要求的，根据实际情况，实施分流退出。

对于直博生，申请“博士结业”的，修完培养计划规定的全部课程，符合结业条件的，予以“博士结业”；申请“转为硕士生培养”的，应根据原定博士生类型（学术学位/专业学位，下同）及所在学科（类别、领域）或研究生的实际情况转为硕士生，按照硕士生的要求对其培养。其中：从直博生入学之日起算，未超过硕士生最长学习年限的，须在硕士生最长学习年限内完成硕士学位论文答辩；超过硕士生最长学习年限的，须在完成“转为硕士生培养”申请审批程序后的1年内完成硕士学位论文答辩；否则，予以“退学”。

对于硕博连读生，申请“博士结业”的，修完培养计划规定的全部课程，符合结业条件的，予以“博士结业”；申请“转为硕士生培养”的，应根据原定博士生类型及所在学科（类别、领域）或研究生的实际情况转为硕士生，按照硕士生的要求对其培养。其中：从硕博连读生的硕士阶段入学之日起算，未超过硕士生最长学习年限的，须在硕士生最长学习年限内完成硕士学位论文答辩；超过硕士生最长学习年限的，须在完成“转为硕士生培养”申请审批程序后的1年内完成硕士学位论文答辩。否则，予以“退学”。

对于普通招考博士生，申请“博士结业”的，修完培养计划规定的全部课程，符合结业条件的，予以“博士结业”；否则，予以“退学”。

第十五条 应予分流退出的，由博士生所在培养单位发出“分流退出告知书”，要求博士生自送达之日起算20个工作日内提出学籍变动申请。在规定时间内提出学籍变动申请的，经导师及培养单位分管领导书面同意、研究生院审查，报校长工作会议或者校长授权的研究生院院务会议审议通过后，办理退学及离校手续，学校发给退学证明。逾期未提出学籍变动申请的，由博士生所在培养单位会同导师出具“退学”意见，经培养单位党政联席会议审议形成“退学”决议，研究生院依据学校学籍管理有关规定进行过程审查，学校法务部门依据相关法律法规进行合法性审查后，提交校长工作会议或者校长授权的专门会议研究批准后，予以退学。

第四章 附　　则

第十六条 各研究生培养单位应根据本办法，制定本单位博士生分流退出实施细则，进一步规范、细化工作流程，经学位评定分委员会审定、报研究生院备案后公布和实施。

第十七条 未通过培养关键环节而被分流退出的博士生，对处理决定有异议的，可按照有关管理规定向校申诉委员会提出申诉。

第十八条 本办法由研究生院（校学位委员会办公室）负责解释。

第十九条 本办法自2023级博士生开始执行。

中国科学技术大学第(1)类工程类专业学位评定分委员会申请学位的研究成果要求(试行)

（校学位字〔2023〕109号，2023年7月24日）

第一条 为进一步完善工程技术人才培养体系，培养工程技术领军人才，满足创新型国家建设对高层次应用型工程技术创新人才的需求，根据《关于深化研究生教育改革的意见》《工程类博士专业学位研究生培养模式改革方案》《专业学位研究生教育发展方案（2020—2025）》有关规定，以及全国工程专业学位研究生教育指导委员会的指导意见，结合学校实际，制定本要求。

第二条 第（1）类工程类专业学位评定分委员会涵盖的专业类别及代码：电子信息0854。

第三条 工程类博士专业学位研究生在学期间须参与工程相关领域的重大、重点工程项目，其中单个国家级或省部级重大、重点工程项目经费应不少于100万元，单个市级或行业企业重大、重点工程项目经费应不少于200万元。

第四条 工程类博士专业学位研究生在学期间应以本人第一作者、中国科学技术大学为第一署名单位发表SCI或EI收录论文1篇，同时取得满足以下条件之一的研究成果：

（一）获得国家级、省部级或全国性行业学（协）会科技成果二等奖及以上奖励并已进入公示环节。

（二）主持或参与制定、修订国际标准、国家标准、行业标准、地方标准（省级）或团体标准，并完成报批稿环节；其中，团体标准本人排名须在前3或前1/2。

（三）研究成果已通过省部级及以上级别或其委托方组织的专家组鉴定或验收，且本人排名前3。

（四）出版工程专著，且本人为第一作者（或导师第一本人第二）身份，专著原则上不少于5万字。

（五）获得已授权发明专利，且本人为第一署名人（或导师第一本人第二）。

第五条 第四条补充条款。

对第四条表述未尽（即成果不满足第四条列出）之情况，如以本人第一作者、中国科学技术大学为第一署名单位发表经相关学科所在的学位评定分委员会认定的工程技术或工程应用领域高水平研究型论文1篇（如近五年入选过JCR二区及以上的SCI期刊；或信息与智能学部认定的A档成果；或学位评定分委员会认定的学术期刊等）；且学位论文相关成果已获得工程实际应用并取得成果应用证明。

第六条 工程类硕士专业学位研究生在学期间取得的研究成果满足以下条件之一方可申请学位：

（一）以第一发明人（或导师第一本人第二）身份获得国内外已公开发明专利或已授权实用新型专利1项；

（二）论文成果已获得工程实际应用并取得成果应用证明；

（三）以本人第一作者（或导师第一本人第二）、中国科学技术大学为第一署名单位发表SCI、EI、中国科学引文数据库（CSCD）、中国科技论文与引文数据库（CSTPCD）、中文核心期刊要目总览收录的研究型期刊论文或EI收录的研究型会议论文或国际会议上发表的会议论文（ISBN号）1篇。

第七条 本要求中的研究成果须与申请者的学位论文工作密切相关。

第八条 本要求由校学位评定委员会负责解释。

第九条 本要求自2025年1月1日起施行。原《中国科学技术大学工程类博士专业学位研究生申请学位的研究成果要求》（校学位字〔2018〕142号）同时废止。

中国科学技术大学第(2)类工程类专业学位评定分委员会申请学位的研究成果要求(试行)

（校学位字〔2023〕110号，2023年7月24日）

第一条 为进一步完善工程技术人才培养体系，培养工程技术领军人才，满足创新型国家建设对高层次应用型工程技术创新人才的需求，根据《关于深化研究生教育改革的意见》《工程类博士专业学位研究生培养模式改革方案》《专业学位研究生教育发展方案（2020—2025）》有关规定，以及全国工程专业学位研究生教育指导委员会的指导意见，结合学校实际，制定本要求。

第二条 第(2)类工程类专业学位评定分委员会涵盖的专业类别及代码：材料与化工0856，资源与环境0857，生物与医药0860。

第三条 工程类博士专业学位研究生在学期间须参与工程相关领域的重大、重点工程项目，其中单个国家级或省部级重大、重点工程项目经费应不少于100万元，单个市级或行业企业重大、重点工程项目经费应不少于200万元。

第四条 工程类博士专业学位研究生在学期间应以本人第一作者、中国科学技术大学为第一署名单位发表SCI或EI收录论文1篇，同时取得满足以下条件之一的研究成果：

（一）获得国家级、省部级或全国性行业学（协）会科技成果二等奖及以上奖励并已进入公示环节。

（二）主持或参与制定、修订国际标准、国家标准、行业标准、地方标准（省级）或团体标准，并完成报批稿环节；其中，团体标准本人排名须在前3或前1/2。

（三）研究成果已通过省部级及以上级别或其委托方组织的专家组鉴定或验收，且本人排名前3。

（四）出版工程专著，且本人为第一作者（或导师第一本人第二）身份，专著原则上不少于 5 万字。

（五）获得已授权发明专利，且本人为第一署名人（或导师第一本人第二）。

第五条 第四条补充条款。

对第四条表述未尽（即成果不满足第四条列出）之情况，如以本人第一作者、中国科学技术大学为第一署名单位发表经相关学科所在的学位评定分委员会认定的工程技术或工程应用领域高水平研究型论文 1 篇（如近五年入选过 JCR 二区及以上的 SCI 期刊等）；且学位论文相关成果已获得工程实际应用并取得成果应用证明。

第六条 工程类硕士专业学位研究生在学期间取得的研究成果满足以下条件之一方可申请学位：

（一）以第一发明人（或导师第一本人第二）身份获得国内外已公开发明专利或已授权实用新型专利 1 项；

（二）论文成果已获得工程实际应用并取得成果应用证明；

（三）以本人第一作者（或导师第一本人第二）、中国科学技术大学为第一署名单位发表 SCI、EI、中国科学引文数据库（CSCD）、中国科技论文与引文数据库（CSTPCD）、中文核心期刊要目总览收录的研究型期刊论文或 EI 收录的研究型会议论文或国际会议上发表的会议论文（ISBN 号）1 篇。

第七条 本要求中的研究成果须与申请者的学位论文工作密切相关。

第八条 本要求由校学位评定委员会负责解释。

第九条 本要求自 2025 年 1 月 1 日起施行。原《中国科学技术大学工程类博士专业学位研究生申请学位的研究成果要求》（校学位字〔2018〕142 号）同时废止。

中国科学技术大学第(3)类工程类专业学位评定分委员会申请学位的研究成果要求(试行)

（校学位字〔2023〕111 号，2023 年 7 月 24 日）

第一条 为进一步完善工程技术人才培养体系，培养工程技术领军人才，满足创新型国家建设对高层次应用型工程技术创新人才的需求，根据《关于深化研究生教育改革的意见》《工程类博士专业学位研究生培养模式改革方案》《专业学位研究生教育发展方案（2020—2025）》有关规定，以及全国工程专业学位研究生教育指导委员会的指导意见，结合学校实际，制定本要求。

第二条 第(3)类工程类专业学位评定分委员会涵盖的专业类别及代码：机械 0855，能源动力 0858。

第三条 工程类博士专业学位研究生在学期间须参与工程相关领域的重大、重点工程项目，其中单个国家级或省部级重大、重点工程项目经费应不少于 100 万元，单个市级或行业企业重大、重点工程项目经费应不少于 200 万元。

第四条 工程类博士专业学位研究生在学期间应以本人第一作者、中国科学技术大学为第一署名单位发表 SCI 或 EI 收录论文 1 篇，同时取得满足以下条件之一的研究成果：

（一）获得国家级、省部级或全国性行业学（协）会科技成果二等奖及以上奖励并已进入公示环节。

（二）主持或参与制定、修订国际标准、国家标准、行业标准、地方标准（省级）或团体标准，并完成报批稿环节；其中，团体标准本人排名须在前 3 或前 1/2。

（三）研究成果已通过省部级及以上级别或其委托方组织的专家组鉴定或验收，且本人排名前 3。

（四）出版工程专著，且本人为第一作者（或导师第一本人第二）身份，专著原则上不少于 5 万字。

（五）获得已授权发明专利，且本人为第一署名人（或导师第一本人第二）。

第五条 第四条补充条款。

对第四条表述未尽（即成果不满足第四条列出）之情况，如以本人第一作者、中国科学技术大学为第一署名单位发表经相关学科所在的学位评定分委员会认定的工程技术或工程应用领域高水平研究型论文 1 篇（如近五年入选过 JCR 二区及以上的 SCI 期刊等）；且学位论文相关成果已获得工程实际应用并取得成果应用证明。

第六条 工程类硕士专业学位研究生在学期间取得的研究成果满足以下条件之一方可申请学位：

（一）以第一发明人（或导师第一本人第二）身份获得国内外已公开发明专利或已授权实用新型专利 1 项；

（二）论文成果已获得工程实际应用并取得成果应用证明；

（三）以本人第一作者（或导师第一本人第二）、中国科学技术大学为第一署名单位发表 SCI、EI、中国科学引文数据库（CSCD）、中国科技论文与引文数据库（CSTPCD）、中文核心期刊要目总览收录的研究型期刊论文或 EI 收录的研究型会议论文或国际会议上发表的会议论文（ISBN 号）1 篇。

第七条 本要求中的研究成果须与申请者的学位论文工作密切相关。

第八条 本要求由校学位评定委员会负责解释。

第九条 本要求自 2025 年 1 月 1 日起施行。原《中国科学技术大学工程类博士专业学位研究生申请学位的研究成果要求》（校学位字〔2018〕142 号）同时废止。

中国科学技术大学硕士、博士学位授予实施细则

（校学位字〔2023〕117 号，2023 年 7 月 31 日）

第一章 总 则

第一条 根据《中华人民共和国学位条例》《中华人民共和国学位条例暂行实施办法》

《普通高等学校学生管理规定》,结合学校实际,制定本细则。

第二条 学校按照国务院学位委员会批准授权的学科(类别)、专业(领域)和学位类型授予硕士、博士学位。

第三条 学位申请人须遵守宪法、法律、法规,遵守公民道德规范、学术道德规范和相关管理制度。符合上述要求并达到学校规定的学术水平标准者,可依据本细则的有关规定,申请相应的学位。

第四条 研究生学位论文预审、评审和答辩等学位授予关键环节均须在学籍管理规定最长学习年限(年限计算截至每年 8 月 31 日,下同)内完成。

第二章 硕士学位

第五条 学术水平。

硕士生通过课程考试(考核)和学位论文答辩,达到下述条件者,可申请硕士学位:

(一) 掌握本学科(专业学位类别、领域)坚实的基础理论和系统的专门知识;

(二) 具有较强的科学研究工作或实际工作能力;

(三) 专业学位硕士生还应熟悉行业相关规范,具有良好的职业素养,掌握先进技术方法和现代技术手段,具有实践创新意识和能力。

第六条 资格审查。

(一) 硕士学位申请人的资格审查,由培养单位组织专人负责,审查时除遵照本细则第五条规定外,还应注意对硕士生整个学习阶段进行全面审查,包括思想政治、科研诚信、学习成绩和业务能力等;

(二) 硕士学位申请人学习培养过程具体要求应符合所在学科(专业学位类别、领域)研究生培养方案,硕士学位授予标准由各学位评定分委员会拟定,由校学位评定委员会审定;

(三) 硕士研究生毕业审核未通过的,学位申请不予受理;

(四) 对于在校期间受到记过及以上处分者,在调查期和处分期内不得申请学位,处分解除后方可申请学位;

(五) 对于有科研失信等不适合授予学位行为的申请者,在调查期和处分期内不得申请学位,处分解除后方可申请学位。

第七条 硕士生课程学习和考试要求。

硕士生在规定的学习年限内,必须符合研究生培养方案规定的学分要求和申请学位的成绩要求(基础课加权平均不低于 75 分),方可申请学位。

硕士生申请学位论文送审时,若已完成研究生培养方案规定的学分要求,但基础课加权平均低于 75 分,可申请参加学位论文评审和答辩。学位论文评审和答辩通过者,可申请毕业,但不能申请学位。

第八条 硕士学位论文要求。

学术学位硕士论文应是一篇系统而完整的学术论文。学位论文的基本论点、结论和建议,应有一定的学术价值或对国民经济建设具有一定的理论和实践意义;论文内容应体现出作者具有坚实的基础理论和系统的专门知识;应反映出科学的研究方法和较熟练的技能;应具有新的见解并取得一定的科研或技术成果。

专业学位硕士学位论文须与实践紧密结合，论文内容应体现作者运用本专业学位及相关学科的理论知识和方法，分析和解决实际问题的能力；论文结果应对实际工作具有较高的应用价值。论文形式可以是专题研究成果，也可以是高水平的调研报告或案例分析报告等。专业学位硕士论文的具体要求参照国家相关专业学位教育指导委员会、安徽省教育厅及学校有关规定。

硕士学位论文应在导师指导下由硕士生本人独立完成。硕士学位论文工作时间一般应不少于 1 年，开题通过后满半年方可申请学位论文评审。论文正文一般应不少于 3 万字。学位论文撰写规范参照我校相关学位论文撰写模板。

第九条 硕士学位论文指导教师。

学术学位硕士学位论文的指导教师须具备我校硕士生导师资格，并为具备高级专业技术职务的在编固定人员或聘期制特任研究员，论文的导师署名原则上不得超过 2 位。

专业学位硕士学位论文指导教师原则上应具有高级专业技术职务。工程类专业学位硕士生培养单位应建立以工程能力培养为导向的校企导师组联合指导制，导师组中来自培养单位的署名导师不得超过 2 位，且应有 1 位来自企业（行业）具有丰富工程实践经验和较高指导水平的实践导师，实践导师应符合我校专业学位实践导师遴选管理办法的要求。校企导师联合指导研究生的学位论文工作，由研究生本人独立完成学位论文。

第十条 硕士学位论文预审。

硕士学位论文预审是由研究生培养单位组织专家对硕士学位论文的创新性、工作量、文献综述、规范性及其与学科（专业学位类别、领域）的相关性是否达到要求而进行的前置审核。通过学位论文开题和中期考核，并完成硕士学位论文撰写工作的硕士生方可申请参加学位论文预审。

学位论文预审由研究生培养单位统一组织、实施。硕士学位论文统一采用教育部双全盲评审的培养单位和学科点，其硕士学位论文预评审环节可由培养单位和学科点根据自身情况、采用适当方式灵活开展。学位论文预审专家组由不少于 2 位硕士生导师组成，学位论文预审由专人负责记录。

学位论文预审结果评定等级分为“同意送审”和“不同意送审”。预审专家组可采取合议或单独反馈意见方式判定预审结果。采取单独反馈意见方式的，同意意见数达到总体意见数 2/3 的，则学位论文预审结果为“同意送审”。学位论文预审结果为“同意送审”的硕士生，须针对专家预审意见对学位论文修改完善，经导师审核通过后，方可申请学位论文送审。学位论文预审评定等级为“不同意送审”的硕士生，须针对专家修改意见对学位论文作出实质性修改，经导师审核通过后，方可重新提交学位论文预审申请。

第十一条 硕士学位论文评审。

完成培养方案规定的学分并达到成绩要求，且学位论文预审结果评定为“同意送审”的硕士生，经导师和学位点负责人签字同意后，方可参加硕士学位论文评审。评审由研究生培养单位根据校学位委员会办公室相关通知要求，统一组织和实施。

硕士学位论文评审专家不少于 2 位。其中，工程类专业学位硕士论文评审专家至少有 1 位来自培养单位的硕士生导师，并且至少有 1 位来自企业（行业）的专家。全部采用教育部学位论文质量检测平台评审的，校内外评审专家人数和企业(行业)专家人数不受上述限制。申请人的导师不得作为学位论文评审专家。

学术学位硕士论文评审专家应具有高级专业技术职务。专业学位硕士论文的评审专家应符合我校专业学位硕士生导师或实践导师标准。

硕士学位论文评审须经导师和学位点负责人审核后方可进行，原则上要求采用全盲评审方式。

第十二条 学位论文评审结果评定。

我校学位论文评审结果分为“同意答辩”“同意答辩稍作修改”“修改后重新评审”“不同意答辩”四种情况。对学位论文出现不同评审结果时的评定等级认定作如下说明：

1. 学位论文评审结果全部为“同意答辩稍作修改”及以上评价时，评审通过。若学位论文评审结果出现“同意答辩稍作修改”或者评审专家给出具体修改意见的，从最后一个“同意答辩稍作修改”评价作出之日或给出具体修改意见当天算起 5 天后才能组织学位论文答辩。

2. 学位论文评审结果出现一个及以上“修改后重新评审”评价而且没有“不同意答辩”时，从最后一个“修改后重新评审”评价作出之日起计，该研究生学位论文的修改时间须不少于 15 天，修改后的学位论文连同《学位论文评审意见修改反馈表》提交系统进行复审。从最后一个评审结果出现之日起计，若硕士生在 1 个月内未提交复审，则评审不通过。修改后的学位论文连同《学位论文评审意见修改反馈表》提交系统重新参加评审，且应选择给“修改后重新评审”的原专家作为评审专家(除非原专家拒审)。

院系安排复审时，应选择给“修改后重新评审”的原专家作为复审专家(除非原专家拒审)，复审专家人数等同于结论“修改后重新评审”的数量。复审结论全部为“同意答辩稍作修改”及以上评价时，则评审通过。若复审结论出现“同意答辩稍作修改”或者评审专家给出具体修改意见的，从最后一个“同意答辩稍作修改”评价作出之日或给出具体修改意见当天算起 5 天后才能组织学位论文答辩；复审结论一旦出现“修改后重新评审”或“不同意答辩”评价，则评审不通过。从最后一个“修改后重新评审”或“不同意答辩”评价作出之日起计，硕士学位论文修改时间须不少于 1 个月，修改后的学位论文连同《学位论文评审意见修改反馈表》提交系统重新参加评审，且应选择上轮复审给“修改后重新评审”或“不同意答辩”的原专家作为评审专家(除非原专家拒审)。

3. 学位论文评审结果仅出现一个“不同意答辩”且其他评价不含“修改后重新评审”时，若研究生本人认为该“不同意答辩”评价意见存在偏颇失实，经导师同意后，可提出申诉。申诉前，学生须根据原专家意见填写修改意见反馈表，针对每一条建议进行回复和修改，对于无法修改的建议，须在回复中解释不采纳修改建议的原因。从“不同意答辩”评价作出之日起计，该研究生学位论文的修改时间须不少于 15 天且不超过 1 个月。修改后，学生须向所在院系提交修改意见反馈表、修改后的论文及详细申诉报告。院系组织不少于 3 人的学科专家组对申诉报告进行审核(受理硕士论文申诉的专家组成员必须为硕士生导师且具有正式的高级技术职务)；若 2/3 及以上的专家认为学生已将可采纳建议修改到位，申诉合理，则同意申诉，院系可在原评审平台回避给出“不同意答辩”评价专家、增评 2 位评审专家对该学位论文进行评审。若增评结论均为“同意答辩”或“同意答辩稍作修改”时，则评审通过。若增评结论出现“同意答辩稍作修改”或者评审专家给出具体修改意见的，从最后一个“同意答辩稍作修改”评价作出之日或给出具体修改意见当天算起5天后才能组织学位论文答辩；若增评结论出现“修改后重新评审”或“不同意答辩”时，则评审不通过。从最后一个“修改后重新评审”或“不同意答辩”评价作出之日起计，硕士学位论文修改时间须不少于1个月，修改后的学位论文连同《学位论文评审意见修改反馈表》提交系统重新参加评审，且应选择上轮评审（包含初审和增评）给出“修改后重新评审”或“不同意答辩”的原专家作为评审专家（除非原专家拒审）。

在省部级学位论文抽检中3年累计出现2篇及以上“存在问题的学位论文”的学科，连续3年内（含抽检结果公布当年）学位论文评审不适用上述增评处理办法。若在取消申诉期内，省、部级抽检再次出现“存在问题的学位论文”，取消申诉期从最近一次抽检“存在问题”结果公布当年开始重新起计。

学位论文评审结果仅出现一个“不同意答辩”且不满足上述可增评条件时，则评审不通过。从“不同意答辩”评价作出之日起计，硕士学位论文修改时间须不少于1个月，修改后的学位论文连同《学位论文评审意见修改反馈表》提交系统重新参加评审，且应选择给“修改后重新评审”和“不同意答辩”的原专家作为评审专家（除非原专家拒审）。

4. 学位论文评审结果出现两个及以上“不同意答辩”评价时，评审不通过。从最后一个“不同意答辩”评价作出之日起计，硕士学位论文修改时间须不少于3个月，修改后的学位论文连同《学位论文评审意见修改反馈表》提交系统重新参加评审，且应选择给“修改后重新评审”和“不同意答辩”的原专家作为评审专家（除非原专家拒审）。

累计2次学位论文评审“不通过”的（自2023级硕士研究生开始执行），或超过硕士生最长学习年限的，学校不再受理其学位论文评审申请。

第十三条 硕士学位论文答辩。

硕士学位论文评审通过后，由培养单位或导师组织论文答辩。申请人的导师不得作为答辩委员会委员。

硕士学位论文答辩委员会应由不少于3位具有高级专业技术职务的同行专家组成，其中至少1位来自培养单位的硕士生导师，且一般应有校外硕士生导师。工程类专业学位硕士答辩委员会专家不少于3位，且应为达到我校专业学位硕士生导师或实践导师标准的专家，其中至少有1位来自培养单位的专业学位硕士生导师，并且至少有1位来自企业（行业）的达到专业学位实践导师标准的专家。硕士答辩委员会主席应由教授（或具有相当专业技术职务的专家）担任。管理人文类专业学位硕士论文答辩应符合我校相关专业学位授予实施细则中对学位论文答辩的要求。

答辩委员会委员应全程出席论文答辩会和答辩委员会会议，论文答辩除有保密要求外，一般应公开举行。答辩委员会根据论文水平及答辩情况等进行综合评价，以无记名投票方式表决，经2/3及以上委员通过，方可作出建议授予硕士学位的决议。

论文答辩不通过者，经答辩委员会同意，可在两个月后至一年内修改论文后重新答辩一次。若答辩委员会未作出修改论文重新答辩的决议，或申请人逾期未完成论文修改，或申请人重新答辩仍不通过，不再受理其学位申请。

答辩（含重新答辩）时间须于硕士生最长学习年限内。

第十四条 学位申请。

硕士生通过学位论文答辩、提出毕业申请并通过审核后，由各培养单位向校学位委员会办公室提出学位申请。申请时须按照硕士学位申请者审核材料清单要求提供材料，供学位评定分委员会和校学位评定委员会审议。

校学位委员会办公室对学位申请者名单进行公示，公示期不少于 7 日。公示期内有异议的，由学位委员会组织复核并作出是否同意申请学位的决定。

第十五条 学位授予。

校学位委员会办公室将硕士学位申请人的材料汇总后，分送各学位评定分委员会审查。分委员会原则上应以会议方式组织学位评定（如遇特殊情况可采用通信评审），须 2/3 及以上委员参加方为有效。分委员会按照硕士学位授予标准严格把关，对学位申请人的情况进行全面审查和综合评价，并以无记名投票方式表决，同意票数达到投票总人数 2/3 及以上，方可作出建议授予硕士学位的决议。

校学位评定委员会原则上于每年 4 月、6 月和 11 月召开会议，审议学位申请人的学位授予工作。委员会应以会议方式组织学位评定，须 2/3 及以上委员参加方为有效。会议以无记名投票方式表决，同意票数达到投票总人数 2/3 及以上，方可作出授予学位的决议。

校学位评定委员会作出授予硕士学位的决定后，对授予学位的名单进行公示，公示期不少于 7 日。公示期内有异议的，由校学位评定委员会组织复核并作出是否撤销已授学位的决定。公示结束后，校学位评定委员会印发学位授予文件，公布学位获得者名单，为学位获得者颁发学位证书。

第三章 博 士 学 位

第十六条 学术水平。

博士生通过博士课程考试（考核）和学位论文答辩，达到下述学术水平者，可申请博士学位：

（一）掌握本学科（专业学位类别、领域）坚实宽广、系统深入的理论基础和专业知识；

（二）掌握相关领域的发展动态与前沿；

（三）具有较强的独立从事科学研究或关键工程技术研究的能力；

（四）在科学或专门技术研究上取得创新性、突破性成果。

第十七条 资格审查。

（一）博士学位申请人的资格审查，由培养单位组织专人负责，审查时除遵照本细则第十六条规定外，还应注意对博士生整个学习阶段进行全面审查，包括思想政治、科研诚信、学习成绩和业务能力等；

（二）博士学位申请人学习培养过程具体要求应符合所在学科（专业学位类别、领域）研究生培养方案，博士学位授予标准由各学位评定分委员会拟定，由校学位评定委员会审定；

（三）博士生毕业审核未通过的，学位申请不予受理；

（四）对于在校期间受到记过及以上处分者，在调查期和处分期内不得申请学位，处分解除后方可申请学位；

（五）对于有科研失信等不适合授予学位行为的申请者，在调查期和处分期内不得申请学位，处分解除后方可申请学位。

第十八条 博士课程学习和考试要求。

博士生在规定的学习年限内，必须符合研究生培养方案规定的学分要求和申请学位的成绩要求（基础课加权平均不低于 75 分），方可申请学位。

博士生申请学位论文送审时，若已完成研究生培养方案规定的学分要求，但基础课加权平均低于 75 分，可申请参加学位论文评审和答辩。学位论文评审和答辩通过者，可申请毕业，但不可申请学位。

第十九条 博士学位论文要求。

学术学位博士学位论文应能表明作者确已掌握有关学科坚实宽厚的基础理论和系统深入的专门知识，具有独立从事科学研究或关键技术研究工作的能力，并在科学或专门技术上作出创新性、突破性的成果。论文应是系统而完整科研成果的表述与总结。

专业学位博士学位论文的选题应来自相关类别、领域应用实践，论文的基本点应在实际应用中具有理论意义和实用价值，须参照国家相关专业学位教育指导委员会及学校有关规定。其中，工程类专业学位博士学位论文的选题应来自相关工程领域的重大、重点工程项目，并具有重要的工程应用价值。工程类专业学位博士学位论文内容应与解决重大工程技术问题、实现企业行业技术进步和推动产业升级紧密结合，可以是工程新技术研究、重大工程设计、新产品或新装置研制等。

博士学位论文应在博士生导师指导下由博士生独立完成。博士学位论文研究工作时间原则上不得少于 2 年，并且应在入学 1.5 年内完成首次开题，开题通过后满 1 年方可申请学位论文评审。论文正文一般应不少于 5 万字。学位论文撰写规范参照我校相关学位论文撰写模板。

第二十条 学位论文指导教师。

学术学位博士论文指导教师须具备我校博士生导师资格。学术学位博士论文的署名导师原则上不得超过 2 位。

专业学位博士论文指导教师须具备我校专业学位博士生导师资格。专业学位博士论文的署名导师原则上不得超过 3 位。其中，工程类专业学位博士培养单位应建立以工程能力培养为导向的校企导师组联合指导制，导师组中来自培养单位的署名导师不得超过 2 位，且应有 1 位来自企业（行业）具有丰富工程实践经验和较高指导水平的正高级专业技术职务的专家。实践导师应符合我校专业学位实践导师遴选管理办法的要求。校企导师联合指导研究生的学位论文工作，由研究生本人独立完成学位论文。

第二十一条 博士学位论文预审。

博士学位论文预审是由研究生培养单位组织专家对博士学位论文的创新性、工作量、文献综述、规范性及其与学科（专业学位类别、领域）的符合度是否达到要求而进行的前置审核。通过学位论文开题和中期考核、并完成博士学位论文撰写工作的博士生方可申请参加学位论文预审。

学位论文预审由研究生培养单位统一组织、实施。学位论文预审可以函评或会评（公开答辩）形式进行。学位论文预审专家组由不少于 3 位博士生导师组成。以会评形式进行的，学位论文预审由专人负责记录。

学位论文预审结果评定等级分为“同意送审”和“不同意送审”。预审专家组可采取合议或单独反馈意见方式判定预审结果。采取单独反馈意见方式的，同意意见数达到总体意见数 2/3 的，则学位论文预审结果为“同意送审”。学位论文预审结果为“同意送审”的博士生，须针对专家预审意见对学位论文修改完善，经导师审核通过后，方可申请学位论文送审。学位论文预审结果为“不同意送审”的博士生，须针对专家修改意见对学位论文作出实质性修改，经导师审核通过后，方可重新提交学位论文预审申请。

第二十二条 博士学位论文评审。

完成培养方案规定的学分并达到成绩要求，且学位论文预审结果评定为“同意送审”的博士生，经导师和学位点负责人签字同意后，方可参加博士学位论文评审。学位论文评审由研究生培养单位根据校学位委员会办公室相关通知要求，统一组织和实施。

博士学位论文评审专家不少于 5 位，其中应有 1 位来自培养单位的博士生导师，并且校外专家不少于 3 位，其中工程类专业学位博士论文评审专家中至少 2 位来自企业（行业）。全部采用教育部学位论文质量检测服务平台评审的，校内外评审专家人数和企业（行业）专家人数不受上述限制。申请人的导师不得作为学位论文评审专家。

学术学位博士论文评审人应具有博士生导师资格。专业学位博士论文评审人应具有博士生导师资格，或是来自企业（行业）的正高级专业技术职务的专家。

博士学位论文评审须经导师和学位点负责人审核后方可进行，原则上采用全盲评审方式。

第二十三条 学位论文评审结果评定。

我校学位论文评审结果分为“同意答辩”“同意答辩稍作修改”“修改后重新评审”“不同意答辩”四种情况。学位论文评审结果评定等级分为“通过”和“不通过”。对学位论文出现不同评审结果时的评定等级认定作如下说明：

1. 学位论文评审结果全部为“同意答辩稍作修改”及以上评价时，评审通过。若学位论文评审结果出现“同意答辩稍作修改”或者评审专家给出具体修改意见的，从最后一个“同意答辩稍作修改”评价作出之日或给出具体修改意见当天算起 5 天后才能组织学位论文答辩。

2. 学位论文评审结果出现一个及以上“修改后重新评审”评价而且没有“不同意答辩”时，从最后一个“修改后重新评审”评价作出之日起计，该研究生学位论文的修改时间须不少于 15 天，修改后的学位论文连同《学位论文评审意见修改反馈表》提交系统进行复审。从最后一个评审结果出现之日起计，博士生在 2 个月内未提交复审，则评审不通过。修改后的学位论文连同《学位论文评审意见修改反馈表》提交系统重新参加评审，且应选择给“修改后重新评审”的原专家作为评审专家（除非原专家拒审）。

院系安排复审时，应选择给“修改后重新评审”的原专家作为复审专家（除非原专家拒审），复审专家人数等同于结论“修改后重新评审”的数量。复审结论全部为“同意答辩稍作修改”及以上评价时，则评审通过。若复审结论出现“同意答辩稍作修改”或者评审专家给出具体修改意见的，从最后一个“同意答辩稍作修改”评价作出之日或给出具体修改意见当天算起 5 天后才能组织学位论文答辩；复审结论一旦出现“修改后重新评审”或“不同意答辩”评价，则评审不通过。从最后一个“修改后重新评审”或“不同意答辩”评价作出之日起计，博士学位论文修改时间须不少于 2 个月，修改后的学位论文连同《学位论文评审意见修改反馈表》提交系统重新参加评审，且应选择复审给“修改后重新评审”或“不同意答辩”的原专家作为评审专家(除非原专家拒审)。

3. 学位论文评审结果仅出现一个“不同意答辩”、同时不含“修改后重新评审”且至少含有一个“同意答辩”时，若研究生本人认为该“不同意答辩”评价意见存在偏颇失实，经导师同意后，可提出申诉。申诉前，学生须根据原专家意见填写修改意见反馈表，针对每一条建议进行回复和修改，对于无法修改的建议，须在回复中解释不采纳修改建议的原因。从“不同意答辩”评价作出之日起计，该研究生学位论文的修改时间须不少于 15 天且不超过 1 个月。修改后，学生须向所在院系提交修改意见反馈表、修改后的论文及详细申诉报告。院系组织不少于 3 人的学科专家组对申诉报告进行审核(受理博士论文申诉的专家组成员必须为博士生导师)；若 2/3 及以上的专家认为学生已将可采纳建议修改到位，申诉合理，则同意申诉，院系可在原评审平台回避给出“不同意答辩”评价专家、增评 2 位评审专家对该学位论文进行评审。若增评结论均为“同意答辩”或“同意答辩稍作修改”时，则评审通过。若增评结论出现“同意答辩稍作修改”或者评审专家给出具体修改意见的，从最后一个“同意答辩稍作修改”评价作出之日或给出具体修改意见当天算起 5 天后才能组织学位论文答辩；若增评结论出现“修改后重新评审”或“不同意答辩”时，则评审不通过。从最后一个“修改后重新评审”或“不同意答辩”评价作出之日起计，博士学位论文修改时间须不少于 2 个月，修改后的学位论文连同《学位论文评审意见修改反馈表》提交系统重新参加评审，且应选择上轮评审(包含增评)给出“修改后重新评审”或“不同意答辩”的原专家作为评审专家(除非原专家拒审)。

在省部级学位论文抽检中 3 年累计出现 2 篇及以上“存在问题的学位论文”的学科，连续 3 年内(含抽检结果公布当年)学位论文评审不适用上述增评处理办法。若在取消申诉期内，省、部级抽检再次出现“存在问题的学位论文”，取消申诉期从最近一次抽检“存在问题”结果公布当年开始重新起计。

学位论文评审结果仅出现一个“不同意答辩”且不满足上述可增评条件时，则评审不通过。从“不同意答辩”评价作出之日起计，博士学位论文修改时间须不少于 2 个月，修改后的学位论文连同《学位论文评审意见修改反馈表》提交系统重新参加评审，且应选择给出“修改后重新评审”或“不同意答辩”的原专家作为评审专家(除非原专家拒审)。

4. 学位论文评审结果出现两个及以上“不同意答辩”评价时，评审不通过。从最后一个“不同意答辩”评价作出之日起计，博士学位论文修改时间须不少于 6 个月，修改后的学位论文连同《学位论文评审意见修改反馈表》提交系统重新参加评审，且应选择给出“修改后重新评审”或“不同意答辩”的原专家作为评审专家(除非原专家拒审)。

累计 2 次学位论文评审“不通过”的(自 2023 级博士研究生开始执行)，或超过博士生最长学习年限的，学校不再受理其学位论文评审申请。

第二十四条 博士学位论文答辩。

博士学位论文评审通过后，由培养单位或导师组织论文答辩。申请人的导师不得作为答辩委员会委员。

学术学位博士答辩委员会应由不少于 5 位本学科或相关学科的博士生导师组成。成员中至少 1 位来自培养单位的博士生导师，且一般应有校外博士生导师。

专业学位博士学位论文答辩委员会应由至少 5 位具有博士生导师资格，或是来自企业(行业)的正高级专业技术职务的专家组成。成员中至少 1 位来自培养单位的博士生导师，至少 2 位来自企业(行业)的具有正高级职称的专家。

答辩委员会委员应全程出席论文答辩会，论文答辩除有保密要求外，一般应公开举行。答辩委员会根据论文水平及答辩情况等进行综合评价，以无记名投票方式表决，经 2/3 及以上委员通过，方可作出建议授予博士学位的决议。

论文答辩不通过者，经答辩委员会同意，可在两个月后至两年内修改论文后重新答辩一次。若答辩委员会未作出修改论文、重新举行答辩的决议，或申请人逾期未完成论文修改，或申请人重新答辩仍不通过者，不再受理其博士学位申请。

答辩(含重新答辩)时间须于博士生最长学习年限内。

第二十五条 学位申请。

博士研究生通过学位论文答辩，提出毕业申请并通过审核后，由各培养单位向校学位委员会办公室提出学位申请。申请时须按照博士学位申请者审核材料清单要求提供材料，以供学位评定分委员会和校学位评定委员会审议。

校学位委员会办公室对学位申请者名单进行公示，公示期不少于 7 日。公示期间有异议的，由学位评定委员会组织复核并作出是否同意申请学位的决定。

第二十六条 学位授予。

校学位委员会办公室将博士学位申请人的材料汇总后，分送各学位评定分委员会审查。分委员会原则上应以会议方式组织学位评定(如遇特殊情况可采用通信评审)，须 2/3 及以上委员参加方为有效。分委员会按照博士学位授予标准严格把关，对学位申请人的情况进行全面审查和综合评价，并以无记名投票方式表决，同意票数达到投票总人数 2/3 及以上，方可作出建议授予博士学位的决议。

校学位评定委员会原则上于每年 4 月、6 月和 11 月召开会议，审议学位申请人的学位授予工作。委员会应以会议方式组织学位评定，须 2/3 及以上委员参加方为有效。会议以无记名投票方式表决，同意票数达到投票总人数 2/3 及以上，方可作出授予学位的决议。

校学位评定委员会作出授予博士学位的决定后，对授予学位的名单进行公示，公示期不少于 7 日。公示期间有异议的，由学位评定委员会组织复核并作出是否撤销已授学位的决定。公示结束后，校学位评定委员会印发学位授予文件，公布学位获得者名单，为学位获得者颁发学位证书。

第四章 附 则

第二十七条 对于国内外的卓越学者或著名社会活动家，经校学位评定委员会提名，报主管部门审查并转报国务院学位委员会批准，可以授予名誉博士学位。

第二十八条 在我校学习的外国留学生和从事科学研究或教学工作的外国学者，申请学位按相关规定办理。

第二十九条 同等学力博士申请学位，参照《中国科学技术大学关于授予具有研究生毕业同等学力人员博士学位实施办法》执行。

第三十条 对于特别优秀的研究生需要申请提前答辩，按学校相关规定办理。

第三十一条 学位获得者的学位证书，由校学位委员会办公室统一颁发。学位授予日期为校学位评定委员会作出同意授予学位决定的日期。

第三十二条 学校应当保存学位申请人的申请材料和学位论文等档案资料，学位论文应当交存学校图书馆和国家图书馆。学位授予信息报送国务院学位委员会。学位证书的对外公证，由校学位委员会办公室统一办理。

第三十三条 学位申请人或者学位获得者在获得学位过程中有学术不端、作伪造假等行为的，经学位评定委员会审查决定，可以不受理其学位申请、不授予学位或者撤销已授予学位。

第三十四条 答辩委员会建议授予学位的，如校学位评定委员会及其分会予以否定，须经过充分讨论，并有书面说明以备存档。

第三十五条 学位申请人对不受理其学位申请、不授予其学位的决议或者决定有不同意见的，学位获得者对撤销其学位的决议或者决定有不同意见的，可于决议或者决定做出之日起 15 天内向学校提出书面申诉。

公民、法人或其他组织对授予学位的决议或者决定有不同意见的，可于决议或者决定做出之日起 15 天内向学校提出书面异议。

学校在收到申诉或者异议之日起半年内作出复核决定。学位申请人或者学位获得者对复核决定仍不同意的，可以依法申请行政复议或者提出行政诉讼。

第三十六条 校学位委员会办公室负责受理在学位授予中有争议的各种事宜。

第三十七条 学位申请中，如遇特殊情况，经学位评定分委员会讨论，获参加投票人数 2/3 及以上同意后，方可提请校学位评定委员会审议。校学位评定委员会根据实际情况，通过投票作出是否授予学位的决定。

第三十八条 本细则由校学位评定委员会负责解释和修改。

第三十九条 本细则自印发之日起施行。原《中国科学技术大学硕士、博士学位授予实施细则》(校学位字〔2017〕187 号)、《中国科学技术大学科学学位研究生学位授予标准、专业学位研究生学位授予实施细则》中《工程类专业学位硕士、博士研究生学位授予实施细则》(校学位字〔2020〕174 号)同时废止。

中国科学技术大学预算绩效管理实施细则

(校财字〔2023〕115 号，2023 年 7 月 28 号)

第一章 总　　则

第一条 为深入贯彻落实中共中央、国务院、中国科学院关于全面实施预算绩效管理的重大决策部署，促进学校各项事业提质增效，提高资源配置效率和资金使用效益，根据《中共中央　国务院关于全面实施预算绩效管理的意见》《中国科学院预算绩效管理办法(试行)》

等精神，结合学校实际，制定本细则。

第二条 学校预算资金全部纳入预算绩效管理。

第三条 预算绩效管理按环节分为绩效目标设置、绩效监控、绩效评价及结果应用。

第四条 预算绩效管理工作应遵循科学规范、公开透明、权责对等、约束有力、提升效益、促进教学科研发展的原则。

第二章 管 理 职 责

第五条 学校成立预算绩效管理领导小组、工作小组。领导小组全面负责预算绩效管理工作。工作小组负责预算绩效管理的组织协调和具体工作，相关职能部门作为成员单位，负责归口管理经费和项目的绩效管理工作。

第六条 预算绩效管理领导小组职责：

（一）确定学校预算绩效管理工作规则和要求；

（二）审议学校预算绩效管理相关制度；

（三）确定年度预算绩效评价项目；

（四）审议预算绩效结果应用方案。

第七条 预算绩效管理工作小组职责：

（一）制定预算绩效管理相关制度，监督检查预算绩效管理制度的执行情况；

（二）组织开展预算绩效管理工作；

（三）结合管理实际需要定期开展预算绩效监控；

（四）组织归口管理部门开展主管的专项资金预算绩效管理工作；

（五）组织开展预算绩效管理理论与方法研究、培训等相关工作。

第八条 各院、系、重点科研机构、直属单位、附属医院，机关各部门职责：

（一）对本单位预算项目绩效负责；

（二）负责本单位预算项目绩效指标的设定及管理；

（三）按要求完成年度绩效自评工作并报财务处备案；

（四）负责本单位预算绩效管理相关数据材料的有效管理与信息系统维护。

第三章 预算绩效目标

第九条 绩效目标实行“谁支出，谁设定”的原则，并将其作为绩效评价的依据。中央财政预算专项资金的预算绩效目标由主管部门在论证的基础上科学设定；校内预算资金绩效目标由使用单位在论证的基础上科学设定。

第十条 校内各单位在申请经费时应编制绩效目标，包括产出指标和效益指标等，绩效目标须符合“定位准确、指向明确、合理可行、可评可测”的要求。未设定绩效目标或绩效目标设定不明确、不合理的，原则上不予安排经费。绩效目标管理按照财政部相关要求执行。

第十一条 预算绩效目标调整，原则上各单位需与预算调整同步申报并审批。

第十二条 根据学校事业发展目标、学科发展和项目实施特点，逐步探索建立定量和定性相结合的绩效目标体系，体现学校战略规划，突出结果导向，重点考核实绩。

第四章 预算绩效监控

第十三条 绩效监控按照“谁支出、谁负责”的原则，采用日常监控和定期监控相结合的方式，对绩效目标实现程度和预算执行进度实行“双监控”。

第十四条 各归口部门应加强组织管理，定期收集、分析、通报预算执行和绩效目标实现的相关信息，对发现问题较多、支出进度缓慢、管理基础薄弱、绩效水平不高的项目予以重点监控，确需调剂预算资金的，及时提出调剂建议方案，督促整改。

第十五条 充分运用信息化手段，建立预算绩效运行监控系统，持续加大预算绩效监控力度。

第五章 预算绩效评价

第十六条 预算资金绩效评价采取分单位自评和学校抽评的方式。所有预算项目均须开展单位自评工作。绩效评价可委托第三方专业机构承担相关工作。

第十七条 绩效评价的要点包括：

（一）决策。评价项目立项依据充分性、程序的规范性，绩效目标的合理性、明确性，资金投入的合理性。

（二）过程。评价项目实施过程的管理、组织实施情况，以及经费使用的合规性、合理性。

（三）产出。评价项目产出情况。

（四）效益。评价项目的实施效果情况。

第十八条 绩效评价一般以预算年度为周期，次年适时安排绩效评价工作。

第十九条 绩效评价方法主要采用成本效益对比分析法、比较法、案卷研究法、专家咨询法、标杆管理法和其他评价方法。

（一）成本效益分析法。是指将一定时期内的支出与效益进行对比分析，以评价绩效目标实现程度。

（二）比较法。是指通过对绩效目标与实施效果、历史与当期情况、不同部门和地区同类支出的比较，综合分析绩效目标实现程度。

（三）案卷研究法。是指对学校职责定位、科技创新活动组织管理、机构管理以及年度预算资金支持内容的完成情况及预期效果实现情况等相关资料，进行研究、比较、分析，提取重要信息，为形成评价结论提供支撑。

（四）专家咨询法。是指通过专家评估，提出评价意见建议，形成评价结论，确保评价工作方式、思路结论科学合理。

（五）标杆管理法。是指以国内外同行业中较高的绩效水平为标杆进行评判的方法。

（六）其他评价方法。

第二十条 绩效评价标准是用以衡量绩效目标完成的程度。主要包括计划标准、历史标准、领域标准和其他经国家或中国科学院相关部门确认的标准。

（一）计划标准。是指以预先制订的目标、计划等数据作为评价的标准。

（二）历史标准。是指参照同类指标的历史数据制定的评价标准。

（三）领域标准。是指参照各学科领域有关数据均值的评价标准。

（四）其他经国家或中国科学院相关部门确认的标准。

第六章 预算绩效结果应用

第二十一条 预算绩效结果作为学校预算安排和改进预算管理的重要依据，探索建立以绩效为导向的预算分配新模式。

第二十二条 预算绩效结果与单位年度考核相结合。

第二十三条 对绩效评价中发现的问题，各单位应当认真分析产生问题的原因，按要求报送整改落实情况。

第二十四条 预算绩效结果及整改落实情况将以适当方式在单位内部公开。

第二十五条 对使用预算资金严重低效、无效并造成重大损失的，绩效自评弄虚作假且情节严重、评价结果与自评结果出入较大的，要按照相关规定对责任人追责问责。重大项目实行终身责任追究制。

第七章 附 则

第二十六条 本细则由财务处负责解释。

第二十七条 本细则自印发之日起施行。原《中国科学技术大学校内预算绩效评价暂行办法》（校财字〔2018〕242 号）同时废止。

中国科学技术大学财务公开实施细则（试行）

（校财字〔2023〕162 号，2023 年 9 月 26 日）

第一章 总 则

第一条 为深入贯彻落实党的二十大精神，保障和促进学校深化经济资源配置改革，提升科技投入效能，强化廉洁风险防控机制建设，根据中共中央办公厅、国务院办公厅《关于进一步加强财会监督工作的意见》，以及《中国科学院关于院属单位全面实行财务公开的指导意见》，结合学校实际，制定本细则。

第二条 财务公开主要公开学校重大经济事项、重点业务领域、重要风险环节中的多发、高发、易发问题及教职工普遍关注的问题。

第三条 财务公开实行统一领导,校长作为财务公开工作的第一责任人。

第四条 分管财务工作的校领导负责统筹推进财务公开工作,财务处牵头负责财务公开工作的组织实施,财务公开事项涉及的各单位、项目及课题负责人负责具体财务公开工作。

第二章 公开内容、范围及责任部门

第五条 重要事项财务公开。

(一) 单位年度预算、决算信息:由财务处负责编制预决算公开事项通过学校门户网站向社会公开。

(二) 大额资金使用等经济决策事项:由相关责任部门决策后在单位内部通过内网、公告栏或会议通报等适宜方式公开。

根据《中国科学技术大学关于贯彻落实"三重一大"决策制度的实施办法》,涉及大额资金使用事项公开的包括:

1. 50 万元(含)以上涉诉、涉仲经济事项的款项支付,由党政办公室负责公开;

2. 未列入学校年度预算,200 万元以上的临时应急项目经费支出,由财务处负责公开;

3. 重大捐赠的获取与使用,由教育基金会负责公开;

4. 经校长工作会议、党委常委会会议审定的大额资金运作事项,由提请审议单位负责,按照规定公开。

(三) 学校年度经济运行和财务收支、经济资源配置和预算绩效、统筹间接经费和结余经费等资源、"三公经费"支出、职工福利基金收支等情况:由财务处负责,在年度教职工代表大会上公开。

(四) 按规定纳入政府采购的货物、服务采购情况:由资产与后勤保障处负责,在中国政府采购网和单位内网同时公开。

(五) 按规定进行招投标的基建工程情况:由基本建设处负责,在安徽合肥公共资源交易中心网、中国招标投标网和单位内网公开。

(六) 中央财政资金项目的项目负责人、预算及执行情况、综合绩效评价结果等:由项目归口管理部门负责,在单位内网公开。

(七) 对外关联业务和内部往来业务涉及的业务内容、业务方关系和业务金额等信息:涉及该业务的责任部门须在经济业务发生前在单位内网公开。

1. 物资采购关联业务,由资产与后勤保障处负责公开。

2. 科技成果转移转化关联业务,由科技成果转移转化办公室负责公开。

3. 内部往来业务,由财务处负责公开。

(八) 测试化验加工等支撑平台收入支出情况:由公共实验中心定期在单位内网公开。

(九) 科技成果转移转化(转让、许可、股权出让、分红等)收益中奖励经费的分配情况:科技成果转让、许可由科技成果转移转化办公室负责,在单位内网公开;股权出让、分红由中科大资产经营有限责任公司负责,在单位内网公开。

(十) 对外出租的房屋及其面积、出租时限、招租方式、租金标准等信息:由资产与后勤保障处负责,在房屋出租前通过单位内网公开。

(十一) 审计、财务检查、预算绩效评价发现问题的整改落实情况:由审计处和财务处负责,通过单位内网、公告栏或会议通报等形式公开。

第六条 日常报销事项财务公开

(一) 日常报销事项公开内容主要包括报销人、费用实际发生人、报销事项、金额、单价、数量、审批人等。医疗费等涉及个人隐私或合同中明确约定为商业秘密的内容可免于公开。

(二) 财务处在财务信息平台设置公开专栏,项目或课题负责人可指定相关人员对其展示。

(三) 公开期限暂定5个工作日。

第三章 监督和保障

第七条 财务公开工作的落实情况须列入各单位年终总结汇报中。

第八条 审计处、纪检监察机构、财务处应建立信息沟通、线索移送、协同监督、成果共享的工作机制,形成财务公开监督的合力;及时跟进反馈信息中的问题线索,及时查处违规违纪问题。

第四章 附 则

第九条 财务公开作为学校信息公开的一部分,须严格遵守学校信息公开的各项规定。

第十条 本细则由财务处、党政办公室、人力资源部、发展规划处、教务处、科研部、科技成果转移转化办公室、国际合作与交流部、教育基金会、审计处、资产与后勤保障处、基本建设处、公共实验中心、中科大资产经营有限责任公司负责解释。

第十一条 本细则自印发之日起施行。原《中国科学技术大学中央财政科研项目信息公开暂行办法》(校财字〔2017〕40号)同时废止。

中国科学技术大学职务科技成果赋权项目转让合同权益兑现管理办法(试行)

(校企字〔2023〕128号,2023年8月15日)

第一章 总 则

第一条 为加强学校职务科技成果赋权试点项目转让合同管理,明确转让合同权益兑现原则,根据《中国科学技术大学科技成果转化管理办法(试行)》《中国科学技术大学职务科技成果赋权后技术转让方案(试行)》《中国科学技术大学职务科技成果赋权后作价入股工作指引(试行)》(以下简称《工作指引》)等规章制度,结合赋权试点工作实际情况,制定本办法。

第二条 本办法所称项目公司指按照《工作指引》规定，由技术团队（或发明人，以下简称科研人员）以赋权职务科技成果作价投资的新设公司或存续公司；赋权代表指科研人员在职务科技成果赋权时推选的代表；转让合同指学校与赋权科研人员签署的《赋权技术转让合同》。

第三条 转让合同权益兑现的基本原则为：

有利于学校赋权科技成果的保值增值；依法、公开、公平、公正，平等互利，等价有偿；促进项目公司的资源优化配置。

第二章 组 织 管 理

第四条 学校相关职能部门和单位按照分工协同原则负责赋权试点项目转让合同权益兑现方案的审查工作：

中科大资产经营有限责任公司（以下简称科大控股）负责赋权试点项目转让合同权益兑现方案的提议、制定、实施和督办，代表学校向赋权代表发送转让合同权益兑现书面通知、指示或安排等。

科技成果转移转化办公室负责赋权试点项目转让合同权益兑现的指导、备案及合同管理。

财务处负责转让合同权益兑现收益的财务管理和会计核算，以及受托管理服务费的拨付。

学校校长工作会议和党委常委会会议研究决策转让合同权益兑现方案，必要时可授权科大控股分管校领导决策。

第三章 兑 现 方 式

第五条 转让合同权益兑现方式包括科研人员通过分红、股权转让、减资、清算等方式取得现金收益，以及按学校要求通过协议转让等方式处分转让合同权益。如项目公司有可分配利润且股东会同意分红，则鼓励科研人员以分红方式兑现转让合同权益。

第六条 科研人员按学校要求处分转让合同权益，应按转让合同规定确定公允价值，并按学校指定的兑现方式处分转让合同权益，同等条件下优先选择国有控股资本转让。

受让方是国有控股资本，科研人员可采取协议转让方式处分转让合同权益；受让方是非国有控股资本，必要时科研人员可采取挂牌等转让方式处分转让合同权益。因挂牌转让等产生的资产评估费、服务费可提前扣除。

第七条 科研人员从项目公司取得现金收益后的 30 日内，应将其中学校权益部分对应比例的现金收益在扣除应缴纳税费后一次性支付给学校。

第八条 为支持项目公司上市，在项目公司向主管证监局申请上市辅导并获得受理后，学校可放弃转让合同权益的处置权，但保留收益权；期间如发生现金收益，科研人员仍应按照转让合同约定向学校支付转让费。根据上市需要，可在必要时退出全部转让合同收益或转至学校指定平台。

第四章 兑 现 时 点

第九条 科大控股应及时、主动了解项目公司经营状况，督促科研人员履行转让合同义务，接收科研人员的备案和请示。

第十条 当项目公司发生下列情形时，科大控股可要求科研人员处分转让合同权益：

（一）学校有资金需求。

（二）科研人员股权退出时。

（三）项目公司市场估值相对高点。

（四）项目公司短期内无上市机会或学校持有权益造成项目公司上市障碍。

（五）项目公司连续五年实现盈利，且满足分红条件但未分配利润时。

（六）项目公司变更主营业务，与赋权科技成果无关联，或者发生合并、分立、转让主要业务或资产的。

（七）项目公司经营风险过大，超出预期；科研人员股权存在债务、司法等风险；及其他可能存在学校利益受损的情况。

（八）学校认为有必要让科研人员兑现转让合同权益的其他情形。

第五章 市场化运营

第十一条 科大控股打造专业运营团队，对项目公司提供全流程的服务，帮助项目公司优化股权设计、规范治理构架；提供管理咨询及培训服务；协助后续融资相关工作。

第十二条 科大控股向项目公司推荐监事，并指定联络员跟进了解监事日常履职行为、参与企业调研、收集监事意见，帮助项目公司培养具有专业素养的监事。

第十三条 赋权试点项目兑现转让合同权益后，学校将收到实际到款按比例向科大控股支付受托管理服务费及超额收益分成。单项目按实际到款额5%向科大控股支付受托管理服务费；项目累计实际到款额超过赋权时学校权益部分对应的无形资产评估值时，超出部分按一定比例向科大控股支付超额收益分成。

第十四条 探索建立项目公司上市过程中转让合同权益兑现管理模式，完善转让合同权益兑现市场化决策机制。

第六章 附 则

第十五条 科研人员已按规定及时向科大控股履行了报告、备案或报批行为，且个人没有谋取不正当利益；成果转化决策相关工作人员已履行勤勉尽责义务，严格执行决策程序，因市场变化等不可抗力的原因或情形，导致转让合同权益无法按预期目标处分时，免于向科研人员和成果转化决策相关工作人员追责。

第十六条 本办法未尽事宜，以国家法律法规和学校规章制度为准。

第十七条 本办法由中科大资产经营有限责任公司、科技成果转移转化办公室在各自职责范围内负责解释和修订。

第十八条 本办法自印发之日起施行。

中国科学技术大学科技伦理委员会章程(试行)

(校科字〔2023〕180 号,2023 年 10 月 30 日)

第一章 总 则

第一条 为建立健全学校科技伦理治理体系,推动校内相关领域科技伦理规范化管理,遵循伦理原则,引导和促进学校相关学科科学研究和技术应用健康有序发展,贯彻落实《关于加强科技伦理治理的意见》《科技伦理审查办法(试行)》《涉及人的生命科学和医学研究伦理审查办法》《实验动物管理条例》《新一代人工智能伦理规范》《涉及人的临床研究伦理审查委员会建设指南(2023 版)》《人工智能伦理治理标准化指南(2023 版)》等精神,根据科技伦理法律法规和国际惯例,结合学校实际,制定本章程。

第二条 学校是校内教学科研活动伦理管理的责任主体。

学校科技伦理委员会(以下简称校伦理委)是负责教学科研活动中相关科技伦理问题的咨询评议和监督仲裁机构。

根据学校各学科领域科技伦理审查需要,校伦理委下设若干专业伦理审查委员会(以下简称专委会),建立两级管理机制,规范全校科技伦理活动。

第三条 学校各单位或个人从事生物医学实验、动物实验、临床试验、大数据与人工智能、农业和环境等学科领域,涉及人、动物及其他科技伦理敏感内容的相关教学、科研项目,均应事先申请科技伦理审查,经具有相应权限的专委会批准后方可进行。对未获得相关科技伦理审查而擅自开展科技敏感领域研究的单位和个人,学校将依法依规给予处罚和处分。

第四条 伦理审查工作及相关人员须遵守中华人民共和国宪法和法律法规,涉及人的生命科学和医学研究须尊重研究参与者,遵循有益、公正、不伤害的原则,保护个人信息及隐私权。

第二章 组织形式

第五条 校伦理委是学校科技伦理事项的最高议事机构,下设办公室,办公室的具体工作由学风与科研诚信建设办公室负责。

第六条 校伦理委设主任 1 人,副主任若干人。校伦理委主任、副主任和成员由学风与科研诚信建设办公室提名,经校长工作会议、党委常委会会议讨论通过,学校聘任。

校伦理委委员由专家委员和部门委员组成。专家委员由各相关学科领域的专家和各专委会的主任委员组成;部门委员由学校相关职能部门负责人和校外专家组成。委员人数不少于 7 人,从生命科学、医学、伦理学、法学、社会学、科技政策与管理等领域的专家中遴选产生。

校伦理委委员实行任期制,每届任期 5 年,可以连任。由于工作单位变动、职位变化等原因而出现委员空缺的,按照原产生办法增补。

校伦理委可以聘请独立顾问。独立顾问对所审查项目的特定问题提供咨询意见,不参与表决。

第七条 校伦理委委员因任期中出现违法违纪等不再适宜担任委员职务时,可以由校伦理委以全体会议讨论投票或通信投票的方式形成提议,经校长工作会议、党委常委会会议审议通过,免除其委员职务。

第八条 校伦理委实行分级审查制度,根据学校各学科领域科技伦理审查需要,下设专委会。专委会负责相关学科领域的科技伦理审批,并接受校伦理委的指导、管理和监督。

第九条 专委会可由校伦理委指定相关院系、直属机构作为依托单位成立,也可由相关院系、直属机构作为依托单位提出申请,报校伦理委审批成立。校伦理委可根据实际情况对专委会进行调整。

第十条 专委会委员由依托单位推荐,报校伦理委审批。各专委会委员的组成和数量须符合国家有关法律法规的要求或参考国际惯例,应与所审查项目的专业领域类别相符。

各专委会须设立主任委员 1 名,副主任委员 1～3 名,由委员会内部选举产生,经校伦理委审议通过后正式任命。

各专委会委员每届任期不超过 5 年,可以连任。委员的更换与增减由专委会主任提出,并经专委会全体委员半数以上通过,报校伦理委审定。

各专委会委员应具备相应的伦理审查能力,并接受相关伦理政策文件及法律法规知识培训,不断提高伦理审查能力。

第十一条 校伦理委和各专委会均应配备专(兼)职秘书,负责年度报告、文档管理、会议组织等日常事务工作。

在经费、人员等方面,学校支持和保障校伦理委的运作;各二级单位支持和保障所挂靠专委会的运作。

第三章 职 责 要 求

第十二条 校伦理委的主要职责是:秉承科技向善理念,根据相关科技伦理政策统筹协调全校科技伦理建设工作,通过健全组织体系、完善制度机制、监管科技伦理审查、开展宣传教育等相关工作,着力构建覆盖全面、导向明确、规范有序、协调一致的科技伦理治理体系,促进学校科技事业健康发展。

具体职责如下:

(一) 校伦理委独立开展工作,全面学习贯彻国家、地方相关政策法规和标准,对学校教学科研活动中涉及的跨学科、前沿性、复杂敏感的科技伦理问题提出指导意见。

(二) 制定和修订学校科技伦理宏观政策和章程,指导各专委会完善相关学科领域伦理审查机制和监管工作。

（三）监督各专委会按照国家相关规定开展伦理审查工作。

（四）指导和组织开展对校伦理委、专委会委员和师生、科研人员的科技伦理培训；为师生和科技人员提供与科技伦理工作相关的咨询。

（五）审议各专委会难以解决的重大科技伦理争议，受理有关科技伦理方面的投诉、举报和申诉，协调处理相关事项。

（六）处理学校委托的校伦理委审议或者决议的事项。

第十三条 各专委会负责各相关学科领域教学、科研活动等科技伦理具体审查工作，包括初始审查和跟踪审查，对相关领域伦理审查具有独立决议权。

各专委会须建立专委会章程、伦理审查工作制度、标准操作流程，健全利益冲突管理机制和伦理审查质量控制机制，保证伦理审查过程独立、客观、公正。

各专委会须预先制定疫情暴发等突发事件紧急情况下的伦理审查制度，明确审查时限。

第十四条 各专委会须通过重大事项汇报与年度报告的形式向校伦理委汇报工作，并向校伦理委提交上一年度伦理审查工作报告。

第十五条 各专委会应当在设立之日起 2 个月内向校伦理委备案。

各专委会备案材料包括：

（一）人员组成和委员工作简历；

（二）专委会章程；

（三）伦理审查工作制度或相关工作规程；

（四）相关学科领域政策文件要求提供的其他材料。

以上信息发生变化时，各专委会应当及时向校伦理委更新信息。

第十六条 校伦理委办公室的主要职责：

（一）根据校伦理委需要，完成各项日常工作；

（二）向各专委会或院、系、重点科研机构、直属单位、附属医院等传达校伦理委决议、指导意见、政策制度、相关通知等；

（三）组织和参与校内外科技伦理相关的学术交流，协调和推动科技伦理宣传、咨询和教育培训工作；

（四）协助专委会对校内违反科技伦理规范的行为开展调查，对违反相关规定的实验室提出整顿要求，必要时可提请校伦理委终止其开展实验活动；

（五）协助受理学校科技伦理相关方面的投诉、举报和申诉，协调处理专委会伦理审查中发生的纠纷；

（六）校伦理委布置的其他工作。

第四章　议事制度

第十七条 校伦理委具有学校科技伦理事项的最高议事权，议事方式主要有函评、会议和紧急会议等。

第十八条 校伦理委原则上每年召开 2 次全体会议，由主任或其委托的副主任负责召集，到会委员需超过全体委员的 2/3 方为有效。议事决策实行不记名票决制，投票表决为实际到会人数的 2/3 及以上方为有效。

校伦理委根据工作需要可随时召开专题会议，由主任或副主任提出动议，指定相关专委会委员参会。

第十九条 校伦理委委员和专委会委员应当签署保密协议，承诺对所承担的伦理审查工作履行保密义务，对所受理的研究项目方案、受试者信息以及委员审查意见等保密。与审查项目存在利害关系的委员，应当回避。

第二十条 校伦理委委员一般不应缺席伦理委员会全体会议，因故不能出席者应以书面形式向校伦理委办公室请假并说明理由，由校伦理委办公室报请校伦理委主任核准。

第五章 附 则

第二十一条 本章程由学校科技伦理委员会负责解释。

第二十二条 本章程自印发之日起施行。

中国科学技术大学数据安全和个人信息保护管理办法(试行)

（党办字〔2023〕38 号，2023 年 5 月 13 日）

第一章 总 则

第一条 为规范学校数据安全管理，加强个人信息保护，推动数据高效共享，根据《中华人民共和国数据安全法》《中华人民共和国个人信息保护法》等法律规定以及《教育部等七部门关于加强教育系统数据安全工作的通知》《中国科学院数据安全管理办法（试行）》等精神，结合学校工作实际，制定本办法。

第二条 本办法所称的数据，是指校内各单位因教学、管理、服务等工作需要通过信息化手段采集、存储或使用处理的各类信息记录，不包括用于科学研究活动的各类原始数据及其衍生数据。涉密数据安全管理，按照相关标准和规定执行。非信息化手段采集的数据参考本规定执行。

第三条 数据是学校公共资源，所有权和使用权归学校所有。数据安全管理工作坚持安全第一、分级保护、有效利用、合理共享的原则，严格遵守国家法律法规，落实数据安全主体责任，健全数据管理体制机制，推动提升校务治理能力，在做好信息保护的基础上充分发挥数据效能。

第二章 职 责 分 工

第四条 学校网络安全和信息化领导小组是全校数据安全管理工作的领导和决策机构，负责贯彻落实上级重大决策部署和全校数据安全管理工作顶层设计与整体规划。

第五条 网络安全和信息化办公室(以下简称网信办)是全校数据安全管理的统筹协调部门,负责联系上级主管部门,制定全校数据安全管理规章制度,协调做好数据安全管理领域重大突发事件应急处置工作。

第六条 按照"谁主管谁负责、谁运营谁负责、谁使用谁负责"的原则,数据所属业务归口管理单位是数据主管单位,存储数据的网站和信息系统所属单位是数据运营单位,利用数据开展业务的单位是数据使用单位。按照"谁管业务、谁管业务数据、谁管数据安全"的原则,各单位党政主要负责人为数据安全第一责任人,相关分管领导为数据安全直接责任人。

第七条 数据主管单位负责制定归口管理的数据使用处理共享规则,明确防护要求,指导和督促各单位落实相关数据安全管理规定。数据运营单位负责制定网站和信息系统安全准则,落实数据主管单位防护要求。数据使用单位负责遵守数据使用处理共享规则以及网站和信息系统安全准则。利用第三方平台开展数据活动的,应由数据运营单位和第三方平台提供者签订数据使用保密协议,明确使用方式和应用范围,落实数据安全责任。

第八条 网络信息中心是数据安全与信息保护工作的技术主管单位和关键数据平台运维单位,负责做好校级数据中台建设运行,制定数据安全管理技术标准,组织开展数据安全评估。

第三章　数据全生命周期管理

第九条 学校按照国家数据分类分级保护制度和上级单位有关规定,根据数据类型和重要程度,制定数据分类表和分级原则,对数据实行分类分级管理。

第十条 各单位采集数据应采取合法正当的方式,按照"一数一源、共享优先"的原则,明确采集依据、范围、场景和用途,不得过度采集,可从学校数据中台获取的数据原则上不得重复采集。

第十一条 网络信息中心应制定全校数据备份方案,明确技术要求。数据运营单位应根据数据分类分级制定相应数据安全存储管理方案,配备必要设备并做好备份,确保数据存储安全可靠。

第十二条 数据运营单位应做好系统中存储数据的及时更新,确保数据准确性和一致性,建立资源目录并报网信办备案,如有新增或调整须及时更新报备信息。

第十三条 各单位开展数据处理活动应采取技术和管理措施保障数据安全,按照"最小必要"的原则明确数据权限,实现数据管理、使用和安全审计权限分离,详细记录数据操作,相关日志保留时间不少于六个月。利用网络和信息系统开展数据处理活动,应按照有关要求,严格落实网络安全等级保护制度。

第十四条 学校鼓励各单位在确保安全的基础上积极开展数据分析,充分发掘数据潜在价值,服务科学研究、学科发展和管理决策。开展数据分析前,应经数据主管单位同意,并对数据进行必要的脱敏处理。任何单位或个人不得以任何方式将学校数据用于社会有偿服务或其他商业活动。

第十五条 学校建立数据开放共享制度,并建设数据中台支撑数据共享。数据使用单位或个人经所在单位审核同意,可对确定范围的数据提出使用申请,配合审批流程,加强共享数据使用全过程管理。网信办对共享需求和形式进行审核。鼓励通过在线接口和“用而不存”的方式使用共享数据。

第十六条 各单位应根据档案管理有关规定对相关数据及时归档,确保长期妥善保存。数据运营单位提出申请,经数据主管单位同意和网络信息中心技术审核,报网信办备案后方可销毁超过使用时效、不具备归档和保存价值的数据。

第四章 个人信息保护

第十七条 以电子或者其他方式记录的与已识别或者可识别的自然人有关的各种信息为个人信息,不包括匿名化处理后的信息。学校对个人信息实施重点保护。

第十八条 一旦泄露或者非法使用,容易导致自然人的人格尊严受到侵害或者人身、财产安全受到危害的个人信息,包括生物识别、宗教信仰、特定身份、医疗健康、金融账户、行踪轨迹等信息,以及不满十四周岁未成年人的个人信息为敏感个人信息。采集处理敏感个人信息应严格遵照有关法律法规要求,取得个人的单独同意,涉及不满十四周岁未成年人的个人信息时,还应征得其父母或其他监护人同意。

第十九条 为维护公共安全所必需在公共场所安装图像采集、个人身份识别设备,应遵守国家有关规定设置显著的提示标识。所采集的个人图像、身份识别信息只能用于维护公共安全的目的,不得用于其他目的;取得个人单独同意的除外。

第五章 监督检查

第二十条 各单位要严格按照国家有关规定,建立数据安全保障体系,完善数据管理措施,定期维护数据库系统安全,健全防篡改、防泄漏、防攻击、防病毒等防护体系,切实做好数据安全管理工作。网信办依照本办法对全校数据安全管理工作进行监督检查。

第二十一条 发现存在违反本办法的行为时,网信办将责成有关单位或人员进行整改。对于限期不整改的,网信办将视具体情节对涉及的网站或信息系统予以暂时关闭、关停并注销备案等不同程度的处罚,并将有关情况通报学校网络安全和信息化领导小组。

第二十二条 网信办将对未经许可的数据滥用、泄露、篡改或损毁等行为进行监管。对违反相关规定,造成数据安全事故的,网信办将会同有关部门追究相关人员责任。

第六章 附 则

第二十三条 本办法由网络安全和信息化办公室负责解释。

第二十四条 本办法自印发之日起施行。

中国科学技术大学智慧校园项目管理办法(试行)

(校办字〔2023〕62号,2023年5月14日)

第一条 为加强学校智慧校园项目管理,规范工作程序,根据《中国科学技术大学、中国银行股份有限公司战略合作协议》和《中国科学技术大学、中国银行股份有限公司安徽省分行智慧校园合作协议》,结合学校实际,制定本办法。

第二条 本办法所称智慧校园项目是指使用中国银行智慧校园场景支持经费,利用信息化手段和工具,应用于学校教学、科研、管理、服务等业务活动的软硬件和信息技术服务类项目。

第三条 智慧校园项目必须严格执行学校"三重一大"决策制度,坚持先规划立项、后设计实施,坚持"需求引导、统筹规划、安全可控、协调发展"的原则,充分利用和整合学校已有信息化基础设施和资源进行规划设计,注重功能实用与开放共享,避免盲目投资和重复建设。

第四条 校长工作会议和党委常委会会议是智慧校园项目重大事项和重要管理制度的决策机构,对智慧校园项目重大事项进行决策。

第五条 学校智慧科大建设工作组负责统筹推进学校智慧科大建设工作。智慧科大建设工作组下设办公室,挂靠网络信息中心,负责协调、保障和监督智慧校园项目的建设。

第六条 学校各职能部门根据职责分工对智慧校园项目进行管理,主要职责分别为:

(一)网络安全和信息化办公室

1. 推动智慧校园建设;

2. 负责智慧校园项目网络安全管理。

(二)网络信息中心

1. 负责统筹智慧校园工程建设;

2. 负责组织智慧校园项目申报和立项评审;

3. 负责组织智慧校园项目验收工作。

(三)财务处

协助完成智慧校园项目预算备案。

(四)资产与后勤保障处

1. 负责智慧校园项目采购实施;

2. 协助银行完成资产盘点和处置。

第七条 校内各单位是智慧校园机关分系统建设的直接责任主体,负责组织本单位信息化项目的设计、建设和运行维护,对项目的建设质量、投资效益和运行维护承担直接责任。涉及多个单位的智慧校园项目,由相关单位协商确定牵头单位,牵头单位负责建设需求规划。

第八条 智慧校园建设期间,网络信息中心定期组织智慧校园项目申报工作,原则上学校不再批复各单位信息化相关新增专项经费。

各单位根据本单位业务范围及信息化需要，在申报期间提交立项申请，涉及多个单位共建的，由相关单位协商确定牵头单位，牵头单位会同共建单位共同申请。

申请项目经智慧科大建设工作组论证后，报学校审议通过并由中国银行确认予以立项，涉及学校配套经费的项目同时报校内预算备案。

第九条 批准立项的智慧校园项目，申报单位为项目建设单位。项目建设单位应确定负责人（一般为单位负责人）、联络人（一般为学校聘用人员）、项目组成员，明确职责分工，严格执行招标采购、合同、建设实施、验收、运行维护和资产等相关管理制度，按照建设目标、建设方案和进度安排推进项目实施。

涉及多个单位共建的，牵头单位作为项目建设单位，应与共建单位充分沟通，按照协同建设方式，提高项目建设质量，降低建设成本。

第十条 智慧校园项目由中国银行与学校协商确定采购主体。

第十一条 智慧校园项目在建设实施过程中，项目建设单位要深度参与项目建设，充分利用学校已有信息化基础设施和资源，确保项目如期高质量完成。

第十二条 智慧校园项目由网络信息中心牵头组织验收，出具项目验收报告。

第十三条 各使用单位对智慧校园项目的资产进行妥善保管，并配合银行完成资产盘点和现场检查工作。

第十四条 项目验收合格后、正式上线运行前，需按照网络安全和信息化办公室要求完成信息系统备案审批工作。

第十五条 智慧校园项目供应商对项目承担保修责任。原则上，项目保修期自竣工验收合格之日起不得少于 5 年，法律法规另有规定的，从其规定。超出合同约定保修期的项目，如果仍需使用，由网络信息中心汇总，通过校内预算申报维修维护预算。

第十六条 智慧校园项目建设过程中由学校师生产出的职务科技成果，知识产权归学校所有，按照学校知识产权管理办法执行。

第十七条 本办法由网络信息中心负责解释。

第十八条 本办法自印发之日起施行。

中国科学技术大学法律事务管理办法（试行）

（校办字〔2023〕17 号，2023 年 2 月 22 日）

第一章 总 则

第一条 为深入推进依法治校，规范学校法律事务管理工作，维护学校合法权益，根据教育部《全面推进依法治校实施纲要》《教育部关于进一步加强高等学校法治工作的意见》，以及《中国科学技术大学章程》等精神，结合学校实际，制定本办法。

第二条 本办法所称法律事务，是指涉及学校权利和义务的与法律相关的事务。

第三条 学校法律事务坚持“预防为主、救济为辅”的原则，实行统一归口与分工负责相结合的工作机制，建立健全各项管理制度，完善工作程序和权责体系，防范法律风险。

第四条 学校下属的独立法人主体依法自主管理其法律事务。

第二章 依法治校组织架构

第五条 学校把法治工作纳入学校发展规划和年度工作计划，校长工作会议定期听取关于法治工作的汇报，及时研究有关问题。

第六条 法律事务办公室是学校法律事务的归口管理部门，履行以下职责：

（一）建立健全学校法律事务管理制度和体系；

（二）对提交校长工作会议、党委常委会会议审议的规章制度、合同、处分等议题独立提出法律意见，任何人不得干涉；

（三）协助各归口管理部门对重大合同进行法律审核；

（四）协助各单位处理诉讼、仲裁、调解等法律纠纷案件；

（五）负责学校商标注册和保护工作；

（六）根据工作需要，选聘专业法律机构协助学校处理法律事务；

（七）为学校各单位及师生员工提供法律咨询；

（八）定期组织普法宣传活动。

第七条 校内各单位是学校法律事务的承办单位，具体负责各自职责范围内的法律事务，单位负责人是本单位法律事务工作的第一责任人，主管本单位职责范围内的法律事务工作，主要履行以下职责：

（一）建立健全本单位职责范围内的规章制度；

（二）在学校授权范围内，对外代表学校进行具体业务洽谈及合同拟定，并按照学校规定，将合同及相关事项提交学校负责部门进行会审、风险评估，并负责履行经学校审批通过的合同；

（三）及时上报涉及本单位职责范围内的诉讼、仲裁、调解等法律纠纷案件，并负责办理所涉案件的具体工作；

（四）负责本单位法律文书及相关资料的归档工作，并报法律事务办公室备案；

（五）负责本单位商标注册和保护工作。

各单位应明确 1 名法治工作联络员，负责配合法律事务办公室处理本单位法律事务相关工作，法治工作联络员应为本单位在编在岗的正式工作人员。

各单位应根据实际需要自行聘请本单位法律顾问，并报法律事务办公室备案。

第三章 合法性审查

第八条 本办法所称合法性审查，是指法律事务办公室对学校重大决策事项、规章制度、规范性文件、重大合同等的合法性在决策前进行事先审查。各单位在其职责范围内对该事项的真实性、必要性和合理性负责。

以下事项在决策前应进行合法性审查：

（一）提交校长工作会议、党委常委会会议审议的规章制度、合同、处分等议题；

（二）各归口管理部门归口管理的须由分管校领导或校长审批的重大合同。

第九条 送审单位提交合法性审查的，应向法律事务办公室提供以下材料：

（一）规章制度

1. 规章制度的送审稿和起草说明，起草说明主要包括制定背景、制定目的、制定依据、必要性和可行性、起草过程和其他需要说明的事项等；

2. 规章制度所依据的法律、法规、规章、规范性文件和政策、上级单位管理制度等上位法依据及学校相关规章制度；

3. 制度历史版本及修订对照；

4. 相关情况；

5. 其他需要提交的材料。

（二）合同

1. 合同的送审稿；

2. 国家、行业合同示范文本或学校合同范本（如有）；

3. 合同历史签约版本（如有）；

4. 学校的利益诉求和双方存在的分歧点；

5. 其他需要提交的材料。

（三）处分事项

1. 违规违纪事实、处分建议和依据；

2. 证明已经履行通知、陈述、申辩等程序的相关材料；

3. 其他需要提交的材料。

第十条 各单位向法律事务办公室提交审核材料或咨询事项，须事先经单位负责人审批同意，并预留合理的审核时间。在接到单位送审的完整材料后，法律事务办公室一般在3个工作日内回复；对于重大复杂事项，延长至7个工作日。

合法性审查过程中，法律事务办公室根据需要可要求送审单位予以协助或者在一定期限内补充审查所需的相关材料。送审单位不予协助或者逾期不补充的，终止该送审文件的合法性审查，并退回相关材料。

提交校长工作会议、党委常委会会议审议的须经合法性审查的材料应提前至少3个工作日完整报送给法律事务办公室。法律事务办公室应在会议开始前1个工作日将法律审核意见以书面或口头方式反馈给送审单位，送审单位应结合法律审核意见对相关事项进行修改，对未修改的内容应在会上进行解释说明。

第十一条 法律事务办公室进行合法性审查，主要包括以下内容：

（一）规章制度

1. 是否符合法律、法规、规章、规范性文件和政策、上级单位管理制度等上位法依据；

2. 是否与学校相关规章制度相互协调、衔接；

3. 制定程序、文本形式是否规范；

4. 其他需要审查的内容。

(二) 合同

1. 合同主体是否适格;

2. 合同条款是否合法合规、完整有效,是否损害学校重大利益;

3. 合同争议解决条款是否选择本地法院或仲裁机构;

4. 合同签订的程序等是否符合《中国科学技术大学经济合同管理办法(试行)》的规定;

5. 其他需要审查的内容。

(三) 处分

1. 处分事项是否属于学校法定权限范围;

2. 处分内容是否合法合规;

3. 是否已履行告知、听取陈述申辩等法定程序;

4. 其他需要审查的内容。

第十二条 为防范学校重大风险,高效利用法律支撑力量,学校实行合同分级管理制度,实现合同管理权责分明、有序过滤、梯次分流。

法律事务办公室应集中力量研究学校普遍且重大的法律问题、统一法律审核规则,重点审查重大合同,维护学校重大利益。对于由各归口管理部门自行审批的日常合同,各归口管理部门应聘请专业律师进行审核。

第四章 法律纠纷案件及相关法律事务管理

第十三条 本办法所称法律纠纷案件,是指学校与其他自然人、法人或非法人组织之间发生的,通过诉讼、仲裁等方式解决的各类民事、行政、刑事纠纷。

第十四条 法院、仲裁机构送达的诉讼、仲裁、调解、保全、执行等法律文书,由法律事务办公室统一签收、登记,报告主要校领导或分管校领导,并根据各单位职责分工,转送相关单位具体办理。

第十五条 任何人发现他人可能存在违约、侵权等损害学校权益的情形,应注意收集相关证据,及时向归口管理部门和法律事务办公室报告。法律事务办公室应通知相关单位妥善处理,并予以协助,共同维护学校合法权益。若拟采取诉讼、仲裁等方式,应报告主要校领导或分管校领导,并报法律事务办公室备案。

第十六条 相关单位办理诉讼、仲裁、调解等法律纠纷案件及保全、执行等相关法律事务,均须明确 1 名单位负责人主管,并确定具体承办人,遵照法律规定程序、时限,梳理案件事实、搜集证据、撰写答辩状或起诉书等法律文书,并派人参加司法机关或仲裁机构的审理活动。判决款项、诉讼费用、律师费用等案件相关费用由相关单位解决。

第十七条 根据案件复杂程度,相关单位可聘请专业律师代理,涉及学校重大利益的案件,应组织论证并报主要校领导或分管校领导同意后实施。法律事务办公室协助、督促相关单位处理法律纠纷案件。

第十八条 相关单位在案件办理过程中,应努力维护学校合法权益,认真准备证据材料,积极配合专业律师,确定诉讼方案,及时履行判决义务。案件终结 30 日内,相关单位应对案件产生的原因和办案过程进行书面分析总结,按照《中国科学技术大学档案管理办法》

整理归档案件材料，同时将复印件报法律事务办公室备案。

第十九条 法律事务办公室定期对重大案件所反映的管理问题和法律风险进行分析总结，形成案件分析工作报告，呈报学校主管领导审阅，同时抄送相关单位。

第五章 建立法律支撑力量

第二十条 为提高学校科学决策水平，发挥外部法律专业力量在推进依法治校中的作用，根据中央有关推行党政机关法律顾问制度等精神，结合学校实际，聘请常年法律顾问和若干法律专家。

第二十一条 法律顾问用于处理学校日常法律事务，是支撑学校法务工作的常规力量，主要职责包括：(一) 提供日常法律咨询；(二) 出具书面法律意见、发送律师函、提供律师见证服务；(三) 参与重大项目谈判；(四) 办理诉讼、仲裁等诉讼事项以及其他法律事务。

第二十二条 法律专家用于学校重大、复杂或疑难法律问题咨询。法律专家必须是在知识产权、税务、政府合规、劳动法、民商事诉讼、行政诉讼、刑事诉讼等细分法学领域具有一定影响的法学专家，或者在上述单一细分领域具有 10 年以上实务经验、专业能力强的律师。

第二十三条 法律顾问和法律专家应通过公开、公平、公正的方式遴选，由法律事务办公室负责日常联系。在办理学校法律事务的过程中，法律顾问和专家有权独立发表法律意见，任何单位和个人不得干涉，法律意见应由本人署名。学校根据工作量或者按照聘任合同的约定，依法依规向法律顾问、法律专家支付法律服务费、劳务费或专家咨询费等费用。

第二十四条 法律顾问和专家必须要签订保密协议，遵守学校保密制度，不得擅自对外透露所承担的工作内容。不得以法律顾问的身份从事商业活动，不得在个人名片和公开出版物上使用“中国科学技术大学法律顾问”等类似品牌字样。

第二十五条 法律顾问或法律专家有如下情形之一的，由学校解除聘用并追究其相关责任：

(一) 因违反法律法规、党内法规或者职业道德受到刑事处罚、行政处罚、纪律处分或者行业处分的；

(二) 因个人问题产生重大负面舆情的；

(三) 无正当理由不履行职责，或者履行职责过程中存在重大失误的。

第二十六条 学校鼓励和支持法律事务岗位人员定期参加法治培训，参加相关社会组织，提高专业能力。

第六章 附 则

第二十七条 学校在年度预算中设立法律事务专项经费，用于学校日常法律事务工作。

第二十八条 本办法未尽事宜，涉及校长工作会议议题审核、学校经济合同审核、商标品牌保护等法律事务工作依据《中国科学技术大学校长工作会议议事规则》《中国科学技术大学经济合同管理办法（试行）》《中国科学技术大学知识产权管理办法（试行）》《中国科学技术大学涉诉涉仲经济事项处理暂行规定》等规定执行。

第二十九条 本办法由法律事务办公室负责解释。

第三十条 本办法自印发之日起施行。已有规定与本办法不一致的,按照本办法执行。

中国科学技术大学实验室安全管理办法

(校实字〔2023〕123号,2023年8月6日)

第一章 总 则

第一条 为全面贯彻落实习近平总书记关于安全生产重要论述和指示批示精神,根据《中华人民共和国安全生产法》《生产安全事故报告和调查处理条例》等法律法规,以及《教育部关于加强高校实验室安全工作的意见》《高等学校实验室安全规范》等精神,进一步加强学校实验室安全管理,消除实验室安全隐患,防范实验室安全事故,保障教学、科研等活动中师生员工生命安全和学校财产安全,结合学校实际,制定本办法。

第二条 本办法所称实验室,是指学校开展教学、科研等活动的所有实验场所。本办法所称实验室安全,是指涉及常规化学品、有毒有害化学品(剧毒、易制爆、易制毒、爆炸品等)、危险气体(易燃、易爆、有毒、窒息)、病原微生物及携带致病源体的实验动物、辐射源及射线装置、同位素及核材料、危险性机械加工装置、强电强磁与激光设备、特种设备等各种危险源的实验室科研、教学活动安全,以及实验室内的水电、消防安全等。

第三条 实验室安全管理必须遵循"党政同责、一岗双责、齐抓共管、失职追责"和"管业务必须管安全"的原则,严格逐级落实安全责任制,按照职责分工,对实验室安全应做到安全责任到位、安全投入到位、安全培训到位、安全管理到位、安全预案到位。

第二章 实验室安全责任体系

第四条 学校各学院(直属系)、重点科研机构,实验室组成三级联动的实验室安全管理体系和责任体系。学校党政主要负责人是第一责任人,分管实验室工作的校领导是重要领导责任人,协助第一责任人负责实验室安全工作,其他校领导在分管工作范围内对实验室安全工作负有支持、监督和指导职责。实验室安全办公室对全校实验室安全管理负有直接监管责任,相关职能部门在业务范围内对实验室安全负有监管责任。各学院(直属系)、重点科研机构党政负责人是本单位实验室安全工作主要领导责任人。各实验室负责人是本实验室安全工作直接责任人。实验室工作人员是自身安全工作的直接责任人。

第五条 学校实验室安全管理领导小组是学校实验室安全管理工作的指导和决策机构,具体职责是:

(一)审议学校实验室安全管理制度、规范和政策;

(二)定期召开学校安全工作会议;

(三)协调处理重大实验室安全问题。

第六条 实验室安全办公室是学校实验室安全管理的职能部门，在学校实验室安全管理领导小组领导下开展工作，行使管理监督职能，具体职责是：

（一）建立健全学校实验室安全管理制度；

（二）组织开展学校实验室安全评估；

（三）组织开展学校实验室安全检查，监督隐患整改闭环；

（四）组织和指导学校各学院（直属系）、重点科研机构开展实验室安全管理和教育培训；

（五）组织落实对学校各学院（直属系）、重点科研机构实验室安全管理情况的考评；

（六）追究处罚存在重大安全隐患或安全风险的单位和实验室。

第七条 各职能部门审核与监管业务职责范围内相关的实验室安全环节，具体职责是：

（一）人力资源部

将实验室安全责任列入相关教职工的聘任合同；会同实验室安全办公室做好人才招聘、入职培训等环节的实验室安全教育；落实辐射从业人员的职业健康体检工作等。

（二）党委学生工作部、教务处、本科生院、研究生院

会同实验室安全办公室建立健全实验室安全教育体系，把实验室安全教育纳入学生培养环节中；督促研究生导师将实验室安全教育列入指导内容；建立健全教学项目风险评估与管控机制。

（三）科研部

会同实验室安全办公室建立健全科研项目风险评估与管控机制；监督项目负责人严格执行实验室安全法律法规和学校规章制度；负责科研项目申报、审批、立项、合同等环节的安全保障条件审核。

（四）基本建设处、资产与后勤保障处

落实科研用房新建、改建、扩建项目中安全设施与主体工程“同时设计、同时施工、同时投入使用”要求；制定并执行实验楼房或场所规划、设计、建设、验收、修缮、调配等环节的安全保障条件审核工作制度与流程。

（五）保卫与校园管理处

协同相关单位积极稳妥处置实验室安全突发事件；参与实验室安全事故调查处置工作。

（六）财务处

保障实验室安全工作经费纳入年度预算；负责相关预算经费的核算和管理。

（七）校医院

落实学校实验室安全工作相关要求，加强师生紧急救助知识宣传和培训；负责实验室安全事故应急救援中的人员抢救和疾病预防控制工作。

（八）工会

民主监督学校实验室安全管理工作，维护教职工在实验室安全方面的合法权益，对实验室安全规章制度建设提出合理建议。

第八条 各学院（直属系）、重点科研机构承担本单位实验室安全管理的主体责任，具体职责是：

（一）建立健全本单位实验室安全工作责任体系，配备院级实验室安全管理员，明确其

岗位职责，督促落实本单位日常实验室安全管理工作；

（二）落实实验室安全法律法规及学校规章制度，建立健全并落实本单位实验室安全管理制度、实施细则，编制实验室安全事故专项应急预案；

（三）组织开展实验室安全教育培训，落实本单位师生实验室安全准入要求；

（四）全面辨识和精准管控本单位的危险源及风险点，做好实验项目的安全风险评估，及时防控安全风险；

（五）定期组织开展实验室安全检查，落实安全隐患整改闭环；

（六）落实本单位实验室安全基础设施和防护保障；

（七）建立应急机制，组织开展实验室安全事故专项应急演练，做好事故应急处置工作。

第九条　各实验室负责人是本实验室安全工作直接责任人，具体职责是：

（一）配备实验室安全管理员，明确其岗位职责，督促落实日常实验室安全检查和管理工作；

（二）制定本实验室安全管理细则、应急预案、仪器设备操作规程等；

（三）落实实验室安全准入要求，做好安全教育培训，保证实验人员熟悉安全规章和操作规程，具备必要的实验室安全知识技能；

（四）建立实验室各类危险源及安全隐患动态台账；

（五）落实实验室安全各项检查，及时完成问题隐患整改；

（六）配备必要的安全防护用品、急救设施、药品等；

（七）组织学习实验室安全应急预案，定期开展实验室安全事故专项应急演练。

第十条　各实验室安全管理员是本实验室安全工作的具体管理人，具体职责是：

（一）负责实验室安全巡查和日常检查工作，监督实验室安全管理制度和实验操作规程的执行情况，制止违反安全管理制度和实验操作规程的行为；

（二）负责安全防护设施的日常管理和维护工作，及时报送安全隐患和突发状况；

（三）负责实验室安全工作日志、安全事件记录、安全档案整理和归档；

（四）负责实验室危险源的全生命周期管理工作，检查监督从业人员资质、仪器设备操作规程和安全防范措施等。

第十一条　实验室工作人员的具体职责是：

（一）严格遵守国家有关法律法规，落实学校、本单位及本实验室安全规章制度；

（二）掌握本实验室的危险源种类及应急处置措施，掌握正确的实验仪器操作方法；

（三）熟悉实验室安全防护设施的位置布局和使用方法，在进行实验操作时做好个人防护；

（四）每次实验结束后及时清理现场，离开实验室时确认实验室水、电、气、仪器设备等的安全状态；

（五）定期整理实验室环境，保持实验室的整洁有序；

（六）及时反馈实验室安全问题，提出处理建议。

第三章　实验室安全管理内容

第十二条　学校实验室安全办公室根据国家法律法规、强制性标准及行业规范要求，建立完善并督促落实校级实验室安全管理规章制度，确保实验室安全管理工作制度化、标准化、规范化。

第十三条 实验室安全专业技术管理主要包括危险化学品安全、生物安全、辐射安全、特种设备安全、气瓶安全、消防安全、用水用电安全、危险化学品废弃物安全等方面。实验室安全监督管理主要包括安全教育准入、分类分级、安全检查和隐患整改等方面。其中，实验室消防安全按学校有关消防规定执行。

第十四条 各学院(直属系)、重点科研机构根据学科及专业特点，建立完善院级实验室安全管理制度并组织落实，具体包括实验室安全准入、项目风险评估、危险源全周期管理、分类分级管理、隐患排查治理、应急预案备案、安全工作定期报告等。

(一) 实验室安全准入

进入实验室的师生必须预先进行实验室安全知识、操作规范、安全技能的培训和考核，未通过考核的人员不得进入实验室进行实验操作。

(二) 项目风险评估

对实验室新建、扩建、改造项目及新增科研、教学项目，必须事前进行项目风险安全评估，制定防范措施及应急预案，形成书面风险评估报告。对存在重大安全风险的项目，须经学校实验室安全管理领导小组审核通过后方能开展，在未切实落实安全保障前不得开展实验活动。

(三) 危险源全周期管理

建立本单位实验室危险源动态管理台账，制定并落实危险源全生命周期管理方案。

(四) 分类分级管理

按照学科与专业特点进行实验室分类和危险源识别，对可能导致危险的严重程度进行安全风险等级认定，实行分类分级管理，做好专业化预防措施。

(五) 隐患排查治理

按照实验室分类分级管理规定，制定安全检查细则，明确检查主体、频次和要求，做好隐患排查、登记、报告、整改的闭环管理。

(六) 应急预案备案

建立应急预案逐级报备制度，定期组织专项应急演练，配备应急人员、物资、装备及经费，确保应急响应的及时性和有效性。

(七) 安全工作定期报告

实行实验室安全自查报告每月报送和实验室安全工作总结年度报告制度，各单位须按要求及时报送实验室安全办公室备案。

第四章 事故分级、处理与责任追究

第十五条 参照《生产安全事故报告和调查处理条例》，实验室安全事故分为特别重大事故、重大事故、较大事故、一般事故四类。结合学校实际，根据事故性质、严重程度、可控性、影响范围等因素，进一步将实验室安全一般事故从重到轻依次分为四级：

(一) 一般一级事故

造成 1～2 人死亡，或者 3～9 人重伤，或者 10 人(含)以上轻伤，或者 500 万元～1000 万元(不含)直接经济损失的事故；

(二) 一般二级事故

未造成人员死亡，但造成1～2人重伤或者造成3～9人轻伤，或者100万元～500万元(不含)直接经济损失的事故；

(三) 一般三级事故

未造成人员死亡，但造成1～2人轻伤，或者50万元～100万元(不含)以下直接经济损失的事故；

(四) 一般四级事故

未造成人员伤亡，但造成50万元(不含)以下直接经济损失的事故。

第十六条 发生实验室安全事故时，各单位应立即启动应急预案，及时做好应急处置工作，防止事态扩大和蔓延，同时报告学校相关部门，不得瞒报、谎报或延报，并配合做好事故调查、责任认定及追责处理，及时落实整改措施。

第十七条 实验室安全一般四级事故，由事故单位自行调查，并在事故调查结束后3日内报送书面报告至实验室安全办公室。

第十八条 实验室安全一般三级事故，由实验室安全办公室在学校实验室安全管理领导小组的领导下组织调查，调查处理情况报事故发生地人民政府相关部门。

第十九条 实验室安全一般二级及以上事故，参照《生产安全事故报告和调查处理条例》，由事故发生地有关人民政府依法展开调查。生物安全以及核与辐射安全、特种设备安全另有规定的，适用其规定。

第二十条 对实验室安全管理工作不到位、未依法依规履行安全职责、导致出现实验室安全责任事故的单位，追究相关责任人的责任；对因严重失职、渎职而造成重大损失或人员伤亡事故的，依法追究有关人员的法律责任。

第五章 考核与奖惩

第二十一条 实验室安全办公室负责建立健全考核评价机制和办法，采取日常考评和年终考核的方式，对各学院(直属系)、重点科研机构实验室开展安全工作评价。安全考核采取百分制。根据扣分细则进行累计扣除，下一考核年度自动清零。考核年度内根据考核分数，分为优、良、中、差四等，考核结果将作为学校对各单位综合绩效、学科发展经费、研究生指标等方面统筹分配的重要依据。

第二十二条 学校设立实验室安全管理专项奖励，用于表彰年度考核评选出的履职尽责、管理规范的实验室安全先进集体和先进个人，以及实验室安全管理的优秀提案和建议等。

第二十三条 对存在重大安全隐患或出现安全事故的实验室，实验室安全办公室视其严重程度采取黄牌警告(责令限期整改)、红牌警告(暂停运行)、关停等处罚措施。

第六章 附　则

第二十四条 本办法未尽事项，按国家有关法律法规执行。

第二十五条 本办法由实验室安全办公室负责解释。

第二十六条 本办法自印发之日起施行。原《中国科学技术大学实验室安全管理办法(试行)》(校保字〔2015〕155号)同时废止。

中国科学技术大学实验室安全准入管理办法(试行)

(校实字〔2023〕123号,2023年8月6日)

第一条 为加强学校实验室安全管理,增强实验人员安全意识,提升实验室安全管理水平,有效预防和减少实验室安全事故发生,保障校园安全稳定和师生员工生命财产安全,根据国家有关法律法规、中国科学院和安徽省有关精神,结合学校实际,制定本办法。

第二条 适用范围。

本办法适用于所有拟进入学校实验室开展实验活动的人员,包括学校师生和申请到学校实验室进行实验的校外人员。

第三条 管理职责。

(一) 实验室安全办公室负责运维学校实验室安全教育与考试系统,根据"统一标准、集中建库、分类教育、分散考试"的要求,对二级单位准入制度落实情况进行检查、考核和评价;

(二) 二级单位负责组织本单位师生员工的教育培训和安全准入工作,结合学科专业特点,对进入本单位实验室人员进行教育培训和准入考核;

(三) 实验室负责核实拟进入实验室人员的准入资格,并根据实验室特点进行专项安全教育,讲解设备操作规程和相关注意事项。

第四条 准入要求。

(一) 进入实验室学习、工作的人员必须接受安全教育培训并通过学校实验室安全准入考试;如果二级单位有特殊准入要求的,须接受专业安全知识培训或通过该单位的安全准入考试,方能获取相应准入资格。未取得准入资格的人员不得进入实验室开展实验活动。

(二) 进入需特殊防护或有技能要求的实验室开展实验活动,须经该实验室指导老师对其开展专项安全培训,熟练掌握有关实验操作流程、仪器设备操作规程后,方可进入实验室开展实验活动。考核内容形式可根据实验室专业特点确定,具体实施过程及结果报实验室所属二级单位留档备案。

(三) 校外人员进入实验室开展实验活动的,须经实验室所在二级单位批准,按照第三条第(一)、(二)款的要求参加培训考试,合格后方可进入实验室开展实验活动。具体实施方案和结果须报二级单位备案。

第五条 教育内容。

(一) 国家与地方关于高校实验室安全与环境保护方面相关政策法规以及学校相关规章制度;

(二) 实验室一般性安全、职业健康、环境保护及废弃物处置常识;

(三) 实验室急救知识与事故应急处理知识;

（四）专业实验室特殊安全教育和设备操作规范。

第六条 教育方式。

（一）分散进行自主学习；

（二）集中开展教育培训讲座等；

（三）通过实验室安全教育与考试系统在线学习。

第七条 准入资格。

（一）登录学校实验室安全教育与考试系统进行考试。考试合格后下载系统内实验室安全准入证书，获得校级实验室准入资格。

（二）根据二级单位要求，接受实验室专业安全知识培训并合格，或通过该单位实验室安全准入考试，获得二级单位实验室准入资格。

（三）对有特殊防护和技能要求的实验室，须经实验室负责人确认并予以授权方可准入。

第八条 资格应用。

教师获取准入资格后，方可进入实验室开展教学科研活动；本科生获取准入资格后，方可进行实验课程选课或进入实验室开展实验活动；研究生获取准入资格后，方可进入实验室进行学习和研究工作。校外人员须自行提供获得准入资格的证明材料，在申请单位备案并签字后，方可进入申请实验室开展实验活动。

第九条 其他事项。

本办法由实验室安全办公室负责解释，自印发之日起施行。

中国科学技术大学实验室安全分类分级管理办法（试行）

（校实字〔2023〕123号，2023年8月6日）

第一章 总 则

第一条 为贯彻落实《教育部办公厅关于开展加强高校实验室安全专项行动的通知》要求，进一步加强学校实验室安全管理，落实实验室安全主体责任，提高实验室安全管理的科学性、有效性和针对性，实现对实验室风险的精准管控，结合学校实际，制定本办法。

第二条 本办法所称危险源，是指可能导致人员伤病或死亡、造成财产损失、破坏工作环境以及上述情况组合的根源或状态因素。

第三条 本办法所称实验室安全分类分级，是指按照学科与专业特点进行实验室分类的基础上，依据实验室危险源特性及可能导致危险的严重程度进行安全风险等级认定，并配套专业化、针对性的安全管理措施。

第四条 本办法适用于学校所有开展教学、科研等活动的实验场所。实验室以“房间”为单位按照所涉及的危险源及安全风险程度进行分类分级认定。

第二章　管理职责

第五条　实验室安全办公室负责指导和监督各学院（直属系）、重点科研机构的实验室安全分类分级认定和管理工作。

第六条　各学院（直属系）、重点科研机构负责组织本单位各实验室开展实验室安全分类分级认定工作，认定结果报送实验室安全办公室备案，并进一步督促落实以下工作：

（一）组织各实验室进行危险源辨识和技术安全风险评价；

（二）针对不同风险级别的实验室，制定并督促执行相应管控措施，如针对危险源的安全操作规程、安全应急预案等，加强对高风险实验室的重点监控；

（三）督促不同风险级别的实验室配备与危险源相适宜的个人防护用品、公共区域防护及救护用具；

（四）结合危险源特点，制定安全培训内容和应急演练计划，并组织实施。

第三章　分类管理

第七条　实验室安全分类管理主要依据实验室中存在的危险源类别，结合学校学科与专业特点，分为化学类、生物类、辐射类、机械类和其他类。

（一）化学类实验室

涉及化学反应和化学品的实验场所归属为化学类实验室，主要危险源为毒害性、易燃易爆性、腐蚀性等危险化学品。管理重点是剧毒品、易制毒品、易制爆品、麻醉品和精神药品以及国家应急管理部门重点监管的危险化学品、实验气体、危险化学品废弃物等的安全管理。

（二）生物类实验室

涉及微生物和实验动物的实验场所归属为生物类实验室，主要危险源为微生物（传染病病原体类等）、动物等危害个体或群体安全的生物因子。管理重点是开展病原微生物研究和实验必须在具备相应安全等级的实验场所进行、开展实验动物相关工作必须具有相应许可证、使用实验动物必须从具有《实验动物生产许可证》的单位购买等。

（三）辐射类实验室

涉及放射源、射线装置等的实验场所归属为辐射类实验室，主要危险源为放射性物质和核材料。管理重点是放射源使用资质、存放场所、涉源人员等的安全管理。

（四）机械类实验室

涉及机械加工类设备与工具、高温高压、超低温、电气、激光设备及仪器仪表等的实验场所归属为机械类实验室。管理重点是高温、高压、高速运动等特殊设备及机械、电气等的安全管理。特种设备应具备《特种设备使用登记证》《特种设备使用登记表》等其他有关登记证件，按要求定期检验，操作人员须持证上岗并严格遵守操作规程。

（五）其他类实验室

不涉及上述危险源的实验场所均归属为其他类实验室。主要危险源为用电设备引发的用电安全风险。管理重点是规范用电。

第八条 各类实验室应严格遵守国家、地方及学校相关规章制度，履行各类安全审验和报批程序，对危险源进行安全管理。

第四章 分级管理

第九条 在实验室安全风险分类管理的基础上，对每一间实验室进行全覆盖安全风险等级认定。根据实验室使用或存放危险源的危险程度，将实验室安全风险级别划分为一级(高危险等级)、二级(较高危险等级)、三级(中危险等级)、四级(一般危险等级)四个等级。

第十条 安全风险等级认定

(一) 涉及下列情况之一者，直接认定为一级安全风险实验室：

剧毒化学品，Ⅰ或Ⅱ类易制毒化学品，易制爆化学品，有毒或易燃易爆气体钢瓶，麻醉品或精神药品，一或二类致病性病原微生物，活体实验动物房，实验动物尸体暂存库房，Ⅰ类放射源，Ⅰ类射线装置，乙级及以上非密封放射性物质工作场所，特种设备，单台功率≥10 kW加热设备或单间实验室加热设备总功率≥15 kW。

(二) 涉及下列情况之一者，直接认定为二级安全风险实验室：

除剧毒、Ⅰ或Ⅱ类易制毒、易制爆化学品外的其他化学品，除有毒、易燃易爆气体钢瓶外的其他钢瓶，三类致病性病原微生物，Ⅱ或Ⅲ类放射源，Ⅱ类射线装置，丙级非密封放射性物质工作场所，单台功率＜10 kW加热设备且单间实验室加热设备总功率＜15 kW，激光设备，强磁设备，高速设备，回转机械，大功率(≥1 kW)充放电装置，高电压设备，全天候不断电设备或不间断电源设备(不包括服务器、工作站)。

(三) 涉及下列情况之一者，直接认定为三级安全风险实验室：

四类致病性病原微生物，Ⅳ或Ⅴ类放射源，Ⅲ类射线装置，充放电装置(＜1 kW)，全天候不断电的服务器、工作站，电子元器件。

(四) 未列入以上三级的实验室，一般认定为四级安全风险实验室。对于部分存在争议的危险源，各单位统一报送实验室安全办公室审核后评定实验室等级或从严提级。

第十一条 实验室安全风险评价分级按照本办法第十条所述危险源实行就高原则。

第十二条 实验室安全风险分级管理要求

(一) 实验室安全信息门牌上须标明危险级别；

(二) 实验室必须进行危险源风险评估，根据危险源特性制定安全防控措施和应急预案；

(三) 实验室必须严格落实安全准入制，定期对实验人员进行安全知识、操作规范及安全技能等方面的教育培训。

第十三条 考虑到学科、专业之间存在交叉渗透情况，校内各单位可以邀请相关专业校内外专家协助本单位组织开展分类分级认定工作。

第十四条 当实验室的使用方向、研究内容或设备数量等关键因素发生改变时，实验室须重新进行危险源辨识和风险评价，并将结果上报所在单位，由单位及时报送实验室安全办公室备案。

第五章　监督检查、培训和应急演练

第十五条　各级安全风险实验室检查要求。

（一）实验室安全自查要求：一级安全风险实验室每月不少于4次，二级安全风险实验室每月不少于2次，三级安全风险实验室每月不少于1次，四级安全风险实验室每两月不少于1次。

（二）各学院（直属系）、重点科研机构安全检查要求：根据本单位实验室安全风险等级认定情况确定检查频率，每月至少1次。

（三）学校安全检查要求：参照《中国科学技术大学实验室安全办公室管理办法（试行）》《中国科学技术大学实验室安全检查管理办法（试行）》执行。

第十六条　实验室安全检查须对照《高等学校实验室安全检查项目表》检查项目和检查要点，做好问题隐患排查和记录。对实验室安全检查中发现的安全隐患建立台账，逐项整改并建立整改台账。能够立查立改的，要立即整改到位；对短期无法完成整改的，要制定切实可行的整改方案，明确整改措施、整改期限和整改责任人；对整改不力者，在全校予以通报。

第十七条　各级安全风险实验室安全培训要求

（一）实验室安全培训要求：一级安全风险实验室每两月不少于1次，二级安全风险实验室每季度不少于1次，三级安全风险实验室每半年不少于1次，四级安全风险实验室每年不少于1次。

（二）各学院（直属系）、重点科研机构安全培训要求：根据本单位实验室安全风险等级认定情况确定检查频率，每半年至少1次。

（三）学校安全培训要求：根据教育部、中国科学院相关工作要求适时举办，每年至少1次。

第十八条　各级安全风险实验室应急演练要求

（一）实验室应急演练要求：一级安全风险实验室每两月不少于1次，二级安全风险实验室每季度不少于1次，三级安全风险实验室每半年不少于1次，四级安全风险实验室每年不少于1次。

（二）各学院（直属系）、重点科研机构应急演练要求：根据本单位实验室安全风险等级认定情况确定检查频率，每半年至少1次。

（三）学校应急演练要求：根据教育部、中国科学院相关工作要求适时举办，每年至少1次。

第十九条　学校将各学院（直属系）、重点科研机构的实验室安全分类分级执行情况、安全措施管控情况、安全检查及整改落实情况、安全培训和应急演练开展情况，纳入单位年度绩效考核。

第六章　附　　则

第二十条　本办法由实验室安全办公室负责解释。

第二十一条　本办法自印发之日起施行。

中国科学技术大学实验室安全检查管理办法(试行)

(校实字〔2023〕123号,2023年8月6日)

第一章　总　　则

第一条　为加强实验室安全管理,构建安全检查常态化工作机制,及时发现和排除安全隐患,有效预防和减少实验室安全事故发生,保障校园安全稳定和师生员工生命财产安全,结合学校实际,制定本办法。

第二条　本办法适用于学校管辖范围内的所有开展教学、科研的各类实验场所(以下统称实验室)。

第二章　实验室安全检查组织体系

第三条　实验室安全办公室是学校实验室安全管理的职能部门,负责制定、完善实验室安全检查相关规章制度,发布、传达上级部门有关检查文件,负责组织、参与学校实验室安全检查、监督工作,负责通知或通报有关单位安全隐患,督促有关单位落实隐患整改工作等。

第四条　各学院(直属系)、重点科研机构是实验室安全管理工作的责任主体,负责制定、完善本单位实验室安全检查制度,发布、传达上级部门关于实验室安全检查要求,负责通知、协调本单位的实验室安全检查工作,负责组织或参与实验室安全检查、监督工作,通知或通报实验室安全隐患,督促本单位实验室落实隐患整改工作,向实验室安全办公室报送实验室安全检查、整改落实情况等。

第五条　各实验室是实验室安全检查工作的基本单元,实验室安全负责人、实验室安全员是本实验室安全工作的主要责任人,负责制定本实验室安全检查制度及检查计划,负责实施本实验室安全隐患的整改及落实情况。

第三章　实验室安全检查主要任务及内容

第六条　实验室安全检查的主要任务及内容包括:安全责任体系建立与落实情况;安全建设经费保障和落实情况;安全管理队伍建设和履职情况;安全管理规章制度制定与执行情况;安全宣传和教育培训计划与实施情况;安全文化建设情况;危险源辨识和应急管控预案建设情况;安全自检自查台账建立情况;安全隐患整改情况;消防设施和通风系统等安全设施安装与使用状况;个人防护情况;化学安全、生物安全、辐射安全、特种设备安全、环境安全、卫生管理,以及实验室安全档案建设情况等。

第七条　实验室安全办公室依据教育部《高等学校实验室安全检查项目表》相关要求,不定期对各单位实验室进行安全检查,检查结果将以口头告知、网上公告或下达整改通知书等方式反馈给有关单位，有关单位应及时督促各实验室对检查过程中反馈的问题及隐患限期整改，整改完成后须向实验室安全办公室报送整改报告。

第八条 各学院(直属系)、重点科研机构依据教育部《高等学校实验室安全检查项目表》相关要求及学校实验室安全管理规定，进一步制定符合本单位实际的安全检查项目表，并组织开展本单位实验室安全日常巡查、不定期检查、专项检查等。

第九条 各实验室根据学校及所属单位有关规定，认真落实隐患整改工作，对能立即排除的隐患应及时排除，未能立即排除的隐患要及时上报所在单位或实验室安全办公室。

第四章 实验室安全检查要求

第十条 学校将根据上级部门要求或学校实验室安全检查工作计划，每月开展各学院(直属系)、重点科研机构实验室安全随机检查与抽查；每学期初、学期末开展学校实验室安全全面检查；不定期开展学校实验室安全专项检查。

各学院(直属系)、重点科研机构应根据本单位实验室安全风险等级认定情况确定检查频率，组织开展本单位实验室安全日常巡查、不定期检查、专项检查等，每月不少于 1 次，并及时向实验室安全办公室报送本单位月度安全自查报告。

各级实验室应根据本实验室安全风险等级认定情况确定检查频率，要求一级安全风险实验室安全自查每月不少于 4 次，二级安全风险实验室安全自查每月不少于 2 次，三级安全风险实验室安全自查每月不少于 1 次，四级安全风险实验室安全自查每两月不少于 1 次。

第五章 责 任 追 究

第十一条 各学院(直属系)、重点科研机构及各实验室必须主动配合学校实验室安全检查工作，对检查中反馈的问题及隐患及时采取措施并按要求进行整改。对存在重大安全隐患或出现安全事故的实验室，实验室安全办公室将采取黄牌警告(责令限期整改)、红牌警告(暂停运行)、关停等处罚措施。

第十二条 对违反国家有关法律法规、学校有关规定和存在严重安全隐患且拒不整改的，学校将视情况对相关责任人、责任单位进行责任追究。实验室按要求整改并通过验收后，方可重新启用。

第六章 附 则

第十三条 本办法由实验室安全办公室负责解释。

第十四条 本办法自印发之日起施行。

中国科学技术大学实验室危险化学品安全管理办法(试行)

(校实字〔2023〕123 号,2023 年 8 月 6 日)

第一章　总　　则

第一条　为进一步加强学校实验室化学安全综合管理,维护学校正常教学、科研工作秩序,保障师生员工生命财产安全,保护校园环境,根据《中华人民共和国安全生产法》《危险化学品安全管理条例》《易制毒化学品管理条例》等有关规定,结合学校实际,制定本办法。

第二条　本办法适用于学校各学院(直属系)、重点科研机构在危险化学品试剂材料购置、运输、储存、使用和废弃物处置过程中涉及的安全管理工作。

第三条　本办法所称危险化学品,是指具有毒害、腐蚀、爆炸、燃烧、助燃等性质,对人体、设施、环境具有危害的剧毒化学品和其他化学品,具体包括《国家危险化学品目录》《民用爆炸物品品名表》《麻醉药品品种目录》《精神药品品种目录》《医疗用毒性药品目录》等目录中的所有化学品,并以适时调整为准。

其中,剧毒化学品、易制毒化学品、易制爆化学品、爆炸品、麻醉药品、精神药品、医疗用毒性药品等公安及食品药品监管部门根据情况认定的需要管制的化学品称为管制类化学品。

第四条　学校实验室危险化学品安全管理工作坚持"专业管理、依法合规、提前投入、防微杜渐、院系为主"的原则。

第二章　管理体系与职责

第五条　学校实验室危险化学品安全管理遵循学校,各学院(直属系)、重点科研机构,实验室三级管理体系,逐级落实安全管理责任。

第六条　学校实验室安全管理领导小组统筹协调实验室危险化学品安全管理工作。危险化学品安全管理工作专业小组从技术层面指导实验室危险化学品安全管理工作。实验室安全办公室负责学校实验室危险化学品安全具体管理工作,主要职责包括:

(一) 建设学校实验室危险化学品安全管理制度,指导各单位规范危险化学品购买、使用和处置等工作;

(二) 组织对学校实验室危险化学品废弃物的回收和转移;

(三) 组织开展危险化学品安全检查,督促和指导各单位对存在的安全隐患及时整改;

(四) 开展危险化学品安全知识普及工作,提升师生安全意识。

第七条　涉及危险化学品使用的各学院(直属系)、重点科研机构负责本单位实验室危险化学品安全管理工作,主要职责包括:

(一) 落实学校关于危险化学品安全管理的工作要求,建立健全本单位危险化学品安全管理责任体系；

（二）指导各实验室建立健全实验室危险化学品安全管理制度，明确实验室使用危险化学品的安全管理要求和措施，监督实验室落实情况；

（三）督促实验室做好危险化学品台账记录，定期开展危险化学品安全检查和隐患整改闭环工作；

（四）组织开展与危险化学品安全相关的教育、培训以及专项应急演练活动；

（五）妥善处置本单位实验室化学安全事故等。

第八条 使用危险化学品的实验室是危险化学品安全管理的责任主体，实验室负责人是本实验室危险化学品安全管理的第一责任人。实验室负责人的主要职责包括：

（一）配备实验室安全管理员，明确其具体工作职责；

（二）制定并张贴本实验室危险化学品安全管理制度、操作规程和应急预案；

（三）落实危险化学品采购、使用、存储、处置等环节的安全管理要求，建立和管理危险化学品台账，定期组织危险化学品盘点，及时清理过期或缺少标识的试剂；

（四）落实相关的安全教育准入和操作培训，普及常见危险化学品事故的应急处置常识，开展针对性的专项应急演练；

（五）配备符合标准规范的安全防范设施和个人防护装备；

（六）完成日常安全巡查、隐患整改和环境卫生等工作。

第三章 危险化学品的采购和运输

第九条 学校对危险化学品原则上实行统一招标采购，由实验室安全办公室负责与危险化学品供应商进行日常业务对接。

第十条 管制类化学品的采购应当遵守国家法律法规，实行逐级审批制度，由学校化学试剂库统一采购。

第十一条 严禁私自向其他单位和个人转让、转借危险化学品。

第十二条 校内运输危险化学品时，应当按照国家相关法规执行，必须使用专门的危险化学品运输车辆，根据危险化学品的危险特性采取相应的安全防护措施，并配备必要的防护用品和应急救援器材。

第十三条 运输危险化学品的驾驶员、装卸员，须了解所运输的危险化学品的危险特性、包装物或容器的使用要求及应急处置措施。装运时不得客货混装，禁止随身携带危险化学品乘坐公共交通工具。

第四章 危险化学品的存储和使用

第十四条 储存危险化学品的实验室，应当根据危险化学品种类和危险特性，在作业场所设置相应的监测、监控、通风、防晒、调温、防火、灭火、防爆、泄压、防毒、中和、防潮、防雷、防静电、防腐、防泄漏以及防护围堤或隔离操作等安全设施、设备，并做好经常性的维护、保养。

第十五条 储存危险化学品应根据其特性分库、分区、分类保管，不得露天存放，互相可产生反应的化学品不应混合存放。

第十六条 管制类化学品要严格按类别存放保管，技防措施要符合管制要求，并设置明显标志，严禁在实验室内超量储存。

第十七条 剧毒化学品执行“五双”管理（即双人验收、双人保管、双人发货、双把锁、双本账）。配备专门的保险柜并固定；对于具有高挥发性、低闪点的剧毒品，须存放在防爆冰箱内，并配备双锁；储存场所须安全规范，配备监控报警装置。

第十八条 实验室内的高压气瓶应分类保管，妥善放置，易燃气体和助燃气体钢瓶必须分开放置。有毒有害气体须配备检测报警装置，存有大量惰性气体的房间须配备氧气含量报警器。参照《中国科学技术大学实验室气瓶安全管理办法（试行）》执行。

第十九条 实验人员应定期对实验室存放的危险化学品进行检查和清理，防止因遗失、盗窃、变质或泄漏而引发安全事故。

第二十条 危险化学品使用过程中，应确保外包装干净、干燥、标签完整、标识清晰、品名与内含物相符。

第二十一条 特定实验室使用的危险化学品须保存在固定房间或区域，不得随意将危险化学品带到实验室外或其他房间。实验完成后剩余的危险化学品应及时归位并妥善保管。

第二十二条 使用危险化学品的实验室，应建立实时动态的危险化学品台账。对剧毒化学品的使用须逐次、逐条、双人记录。

第二十三条 危险化学品的使用应当在符合安全技术规范的场所进行。

第五章 化学实验过程中的安全管理

第二十四条 拟开展的化学实验项目属于非常规、危险程度较高或工艺具有探索性的，实验项目负责人应当向所属单位提交实验方案。单位认为有必要的，可组织安全专家组对实验方案进行安全评价，未经安全评价或安全评价未通过的危险化学实验项目不得开展。

第二十五条 化学实验过程中必须有人值守。对于高温水浴和中温反应等需要较长时间的过夜实验，经实验室负责人同意，可以委托他人定时周期监控实验过程。实验室负责人认为化学实验项目危险较大时，其危险操作环节必须安排两人或两人以上同时在场。未经实验室负责人允许，实验期间实验人员不得脱岗，否则安全管理员有权终止实验。对于无人值守的化学实验，一经发现或被举报，单位应当对实验室负责人给予批评教育，并按规定进行处分。

第二十六条 化学工艺过程使用或产生刺激性气味或有毒害气味的实验，须在工作正常的通风柜（橱）中进行。实验室向外的自然排风或强制排风，应安装吸附或净化装置。

第二十七条 盛装危险化学品的容器在使用前后，必须进行检查，消除隐患。各类包装材料应及时处理，防止火灾、爆炸、中毒等事故发生。

第二十八条 化学实验结束后应清洗用过的器物、清理实验台面、整理房间内务等，并逐项检查涉及的危险源，确保安全后，方可离去。

第六章 危险化学品废弃物的处置管理

第二十九条 实验室危险化学品废弃物处置工作坚持“分类收集、定点存放、专人管理、集中处置”的原则，实验室使用化学品产生的废弃物必须严格按照学校危废处置相关规定和要求进行回收、转移、处置。任何单位和个人不得将危险化学品废弃物直接倒入下水道或按照普通垃圾处理。

第三十条 实验室安全办公室负责组织学校危险化学品废弃物的收集与处置工作，参照《中国科学技术大学实验室危险化学品废弃物处置管理办法》执行。

第七章 附 则

第三十一条 违反本办法的，学校将对单位或个人采用通知整改、约谈、通报批评、关停实验室等措施。

第三十二条 本办法未尽事项，按国家有关法律法规及相关标准执行。

第三十三条 本办法由实验室安全办公室负责解释。

第三十四条 本办法自印发之日起施行。

中国科学技术大学实验室气瓶安全管理办法(试行)

(校实字〔2023〕123号，2023年8月6日)

第一章 总 则

第一条 为加强实验室气瓶安全管理，保障校园安全稳定和师生员工生命财产安全，根据《中华人民共和国特种设备安全法》《特种设备安全监察条例》《气瓶安全技术规程》，结合学校实际，制定本办法。

第二条 本办法所指气瓶适用于实验室开展教学、科研活动过程中，正常环境温度(−40～60 ℃)下使用的，公称工作压力大于或等于0.2 MPa(表压)且压力与容积的乘积大于或等于1.0 MPa・L的盛装气体、液化气体和标准沸点等于或低于60 ℃液体的气瓶(不含仅在灭火时承受压力、储存时不承受压力的灭火用气瓶)。

第三条 本办法范围内所有气瓶及其附件的检验须严格按《气瓶安全技术规程》相关标准执行，检验不合格的气瓶由检验单位报废处理。

第四条 学校实验室气瓶安全管理坚持“安全第一、预防为主”和“谁使用、谁管理、谁主管、谁负责”的原则。

第二章　管 理 职 责

第五条　实验室安全办公室负责学校实验室气瓶安全管理的监督检查工作，制定实验室气瓶安全管理制度，定期开展实验室气瓶安全管理专项检查工作。

第六条　各学院(直属系)、重点科研机构(以下称各单位)负责本单位实验室气瓶日常安全管理和检查工作，根据气瓶使用情况制定本单位气瓶安全管理制度和事故应急预案。各单位应建立本单位气瓶台账，设专人对本单位气瓶进行日常管理，定期检查各实验室气瓶安全，并对气瓶使用人员进行安全技术培训。

第七条　各实验室安全负责人负责制定本实验室的气瓶安全使用操作规程和事故应急预案，并对气瓶使用人员进行安全教育、指导和监督。各实验室应设专人负责本实验室气瓶的安全使用和储存工作，做好气瓶使用台账管理和相关安全技术资料存档工作。

第八条　学校其他相关职能部门按照职责范围做好实验室气瓶安全管理相关工作。

第三章　气瓶的采购、验收与运输

第九条　各实验室原则上只能从学校公布的合格气瓶供应商处采购气瓶。

第十条　各实验室应对采购的气瓶进行验收，并建立气瓶采购台账。对于瓶体有缺陷或严重腐蚀、安全附件不全或已损坏、未粘贴符合安全技术规范及国家标准规定的警示标签和充装标签、瓶身颜色缺失或错误、缺乏检定标识等不能确保可以安全使用的气瓶，应拒绝接收。

第十一条　装卸或搬运气瓶时，各实验室应指定专人做好全程监督工作，严禁未经专业培训的人员装卸或搬运气瓶。

第十二条　搬动气瓶时，不可将气瓶开关总阀对准人身，应装上防震垫圈，旋紧安全帽，以保护开关阀，防止其意外转动，避免碰撞。

第十三条　搬运气瓶时，应使用专用小推车，严禁手执开关总阀移动气瓶，且严禁气瓶与化学药品混装混运。

第十四条　装卸气瓶时应轻装轻卸，避免气瓶间相互碰撞或与其他坚硬物体碰撞，不应用抛、滚、滑、摔、碰等方式装卸气瓶。

第四章　气瓶的储存与使用

第十五条　各实验室气瓶的储存应有专人负责管理，并遵守以下规定：

(一) 气瓶存放点须通风、远离热源、避免暴晒，地面平整干燥；

(二) 气瓶应整齐竖直放置，并配备牢固的防倾倒固定装置；

(三) 气瓶须配备使用状态标识牌，暂时不使用的气瓶应佩戴好气瓶安全帽；

(四) 可燃气体与助燃气体气瓶应分开放置，并有明显标志。瓶内介质相互接触后能引起燃烧、爆炸或产生毒性物质的气瓶应分室存放，并在附近设置防毒用具或灭火器材；

（五）严禁将气瓶与可燃、易燃、易爆化学品混存，严禁在走廊和公共场所存放气瓶；

（六）充装有毒、可燃气体的气瓶旁应安装相应气体危险性浓度监测报警装置，张贴必要安全警示标识；

（七）存有大量无毒窒息性压缩气体或液化气体（液氮、液氩）的较小密闭空间，为防止气体大量泄漏或蒸发导致缺氧，须安装氧含量监测报警装置；

（八）各实验室气瓶的存放应控制在最小需求量。

第十六条 各实验室气瓶的使用应遵守以下规定：

（一）气瓶使用前应对其安全性进行检查，对盛装气体进行确认，应做到专瓶专用，不应擅自更改气瓶的钢印和颜色标记，不得使用已报废或超过检验期的气瓶。

（二）使用气瓶必须加装相适应的减压器，严格按相关安全使用规程正确使用气瓶。使用过程中应竖立放置气瓶，并有防止气瓶倾倒的措施。

（三）开关气瓶总阀和减压器时，应用手或专用扳手，不应使用锤子、管钳、长柄螺纹扳手，转动速度应缓慢。开始用气时，应先旋开气瓶总阀，后开减压器；结束用气时，应先关闭气瓶总阀，排尽余气，再关减压器。严禁只关减压器而不关气瓶总阀。

（四）不应将气瓶靠近热源，严禁用温度超过 40 ℃的热源对气瓶进行加热，放置气瓶的地点周围 10 m 范围内，不应进行有明火或可能产生火花的作业。

（五）在可能造成回流的使用场合，使用设备上必须配置防止倒灌的装置。

（六）瓶内气体不得用尽，必须留有剩余压力，严禁自行处理瓶内余气。

（七）供气管路需选用合适管材，气体管线应整齐有序，并做好标识，不得直接放置在地上。存在多条气体管路的房间须张贴详细管路图，管路标识正确。

第五章　气瓶供应商的管理

第十七条 气瓶供应商负责学校实验室气瓶的安全检验工作，保证气瓶在使用过程中处于检验有效期内，保证气瓶和气瓶阀门能够安全使用一个检验周期，不能安全使用一个检验周期的气瓶和阀门应及时更换。

第十八条 气瓶供应商在校园内运输气瓶时须严格遵守国家危险品运输相关规定和学校交通安全管理相关规定和要求，气瓶运输车辆须符合危险品运输车辆相关要求。

气瓶运输车辆驾驶员和气瓶押运员应具备相关专业资质，车辆内须配有应急处理器材和安全防护设施设备。

第十九条 气瓶供应商要根据气瓶在学校范围内运输、搬运、换气的实际情况，制定应急预案，若气瓶在校园内发生安全事故，则立即启动应急预案，确保能够及时应对，正确处理，并配合事故后期调查工作。

第二十条 气瓶供应商如有违反国家法律和学校相关管理规定的行为，一经发现，直接取消向我校供应气瓶的资格。

第六章　附　　则

第二十一条 本办法未尽事项，按国家有关法律法规执行。

第二十二条 本办法由实验室安全办公室负责解释。

第二十三条 本办法自印发之日起施行。

中国科学技术大学实验室生物安全管理办法(试行)

(校实字〔2023〕123 号,2023 年 8 月 6 日)

第一章 总 则

第一条 为加强实验室生物安全管理,防止病原体、实验动物等通过实验室向外环境扩散及实验室感染,保证学校教学、科研等工作安全开展,保障师生员工人身和环境安全,依据《中华人民共和国生物安全法》《实验室生物安全通用要求》《病原微生物实验室生物安全管理条例》《实验动物管理条例》《基因工程安全管理办法》等制度,结合学校实际,制定本办法。

第二条 本办法适用于在教学和科研活动中,需要对动物、植物、微生物等生物的本质和规律进行观察、研究和探索的本校实验室。

第二章 管理机构与职责

第三条 实验室生物安全管理实行学校,各学院(直属系)、重点科研机构,实验室三级管理体系。

第四条 实验室安全办公室在学校生物安全管理委员会的领导下,负责学校实验室生物安全的宏观管理、监督和技术指导。

第五条 涉及生物安全的学院(直属系)、重点科研机构应成立本单位实验室安全管理机构,具体负责实验室生物安全的运行和规范管理。

第六条 实验室负责人为所在实验室生物安全第一责任人。负责实验室的日常运行、检查和维护实验设施与设备、控制实验室生物感染等职责。

第三章 生物实验室的建设与管理

第七条 凡从事以下实验活动的实验室必须建立生物实验室:

(一) 教学、科研实验活动中涉及的病原微生物、实验动物等符合《人间传染的病原微生物名录》相关规定的;

(二) 教学、科研实验项目中涉及基因工程实验研究、中间试验、工业化生产以及遗传工程体释放和遗传工程产品使用等;

(三) 教学、科研实验项目中需从医学病原体体液、器官或组织中取样、检测等。

第八条 根据实验室对所处理对象的生物安全防护水平,并依照实验室生物安全国家标准,生物实验室分为四级:一级(BSL-1)、二级(BSL-2)、三级(BSL-3)、四级(BSL-4)。其中一级对生物安全隔离的要求最低，四级最高。

第九条 生物实验室的设置应报国家有关部门批准，确定实验室级别并获得相应证书，严禁在不具备开展生物实验条件的普通实验室进行生物实验。

第十条 二级及以上生物实验室必须配备生物安全柜，并根据所保护对象的类型来选择适当的生物安全柜，如：实验对象保护；操作危险等级为1～4级微生物时的个体防护；暴露于放射性核素和挥发性有毒化学试剂时的个体防护；或上述各种防护的不同组合等。

第十一条 生物安全柜应放置在远离门，远离过道的地方。生物安全柜应定期检查维护并填写维护记录。在每隔一定使用时间之后，应由有资质的专业人员对生物安全柜进行符合国家和国际性能标准的检查。

第十二条 二级及以上生物实验室的公共区域应张贴生物安全标志、实验室操作规程、应急处置预案、废弃物管理制度、实验室人员生物安全行为规范等规章制度以及实验室安全责任人姓名、联系电话、应急小组成员联系电话等。实验室操作区域应张贴生物危险标识、化学危险品标识、医用生物废弃物标识。

第十三条 生物实验室内应配备高压灭菌器，以保证移出实验室的医疗废物无污染。

第十四条 进入生物实验室应配备个体防护服、手套、口罩及防护眼镜等，在实验室出口处还应配备冲淋设备。

第十五条 生物实验室必须建立实验档案，包括实验室安全记录、工作日志、实验原始记录、菌种转移和保藏记录、设备条件监控及检测记录、消毒记录、事故（暴露）记录、人员培训记录、员工健康档案等。从事病原微生物相关实验活动的实验档案保存期不得少于10年，属于高致病性病原微生物的实验档案不得少于20年。

第十六条 各生物实验室应每年定期对从事实验活动的教职人员及相关学生进行培训和考核，保证其掌握实验技术规范、操作规程、生物安全防护知识和实际操作技能。相关人员经考核合格方可上岗。建立并保存人员培训和考核记录档案。

第十七条 新建、改建、扩建一、二级生物实验室，在履行校内相关程序后，还须向区、市卫生行政主管部门备案。新建、改建、扩建三级、四级生物实验室须履行校内及国家有关审批手续，依照《中华人民共和国环境影响评价法》进行环境影响评价并经环境保护主管部门审查批准。

第四章　病原微生物安全管理

第十八条 根据中华人民共和国卫生部《人间传染的病原微生物名录》和农业部《动物病原微生物分类名录》，病原微生物分为四类：

（一）第一类：能够引起人类或者动物非常严重疾病的微生物，以及我国尚未发现或者已经宣布消灭的微生物。

（二）第二类：能够引起人类或者动物严重疾病，比较容易直接或者间接在人与人、动物与人、动物与动物间传播的微生物。

（三）第三类：能够引起人类或者动物疾病，但一般情况下对人、动物或者环境不构成严重危害，传播风险有限，实验室感染后很少引起严重疾病，并且具备有效治疗和预防措施的微生物。

（四）第四类：在通常情况下不会引起人类或者动物疾病的微生物。

第一类、第二类病原微生物统称为高致病性病原微生物。

第十九条 涉及高致病性病原微生物的实验活动必须在三级或四级生物实验室中进行，其他涉及病原微生物的实验工作必须在一级或二级生物实验室中进行。

第二十条 病原微生物的采集和运输应严格按照《病原微生物实验室生物安全管理条例》执行。从事高致病性病原微生物样本的实验室在采集过程中应当采取有效措施，严格防止发生病原微生物的扩散和感染，并对样本来源、采集方法及过程等做详细记录。

第二十一条 病原微生物菌（毒）种和样本的保管应制定严格的安全保管制度，做好病原微生物菌（毒）种和样本进出、储存、领用、销毁记录；建立档案制度，并指定专人负责，做到"双人双锁、双人领用"。对高致病性病原微生物菌（毒）种和样本应设专库或者专柜单独储存，分类管理、安全存放、随时监控，并有采购、使用和销毁记录等，严防丢失、被盗或泄漏。

第五章 实验动物生物安全管理

第二十二条 实验动物按照其对应的微生物控制程度分为四级，分别是：一级，普通动物；二级，清洁动物；三级，无特定病原体动物；四级，无菌动物。

对不同等级的实验动物，应当按照相关微生物控制标准进行管理。

第二十三条 从事动物实验应当根据应用目的，选用相应等级的实验动物。同一间实验室不得同时进行不同品种、不同等级或者互有干扰的动物实验。

第二十四条 实验动物的运输工作须严格遵守国家相关法律法规，不得将不同品种、品系或者不同等级的动物混合装运。

第二十五条 使用实验动物及开展实验动物相关工作的实验室，应当按照《实验动物使用许可证》许可范围，使用合格实验动物。

第二十六条 引进国内其他单位的实验动物，必须附有饲养单位签发的质量合格证书和当地政府相关部门出具的运输检疫报告，经隔离检疫合格后方可接收；从国外进口实验动物，必须按照《中华人民共和国进境动植物检疫审批管理办法》执行；不得从疫区引进动物；引进野生动物应遵守《中华人民共和国野生动物保护法》，由引进单位在原地检疫，确认无人畜共患病并取得当地卫生防疫部门证明后方可实施。

第二十七条 获得省科学技术行政部门颁发的《实验动物许可证》的实验室方可进行实验动物的饲养和育种。实验动物必须按照国家相关规定进行饲养和管理，根据不同来源、不同品种、品系和不同实验目的分开饲养。

实验动物的饲育室、实验室应设在不同区域，进行严格隔离，并设置科学的管理制度和操作规程。

第二十八条 从事动物实验相关工作的实验室应当根据实验要求和国家有关规定，对必须进行预防接种的实验动物进行预防接种，做好实验动物的免疫工作，防止病情疫情的发生和蔓延。

第二十九条 实验动物发生疾病或异常死亡时，应及时查明原因，根据情况妥善处理，并记录在案。

第三十条 从事动物实验相关工作的实验室应对直接接触实验动物的教职人员及相关学生采取安全防护措施，定期组织与传染病有关的健康检查，调整不适宜承担动物实验相关工作的人员。

第三十一条 从事动物实验相关工作的实验室和个人，应当关爱实验动物，维护动物福利，不得戏弄、虐待实验动物。在符合科学原则的前提下，尽量减少动物使用量，减轻被处置动物的痛苦。鼓励开展动物实验替代方法的研究与应用。

第六章 基因工程生物安全管理

第三十二条 本办法所称基因工程，包括利用载体系统的重组体 DNA 技术以及利用物理或化学方法把异源 DNA 直接导入有机体的技术，但不包括下列遗传操作：

（一）细胞融合技术，原生质体融合技术；

（二）传统杂交繁殖技术；

（三）诱变技术，体外受精技术，细胞培养或者胚胎培养技术。

本办法所称遗传工程体，指利用基因工程的遗传操作获得的有机体，包括遗传工程动物、遗传工程植物和遗传工程微生物。

第三十三条 本办法适用于在学校进行的一切基因工程工作，包括实验研究、中间试验、工业化生产以及遗传工程体释放和遗传工程产品使用等。

从国外进口遗传工程体、在学校进行基因工程工作的，应遵守本办法。

第三十四条 按照潜在危险程度，基因工程工作分为安全等级Ⅰ、安全等级Ⅱ、安全等级Ⅲ、安全等级Ⅳ四个安全等级，安全等级越高对人类健康和生态环境具有的危险程度越高，其中，安全等级Ⅰ类基因工程工作对人类健康和生态环境尚不存在危险，安全等级Ⅳ类基因工程工作对人类健康和生态环境具有高度危险。

第三十五条 获得实验许可手续的基因工程实验室方可开展实验。在开展基因工程工作前，应根据《基因工程安全管理办法》对基因工程工作进行安全性评价，评估潜在危险，确定安全等级，并应根据安全等级确定安全控制方法，制定安全操作规则和相应废弃物安全处理措施。

第三十六条 遗传工程体应当依照国家相关法律法规和学校相关采购规定实施引进。

第三十七条 遗传工程体应贮存在特定的设备内，贮放场所的物理控制应与安全等级相适应。安全等级Ⅲ、Ⅳ的遗传工程体贮放场所应当特别加强管理。

从事基因工程工作的实验室应当编制遗传工程体的贮存目录清单。对安全等级Ⅲ、Ⅳ的遗传工程体，还应做好领用、使用记录。

第三十八条 转移或者运输的遗传工程体应放置在与其安全等级相适应的容器内，严格遵守国家运输或邮寄生物材料相关规定。

第三十九条 从事基因工程研究的实验室应认真做好安全监督记录。安全监督记录保存期不得少于 10 年。

第七章 生物废弃物处置

第四十条 生物实验过程中产生的废弃物须按相关规定包装、暂存，其中涉及病原微生物实验及基因工程实验的废弃物，必须先进行无害化处理后，交由具有相关资质的医疗废弃物处理公司处理。

第四十一条 实验动物尸体统一用医疗废物垃圾专用袋打包处理，送至尸体存放处，由具有资质的医疗废弃物处理公司处理。如当天未能将实验动物尸体送至尸体存放处，可暂时将实验动物尸体放置于动物尸体暂存间的冰箱内。

实验动物解剖后的内脏、血液、组织液及擦拭的污物，除传染病动物外，可作为日常粪便或垃圾处理，处置原则与动物尸体相同；难以浸泡消毒的，可直接装袋密封，放入指定地点，交由具有资质的医疗废弃物处理公司销毁。

实验动物的废弃辅料、垫料、粪便经消毒剂消毒后装入专用废物转运袋中，按照生物废弃物处置。

第四十二条 感染性的实验废物应严格标记，须经灭活后方能移出实验室。

第四十三条 注射针头、针管等锐器应装入一次性盛器中，其他生物废物垃圾放入高压灭菌袋中，送入高压灭菌器中高压灭菌。

第八章 附　　则

第四十四条 校医院、附属第一医院实验室生物安全管理办法由校医院、附属第一医院自行制定。

第四十五条 本办法未尽事宜，按国家有关法律法规或学校有关规章制度执行。本办法条款如与国家法律法规最新规定相抵触的，按国家法律法规最新规定执行。

第四十六条 本办法由实验室安全办公室负责解释，特殊问题由学校研究决定。

第四十七条 本办法自印发之日起施行。

中国科学技术大学实验室特种设备安全管理办法(试行)

(校实字〔2023〕123 号，2023 年 8 月 6 日)

第一章 总　　则

第一条 为加强学校实验室特种设备安全管理，预防和减少实验室特种设备事故，保障师生员工生命财产安全，根据《中华人民共和国安全生产法》《中华人民共和国特种设备安全法》《特种设备安全监察条例》及相关规章制度、技术规范和标准，结合学校实际，制定本办法。

第二条 本办法所称实验室特种设备(简称特种设备),是指实验室内对人身和财产安全有较大危险性的列入《特种设备目录》的压力容器(含气瓶)、压力管道、起重机械、场(厂)内专用机动车辆等设备。

第二章 管理机构与职责

第三条 学校特种设备实行分级管理制度。实验室安全办公室负责制定特种设备安全管理的校级制度,监督检查特种设备使用和管理情况。使用特种设备的各学院(直属系)、重点科研机构制定并落实相应的安全管理规章制度,做好使用登记、经常性维护、定期检查与检验、人员安全培训及应急演练等安全工作。

第三章 购置、安装和注册

第四条 购置国产特种设备应选择符合相关安全技术规范、由具有相应资质厂家生产的特种设备。购置的进口特种设备应符合国家有关特种设备的法律、行政法规、规定、强制性标准及安全技术规范要求,并经检验合格。不得自制或者擅自改造特种设备。

第五条 安装特种设备应选择具有相应资质的厂家,并按照特种设备安全监督管理部门相关要求办理申报手续,不得自行安装。

第六条 特种设备投入使用前或者投入使用后 30 日内,应按照特种设备安全监督管理部门相关要求及时办理特种设备注册登记手续。

第七条 租赁特种设备,应选择具有相应租赁经营资质的单位签约租赁。

第四章 定期检查与维护

第八条 特种设备应进行经常性维护保养和定期自行检查,并如实做好记录。

第九条 特种设备检验合格有效期满前 1 个月内,使用单位应及时将特种设备交由当地特种设备检测所进行定期检验,检验合格方可继续使用。特种设备的附属仪器仪表应及时进行校验、检修。

第十条 停用特种设备,使用单位应按照相关规定到特种设备安全监督管理部门办理停用手续。停用期间,特种设备不得使用,无需进行定期检验。

第十一条 已停用特种设备重新启用,使用单位应按照相关规定到特种设备安全监督管理部门办理重新启用手续。

第十二条 改造特种设备,使用单位应按照相关规定到特种设备安全监督管理部门及时办理变更登记手续。

第十三条 报废特种设备,使用单位应及时到原注册登记特种设备安全监督管理部门办理注销手续。

第十四条 变更特种设备产权,使用单位应按照相关规定到特种设备安全监督管理部门办理变更手续。

第十五条 特种设备的维保和大修，使用单位应委托原制造单位或者具有相应资质的单位进行，经特种设备检测所检验合格后方可继续使用。

第五章 建档与日常管理

第十六条 特种设备使用单位应当建立特种设备安全技术档案，包括以下内容：

（一）特种设备的设计文件、制造单位、产品质量合格证明、安装及使用维护保养说明、监督检验证明等相关技术资料和文件；

（二）安装、维护、大修、改造等相关资料和文件；

（三）《特种设备登记卡》《特种设备使用登记证》等相关检验报告；

（四）特种设备的定期检验和定期自行检查记录；

（五）特种设备日常使用状况记录；

（六）特种设备及其附属仪器仪表维护保养记录；

（七）特种设备运行故障和事故记录；

（八）操作人员情况登记记录。

第十七条 特种设备使用单位应指定专人负责特种设备具体管理工作，管理特种设备安全技术档案、办理特种设备相关手续、实时维护特种设备相关信息。

第十八条 特种设备作业人员应具备相应资格，严格执行特种设备安全技术规范和管理制度。

第十九条 特种设备使用单位应制定特种设备安全管理制度、安全使用操作规程、事故应急预案，并在特种设备或周边醒目处张贴或悬挂。

第六章 附　　则

第二十条 气瓶安全按《中国科学技术大学气瓶安全管理办法（试行）》执行。

第二十一条 本办法由实验室安全办公室负责解释。

第二十二条 本办法自印发之日起施行。

中国科学技术大学实验室用电安全管理办法（试行）

（校实字〔2023〕123 号，2023 年 8 月 6 日）

第一章 总　　则

第一条 为加强学校实验室安全管理，预防和减少实验室用电安全事故的发生，保障师生员工生命财产安全，确保科研、教学工作有序开展，结合学校实际，制定本办法。

第二条 本办法适用于学校开展教学、科研等活动的所有场所。

第三条 学校实验室用电安全管理坚持“安全第一、预防为主”和“谁主管、谁负责、谁使用、谁负责”的原则。

第二章 管理职责

第四条 实验室安全办公室负责学校实验室用电安全管理的监督检查工作，负责制定实验室用电安全管理制度，定期对各实验室用电安全进行检查，并提出整改建议，督促和协助各单位建立健全实验室用电安全制度和操作规程。

第五条 各学院(直属系)、重点科研机构(以下称各单位)负责本单位实验室日常用电安全管理和检查工作，对进实验室工作或学习的相关人员进行安全用电教育和培训。

第六条 各实验室安全负责人负责制定本实验室的用电安全规程和事故应急预案，相关实验操作人员为实验室用电安全直接责任人。

第七条 保卫与校园管理处、资产与后勤保障处负责实验室配电箱及线路的维护管理。

第三章 基础建设

第八条 实验室所在的建筑要根据建筑高度及其周边环境情况，安装符合要求的避雷装置。实验室所在建筑(或实验室内部)必须安装符合使用要求的地线。避雷装置和地线不能混同使用。

第九条 实验室所用的室内、外用电线路和装置，应当安排有资质的单位进行施工，所用管线和各类器件须通过正当渠道从合格厂家或销售单位采购。

第十条 实验室电路系统改造或扩建时，须按规定履行相应报批手续，严禁未经审批私自动工。

第十一条 实验室内的用电线路和配电盘、板、箱、柜等装置及线路系统中的各种开关、插座和插头等均应保持完好可用状态，熔断装置所用的熔丝严禁用其他金属线替代，且必须与线路容量相匹配。室内照明器具要保持稳定可用状态。

第四章 用电安全

第十二条 实验室用电严禁超负荷运行，实验室投入使用前必须对室内各电源插座的负荷进行检测，区分插座类型，同时计算进线总负荷，确保每个插座的用电负荷在安全范围内。

实验室和电气设备应配备空气开关和漏电保护器，且应满足负荷和分段要求。

第十三条 实验室应明确标明总供电开关位置，总配电箱内每个开关应标识清楚。实验室安全员应定期巡检配电箱和配电柜，对存在异常情况的元器件及时报修，对存在安全隐患的设备及时停止供能。

第十四条 配电箱前不应有物品遮挡，周围不应放置烘箱、电炉、易燃易爆气瓶和废液桶等；配电箱的金属箱体应与箱内保护零线或保护地线可靠连接。

第十五条 实验室内尽量不用或少用接线板，如需使用必须遵守以下规定：

（一）实验室所用接线板必须符合国家标准，并有3C认证标识；

（二）大功率仪器（包括空调等）严禁使用接线板供电，必须使用专用插座并加装保护装置；

（三）使用接线板必须有专人负责，使用结束后及时切断电源；

（四）接线板必须独立使用，严禁接线板串接使用；

（五）接线板严禁直接置于地面；

（六）接线板所承载仪器设备的总负荷必须小于接线板的最大容量。

第十六条 严禁私自乱拉乱接电线电缆，禁止使用老化的线缆、花线、木质配电板或有破损的接线板，电线接头绝缘可靠，且无裸露连接线，穿越通道的线缆应有盖板或护套保护。各种电气设备及电线应始终保持干燥，防止浸湿，以防短路引起火灾或烧坏电气设备。

第十七条 严禁在实验室内使用与教学科研工作无关的电器（热得快、电水壶、电暖气、电暖手宝等加热电器）。

禁止从实验室接线对电动自行车、电动摩托车或电动汽车等非实验用交通工具进行充电，或在实验室对其电池进行充电。

第十八条 笔记本电脑不得在无人情况下开机过夜，在实验室给笔记本电脑、手机或充电宝等电子设备充电时，应确保有人员在场。

第十九条 因实验需要使用的电吹风、热风枪等加热设备在使用完毕后必须立即断开电源；高温、高压及高速设备在使用过程中，使用人员不得中途离开。

第二十条 对于确因教学科研工作需要而无法进行断电的仪器设备，须按规定履行相应报审报批手续，并遵守以下安全管理规定：

（一）根据仪器设备特点采取双路供电、不间断电源、实时监控报警等必要防护措施；

（二）仪器设备管理人员须对不断电仪器设备进行日常安全巡查（每日至少3次），并做好巡查记录；

（三）仪器设备管理人员须定期对不断电仪器设备进行维护，确保其性能完好，并做好维保记录；

（四）不断电设备要放置在干燥通风、环境整洁的工作间内，周围不得堆放易燃易爆物品及杂物。

第二十一条 实验室内所用的高压、高频设备要定期检修，并具有可靠的防护措施。凡设备本身要求安全接地的，必须接地。自行设计、制作的设备或装置，其电气线路部分应请专业人员查验无误后再投入使用。

第二十二条 对实验室内可能产生静电的位置和设备，其周围环境要保持空气湿润，并在醒目位置张贴警示标识，工作人员须穿防静电的衣服和鞋靴，禁止穿着化纤制品服饰。

对可能产生易燃易爆气体或粉尘的实验室，室内所用电器线路和用电装置均应按相关规定使用防爆电气线路和保护装置，禁止在充满可燃气体的环境中使用电动实验工具。

第二十三条 开始实验前应仔细检查实验台的电源插座、仪器配线、设备插头是否有老化、破损、漏电等情况，如有问题应立即切断电源插座开关并向实验室负责人汇报。

结束实验后应关闭实验台上所有仪器设备电源，将实验仪器摆放整齐，清理桌面，仪器配线全部放回原位。

第五章 用 电 防 护

第二十四条 使用电气设备时,应保持手部干燥。当手、脚或身体其他部位被沾湿,或站在潮湿地板上时,切勿启动电源开关、触摸通电仪器设备。

第二十五条 发生电气火灾时,首先应切断电源,尽快拉闸断电后进行灭火。

扑灭电气火灾时,要用绝缘性能好的灭火剂(干粉灭火器、二氧化碳灭火器或干燥砂子),严禁使用具有导电性的灭火剂(水、泡沫灭火器等)扑救。

第二十六条 发生触电事故时,应立即关闭电源或拔掉电源插头,用干燥的木棒、竹竿等绝缘物隔开触电者和电源,严禁直接触碰带电物体和触电者,对触电者实施急救后尽快送医。

第六章 附 则

第二十七条 本办法未尽事项,按国家有关法律法规执行。

第二十八条 本办法由实验室安全办公室负责解释。

第二十九条 本办法自印发之日起施行。

中国科学技术大学实验室危险化学品废弃物处置管理办法

(校实字〔2023〕123 号,2023 年 8 月 6 日)

第一章 总 则

第一条 为加强学校实验室危险化学品废弃物安全管理,预防实验室安全事故和环境污染,保障师生员工生命财产安全,根据《中华人民共和国环境保护法》《中华人民共和国固体废物污染环境防治法》《废弃危险化学品污染环境防治办法》等相关法律法规和规章制度,结合学校实际,制定本办法。

第二条 本办法适用于全校范围内所有涉及产生危险化学品废弃物的教学和科研活动的安全监督和管理,包括危险化学品废弃物的分类、收集、暂存、转运、处置等全过程管理,以及涉及危险化学品废弃物的单位、实验室和个人(教职工、学生及在学校实验室进行实验的校外人员等)。

第三条 本办法所称危险化学品废弃物,是指学校实验室在教学、科研等过程中所产生的具有危险特性的废弃化学品、实验废液、残留样品,以及沾染上述物质的一次性实验用品、包装物、过滤吸附介质等固体废物,具体可参照《国家危险废物名录》,并进行适时调整。

第四条 学校实验室危险化学品废弃物处置管理工作坚持"安全第一"和"谁产生、谁管理、谁产生、谁负责”的安全方针，遵循“分类收集、定点存放、专人管理、集中处置”的工作原则，杜绝危废直排、丢弃。

第二章　管理体系与职责

第五条　学校实验室危险化学品废弃物处置管理遵循学校，各学院(直属系)、重点科研机构，实验室三级管理体系，逐级落实安全管理责任。

第六条　学校实验室安全管理领导小组统筹协调实验室危险化学品废弃物处置管理工作。实验室安全办公室负责学校实验室危险化学品废弃物具体处置管理工作，主要职责包括：

(一) 贯彻执行国家有关方针政策和法律法规，结合学校实际制定并组织落实危险化学品废弃物安全管理各项规章制度，开展相关宣传、教育和培训活动；

(二) 指导和监督学校各学院(直属系)、重点科研机构开展危险化学品废弃物的安全管理工作；

(三) 组织开展危险化学品废弃物的回收工作，落实危险化学品废弃物集中存放场所并定期委托有资质的专业机构转移、处置危险化学品废弃物。

第七条　产生危险化学品废弃物的各学院(直属系)、重点科研机构是实验室危险化学品废弃物安全管理的责任主体单位，主要职责包括：

(一) 贯彻落实国家和学校有关规定，组织本单位制定并落实危险化学品废弃物管理责任制度、危险化学品废弃物管理细则和事故应急预案等管理制度；

(二) 指定专人负责本单位实验室危险化学品废弃物的安全管理工作，组织本单位实验室落实危险化学品废弃物收集、存放场地和相应设施；

(三) 组织本单位实验室按规范要求完成危险化学品废弃物的收集、存放和转运等工作；

(四) 监督、检查本单位实验室危险化学品废弃物的收集、存放和转运情况，发现问题及时组织整改；

(五) 组织本单位关于危险化学品废弃物收集处置方面的教育、培训活动，加强危险化学品废弃物安全管理，增强师生环保意识。

第八条　实验室是危险化学品废弃物的直接产生单位，其主要职责包括：

(一) 贯彻执行国家和学校有关规定，制定并落实本实验室相关责任制度、实验室危险化学品废弃物收集、存放与转运规程、事故预防措施和事故应急预案等管理制度；

(二) 指定专人负责本实验室危险化学品废弃物的收集、存放和转运等工作，设置并完善本实验室危险化学品废弃物的收集、存放场地和相应设施；

(三) 按规范要求完成本实验室危险化学品废弃物的收集、存放和转运工作；

(四) 检查本实验室危险化学品废弃物的收集、存放和转运情况，发现问题及时整改，并如实向所属单位或学校汇报。

第九条　各单位、各实验室应严格按照要求管理危险化学品废弃物，禁止任何单位和个人随意丢弃。对于违反规定的单位和个人，学校将按照有关规定给予处罚，情节严重的追究法律责任。

第三章 危险化学品废弃物的分类、收集和存放

第十条 实验室分类收集危险化学品废弃物时应由专人指导，按《中国科学技术大学危险化学品废弃物分类办法(试行)》《中国科学技术大学危险化学品废弃物分类包装细则(试行)》《中国科学技术大学固体废弃物包装编织袋颜色和分类包装要求(试行)》要求，并根据化学特性和危险特性进行分类、收集。

第十一条 废旧、变质、过期不能使用的化学试剂、测试样品(统称废旧试剂)因处理方法不同，不属于日常危险化学品废弃物收集处理范围，其分类、收集办法如下：

(一) 确保原标签完好，原标签破损的须补上标签。对原有标签无法辨认的化学品，应对其进行基本化学特性鉴定(如酸碱性、氧化还原性、燃爆性、腐蚀性以及是否具有生物剧毒性等)，保障后续处置过程的安全和环境保护。

(二) 瓶装化学品须旋紧瓶盖后竖直整齐放入收集箱；无包装化学品或化学废料须用包装袋装好并扎好袋口，贴上标签写明名称和成分，袋口朝上放入收集箱内；箱体表面应张贴废旧试剂清单。

(三) 废旧试剂应根据其化学特性和危险特性进行分类收集和存放，禁止将会发生异常反应的废弃化学品混装；瓶与瓶之间应做相应隔离缓冲，避免碰撞破裂。

(四) 性质活跃，遇空气或水能起反应的废旧试剂须单独存放，并做好相应防范措施。

(五) 剧毒、第一类易制毒、Ⅰ类易燃易爆等管制类化学品，报废后不得与其他废旧试剂混装，须单独收集密封，标识其名称、主要成分、性质和数量，并予以屏蔽和隔离，收集处置办法另行规定。

第十二条 废旧试剂瓶等固体废弃物应分类收集，试剂瓶内应确保无残留；针头等利器应放入利器盒中收集；废液应按分类装入专用废液桶中，液面不超过容量的3/4，废液桶须满足耐腐蚀、抗溶剂、耐挤压、抗冲击的要求。

第十三条 各实验室应在收集容器或装置的醒目位置粘贴相应废弃物标签、警示标志，并在向收集容器投放危险废弃物时做好记录，包括废弃物的名称、主要成分与特性、产生废弃物的实验名称、投放时间、投放人姓名、联系方式等信息。

第十四条 严禁将易发生化学反应的废弃物混装、固液混装；严禁将危险废弃物与生活垃圾、感染性废物或放射性废物等混装；严禁将实验室废液直接倒入城市污水管网或将实验室固态废弃物随意丢弃。

第十五条 各实验室应设置专门废弃物安全存放区域并划警戒线，存放区域远离热源、电源和不相容物质，避免日晒雨淋，做好安全警示标识。废弃物在未送存或未统一收集前，实验室必须采取有效措施防止废弃物流失、渗漏或交叉污染，确保安全。

第四章 危险化学品废弃物的回收、转运和处置

第十六条 危险化学品废弃物的回收由学校实验室安全办公室统一协调，化学试剂库负责组织实施。化学试剂库根据各单位实际情况设暂存点或上门回收，并转运至化学试剂

库存放。

第十七条 危险化学品废弃物回收时，为保障临时暂存、转运过程安全，检查、验收人员必须认真负责，逐一核对废弃物种类及主要成分与所贴标签是否相符、废弃物包装是否符合规范要求，不符合要求的督促立即整改，拒不整改的坚决拒收，并做好废弃物收集登记和交接工作。

第十八条 转运者须穿长衣、长裤、能把脚全封闭包裹的平底鞋(鞋底需防滑)，并佩戴长度大于 32 cm、防酸碱、耐腐蚀手套；整个搬运过程不得吸烟或接触潜在火源，搬运过程中不得饮食。

第十九条 转运前必须确认危险化学品废弃物包装是否安全、妥当；转运过程必须做到轻拿、轻放，严禁摔、碰、撞、击、拖拉、倾倒和滚动；途经学生及人群密集地点应谨慎小心，尽量让他人先行。

第二十条 化学试剂库负责对接废弃物处置企业，合理安排废弃物运输车辆调度、装运等转运事宜，保障学校危险化学品废弃物回收、临时暂存、外运转移处置处于动态平衡，保障学校危险化学品废弃物收储处置安全、平稳、有序进行。

第五章　附　　则

第二十一条 本办法未尽事项，按国家有关法律法规及相关标准执行。

第二十二条 本办法由实验室安全办公室负责解释。

第二十三条 本办法自印发之日起施行。原《中国科学技术大学危险化学品废弃物分类处置规定》(校保字〔2017〕180 号)同时废止。

中国科学技术大学放射性同位素与射线装置安全与防护管理办法

(校实字〔2023〕123 号，2023 年 8 月 6 日)

第一章　总　　则

第一条 为加强学校放射性同位素和射线装置的安全和防护管理，根据《中华人民共和国放射性污染防治法》《放射性同位素与射线装置安全和防护条例》《放射性废物安全管理条例》，结合学校实际，制定本办法。

第二条 本办法适用于学校各单位使用放射性同位素与射线装置的场所、人员安全和防护，废旧放射源与被放射性污染的物品管理以及豁免管理等相关活动。

第三条 使用放射性同位素与射线装置的单位，应对本单位的放射性同位素与射线装置的日常安全和防护工作负责，并对造成的放射性危害承担相应的法律责任。

第四条 实验室安全办公室依照本办法对学校放射性同位素与射线装置的安全与防护

工作实施监督管理。

第二章　场所安全与防护

第五条　使用、贮存放射性同位素与射线装置的场所，应按规定设置明显的放射性标志，并按照国家电离辐射有关安全与防护标准要求，设置相应安全和防护设施、必要的安全连锁、报警装置或工作信号。射线装置调试和使用场所应具有防止误操作、防止工作人员与公众受到意外照射的安全措施。

放射性同位素的包装容器、含放射性同位素的设备与射线装置，应设置明显的放射性标识和中文警示说明，放射源上能设置放射源编码等标识的，应一并设置。

第六条　使用放射性同位素与射线装置的场所，应当按照有关规定采取有效措施，防止运行故障，并避免故障导致次生危害。

第七条　放射性同位素和放射性污染的物品应单独存放并指定专人负责保管，不得与易燃、易爆、腐蚀性物品等一起存放。

贮存、领取、使用、归还放射性同位素时，应当进行登记、检查，做到账物相符。对放射性同位素贮存场所应当采取防火、防水、防盗、防丢失、防破坏、防射线泄漏的安全措施。

建立与放射源潜在危害相适应的多重防护与安全措施。对可移动放射源定期进行盘存，确保其处于指定位置，并具有可靠安全保障。

第八条　学校委托第三方有资质机构按照最新辐射环境监测技术规范，定期对在用的放射性同位素和射线装置使用和贮存场所的辐射、臭氧浓度、水质、土壤、气溶胶、表面污染等进行监测。

第九条　建设项目竣工环境保护验收涉及的辐射监测和退役核技术利用项目的终态辐射监测，应由项目所属课题组委托有资质的辐射环境监测机构进行。

第十条　使用放射性同位素与射线装置的单位，应加强本单位放射性同位素与射线装置安全和防护状况的日常检查，发现安全隐患的，应立即整改。安全隐患可能威胁到人员安全或可能造成环境污染的，应立即停止辐射作业并报告实验室安全办公室，再由实验室安全办公室统一向生态环境主管部门报告。经生态环境主管部门检查核实安全隐患消除后，方可恢复正常作业。

第十一条　使用放射性同位素与射线装置的单位，应对本单位放射性同位素与射线装置的安全和防护现状进行年度评估，并于每年 12 月 31 日前按指定格式向实验室安全办公室提交该年度评估报告。年度评估报告发现安全隐患的，应当立即整改。

第十二条　使用Ⅰ类、Ⅱ类、Ⅲ类放射源的场所，按照《电离辐射防护与辐射源安全基本标准》(以下简称《基本标准》)确定的甲、乙级非密封放射性物质工作场所，以及终结运行后产生放射性污染的射线装置应依法实施退役，并于实施退役前完成下列工作：

(一) 将有使用价值的放射源按照《放射性同位素与射线装置安全和防护条例》转让；

(二) 将废旧放射源交回生产单位、返回原出口方或者送交有相应资质的放射性废物集中贮存单位贮存。

第十三条　依法实施退役的使用放射性同位素与射线装置的单位，应于实施退役前编制环境影响评价文件，送交实验室安全办公室，以便统一报送原发证机关审查批准；未经批准的，不得实施退役。

第十四条 退役工作完成后60日内，依法实施退役的使用放射性同位素与射线装置的单位，应当向实验室安全办公室申请退役核技术利用项目终态验收，并提交退役项目辐射环境终态监测报告或者监测表。

终态验收合格之日起20日内，由实验室安全办公室到原发证机关办理辐射安全许可证变更或者注销手续。

第十五条 使用放射性同位素与射线装置的单位，在依法被撤销、依法解散或者因其他原因终止前，应确保环境辐射安全，妥善实施辐射工作场所或者设备的退役，并承担退役完成前所有安全责任。

第三章 人员安全与防护

第十六条 使用Ⅰ类放射源、Ⅰ类射线装置的单位，其核安全综合管理、辐射防护、辐射环境监测与评价等核安全关键岗位应由注册核安全工程师担任。

使用放射性同位素与Ⅰ、Ⅱ类射线装置的单位，应对直接从事使用活动的操作人员及辐射防护负责人组织相应专业辐射安全培训，并安排其参加生态环境部门组织的考核，相关人员考核合格方可上岗。

使用Ⅲ类射线装置的单位，应对直接从事使用活动的操作人员组织相应专业辐射安全培训，并安排其参加实验室安全办公室组织的考核，相关人员考核合格方可上岗。

第十七条 考核合格的人员，应当每4年接受1次再培训和考核。

辐射安全再培训包括新颁布的相关法律法规和辐射安全与防护专业标准、技术规范，以及辐射事故案例分析与经验反馈等内容。

不参加再培训的人员或者再培训考核不合格的人员，其辐射安全培训合格证书自动失效。

第十八条 实验室安全办公室委托有资质的第三方机构，每季度对考核合格的辐射工作人员进行个人剂量监测；发现个人剂量监测结果异常的，应当立即核实和调查，并将有关情况及时报告生态环境主管部门。

实验室安全办公室安排专人负责个人剂量监测数据的管理，建立辐射工作人员个人剂量档案。个人剂量档案应当包括个人基本信息、工作岗位、剂量监测结果等材料。个人剂量档案应当保存至辐射工作人员年满75周岁，或者停止辐射工作30年。

辐射工作人员有权查阅和复制本人的个人剂量档案。辐射工作人员调换单位的，原用人单位应当向新单位或辐射工作人员本人提供个人剂量档案复制件。

第四章 废旧放射源与放射性废物的管理

第十九条 转让Ⅰ类、Ⅱ类、Ⅲ类放射源的，转让双方应当签订废旧放射源返回协议。进口放射源转让时，转入单位应当取得原出口方负责回收的承诺文件副本。

第二十条 使用Ⅰ类、Ⅱ类、Ⅲ类放射源的单位应在放射源闲置或者废弃后3个月内，按照废旧放射源返回协议规定，将废旧放射源交回生产单位或者返回原出口方。确实无法交回生产单位或者返回原出口方的，应送交具备相应资质的放射性废物集中贮存单位（以下简称废旧放射源收贮单位）贮存，并承担相关费用。

第二十一条 使用放射源的单位依法被撤销、依法解散或者因其他原因终止的，应事先将本单位的放射源依法转让、交回生产单位、返回原出口方或者送交废旧放射源收贮单位贮存，并承担上述活动完成前所有的安全责任。

第二十二条 使用放射源的单位应在废旧放射源交回生产单位、返回原出口方或者送交废旧放射源收贮单位贮存活动完成之日起20日内，报实验室安全办公室，并赴本地生态环境主管部门备案。

第二十三条 产生放射性废液的单位，应将放射性废液经净化、符合排放标准，并报生态环境主管部门批准后方可排放。对无法经净化排放的废液进行减量化处理，转变为放射性固体废物。

产生放射性固体废物的单位，应对放射性废物进行减量化处理，按照核素种类、活度大小、物理化学形态分类处理、包装与存放，并按规定进行详细的登记。

第二十四条 产生放射性固体废物的单位，应及时将放射性固体废物送交有资质的放射性固体废物贮存单位集中贮存。

第五章 应急报告与处理

第二十五条 使用放射性同位素与射线装置的单位，应根据可能发生的辐射事故风险，制定本单位应急预案，做好应急准备。

辐射事故应急预案应当包括下列内容：

（一）应急机构和职责分工；

（二）应急人员的组织、培训以及应急和救助装备、资金、物资准备；

（三）辐射事故分级与应急响应措施。

第二十六条 发生辐射事故或者发生可能引发辐射事故的运行故障时，使用放射性同位素与射线装置的单位应立即启动本单位应急预案，采取应急措施，并立即向实验室安全办公室报告。

第二十七条 接到辐射事故或者可能引发辐射事故的运行故障报告后，实验室安全办公室应立即派人赶赴现场，进行现场调查，依据应急预案采取有效措施，以利于控制并消除事故或者故障影响，并于2小时内填写初始报告，向当地人民政府、生态环境主管部门及公安、卫生主管部门报告。

第六章 豁 免 管 理

第二十八条 使用低于《基本标准》规定豁免水平的放射源、射线装置或者少量非密封放射性物质的，向实验室安全办公室提交辐射水平低于《基本标准》豁免水平的证明材料，经所在地省级生态环境主管部门备案后，可以被豁免管理。

第二十九条 使用较大批量低于《基本标准》规定豁免水平的非密封放射性物质的单位，申请备案时，除提交本办法第二十八条规定的证明材料外，还应提交非密封放射性物质的使用量、使用条件、操作方式以及防护管理措施等情况证明。

第三十条 对装有超过《基本标准》规定豁免水平放射源的设备，经检测符合国家有关规定确定的辐射水平的，设备生产或者进口单位向环境保护部报请备案后，该设备和相关转让、使用活动可以被豁免管理。

第七章 附 则

第三十一条 名词的含义：

（一）放射性同位素，是指纳入监管范围的密封放射源和非密封放射性物质；

（二）废旧放射源，是指已超过生产单位或有关标准规定的使用寿命，或者由于生产工艺的改变、生产产品的更改等因素导致不再用于初始目的的放射源；

（三）退役，是指采取去污、拆除和清除等措施，使核技术利用项目不再使用的场所或设备的辐射剂量满足国家相关标准的要求，主管部门不再对这些核技术利用项目进行辐射安全与防护监管的活动。

第三十二条 本办法由实验室安全办公室负责解释。

第三十三条 本办法自印发之日起施行。原《中国科学技术大学放射性同位素与射线装置管理规定(试行)》(校保字〔2006〕2 号)同时废止。

中国科学技术大学实验室安全事故应急预案(试行)

（校实字〔2023〕124 号，2023 年 8 月 3 日）

第一章 总 则

第一条 为积极应对可能发生的校园实验室安全事故，快速、高效、有序组织开展事故抢险、救援和调查处理，预防和减少突发事故及其造成的损害，保障校园安全稳定和师生员工生命财产安全，根据《中华人民共和国安全生产法》《中华人民共和国突发事件应对法》《中华人民共和国消防法》《生产安全事故报告和调查处理条例》等法律法规，以及《高等学校实验室安全规范》等精神，结合学校实际，制定本预案。

第二条 本预案所称实验室安全事故，是指学校范围内各级各类教学、科研实验室或实验场所发生的，因自然、人为、技术或设备等因素引发的，造成或可能造成人员伤亡、财产损失、环境破坏和严重社会危害的事件、事故。

参照《生产安全事故报告和调查处理条例》，实验室安全事故分为特别重大事故、重大事故、较大事故、一般事故四类。结合学校实际，根据事故性质、严重程度、可控性、影响范围等因素，进一步将实验室安全一般事故从重到轻依次分为四级：

（一）一般一级事故

造成1～2人死亡，或者3～9人重伤，或者10人（含）以上轻伤，或者500万元～1000万元（不含）直接经济损失的事故。

（二）一般二级事故

未造成人员死亡，但造成1～2人重伤或者造成3～9人轻伤，或者100万元～500万元（不含）直接经济损失的事故。

（三）一般三级事故

未造成人员死亡，但造成1～2人轻伤，或者50万元～100万元（不含）直接经济损失的事故。

（四）一般四级事故

未造成人员伤亡，但造成50万元（不含）以下直接经济损失的事故。

第三条 工作原则。

（一）以人为本，安全第一

发生实验室安全事故时，保障人员生命安全和身体健康是首要任务，在及时采取避险措施的同时应注意保障救援人员自身安全。

（二）统一领导，分级负责

由学校实验室安全管理领导小组统一领导，事故发生后立即启动应急预案，各相关单位和部门按各自职责权限负责相应的应急处置工作。

（三）快速反应，有效应对

对发生的实验室安全事故，各相关单位和部门须第一时间作出反应，迅速到位，防止事故扩大，最大限度减少人员伤亡。

（四）妥善处理，四不放过

对发生的实验室安全事故，做好妥善处理，坚持“不查清原因不放过，不认真整改不放过，不吸取教训不放过，不处理责任人不放过”。

（五）居安思危，预防为主

贯彻落实“安全第一、预防为主”的方针，坚持事故应急与预防相结合，做好常态化隐患排查、风险评估、事故预警和预案演练等工作。

第四条 各学院（直属系）、重点科研机构（以下简称各单位）须结合本预案，根据学科特点及实验室类型，进一步建立完善本单位实验室安全事故应急机制，督促落实本单位实验室安全应急预案的制定、完善与组织实施。

第二章 应急组织体系与职责

第五条 应急组织体系由学校实验室安全管理领导小组、相关职能部门、各单位实验室安全管理领导小组、应急救援队伍组成。

（一）学校实验室安全管理领导小组是实验室安全突发事故应急处置工作的领导机构，全面负责领导、协调实验室安全事故的应急处置工作。

（二）保卫与校园管理处、实验室安全办公室负责具体应急处置工作，其他相关职能部门根据职责范围承担相应的应急处置工作。

（三）各单位实验室安全管理领导小组负责本单位事故现场指挥、协调和应急处置工作。一旦发生事故，立即成立应急救援小组，具体职责包括：保护现场并做好现场救援的协调指挥工作；确保事故在第一时间得到有效处理；及时、准确上报事故。

（四）学校建立应急救援队伍，主要包括学校及各单位应急救援队伍、学校医疗救援组等。

第六条 一旦发生实验室一般二级及以上事故，学校实验室安全管理领导小组立即成立应急处置工作组。应急处置工作组包括现场处置组、应急保障组、通信联络组，相关部门职责分工如下：

（一）应急处置工作组组长：学校党委书记、校长；

（二）应急处置工作组副组长：分管学校实验室安全工作的校领导；

（三）现场处置组成员单位：保卫与校园管理处、实验室安全办公室、事故单位；

（四）应急保障组成员单位：保卫与校园管理处、实验室安全办公室、资产与后勤保障处、校医院、基本建设处、事故单位；

（五）通信联络组成员单位：党政办公室、党委宣传部、新闻中心、保卫与校园管理处、实验室安全办公室、网络信息中心、事故单位。

第三章 事故预防、预警和应急响应

第七条 各单位须做好实验室安全事故预防预警工作，最大限度防止事故发生。

（一）完善预防预警机制，对可能发生的各种安全事故，提前开展风险研判，做到早防范、早发现、早报告、早处置；

（二）加强日常应急管理，落实实验人员教育培训，定期开展实验室事故应急演练，定期评估和不断完善应急处置预案，提高应对突发事故的实战能力；

（三）建立完善危险源台账，做好各种危险品的使用记录，发现遗失、不当存放等异常情况立即处置；

（四）重视实验人员健康检查，发现与实验室安全有关的人员感染或伤害立即报告、处置；

（五）严格执行安全巡查制度，对存在不安全行为的人员和有安全隐患的设备用具，及时发出书面预警，提醒相关人员提高警惕。

第八条 实验室安全事故发生后的应急处置。

（一）报告主体

事故现场人员是事故报告的责任人，事故所在单位为事故报告的责任单位。事故发生后，事故现场人员立即报告事故单位主要负责人，事故单位主要负责人立即报告学校实验室安全管理领导小组（保卫与校园管理处：0551-63600110，实验室安全办公室：0551-63600724）。事故确认后1小时内，按事故级别征得学校实验室安全管理领导小组同意后，立即向中国科学院、教育部、当地应急管理部门及其他负有安全生产监督管理职责的有关部门报告。

（二）报告内容

事故发生的时间、地点、起因、影响、事故抢救处理情况、需有关部门协助处理的事宜等，并根据事态发展和处置情况及时续报。

（三）应急处置

事故发生后，事发区域内的人员应立即撤离到安全地带，启动报告程序并保护事故现场。事故单位接到报告后，立即启动本单位实验室安全事故应急预案，及时处置险兆事故，并注意救援人员自身防护。应急处置工作组负责人及成员单位工作人员接到报告后迅速赶往事故现场，对突发事故级别进行评估，迅速有效地实施应急响应。应急处置工作组组长负责指挥现场处置组开展事故现场抢险处置工作，协调应急保障组在应急处置过程中的应急资源保障，协调通信联络组确保事故现场与内、外部单位联络畅通，准确掌握事态发展动向，第一时间发布突发事故进展、处置情况等相关信息。

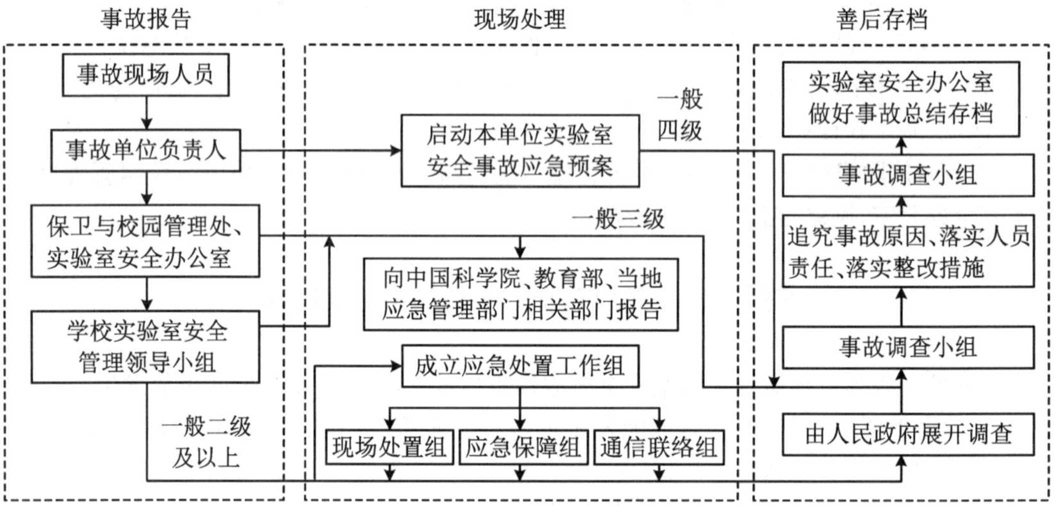

实验室安全事故应急处置流程图

第四章　事故调查和处理

第九条　实验室安全一般四级事故，由事故单位自行调查，并在事故调查结束后 3 日内报送书面报告至实验室安全办公室。事故调查报告内容主要包括事故发生的原因及经过、直接经济损失、事故性质、责任认定、对事故责任者的处理情况、事故防范和整改措施。

第十条　实验室安全一般三级事故，由实验室安全办公室在学校实验室安全管理领导小组的领导下组织调查，调查处理情况报事故发生地人民政府相关部门。

第十一条　实验室安全一般二级及以上事故，参照《生产安全事故报告和调查处理条例》，由事故发生地有关人民政府依法展开调查。生物安全以及核与辐射安全、特种设备安全另有规定的，适用其规定。

第十二条　根据调查结果，对人为原因造成实验室安全事故的单位，将根据情节轻重和影响程度严肃处理。对违反法律法规的情形，依法追究有关当事人法律责任。根据事故性质及相关人员责任，积极协调有关部门做好事故善后工作。对事故反映出的问题隐患，严格落实整改闭环，加强宣传教育。

第五章 附 则

第十三条 本预案未尽事项，按国家有关法律法规及相关标准执行。

第十四条 本预案由实验室安全办公室负责解释。

第十五条 本预案自印发之日起施行。

中国科学技术大学在京房屋使用管理办法(试行)

（校资后字〔2023〕132 号，2023 年 8 月 25 日）

第一条 为进一步规范学校在京房屋的使用管理，促进房屋资源有效利用及合理调配，根据《中国科学院事业单位国有资产管理办法》《中国科学院事业单位房地产管理办法》等有关规定，结合学校实际，制定本办法。

第二条 本办法所称在京房屋，是指学校实际管理及使用的北京市内非个人产权的房屋。

第三条 在京房屋有以下类型：

（一）业务用房，主要用于北京教学与管理部日常办公；

（二）学生流动公寓，主要用于学校在籍学生在京进行短期实习或实践活动时短期居住；

（三）教师流动公寓，主要用于学校在职教职工赴京出差或短时工作期间暂时居住；

（四）周转住房，主要用于学校在职教职工在京工作或长期交流期间居住；

（五）对外租赁用房，主要指长期闲置的房屋，为提高其使用效益实施对外租赁。

第四条 管理职责。

（一）资产与后勤保障处作为学校房屋的主管部门，负责房屋调配使用，按国家有关规定制定在京房屋管理办法，并组织实施；

（二）北京教学与管理部按照学校相关管理办法，负责房屋的日常管理维护，保障学校在京房屋资产的完整；

（三）财务处负责按照在京房屋管理办法收取各项费用；

（四）人力资源部负责教职工信息的核实；

（五）基本建设处负责房屋大型维修。

第五条 管理规则。

（一）在京房屋管理涉及的费用遵循“收支两条线”原则，收取的费用全额上缴学校财务部门，支出的费用由北京教学与管理部根据具体情况向学校申报预算。

（二）学生流动公寓、教师流动公寓、周转住房遵循有偿使用的原则，收取一定费用。

（三）学生流动公寓位于石景山区玉泉路19号甲教育基地综合楼5～6层。学校在籍学生因毕业论文、毕业设计、研究计划等需要使用学生流动公寓的，由相关职能部门或院级单位统一提出申请，填写《中国科学技术大学在京学生流动公寓申请表》，履行审批手续。

（四）周转住房位于石景山区玉泉路19号丙10号楼、11号楼、玉海园3里1号楼、2号楼。学校在职教职工在京工作交流期间可申请居住，填写《中国科学技术大学在京周转住房申请表》，履行审批手续。入住期间，按规定缴纳房屋使用费，以及水、电、气、暖、网络等费用。若交纳费用属地政策有专门规定的，可依照相关规定执行。

（五）对学校派驻的在京工作人员，不收取周转住房房屋使用费。原则上派驻期满3个月内，需退回住房。若规定期限内未退房者，按同档次周转住房房屋使用费的2倍金额收取占房费用。

（六）与学校有业务往来的相关人员，由学校相关业务归口管理部门确认用房必要性后，申请周转住房，填写《中国科学技术大学在京周转住房申请表》，履行审批手续。

（七）教师流动公寓位于石景山区玉泉路19号甲教育基地综合楼7～8层。拟入住人员向北京教学与管理部提出申请，北京教学与管理部根据房源情况进行安排，费用由入住人员自行承担。

（八）对外租赁用房按《中国科学技术大学房屋出租出借管理办法（试行）》执行。

（九）各类型房屋的房源可根据实际使用情况，经学校决议，适时调整。

（十）在京房屋管理实施细则由北京教学与管理部根据属地管理规则等另行制定，报资产与后勤保障处备案。

第六条　本办法由资产与后勤保障处负责解释。

第七条　本办法自印发之日起施行。

七、机构与干部

学校党政领导

党委书记	舒歌群
校　　长	包信和
常务副校长	潘建伟
党委常务副书记	蒋　一
党委常委、副校长	王晓平
副 校 长	杨金龙
党委副书记、纪委书记、国家监委派驻监察专员	毕金初
党委常委、副校长	傅　尧
党委常委、副校长	吴　枫
党委常委、副校长	周丛照
党委副书记	邓建松
党委委员、校长助理	薛　天

中共中国科学技术大学
第十二届委员会常务委员会委员名单

（按姓氏笔画排序）

王晓平　毕金初　吴　枫　周丛照　蒋　一　傅　尧　舒歌群

中共中国科学技术大学
第十二届委员会委员名单

（按姓氏笔画排序）

王　伟　王　兵　王晓平　邓建松　古继宝　毕金初　朱长飞
刘　斌　刘明侯　李　峰　李向阳　杨晓果　吴　枫　周丛照
屠　兢　蒋　一　傅　尧　舒歌群　褚家如　薛　天

中共中国科学技术大学
纪律检查委员会委员名单

（按姓氏笔画排序）

丁望斌　尹　红　叶　征　毕金初　杨　凡　宋卫国　陈卫东
赵　峰　洪　军　黄超群

中国科学技术大学治理架构图

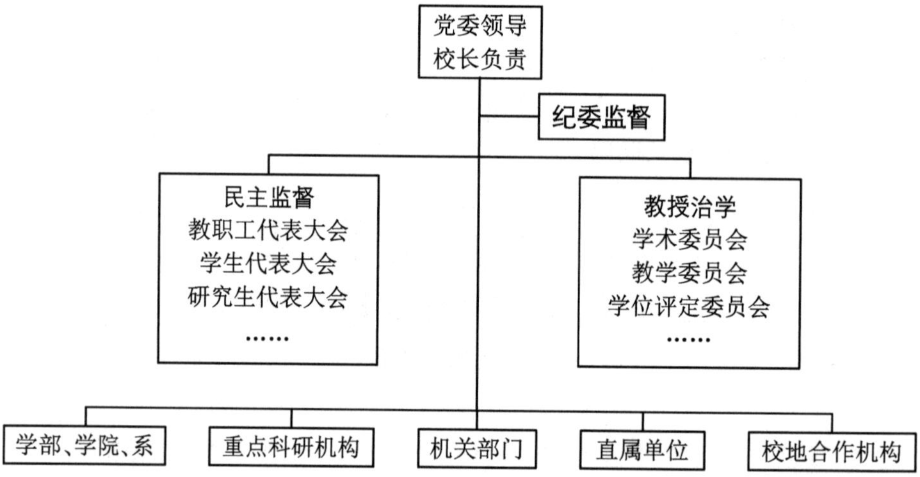

学部、学院、系设置

学部/学院	系
少年班学院	
数学科学学院	数学系
	计算与应用数学系
	概率统计系
物理学院	物理系
	近代物理系

续表

学部/学院		系
物理学院		光学与光学工程系
		天文学系
		工程与应用物理系
化学与材料科学学院		化学物理系
		应用化学系
		材料科学与工程系
		化学系
		高分子科学与工程系
工程科学学院		近代力学系
		精密机械与精密仪器系
		热科学和能源工程系
		安全科学与工程系
信息与智能学部	信息科学技术学院	电子工程与信息科学系
		自动化系
	计算机科学与技术学院	
	大数据学院	
	网络空间安全学院	
	微电子学院	
	软件学院	
地球和空间科学学院		地球物理与空间科学技术系
		地球化学与行星科学系
生命科学与医学部	生命科学学院	分子生物学与细胞生物学系
		神经生物学与生物物理学系
		系统生物学系
		医药生物技术系
	基础医学院	
	临床医学院	
	附属第一医院	
	生物医学工程学院	

续表

学部/学院	系
管理学院	工商管理系
	管理科学系
	统计与金融系
公共事务学院	
人文与社会科学学院	科技史与科技考古系
	科技传播系
	科技哲学系
	心理学系(筹)
马克思主义学院	
环境科学与工程系(直属)	
核科学技术学院	加速器科学与工程物理系
	等离子体物理与聚变工程系
	核科学与工程系
未来技术学院	
科技商学院	
环境科学与光电技术学院(科教融合学院)	
材料科学与工程学院(科教融合学院)	
天文与空间科学学院(科教融合学院)	
纳米技术与纳米仿生学院(科教融合学院)	
应用化学与工程学院(科教融合学院)	
生物医学工程学院(苏州)(科教融合学院)	
能源科学与技术学院(科教融合学院)	
稀土学院(科教融合学院)	

机关部门和直属单位

类　　别	名　　　　称
机关部门	党政办公室　机关党委　网络安全和信息化办公室(合署办公)
	党委组织部(党校)　党委统战部(合署办公)
	党委宣传部　新闻中心(合署办公)
	党委教师工作部　人力资源部(合署办公)
	党委学生工作部、学生工作处、党委人民武装部(合署办公)
	党委巡视工作办公室
	纪检监察机构
	发展和改革办公室　发展规划处(合署办公)
	研究生院(校学位委员会办公室)
	本科生院(含外语教学中心、体育教学中心、艺术教学中心)
	招生就业处
	教务处
	科研部
	科技成果转移转化办公室
	国际合作与交流部(含港澳台办公室)　国际学院(合署办公)
	对外联络与基金事务处(含教育基金会秘书处、校友总会秘书处)
	离退休干部工作处
	财务处
	审计处
	资产与后勤保障处
	基本建设处
	保卫与校园管理处　实验室安全办公室(合署办公)
	团委
	创新创业学院
	工会
	保密办公室
	北京教学与管理部

续表

类　　别	名　　称
直属单位	公共实验中心
	图书馆
	网络信息中心
	档案文博院
	出版社
	医院
	中科大资产经营有限责任公司
	基础教育集团
	饮食服务集团

国家级科研平台、校地合作机构

类　　别	名　　称
国家级科研平台	国家同步辐射实验室
	合肥微尺度物质科学国家研究中心
	火灾科学国家重点实验室
	核探测与核电子学国家重点实验室
	语音及语言信息处理国家工程研究中心
	类脑智能技术及应用国家工程实验室
	热安全技术国家地方联合工程研究中心
	大尺度火灾国际联合研究中心
	量子信息与量子科技前沿协同创新中心
	国家高性能计算中心(合肥)
	安徽蒙城地球物理国家野外科学观测研究站
校地合作机构	苏州高等研究院
	上海研究院
	北京研究院
	先进技术研究院
	国际金融研究院

各类委员会(非常设机构)及其成员名单

学术委员会

主任委员：潘建伟

副主任委员（按姓氏笔画排序）：

田志刚　郑永飞　赵政国

秘书长：罗喜胜

委员（按姓氏笔画排序）：

王　兵　孔　旭　石云里　龙世兵　卢建新　叶向东　申　勇　包信和
刘乃安　刘世勇　刘连新　杜江峰　李为民　李传锋　李向阳　李厚强
李智军　李嘉禹　杨　坚　杨金龙　吴　枫　吴恒安　吴　强　余玉刚
汪毓明　宋　伟　张世武　张和平　陆夕云　陆全明　陈仙辉　陈宇翱
陈初升　陈恩红　罗　毅　封东来　胡太忠　俞书宏　俞汉青　姚雪彪
秦礼萍　徐　飞　徐正元　龚流柱　盛　茂　程临钊　傅　尧　曾　杰
谢　毅　裴　刚　熊宇杰　薛　天

教学委员会

主任：包信和

副主任：周丛照

秘书长：曾长淦

委员（按姓氏笔画排序）：

丁泽军　卫　国　王　永　王荣森　王晓宏　石云里　卢征天　叶邦角
冯志华　朱平平　朱林繁　刘万东　刘海燕　刘　斌　汤俪瑾　许胤龙
孙　蓝　李震宇　杨周旺　宋卫国　陈发来　陈初升　陈　卿　欧阳毅
罗　毅　周正威　周学海　周根陶　单　革　胡太忠　胡水明　胡　兵
俞能海　袁业飞　顾乃杰　翁建平　黄　文　黄光明　龚兴龙　龚流柱
蒋　一　程　艺　傅　尧　雷久侯

第九届学位评定委员会

主任委员：包信和

副主任委员：潘建伟

秘　书　长：杨金龙
委　　　员（按姓氏笔画排序）：
王俊峰　王强斌　马隆龙　古继宝　左　良　石云里　叶向东　田志刚
叶　强　匡光力　刘乃安　刘文清　刘世勇　刘连新　刘　岗　刘建国
吕建成　杜江峰　李向阳　李建刚　李嘉禹　杨小牛　杨　辉　吴　枫
吴宜灿　吴恒安　吴雪峰　余玉刚　汪毓明　张勇东　陆夕云　陈仙辉
陈华平　陈宇翱　陈学思　陈恩红　罗　毅　周少华　周荣斌　郑永飞
封东来　赵政国　俞书宏　俞汉青　姚华建　唐玉国　黄　文　龚流柱
常　进　葛均波　程临钊　舒歌群　曾长淦　谢　毅　褚家如　窦贤康
裴　刚　廖伍平　薛　天　魏玖长

第九届学位评定分委员会

数学学科学位分委员会

主　任：黄　文
副主任：胡太忠
委　员：王　毅　邓建松　左达峰　叶向东　任广斌　李思敏　李嘉禹　杨亚宁
吴耀华　陈发来　陈　卿　欧阳毅　胡　森　麻希南

物理学学科学位评定分委员会

主　任：陈宇翱
副主任：周正威
委　员：王　沛　叶邦角　刘树彬　朱林繁　李明哲　杨益东　陈向军　郑　坚
赵政国　段昌奎　徐　宁　袁军华　郭国平　彭新华　韩　良

化学与材料学科学位评定分委员会

主　任：刘世勇
副主任：邓兆祥　徐铜文
委　员：尤业字　刘　岗　闫立峰　江海龙　杨上峰　杨小牛　杨向光　武晓君
胡水明　徐航勋　黄光明　黄伟新　龚流柱　熊宇杰

天文与空间科学学院学位评定分委员会

主　任：常　进
副主任：吴雪峰　赵　文
委　员：丁明德　王　永　王红池　王挺贵　王俊贤　韦大明　孔　旭　甘为群
史生才　朱永田　李向东　李　婧　杨　戟　吴德金　范一中　季江徽
季海生　周济林　郑宪忠　赵长印　赵海斌　宫雪非　袁业飞　徐　劲
崔向群　康　熙　傅燕宁　蔡一夫　薛永泉　戴子高

地学与环境学科学位评定分委员会

主　任：汪毓明

副主任：倪怀玮

委　员：万印华　王宝善　仲　雷　刘贤伟　刘晓东　刘　斌　李　锐　吴小平　陆全明　周根陶　周　鑫　郑永飞　赵子福　姚华建　谢周清　雷久侯　穆　杨

生命科学与医学学科学位评定分委员会

主　任：田志刚

副主任：薛　天　周荣斌

委　员：丁　勇　王育才　史庆华　白　丽　光寿红　朱　书　刘连新　刘海燕　刘新峰　沈佐君　张华凤　张效初　张　智　赵　忠　胡　兵　翁建平　梅一德　程临钊　蔡　刚　臧建业　熊　伟　魏海明

临床医学学位评定分委员会

主　任：葛均波

副主任：刘连新　翁建平

委　员：王俊峰　王福生　牛朝诗　卞修武　田志刚　包　巍　朱小玉　刘新峰　孙敬武　周荣斌　周　颖　荚卫东　钱立庭　葛建军　侯凡凡　程临钊　臧建业　潘跃银　薛　天　魏海明

力学与工程学科学位评定分委员会

主　任：吴恒安

副主任：刘乃安

委　员：刘明侯　刘　诚　李二强　杨立中　张世武　张和平　陆夕云　倪　勇　程文龙　褚家如　裴　刚

信息与智能学部学位评定分委员会

主　任：李向阳

副主任：张勇东

委　员：卫　国　王　永　龙世兵　刘发林　许胤龙　孙怡宁　李厚强　邱本胜　张文逸　张燕咏　陈华平　陈欢欢　陈恩红　周学海　林璟锵　俞能海　凌　强　康　宇　程　林

核科学与技术学科学位评定分委员会

主　任：封东来

副主任：庄　革

委　员：万宝年　王　群　冯光耀　闫文盛　刘功发　刘树彬　冷用斌　李良彬　邹崇文　宋　礼　郑　坚　林铭章　姚　涛　韩　良　蔡辉山

管理科学与工商管理学科学位评定分委员会

主　任：叶　强
副主任：吴　杰
委　员：古继宝　毕功兵　刘志迎　刘和福　杜少甫　余玉刚　杨　锋　吴　强　张　洪　郑泽敏　胡太忠　翁清雄

微尺度物质科学国家研究中心学位评定分委员会

主　任：罗　毅
副主任：王　兵　陈　旸
委　员：叶树集　田长麟　刘乃乐　肖　翀　林子敬　郭　昌

公共管理与人文学科学位评定分委员会

主　任：石云里
副主任：魏玖长
委　员：孔　燕　左晓栋　刘　立　刘桂建　张海波　张　毅　尚虎平　周荣庭　胡太忠　钮卫星　龚德才　屠　兢

科学岛分院学位评定分委员会

主　任：刘建国
副主任：王俊峰
委　员：方志友　庄　革　刘文清　杜海峰　李建刚　吴　枫　吴宜灿　吴海信　汪国忠　宋云涛　郁　杰　周丛照　赵南京　俞汉青　徐国盛　高理富　黄晨光

金属所学位评定分委员会

主　任：左　良
副主任：刘　岗
委　员：马秀良　王京阳　王俭秋　王镇波　戎利建　成会明　汤素芳　孙晓峰　李　昺　李　瑛　李殿中　杨上峰　肖伯律　吴欣强　张哲峰　张　健　陈星秋　金海军　宫　骏　雷家峰　谭丽丽　熊宇杰

长春应化所学位评定分委员会

主　任：杨小牛
副主任：陈学思
委　员：门永锋　王立民　王利祥　王宏达　王献红　白晨曦　曲晓刚　刘世勇　刘志强　李冰凌　张所波　张洪杰　张新波　陈　全　姜　伟　徐国宝　徐维林　唐金魁　唐　涛　龚流柱　逯乐慧　韩艳春　韩福社

苏州纳米所学位评定分委员会

主　任：王强斌

副主任：马昌期　刘世勇
委　员：邓　浇　叶明舟　孙　钱　孙建东　李加东　朱毅敏　邸江涛　张兴旺
张学同　张　凯　张　珽　周小春　姜　江　高雪峰　梁　伟　黄　浩
蒋春萍　曾中明　裴仁军

生物医学工程学位评定分委员会

主　任：周少华
副主任：唐玉国　赵　刚　王育才
委　员：王强斌　史国权　刘连新　吴成铁　杨洪波　邱本胜　武晓东　徐晓嵘
程临钊　褚家如　臧建业　潘挺睿　薛　天

管理人文类专业学位学位评定分委员会

主　任：古继宝
副主任：余玉刚　陈　伟　褚建勋
委　员：王占锋　王熹徽　石云里　叶五一　刘志迎　李文波　郭晓龙　汤俪瑾
杨　辉　张增田　陈纪梁　陈　彪　周荣庭　周朝生　翁清雄　刘林冬
臧武芳

第(1)类工程类专业学位评定分委员会(专业类别：电子信息)

主　任：陈华平
副主任：康　宇
委　员：冯志华　孙方稳　孙　钱　李厚强　李　婧　李　曦　陈　彦　陈恩红
张兴旺　周学海　高理富　龚　晨　崔峥峣　康　一

第(2)类工程类专业学位评定分委员会(专业类别:材料与化工、资源与环境、生物与医药)

主　任：龚流柱
副主任：廖伍平
委　员：王育才　王献红　方志友　戎利建　朱毅敏　刘贤伟　杨立中　杨　晴
吴小平　汪志勇　汪国忠　张灵志　赵南京　姜　江　董文飞　谢品华

第(3)类工程类专业学位评定分委员会(专业类别：机械、能源动力)

主　任：裴　刚
副主任：张世武
委　员：庄　革　刘功发　刘明侯　李　辉　陈海波　郁　杰　徐国盛　黄宏宇

中共中国科学技术大学委员会学习贯彻习近平新时代中国特色社会主义思想主题教育领导小组

(党字〔2023〕31 号)

组　长：舒歌群

副组长：蒋　一　毕金初　邓建松

成　员：王晓平　傅　尧　吴　枫　周丛照　褚家如

领导小组下设办公室，办公室人员组成如下：

主　任：蒋　一

副主任：申成龙

成　员：党政办公室、机关党委、党委组织部、党委统战部、党委宣传部、党委教师工作部、人力资源部、党委学生工作部、党委巡视工作办公室、纪检监察机构、发展和改革办公室、发展规划处、研究生院、本科生院、教务处、科研部、团委、工会等部门主要负责人

办公室下设五个工作组，工作组负责人如下：

联络调研组

组　长：申成龙

副组长：彭　慧　邵　达　马　壮

学习宣传组

组　长：朱霁平

副组长：燕京晶　汪银生

推动发展组

组　长：王　伟　申成龙

副组长：孙方稳

检视整改组

组　长：杨　凡

副组长：马　壮　燕京晶　程根莲　汤　茜

建章立制组

组　长：王　伟

副组长：彭　慧　马　壮　汪银生

为确保主题教育取得实效，决定成立七个指导组，指导组人员组成如下：

第一组

组　　长：蒋　一

成　　员：党政办公室负责人

指导单位：少年班学院党总支、数学科学学院党委、物理学院党委、附属第一医院党委、机关党委

第二组

组　　长：王晓平

成　　员：党委组织部（党校）负责人

指导单位：地球和空间科学学院党委、出版社党总支、医院直属党支部、资产经营有限责任公司直属党支部、饮食服务集团直属党支部

第三组

组　　长：傅　尧

成　　员：党委巡视工作办公室、团委负责人

指导单位：环境科学与工程系党总支、合肥微尺度物质科学国家研究中心党委、火灾科学国家重点实验室党委、人工智能研究院党委、大健康研究院党组织

第四组

组　　长：吴　枫

成　　员：党委教师工作部负责人

指导单位：信息科学技术学院党委、计算机科学与技术学院党委、大数据学院党总支、网络空间安全学院党总支、微电子学院党总支、管理学院党委

第五组

组　　长：周丛照

成　　员：党委学生工作部、工会负责人

指导单位：生命科学与医学部党委、马克思主义学院党总支、国家同步辐射实验室党委(核科学技术学院党委)、本科生院直属党支部、基础教育集团党委

第六组

组　　长：邓建松

成　　员：党委宣传部负责人

指导单位：化学与材料科学学院党委、公共事务学院党委、人文与社会科学学院党委、离退休干部党委、图书网络档案联合党总支

第七组

组　　长：褚家如

成　　员：党委统战部负责人

指导单位：工程科学学院党委、软件学院党委、苏州高等研究院党委、上海研究院党委、先进技术研究院党委

中国共产党中国科学技术大学第十三次代表大会筹备工作领导小组

(党字〔2023〕82号)

组　长：舒歌群

副组长：蒋　一

成　员：王晓平　毕金初　傅　尧　吴　枫　周丛照　邓建松　褚家如　薛　天

1. 人事安排工作小组：党委组织部牵头，纪检监察机构参与。

2. 代表选举工作小组：党委组织部牵头，纪检监察机构、机关党委办公室、党委教师工作部、党委学生工作部、离退休干部工作处等单位参与。

3. 文件起草工作小组：党政办公室牵头，纪检监察机构、党委组织部、党委宣传部、党委教师工作部、党委学生工作部、发展和改革办公室、研究生院、本科生院、教务处、科研部、国际合作与交流部、马克思主义学院等单位参与。

4. 会务准备工作小组：党政办公室牵头，党委组织部、党委宣传部、保卫与校园管理处、资产与后勤保障处、基本建设处等单位参与。

5. 宣传工作小组：党委宣传部牵头，网络安全和信息化办公室参与。

6. 纪律监督工作小组：纪检监察机构牵头，党委巡视工作办公室参与。

中国共产党中国科学技术大学第十三次代表大会代表资格审查小组

(党字〔2023〕117 号)

组　长：蒋　一

副组长：邓建松

成　员（按姓氏笔画排序）：

丁望斌　万洪英　马　壮　马运生　王　伟　王　兵　尹　红　古继宝
左达峰　叶　征　申成龙　印　娟　朱霁平　刘　斌　刘连新　刘明侯
闫立峰　孙广中　李良彬　李　峰　李　斌　杨　凡　杨保国　汪忠诚
张文真　张和平　陈卫东　陈向军　郑红群　屠　兢　蒋家杰　褚建勋
臧建业　燕京晶

学校定点帮扶工作领导小组

(党办字〔2023〕61 号)

组　长：舒歌群

副组长：邓建松

成　员：王　伟　申成龙　朱霁平　陈卫东　龚流柱　武晓君　曾长淦　查正军
吴长征　周　宇　姚子龙　赵　钢　杨晓果　杨定武　刘连新　古继宝
丁望斌　康　宇　汪忠诚　方诗元　王　峰　马运生　洪　军

成员由党政办公室（机关党委）、党委组织部、党委宣传部、人力资源部、研究生院、招生就业处、教务处、科研部、科技成果转移转化办公室、对外联络与基金事务处、财务处、资产与后勤保障处、团委、工会、附属第一医院、管理学院、公共事务学院、先进技术研究院、图书馆、医院、资产经营有限责任公司、基础教育集团、饮食服务集团主要负责人组成，采取席位制运行。

学校定点帮扶工作领导小组统筹推进定点帮扶、协调对口支援、县中托管帮扶等工作。领导小组下设办公室，挂靠党政办公室，何昊华兼任办公室主任。

学校国家安全人民防线建设小组

(党办字〔2023〕85 号)

组　　长：舒歌群

副 组 长：蒋　一　王晓平　傅　尧　吴　枫　周丛照　邓建松　褚家如　薛　天

成员单位：

党政办公室、党委组织部、党委宣传部、党委教师工作部、人力资源部、学生工作部(处)、研究生院、教务处、科研部、国际合作与交流部、保卫与校园管理处、保密办公室、马克思主义学院、苏州高等研究院、上海研究院、网络信息中心

学校国家安全人民防线建设小组下设办公室，挂靠保卫与校园管理处，顾韬兼任联络员、办公室主任。

学校党建工作领导小组暨"两学一做"学习教育常态化制度化领导小组

(党组字〔2023〕25 号)

组　长：舒歌群

副组长：蒋　一

成　员：王晓平　傅　尧　吴　枫　周丛照　邓建松　褚家如

领导小组下设办公室，办公室人员组成如下：

主　任：蒋　一

副主任：申成龙

办公室成员由党群各部门主要负责人组成。

领导小组一般每年召开两次工作会议，安排在第一季度和第四季度进行，可与季度书记调度会合并召开。

学校师德建设委员会

(党教字〔2023〕39 号)

主　　　任：舒歌群　包信和

副　主　任：潘建伟　蒋　一　杨金龙　傅　尧　周丛照　邓建松　褚家如　薛　天

秘　书　长：邓建松

副 秘 书 长：陈卫东　程根莲

委　　　员：王　伟　申成龙　朱霁平　李　峰　龚流柱　曾长淦　查正军　瞿　昆
刘　艳　杨晓果　杨定武　陈发来　郭国平

委员组成为：党政办公室、党委组织部、党委统战部、党委宣传部、学生工作部(处)、研究生院、教务处、科研部、国际合作与交流部、离退休干部工作处、团委、工会负责人及教师代表，采取席位制运行。

学校党委教师工作委员会

(党教字〔2023〕40号)

主　　任：舒歌群

副 主 任：邓建松

委　　员（采取席位制）：

王　伟　申成龙　褚家如　朱霁平　陈卫东　李　峰　龚流柱　曾长淦

查正军　瞿　昆　刘　艳　杨晓果　杨定武

委员组成为：党政办公室、党委组织部、党委统战部、党委宣传部、党委教师工作部、学生工作部(处)、研究生院、教务处、科研部、国际合作与交流部、离退休干部工作处、团委、工会负责人，采取席位制运行。

学校党委教师工作委员会下设办公室，挂靠党委教师工作部，党委教师工作部副部长兼任办公室主任。

学校师德考核委员会

(党教字〔2023〕92号)

主　任：舒歌群　包信和

副主任：邓建松

委　员（采取席位制）：

党政办公室、党委组织部、党委统战部、党委宣传部、党委教师工作部、党委学生工作部、研究生院、教务处、科研部、离退休干部工作处、团委、工会主要负责人，各院系、重点科研机构、直属单位、附属医院党组织主要负责人

学校师德考核委员会下设办公室，负责师德考核的日常工作，党委教师工作部部长兼任办公室主任。

学校教职工校外兼职清理规范工作领导小组、工作小组

(党教字〔2023〕118号)

一、领导小组

组　长：舒歌群　包信和

成　员：潘建伟　蒋　一　王晓平　杨金龙　傅　尧　吴　枫　周丛照　邓建松

薛　天

二、工作小组

组　长：邓建松

副组长：吴　枫

成　员（采取席位制）：

党委组织部、党委教师工作部、人力资源部、党委巡视工作办公室、纪检监察机构、科研部、科技成果转移转化办公室、国际合作与交流部、资产与后勤保障处、保密办公室、资产经营有限责任公司主要负责人，各院系、重点科研机构、直属单位主要负责人

学校学生工作指导委员会

(党学字〔2023〕75号)

主　任：舒歌群　包信和

副主任：潘建伟　蒋　一　王晓平　杨金龙　傅　尧　吴　枫　周丛照　邓建松　褚家如　薛　天

委　员（采取席位制）：

党委组织部、党委宣传部、党委教师工作部、党委学生工作部、学生工作处、党委人民武装部、研究生院、本科生院、招生就业处、教务处、科研部、国际合作与交流部、对外联络与基金事务处、财务处、资产与后勤保障处、基本建设处、保卫与校园管理处、团委、创新创业学院、高新园区建设与管理委员会办公室、苏州高等研究院、上海研究院、先进技术研究院、图书馆、网络信息中心、档案文博院、医院、饮食服务集团等相关职能部门负责人及教师代表

校学生工作指导委员会下设办公室，挂靠党委学生工作部。李峰兼任办公室主任，刘伟丰、金顺玉、王莉、林高华兼任办公室副主任。

深空探测学院(筹建)和天都园区(筹建)建设领导小组、工作小组

(校办字〔2023〕99号)

一、领导小组

组　长：舒歌群　包信和

副组长：吴艳华　吴伟仁　傅　尧　吴　枫

成　员：蒋　一　王晓平　杨金龙　周丛照　邓建松　胡朝斌　黄　方　王文松

二、深空探测学院筹建工作小组

组　长：吴伟仁　吴　枫

副组长：李学龙　雷久侯　王维平

成　员（按姓氏笔画排序）：

向开恒　杨　坚　吴宇恩　汪毓明　侯建文　裴　刚

三、天都园区筹建工作小组

组　长：吴　枫　王文松

副组长：胡朝斌　赵国飞　孙方稳

成　员（按姓氏笔画排序）：

节德刚　庄　革　李志浩　李良彬　李学龙　杨　坚　耿　雷　程光磊

学校“双一流”建设领导小组、工作小组

（校办字〔2023〕107号）

一、领导小组

组　长：舒歌群　包信和

成　员：潘建伟　蒋　一　王晓平　杨金龙　毕金初　傅　尧　吴　枫　周丛照　邓建松　褚家如　薛　天

二、工作小组

组　长：杨金龙　傅　尧

成　员（采用席位制）：

党政办公室、人力资源部、学生工作处、纪检监察机构、发展规划处、研究生院、教务处、科研部、国际合作与交流部、财务处、资产与后勤保障处、基本建设处、团委、图书馆、公共实验中心、网络信息中心负责人

学校体育运动委员会

（校办字〔2023〕172号）

主　任：舒歌群　包信和

副主任：周丛照　邓建松

委　员（按姓氏笔画排序）：

王　永　王　伟　王　童　韦巍巍　方诗元　朱霁平　刘连新　李　峰　杨定武　杨晓果　陈卫东　赵国飞　赵　钢　姚子龙　顾　韬　龚流柱　瞿　昆

各学院、重点科研机构党组织负责人

委员会下设办公室，挂靠体育教学中心，王永兼任办公室主任。

“十四五”科教基础设施项目“国产高端精密测量仪器研发能力提升”建设领导小组、工作组

（校发规字〔2023〕101号）

一、领导小组

组　长：舒歌群　包信和

副组长：傅　尧　陆亚林

成　员：相关分管校领导

二、工作组

组　长：陆亚林

成　员：赵政国项目团队负责人、杜江峰项目团队负责人；发展规划处、科研部、财务处、资产与后勤保障处、基本建设处负责人

工作组下设办公室，挂靠发展规划处。

学校统计工作领导小组、工作组

（校发规字〔2023〕134号）

一、领导小组

组　长：舒歌群　包信和

成　员：潘建伟　蒋　一　王晓平　杨金龙　毕金初　傅　尧　吴　枫　周从照　邓建松　褚家如　薛　天

二、工作组

组　长：傅　尧

副组长：孙方稳

成　员（采用席位制）：

各学院（学部）、重点科研机构、直属单位、附属医院和机关各部门分管统计的负责人

工作组下设办公室，挂靠发展规划处，孙方稳兼任办公室主任。

学校优秀人才引进委员会

（校人字〔2023〕63号）

主　任：舒歌群　包信和

委　员（按姓氏笔画排序）：

邓建松　石云里　卢征天　叶向东　叶　强　田志刚　刘乃安　刘世勇　刘　立　刘连新　李向阳　杨金龙　吴　枫　吴恒安　汪毓明　张勇东　陆夕云　陈卫东　陈仙辉　陈宇翱　陈秀雄　罗　毅　周从照　周荣斌　郑永飞　封东来　赵政国　俞书宏　俞汉青　徐正元　黄　文　蒋　一　程临钊　傅　尧　谢　毅　褚家如　潘建伟　薛　天　魏玖长

学校养老保险制度改革领导小组、工作小组

(校人字〔2023〕68号)

一、领导小组

组　长：舒歌群　包信和

副组长：蒋　一　邓建松

成　员：薛　天　申成龙　陈卫东

二、工作小组

组　长：陈卫东

成　员：刘　艳　姚子龙　梁宏飞　李方元　李　荣　阮迪利　朱　波

工作小组采取席位制，组长由人力资源部主要负责人担任，成员由离退休干部工作处、财务处、人力资源部相关负责人和工作人员组成。

学校高端人才工作领导小组

(校人字〔2023〕118号)

组　长：舒歌群　包信和

成　员：潘建伟　蒋　一

列　席：邓建松　陈卫东

学校教职工年度考核工作领导小组

(校人字〔2023〕193号)

组　长：舒歌群　包信和

成　员：潘建伟　蒋　一　王晓平　杨金龙　傅　尧　吴　枫　周丛照　邓建松　褚家如　薛　天

领导小组下设办公室，挂靠人力资源部，承担年度考核的具体工作。

学校教学事故认定委员会

(校教字〔2023〕64号)

主　任：杨金龙　周丛照

副主任：李思敏　曾长淦

委　员(采取席位制)：

少年班学院、数学科学学院、物理学院、化学与材料科学学院、工程科学学院、信息与智能学部(含信息科学技术学院、计算机科学与技术学院、大数据学院、网络空间安全

学院、微电子学院、软件学院)、地球和空间科学学院、生命科学与医学部(含生命科学学院、基础医学院、临床医学院、附属第一医院、生物医学工程学院)、管理学院、公共事务学院、人文与社会科学学院、马克思主义学院、环境科学与工程系(直属)、核科学技术学院、本科生院、科教融合学院、研究生院科学岛分院、国家同步辐射实验室、合肥微尺度物质科学国家研究中心、火灾科学国家重点实验室等分管本科教学或研究生教学相关负责人

学校2023年“中国航天日”主场活动筹备工作领导小组、工作小组

(校科字〔2023〕5号)

一、领导小组

组　长:舒歌群　包信和

成　员:潘建伟　蒋　一　王晓平　杨金龙　傅　尧　吴　枫　周丛照
邓建松　薛　天

二、工作小组

组　长:傅　尧

副组长:汪毓明　王　伟　黄　方　孙方稳

成　员(采取席位制):

党政办公室、党委宣传部、人力资源部、发展规划处、研究生院、招生就业处、教务处、科研部、科技成果转移转化办公室、国际合作与交流部、对外联络与基金事务处、财务处、保卫与校园管理处、团委、保密办公室、档案文博院、基础教育集团、深空科学技术研究院、科技商学院、工程科学学院、人文与社会科学学院等相关单位负责人

学校学风与科研诚信建设领导小组

(校科字〔2023〕33号)

组　长:舒歌群　包信和

副组长:傅　尧　邓建松

秘书长:查正军

成　员(采取席位制):

科研部、学风与科研诚信建设办公室、党政办公室、党委宣传部、党委教师工作部、党委学生工作部、研究生院、教务处、国际合作与交流部负责人

学校科技伦理委员会

(校科字〔2023〕34号)

主　任:薛　天

副主任：田志刚　吴　枫　刘连新

专家委员（按姓氏笔画排序）：

左晓栋　杨上峰　沈佐君　陈小平　周荣斌　郑昌成　徐　飞　翁建平
穆　杨

部门委员（采取席位制）：

党政办公室、党委宣传部、人力资源部、发展规划处、研究生院、教务处、科研部、国际合作与交流部、实验室安全办公室、安徽省科技厅科技伦理相关负责人

委员会下设办公室，办公室的具体工作由学风与科研诚信建设办公室负责。

学校国家重点实验室重组领导小组

(校科字〔2023〕38 号)

组　长：舒歌群　包信和

成　员：潘建伟　蒋　一　王晓平　杨金龙　傅　尧　邓建松　薛　天

领导小组下设办公室，挂靠科研部，统筹推进相关工作。办公室人员组成如下：

主　任：傅　尧

副主任：查正军

成　员（采取席位制）：

人力资源部、发展规划处、研究生院、科研部、财务处、资产与后勤保障处负责人

学校重大科研任务管理委员会

(校科字〔2023〕42 号)

主　任：傅　尧

副主任：查正军

成　员（采取席位制）：

人力资源部、发展规划处、研究生院、科研部、科技成果转移转化办公室、国际合作与交流部、财务处、资产与后勤保障处、基本建设处、保密办公室、档案馆，以及重大科研任务承担学院/重点科研机构负责人

学校“超级陶粲”装置建设领导小组、工作小组

(校科字〔2023〕43 号)

一、领导小组

组　长：包信和

副组长：傅　尧

成　员：蒋　一　王晓平　杨金龙　邓建松　薛　天

二、工作小组

组　长：傅　尧

副组长：孙方稳　查正军　赵　钢　陈宇翱

成　员（按姓氏笔画排序）：

赵国飞　赵政国　姚子龙　龚流柱　梁宏飞　彭海平　薛永泉　瞿　昆

学校科技成果“五元价值评价”试点工作领导小组、工作组

(校科字〔2023〕49 号)

一、领导小组

组　长：舒歌群　包信和

成　员：潘建伟　蒋　一　王晓平　杨金龙　傅　尧　吴　枫　周丛照
　　　　邓建松　褚家如　薛　天

二、工作组

组　　长：傅　尧

副 组 长：查正军

成员单位：

科研部、科技成果转移转化办公室、发展和改革办公室、人力资源部、研究生院、教务处、党委宣传部、图书馆、管理学院

工作组下设办公室，挂靠科研部，查正军兼任办公室主任。

中国科学技术大学中央高校基本科研业务费专项资金领导小组

(校科字〔2023〕56 号)

组　长：包信和

副组长：傅　尧

成　员（按姓氏笔画排序）：

杨晓果　吴长征　陈卫东　赵　钢　查正军　姚子龙　龚流柱　曾长淦

学校科技安全管理协调小组

(校科字〔2023〕179 号)

组　　长：傅　尧

成员单位：

党政办公室、网络安全和信息化办公室、党委宣传部、党委教师工作部、人力资源部、研究生院、科研部、科技成果转移转化办公室、国际合作与交流部、资产与后勤保障

处、保卫与校园管理处、实验室安全办公室、保密办公室、附属第一医院、网络信息中心、档案馆

学校财务工作领导小组

(校财字〔2023〕57 号)

组　长：包信和

成　员：舒歌群　薛　天

学校预算工作领导小组

(校财字〔2023〕58 号)

组　长：包信和

副组长：薛　天

成　员（按姓氏笔画排序）：

王　伟　尹　红　刘乃安　刘世勇　孙方稳　李向阳　吴恒安　汪毓明
陈卫东　陈向军　周荣斌　赵国飞　赵　钢　查正军　侯中怀　姚子龙
顾　韬　龚流柱　曾长淦　路媛媛

学校经济活动内部控制建设领导小组、工作小组

(校财字〔2023〕59 号)

一、领导小组

组　长：舒歌群　包信和

成　员：潘建伟　蒋　一　王晓平　杨金龙　毕金初　傅　尧　吴　枫　周丛照
邓建松　褚家如　薛　天

二、工作小组

组　长：薛　天

副组长（按姓氏笔画排序）：

王　伟　尹　红　赵国飞　赵　钢　姚子龙

主要成员单位：

党政办公室、人力资源部、研究生院、科研部、科技成果转移转化办公室、国际合作与交流部、财务处、审计处、资产与后勤保障处、基本建设处、保卫与校园管理处、网络信息中心

其他相关单位根据学校经济活动内部控制建设工作需要适时参与。

学校预算绩效管理领导小组、工作小组

(校财字〔2023〕116 号)

一、领导小组

组　长：舒歌群　包信和

成　员：潘建伟　蒋　一　王晓平　杨金龙　毕金初　傅　尧　吴　枫　周丛照　邓建松　褚家如　薛　天

二、工作小组

组　长：薛　天

副组长：姚子龙　叶邦角

成　员（采取席位制）：

党政办公室、党委组织部、人力资源部、发展规划处、研究生院、教务处、科研部、国际合作与交流部、财务处、审计处、资产与后勤保障处、基本建设处、保卫与校园管理处主要负责人

工作小组下设办公室，挂靠财务处，财务处主要负责人兼任办公室主任。

学校审计委员会

(校审字〔2023〕80 号)

主　任：舒歌群　包信和

副主任：蒋　一　毕金初　邓建松　薛　天

成　员（采取席位制）：

党政办公室、党委组织部、党委教师工作部、人力资源部、党委巡视工作办公室、纪检监察机构、财务处、审计处、资产与后勤保障处负责人

学校工程项目管理小组

(校建字〔2023〕46 号)

组　长：王晓平

副组长：周丛照　薛　天

成　员：

学生工作部(处)、教务处、科研部、财务处、审计处、资产与后勤保障处、基本建设处、保卫与校园管理处负责人，预算专家委员会代表(叶邦角)，学院(国家级科研机构)代表(李良彬)

学校安全工作委员会

(校保字〔2023〕167号)

组　　长：舒歌群　包信和

成　　员：潘建伟　蒋　一　王晓平　杨金龙　傅　尧　吴　枫　周丛照　邓建松　褚家如　薛　天

学校安全工作委员会下设工作小组，负责安全工作具体实施，工作小组人员组成如下：

组　　长：王晓平

成员单位：各院级党组织、机关各部门

工作小组下设办公室，挂靠保卫与校园管理处、实验室安全办公室，顾韬兼任办公室主任。

校部机关党政机构负责人名单

党　校

校　长	**舒歌群**(兼)
常务副校长	**张　玲**

纪律检查委员会

书　记	**毕金初**
副书记	**杨　凡**

党政办公室

主　任	**王　伟**
副主任	**王敬宇　彭　慧　唐　宁　邵　达**(挂职)

机关党委

书　记	**蒋　一**(兼)
常务副书记	**王　伟**
副书记	**唐　宁**

网络安全和信息化办公室

主　任	**王　伟**
常务副主任	**彭　慧**
副主任	**汪银生　薛开平**

高新园区建设与管理委员会办公室

主　任	叶　征
副主任	朱洪超　何昊华

党委组织部

部　长	蒋　一(兼)
常务副部长	申成龙
副部长	马　壮　燕京晶

党委统战部

常务副部长	申成龙
副部长	马　壮

党委宣传部

部　长	邓建松(兼)
常务副部长	朱霁平
副部长	汪银生　范　琼

新闻中心

主　任	朱霁平
副主任	汪银生　范　琼

党委教师工作部

部　长	陈卫东
副部长	程根莲

人力资源部

部　长	陈卫东
副部长(师资队伍建设办公室主任)	蔡一夫
副部长	梁宏飞　李方元　卢　三(挂职)

党委学生工作部

部　长	李　峰
副部长	金顺玉　王　莉

学生工作处

处　长	李　峰
副处长	刘伟丰　金顺玉　周小蓉(挂职)

党委人民武装部

部　长	李　峰

副部长 刘伟丰

党委巡视工作办公室

副主任 汤　茜

纪检监察机构

第一纪检监察室主任 瞿启发
综合业务室主任 陈晓伶
第二纪检监察室主任 黄　聃（挂职）

发展和改革办公室

主　任 傅　尧
副主任 孙方稳

发展规划处

处　长 孙方稳
副处长 李雅清　赵　纯（挂职）

文科建设办公室

主　任 杜少甫

生命科学与医学建设办公室

主　任 刘　强（挂职）

研究生院

院　长 杨金龙（兼）
常务副院长 龚流柱
副院长 姚华建　李思敏　倪　瑞　石　龙（挂职）
校学位委员会办公室
主　任 姚华建
综合与所系结合办公室
主　任 杜　进
培养办公室
主　任 王　莉
校学位委员会办公室
副主任 潘　楠
学科建设办公室
主　任 秦　进
招生办公室
主　任 朱玉春

本科生院

党工委第一书记	舒歌群(兼)
院　长	包信和(兼)
党工委书记	周丛照(兼)
副院长	蒋　一(兼)　周丛照(兼)
办公室副主任	韦巍巍　王　童

招生就业处

处　长	武晓君
招生就业处副处长、招生办公室主任	王浩波
招生就业处副处长	范璐璐(挂职)

教务处

副处长	韦巍巍　吴　强　陈洪佳　吴雨生(挂职)　吴宇恩(挂职)

科研部

部　长	查正军
副部长	王　峰　许　旻　刘　静　薛永泉　沈　玮　陈　涛(挂职)　李　庆(挂职)

学风与科研诚信建设办公室

主　任	查正军
副主任	李芳平

科技成果转移转化办公室

主　任	吴长征
副主任	唐　飞(挂职)

国际合作与交流部

部　长	瞿　昆
副部长	王　晨　程光磊　沈义竹

港澳台办公室

主　任	瞿　昆
副主任	王　晨

国际学院

院　长	杨金龙(兼)

对外联络与基金事务处

处　长	周　宇
副处长	赵　林

离退休干部工作处

处　长	万洪英
副处长	张　静

离退休干部党委

书　记	万洪英

财务处

处　长	姚子龙
副处长	俞向群　高维孝　路媛媛

审计处

处　长	尹　红
副处长	齐　鹏

资产与后勤保障处

处　长	赵　钢
副处长	赵永进　徐建烽　江慧军(挂职)

基本建设处

副处长	赵国飞　方　春

保卫与校园管理处

处　长	顾　韬
副处长	曹学含　张宪锋

实验室安全办公室

常务副主任	徐允河
副主任	张宪锋　王雪娟(挂职)

团　委

书　记	千　坤
副书记	林高华　李海欧(兼职)

创新创业学院

院　长	周丛照(兼)
常务副院长	朱东杰

副院长	李思敏　吴　强　李桂强(挂职) 袁　丽(挂职)

工　会

主　席	周丛照(兼)
常务副主席	杨晓果
副主席	朱文婧　史明瑛(兼)

保密办公室

主　任	杨俊朋

北京教学与管理部

主　任	张鹏飞
副主任	赵　峰

学院、系、教学部党政负责人名单

少年班学院

院　长	卢征天
党总支书记	孙广中
副院长	孙广中　王　杰(挂职)　王作勤(挂职)
党总支副书记	徐晶芝

数学科学学院

执行院长	黄　文
党委书记	左达峰
副院长	麻希南　王　毅　杨周旺　陈小伍(挂职)
党委副书记	郑　芳

物理学院

执行院长	陈宇翱
党委书记	陈向军
副院长	陈向军　徐　宁　韩　良　周正威　石发展(挂职) 徐飞虎(挂职)
党委副书记	张永生　凌　锋

化学与材料科学学院

执行院长	刘世勇

党委书记	闫立峰
副院长	闫立峰　邓兆祥　杨上峰　徐航勋　蒋　彬(挂职)
党委副书记	周小东

碳中和研究院

院　长	包信和(兼)
副院长	傅　尧(兼)　季恒星

工程科学学院

执行院长	吴恒安
党委书记	刘明侯
副院长	刘明侯　倪　勇　张世武　裴　刚　司　廷(挂职)
党委副书记	赵　凯　牟　玲
热科学和能源工程系党总支书记	胡　芃

信息与智能学部

执行部长	李向阳
党工委书记	李　斌
副部长	李　斌　张勇东　陈华平　陈恩红　龙世兵 俞能海　康　宇
党工委副书记	谭　勇　魏　英

信息科学技术学院

执行院长	张勇东
党委书记	李　斌
副院长	李厚强　杨　坚　陈　勋　秦家虎(挂职)
党委副书记	董新美

计算机科学与技术学院

执行院长	李向阳
党委书记	徐宏力
副院长	徐宏力　张燕咏　连德富
党委副书记	宫晓梅

大数据学院

执行院长、党总支书记	陈恩红
党总支常务副书记	阳　思

网络空间安全学院

执行院长	俞能海

党总支书记 谭　勇

微电子学院

执行院长 龙世兵
党总支书记 朱云浩
副院长 杨　树（挂职）

软件学院

院　长 陈华平
党委书记 魏　英

地球和空间科学学院

执行院长 汪毓明
党委书记 刘　斌
副院长 刘　斌　倪怀玮　李　锐
党委副书记 熊　成

生命科学与医学部

部　长 程临钊
执行部长 周荣斌
党委书记 刘连新
党委常务副书记 臧建业
副部长 严　光　臧建业　翁建平　胡　兵　赵　忠　朱　书　熊　伟（挂职）
党委副书记 张隆华

生命科学学院

执行院长 臧建业
党总支书记 陈聚涛

临床医学院

执行院长 翁建平
党总支书记 刘连新（兼）

基础医学院

执行院长 周荣斌
党总支书记 白　丽

管理学院

执行院长 叶　强

党委书记	古继宝
副院长	古继宝　吴　杰　张伟平　王熹徽(挂职)
党委副书记	曾　皓

公共事务学院

执行院长	魏玖长
党委书记	丁望斌
副院长	丁望斌　陈　伟　芮　锋　叶五一(挂职)
党委副书记	蒋文娟(挂职)

人文与社会科学学院

执行院长	石云里
党委书记	褚建勋
党委副书记	王晓燕

马克思主义学院

执行院长	刘　立
党总支书记、副院长	杨保国
副院长	汤俪瑾

环境科学与工程系(直属)

执行主任	俞汉青
党总支书记	张文真
副主任	花正双(挂职)

核科学技术学院

执行院长	封东来
党委书记	李良彬
副院长	庄　革　冷用斌　宋　礼(挂职)
党委副书记	余　芹　周　婷

未来技术学院

院　长	潘建伟(兼)
执行院长	罗　毅
副院长	陈　旸　徐　宁　周正威　彭新华

苏州高等研究院

党委书记、执行院长	褚家如(兼)
党委常务副书记	屠　兢
副院长	屠　兢　倪　瑞

科研部部长　　李　俊

上海研究院

执行院长　　陆朝阳
党委书记　　印　娟
副院长　　吕冰涛

先进技术研究院

党委第一书记　　傅　尧(兼)
执行院长　　康　宇
党委书记　　叶　征
副院长　　叶　征　李兴权　刘辉灿

重点科研机构负责人名单

国家同步辐射实验室

主　任　　封东来
党委书记　　李良彬
副主任　　李良彬　冯光耀　刘啸嵩　冷用斌
党委副书记　　余　芹　周　婷

合肥微尺度物质科学国家研究中心

主　任　　罗　毅
党委书记　　王　兵
副主任　　王　兵　侯中怀　刘乃乐　李震宇
党委副书记　　孙　梅

火灾科学国家重点实验室

主　任　　刘乃安
党委书记　　张和平
副主任　　纪　杰　胡隆华

中国科学院量子信息与量子科技创新研究院综合管理部

主　任　　刘乃乐

常务副主任	王敬宇
行政办公室主任	宋　策

其他单位负责人名单

图书馆

常务副馆长	宁　劲
副馆长	汪忠诚　樊亚芳

档案文博院

执行院长	方黑虎
副院长	兰　荣

网络信息中心

主　任	薛开平

图书网络档案联合党总支

书　记	汪忠诚

出版社

党工委常务副书记、党总支书记	蒋家杰
常务副总编辑	李攀峰
副社长	李芳宇　裴　旭
副总编辑	孔庆勇
党总支副书记	于秀梅

医　院

院　长	方诗元
直属党支部书记	金长江
副院长	唐朝亮(挂职)

中科大资产经营有限责任公司

总　裁	王　兵
党工委常务副书记、党支部书记	王　峰
副总裁、财务总监	张　岚
副总裁	陈　超

基础教育集团

党委书记、主任	马运生

副主任　徐　磊　汤　胜

附属中学

校　长　汤　胜
党总支书记　汤　胜

饮食服务集团

直属党支部书记、总经理　洪　军
副总经理　徐　燕　彭　政

附属第一医院

党委书记、副院长　刘连新
院　长　葛均波
党委副书记、执行院长　严　光
党委副书记、纪委书记　郑红群
党委副书记　刘　军
副院长　翁建平　刘新峰　虞德才　方诗元　施　炯　杨会志(兼)
党委委员、副院长　石礼忠　储晓红　尹大龙　郑昌成　李　矗
党委委员、总会计师　操礼庆

担任各级人大代表、政协委员以及各民主党派重要职务等人员名单

第十四届全国人大代表

方诗元　印　娟　包信和(常委)　俞书宏　郭国平

安徽省第十四届人大代表

王育才　徐铜文(常委)　徐　宁

合肥市第十七届人大代表　陈艳霞　陈　旸(常委)　倪怀玮(常委)　倪向贵
包河区第五届人大代表　毛　竹
蜀山区第五届人大代表　汪　铭
庐阳区第五届人大代表　史亚英

第十四届全国政协委员　郑永飞(常委)　杨金龙　翁建平　潘建伟　陈仙辉　刘连新

安徽省第十三届政协委员

褚家如　王　兵　汪毓明　王　成（常委）　郑永飞（副主席）　倪怀玮（常委）　宋　礼
冯光耀　杨金龙（常委）　刘乃安（常委）　范西真　吴　东　朱祖勋　张志宏
潘建伟（常委）　陆朝阳（常委）　刘世勇　姚华建　熊　伟　陈发来

合肥市第十五届政协委员	张世武　余玉刚　许　旻
包河区第五届政协委员	陈家富（副主席）　丁锦文（常委）　潘　洋

安徽省人民政府参事	刘万东　安　虹
安徽省文史研究馆馆员	史玉民
安徽省政府参事室特约研究员	陈恩红　吴　枫

中国国民党革命委员会第十四届中央委员会委员、安徽省第十四届委员会副主任委员	郭国平
中国民主同盟第十三届中央委员会常委、安徽省第十四届委员会主任委员	郑永飞
中国民主同盟第十三届中央委员会委员、安徽省第十四届委员会副主任委员	倪怀玮
中国农工民主党第十七届中央委员会常委、安徽省第十二届委员会主任委员	杨金龙
中国农工民主党第十七届中央委员会委员、安徽省第十二届委员会副主任委员	方诗元
九三学社第十五届中央副主席	潘建伟
九三学社第十五届中央委员会委员、安徽省第十二届委员会副主任委员	陆朝阳
	翁建平
中国民主同盟安徽省第十四届委员会委员	宋　礼
中国民主建国会安徽省第十届委员会常委	徐铜文
中国民主促进会安徽省第九届委员会委员	冯光耀
	张世武
中国农工民主党安徽省第十二届委员会副主任委员	刘乃安
中国致公党安徽省第七届委员会委员	吴　东
九三学社安徽省第十二届委员会委员	徐　宁

中国民主同盟合肥市第十二届委员会主任委员	倪怀伟

中国国民党革命委员会科大支部主委	郭国平
中国民主同盟科大基层委员会主委	倪怀玮
中国民主建国会科大支部主委	徐铜文
中国民主促进会科大支部主委	冯光耀
中国农工民主党科大支部主委	刘乃安
中国致公党科大支部主委	吴　东
九三学社科大基层委员会主委	王　永

校党外知识分子联谊会会长	陈仙辉
安徽省侨联第七届委员会副主席	褚家如
中国科大侨联主席	汪　箭
安徽省党外知识分子联谊会第三届理事会会长	包信和
安徽欧美同学会(安徽留学人员联谊会)第一届理事会会长	潘建伟
中国科大欧美同学会(留学人员联谊会)第一届理事会会长	杨金龙

八、学科专业

中国科学技术大学本科专业目录

（截至2023年12月）

学院名称	专业名称	专业代码	国家级一流本科专业建设点	备注
数学科学学院	数学与应用数学	070101(理)	是	
	信息与计算科学	070102(理)	是	
物理学院	物理学	070201(理)	是	
	应用物理学	070202(理)	是	
	天文学	070401(理)	是	
	光电信息科学与工程	080705(理)	是	
管理学院	工商管理	120201K(管)	是	
	信息管理与信息系统	120102(管)		
	管理科学	120101(管)	是	
	金融学	020301K(经)	是	
	统计学	071201(理)	是	
化学与材料科学学院	化学	070301(理)	是	
	材料物理	080402(理)	是	
	材料化学	080403(理)		
	高分子材料与工程	080407(工)	是	
地球和空间科学学院	地球物理学	070801(理)	是	
	大气科学	070601(理)	是	
	空间科学与技术	070802(理)		
	地球化学	070902(理)	是	
	行星科学	070804TK(理)		
	环境科学	082503(理)		申请撤销
工程科学学院	理论与应用力学	080101(理)	是	
	机械设计制造及其自动化	080202(工)	是	
	测控技术与仪器	080301(工)	是	
	能源与动力工程	080501(工)	是	

续表

学院名称	专业名称	专业代码	国家级一流本科专业建设点	备注
工程科学学院	安全工程	082901(工)	是	
人文与社会科学学院	英语	050201(文)		申请撤销
	考古学	060103(史)		申请撤销
	传播学	050304(文)		申请撤销
	网络与新媒体	050306T(文)		
核科学技术学院	核工程与核技术	082201(工)	是	
	工程物理	082203(工)		
	应用物理学	070202(理)	是	
环境科学与工程系	环境科学与工程	082501(工)		
未来技术学院	量子信息科学	070206T(理)		
生命科学学院	生物科学	071001(理)	是	
	生物技术	071002(理)	是	
临床医学院	临床医学	100201K(医)		
信息科学技术学院	电子信息工程	080701(工)	是	
	通信工程	080703(工)		申请撤销
	自动化	080801(工)	是	
	人工智能	080717T(工)		
计算机科学与技术学院	计算机科学与技术	080901(工)	是	
	软件工程	080902(工)		申请撤销
微电子学院	电子科学与技术	080702(工)	是	
网络空间安全学院	信息安全	080904K(工)	是	
	网络空间安全	080911TK(工)		
人工智能与数据科学学院	数据科学与大数据技术	080910T(理)		

一级学科学位授权点

序号	学科门类代码名称	一级学科代码	一级学科名称	授权层次	授权批次
1	01 哲学	0101	哲学	博士	2011.3.3
2	03 法学	0305	马克思主义理论	硕士	2020.3.30
3	06 历史学	0601	考古学	硕士	2018.3.22
4	07 理学	0701	数学	博士	1996.4.30
5		0702	物理学	博士	1998.6.19
6		0703	化学	博士	1998.6.19
7		0704	天文学	博士	2011.3.3
8		0706	大气科学	硕士	2006.1.25
9		0708	地球物理学	博士	1998.6.19
10		0709	地质学	博士	2011.3.3
11		0710	生物学	博士	2000.12.28
12		0712	科学技术史	博士	1998.6.19
13		0713	生态学	博士	2011.8.5
14		0714	统计学	博士	2011.8.5
15	08 工学	0801	力学	博士	1998.6.19
16		0802	机械工程	硕士	2018.3.22
17		0803	光学工程	博士	2016.9.23
18		0804	仪器科学与技术	博士	2003.7.26
19		0805	材料科学与工程	博士	2003.7.26
20		0807	动力工程及工程热物理	博士	2003.7.26
21		0809	电子科学与技术	博士	2000.12.28
22		0810	信息与通信工程	博士	1998.6.19
23		0811	控制科学与工程	博士	2003.7.26
24		0812	计算机科学与技术	博士	2000.12.28
25		0817	化学工程与技术	博士	2019.5.6
26		0827	核科学与技术	博士	2000.12.28

续表

序号	学科门类代码名称	一级学科代码	一级学科名称	授权层次	授权批次
27	08 工学	0830	环境科学与工程	博士	2006.1.25
28		0831	生物医学工程	博士	1998.6.19
29		0835	软件工程	硕士	2011.8.5
30		0837	安全科学与工程	博士	2011.8.5
31		0839	网络空间安全	博士	2016.1.28
32	10 医学	1002	临床医学	博士	2020.3.30
33	12 管理学	1201	管理科学与工程	博士	1998.6.19
34		1202	工商管理学	博士	2011.3.3
35		1204	公共管理学	硕士	2006.1.25
36	14 交叉学科	1401	集成电路科学与工程	博士	2022.7.12
37		1405	智能科学与技术	博士	2022.7.12
38		1406	纳米科学与工程	博士	2023.9.14
39		9901	量子科学与技术	博士	2021.10.26
40		9902	行星科学与探测技术	博士	2023.9.14

附件

2023 年一级(交叉)学科学位点调整代码和名称情况

调整前			调整后		
学位点代码	学位点名称	学位点类型	学位点代码	学位点名称	学位点类型
1202	工商管理	博士学位授权一级学科	1202	工商管理学	博士学位授权一级学科
1204	公共管理	博士学位授权一级学科	1204	公共管理学	博士学位授权一级学科
9902	人工智能	博士学位授权交叉学科	1405	智能科学与技术	博士学位授权一级学科

根据《国务院学位委员会　教育部关于印发〈研究生教育学科专业目录(2022 年)〉〈研究生教育学科专业目录管理办法〉的通知》(学位〔2022〕15 号)文件,调整后的博士、硕士学位授权点,2023 年下半年启动的新一轮研究生招生、培养工作按新版目录进行。在校生及 2022 年启动招生、2023 年 9 月入学学生的培养仍按原学科专业执行。

专业学位授权点

序号	类别代码	类别名称	授权级别	批复时间
1	0251	金融	硕士	2010
2	0252	应用统计	硕士	2010
3	0351	法律	硕士	2009
4	0354	知识产权	硕士	2023
5	0552	新闻与传播	硕士	2010
6	0854	电子信息	博士、硕士	2019
7	0855	机械	博士、硕士	2019
8	0856	材料与化工	博士、硕士	2019
9	0857	资源与环境	博士、硕士	2019
10	0858	能源动力	博士、硕士	2019
11	0860	生物与医药	硕士	2019
12	1051	临床医学	博士、硕士	2022
13	1251	工商管理	硕士	1996
		高级管理人员工商管理硕士(EMBA)	硕士	2009
14	1252	公共管理	硕士	2000
15	1256	工程管理	硕士	2010
16	1451	文物	硕士	2023

注:原文物与博物馆(代码:0651)硕士专业学位授权点2023年对应调整为新版《研究生教育学科专业目录》中的文物(代码:1451)硕士专业学位授权点,原文物与博物馆硕士点不再保留。

根据《国务院学位委员会　教育部关于印发〈研究生教育学科专业目录(2022年)〉〈研究生教育学科专业目录管理办法〉的通知》(学位〔2022〕15号)文件,对应调整后的学位授权点,2023年下半年启动的新一轮研究生招生、培养工作按新版目录进行。在校生及2022年启动招生、2023年9月入学学生的培养仍按原学科专业执行。

附件

2019 年工程硕士、博士专业学位授权点对应调整关系表

序号	原授权工程领域层次	原授权工程领域（名称及代码）	对应调整后类别名称	对应调整后类别代码
1	工程硕士	光学工程(085202) 仪器仪表工程(085203) 电子与通信工程(085208) 集成电路工程(085209) 控制工程(085210) 计算机技术(085211) 软件工程(085212) 生物医学工程(085230)	电子信息	0854
2	工程硕士	机械工程(085201)	机械	0855
3	工程硕士	材料工程(085204) 化学工程(085216)	材料与化工	0856
4	工程硕士	地质工程(085217) 安全工程(085224) 环境工程(085229)	资源与环境	0857
5	工程硕士	动力工程(085206) 核能与核技术工程(085226)	能源动力	0858
6	工程硕士	生物工程(085238)	生物与医药	0860
7	工程硕士	项目管理(085239) 物流工程(085240) 工程管理(1256)	工程管理	1256
8	工程博士	电子与信息(0852b01)	电子信息	0854
9	工程博士	电子与信息(0852b01)	机械	0855
10	工程博士	电子与信息(0852b01)	材料与化工	0856
11	工程博士	能源与环保(0852b04)	资源与环境	0857
12	工程博士	能源与环保(0852b04)	能源动力	0858

根据《国务院学位委员会关于下达工程硕士、博士专业学位授权点对应调整名单的通知》(学位〔2019〕5 号)文件，2019 年招生及已入学的工程硕士、工程博士研究生仍按调整前的工程领域进行培养和学位授予。自 2020 年起，按照调整后的专业学位类别进行招生、培养和学位授予。

博士后科研流动站

序　　号	一　　级　　学　　科	设　站　时　间
1	数学	1985
2	物理学	1985
3	天文学	1985
4	力学	1991
5	动力工程及工程热物理	1991
6	生物学	1995
7	化学	1996
8	电子科学与技术	1999
9	核科学与技术	2001
10	地质学	2001
11	信息与通信工程	2001
12	计算机科学与技术	2001
13	管理科学与工程	2003
14	材料科学与工程	2003
15	控制科学与工程	2003
16	地球物理学	2003
17	科学技术史	2003
18	环境科学与工程	2009
19	矿业工程	2009
20	仪器科学与技术	2012
21	统计学	2019
22	光学工程	2023
23	工商管理学	2023
24	化学工程与技术	2023
25	生态学	2023
26	网络空间安全	2023

博士后科研工作站

序　　号	工　作　站　名　称	设　站　时　间
1	苏州高等研究院	2015
2	先进技术研究院	2020
3	附属第一医院	2022
4	国际金融研究院	2022

九、教学与人才培养

本科学生人数

（截至 2023 年 12 月）

单位：人

类别 项目	毕业生数	招生数	在校生数
总计	1792	1951	7871
经济学	31		165
文学	23		45
管理学	21	98	97
理学	1032	1107	4073
工学	685	746	3491

在校研究生人数

（截至 2023 年 12 月 31 日）

单位：人

序号	类别	在校生数
1	全日制学术学位博士	8764
2	全日制专业学位博士	1775
3	全日制学术学位硕士	8063
4	全日制专业学位硕士	8920
5	同等学力博士	137
6	非全日制专业学位硕士	2088
7	非全日制专业学位博士	17
合计		29764

接收外国留学生情况

单位：人

	毕(结)业生数	授予学位数	招生数	在校学生数					
				合　计	第一年	第二年	第三年	第四年	第五年及以上
总计	113	94	233	1155	178	208	200	232	337
其中：女	35	28	67	330	52	54	71	66	87
博士	63	64	120	789	103	135	124	151	276
硕士	33	29	68	324	58	62	72	74	58
本科	1	1	6	17	3	1	3	7	3
专科									
培训	16		39	25	14	10	1		
亚洲	74	61	144	804	123	142	134	159	246
非洲	31	27	56	278	50	52	54	51	71
欧洲	5	4	17	39	0	7	8	13	11
北美洲	3	2	6	21	2	6	1	6	6
南美洲			4	12	3	1	3	2	3
大洋洲			6	1				1	
国际组织资助									
中国政府资助	56	55	221	920	167	190	189	196	178
本国政府资助			1						
学校间交换									
自　　费	57	39	11	235	11	18	11	36	159

中国科学技术大学获中国科学院优秀博士论文名录

年份	作者姓名	论 文 名 称	学科名称	代码	导师姓名
2023	张明敏	反应扩散方程的空间动力学	数 学	0701	梁 兴
	钟翰森	基于高斯玻色采样实现量子计算优越性	物理学	0702	陆朝阳
	胥佳玉	多域探针显微集成技术研究及应用	物理学	0702	王 兵
	殷逸臣	锂金属电池的结构、界面与材料设计	化 学	0703	姚宏斌
	古 健	高载量 NiCu 多原子小团簇催化剂精准构筑与选择性加氢研究	化学	0703	路军岭
	刘 浩	地幔柱和俯冲带与地球内部圈层结构的相互作用	地球物理学	0708	冷 伟
	张 通	代谢酶 ENO1 通过调控铁代谢促进肿瘤的发生发展	生物学	0710	张华凤
	宋家兴	粘弹性 Taylor-Couette 湍流的直接数值模拟研究	力 学	0801	刘难生
	舒 健	室温液态金属跨尺度多场驱动研究	仪器科学与技术	0804	张世武
	汪丹浩	宽禁带半导体 AlGaN 纳米线生长及新型光电器件研究	电子科学与技术	0809	孙海定
	马海川	基于学习类小波变换的图像编码方法研究	信息与通信工程	0810	吴 枫
	赵功名	软件定义网络数据平面的可扩展性问题研究	计算机科学与技术	0812	徐宏力
	曹登丰	过渡金属电催化剂结构演化的同步辐射研究	核科学与技术	0827	宋 礼
	张颖捷	非均相化学氧化体系中污染物直接氧化转移过程的研究	环境科学与工程	0830	俞汉青
	孙协鹏	通风条件对腔室火灾演化及开口火溢流行为的影响研究	安全科学与工程	0837	胡隆华
	陈智新	考虑制造商产品线决策的渠道设计与零售平台信息共享策略研究	管理科学与工程	1201	吴 杰
	唐少鹏	致密物质状态方程及并合致密双星的统计特性研究	天文学	0704	韦大明

续表

年份	作者姓名	论 文 名 称	学科名称	代码	导师姓名
2023	杨慧聪	溶剂-溶质相互作用调控金属锂/电解液界面反应的研究	材料科学与工程	0805	成会明
	王　磊	二维 MA2Z4 材料家族计算设计与物性研究	材料科学与工程	0805	陈星秋

中国科学技术大学优秀博士学位论文名单

序号	姓　名	学 位 论 文 题 目	导师姓名
1	要宇馨	高效高精度几何配准	张举勇
2	张　驰	侧信道安全和双场量子密钥分发实验研究	潘建伟 张　强
3	杨　木	基于光学人工合成维度的量子模拟	许金时 李传锋
4	郝超杰	银河系中的疏散星团及其揭示的旋臂结构演化	徐　烨 武振宇
5	张雅倩	镍催化的不对称氢官能团化合成磷、硫手性中心化合物	张清伟
6	黄慧娟	基于三维网络结构设计的钠/钾二次电池正负极材料及储能机制	余　彦
7	张文卿	金属-半导体复合纳米结构设计及其光驱动甲烷转化应用研究	熊宇杰 龙　冉
8	郭智妍	双金属氧化物的类芬顿协同催化机制及调控	李文卫
9	毕钲发	人工智能三维地震解释与地质建模方法研究	伍新明
10	胥月丽	MC5R 在肿瘤髓系造血及免疫抑制中的作用及机制探究	周荣斌
11	沈嘉伟	光调控血糖代谢和棕色脂肪产热的神经机制研究	薛　天
12	马雨轩	不同对流效应下导线火蔓延及熄灭动力学机制	胡隆华
13	朱玉东	微纳米尺度弹性吸附自洽模型和界面强/弱化机制	郑志军 黄晨光
14	宋智莹	多种新型组合结构直膨式光伏热泵的光电热性能研究	季　杰
15	胡鹤臻	融合手型先验的智能手语理解	周文罡 李厚强

续表

序号	姓　名	学　位　论　文　题　目	导师姓名
16	董潇逸	深度学习模型的对抗防御鲁棒性	俞能海 张卫明
17	魏世强	钒族储能材料的原位同步辐射研究	宋　礼
18	陆　伟	面向直播新零售的渠道引入和信息共享策略研究	吴　杰
19	郑立玄	新型拓扑材料中电子关联效应的核磁共振研究	吴　涛
20	李　希	基于锂-镝量子简并气体的量子模拟研究	姚星灿
21	彭凌子	铜催化 α-季碳氨基酸类化合物的不对称合成研究	郭　昌
22	罗　喆	湖南出土两周时期铜器的科技分析与研究：以越式、楚式铜器为中心	范安川 金正耀
23	王佩瑶	镍钴基双金属氮化物材料制备及储锂性能研究	赵邦传
24	陆志远	先进仿星器磁体物理优化设计研究	徐国盛
25	张明阳	微观三维互穿结构金属仿生材料设计、制备与性能研究	张哲峰 刘增乾
26	宫风辉	铁电氧化物中极性拓扑结构的构筑及其像差校正电子显微学研究	唐云龙 马秀良
27	王志诚	高安全高性能锂金属二次电池的电解液研究	吴晓东
28	马筱一	基于金纳米颗粒/二氧化锰纳米片生物传感器的构建及其性能研究	缪　鹏
29	孙小萱	基于酶生物燃料电池的可持续能量转化及自供能传感应用	董绍俊
30	胡小强	多策略调控的 α-二亚胺催化剂及其在乙烯(共)聚合中的应用	简忠保

国家级课程思政示范课程、教学名师和团队一览表

序号	课程思政示范课程	课程思政教学名师和团队	公布时间
1	工程科学实践	叶回春　倪向贵　刘志刚　胡衍雷　许　旻　袁小平 胡　杨　郑　航	2021
2	并行计算	孙广中　徐　云　郑启龙　吕　敏	2021
3	群决策	杨　锋　苟清龙　昂　胜　杜少甫　吴　杰	2021

首届全国教材建设奖一览表

序号	获奖类别	获奖教材/单位/个人	出 版 社	公布时间
1	全国优秀教材(高等教育类)二等奖	《高等渗流力学(第3版)》,孔祥言	中国科学技术大学出版社	2021
2	先进集体	中国科学技术大学物理学院		2021
3	先进个人	史济怀		2021
4	先进个人	张永德		2021

教学实验室一览表

所 属 单 位	实 验 室 名 称
物理学院实验教学中心	物理学专业基础实验室(5级)
	凝聚态物理专业实验室
	微电子学专业实验室
	生物物理专业实验室
	光信息科学与技术专业实验室
	核与粒子物理专业实验室
	物理电子学专业实验室
	量子信息科学专业基础实验室(5级)
	核电子学专业实验室
	等离子体物理专业实验室
	天文物理专业实验室
	大学物理——基础物理实验室(一级)
	大学物理——综合物理实验室(二级)
	大学物理——现代技术物理实验室(三级)
	大学物理——研究性物理实验室(四级)

续表

所属单位	实验室名称
物理学院 实验教学中心	大学物理——自主设计制作实验室
	大学物理——IYPT 科技创新实验室
	大学物理——力学演示实验室
	大学物理——电磁学演示实验室
	大学物理——光学演示实验室
化学与材料科学学院 实验教学中心	普通化学实验室
	无机化学实验室
	分析化学实验室
	有机化学实验室
	物理化学实验室
	化学工程实验室
	仪器分析实验室
	中级有机化学实验室
	化学物理基础教学实验室
	材料科学基础教学实验室
	高分子物理实验室
	高分子化学实验室
	化学生物学实验室
	分子模拟计算实验室
生命科学学院 实验教学中心	数字显微网络互动实验室
	普通生物学实验室
	遗传与微生物学实验室
	生物化学与分子生物学实验室
	生理学与神经生物学实验室
	细胞生物学实验室
	高级显微镜实验室
	创新研究型生物学实验室
	虚拟仿真教学实验室
	分子医学与免疫学教学实验室
	人体机能学教学实验室

续表

所属单位	实验室名称
生命科学学院 实验教学中心	医学形态学教学实验室
	病原生物学教学实验室
	放射性同位素实验室
	GMP 中试车间
	西双版纳实习基地
	鹞落坪实习基地
工程科学学院 工程科学实验教学中心	力学基础实验室
	机械与测控实验室
	热科学基础实验室
	计算机辅助工程实验室
	工程实践中心
	创新实践基地
信息科学技术学院 实验教学中心	计算机软件与系统实验教学平台
	电路与系统实验教学平台
	专业实验教学平台
	综合创新实验教学平台
计算机科学与技术学院	网络实验室
	创新实验室
	通用软硬件实验室
	实验教学资源云化平台
地球和空间科学学院 实验教学中心	岩矿物性实验室
	野外地球物理勘探实验室
	地球物理数值模拟实验室
	大气物理探测实验室
	激光雷达探测实验室
	空间等离子体物理实验室
	岩石成分分析实验室
	岩石组成和结构分析实验室
	环境分析测试实验室

续表

所属单位	实验室名称
人文与社会科学学院	数字文化教学实验中心
	文房四宝工坊
管理学院	企业竞争决策实验室
	数据挖掘实验室
	项目协同管理实验室
	企业资源计划实验室
核科学技术学院	核电子学教学实验室
	核工程基础教学实验室
	核工程综合教学实验室
	工程物理基础教学实验室
	科学仪器综合教学实验室
	等离子体物理综合教学实验室
	纳米工程教学实验室
	同步辐射实验基础教学实验室
	核工程虚拟仿真实验平台

2023年本科生科研实践数据统计表

（除少年班学院外按所修院系统计）

学院	大学生研究计划(暑期)	大学生研究计划(学年)	创新创业计划	iGEM竞赛	机器人竞赛	合计
少年班学院	18	49	31	1	20	119
数学科学学院	5	18	15			38
物理学院	17	60	52	1	5	135
管理学院	2	9	4	1		16
化学与材料科学学院	3	28	26	1		58
地球和空间科学学院	7	17	19			43
工程科学学院	2	22	24		37	85
信息科学技术学院	2	26	20	1	34	83

续表

学　　院	大学生研究计划（暑期）	大学生研究计划（学年）	创新创业计划	iGEM竞赛	机器人竞赛	合计
人文与社会科学学院		1	3			4
核科学技术学院		26	5			31
计算机科学与技术学院	4	15	8	2	9	38
微电子学院	2	3	7		16	28
网络空间安全学院	3	16	11	2	12	44
人工智能与数据科学学院		21	1	2	4	28
环境科学与工程系		11	4			15
生医部	1	14	42	18	1	76
合　计	66	336	272	29	138	841

国家级教师教学发展示范中心一览表

编号	名　　称	主持人	批准年度
1	中国科学技术大学教师教学发展中心	陈初升	2012

实验教学示范中心

国家级实验教学示范中心

序号	学　　院	名　　称
1	物理学院	物理实验教学中心
2	生命科学学院	生命科学实验教学中心
3	化学与材料科学学院	化学实验教学中心
4	信息科学技术学院 计算机科学与技术学院	信息与计算机实验教学中心

省级实验教学示范中心

序号	学　　院	名　　称
1	地球和空间科学学院	地球和空间科学实验教学中心
2	工程科学学院	工程科学实验教学中心

虚拟仿真实验教学中心

国家级虚拟仿真实验教学中心

序号	学　　院	名　　称
1	物理学院	物理虚拟仿真实验教学中心
2	化学与材料科学学院	化学虚拟仿真实验教学中心

省级虚拟仿真实验教学中心

序号	学　　院	名　　称
1	生命科学学院	生命科学虚拟仿真实验教学中心
2	地球和空间科学学院	地球和空间科学虚拟仿真实验教学中心
3	工程科学学院	工程科学虚拟仿真实验教学中心
4	信息科学技术学院	电磁场与微波虚拟仿真实验教学中心

国家级一流本科课程一览表

序号	课程类别	课程名称	主持人	认定年度	所属单位
1	精品在线开放课程（线上一流课程）	Linux 操作系统分析	孟　宁	2017	软件学院
2	精品在线开放课程（线上一流课程）	文献管理与信息分析	罗昭峰	2017	图书馆
3	精品在线开放课程（线上一流课程）	基础微积分 I	宣本金	2018	数学科学学院

续表

序号	课程类别	课程名称	主持人	认定年度	所属单位
4	精品在线开放课程（线上一流课程）	化学实验安全知识	冯红艳	2018	化学与材料科学学院
5	精品在线开放课程（线上一流课程）	工程化编程实战	孟　宁	2018	软件学院
6	虚拟仿真实验教学项目（虚拟仿真实验教学一流课程）	分子水平上的虚拟仿真实验教学项目——高分子的构象、形态及尺寸的模拟与计算	朱平平	2018	化学与材料科学学院
7	虚拟仿真实验教学项目（虚拟仿真实验教学一流课程）	生物实验安全与防护虚拟仿真实验教学项目	赵　忠	2018	生命科学学院
8	虚拟仿真实验教学项目（虚拟仿真实验教学一流课程）	单点金刚石车削超精密加工虚拟仿真实验教学项目	叶回春	2018	工程科学学院
9	虚拟仿真实验教学一流课程	原位变温 X 射线衍射虚拟仿真实验	张万群	2019	化学与材料科学学院
10	线下一流课程	线性代数	陈发来	2019	数学科学学院
11	线下一流课程	电磁学	叶邦角	2019	物理学院
12	线下一流课程	有机化学基础实验	查正根	2019	化学与材料科学学院
13	线下一流课程	结晶学	周根陶	2019	地球和空间科学学院
14	线下一流课程	生物化学	周丛照	2019	生命科学学院
15	线下一流课程	实用随机过程	胡太忠	2019	管理学院
16	线下一流课程	计算力学基础	吴恒安	2019	工程科学学院
17	线下一流课程	计算机系统概论（H）	安　虹	2019	计算机科学与技术学院
18	社会实践一流课程	设计创新	李　斌	2019	信息科学技术学院
19	线上一流课程	3D 动画与特效	张燕翔	第二批	人文与社会科学学院
20	线上一流课程	天文学导论	薛永泉	第二批	物理学院

续表

序号	课程类别	课程名称	主持人	认定年度	所属单位
21	线上一流课程	生命科学简史	刘　锐	第二批	人文与社会科学学院
22	虚拟仿真实验教学一流课程	重金属离子的性质与鉴定绿色化综合双语虚拟实验	李　婉	第二批	化学与材料科学学院
23	虚拟仿真实验教学一流课程	火旋风综合虚拟仿真实验	雷　佼	第二批	工程科学学院
24	线上线下混合式一流课程	仪器分析实验	张万群	第二批	化学与材料科学学院
25	线上线下混合式一流课程	工程科学实践	叶回春	第二批	工程科学学院
26	线下一流课程	生理学	薛　天	第二批	生命科学与医学部
27	线下一流课程	大学物理实验	张增明	第二批	物理学院
28	线下一流课程	高分子物理	朱平平	第二批	化学与材料科学学院
29	线下一流课程	数理统计	张伟平	第二批	管理学院
30	线下一流课程	数学分析 B	程　艺	第二批	数学科学学院
31	线下一流课程	原子物理	陈向军	第二批	物理学院
32	线下一流课程	免疫生物学	田志刚	第二批	生命科学与医学部
33	线下一流课程	实验力学	罗喜胜	第二批	工程科学学院
34	线下一流课程	数据科学导论	陈恩红	第二批	计算机科学与技术学院
35	线下一流课程	编译原理和技术	张　昱	第二批	计算机科学与技术学院
36	线下一流课程	计算机程序设计	王　雷	第二批	信息科学技术学院

国家级教学成果奖一览表

2018 年国家级教学成果奖一览表

序号	名　　称	等级
1	生物科学类本科生科研创新能力培养机制的构建与实践	二等奖
2	中科大本科力学拔尖人才培养传承创新与实践	二等奖
3	化学实验教学示范中心的建设与成效	二等奖

2022 年国家级本科教学成果奖一览表

序号	名　　称	等级
1	“宽厚基础、系统实践、创新思维”三位一体的信息拔尖创新人才培养探索实践	二等奖
2	科教结合、所系结合、理实结合——中国科大拔尖人才培养模式的探索与实践	二等奖
3	传承红专基因,实践新生养成教育新路径——“科学与社会”研讨课的十年探索	二等奖

我校 2018—2022 年教育部高等学校教学指导委员会委员名单

序号	姓　名	所在学院	教育部高等学校教指委名称	在教指委中的职务
1	石云里	人文与社会科学学院	历史学类专业教学指导委员会	委员
2	陈发来	数学科学学院	数学类专业教学指导委员会	委员
3	徐　宁	物理学院	物理学类专业教学指导委员会	委员
4	侯中怀	化学与材料科学学院	化学类专业教学指导委员会	委员
5	王挺贵	物理学院	天文学类专业教学指导委员会	副主任委员
6	李　锐	地球和空间科学学院	大气科学类教学指导委员会	委员
7	姚华建	地球和空间科学学院	地球物理学类教学指导委员会	委员
8	周根陶	地球和空间科学学院	地质学类专业教学指导委员会	委员

续表

序号	姓　名	所在学院	教育部高等学校教指委名称	在教指委中的职务
9	臧建业	生命科学学院	生物科学类专业教学指导委员会	委员
10	吴恒安	工程科学学院	力学类专业教学指导委员会	委员
11	舒歌群	党委书记	能源动力类专业教学指导委员会	副主任委员
12	吴　刚	信息科学技术学院	自动化类专业教学指导委员会	委员
13	陈恩红	计算机科学与技术学院	计算机类专业教学指导委员会	委员
14	许胤龙	计算机科学与技术学院	软件工程专业教学指导委员会	委员
15	俞能海	信息科学技术学院	网络空间安全专业教学指导委员会	副主任委员
16	邱本胜	信息科学技术学院	生物医学工程类专业教学指导委员会	委员
17	薛　天	生命科学学院	生物技术、生物工程类专业教学指导委员会	委员
18	张增明	物理学院	大学物理课程教学指导委员会	委员
19	赵　忠	生命科学学院	大学生物学课程教学指导委员会	委员
20	吴　敏	软件学院	教育技术专业教学指导分委员会	副主任委员

国家级“新工科”研究与实践项目一览表

序号	项　目　名　称	主持人	批准年度	所属单位
1	量子信息新工科建设	潘建伟	2018	物理学院
2	面向复杂系统的综合性工程科学人才培养	吴恒安	2018	工程科学学院
3	人工智能新工科建设及传统工科智能化改造升级	吴　枫	2018	信息科学技术学院
4	大数据科学与技术专业建设探索与实践	陈恩红	2018	计算机科学与技术学院
5	技术医学专业建设探索与实践	臧建业	2018	生命科学学院
6	大数据人才培养协同育人实践创新平台建设探索与实践	陈恩红	2020	大数据学院
7	面向“中国制造 2025”的自动化新工科人才培养实践创新平台建设	杨　坚	2020	信息科学技术学院
8	面向新世纪的能源与动力工程人才培养模式探索	舒歌群	2020	工程科学学院

“校级科技英才班”情况一览表

序号	英才班名称	所在院系	合作单位	批准时间	备注
1	华罗庚数学科技英才班	数学系	数学与系统科学研究院	2009年	华罗庚数学拔尖学生培养基地
2	师昌绪材料科技英才班	化学与材料科学学院材料科学与工程系	金属研究所		
3	贝时璋生命科技英才班	生命科学学院	生物物理研究所上海生命科学研究院		贝时璋生物科学拔尖学生培养基地
4	严济慈物理科技英才班	物理学院	物理研究所		严济慈物理学拔尖学生培养基地
5	王大珩光机电科技英才班	工程科学学院、信息科学技术学院、物理学院	长春光学精密机械与物理研究所		
6	赵忠尧应用物理科技英才班	物理学院	上海应用物理所		
7	钱学森力学科技英才班	工程科学学院近代力学系	力学研究所		钱学森力学拔尖学生培养基地
8	卢嘉锡化学科技英才班	化学与材料科学学院	化学研究所上海有机化学研究所	2010年	卢嘉锡化学拔尖学生培养基地
9	王绶琯天文科技英才班	物理学院天文与应用物理系	国家天文台 紫金山天文台 上海天文台		王绶琯天文学拔尖学生培养基地
10	赵九章现代地球和空间科技英才班	地球和空间科学学院	地质与地球物理研究所		赵九章地球物理学拔尖学生培养基地
11	华夏计算机科技英才班	计算机科学与技术学院	计算技术研究所		华夏计算机科学拔尖学生培养基地
12	信息科技英才班	信息科学技术学院	电子学研究所		
13	精密光机电与环境科技英才班	工程科学学院精密机械与精密仪器系	中国科学院合肥物质科学研究院	2016年	
14	新能源英才班	工程科学学院热科学和能源工程系	中国科学院广州能源研究所		

续表

序号	英才班名称	所在院系	合作单位	批准时间	备注
15	王小谟网络空间科技英才班	网络空间安全学院	中国电子科技集团有限公司	2018 年	
16	人工智能科技英才班	信息科学技术学院	科大讯飞公司		
17	环境科学与工程科技英才班	环境科学与工程系	中国科学院城市环境研究所	2020 年	
18	中微集成电路英才班	微电子学院	中微半导体设备(上海)股份有限公司	2021 年	
19	量子信息科技英才班	未来技术学院	合肥国家实验室	2021 年	

教学名师一览表

项　目　类　别	级　别	主持人	获奖年份
国家高层次人才特殊支持计划教学名师	国家级	程福臻	2014
国家高层次人才特殊支持计划教学名师	国家级	陈发来	2016
国家高层次人才特殊支持计划教学名师	国家级	程　艺	2022
教学名师	国家级	陈国良	2003
教学名师	国家级	李尚志	2003
教学名师	国家级	程福臻	2006
教学名师	国家级	霍剑青	2007
教学名师	国家级	施蕴渝	2007
教学名师	国家级	史济怀	2009
教学名师	国家级	向守平	2011
教学名师	省级	程福臻	2003
教学名师	省级	霍剑青	2003
教学名师	省级	何平笙	2006
教学名师	省级	胡友秋	2006

续表

项　目　类　别	级　别	主持人	获奖年份
教学名师	省级	阮图南	2006
教学名师	省级	史济怀	2006
教学名师	省级	王秀喜	2006
教学名师	省级	吴清松	2006
教学名师	省级	徐耀忠	2006
教学名师	省级	陈意云	2007
教学名师	省级	陈祖墀	2007
教学名师	省级	季孝达	2007
教学名师	省级	孙立广	2007
教学名师	省级	向守平	2007
教学名师	省级	张祖德	2007
教学名师	省级	缪柏其	2009
教学名师	省级	宋光天	2009
教学名师	省级	苏　淳	2009
教学名师	省级	叶邦角	2009
教学名师	省级	尹协振	2009
教学名师	省级	陈发来	2013
教学名师	省级	陈　卿	2013
教学名师	省级	刘　斌	2013
教学名师	省级	沈显生	2013
教学名师	省级	朱平平	2013
教学名师	省级	张增明	2014
教学名师	省级	汪志勇	2014
教学名师	省级	胡太忠	2014
教学名师	省级	尹　民	2015
教学名师	省级	侯中怀	2015
教学名师	省级	任广斌	2015
教学名师	省级	孔　燕	2016

续表

项目类别	级别	主持人	获奖年份
教学名师	省级	李　斌	2016
教学名师	省级	孙腊珍	2016
教学名师	省级	李思敏	2016
教学名师	省级	安　虹	2018
教学名师	省级	吴恒安	2018
教学名师	省级	欧阳毅	2018
教学名师	省级	陈向军	2018
教学名师	省级	程　艺	2019
教学名师	省级	朱林繁	2019
教学名师	省级	顾乃杰	2019
教学名师	省级	王　永	2019
教学名师	省级	罗喜胜	2019
教学名师	省级	李　平	2020
教学名师	省级	周根陶	2020
教学名师	省级	杨　坚	2020
教学名师	省级	刘海燕	2020
教学名师	省级	俞能海	2021
教学名师	省级	左达峰	2021
教学名师	省级	裴　刚	2021
教学名师	省级	查正根	2021
教学名师	省级	许胤龙	2021
教学名师	省级	叶　郁	2022
教学名师	省级	李卫芳	2022
教学名师	省级	张伟平	2022
教学名师	省级	汤俪瑾	2023
教学名师	省级	凌　强	2023
教学名师	省级	潘海俊	2023
教学名师	省级	薛开平	2023

各类奖教金获得者名单

关于授予王慧楠等20位同志2022年华为奖教金的决定

(党教字〔2023〕23号)

王慧楠　少年班学院2021级2班
王　莉　数学科学学院2020级博士班、2018级博士班
代如成　物理学院2019级本科6班
张清伟　化学与材料科学学院2021级化学类本科3班
范　煜　工程科学学院2021级本科1班
张　震　信息科学技术学院2021级本科1班
陈海超　计算机科学与技术学院2021级本科2班
左习习　大数据学院2020级本科班
吴文涛　网络空间安全学院2019级本科班
周远远　微电子学院2021级本科班
沈　茜　软件学院2019级软件系统设计专业硕士4班
李王晔　地球和空间科学学院2021级本科2班
罗建川　生命科学学院2021级本科班
王进鹏　管理学院2021级经济管理试验班
王安轶　科技史与科技考古系2021级硕士博士班
王怡然　环境科学与工程系2021级本科班
贺明杨　核科学技术学院2020级硕士班、2022级博士班
邱友凤　国家同步辐射实验室2019级博士班
金顺玉　合肥微尺度物质科学国家研究中心2019级硕士博士1班
邢伟义　安全工程系2018级本科班

关于授予韦来生等30位同志第十八届困学守望教学奖的决定

(党教字〔2023〕97号)

“困学守望”育人终身成就奖

韦来生　吴鸿兴　汪秉宏　周永钊

“困学守望”杰出教学奖

侯新民　许　斌　杨焕雄　余庆选　陶小平　涂　涛

“困学守望”优秀教学奖

李　新　夏银华　段雅丽　许金兴　郭　潇　司　廷　廖　源　周海洋　孙勇杰
潘海俊　周宗权　张斗国　陶　鑫　刘明辉　翁明其　丁桂军　韩永建　柳必恒
韦先涛　赵　霞

关于授予陈发来等3位同志2023年度李佩奖教金的决定

(党教字〔2023〕98号)

陈发来　向守平　陆夕云

关于授予刘利刚等4位同志2023年度宝钢优秀教师奖的决定

(党教字〔2023〕99号)

刘利刚　曾长淦　朱平平　张伟平

关于授予曾杰等14位同志2023年度海外校友基金会教师奖的决定

(党教字〔2023〕100号)

海外校友基金会“青年教师成就奖”

曾　杰

海外校友基金会“青年教师事业奖”

杨　迪　林毅恒　张清伟　李桂强　伍新明　张凯铭　王占东　王　禹

海外校友基金会“优秀教学奖”

涂　涛　张万群　杜　俊　陶　鑫　洪　洞

关于授予杨周旺等4位同志2023年度光谷成果转化奖的决定

(党教字〔2023〕101号)

杨周旺　吴宇恩　杨　坚　李良彬

关于授予李献伟等30位同志2023年度王宽诚育才奖的决定

李献伟　韦　勇　查王妹　鲁拥华　朱莹春　陶小平　陈　涛　刘建伟　李玲玲
胡衍雷　王海龙　周文罡　李　骛　许小东　刘　淇　夏琼霞　查向平　孙林峰

陈　泉　王　潇　张　姝　刘　欢　刘海龙　吕兴霖　蔡辉山　钱云峰　陈留国
周成刚　李　伟　姚　斌

关于授予王明会、樊彦恩 2023 年度惠普信息科学青年教师奖的决定

（党教字〔2023〕103 号）

王明会　樊彦恩

关于授予张文逸等 10 位同志 2023 年度龙湖奖教金的决定

（党教字〔2023〕104 号）

张文逸　方　毅　陈　力　凌　强　王　雷　薛开平　李玉虎　卢建良　万寿红
徐　童

关于授予胡兵等 6 位同志 2023 年度公共实验中心突出贡献奖、技术能手奖的决定

（党教字〔2023〕105 号）

“公共实验中心突出贡献奖”

胡　兵　刘文齐

“公共实验中心技术能手奖”

付圣权　刘　文　张文帅　王惠娟

关于授予唐宁等 60 位同志 2023 年度江淮蔚来爱岗敬业奖的决定

（党教字〔2023〕106 号）

唐　宁　蒋文娟　王怡然　刘爱华　梁宏飞　刘　衡　邢　军　石永宁　胡臻然
李　娜　林　红　郝心远　朱鹏云　杨　阳　李璐璐　戴古月　董　阳　刘可依
刘　璐（离退休干部工作处）　高维孝　洪　波　张　彪　张文金　梅栋杰
赵国飞　张云超　戴冬雪　徐耀龙　魏文玥　钱悦菡　徐晶芝　杨　琪　凌　锋
孙　静　许捍卫　张　璠　顾昌明　汤琴琴　白永胜　刘　璐（管理学院）
刘颖华　余　芹　严　青　樊亚芳　宋　虎　刘治国　陈　蕾　兰　荣　李攀峰
贺学英　梁　胜　陈　超　李明芳　戈益超　杨　全　朱　永　张兴连　沈　梅
阮文武　葛孟甜

关于授予杨锋等4位同志2023年度平凡基金教育奖的决定

(党教字〔2023〕107号)

杨 锋 仲 雷 邓继胜 赵 凯

关于授予黄晖等53位同志2023年度杨亚基金爱岗敬业奖的决定

(党教字〔2023〕108号)

黄 晖 陈 思 张 振 王昭宇 章 婧 姚 倩 田艳萍 王节琴 朱 琳
谷 静 赵敏剑 刘东利 杨 旭 邓聪聪 汪 婉 汪 强 梅 玫 杨玉梅
段开敏 李 雪 范 姝 刘双红 方 瑾 龚 敏 王以庶 宋 捷 任莉红
黄 胜 吕 炯 龚美静 光 霞 徐 洋 刘红雨 瞿其春 丁菁梅 黄晓明
任 敏 吴 超 赵 萍 高哲峰 查青霜 刘晨晖 郭翠珍 孙 燕 张 庆
程春旭 张栋宇 尚 校 徐 敏 宋 慧 王兰兰 潘 俊 何 磊

关于授予尹民等22位同志2023年度陈林义基金奖的决定

(党教字〔2023〕110号)

“陈林义基金孺子牛精神奖”

尹 民 洪佩琳 周根陶 查 勇 陈 彪 杨立中 李 峰 姚子龙 闫天堂
施行觉 万炳奎 王泽普 王建平

“陈林义基金医疗事业贡献奖”

史庆华 计永胜 李海芹 温跃春 余 锋 尚希福 吴晓雯 储爱琴 常文娇

2023 年度校设奖学金一览表

（2024 年 5 月 31 日）

奖学金名称	设奖单位(个人)	设立年份	奖　励　范　围	额　度（元/年）
郭沫若奖学金	首任校长郭沫若先生	1980	各学院 GPA 前 5%的学生或在科技创新等方面有特别突出表现的学生有资格参评，经院、校两级评审后确定获奖者	30000
张宗植科技奖学金	张宗植先生	1988	优秀本科生，在科学技术上具有创新能力	1500
中国科学院院长奖学金	中国科学院	1989	优秀研究生	5000/10000
宝钢奖学金	宝钢教育基金会	1993	高年级优秀本科生、研究生	10000/20000
优秀学生奖学金	中国科学技术大学	1995	优秀本科生	1000/2000/4000
优秀新生奖学金	中国科学技术大学	1995	优秀本科新生	500/1000/2000
地奥奖学金	成都地奥制药集团有限公司	1995	优秀本科生、研究生，不限专业	1000
海外校友基金会优秀新生奖学金	中国科学技术大学海外校友基金会	1996	高考成绩特别优异的本科新生	2000/＄750
华为奖学金	深圳华为技术有限公司	1997	相关学院优秀本科生、研究生	5000/8000/10000
何多慧院士奖学金	中国工程院院士何多慧先生	1998	优秀本科生，同等条件贫困生优先	1000
求是研究生奖学金	香港求是科技基金会	2000	物理、化学、生物、数学类优秀博士研究生	5000
郭永怀奖学金	李佩先生初设，2018 年经爱心校友捐助扩展	2003	当年毕业的全日制本科生和研究生，以及当年离校的代培生	10000/20000
唐仲英德育奖学金	美国唐仲英基金会	2003	积极参加公益活动的本科生	4000
CASC 奖学金	中国航天科技集团公司	2006	大三、大四本科生及研二以上研究生	3000/5000/10000

续表

奖学金名称	设奖单位(个人)	设立年份	奖励范围	额度(元/年)
本科生国家奖学金	财政部、教育部	2007	品学特别优秀的本科学生	8000
中国电科十四所国睿奖学金	中国电子科技集团第十四研究所	2010	相关学院优秀研究生	8000
陈国良院士奖学金	陈国良院士	2011	优秀本科生	2000
华瑜奖学金	王仁华先生	2014	信息科学技术学院2名(本科生)、计算机科学与技术学院2名(本科生)、合肥微尺度物质科学国家研究中心2名(研究生)、火灾科学国家重点实验室1名(研究生)、核探测与核电子学国家重点实验室1名(研究生)、语音及语言信息处理国家工程实验室2名(研究生)	10000
奋进奖学金	中国科学技术大学	2017	学业进步突出的二、三年级本科生	2000
苏州育才奖学金	苏州市人才工作领导小组委托苏州市人力资源和社会保障局	2017	信息科学技术学院、计算机科学与技术学院、工程科学学院、化学与材料科学学院、生命科学学院的全日制本科生、研究生	10000
蓝风奖学金	江苏蓝风国际投资发展有限公司	2018	生命科学学院、信息科学技术学院的优秀本科生、研究生	5000/10000
深交所奖学金	深圳证券交易所	2018	计算机科学与技术学院、信息科学技术学院、软件学院的全日制本科生、研究生	5000/8000/12000
江淮蔚来汽车奖学金	安徽江淮汽车集团股份有限公司、上海蔚来汽车有限公司	2018	在籍的全日制本科生和研究生	5000
TCI奖学金	梯希爱(上海)化成工业发展有限公司	2019	化学与材料科学学院、生命科学学院全日制研究生	5000
杨咏曼奖学金	杨咏曼女士	2020	在籍的全日制本科生	5000
陈林义奖学金	陈林义先生	2020	在籍的全日制本科生和研究生	5000
光与生物奖学金	深圳市光与生物科技有限公司	2020	工程科学学院精密机械与精密仪器系、生命科学学院本科生、研究生	5000

续表

奖学金名称	设奖单位(个人)	设立年份	奖励范围	额度(元/年)
杨亚基金奖学金	杨亚校友基金	2020	在籍的全日制本科生和研究生	5000
“梦之蓝”-中国航天基金奖学金	中国航天基金会	2021	物理学院、化学与材料科学学院、生命科学与医学部、工程科学学院，以及少年班学院和微尺度国家研究中心与上述四个学院(部)相同的专业方向的本科生、研究生	15000
中国科大-苏州工业园区奖学金	苏州工业园区	2021	合肥本部全日制研究生(合肥本部评选计算机科学与技术学院、信息科学技术学院、化学与材料科学学院、统计与金融系)和苏州研究院全日制研究生	3500/4000
中国石油奖学金	中国石油天然气集团公司	2021	三、四年级全日制本科生和二年级及以上的全日制研究生	8000
Lam Research奖学金	泛林半导体设备技术(上海)有限公司	2021	化学与材料科学学院、物理学院、合肥微尺度物质科学国家研究中心研究生	5000
蔷薇奖学金	马东敏女士	2022	全日制学籍的本科生和研究生	10000
龙湖奖学金	深圳市龙湖公益基金会	2022	信息与智能学部的全日制在校本科生及研究生，同等条件下家庭经济困难学生优先	5000
吴伟仁深空探索奖学金	吴伟仁先生	2022	少年班学院、物理学院、工程科学学院、信息科学技术学院、地球和空间科学学院和微尺度国家研究中心中从事深空探测基础、深空科学和深空技术学习或有关科研工作的全日制本科生、研究生	10000
西部超导奖学金	西部超导材料科技股份有限公司	2022	物理学院、化学与材料科学学院、核科学技术学院、国家同步辐射实验室和微尺度国家研究中心中全日制研究生	10000
中国光谷奖学金	武汉东湖新技术开发区管理委员会	2022	全日制本科生和研究生，向工程硕博士培养改革专项试点招录学生适当倾斜	10000

续表

奖学金名称	设奖单位(个人)	设立年份	奖 励 范 围	额 度(元/年)
环球数码科技奖学金	深圳市环球数码科技有限公司	2022	计算机科学与技术学院、信息科学技术学院、软件学院二年级及以上的全日制在读研究生	4000/8000

注:上表所列为由学生处实施的全校范围评选的奖学金,经由其他部门或学院实施的奖学金或仅在某学院设立的奖学金不在上表中收录。

助学金一览表

助学金名称	设奖单位(个人)	设立年份	助学(奖学)范围	额 度(元/年)
曾宪梓奖助学金	曾宪梓教育基金会通过教育部港澳台办设立	2000	家庭经济困难本科生(连续三年)	6000
海外校友爱心奖学金	海外校友基金会	2001	家庭经济困难本科生(连续四年)	4500
新长城助学金	中国扶贫基金会	2002	家庭经济困难本科生	3000
国家助学金	财政部、教育部	2005	家庭经济困难本科生	2200/3300/4400
村田奖助学金	村田(中国)投资有限公司	2006	信息科学技术学院家庭经济困难本科生(连续四年)	4000
国家励志奖学金	财政部、教育部	2007	二年级以上(含二年级)品学兼优的家庭经济困难本科生	5000
阳光助学金	上海紫瑞投资有限公司	2014	家庭经济困难本科生(连续四年)	5000
天凤助学金	个人捐赠	2017	家庭经济困难本科生	5000
华普天健奖助学金	安徽华普慈善基金会、华普天健会计师事务所管理	2018	家庭经济困难本科生(连续四年)	5000
喜来健助学金	喜来健医疗器械(北京)有限公司	2019	家庭经济困难本科生	2000
陈-林助学金	海外校友基金会	2019	家庭经济困难本科生(连续四年)	4800

续表

助学金名称	设奖单位(个人)	设立年份	助学(奖学)范围	额　度 (元/年)
国元证券奖助学金	国元证券股份有限公司	2020	家庭经济困难本科生	5000
根九助学金	安徽润丰投资集团有限公司	2020	家庭经济困难本科生	4000
“梦之蓝”-中国航天基金助学金	中国航天基金会	2021	家庭经济困难本科生	5000
爱心助学金	中国科学技术大学教育基金会	2021	家庭经济困难本科生(连续四年)	4000

国家奖学金获得者名单

本科

钱昊程　夏　灵　俞景杰　郑滕飞　郭一凡　张博钧　冼奇琪　吴笙榕　田博轩
缪克豪　王一杰　徐笑阳　何子墨　刘　董　刘若琛　李　瑞　许　勤　刘国瑞
何　勰　吴家宝　熊天任　李心玥　严从哲　沈乐天　李思特　阮天逸　夏子汐
吕长乐　刘子潮　叶星辰　王乐达　曾相如　卞泽宇　辛海洋　侯国豪　隋秉成
高博韬　刘　博　董天佐　郑乐天　戴思恒　姚　瑀　徐子涵　王骏哲　张成蹊
孙佳泰　郑颖欣　罗　数　俞俊涛　程一飞　胡喻栋　李俊霖　孙逸豪　吴宇桁
林莉淇　王　鹏　贾振东　谭明阳　周子鑫　佘陈睿　王枭蔚　刘尊旭　赖永凡
王乐泉　朱云沁　刘耀阳　范晨晓　陈昕颜　彭彦涵　陆子睦　王　琛　牛午甲
曹宸瑞　常文正　陈　乾　刘明乐　刘成龙　于言溥　张天宇　陈鹤影　刘力卓
时于天　黄铉城　蔡润良　唐　睿　吴适甫　黎　聪　聂域邦郭　方子睿
刘　昱　付乐豪　何　璇　邓华钰　林泽地　肖志超　牟一鹏　蔡正浩

硕士

沈志杰　赖诗妮　程滢颖　陆　杨　王宇琛　杨　敏　张精精　李熠楷　王英胜
张艳杰　唐贤庆　倪　静　彦冬影　廖子轩　陈　瑞　罗淦方　林耕宇　冷兆清
唐锦驰　李博宇　梁家华　朱俯君　黄小娜　彭志远　张一灿　李梓瑞　郑钦元
周小煜　程乾宇　王　敏　谭雨莎　王　冬　盛佳儒　郭　奥　赵　艳　杨　焮
黄追好　景雪拳　陈　春　王少玉　马壮壮　李　琳　张廷锋　端木静雯
崔壮壮　郑少秋　程奥远　何桢暄　谢可为　黄总铭　朱家政　曾晓东　李家坤
陈铎仑　黄　颖　徐新驰　方　硕　李欣柏　邓鑫楷　陈　哲　黄　旭　黎武超
冯呈全　徐宇鸣　彭文俊　田　烨　吴光宇　余　磊　余　阳　高欣奔　徐碧涵
申冉冉　杨　澜　马冰洁　何怡漫　魏文晖　虞燚青　刘伟康　李　胜　李　涛
姚入榕　程思涵　张容玮　刘浩南　胡浩宇　孙玉敏　林柯欣　潘应浩　钱子鸣

杨　重	戚良元	罗　赛	邱　珂	朱难难	李　越	覃朗天	赵有朋	吴美函
王震东	李思佳	王勇惠	陈　昂	于润祥	王谢天	彭岩松	王楚鑫	马银超
曹成志	高　源	张星辰	吴平禹	张景皓	汤新胜	熊瑞诚	沈鹏飞	彭　博
王　凡	张文嘉	陈辰稔	葛　云	王心怡	潘雨成	张嘉睿	魏智翔	邹文豪
蒋谟东	张睿虎	李雪妍	卢博闻	王润涛	李金鹏	安琦正	王一琇	杨南睿
姚　庆	刘宇枫	梁婷婷	杨宇凡	尧信锋	王圆霞	郭晓平	何大宇	吴　婧
谭慧玲	贾文彬	陈文颖	王龙杰	刘　泉	赵玟淇	李英泰	陈　语	程平凯
马家欣	徐心怡	柴　上	陈天翔	王　婷	任志文	刘冯润	杨　帅	王月苗
刘兰松	刘天宇	付志豪	刘凌云	聂敬佩	董　志	包睿成	汪乐乐	沈欣怡
严　文	侯博文	罗锦达	白瑞临	阮弟根	何啸岳	叶露娟	张铭江	刘　睿
许婧雯	黄宁宁	李园园	毛雨佳	储昭淼	杨雪晗	陈　卓	杨冬宜	左锟澜
李晓萌	胡文彬	邓克涛	胡　婷	李喆昊	秦　天	李佳桐	许德容	张宗萌
陈　炜	刘金杨	黄小林	曾　妍	罗远旻	王保创	赵晨皓	吕　帅	高逸凡
刘晓彤	齐晓滑	卢科达	赵　绩	侯思涵	陈玉慧	徐欣雁	刘崇静	卢　伏
张　伟	夏　为	李泓沅	李启迪	韩子琪	何炫华	颜科宇	孙文放	赵胜波
丁睿哲	王忆凡	李姝谨	于苏鹏	田　浩	朱子豪	刘　钊	梁铠淇	魏煜佳
王　宝	刘　澳	李敉宁	缪慧敏					

博士

李承宇	王前进	杨春征	黄聪聪	赵慧思	吕夏利	荣明洁	马　倩	孙　曦
刘　洋	许　晋	王超群	李　雪	杨　然	张正甫	施兆平	程　龙	熊家伟
邓　忻	吴志勇	冯家望	金德时	郑章琴	崔　鑫	钱方仁	孟祥森	许　杰
杜俊杰	胡庆东	彭天宇	王业华	朱浩滔	张天泽	韩汶杰	苏　昊	刘明哲
罗　洋	张元可	吴　平	康嘉来	郝泽琰	刘易凡	王宁宁	王泽浩	邓宇皓
李　波	李秀君	孙伟伟	王元泓	陈　毅	谢启鑫	曾市勇	王竞舟	吴李康
徐　殷	姜志达	张载熙	袁　牧	刘博文	文青林	陈　程	周逸豪	李京妍
宋静淼	刘　今	李世昌	周　信	张天秀	闫明远	吕　将	王靖文	段佩玉
何明铭	盛锡华	杨贵晨	吴　晖	张　坤	陈超凡	韩仁龙	霍馨月	李民策
刘　源	罗红晨	张宸武	曹合智	胡胜男	林道问	吴琴棋	张　迪	吴建鹏
刘孟其	梁　莉	侯远震	刘　帅	张宇轩	王一鸣	樊　凯	赵忠喜	田忻怡
张立文	刘　栋	冯思华	秦天辰	张　震	宋　莹	张　静	胡　昊	古　雪
应　伟	曹　洁	周婉婉	王　浩	廖铁鹏	董婉莹	赵是栋	刘年平	姜　雪
张晓静	王昕悦	万林钰	陈鲁同	朱禹睿	徐本峰	单博深	陈晓雯	傅皇留
焦新宇	刘　明	刘艳艳	佟　博	张良学	展　鑫	杨　静	张希昊	李肖男
孟智超	邓永琦	熊　伟	李　轩	黄　月	王明明	冯力喆	魏　聪	孟亚寒
彭　伟	向文灏	年庆舜	王晨晨	杨　珊	温育华	王　扬	韩子盟	高宇诚
薛云聪	谢逸帆	刘铖伟	宋俊生	吴景行	汪椿鑫	王晨阳	沈双宏	隋勇铎
余华斌	韩　照	季逸超	李德涵	陈怡志	赵闪光	马越好	靳琛垚	乔　阳
钱园园	张海蓉	刘　琳	李　龙	刘　玥	胡文萱	夏海宁	李乾坤	解黎阳

许　伟　王昱欣　闫思思　梁　政　徐慧芬　韦婷婷　彭吴擎亮　钱　勇
张振闯　赵　明　王韶轩　张世昌　许　岳　蒋承孜　王艺颖　周　浩　尤倩楠
朱金文　柳裕禄　程浩杰

中国科学院院长奖获得者名单

特别奖

魏润菊　邓宇皓　苏昊文　张雅倩　柯景文　宋智莹　孟　梦　王一多　沈双宏
陈金波　陈　瑞　李雅雯　郭智妍　张明阳　郝超杰　张宇星　魏世强　李　炎
王　晨　陈思雨

优秀奖

曹　阳　汪　键　朱天翔　杨　木　吕亚男　李　锦　曹　锦　张华洋　臧昊峰
张聪聪　徐佳敏　刘明哲　齐斌斌　杨俊楠　黄慧娟　王晶晶　宋永慧　马明泽
刘馨雨　蒋文超　张新宇　程　浩　郑　恺　刘顺利　孙宇轩　徐亨宇　张　潇
朱玉东　胡鹤臻　王裕鑫　张　聪　林嵘灏　张占秋　朱　凯　张　弛　童世炜
周正阳　王超群　董潇逸　刘　鑫　郝伟兵　杜文杰　吴一凡　王　岑　沈梦晨
殷　炜　武广辉　侯新豪　程洲华　胡　钰　沈嘉伟　夏　婧　李　航　马　骜
王晓菲　杨维哲　李振铎　秦　庆　张　鹏　段思哲　洪新华　徐胜军　李乔磊
刘芮嘉　张玉圣　李婉莹　张　哲　袁官文　陈　健　王志诚　梁全铎　邹业国
孙珮富　王汇霖　刘冬杰　汪　钊　岳　娟　郑安然　李承宇　吕志嘉　赵云坤
周婉琳　彭凌子　牛壮壮　朱峻成　胡庆东　杨朋朋　江亚文　赵致远　彭庆魁
周志钻　殷　昊　陆志远　梅沪生　耿　竞　明洪蔚　韩　健　肖向予　时明明
方　草　牛云娟　李德涵

郭沫若奖学金获得者名单

陈宝骥　张洪瑞　董瑞骁　荆楷豪　鲍越恒　李轩宇　潘帅唯　关浩森　胡德远
朱　彤　孙　帅　李心语　张　弛　孙晨熹　皮婧霖　邢一诺　陈禹岚　周以诺
邢嘉时　张若涵　陈一涵　殷晟明　吴佳琦　陈耀祺　彭浩然　顾言午　丁宇量
荣　博　董正浩　施珂玥　王昊天　吴贝宁　郭塬川

郭永怀奖学金获得者名单

陈宝骥　卢金洋　邓宇皓　李勃锐　赵　飞　童世炜　沈双宏　谢　羿　费明明
刘子豪　孔青青　万　腾　刘站锋　沈亦青　潘传鱼　刘中慧　吴自超　赵　学
方俊雄

年度优秀毕业生

少年班学院(56 人)

何良晨　李　彪　程序源　彭辉阳　张瀚翔　陈玥萌　李　杨　刘佳睿　刘丰铨
彭怡腾　宋冰睿　张恩溢　董子涵　高君尧　张　奇　吴行雨　苗立扬　翟万盛
罗　格　姚　骧　陈叙言　刘黔渝　丁一甲　李云琪　郑鸿谦　王伟鑫　金锦秋
王晨晗　吴　川　吴　越　王卓辉　胡乐翔　刘雨辰　潘笑天　黄驰超　吕泓涛
刘子瑞　陶云帆　董　坤　薛东昀　陈宝骥　毕铭昊　谢　禛　江　南　郭　政
刘展鹏　巴曾立　曾业勤　范　创　焦子钰　孙　杰　刘　畅　程天佑　郭　箫
钟书锐　李健杰

数学科学学院(36 人)

迟嵩禹　宗语轩　阎龙焕　刘昊洋　尚尔淦　孙孝同　祖智杰　张　妍　杜哲航
王子达　李馨雨　鲁子伟　罗　迟　施杰灵　穆子羽　鲍越恒　李俊杰　李安伦
陈　柯　李传阳　耿若晗　杨言焱　卢金洋　罗　阳　汪　键　陈一华　魏润菊
宛一飞　王冠翔　王雪莹　关启超　唐宇轩　张馨馨　冯经纬　贺　晟　杨金霖

物理学院(82 人)

严骐鸣　朱　彤　王　铮　李嘉麟　陈翀航　邱明宇　陈修远　吴鸿铭　林子广
徐文蔚　李嘉成　李秦埙　吕　遨　卢奕帆　邢唯实　潘帅唯　关浩森　胡德远
魏博逸　罗至人　刘平原　连泓坤　宋鑫雨　孙　帅　朱沾丞　王一杰　张肖煜
陈俞茜　彭亦扬　高晶晶　陈致远　王浩川　罗智聪　温煜珽　谢洪章　徐　博
郑　智　罗　淼　刘夏援　刘一霖　刘东灿　刘津朋　左览欣　王昱森　王冰倩
薛　爽　陈妍朴　邱丽婷　罗　洋　闵伟杰　王秋艳　马子茹　邓宇皓　刘明依
刘啸天　王裕廷　李万和　钟　科　曹　锦　吴　波　殷　俊　周永航　吴子昊
石煌超　裘泽萍　朱佳玉　马　凯　黄冬梅　王　奥　叶　翾　张智森　马凤华
黄长江　杨　木　吕亚男　朱天翔　任尚宇　王竹博　吕家亮　李　锦　王子豪
詹秀秀

化学与材料科学学院(86 人)

高　嘉　陶　洋　柴景波　岑泽炎　周润辉　孙晨熹　冯锦蕾　皮婧霖　戴泽辉
阮雨虹　李心语　宗陈纳言　刘若津　李勃锐　浮博洋　杜　莹　李曌冉
房　毅　关嘉奇　陈天允　张博禹　郝一泽　陈　婧　张露露　吴怡涵　汪　昱
俞文昭　陈佳佳　刘英桓　王灿沛　崔清玥　何　静　刘馨雨　柯景文　张可阜
王雷雷　李　尚　杨园园　刘　翔　黄　静　彭远桃　杨晓琪　李　阳　朱　晴
王　浩　王秋萍　刘培根　杨俊楠　张晓瑜　奚志伟　潘雨雪　屠津伟　李行成
柯年旺　雷雪颜　黄慧娟　陈亚威　陈　飞　王哲昭　李　宁　王　宁　刘南宁
吴倩瑶　王　涵　张　梦　赵双双　袁　冰　刘　蝶　朱　玲　李贾玉　林志洋
秦　冰　沈　扬　王晶晶　王　扬　杨怀斌　叶美云　张　雪　郑　恺　钟　华
吴秉泽　程　浩　周君湘　杨凯翔　王　聪　彭　丹

工程科学学院(67 人)

邢一诺　邢嘉时　刘　泸　张忠廷　陈修源　陈禹岚　柴　琎　闫立壮　黄健东
曹智震　薄天皓　方　超　侯红日　徐士博　尹江燕　周以诺　付祥广　宋海玉
杨昊松　何傲男　潘　琦　陈　蝶　吴恒斌　沙拉·拉哈西拜　曹瑞哲　刘　巍
房子建　刘　博　朱玉东　张静怡　何小康　付呈犬　郭鉴锋　胡亚森　舒　权
王　军　李　峰　吴习奇　刘天宇　邵科翔　赵炳露　瞿梓俊　苏天成　宋宇航
黄子文　张浩威　孙　鸿　刘忠勇　孙宇轩　段明辉　张文浩　边玉成　姚亭亭
王浩杰　简雅婷　李桦楠　武天炜　张文静　张　聪　尤天成　邱志聪　宋智莹
张　罗　高大统　谢　星　李存朔　罗泽军

信息科学技术学院(93 人)

赵康文　张泽宇　周婉婷　吴云典　李秭尊　王城冰　邓松晏　石　盼　舒　楷
栾博智　楼正元　陈一涵　杜祎旻　曲一畅　王瑞哲　陈星宇　雷潇涵　李宇琪
李瑞泉　徐浩翔　张若涵　黄琪奥　张景旭　邢　龙　杜荟鹏　郭况浦　雷景超
殷晟明　王少涵　吴国平　李锐渊　翟希辰　邓　旭　刘　耀　刘丽婷　孙思宇
王裕鑫　张占秋　贺华瑞　陈贝多　马　超　李世源　陈　峰　付春方　厉运达
刘　杰　路　畅　王健阳　王彦如　薛　洁　邱明璞　郭景斌　周会会　阮煜文
李润洲　周生龙　俞　涛　左煜昆　胡鹤臻　黄　炜　林嵘灏　李师军　王　凡
黄　翔　念朝旭　徐海涛　陈西豪　黄雪岩　董存辉　陈　希　徐瑞龙　朱　凯
王　涛　韦应栋　许　婷　孟　梦　费习宏　潘成威　常　昊　张骄阳　兰少杰
陈佳艺　牛宇菲　朱菊萍　李凯铨　黄鹏博　宋文龙　姚　纵　侯宇杰　张力文
朱镇坤　赵广辉　孟庆昇

计算机科学与技术学院(62 人)

彭浩然　陈文杰　李清伟　章　未　陈耀祺　李晗驰　张舒恒　陶思成　张一方
朱一鸣　乐之皓　李平治　谢新格　方　羿　冯子洋　徐　怡　陈思睿　胡清宇
徐　昊　朱文冬　邬靖宇　杨卓然　吴毅龙　于峻浩　李卓远　廖佳怡　汪　飞

童世炜　范鹏浩　刘苏源　任潇宁　王亦涵　张忆楠　盖佳航　周良滢　秦振宇
王一多　涂化清　周正阳　冯元浩　申大忠　王展翅　吴兴宇　蔡豪语　葛　艺
马　凯　王天宇　韦忠祥　文　涛　于倩倩　张登奎　张雨轩　张金鑫　赵训诚
刘大兴　潘　杰　于笑颜　刘　真　王　峰　王勤凯　杨智慧　张文博

大数据学院(22 人)

桂栋南　顾言午　王湘峰　王梓齐　肖武程　王　聪　乔　双　刘　强　万之蕴
胡迅晗　韩科迪　原　瑾　黄　野　黄若民　左文帝　夏莹莹　李晶晶　丁志伟
程明月　沈双宏　邓　治　李秋阳

网络空间安全学院(26 人)

董潇逸　冯睿蠡　王恩惠　马泽华　李　琦　王子瑞　孙明杰　张津源　梁小伦
王仰光　王　平　赵　鑫　丁锦扬　薛佳龙　李睿航　陈巩固　吴佳琦　周　潮
巴泽智　龚　乐　吴立凡　周绍暄　王冠杰　陈　思　蒋佳洱　丁　雷

微电子学院(15 人)

刘雪彦　贾宏峰　方　师　苑竟艺　苏子佳　周选择　王昱东　任旭东　孙　越
孙　璇　李远彪　宋毅凡　张　镔　胡坤朋　钟天晟

软件学院(98 人)

白先平　韩熙宇　江　航　蒋　敏　李秋彦　刘　阅　孟宪笛　王亚杰　王玉娟
王　璋　叶斓渍　朱志儒　邹绍强　金尚成　安炳旭　蔡泽枫　陈　恒　程　鹏
戴　航　邓　铧　丁水源　何正昊　侯同鹏　侯振宇　胡　健　黄恩玲　黄垲辉
黄林鑫　黄林颖　黄泽涛　霍建国　贾　辉　江莉祺　康路平　冷可心　黎先桦
李　程　李浩云　李红正　李明壮　李姝洁　李宛蓉　李翔宇　刘盛豪　刘　夏
刘志磊　龙成思　陆冬冬　罗　今　孟航彪　孟鹏辉　孟祥雨　莫恩哲
欧阳婉容　彭　超　戚峻铭　申佳峰　施晶亮　舒　蔚　宋海鑫　唐辛成
陶　林　汪睿麟　王浩然　王鸿雁　王俊凯　王令宇　王雅如　王轶博　魏俊吉
吴俊锋　夏峰亮　肖华强　徐谊友　闫东辉　阳嘉伦　杨思敏　杨天波　姚　桐
尹国庆　袁　鹏　张虎宇　张　龙　张　粟　张文龙　张盈盈　赵博雅　赵　雨
周　鼎　周　浩　周楷函　周丽平　周　鑫　周掌珍　朱少捷　朱玄策　宗雨南
左雁茹

地球和空间科学学院(37 人)

丁宇量　荣　博　赵素慧　沈　敖　肖　宇　朱泊羽　潘奕然　秦睿智　陈可为
姚宇坤　杨子潮　刘成诚　武广辉　赵　壮　毕钰发　周慧慧　陈　瑞　吴一凡
孙　超　宋政宏　董　晟　程美琳　葛　楠　朱红霞　胡继恒　张鸣帅　陈小康
殷　炜　张　培　沈梦晨　张梦奇　谢　羿　程　龙　杨子仪　刘东宽　张云鹏
赵　凯

生命科学与医学部(66人)

施珂玥　曹耀中　王昊天　徐颖珊　刘钰莎　丁　溢　李泽琳　眭凯文　练　周
章　宇　董正浩　张宇辰　颜家贤　韩尔上　张文迪　陈新颜　操　越　宋相杰
唐皓迪　李雅雯　程洲华　曹　洁　廖靓欢　胥月丽　邵方红　胡泰斗　杨智森
陈　宇　陈　兰　郝仡杰　徐　婷　汪宗怡　胡秀红　潘　婷　方玉航　龚清跃
孙靓琪　蒋阿敏　刘海英　洪　伟　简彦泽　张　璐　沈嘉伟　叶崇欢　周　汉
李　聪　何梦真　李　航　张辰曦　张新宇　林彬彬　侯新豪　马　骜　赵　倩
周建腾　赵旭旭　费明明　潘田中　李甜甜　秦　贻　陆雨林　陈尚坤　黄　硕
蒋诗忆　武晓影　朱　悦

管理学院(89人)

周文雯　陈新佑　关凯文　杨　健　陈佳妍　吴泳霆　王雅琪　徐汇博　帅　阳
王昊熙　魏　嵘　周檀潇　尤宇磊　张想亮　张静怡　陈依格　邹振烽　刘慧航
汪沫然　邵景钰　程　元　陈奕君　魏潇天　张柳悦　方　倩　王　宁　杨　迪
汤婷婷　赵启航　廖润永　南亦宁　王　莹　王伟康　程　功　蒋萌萌　张萍妹
郭晓薇　卢逸名　张良清　朱永健　徐光程　陈　思　杨士杰　吴金文　叶方娟
李传赞　马梦园　王澎翼　邓书颜　杜林薇　胡弘毅　蒋星辰　连双爽　宋甲行
于宗浩　胡志国　李江婷　苏俊欣　胡凯莉　欧阳南天君　王虹宇　吴丽薇
徐茂睿　许　娜　赵宇亮　朱咏嘉　钱云钰　吴雨濛　张行萍　刘青松　徐成成
蔡文浩　马文芹　赵志琛　罗　飞　徐婉莹　张　伟　包　健　付亦婷　高颖异
江文竹　焦瑞敏　王梦娅　吴方尧　吴　翔　姚　瑶　余　欣　赵　男　赵雨欣

公共事务学院(9人)

杨春波　谢　鑫　甄康宁　胡　旭　王　刚　薛怡文　吴　健　王　宇　胡　蝶

人文与社会科学学院(26人)

徐晨阳　靳晨阳　冯　艳　杨文敏　朱玥玮　谭　静　成维智　高华丽　葛业静
潘永康　汪椿鑫　程淑媛　白柠语　付小航　粟若潇　朱雨琪　杨晓桐　陈志远
吴家玲　罗艺璇　于汶生　秦　荣　张小笛　杨　敏　汪　琛　黄　华

马克思主义学院(2人)

戴妍妮　赵　珊

环境科学与工程系(6人)

韩江津　赵小娜　郭智妍　何汝立　吕振婷　梁梦雪

核科学技术学院(9人)

万　腾　徐梦梦　杨广亮　焦力敏　罗　晓　张王梓　吴秉志　马千驰　邱亚丽

国家同步辐射实验室(12人)

周婉琳　赵云坤　龚　宸　金三双　刘站锋　胡昌隆　崔其龙　魏世强　庞贝贝

邸启梅　丁夕岚　王慧云

合肥微尺度物质科学国家研究中心(17 人)

郑立玄　李　希　李　炎　彭凌子　牛壮壮　杨朋朋　钱　勇　张家殷　包志伟
江亚文　李杰岚　彭礼超　童慧刚　李　枫　赵　媛　凌　聪　梁　康

火灾科学国家重点实验室(17 人)

唐　琪　何骁龙　辛　杰　井艺璇　杨泽伟　陈鑫星　徐明睿　黄梦真　翁静雯
王文龙　潘传鱼　王靖文　勾福海　邹　斌　张　林　许佳佳　张　晓

先进技术研究院(37 人)

傅天任　黄　远　伍乔军　蔡竹林　曹童发　陈　铭　程进燕　黄芙蓉　江劲峰
梁　素　卢锦锋　陆　瑶　马雅莉　庞现阳　孙　昊　孙　强　仝雪婷　汪昊典
王宝喜　王　超　卫耀强　吴　双　熊　宇　杨　飞　杨晓光　姚运运　叶　童
张　淼　张　宁　张炜烨　朱智韬　刘梦婷　许业陶　严程俊　叶　慧　朱健和
朱珊珊

研究生院科学岛分院(中国科学院合肥物质科学研究院)(91 人)

殷　昊　韩志远　杨期科　罗　鹏　肖　岚　甄茂禅　刘　雨　唐恒芳　陆　伟
干月皓　陈星宇　周涛涛　李文超　牛云娟　成　祥　朱霖洲　赵志鹏　雷　红
闫广厚　李雪纯　邓　茜　郭昕鹏　陈力行　赵　俊　余传娣　许满满　陈羽佳
申　林　周佐达　王瑞峰　袁子豪　陈迎迎　张国贤　古明思　孙婷婷　李金泽
贾丰鸣　吴明娜　石小兔　陈　威　陈　梦　梅沪生　陈思雨　杨劭谊　陈　伟
陆启明　罗温伟　孙嘉隆　吴毅恒　方　草　董士风　王　沐　刘海云　李东升
闫　淼　占文锋　张　辉　张石川　张　力　黄小文　温　华　肖向予　吴自强
王雪莲　李小林　张立颖　叶梦翔　艾　莉　杨书泉　王云峰　贾云虎　瞿火祥
曹茹雅　靳兴月　周锦轩　陈　镇　梁启超　陆志远　赵雪丽　刘牛先　曹　金
管艳红　朱鑫鑫　孙海岗　许昌涛　樊宜享　韩　健　杨海洋　余　鑫　彭文韬
王吴凡

环境科学与光电技术学院(5 人)

杨宝林　童金钊　雷雪枫　徐秋怡　杨长平

材料科学与工程学院(中国科学院金属研究所)(35 人)

韩　丹　王　芳　孟　育　都诗瑶　任宇鹏　宫风辉　贾志民　万　涛　张明阳
王源晨　李　波　徐胜军　周天亚　周维华　朱玉辉　刘景武　田文斌　王砚东
张玉圣　郭文斌　李乔磊　刘晗珲　付　琦　刘芮嘉　卢壹梁　吴　斌　张登华
朱明宇　熊家骥　刘　琛　郝欢欢　荣丽榕　史立倩　王慕亮　于海强

天文与空间科学学院(中国科学院紫金山天文台)(11 人)

郝超杰　袁官文　张严杰　李佩展　史　晨　王　鋆　马　兵　林泽昊　乔　进

宋　晨　梁静思

南京天文仪器研制中心(1 人)

徐　伟

纳米技术与纳米仿生学院(中国科学院苏州纳米研究所)(16 人)

赵寒茹　崔蕾莎　王佳仪　周逸豪　李晓迪　王　静　司志伟　马永健　董立忠
周扬帆　陈　健　尹佳静　杨　文　李麟阁　王志诚　季小飞

应用化学与工程学院(中国科学院长春应用化学研究所)(34 人)

刘冬杰　冯思诺　杨小龙　王宏儒　张宇星　申亚斌　刘　刚　孙珮富　雷芸芸
梁全铎　温　鼎　尹　娜　焦升建　郝　帅　马　倩　夏洪印　齐丽娟　王新超
韩东琛　汪　钊　武　仪　刘亚迪　王思纯　徐亚军　黄　盈　邹业国　赵　琛
李晓锋　李伊特　于　欢　高沁薇　张　佳　刘丽倩　韦婧薇

生物医学工程学院(中国科学院苏州生物医学工程技术研究所)(15 人)

岳　娟　曹　磊　尤倩楠　孙浩天　郑安然　王宁浩　邱励燊　杜方舟　刘更亮
冯泽峰　胡　莹　吴　翰　朱兴帅　张家天　孙琳娟

稀土学院(中国科学院赣江创新研究院)(22 人)

吕志嘉　刘若水　吴　奇　雷　宇　张传奇　刘宇轩　刘　洋　薛志毅　闫荣伟
孟令伟　李　瑞　李佳琦　王　展　向钰琳　刘建华　林睿茜　张伦梁　张雨欣
李茂凡　刘佳铭　张礼刚　魏晓旭

纳米学院(42 人)

曹立栋　陈　曦　丁汉斌　符恩伯　顾　颖　郭晨辉　贺　祥　胡雪妍　黄　山
黄莹莹　黄　渊　李佳祺　李万发　刘迪新　刘平平　刘文俊　孟令山　彭佳鑫
秦　景　屈　林　宋海启　孙传奎　孙志博　童乙红　汪聪聪　汪　芬　王　磊
熊乘风　徐　梦　许宏愿　张洁琪　张金金　张金娜　张　旭　张玉对　张卓慧
章　彬　赵晨晨　赵佳亮　郑文豪　周婷婷　朱勇坤

年度校优秀学生工作干部、优秀辅导员、优秀班主任名单

优秀学生工作干部

研究生院：王　莉
计算机科学与技术学院：宫晓梅

优秀辅导员

少年班学院：王慧楠
工程科学学院：范　煜
生命科学与医学部：员跃辉

优秀班主任

少年班学院：胡　玥
数学科学学院：黄力研
物理学院：杜先彬
信息科学技术学院：刘海玲
地球和空间科学学院：李王晔
生命科学与医学部：安　科
管理学院：樊洋洋
火灾科学国家重点实验室：唐　飞
先进技术研究院：罗小牧

2023年本科招生分省录取情况

省(自治区、直辖市)	录取总人数	录取控制线	录取最高分	录取平均分	录取最低分
安徽	303	482	685	674	670
北京	33	527(特殊类型招生控制分数线)	678	674	671
福建	53	518(特殊类型招生控制分数线)	684	675	673
甘肃	44	433(特殊类型招生控制分数线)	656	641	632
广东	142	539(特殊类型招生控制分数线)	688	678	675
广西	37	475	684	675	671
贵州	32	459	676	670	667

续表

省(自治区、直辖市)	录取总人数	录取控制线	录取最高分	录取平均分	录取最低分
海南	9	569(特殊类型招生控制分数线)	813	806	792
河北	63	492(特殊类型招生控制分数线)	682	674	673
河南	166	514	695	679	676
黑龙江	26	408	671	662	658
湖北	102	525(特殊类型招生控制分数线)	690	679	675
湖南	80	477(特殊类型招生控制分数线)	678	669	666
吉林	43	463	663	654	650
江苏	103	512(特殊类型招生控制分数线)	685	676	673
江西	81	518	680	668	664
辽宁	38	494(特殊类型招生控制分数线)	695	685	682
内蒙古	18	434	665	657	653
宁夏	9	397	616	611	606
青海	9	381(特殊类型招生控制分数线)	615	608	605
山东	85	520(特殊类型招生控制分数线)	682	678	676
山西	32	480	661	657	654
陕西	44	443	690	681	679
上海	24	504(特殊类型招生控制分数线)	595	589	586
四川	93	520	688	682	680
天津	28	563(特殊类型招生控制分数线)	697	691	689
西藏	8	——	—	—	—
香港	4	——	—	—	—

续表

省(自治区、直辖市)	录取总人数	录取控制线	录取最高分	录取平均分	录取最低分
新疆	52	396	654	647	645
云南	21	485	693	677	669
浙江	147	594(特殊类型招生控制分数线)	692	685	682
重庆	37	468(特殊类型招生控制分数线)	677	669	666

注:2023 年,我校面向全国录取本科生 1966 人,实际报到 1951 人,录取学生中,少年班 44 人、少年班“创新试点班”260 人、强基计划招生 203 人、高校专项 76 人、国家专项 151 人、内地新疆班 23 人、内地西藏班 8 人。

国家任务毕业生去向

2023 届本科毕业生去向

单位:人

类别 \ 项目	合计	出国留学	国内深造	部队	科研、高校等事业单位就业	国有、“三资”等企业就业	地方待就业
本科毕业生	1792	248	1105	3	49	121	266

2023 届毕业研究生去向

单位:人

类别 \ 项目	合计	出国留学	国内深造	部队	科研、高校等事业单位就业	国有、“三资”等企业就业	地方待就业
毕业派遣博士生	1358	47		18	811	408	74
毕业派遣硕士生	3933	79	84	14	710	2815	231

注:1. 以上数据统计截至 2023 年 11 月底,含结业生。

2. 按教育部要求,自 2020 年起,国内博士后按直接就业统计;自 2022 年起,国内升学转博的不计入硕士毕业生总人数。

毕业生中的中国科学院院士

（共 71 人）

姓　名	毕业时间	当选时间	毕业系别
白以龙	1963	1991	近代力学系
朱清时	1968	1991	近代物理系
赵忠贤	1964	1991	技术物理系
陈　颙	1965	1993	地球物理系
马志明	1981(硕)	1995	研究生院
徐建中	1963	1995	近代力学系
白春礼	1985(博)	1997	研究生院
朱作言	1980(硕)	1997	研究生院
施蕴渝	1965	1997	生物物理系
严加安	1964	1999	应用数学系
佟振合	1963	1999	高分子化学和物理系
王志珍	1964	2001	生物物理系
石耀霖	1966	2001	物理系
李邦河	1965	2001	数学系
李崇银	1963	2001	应用地球物理系
刘嘉麒	1986(博)	2003	研究生院
李曙光	1965	2003	近代化学系
吴　奇	1982	2003	近代化学系
陈　霖	1970	2003	生物物理系
林尊琪	1964	2003	无线电电子学系
侯建国	1983	2003	物理系
饶子和	1977	2003	生物物理系
郭光灿	1965	2003	无线电电子学系

续表

姓　名	毕业时间	当选时间	毕业系别
王大成	1963	2005	生物物理系
李洪钟	1981(硕)	2005	研究生院
黄民强	1989(博)	2005	研究生院
魏奉思	1963	2005	地球物理系
陈润生	1964	2007	生物物理系
俞昌旋	1965	2007	近代物理系
王自强	1963	2009	近代力学系
李亚栋	1998(博)	2011	研究生院
沈保根	1976	2011	物理系
张肇西	1963	2011	近代物理系
郑建华	1987(硕)	2011	研究生院
袁亚湘	1982(硕)	2011	研究生院
鄂维南	1982	2011	数学系
康　乐	1990(博)	2011	研究生院
潘建伟	1992	2011	近代物理系
杨秀荣	1968	2013	近代化学系
张培震	1982(硕)	2013	研究生院
赵政国	1982	2013	近代物理系
谢　毅	1996(博)	2013	研究生院
庄小威	1991	2015	少年班/物理系
杜江峰	1990	2015	少年班/近代物理系
陈仙辉	1992(博)	2015	研究生院
陈晓非	1982	2015	地球与空间科学系
景益鹏	1989(硕)	2015	研究生院
谢心澄	1982	2015	近代物理系
毛军发	1988(代培研究生)	2017	研究生院
窦贤康	1987	2017	地球与空间科学系

续表

姓　名	毕业时间	当选时间	毕业系别
王　赤	1990	2019	地球与空间科学系
叶向东	1983	2019	数学系
汤　超	1981	2019	近代力学系
孙和平	1980	2019	地球与空间科学系
李景虹	1991	2019	近代化学系
李献华	1983	2019	地球与空间科学系
杨金龙	1991(博)	2019	研究生院
陆夕云	1992(博)	2019	研究生院
林海青	1981	2019	物理系
相里斌	1990	2019	精密机械与仪器系
俞书宏	1998(博)	2019	研究生院
常　进	1989	2019	近代物理系
刘仓理	1993(硕)	2021	研究生院
杨培东	1993	2021	应用化学系
封东来	1994	2021	近代物理系
田　野	1998(博)	2023	研究生院
沈维孝	1995	2023	数学系
段路明	1994	2023	物理系
倪四道	1993	2023	少年班/地球物理系
常俊标	1989(硕)	2023	研究生院
曹晋滨	1986	2023	近代物理系

注：以当选院士年度为序，同年当选的以姓氏笔画为序。

毕业生中的中国工程院院士

(共 27 人)

姓　名	毕业时间	当选时间	毕业系别
吴有生	1964	1994	近代力学系
王震西	1964	1995	技术物理系
杨秀敏	1965	1995	近代力学系
李国杰	1981(硕)	1995	研究生院
何多慧	1964	1995	近代物理系
龚惠兴	1963	1995	自动化系
魏复盛	1964	1997	近代化学系
杜善义	1964	1999	近代力学系
宋湛谦	1964	1999	高分子化学和物理系
许祖彦	1963	2001	技术物理系
陈立泉	1964	2001	技术物理系
范维澄	1965	2001	近代力学系
周寿桓	1962	2003	技术物理系
吴以成	1969	2005	近代化学系
邓中翰	1992	2009	地球和空间科学系
董春鹏	1966	2009	无线电电子学系
刘连元	1965	2011	近代力学系
刘文清	1978	2013	物理系
任辉启	1992(硕)	2015	研究生院
吴伟仁	1978	2015	无线电电子学系
邓建军	1988(代培研究生)	2017	研究生院
李　凯	1981(硕)	2017	研究生院
陆　军	1988(硕)	2017	研究生院

续表

姓　名	毕业时间	当选时间	毕业系别
杨春和	1986(硕)	2019	研究生院
吴汉明	1976	2019	近代物理系
龙　腾	1989	2021	无线电电子学系
张亚勤	1983	2021	少年班/无线电电子学系

注:以当选院士年度为序,同年当选的以姓氏笔画为序。

十、科学研究与科技产业

创新平台

国家级科研机构

类　别	机构名称	校内负责人	成立时间	批准部门
国家研究中心	合肥微尺度物质科学国家研究中心	罗　毅	2017.11	科学技术部
国家级实验室	国家同步辐射实验室	封东来	1991.12	国家计划委员会
全国(国家)重点实验室	火灾安全全国重点实验室	刘乃安	2023.3	科学技术部
	核探测与核电子学国家重点实验室(联合)	刘建北	2011.10	科学技术部
	精准智能化学重点实验室	李震宇	2023.1	中国科学院
	免疫应答与免疫治疗重点实验室	周荣斌	2024.2	中国科学院
	认知智能全国重点实验室(共同依托)	胡国平	2022.5	科学技术部
	深空探测全国重点实验室(共同依托)	汪毓明	2023.1	国防科技工业局
国家工程研究中心	语音及语言信息处理国家工程研究中心(联合)	凌震华	2011.6	国家发展和改革委员会
国家工程实验室	类脑智能技术及应用国家工程实验室	吴　枫	2017.1	国家发展和改革委员会
国家地方联合工程研究中心	热安全技术国家地方联合工程研究中心	宋卫国	2015.12	国家发展和改革委员会
国家国际科技合作基地(联合研究中心)	大尺度火灾国际联合研究中心	刘乃安	2014.11	科学技术部
2011协同创新中心	量子信息与量子科技前沿协同创新中心	潘建伟	2013.4	教育部
其他	国家高性能计算中心(合肥)	许胤龙	1995.9	科学技术部
	安徽蒙城地球物理国家野外科学观测研究站	姚华建	2007.4	科学技术部

国家重大科技基础设施

机 构 名 称	校内负责人	成立时间	批准部门
合肥同步辐射光源	封东来	1991.12	国家计划委员会
稳态强磁场实验装置(联合)	田长麟	2008.5	国家发展和改革委员会
未来网络试验设施(合肥分中心)	张勇东	2016.12	国家发展和改革委员会
高精度地基授时系统(合肥一级站)	张 强	2018.5	国家发展和改革委员会
合肥先进光源	封东来	2021.10	国家发展和改革委员会
空地一体量子精密测量实验设施(联合)	潘建伟	2021.10	国家发展和改革委员会

中国科学院级科研机构

类 别	名 称	校内负责人	成立时间	批准部门
率先行动机构	中国科学院量子信息与量子科技创新研究院	潘建伟	2014.1	中国科学院
	中国科学院合肥大科学中心	包信和	2014.11	中国科学院
	中国科学院比较行星学卓越创新中心	汪毓明	2018.12	中国科学院
中国科学院重点实验室	中国科学院材料力学行为和设计重点实验室	龚兴龙	2001.12	中国科学院
	中国科学院量子信息重点实验室	郭光灿	2001.12	中国科学院
	中国科学院壳幔物质与环境重点实验室	郑永飞	2005.3	中国科学院
	中国科学院近地空间环境重点实验室	窦贤康	2005.3	中国科学院
	中国科学院能量转换材料重点实验室(联合)	陈初升	2008.12	中国科学院
	中国科学院星系宇宙学重点实验室(联合)	王慧元	2008.12	中国科学院
	中国科学院软物质化学重点实验室	刘世勇	2009.12	中国科学院
	中国科学院脑功能与脑疾病重点实验室	薛 天	2009.12	中国科学院
	中国科学院吴文俊数学重点实验室	胡 森	2010.12	中国科学院

续表

类　别	名　　称	校内负责人	成立时间	批准部门
中国科学院重点实验室	中国科学院电磁空间信息重点实验室	张勇东	2013.4	中国科学院
	中国科学院空间信息处理与应用系统技术重点实验室(联合)	吴　枫	2013.4	中国科学院
	中国科学院无线光电通信重点实验室	李向阳	2014.8	中国科学院
	中国科学院强耦合量子材料物理重点实验室	陈仙辉	2014.8	中国科学院
	中国科学院天然免疫与慢性疾病重点实验室	田志刚	2014.8	中国科学院
	中国科学院城市污染物转化重点实验室(联合)	盛国平	2014.8	中国科学院
	中国科学院微观磁共振重点实验室	杜江峰	2016.8	中国科学院
其他	中国科学院热安全工程技术研究中心	张和平	1998.7	中国科学院
	中国科学院强磁场科学中心(联合)	田长麟	2008.4	中国科学院
	中国科学院太阳能光热综合利用研究示范中心	季　杰	2009.7	中国科学院
	中国科学院国家数学与交叉科学中心——合肥分中心	李嘉禹	2010.11	中国科学院
	中国科学院临床研究医院(合肥)	翁建平	2020.4	中国科学院

省部级科研机构

序号	名　　称	负责人	成立时间	批准部门
1	多媒体计算与通信教育部——微软重点实验室	李厚强	2004.11	教育部
2	无膜细胞器与细胞动力学教育部重点实验室	姚雪彪	2019.5	教育部
3	脑启发智能感知与认知教育部重点实验室	吴　枫	2023.2	教育部
4	数字技术的数学基础与应用教育部重点实验室	杨周旺	2023.2	教育部
5	城市公共安全省部共建协同创新中心	张和平	2019.9	教育部
6	网络文化内容认知与检测文化和旅游部重点实验室	陈　彦	2021.5	文化和旅游部

续表

序号	名　　称	负责人	成立时间	批准部门
7	森林火灾监测预警应急管理部重点实验室	刘乃安	2021.9	应急管理部
8	量子信息科学安徽省实验室	潘建伟	2018.2	安徽省
9	先进光子科学技术安徽省实验室	陆亚林	2018.2	安徽省
10	微尺度物质科学安徽省实验室	罗　毅	2018.2	安徽省
11	生物医学与健康安徽省实验室	田志刚	2020.3	安徽省
12	人工智能安徽省技术创新中心(联合)	胡国平	2018.2	安徽省
13	高性能计算安徽省重点实验室	陈国良	1999.12	安徽省科学技术厅
14	分子医学安徽省重点实验室	田志刚	2002.12	安徽省科学技术厅
15	光电子科学与技术安徽省重点实验室	刘　文	2002.12	安徽省科学技术厅
16	计算与通讯软件安徽省重点实验室	王煦法	2005.2	安徽省科学技术厅
17	生物质洁净能源安徽省重点实验室	傅　尧	2006.12	安徽省科学技术厅
18	细胞动力学与化学生物学安徽省重点实验室	姚雪彪	2008.11	安徽省科学技术厅
19	大数据分析与应用安徽省重点实验室	陈恩红	2017.3	安徽省科学技术厅
20	极地环境与全球变化安徽省重点实验室	谢周清	2017.3	安徽省科学技术厅
21	未来网络安徽省重点实验室	张勇东	2018.6	安徽省科学技术厅
22	太阳能光热综合利用安徽省重点实验室	季　杰	2018.6	安徽省科学技术厅
23	衰老生物医学安徽省重点实验室	申　勇	2019.12	安徽省科学技术厅
24	现代物流与供应链安徽省重点实验室	余玉刚	2019.12	安徽省科学技术厅
25	安徽应用数学中心	杨周旺	2020.7	安徽省科学技术厅
26	集成电路科学与技术安徽省重点实验室	龙世兵	2023.7	安徽省科学技术厅
27	量子网络安徽省重点实验室	李传锋	2023.7	安徽省科学技术厅
28	图形计算与感知交互安徽省重点实验室	刘利刚	2023.7	安徽省科学技术厅
29	数字安全安徽省重点实验室	俞能海	2023.7	安徽省科学技术厅
30	科学仪器制造与应用安徽省重点实验室	杜江峰	2023.7	安徽省科学技术厅
31	智能低碳信息技术与装备安徽省重点实验室	康　宇	2023.7	安徽省科学技术厅
32	新发突发传染病安徽省重点实验室	邱香果	2023.7	安徽省科学技术厅
33	安徽省生物质能源工程技术研究中心	傅　尧	2007.6	安徽省科学技术厅
34	安徽省污水处理工程技术研究中心	俞汉青	2009.9	安徽省科学技术厅
35	安徽省量子信息工程技术研究中心	陈增兵	2011.3	安徽省科学技术厅

续表

序号	名　　称	负责人	成立时间	批准部门
36	安徽省高校人文社科重点研究基地——科学传播研究与发展中心	汤书昆	2003.1	安徽省教育厅
37	先进功能材料安徽普通高校重点实验室	陈初升	2004.8	安徽省教育厅
38	物理电子学安徽省普通高校重点实验室	安　琪	2004.11	安徽省教育厅
39	网络传播系统与控制安徽普通高校重点实验室	朱　明	2007.8	安徽省教育厅
40	生物技术药物安徽省工程技术研究中心	田志刚	2007.8	安徽省教育厅
41	无线网络通信安徽普通高校重点实验室	王卫东	2008.1	安徽省教育厅
42	安徽省高校人文社科重点研究基地——工商管理创新研究中心	刘志迎	2013.1	安徽省教育厅
43	安徽省高校人文社科重点研究基地——科技史与文化遗产研究中心	石云里	2013.1	安徽省教育厅
44	安徽省高校人文社科重点研究基地——四业融合研究中心	翁清雄	2022.5	安徽省教育厅
45	智能决策博弈与数字经济创新安徽省哲学社会科学重点实验室	刘林冬	2022.11	安徽省教育厅
46	科学教育与传播安徽省哲学社会科学重点实验室	周荣庭	2022.11	安徽省教育厅
47	科技考古与文化遗产保护安徽省哲学社会科学重点实验室	杨玉璋	2022.11	安徽省教育厅
48	城市公共安全协同创新中心	张和平	2013.11	安徽省教育厅
49	先进技术与产业协同创新中心	李卫平	2013.11	安徽省教育厅
50	微电子与光电子技术研究院	刘　文	2013.11	安徽省教育厅
51	安徽省医药生物研究院	肖卫华	2013.11	安徽省教育厅
52	先进核聚变能和等离子体科学协同创新中心	李建刚	2014.8	安徽省教育厅
53	安徽大数据应用协同创新中心	陈恩红	2014.8	安徽省教育厅
54	精密科学仪器安徽普通高校重点实验室	褚家如	2019.1	安徽省教育厅
55	表界面化学与能源催化安徽普通高校重点实验室	黄伟新	2019.1	安徽省教育厅
56	安徽省语音及语言技术工程实验室	刘庆峰	2009.8	安徽省发展和改革委员会
57	安徽省热安全工程研究中心	宋卫国	2009.8	安徽省发展和改革委员会

续表

序号	名　　称	负责人	成立时间	批准部门
58	安徽省先进功能高分子薄膜工程实验室	李良彬	2017.8	安徽省发展和改革委员会
59	安徽省废水资源化利用工程实验室	刘贤伟	2017.8	安徽省发展和改革委员会
60	安徽省仿生材料工程实验室	俞书宏	2020.9	安徽省发展和改革委员会
61	安徽省功能膜材料与技术工程实验室	徐铜文	2020.9	安徽省发展和改革委员会
62	安徽省多肽药物工程实验室	田长麟	2020.9	安徽省发展和改革委员会
63	安徽省新型能源梯级利用工程实验室	舒歌群	2020.9	安徽省发展和改革委员会
64	机器人安徽省技术标准创新基地	陈小平	2018.3	安徽省市场监督管理局、安徽省发展和改革委员会等

校级科研机构

所系联合实验室			
序号	实验室名称	成立时间	联合共建单位
1	星系和宇宙学联合实验室	2005.1	中国科学院上海天文台
2	核探测技术与核电子学联合实验室	2005.4	中国科学院高能物理研究所
3	化学物理联合实验室	2005.6	中国科学院大连化学物理研究所
4	智能科学与技术联合实验室	2005.7	中国科学院沈阳自动化研究所
5	蛋白质科学联合实验室	2005.7	中国科学院生物物理研究所
6	网络与通信联合实验室	2005.9	中国科学院沈阳计算技术研究所
7	绿色合成化学联合实验室	2005.11	中国科学院上海有机化学研究所
8	数学物理联合实验室	2005.12	中国科学院武汉物理与数学研究所
9	科技传播研究所	2006.2	中国科学院科学时报社
10	强子物理研究中心	2006.3	兰州重离子国家实验室
11	网络传播系统与控制联合实验室	2006.11	中国科学院声学研究所
12	新能源材料联合实验室	2007.4	中国科学院上海硅酸盐研究所

续表

序号	实验室名称	成立时间	联合共建单位
13	无机固体联合实验室	2007.5	中国科学院福建物质结构研究所
14	高分子薄膜与溶液联合实验室	2007.9	中国科学院长春应用化学研究所
15	分析化学研究伙伴小组	2008.1	中国科学院长春应用化学研究所
16	超精密控制与系统联合实验室	2010.5	中国科学院长春光机所
17	微纳电子系统集成研究中心	2010.9	中国科学院微电子所
18	环境污染控制联合实验室	2012.1	中国科学院城市环境研究所
19	生物质催化转化联合实验室	2013.12	中国科学院广州能源研究所
20	量子生物物理联合实验室	2014.10	中国科学院生物物理研究所
21	天然活性多肽联合实验室	2015.3	中国科学院昆明动物研究所
22	超导量子器件与量子信息联合实验室	2015.10	中国科学院上海微系统与信息技术研究所
23	国家合成生物技术创新中心	2019.1	中国科学院天津工业生物技术研究所
24	海洋物理联合实验室	2021.3	中国科学院深海科学与工程研究所
校企联合科学研究平台			
序号	校企联合科学研究平台	运行起止时间	共建单位
1	中国科大-皖维 PVA 新材料联合实验室	2019.8	安徽皖维高新材料股份有限公司
2	华为-中国科大离子阱创新实验室	2020.1	华为技术有限公司
3	中国科学技术大学-长春卓谊生命科学联合创新实验室	2020.9	长春卓谊生物股份有限公司
4	中国科学技术大学-招商银行人工智能联合实验室	2020.11	招商银行股份有限公司
5	中国科学技术大学-三维家先进制造联合实验室	2020.11	广东三维家信息科技有限公司
6	中国科大-爱博智能机器人联合实验室	2021.2	安徽爱博智能科技有限公司
7	中国科大-蔚来智能电动汽车联合实验室	2021.4	蔚来汽车科技(安徽)有限公司
8	中国科大-国营芜湖机械厂航空新装备智能检测及维护创新实验室	2021.5	国营芜湖机械厂
9	新材料与智能制造联合实验室	2021.5	芜湖市人民政府、安徽海螺集团

续表

序号	校企联合科学研究平台	运行起止时间	共　建　单　位
10	中国科大-南瑞继远新型电力系统联合实验室	2021.10	安徽南瑞继远电网技术有限公司
11	中国科大-OPPO智能计算联合实验室	2022.1	OPPO广东移动通信有限公司
12	中国科大-上海兆维核酸药物研发联合实验室	2022.6	上海兆维科技发展有限公司
13	中国科大-大全集团双碳智能联合实验室	2022.7	大全集团有限公司
14	中国科大-同兴环保储能电池材料及器件联合实验室	2022.9	同兴环保科技股份有限公司
15	中国科大-阿里巴巴智能计算联合实验室	2022.11	阿里巴巴达摩院(杭州)科技有限公司
16	中国科大-深信服信息技术创新联合实验室	2022.12	深信服科技股份有限公司
17	华为-中国科大人工智能创新实验室	2023.1	华为技术有限公司
18	中国科大-国轩高科创新电池联合实验室	2023.2	合肥国轩高科动力能源有限公司
19	高性能单原子材料应用联合实验室	2023.10	中化学科学技术研究有限公司、中国化学工程第三建设有限公司
20	中国科大-江汽集团智能新能源汽车联合实验室	2023.10	安徽江淮汽车集团股份有限公司
21	中国科大-讯飞医疗数字与健康联合实验室	2024.1	讯飞医疗科技股份有限公司
学　校　设　立　科　研　机　构			
序号	名　称	成立时间	挂　靠　单　位
1	数学研究所	1978.1	数学科学学院
2	自然科学史研究室	1980.12	人文与社会科学学院
3	天体物理研究中心	1984.1	物理学院
4	信息处理中心	1988.9	信息科学技术学院
5	非线性科学中心	1992.4	物理学院
6	超精密技术研究所	1992.4	工程科学学院
7	工业自动化研究所	1992.4	信息科学技术学院
8	生物医学工程研究所	1992.11	信息科学技术学院

续表

序号	名　　　　称	成立时间	挂　　靠　　单　　位
9	智能信息技术研究所	1992.11	信息科学技术学院
10	科技法学研究室	1992.11	管理学院
11	儿童弱视和斜视研究治疗中心	1993.6	校医院
12	信号统计处理中心	1993.9	信息科学技术学院
13	统计研究所	1993.9	管理学院
14	理论物理研究所	1994.4	物理学院
15	材料化学与膜技术研究所	1994.12	化学与材料科学学院
16	石油天然气研究中心	1994.12	地球和空间科学学院
17	微波毫米波工程研究中心	1996.10	信息科学技术学院
18	科技考古实验室	1996.10	人文与社会科学学院
19	国际经济研究所	1996.11	管理学院
20	极地环境研究室	1999.5	地球和空间科学学院
21	辐化技术研究所	1999.10	化学与材料科学学院
22	免疫学研究所	2001.10	生命科学学院
23	烟草与健康研究中心	2002.2	化学与材料科学学院
24	交叉学科理论研究中心	2002.5	物理学院
25	知识管理研究所	2002.9	人文与社会科学学院
26	科学传播研究与发展中心	2006.11	人文与社会科学学院
27	粒子科学与技术研究中心	2009.7	物理学院
28	高速流动与推进研究中心	2009.7	工程科学学院
29	CFC 金融信息研究中心	2009.7	管理学院
30	可持续发展与创新研究中心	2010.2	管理学院
31	燃烧研究中心	2010.2	国家同步辐射实验室
32	磁约束聚变堆总体设计研究中心	2011.3	核科学技术学院
33	地震与地球内部物理实验室	2012.9	地球和空间科学学院
34	中国科学技术大学医学中心	2012.12	独立机构
35	量子材料物理实验室	2013.5	物理学院
36	生物医学工程中心	2013.5	中国科学技术大学医学中心
37	未来网络实验室	2013.5	中国科学技术大学先进技术研究院
38	无线光通信与网络研究中心	2013.12	信息科学技术学院
39	服务科学与技术实验室	2013.12	管理学院
40	长三角科技战略前沿研究中心	2019.5	管理学院

科 研 项 目

获批百万元及以上民口纵向科研项目(课题)一览表

项目类别	项目名称	负责人	获批经费(万元)
科技部国家重点研发计划项目	多元手性催化剂协同体系研究	龚流柱	2200
	基于ATLAS高亮度数据检验标准模型和Higgs机制与寻找新物理	韩　良	2100
	关联体系量子物态的结构调控	曾长淦	2000
	低碳烃的催化羰基化反应研究	黄汉民	1700
	基于2.5米大视场巡天望远镜的前沿科学研究	孔　旭	1385
	新型辐射和粒子探测器及相关电子学技术研究	刘建北	650
	极值图论若干前沿问题的研究	马　杰	596
	大模型系统能力涌现的机理机制研究	毛震东	500
	基于第三代半导体氮化镓和氮化钪铝异质集成射频微系统芯片研究	孙海定	200
	太阳能光电建筑幕墙火灾蔓延和结构损伤机制及其韧性优化方法研究	王　禹	200
科技部国家重点研发计划青年项目	基于人工智能的酶计算平台构建与多肽连接酶的从头设计	唐　姗	400
	基于高熵合金精准可控合成的电解水制氢研究	严　欢	400
	利用ATLAS对撞数据寻找电弱能标下的CP破缺现象	杨洪洮	300
	正负电子对撞机上的重子物理研究	周小蓉	300
	光控斯格明子的材料、机制与调控研究	王建林	300
	储能材料与器件多尺度模拟仿真技术	谈　鹏	300
	基于超表面调控的氮化镓基发光器件研究	孙海定	300
	高性能碱性离子交换膜制备技术	左培培	300
	中低挥发性有机物的多相反应研究	刘启帆	300
	超精细三维大气风场单光子探测激光雷达	王　冲	200
	极端气候下大尺度森林火灾风险和火蔓延预测技术研究	王　禹	200

续表

项目类别	项　目　名　称	负责人	获批经费（万元）
科技部国家重点研发计划课题	化学/生物手性催化剂协同体系	龚流柱	985
	大规模读出电子学系统研制	曹　平	900
	低碳烃的氢羰杂原子化反应研究	黄汉民	646
	电弱精确测量研究	吴雨生	630
	巴颜喀拉活动地块孕震背景与深部变形特征	王　凯	598
	基于量子系综的电流强度非侵入式精密测量技术	杨　柏	519
	人工关联电子体系的设计实现与物性调制	曾长淦	500
	晶体结构调控下的关联材料电子结构研究	沈大伟	500
	基于大视场巡天望远镜的巡天实施和数据应用	范璐璐	500
	ATLAS 实验缪子探测器升级	孙勇杰	465
	秸秆三素高效分离技术及化工原料创制	李文志	430
	多分幅成像型汤姆逊散射诊断技术研究	李　俊	420
科技部国家重点研发计划课题	mRNA 药物序列核心元件设计及其分子修饰	王　剑	418
	病毒抗原特异性 T 细胞应答的动态规律	李丰银	375
	碲化镉薄膜电池/组件衰减机理和稳定性研究	王德亮	346
	纳升液相色谱关键技术攻关	赵　刚	340
	聚焦镜非球面形貌高精度离线和在线检测	杜学维	330.4
	新型气体灭火剂局部应用灭火关键技术及系统研究	石　龙	330
	黏膜感染进程中巨噬细胞时空异质性演变特征及功能调控机制研究	曾筑天	328
	Si 衬底 GaN 基 HEMT 器件辐照损伤机理及抗辐照加固技术	杨　树	324
	正向-斜向俯冲转换区大尺度深部结构与物质循环	冷　伟	320
	超常儿童核心能力发展追踪的关键技术	孔　燕	310
	森林草原火灾火场态势快速推演技术研究	纪　杰	305
	活动星系核和黑洞潮汐撕裂恒星事件	薛永泉	300
	病毒感染固有免疫识别新途径	高大兴	276
	耐盐高性能关键堆叠材料开发与工业化制造技术	吴　亮	262.5
	高精准点式激光感烟探测器和烟雾甲烷复合探测器研发	方　俊	259.55
	网暴事件多模态内容倾向性分析与群体行为意图研判	宋　彦	256

续表

项目类别	项　目　名　称	负责人	获批经费（万元）
科技部国家重点研发计划课题	超大质量黑洞的吸积与光变	王俊贤	252
	防火阻燃生物基材服役期性能演变规律与评价体系研究	汪碧波	249.45
	Turán 函数与图划分	马　杰	240
	X 射线吸收精细结构波谱分析仪的设计、集成和验证	冯雪飞	220
	微观电磁物性自旋量子精密测量仪核心部件研发	王孟祺	215
	多模态大模型系统的参数解析方法与能力激发机制	毛震东	198
	X 射线吸收精细结构波谱分析仪的光源系统研制	孙　喆	190
	大面积微结构气体探测器技术研究	周　意	165
	网络模态智能生成机制	朱祖勍	160
	深冷低温光热两维读出晶体量热器技术研究	薛明萱	150
	高速高精度读出电子学技术研究	秦家军	150
	多模态知识形式化刻画与验证	徐　童	130
	智能网联汽车安全及可靠性国际标准研制与海外应用	薛吟兴	116.25
	三维缺陷高分辨成像分析评价技术及模块开发	王　沛	111.6
	多模态大模型结构释义与可信训练推理	王　翔	110
基金委重大项目	引力波电磁对应体研究	戴子高	1500
	全固态钠电池低应变电极材料构筑与储钠机制	余　彦	1293
	超新星及相关新型暂现源研究	姜继安	540
	量子计算赋能的电子结构理论新方法及应用	李震宇	349
	利用高海拔宇宙线观测站的弥散伽马射线观测研究银河系内宇宙线分布	杨睿智	336
	黑洞潮汐瓦解事件研究	王挺贵	300
基金委重大项目	肿瘤-免疫-间质三元的神经-内分泌-代谢调控机制网络研究	孙　成	297
	氦原子精细结构与核半径测量	胡水明	279
	中高层大气扰动过程的协同观测及效应研究	陆高鹏	279
	高效电催化剂精准设计及催化反应原位动态表征	孙永福	260
	地核固液边界结构与性质	孙道远	222

续表

项目类别	项　目　名　称	负责人	获批经费（万元）
基金委重点项目	自旋极化单分子电致发光及其激子自旋态调控研究	董振超	239
	蚀刻用含氟分子激发动力学参数的快电子和非弹性 X 射线散射实验研究	朱林繁	239
	非晶固体稳定性及其在超材料中的应用	徐　宁	239
	凝聚态体系载流子动力学第一性原理计算软件发展	赵　瑾	239
	光操纵液晶聚合物结构变形的若干关键力学问题研究	何陵辉	239
	面向移动工业互联的高确定性无线光传输与接入技术	龚　晨	237
	铷同位素示踪铷在多圈层之间的循环与富集	黄　方	234
	风云卫星遥感高分辨率陆气碳水通量技术和方法研究	李　锐	231
	俯冲带熔流体的氧化还原性质：Fe 和 H_2O 的作用	倪怀玮	231
	金属@MOF 催化材料：催化中心精准构筑及其微环境的化学调控	江海龙	230
	基于移动群智 SLAM 的高效即时定位与地图构建	张燕咏	229
	晚二叠-早三叠世海洋化学条件变化及其对生命演化的影响	沈延安	229
	HPB 轴介导肥胖相关髓系造血和代谢紊乱的作用机制及干预策略研究	周荣斌	220
	细胞类型特异性长链非编码 RNA 调控的脑衰老发生机制研究	刘　强	220
	肿瘤微环境 NK 细胞发育分化与功能失常	魏海明	219
	SIX6OS1 偶联减数分裂联会起始和延伸的机制研究	史庆华	216
	动力系统的不变锥及其应用	王　毅	194
	数字化供应链数据流通与风险管理理论研究	刘和福	166
基金委联合基金	生成媒体与自然媒体融合环境下的隐写理论与方法研究	张卫明	270
	知识驱动的可信工业智能技术研究与示范应用	陈恩红	266
	面向胰腺癌智能精细化诊断的多模态医学图像融合关键技术研究	陈　勋	264
	极端条件下氧化镓材料生长与垂直功率器件特性研究	杨　树	263
	宽光谱驱动 CO_2 高效定向转化的等离激元催化材料研究	熊宇杰	260
	电化学除氧技术用于绿色气调储粮	吴宇恩	260
	三维大规模光量子芯片及其在量子模拟和相变中的应用研究	任希锋	260

续表

项目类别	项　目　名　称	负责人	获批经费（万元）
基金委联合基金	煤矿含铁尾矿微观结构重构制备铁基功能材料的机制及含酚废水深度处理应用	穆　杨	260
	骨髓龛靶向纳米药物防治 AML 移植后复发作用及机制研究	朱小玉	260
	车-路-网耦合系统分析、建模及其协同调度理论与方法研究	秦家虎	260
	水系锌离子电池的电极微结构、表界面调控及其性能演化机制研究	宋　礼	260
	海水苦卤化学资源高效提取及其高性能镁系阻燃材料制备、改性及应用研究	胡　源	259
	计算、存储、传输一体化的未来智能网络研究	杨　坚	258
	感知驱动的细粒度语音表征解耦与跨模态可控语音合成	凌震华	257
	面向深度伪造人脸视频的可信鉴伪与取证技术研究	谢洪涛	257
	高效高密度电源隔离变压器功率收发专用芯片关键技术研究	潘东方	257
	飞机高温表面泄漏油料引燃机理及防火适航审定技术研究	纪　杰	212
基金委基础科学中心项目	极端流动的多过程问题研究	陆夕云	6000
基金委重大研究计划	螺旋高分子的精准构筑与手性放大机制	刘世勇	545
	腔耦合的碳化硅自旋缺陷的荧光增强和应用	许金时	320
	单细胞 TCR 测序以及 MHCII 多肽组学鉴定食物抗原及肠道 TCR 图谱	朱　书	300
基金委-国家重大科研仪器研制项目	量子态分辨的分子-表面散射测量系统	王兴安	800
基金委-其他项目	新一代 2～7 GeV 能区超高亮度正负电子对撞机触发与数据传输关键技术研究	封常青	350
	新一代 2～7 GeV 能区超高亮度正负电子对撞机关键加速器物理问题研究	唐靖宇	340
	二烯的聚合氢胺羰基化反应研究	黄汉民	300
	基于量子不定因果序的量子精密测量	陈　耕	285
	地球早期特殊深部水循环与大陆的起源	吴忠庆	264
	欧洲核子中心 NA60＋实验缪子径迹系统研发	唐泽波	200

续表

项目类别	项目名称	负责人	获批经费(万元)
基金委-其他项目	非光酸放大型单组份精准高分子极紫外光刻胶	刘世勇	184
	近邻金属单原子在 CO_2 电还原制乙酸/乙醇反应中的距离效应研究	曾　杰	170
	Multiple Imputation and Reproducibility/Replicability Analysis for High-Throughput Large-Scale RNA Sequencing Data	赖颖蕾	160
	高效简易的肠道 RNA 病毒组测序分析体系的构建及免疫功能验证	朱　书	160
	智能化原位同步辐射技术的光电催化反应动力学研究	韦世强	150
	天空地融合信息网络基础理论与关键技术研究	杨　坚	150
中国科学院战略性先导科技专项	面向重大需求的计算方法与软件	程　万	3476
	适配国产异构系统架构的数据流编程和运行时系统框架	陈俊仕	1066
	低标度大规模第一性原理方法与软件	何力新	583
	极限晶粒金属结构的形成机理	崔　萍	575
	界面湍流模拟仿真软件	刘浩然	135
	仿生耐磨自润滑材料的结构设计与性能调控研究	茅瓅波	127
中国科学院稳定支持基础研究领域青年团队	时间间隔测量精度极限	陈宇翱	2500
	新能源装备中核心器件绿色循环利用新方法	张清伟	2000
	高温高密核物质状态方程	浦　实	400
	生物导航神经认知机制	史朝为	280
	杨-米尔斯规范场的质量间隔假设	李　阳	125
	杨-米尔斯规范场的质量间隔假设	周小蓉	125
中国科学院其他项目	提升原始创新能力专项-精准智能化学重点实验室重组国家队	李震宇	1000
	提升原始创新能力-极端条件下笼目结构材料中的演生物理	应剑俊	300
	科学传播研究平台运行专项	汤书昆	100
其他部委	CO_2 电催化还原制高值化学品关键技术及设备研发	江海龙	360
	中国免疫学杂志(英文版)	田志刚	200
	生物炭基功能产品的研制及其在烤烟绿色生产中的应用	江　鸿	110
安徽省科技重大专项	航空专用工业软件在线设计工具链技术攻关	杨周旺	2000
	语音识别、翻译模型的国产化移植和优化	郭　武	600

续表

项目类别	项　　目　　名　　称	负责人	获批经费（万元）
安徽省科技重大专项	基于高场磁共振成像MRI与高场电子自旋共振技术开展肝豆灵作用机制研究	刘扬中	433
	说话人、音频事件检测模型的国产化移植和优化	宋　彦	200
	语音增强、前端处理模型的国产化移植和优化	张　结	200
	“感知-临床经验”双驱动的名医名方名术知识图谱构建	侯嘉慧	144
	数据和知识联动的安徽省名中医诊疗规律探究	宋　骐	125
	面向工业互联网的多模态智能感知与认知决策技术攻关-工业视觉大模型	储　琪	100
安徽省科技攻关项目	基于治未病理论与多模式研究体系的芪莪颗粒防治胃炎癌转化的创新研究	姚雪彪	1750
	基于针灸治疗胃系症候的临床评价研究及其现代生物学机制	张　智	1740
	基于高场磁共振成像MRI与高场电子自旋共振技术开展WD发病机制研究	刘　强	433
	基于“质-效-产”三位一体模式的亳白芍药材道地性品质成因及产品开发应用研究	王育才	352
安徽省重点研发计划	人工智能辅助的mRNA新型递送系统设计与新药研发	王育才	300
	基于杂合显性核不育的水稻优异基因聚合技术创建及新品种选育	丁　勇	200
	飞机特种涂层损伤测试用高精度双目结构光三维成像定位系统	金　一	200
	等离激元超导机制和新型钴基高温超导的探索	曾长淦	200
	多级仿生结构材料的跨尺度精准构筑及工程化应用	俞书宏	200
	肿瘤免疫治疗新型靶点研究	郑小虎	200
	高性能、低贵金属载量催化剂用于氢能的绿色获取和高效利用	吴宇恩	200
	大尺度高通量单细胞空间转录组成像和分析系统研发	唐爱辉	200
	AMOLED显示电源芯片关键技术研究	程　林	200
	面向超大规模智能电网安全巡视的视觉大模型研发与场景适配应用	王子磊	120
	高温超导先进仿星器物理设计研究	祝曹祥	100
	肿瘤近距离放射治疗微型X放射源装置	徐　榭	100
	医疗废水中新污染物的高通量筛查及强效处理控制技术应用和装备	盛国平	100

续表

项目类别	项　目　名　称	负责人	获批经费（万元）
安徽省其他项目	基于火灾发展实时预测与虚拟仿真技术的消防救援演练装备研发及产业化	纪　杰	220
	自动驾驶多传感器感知与融合算法研究	凌　强	200
	智能微型心脏导管泵及精准控制系统	赵　刚	200
	千吨级 PET、PEF 的解聚与回收示范线	邓　晋	286
	知识产权运营能力提升计划项目	黄加顺	100
其他项目	等离子体炭黑导电剂关键技术研发	王　城	1460
	锰基普鲁士蓝正极结构设计及储钠机制研究	余　彦	300
	高效低成本膜电解水制氢技术	洪　勋	132
	第四代氧化镓功率半导体单晶衬底生长、器件制备和工艺	徐光伟	120
	转运蛋白元件库建设	龚为民	120
	S 波段高性能微型化芯片级电磁滤波器研究	左成杰	100
	金属深部协同探测技术装备	许效华	100
	低贵金属质子交换膜（PEM）电解水技术开发	葛君杰	100

职务专利授权一览表

序号	专利(申请)名称	类型	申请日	申请号	授权日	发明人
1	一种法拉第隔离器装置	发明专利	20180315	201810216179.2	20230102	沈　奇　颜美晨　崔星洋　彭承志　陈宇翱　潘建伟
2	一种探究等离子体合成纳米材料生长演化的实验装置	发明专利	20220811	202210958935.5	20230228	陈仙辉　夏维东　夏维珞　施丽蓉
3	金属-氢气电池及其制备方法	发明专利	20210527	202110588012.0	20230228	陈　维　刘再春　朱正新
4	基于金刚石量子传感的扫描磁探测显微镜	发明专利	20210111	202110032848.2	20230228	陈洲盛　石发展　丁　哲　郑少峰　王鹏飞　杨　凯　陆轻铀　杜江峰
5	原位检控激光 3D 打印实验仪器	实用新型	20220909	202222414586.9	20230303	许　峰　王袁杰　肖　宇　王远香　胡小方
6	一种实现 360°VR 视频视场重叠失真最小化的稳健传输方法	发明专利	20220408	202210367258.X	20230307	卢汉成　陈雨昂
7	一种高温恒温移液与过滤装置及其方法	发明专利	20220121	202210083707.8	20230307	王雨松　庞文民　龚　科
8	一种利用卷积神经网络计算的集成式机器嗅觉芯片	发明专利	20211210	202111507105.2	20230307	许　磊　王昱东　孙东博　任旭东
9	聚(1,8-二氨基萘)纳米片材料、其制备方法、电极材料及超级电容器	发明专利	20201201	202011388057.5	20230307	刘华蓉　陈维健

续表

序号	专利(申请)名称	类型	申请日	申请号	授权日	发明人
10	一种双重防伪聚合物薄膜的制备方法及其应用	发明专利	20221025	202211307054.3	20230310	吴思 许国锋
11	化合物、抗癌药物的制备方法和用途	发明专利	20210812	202110928404.7	20230310	闵元增 翁建平 郝玉浩 李瑞
12	一种烯烃氢胺羰基化合成聚酰胺的方法	发明专利	20220613	202210661409.2	20230310	黄汉民 李认认 于帮魁
13	一种含磷硅透明阻燃涂层的制备方法	发明专利	20220408	202210369049.9	20230310	马超 张抗 郑亚鹏 阚永春 宋磊 胡源
14	负载有壳聚糖衍生碳壳包裹的 FeO/FeOx 颗粒的电芬顿阴极及其制备与应用	发明专利	20220225	202210175806.9	20230310	穆杨 张坤晓 刘晓成 宋俊生
15	一种包覆金属的磺化氮掺杂碳纳米管磁性固体酸催化剂的制备及其在双酚酸合成上的应用	发明专利	20220223	202210166211.7	20230310	邓晋 朱瑞 彭远桃
16	一种壳聚糖包覆的电芬顿阴极的制备方法和应用	发明专利	20220114	202210040651.8	20230310	穆杨 刘晓成 张坤晓 宋俊生
17	一种溢流式-饱和进料双极膜电渗析制备超高浓度酸碱的方法	发明专利	20211231	202111656449.X	20230310	徐铜文 符蓉 汪耀明 蒋晨啸 吴亮 王毓莹 闫军营
18	一种螺线管状磁性碳纳米材料及其制备方法	发明专利	20211217	202111548997.0	20230310	杜平武 王进义
19	一种作为锂硫电池硫主体材料的负载有复合金属硫化物的混合碳材料的制备方法	发明专利	20211209	202111499654.X	20230310	曹瑞国 杨善 焦淑红
20	一种基于渐进式跨尺度神经网络的遥感图像融合锐化方法	发明专利	20211208	202111489048.X	20230310	傅雪阳 查正军 刘爱萍 杨子和

续表

序号	专利(申请)名称	类型	申请日	申请号	授权日	发明人
21	一种多相催化剂以及由5-羟甲基糠醛制备2,5-呋喃二甲胺的方法	发明专利	20211126	202111417437.1	20230310	傅尧 郭靖 李闯
22	一种基于联合约束典型相关分析的大脑功能子区划分方法	发明专利	20211013	202111191445.9	20230310	刘爱萍 凌钦睿 陈勋 闻捷 刘影 吴枫
23	以壳聚糖为底物合成Co单原子的方法及其在高效活化过硫酸盐降解有机污染物中的应用	发明专利	20210610	202110646612.8	20230310	穆杨 宋俊生 刘晓成 侯南南
24	一类茚并异喹啉类化合物及其制备方法	发明专利	20190725	201910677734.6	20230310	徐允河 邱圣祺 李曼
25	基于距离地图和概率路图的点云地图拓扑结构提取方法	发明专利	20221216	202211618944.6	20230310	陈宗海 王纪凯 李剑宇 王可智 徐萌
26	一种科学级CCD保护装置及操作方法	发明专利	20210923	202111115069.5	20230310	王坚 曾锋 张军 陈金挺 张鸿飞
27	一种用于燃烧实验的气体预处理装置	发明专利	20211231	202111672998.6	20230310	肖华华 李洪旭 李敏
28	一种多角度测量装置及方法	发明专利	20211231	202111672986.3	20230310	焦冬生
29	一种利用宽光栅纳米压印模板制作变周期窄光栅的方法	发明专利	20211208	202111512534.9	20230310	钱大憨 张昕昱 张放心 刘文
30	一种用于下肢外骨骼的磁流变关节	发明专利	20211105	202111303657.1	20230310	孙帅帅 祝绳凤 张世武 岳永铭 杨健 龚兴龙
31	一种组分可调控的二氧化碳混合工质制冷/热泵系统	发明专利	20210628	202110718048.6	20230310	石凌峰 孙孝存 舒歌群 田华 王轩 张永浩 孙瑞

续表

序号	专利(申请)名称	类型	申请日	申请号	授权日	发明人
32	表面有原子级分散金属位点的光催化剂、制备方法及应用	发明专利	20210608	202110635801.5	20230310	朱晓娣 操亨 鲍骏
33	一种定位井下溶洞的测试方法	发明专利	20201231	202011639993.9	20230310	咸玉席 王晓强 卢德唐
34	一种控制喷笔工作状态的驱动装置	发明专利	20170728	201710628477.8	20230310	张和平 郑荣 刘长城 陆松
35	一种用于强激光系统中光束采样光栅的增透减反方法	发明专利	20170519	201710357385.0	20230310	陈火耀 刘颖 梁举曦 王宇 刘正坤 邱克强 徐向东 洪义麟 付绍军
36	面向内容访问的 IP-NDN 互通方法、系统、设备及存储介质	发明专利	20221212	202211588540.7	20230310	谭小彬 和毅 杨坚 郑烇 张勇东
37	基于事件相机的自适应目标检测方法、系统与设备	发明专利	20221121	202211452305.7	20230310	张越一 彭岩松 孙晓艳
38	SPAD 自由运行模式下探测信号的修正方法及设备	发明专利	20221101	202211353521.6	20230310	王冲 杨斌 赵若灿 薛向辉
39	一种基于弱监督学习的手机传感器数据标注方法	发明专利	20210625	202110713453.9	20230310	张兰 游轩珂 李向阳
40	一种用于拓展单比特相干积累算法的预加电路	发明专利	20210401	202110357093.3	20230310	沈仲弢 王选 胡佳栋 刘树彬 封常青 安琪
41	基于区块链和人工智能驱动的无人机蜂群协同工作平台	发明专利	20200630	202010634515.2	20230310	姜晓枫 曹琬廑 陈双武 何华森 杨坚
42	基于伪中位数累加的周期性弱信号检测方法及装置	发明专利	20200415	202010295524.3	20230310	沈仲弢 胡佳栋 刘树彬 封常青 安琪

续表

序号	专利(申请)名称	类型	申请日	申请号	授权日	发明人
43	基于深度学习的快照光谱深度联合成像方法及系统	发明专利	20191122	201911155395.1	20230310	熊志伟　姚明德　张越一
44	同时测风测温的瑞利散射激光雷达系统及相关校准方	发明专利	20190821	201910773845.7	20230310	韩於利　储嘉齐　孙东松　韩　飞　张楠楠　兰家欣　徐冰清
45	一种用于CVD固态源的挥发装置	发明专利	20170424	201710271043.7	20230310	郭国平　杨　晖　李海欧　曹　刚　肖　明　郭光灿
46	一种光学微腔	发明专利	20220323	202210290881.X	20230310	王克逸　陈天赐　杨　煜　赵　帅　康朝烽　张　军
47	一种太阳能聚光集热和红外辐射散热的双功能一体化装置	实用新型	20220914	202222430049.3	20230310	裴　刚　胡天祥　章　晗　高大统
48	一种发电采暖制冷季节性可调控的综合建筑供能系统	发明专利	20220530	202210599438.0	20230310	裴　刚　高大统　吴李俊
49	一种多曝光图像融合方法、装置、设备及存储介质	发明专利	20221017	202211265514.0	20230310	金　一　谭　晓　陈怀安　屠　韬　范　鑫
50	一种拉曼显微设备以及拉曼光谱检测方法	发明专利	20221026	202211316155.7	20230310	储扎克　王献立　储开芹
51	一种包覆改性的富锂锰基正极材料及其制备方法	发明专利	20220106	202210024257.5	20230310	余　彦　赛喜雅勒图
52	一种催化合成光学活性吲哚类化合物的催化剂、应用、合成方法及光学活性吲哚类化合物	发明专利	20211213	202111517733.9	20230310	汪志勇　孙　翔
53	一种蜂窝状轻质高韧性弹性体树脂基材料及其制备方法	发明专利	20220128	202210108128.4	20230310	俞书宏　高宇诚　于志龙

续表

序号	专利(申请)名称	类型	申请日	申请号	授权日	发明人
54	一种离子吸附型稀土矿的浸提方法	发明专利	20211208	202111491983.X	20230310	袁铃雄　殷　炜　赵天磊　姚奇志　周根陶
55	一种光催化的苄位碳氢键氧化方法	发明专利	20211021	202111225925.2	20230310	龚流柱　汪普生　戴震尧
56	一种电催化剂及其制备方法	发明专利	20211020	202111221502.3	20230310	穆　杨　王明州　侯南南
57	一种高强度耐老化橡胶材料及其制备方法	发明专利	20211201	202111457600.7	20230310	陈昶乐　黄永双
58	花状碘氧化铋材料的应用及水中有机污染物的处理方法	发明专利	20211014	202111196654.2	20230310	俞汉青　吴景行　陈　飞
59	一种光纤定位单元集成装置、方法及天文望远镜	发明专利	20211029	202111276993.1	20230310	翟　超　胡红专　熊　宇　宋文杰　张　振
60	一种基于随机可信委员会的共识方法及装置	发明专利	20210818	202110948266.9	20230310	张信明　尹校军　夏庆庆
61	螺纹连接式光纤气溶胶浓度测量探头及浓度测量装置	发明专利	20210730	202110875821.X	20230310	张和平　马伟通　陆　松
62	一种石墨相氮化碳负载镁单原子复合材料及其制备方法、光催化制备过氧化氢的方法	发明专利	20210702	202110752422.4	20230310	陈洁洁　刘练练　陈　飞　俞汉青
63	一种金属间化合物复合材料及其制备方法和应用	发明专利	20210510	202110505906.9	20230310	梁海伟　左路杰
64	一种基于红外光谱成像的液态样品的分子间相互作用表征方法	发明专利	20210425	202110448045.5	20230310	俞汉青　钱　晨　杜　蒙　陈洁洁

续表

序号	专利(申请)名称	类型	申请日	申请号	授权日	发明人
65	一种表面硅修式的钴-镍复合氧化物催化剂及其制备方法、催化煤层气氧化制甲醇的方法	发明专利	20210312	202110270895.0	20230310	李文志　吴明伟　袁　亮
66	一种基于酸性乙二醇溶液高效脱除木质素的方法	发明专利	20201214	202011472482.2	20230310	李文志　薛凤洋
67	一种 Te 纳米线三维气凝胶、其制备方法及其应用	发明专利	20190527	201910446022.3	20230310	刘建伟　王　康
68	一种用于包覆均相催化剂的中空金属有机框架胶囊材料及其制备方法以及应用	发明专利	20190111	201910026341.9	20230310	江海龙　蔡国瑞
69	一种泵浦激光器	发明专利	20170413	201710239937.8	20230310	沈　奇　崔星洋　江　晓　彭承志　陈宇翱　潘建伟
70	气体探测器制作方法、气体探测器及射线探测装置	发明专利	20210625	202110710500.4	20230310	张志永　封常青　文思成　刘建北　邵　明　周　意
71	元宇宙游泳教学辅助系统及其使用方法	发明专利	20220516	202210530860.0	20230310	夏海生　李智军　聂忠强
72	具有地形识别功能的假肢装置	发明专利	20211201	202111462728.2	20230310	李智军　姚　纵　李琴剑
73	一种超高容量锌钴电池正极及其自活化制备方法	发明专利	20211011	202111182425.5	20230310	谈　鹏　尚文旭　俞文涛　马彦义　何　义
74	一种新型锌空气电池充电过程尾气原位定量分析装置	发明专利	20220113	202210036300.X	20230310	谈　鹏　何　义　赵忠喜
75	实现多阶微分运算的光学芯片、参数确定方法及运算设备	发明专利	20221118	202211444220.4	20230310	刘　洋　张斗国

续表

序号	专利(申请)名称	类型	申请日	申请号	授权日	发明人
76	兼容多编码体系的量子通信编码、解码方法及网络系统	发明专利	20221118	202211451656.6	20230310	王纺翔 陈巍 王双 银振强 何德勇 周政 范元冠杰 郭光灿 韩正甫
77	固态关联光子对产生方法、固态关联光子对产生装置	发明专利	20221017	202211264245.6	20230310	周宗权 陈铎仑 李传锋
78	采用连续流动法通过阳离子聚合制备聚乙烯基醚及方法	发明专利	20220317	202210264197.4	20230310	陈昶乐 廖道鸿
79	溶液成膜干燥装置	发明专利	20220315	202210253874.2	20230310	李良彬 吴同 安敏芳
80	三醋酸纤维素酯 NRZ 型光学补偿膜及其制备方法和应用	发明专利	20220130	202210113861.5	20230310	李良彬 韩雪晴 安敏芳 昱万程
81	对拇指纤维素类生物质衍生的抑制物耐受性高的酵母、及其构建方法	发明专利	20210429	202110473879.1	20230310	洪泂 张妮妮 王冬梅
82	对木质纤维素来源抑制物耐受提高的耐热酵母菌株和应用	发明专利	20210331	202110353736.7	20230310	洪泂 尚莹莹 王冬梅
83	包含微管蛋白抑制剂和 Notch 抑制剂的药物组合物及其应用	发明专利	20210226	202110223320.3	20230310	杨振业 国静 余发智 周沁
84	同时检测单个免疫细胞胞浆和细胞膜的代谢物的分析方法	发明专利	20220211	202210128161.3	20230310	黄光明 侯壮豪 魏海明 郑小虎 陈莹 詹柳娟 庄美慧
85	一种基于单原子催化剂进行甲烷无氧偶联制备乙烷的方法	发明专利	20211203	202111469224.3	20230310	熊宇杰 张文卿 龙冉
86	一种 γ-戊内酯的制备方法	发明专利	20211021	202111224421.9	20230310	傅尧 李兴龙 朱瑞 刘煦旸

续表

序号	专利(申请)名称	类型	申请日	申请号	授权日	发明人
87	杂原子掺杂过渡金属单原子催化剂及其制备方法与应用	发明专利	20210520	202110554720.2	20230310	陈维 李科 江浩松 吴毅彬 王一卜
88	基于高结晶度掺杂压电薄膜的声波谐振器及其制备方法	发明专利	20210621	202110684256.9	20230310	左成杰 林福宏 吴梓莹 杨凯
89	质子交换膜燃料电池催化剂合成方法	发明专利	20210331	202110353569.6	20230310	吴宇恩 赵叙言
90	石墨相氮化碳基二维复合光催化材料及其制备方法和应用	发明专利	20210304	202110243354.9	20230310	熊宇杰 蒋杰 高超
91	红细胞冻存液及快速冻存方法	发明专利	20201014	202011094621.2	20230310	赵刚 沈凌霄 覃显慧
92	量子纠缠纯化装置及方法	发明专利	20200616	202010551679.9	20230310	刘超 周宗权 李传锋
93	在复杂相变特性流体环境中的微透镜热回流工艺分析方法	发明专利	20191227	201911376542.8	20230310	李木军 时翠翠 邱金峰 杨之涵
94	制备呋喃基醛类化合物的方法	发明专利	20191114	201911111020.5	20230310	傅尧 孔庆山 李兴龙 解光霞 沈鸿波
95	由5-羟甲基糠醛制备2,5-呋喃二甲酸的方法	发明专利	20190729	201910698099.X	20230310	傅尧 解光霞 李兴龙 孔庆山 沈鸿波
96	一种基于分段Spline拟合的测量系统在线修正方法	发明专利	20191030	201911050888.9	20230310	赵雷 顾金亮 曹喆 刘树彬 安琪 董若石
97	氧化镓超薄片,其制备方法以及用途	发明专利	20190510	201910388370.X	20230310	孙永福 徐嘉麒 谢毅

续表

序号	专利(申请)名称	类型	申请日	申请号	授权日	发明人
98	一种合成3-氰基取代的咪唑并[1,5-a]喹啉类化合物的方法	发明专利	20190507	201910376115.3	20230310	汪志勇 钱 鹏 查正根
99	CVD生长多层异质结的方法和装置	发明专利	20170612	201710440556.6	20230310	郭国平 杨 晖 李海欧 曹 刚 肖 明 郭光灿
100	一种单光子光电器件的测试装置和方法	发明专利	20170720	201710605536.X	20230310	江 晓 丁 迅 潘建伟
101	单光子光电器件的光强标定装置和方法	发明专利	20170720	201710605412.1	20230310	江 晓 丁 迅 潘建伟
102	基于单比特采样的高速实时弱信号检测方法及装置	发明专利	20201125	202011336946.7	20230314	沈仲弢 胡佳栋 王 选 刘树彬 封常青 安 琪
103	一种基于主被动复合一体的宽频段温度噪声抑制方法	发明专利	20220803	202210928987.8	20230314	程文龙 亢佳贺 赵 锐 张 玮
104	一种具有不同放热模式的太阳能复叠朗肯循环发电系统	发明专利	20170724	201710608229.7	20230314	李 晶 裴 刚 高广涛 任 晓 季 杰
105	具有两级蓄热水罐的直膨式太阳能热电联供系统	发明专利	20161206	201611107905.4	20230314	李 晶 裴 刚 高广涛 王其梁 季 杰
106	一种3D打印生物墨水、其制备方法、3D打印生物阴极材料及其制备方法和应用	发明专利	20220223	202210169886.7	20230314	穆 杨 刘晓莉 王艺碹 李柯万 赵志军
107	金属有机框架UiO-66-NH2及其制备方法和应用	发明专利	20211221	202111572555.X	20230314	俞汉青 辜 博 虞盛松
108	一种空气极单原子催化剂及其制备方法，以及固体氧化物电池	发明专利	20210816	202110937898.5	20230314	陆亚林 李欣雨 彭冉冉

续表

序号	专利(申请)名称	类型	申请日	申请号	授权日	发明人
109	一种氮化碳能带结构的连续调控方法以及光催化制备过氧化氢的方法	发明专利	20210702	202110752424.3	20230314	俞汉青 陈飞 刘练练 陈洁洁
110	纳米材料的高分辨成像装置及其成像分析方法	发明专利	20210120	202110074287.2	20230314	刘贤伟 吴刚 钱晨
111	一种物理机的安全防护方法及网络节点设备	发明专利	20210316	202110279808.8	20230314	张燕咏 张致江 刘年超
112	一种面向异构融合系统的任务调度方法及装置	发明专利	20200317	202010187660.0	20230314	安虹 林晗 李明凡 韩文廷 林增 陈俊仕
113	一种用于冷原子实验的 671 nm 激光系统	发明专利	20170412	201710236884.4	20230314	沈奇 崔星洋 江晓 彭承志 陈宇翱 潘建伟
114	一种单片混合式透镜及其制备方法	发明专利	20211224	202111597556.X	20230314	孙海定 田梦
115	用于检测染色质开放位点间染色质相互作用的 NicE-C 技术	发明专利	20210708	202110773743.2	20230314	宋晓元 罗正誉 张然 胡腾飞
116	唤醒接收机	发明专利	20220402	202210350331.2	20230314	左成杰 刘京松 林福宏 龙嘉琳 吴枫
117	负载荧光染料的光热脂质体及其制备方法和用途	发明专利	20211217	202111558555.4	20230317	闵元增 曾薇
118	一种可压缩高柔性高热容相变导热界面材料的制备方法	发明专利	20220628	202210740596.3	20230317	程文龙 刘群 赵锐
119	一种用于二氧化碳加氢甲烷化反应的 Ru 基光催化剂及其制备方法和应用	发明专利	20211008	202111170606.6	20230317	熊宇杰 武迪 李喆岳 龙冉

续表

序号	专利(申请)名称	类型	申请日	申请号	授权日	发明人
120	一种基于空间和通道双重注意力机制的眼底血管分割方法	发明专利	20210119	202110066944.9	20230324	刘　磊　赵宏伟　孙明斋
121	一种基于多维度传感器的监控装置	发明专利	20170418	201710251134.4	20230324	何晓业　王　巍　陈义华　张　强　黄晴晴　耿金华　张海艇
122	基于码字转换 WiFi 反向散射系统的标签数据译码方法	发明专利	20221121	202211452372.9	20230324	黄艺萌　龚　伟
123	漏洞利用概率预测方法、系统、设备及存储介质	发明专利	20221107	202211381671.8	20230324	谭小彬　程进燕　施钱宝　郑　烇　杨　坚
124	支持大规模云网融合的未来网络试验设施架构系统	发明专利	20221107	202211381635.1	20230324	徐正欢　陈双武　杨　坚　黄超明　余　鹏　施钱宝
125	一种基于超宽带雷达相参积累的人体生命体征检测方法	发明专利	20221019	202211312958.5	20230324	郭圆月　潘天泽　应　奎　余新宇　胡文涛
126	一种单比特多相位时空两维随机编码的超表面结构	发明专利	20221020	202211283714.9	20230324	郭圆月　胡文涛　余新宇　应　奎　潘天泽
127	一种少样本机器阅读理解方法、系统、设备及存储介质	发明专利	20220126	202210093014.7	20230324	毛震东　张勇东　彭奕兴　张立成
128	超声图像中眼球区域分割方法	发明专利	20190327	201910238410.2	20230324	张勇东　林凡超　谢洪涛
129	边缘计算卸载方法及装置	发明专利	20220401	202210338542.4	20230324	张信明　许诗赫
130	一种用于冷却并囚禁离子的装置	发明专利	20200810	202010794932.3	20230324	王兴安　赵翼飞　栾志文

续表

序号	专利(申请)名称	类型	申请日	申请号	授权日	发明人
131	一种精确序列可控的自降解聚合物及其制备方法和应用	发明专利	20200708	202010651204.7	20230324	刘世勇 石强强
132	一种抗溶胀复合水凝胶及其制备方法、应用	发明专利	20201230	202011608774.4	20230324	俞书宏 潘钊 邹多宏 吴靖
133	一种信号去平滑方法及系统	发明专利	20191024	201911016861.8	20230324	赵若灿 兰家欣 孙东松 薛向辉 潘婷玉 窦贤康
134	一种手语识别方法及装置	发明专利	20180709	201810743921.5	20230324	李厚强 蒲俊福 周文罡
135	相位敏感光时域反射计相位解调方法和装置	发明专利	20221017	202211264302.0	20230324	曹喆 周凡 刘树彬 张强 葛启帅
136	基于音频和图像驱动的用于生成人脸说话视频的训练方法	发明专利	20221012	202211248353.4	20230324	储琪 刘斌 俞能海 盛典墨
137	一种室内多目标被动式定位方法、系统及电子设备	发明专利	20220127	202210101361.X	20230324	陈彦 张淦霖 张东恒
138	水系电解液及水系电解型 MnO2-Zn 电池	发明专利	20210518	202110544955.3	20230324	陈维 郑新华
139	一种铱金属光敏剂调控的可见光辐照触发一氧化氮释放材料及其应用	发明专利	20220118	202210054208.6	20230328	胡进明 陈振华
140	一种横向束流截面处理方法及装置	发明专利	20200522	202010438571.9	20230328	唐雷雷 周泽然 孙葆根 刘功发
141	一种图像处理模型与图像处理算法的产权保护方法	发明专利	20200115	202010043010.9	20230328	张卫明 俞能海 张杰

续表

序号	专利(申请)名称	类型	申请日	申请号	授权日	发明人
142	一种非晶氧化铁纳米片复合材料、其制备方法及其应用	发明专利	20220128	202210107433.1	20230328	郑旭升 刘培根 黄子翔 马镇涛
143	一种使用句法信息的受控文本生成方法	发明专利	20221213	202211593665.9	20230331	宋彦 田元贺 毛振东 张勇东
144	一种锂离子电池相变热管理系统的优化方法	发明专利	20200424	202010329609.9	20230331	王青松 张丹峰 段强领 孙金华
145	一种基于光栅对耦合激发 BSW 实现无衍射光束的光学芯片	发明专利	20170323	201710178129.5	20230331	王茹雪 张斗国 朱良富 邱冬 向益峰 王沛 明海
146	基于最小正规化信息距离的判别式文本聚类方法及系统	发明专利	20191106	201911079897.0	20230331	秦家虎 朱英达 付维明
147	火灾烟雾探测器	外观设计	20221114	202230758030.4	20230407	陆松 周琪勇 刘邵南
148	一种多模态智能灭火机器人及其使用方法	发明专利	20220531	202210605765.2	20230407	唐飞 梁建文 孙协鹏 胡隆华 张晓磊 吕将
149	针对高斯噪声中非高斯信号的稳健自适应波束形成方法	发明专利	20200525	202010448392.3	20230407	叶中付
150	一种虚拟现实与增强现实场景下结合句法的语义解析系统	发明专利	20200311	202010164700.X	20230407	廖胜兰 吉建民
151	一种锂离子电池电动汽车安全防护方法	发明专利	20191114	201911109652.8	20230407	王青松 刘昱君 付卫东 赵星 刘同宇 张江伟 段强领 杨光华 孙金华 刘朝辉
152	相似文本检索方法、系统、设备及存储介质	发明专利	20221121	202211452104.7	20230407	陈恩红 何理扬 黄振亚 刘淇 童世炜

续表

序号	专利(申请)名称	类型	申请日	申请号	授权日	发明人
153	一种视频去雨方法、系统、设备及存储介质	发明专利	20221117	202211440629.9	20230407	张越一 汪 金 翁文明 熊志伟
154	低计算复杂度的周期性弱信号检测装置	发明专利	20200622	202010576345.7	20230407	沈仲弢 胡佳栋 刘树彬 封常青 安 琪
155	用于模拟多位宽数码管特性的显示装置及方法	发明专利	20200527	202010461926.6	20230407	卢建良 陈翊辉 樊金昊 张灏文 徐亦舜 何 旭 朱恩佐
156	基于历史运行数据预测并行程序运行时间的方法	发明专利	20200422	202010323618.7	20230407	孙广中 张杰鹏 孙经纬
157	一种三维人体形状表示方法	发明专利	20200410	202010279674.5	20230407	张举勇 江博艺
158	全景图像拼接方法	发明专利	20191209	201911250623.3	20230407	陈志波 张雯圆 陈晓明
159	一种车道线检测方法	发明专利	20191206	201911241946.6	20230407	王子磊 王 鹏 王秉科
160	一种多源视频中复杂行为识别的方法	发明专利	20190325	201910228241.4	20230407	张 兰 李向阳 袁 牧
161	一种数据分类方法、系统及电子设备	发明专利	20211123	202111395446.5	20230407	张信明 黎兰兰
162	一种电阻抗成像方法及装置	发明专利	20200108	202010017812.2	20230407	杜江峰 刘 东 荣 星 俞政杰
163	一种基于多尺度膨胀卷积残差网络的图像去噪方法及系统	发明专利	20191009	201910957331.7	20230407	李東洁 金 一 陈怀安 陈恩红 竺长安

续表

序号	专利(申请)名称	类型	申请日	申请号	授权日	发明人
164	基于异构结构的知识追踪方法	发明专利	20200429	202010355445.7	20230407	刘淇 陈恩红 童世炜 黄威 佟威 黄振亚 黄野 王士进
165	基于单目视觉的车距测量方法	发明专利	20210512	202110515969.2	20230414	秦家虎 周文华 王帅
166	讽刺肖像画的关键点检测与三维重建方法	发明专利	20200421	202010316895.5	20230418	张举勇 蔡泓锐 郭玉东 彭妆
167	视频人物关系识别方法	发明专利	20191217	201911301387.3	20230418	徐童 陈恩红 何向南 周培伦 胡林康
168	量子处理电路结构及提高谐振频率的方法	发明专利	20200115	202010045473.9	20230418	梁福田 邓辉 龚明 吴玉林 彭承志 朱晓波 潘建伟
169	一种含有氮掺杂碳五元环结构的类石墨烯碳材料电催化剂及其制备方法和应用	发明专利	20210706	202110763613.0	20230421	陈乾旺 刘帅
170	一种结构可调的高热点三维网筛纳米拉曼基底及其制备、应用	发明专利	20210425	202110449335.1	20230421	徐维平 李静雅 李曼 张祥
171	一种三维显微成像装置及方法	发明专利	20201126	202011355858.1	20230421	龚雷 刘易凡 李银妹
172	一种图像导航配准系统及图像导航系统	发明专利	20190829	201910807816.8	20230421	祁甫浪 杜汇雨 郭涛 邱本胜
173	一种基于遗传算法的脉冲插值定时参数优化方法	发明专利	20230207	202310073705.5	20230421	赵雷 范怡淳 秦家军 安琪
174	基于强化学习的 ECN 水线自适应配置方法	发明专利	20230203	202310053878.0	20230421	卢汉成 包亮伟 吴枫

续表

序号	专利(申请)名称	类型	申请日	申请号	授权日	发明人
175	一种频率自适应的时钟分发与同步方法	发明专利	20221214	202211599890.3	20230421	赵　雷　朱佳玉　秦家军　安　琪
176	基于星基量子卫星的测距与定位系统	发明专利	20190624	201910559828.3	20230421	从　爽　段士奇　邹紫盛　汪海伦　宋媛媛　吴文燊　陈　鼎
177	一种基于无源反射信号高精度实时手写轨迹追踪方法	发明专利	20190516	201910406731.9	20230421	李向阳　肖　宁　杨盘隆
178	基于液驱流动聚焦射流扰动的微液滴主动制备装置及方法	发明专利	20170523	201710370180.6	20230421	司　廷　黄芳胜　吴　强　朱志强　杨超宇
179	一种利用纤维素制取2,5-二甲基苯酚的方法	发明专利	20220524	202210568685.4	20230421	李全新　何雨婷　罗月会　范明慧　张焰华　杨明宇
180	一种利用木屑制取对甲基苯甲醛的方法	发明专利	20220524	202210568041.5	20230421	李全新　杨明宇　何雨婷　罗月会　范明慧　张焰华
181	一种具备多重防伪效果的油墨及其制备方法和应用	发明专利	20220701	202210415680.8	20230421	庄涛涛　郭　启
182	一种无铅卤化物钙钛矿纳米晶及其液相合成方法、在光电探测器中的应用	发明专利	20220308	202210227370.3	20230421	杨　晴　王迦卉
183	一种功能性生物载体、其制备方法及应用	发明专利	20220321	202210277556.X	20230421	俞汉青　符莹莹　潘　元
184	一种铱单原子催化剂、其制备方法及应用	发明专利	20211203	202111468747.6	20230421	王董弟　冯　晨　张志荣　曾　杰　鲍　骏
185	一种右心室特征信息识别方法及装置	发明专利	20211102	202111287540.9	20230421	安　虹　王朝晖　石　军　易会特　赵敏帆　韩文廷

续表

序号	专利(申请)名称	类型	申请日	申请号	授权日	发明人
186	一种利用生物质制备苯甲酸的方法	发明专利	20200929	202011052515.8	20230421	李全新 朱丽娟 何雨婷 范明慧 罗月会 杨明宇 张焰华
187	一种中药多糖提取物抵抗重金属生殖毒性效果的评价方法	发明专利	20200707	202010646374.6	20230421	童中华 赖杨丽 邵新月
188	一种 Fe 核壳纳米催化剂、其制备方法和应用	发明专利	20190505	201910366883.0	20230421	吴文龙 李钟灵 韦淼今 曾 杰
189	基于单光子探测的相干测风激光雷达	发明专利	20190527	201910445623.2	20230421	夏海云 上官明佳 吴云斌 窦贤康
190	一种原位焦耳热热催化降解甲醛的装置及方法	发明专利	20180629	201810695306.1	20230421	俞书宏 黄 晋 葛 进
191	NS1619 在抑制 NLRP3 炎症小体活化中的应用	发明专利	20191030	201911042317.0	20230421	周荣斌 王环宇
192	基于可逆图像处理网络的可证安全自然隐写方法及装置	发明专利	20221226	202211671090.8	20230421	陈可江 张卫明 俞能海 王 健
193	基于联合失真的图像对抗隐写方法与装置	发明专利	20221230	202211714075.7	20230421	陈可江 张卫明 俞能海 范泽鑫
194	磁场图像处理方法、装置	发明专利	20221219	202211629185.3	20230421	王 奥 刘 东 王鹏飞 荣 星 杜江峰
195	基于图传播的推荐模型训练方法及基于图传播的推荐方法	发明专利	20221230	202211713010.0	20230421	何向南 毕书显 董汉德 陈佳伟 吴剑灿 曹雪智
196	基于射频开关的量子计算低延时反馈控制装置及方法	发明专利	20220930	202211220052.0	20230421	韩廉琛 林 金 徐 昱 郭 成 陈福升 李少炜 李宇怀 廖胜凯 朱晓波 彭承志 潘建伟

续表

序号	专利(申请)名称	类型	申请日	申请号	授权日	发明人
197	含有膦亚胺配体骨架的单茂金属催化剂及其制备方法和应用	发明专利	20220727	202210890520.9	20230421	陈昶乐　廖道鸿
198	具有分级孔的金属有机框架材料的制备方法及其应用	发明专利	20220324	202210297585.2	20230421	江海龙　艾治文
199	条形码胶束及其制备方法、检测方法和应用	发明专利	20220318	202210271139.4	20230421	刘世勇　石强强
200	常山酮在治疗和预防脂肪肝、肥胖的药物中的应用	发明专利	20220129	202210110323.0	20230421	翁建平　徐索文
201	聚合物纳米线及其制备方法	发明专利	20220614	202210668813.2	20230421	常梓轩　张文建　潘才元　洪春雁
202	抑制 G3BP1 应激颗粒形成的化合物、制备方法及其用途	发明专利	20211012	202111207727.3	20230421	张家海　樊伟伟　李　彦　呼朵朵　王细胜　阮　科　杨振业　侯中怀
203	一种模斑转换器的制作方法及模斑转换器	发明专利	20210716	202110810706.4	20230421	王　亮　蒋　凯　蒋忠君　张博健
204	硬质掩膜的制备方法及硬质掩膜	发明专利	20210623	202110702158.3	20230421	曾长淦　郝立龙　王秀霞　李　林　范晓东
205	带高阻层的 MOSFET 及其制备方法、功率晶体管模块	发明专利	20210514	202110532062.7	20230421	徐光伟　刘　琦　周选择　龙世兵　赵晓龙
206	带高阻层的肖特基二极管及其制备方法、功率二极管模块	发明专利	20210514	202110532590.2	20230421	徐光伟　刘　琦　周选择　龙世兵　赵晓龙
207	基于峰聚类的单细胞染色质可及性测序数据分析方法和系统	发明专利	20190329	201910256667.0	20230421	瞿　昆　方靖文　黎　斌　黎　斌

续表

序号	专利(申请)名称	类型	申请日	申请号	授权日	发明人
208	基于多尺度原型学习的本身可解释的脑电信号分类方法	发明专利	20221230	202211718922.7	20230425	陈　勋　高逸凯　刘爱萍　钱若兵　孙启彬　吴曼青
209	一种基于音素记忆的音译方法、电子设备及存储介质	发明专利	20221213	202211595293.3	20230425	宋　彦　田元贺
210	一种基于单通道脑电信号的轻量级睡眠分期方法及应用	发明专利	20221118	202211442688.X	20230425	陈　勋　周会会　崔　恒　刘爱萍　孙启彬　吴曼青
211	追踪单溶酶体中亲溶酶体内容物的方法	发明专利	20210519	202110548132.8	20230425	熊　伟　朱洪影　仓春蕾
212	一种光纤光谱天文望远镜的光纤极坐标位置测量方法	发明专利	20220531	202210606051.3	20230425	翟　超　张　振　顾永刚　王梦灏　陈桂锋　祝孟杰
213	一种诊断偏滤器等离子体中粒子数密度的共振激光干涉仪	发明专利	20220225	202210180323.8	20230425	高继昆　陈　越　朱晓东　柯　巍　丁卫星　庄　革
214	一种基于音频室内定位的自校准家庭监护方法及系统	发明专利	20211227	202111616291.3	20230425	陈　香　刘洋洋　张　旭
215	一种具有故障安全特性的刚度可控磁流变香蕉节点	发明专利	20211215	202111533102.6	20230425	孙帅帅　巩　宁　龚兴龙　张世武
216	一种基于多层介质膜的细胞操控装置	发明专利	20210628	202110716592.7	20230425	陆凤雅　张斗国
217	基于闪烁晶体的深海原位环境伽玛射线探测装置及方法	发明专利	20201211	202011447373.5	20230425	曹　喆　周　凡　曹　平　封常青　孙振宇　周自衡　赵懋源　袁建辉　安　琪
218	一种横向束流截面超分辨率重建方法	发明专利	20200522	202010438573.8	20230425	唐雷雷　周泽然　孙葆根　刘功发

续表

序号	专利(申请)名称	类型	申请日	申请号	授权日	发明人
219	一种气体微压差发生器	发明专利	20170424	201710269783.7	20230425	秦　俊　陶骏骏　姚奉奇
220	一种基于双面爆炸焊接的防护罩及装药结构	发明专利	20170106	201710009029.X	20230425	马宏昊　杨　明　沈兆武　王　波　陈海军
221	一种并行雪崩光电二极管阵列结构的红外单光子探测系统	发明专利	20160420	201610247486.8	20230425	徐　军　何德勇　易　波
222	异构模型自适应协作方法	发明专利	20210610	202110650567.3	20230425	张　兰　李向阳　袁　牧
223	一种基于固定格式的受控文本生成方法	发明专利	20230207	202310069803.1	20230428	宋　彦　田元贺　毛震东　张勇东
224	一种激光 SLAM 回环检测与校正方法	发明专利	20221215	202211611667.6	20230428	陈宗海　王纪凯　王可智　李剑宇　徐　萌
225	一种用于跨工况贴片机吸嘴的故障预测方法、系统	发明专利	20220524	202210571197.9	20230428	秦家虎　翟卫民　康　宇　李　超
226	一种火灾实验场景下的实时图像采集系统	发明专利	20211009	202111176624.5	20230428	王　禹　徐明俊　方　正　张曼曼
227	打开双层石墨烯带隙的方法及制备的双层石墨烯器件	发明专利	20221202	202211533021.0	20230428	曾长淦　张华洋　范晓东　张东博
228	一种甲苯合成苯乙酸的催化剂体系	发明专利	20220606	202210628356.4	20230428	黄汉民　丁永正　黄仁斌
229	一种用于高盐废水资源化处理的电纳滤离子精馏方法	发明专利	20210902	202111026979.6	20230428	徐铜文　葛　亮　蒋晨啸　陈秉伦

续表

序号	专利(申请)名称	类型	申请日	申请号	授权日	发明人
230	一种用于生物组织诊断的同轴智能影像系统	发明专利	20230103	202310000710.3	20230428	徐晓嵘 陈伟 邵鹏飞 刘鹏
231	一种基于离焦的大偏移下单模光纤自动耦合方法及系统	发明专利	20220401	202210338479.4	20230428	向易勋 龚晨 徐正元
232	一种基于改进条件生成对抗网络的刀具磨损状况检测方法	发明专利	20220106	202210014220.4	20230428	毛磊 刘天宇 吴强
233	一种环境风作用下村落古建筑火灾诱发建筑群火灾模拟实验装置	发明专利	20211108	202111316056.4	20230428	孙协鹏 张晓磊 胡隆华 朱楠 方祥 唐飞 吕将
234	一种小型化复合型 γ 谱仪	发明专利	20201228	202011594971.5	20230428	封常青 王轶超 曹平 王德毅 曹喆 安琪
235	多基色双 DMD 激光投影显示装置	发明专利	20170808	201710670025.6	20230428	董天浩 顾春 许立新 李根 颜珂 王贯
236	一种与 X 射线散射联用的蠕变拉伸装置及其实验方法	发明专利	20170327	201710191037.0	20230428	李良彬 鞠见竹 李静 常家瑞 孟令蒲
237	一种与 X 射线散射联用的超快速拉伸装置及其实验方法	发明专利	20170209	201710070789.1	20230428	李良彬 鞠见竹 王震 叶克 孟令蒲
238	一种耦合机械通风的房间-走廊开口火溢流模拟实验装置	发明专利	20170122	201710057019.3	20230428	孙协鹏 胡隆华 任飞 胡开智
239	基于 JESD204B 的多板同步采集电路与方法	发明专利	20200527	202010463196.3	20230428	沈仲弢 王硕 王淑文 刘树彬 封常青 安琪
240	一种用于隔离束源室与质谱的超高真空超薄插板阀	发明专利	20170503	201710304357.2	20230428	杨玖重 陈夏敏 文武 李天宇 潘洋

续表

序号	专利(申请)名称	类型	申请日	申请号	授权日	发明人
241	一种容量配置和运行策略的协同优化处理方法和装置	发明专利	20200326	202010224235.4	20230428	林其钊 宋祉慧
242	图像处理、装置、电子设备及介质	发明专利	20200225	202010122161.3	20230428	张勇东 武 海 谢洪涛 毛震东
243	一种由糖制备 2,5 呋喃二甲酸的方法	发明专利	20181206	201811502315.0	20230502	傅 尧 解光霞 李兴龙 陈世言 孔庆山
244	一种波分复用的多波长倍频光纤激光装置	发明专利	20170815	201710694254.1	20230505	顾 春 董天浩 许立新 颜 珂 李 根 王 贯
245	基于偏振分光镜的分光装置	发明专利	20170411	201710233698.5	20230512	董天浩 顾 春 许立新 颜 珂 李 根 方昱玮 王 贯
246	光纤传感信号预处理装置及其方法	发明专利	20211117	202111365757.7	20230530	赵东锋 张 强 胡高明 葛启帅 陈 旸
247	金刚石 NV 色心磁力计及测量磁场的方法	发明专利	20220124	202210085753.1	20230602	王浩东 赵鹏举 王哲成 孔 飞 石发展 杜江峰
248	一种光电探测器的调节方法及其应用	发明专利	20210630	202110748624.1	20230606	赵晓龙 张中方 侯小虎 徐光伟 龙世兵
249	一种棉纤维形状压缩机	发明专利	20210706	202110763777.3	20230606	金 虎 张世武 曹 建 王二龙 吴 霜 欧阳一鸣 鲍丙亮 王 琛 曹童发 陈文兵 吴勇军 柴 捷 秦 屹 孟宪民
250	高分辨率虚拟换装方法、系统、设备及存储介质	发明专利	20230227	202310167377.5	20230609	周峙龙 王诗瑶 葛铁铮 连德富 陈恩红 姜宇宁

续表

序号	专利(申请)名称	类型	申请日	申请号	授权日	发明人
251	电商创意图像自动制作方法、系统、设备与存储介质	发明专利	20230222	202310149599.4	20230609	连德富　葛铁铮　陈恩红　刘　奇　王诗瑶　姜宇宁
252	一种微井型探测器及其制备方法	发明专利	20230221	202310139062.X	20230616	张志永　文思成　刘建北　邵　明　周　意
253	一种基于微流控技术的微结构气体探测器及其制备方法	发明专利	20230316	202310250319.9	20230616	张志永　刘建北　封常青　刘树彬　邵　明　周　意
254	仿细菌纳米药物递送系统及其制备方法和应用	发明专利	20220317	202210263791.1	20230616	王育才　李　敏　周　汉
255	基于EMI超光谱卫星载荷的自适应迭代二氧化硫反演方法	发明专利	20210823	202110969397.5	20230616	刘　诚　夏丛紫　张成歆
256	基于模仿学习的下肢假肢控制系统及方法	发明专利	20210708	202110775666.4	20230616	李智军　徐滇军　李琴剑
257	适用于固体核磁共振谱学分析的转子装样工具	实用新型	20230119	202320115093.7	20230616	张　同　李　娟　田长麟　项晟祺
258	基于区间感知的极线引导多视图立体重建方法	发明专利	20230309	202310221993.4	20230616	张天柱　常家豪　何建峰　张　哲　吴　枫
259	基于点引导注意力机制的自适应局部图像特征匹配方法	发明专利	20230309	202310218700.7	20230616	张天柱　常家豪　虞佳焕　何建峰　张　哲　吴　枫
260	仿生长鳍水下航行器	发明专利	20230303	202310195036.9	20230616	刘寸宇　秦丰华　高东奇　王　彤
261	一种基于空间估计谱置信度估计的室内定位方法	发明专利	20230227	202310165343.2	20230616	陈　彦　张田雨　张东恒　张　冬　孙启彬　吴曼青

续表

序号	专利(申请)名称	类型	申请日	申请号	授权日	发明人
262	基于解耦不变学习的点击率预测模型的训练方法及装置	发明专利	20230203	202310053850.7	20230616	何向南 张 洋 史天昊 冯福利
263	知识图谱处理方法、装置及知识图谱处理模型的训练方法	发明专利	20230220	202310132855.9	20230616	张勇东 何向南 陈伟健 冯福利
264	卡诺电池储能系统及使用方法	发明专利	20220622	202210712803.4	20230616	石凌峰 张美妍 舒歌群 田 华 裴 刚 胡 芃
265	钴氧化物催化剂及其制备方法以及用于氨分解的方法	发明专利	20220627	202210732503.2	20230616	张文硕 周为莉 李杨枫 王占东
266	可化学降解回收的弹性体材料及其制备方法	发明专利	20220520	202210563336.3	20230616	陈昶乐 司桂福
267	可化学降解回收的热塑性材料及其制备方法	发明专利	20220520	202210556139.9	20230616	陈昶乐 司桂福
268	可化学降解回收的热固性材料及其制备方法	发明专利	20220520	202210556129.5	20230616	陈昶乐 司桂福
269	模拟初起火源作用下木质板材烧穿全过程动态分析系统	发明专利	20220421	202210424387.8	20230616	纪 杰 时敬军 胡皓玮 祁桢尧
270	微波信号源输出通道扩展方法及装置	发明专利	20220325	202210309070.X	20230616	张 恺 张善才 冯光耀 冯光耀 吴丛凤
271	硫酚光催化剂用于脱氟烷基化或脱氟质子化反应的方法	发明专利	20220124	202210077612.5	20230616	尚 睿 刘 灿
272	基于 DNA 自组装的预制放大单元的扩增检测方法	发明专利	20210520	202110549133.4	20230616	黄光明 刘慧敏 陈 莹

续表

序号	专利(申请)名称	类型	申请日	申请号	授权日	发明人
273	一种细菌纤维素基可食用吸管及其制备方法	发明专利	20211231	202111683390.3	20230616	俞书宏 刘兆祥 杨怀斌 管庆方
274	探测装置及激光通信系统	发明专利	20211130	202111442193.2	20230616	杨 孟 廖胜凯 程昱翔 莱文奇 任继刚 印 娟 彭承志 潘建伟
275	光学显示用聚酯薄膜及其制备方法和应用	发明专利	20210928	202111143030.4	20230616	李良彬 张文文 孟令蒲
276	具有光响应性的化合物及制备方法、钯或镍化合物	发明专利	20210604	202110629163.6	20230616	陈昶乐 彭 丹
277	光响应性的多肽衍生物、多肽纳米材料及其制备方法、应用	发明专利	20210422	202110446576.0	20230616	张国颖 冷炫羲
278	一种用月经血预测反复流产和/或诊断反复流产的原因的检测方法	发明专利	20210126	202110108676.2	20230616	魏海明 傅斌清 童先宏 杜祥慧 高 敏 孙 汭 田志刚
279	与 SARS-CoV-2 RBD 结合的羊驼源纳米抗体	发明专利	20200925	202011038123.6	20230616	金腾川 马 欢 曾威红
280	基于宽谱光源的测风激光雷达	发明专利	20190329	201910256086.7	20230616	上官明佳 夏海云 薛向辉 窦贤康
281	一种 5-甲酰基糠酸的制备方法	发明专利	20180921	201811113027.6	20230616	傅 尧 解光霞 陈世言 李兴龙 孔庆山
282	γ-戊内酯的制备方法	发明专利	20200110	202010026037.7	20230616	傅 尧 邓 晋 扎达巴哈特
283	基于文本对抗生成网络的无监督图像描述生成方法	发明专利	20230303	202310198396.4	20230616	郝艳宾 于佳睿 徐 童 何向南

续表

序号	专利(申请)名称	类型	申请日	申请号	授权日	发明人
284	一种直推式零次学习的未见分类图片分类方法、设备及介质	发明专利	20230306	202310205176.X	20230616	何向南 王志才 郝艳宾 王 硕
285	一种双分支融合的深度学习脑电降噪方法、设备及介质	发明专利	20230214	202310112583.6	20230616	陈 勋 崔 恒 刘爱萍
286	一种可回收循环利用的互穿交联双网络结构本征阻燃水性聚氨酯的制备方法	发明专利	20220609	202210650204.4	20230616	汪碧波 陆境一 宋 磊 胡 源
287	一种掺杂二硫化钼的 MIL-53(Al)复合材料的制备方法及应用	发明专利	20211209	202111497925.8	20230616	江 鸿 胡威飞
288	基于关节刚度放大装置的主动变刚度欠驱动冗余机器人	发明专利	20211115	202111345876.6	20230616	尚伟伟 庞顺翔 张 飞 丛 爽
289	一种基于图可逆神经网络的医学图像分割方法	发明专利	20211101	202111282403.6	20230616	刘爱萍 阳 港 陈 勋 傅雪阳 吴 枫
290	一种基于光杠杆原理和肽核酸的微悬臂梁核酸检测技术	发明专利	20210730	202110868788.8	20230616	张青川 汪 屿 吴尚犬
291	基于联邦学习的网络化 ICU 智能医疗决策方法及存储介质	发明专利	20230222	202310151555.5	20230616	曹林霄 周浩泉 龚 伟 朱怡飞 汤 敏 李群超
292	一种基于图结构的情绪原因提取方法	发明专利	20230221	202310144042.1	20230616	宋 彦 田元贺 张勇东
293	一种基于点云鸟瞰图和由粗到精策略的激光全局定位方法	发明专利	20230119	202310062580.6	20230616	陈宗海 赵广谱 王纪凯 陈 亮 徐 萌
294	用于预防和/或治疗代谢类疾病的益生菌组合物及其应用	发明专利	20220209	202210122665.4	20230616	朱 书 文 雯 王英蕾

续表

序号	专利(申请)名称	类型	申请日	申请号	授权日	发明人
295	一种先验约束分类器调整方法、系统及可读存储介质	发明专利	20210806	202110902981.9	20230616	吕文君 张文婷 康宇 昌吉 许婷 李婧 李泽瑞
296	可脱除骨架修饰快速脱除的新方法及应用	发明专利	20210512	202110516503.4	20230616	郑基深 薛敏 李影 周永康
297	一种基于传感器融合的新型动态物体分割方法	发明专利	20230119	202310062738.X	20230616	陈宗海 陈亮 王纪凯 赵广谱 徐萌
298	一种耦合单步化学机理的反应流数值求解方法	发明专利	20230117	202310059965.7	20230616	肖华华 刘磊 李敏
299	多酸基低功率激光点火方法	发明专利	20221102	202211363003.2	20230616	刘波 向志凌
300	一种感应式柔性角度传感薄膜	发明专利	20220608	202210638071.9	20230616	王洪波 王正岩 吴后平 冯志华
301	一种单层密排微球薄膜的制备方法	发明专利	20220526	202210581812.4	20230616	代如成 王昱森 刘憬行 王中平 张增明
302	一种双分流型车用余热回收装置	发明专利	20220429	202210467694.4	20230616	石凌峰 卢博闻 舒歌群 田华 王轩
303	一种组合式直热六硼化镧等离子体源	发明专利	20220413	202210385801.9	20230616	张乔枫 谢锦林 陆全明 桑龙龙 金龙 杨发
304	建筑集成太阳能-半导体制冷采暖多功能系统	发明专利	20220412	202210379934.5	20230616	李桂强 沙盈吟
305	具有高负重比与灵活功率输出的多功能一体化关节模组	发明专利	20211119	202111376073.7	20230616	孙帅帅 巩宁 张世武 龚兴龙 杨健

续表

序号	专利(申请)名称	类型	申请日	申请号	授权日	发明人
306	一种巡检机器人	发明专利	20211112	202111342564.X	20230616	唐飞 刘紫玮 黄亚军 梁建文 胡隆华 张晓磊
307	一种螺旋空心铝纤维储氢复合炸药及其制备方法	发明专利	20210205	202110162910.X	20230616	马宏昊 陈继平 沈兆武 王奕鑫 黄亮亮
308	基于LED光源的色彩设计实验仪	发明专利	20170829	201710753485.5	20230616	代如成 张权 郭强 王中平 张增明 孙腊珍
309	一种光阴极微波电子枪	发明专利	20170822	201710722920.8	20230616	汤振兴 裴元吉 王琳
310	一种可伸缩磁探针	发明专利	20170626	201710492661.4	20230616	林木楠 孙玄
311	一种真空高压大电流电极	发明专利	20170626	201710492653.X	20230616	孙玄 林木楠
312	基于形状记忆合金柔体智能数字复合结构的仿人灵巧手	发明专利	20170510	201710324309.X	20230616	董二宝 金虎 杨杰
313	一种纵向风作用下坡度可调式隧道火灾模拟实验装置	发明专利	20170307	201710131210.8	20230616	高子鹤 纪杰 原向勇 王浩波 万华仙 李曼
314	一种火灾烟雾散射和消光特性测量装置	发明专利	20161219	201611178495.2	20230616	张永明 刘佳 张启兴 王锋 王进军
315	弱监督动作检测方法、系统、设备及存储介质	发明专利	20230330	202310326090.2	20230616	王子磊 李志林
316	图像去噪方法、系统、设备及存储介质	发明专利	20230329	202310318242.4	20230616	金一 王建锋 陈怀安 范鑫 谭晓 单亦萌

续表

序号	专利(申请)名称	类型	申请日	申请号	授权日	发明人
317	全自动分布式一致性的分析方法、系统、设备及存储介质	发明专利	20230307	202310212470.3	20230616	马凯 李诚 张钊楠
318	多模态情感分析方法、系统、设备及存储介质	发明专利	20230118	202310061480.1	20230616	张越一 马飞鹏 孙晓艳
319	一种基于深度学习的音频水印嵌入提取的方法	发明专利	20230115	202310056386.7	20230616	张卫明 刘畅 张杰 方涵 马泽华 陈可江 俞能海
320	提升循环图结构数据处理系统处理效率方法、设备及介质	发明专利	20230203	202310053879.5	20230616	王杰 石志皓 梁锡泽 吴枫 张勇东
321	5G场景下多用户实时视频流跨层资源调度方法	发明专利	20230203	202310053874.2	20230616	卢汉成 陆瑶 吴枫
322	一种提升视觉观测机器人控制稳定性的方法	发明专利	20230202	202310051575.5	20230616	王杰 吴枫 李斌 刘骐源 周祺 杨睿
323	采样单元、开关电容阵列及控制方法	发明专利	20230201	202310049375.6	20230616	赵雷 王裕廷 秦家军 安琪
324	一种基于 RFID 的不携带标签的目标追踪方法	发明专利	20210630	202110736531.7	20230616	李向阳 杨盘隆 陈子阳
325	模型无关的自适应测试方法	发明专利	20201104	202011216274.6	20230616	陈恩红 刘淇 毕昊阳 黄振亚 阴钰 马海平
326	知识追踪方法及习题推荐方法	发明专利	20200428	202010351992.8	20230616	刘淇 陈恩红 童世炜 黄威 黄振亚 阴钰
327	基于文章的问题生成方法	发明专利	20200428	202010350734.8	20230616	陈恩红 刘淇 孙睿军 陈彦敏 陶汉卿

续表

序号	专利(申请)名称	类型	申请日	申请号	授权日	发明人
328	通过负反馈调节实现数字控制振荡器输出幅值恒定的系统	发明专利	20200403	202010261215.4	20230616	赵阿龙 左 什 宣自豪 王永森 白雪飞
329	一种从多源数据构建具有多重关系的教育概念图方法	发明专利	20200330	202010235272.5	20230616	刘 淇 陈恩红 黄小青 王 超 马建辉 苏 喻
330	基于视觉组合关系学习的时尚服装智能搭配与推荐方法	发明专利	20200320	202010201301.6	20230616	陈恩红 刘 淇 李 徵 吴李康 侯 旻
331	可用于微波凝视关联成像的单天线辐射源设计方法	发明专利	20200309	202010158710.2	20230616	王东进 张健霖 郭圆月 袁 博 蒋 峥 夏 瑞
332	基于图神经网络结构建模的图像与文本检索方法	发明专利	20200220	202010104275.5	20230616	张勇东 张天柱 魏 曦
333	一种利用跨语言信息的序列标注方法	发明专利	20200207	202010082779.1	20230616	陈欢欢 孙凌浩
334	用于大焦面CCD拼接的装置及方法	发明专利	20191114	201911113500.5	20230616	王 坚 陈 杰 张 军 陈金挺 张鸿飞
335	时间敏感数据的交易处理方法	发明专利	20190521	201910423664.1	20230616	李向阳 薛爽爽 张 兰
336	活动参与分析及推荐方法	发明专利	20190312	201910185945.8	20230616	徐 童 殷子凯 陈恩红 熊 辉
337	一种低资源消耗的立体匹配硬件架构	发明专利	20190108	201910017868.5	20230616	王 珏 李智伟 陈 松
338	作业实际运行时间的预测方法	发明专利	20181219	201811556853.8	20230616	孙广中 吴燕晶

续表

序号	专利(申请)名称	类型	申请日	申请号	授权日	发明人
339	一种可主动调节落地前姿态的弹跳机器人	发明专利	20170824	201710735456.6	20230616	李智军 皮 明 康 宇 黄俊亮
340	一种基于电池能量状态估计的电池组主动均衡控制系统	发明专利	20151216	201510957619.6	20230616	陈宗海 魏婧雯 董广忠 张陈斌
341	可重构绳驱下肢康复机器人轨迹和构型的复合优化方法	发明专利	20230206	202310069010.X	20230616	张 彬 周 煜 尚伟伟 从 爽
342	一种基于磁流变的可控关节驱动器	发明专利	20220613	202210662294.9	20230616	孙帅帅 郑 玲 龚兴龙 张世武 杨 健
343	基于复叠朗肯循环和两级水蓄热的工业余热回收发电系统	发明专利	20180816	201810934630.4	20230616	李 晶 高广涛 裴 刚 苏跃红 任 晓 季 杰
344	一种火灾后电子封装互连结构寿命的预测方法及装置	发明专利	20230215	202310147146.8	20230616	李 倩 赵梦珂 冯舰锐 林 锦 陆守香
345	图像匹配方法、航天器着陆点定位方法及相关装置	发明专利	20230216	202310149445.5	20230616	张天柱 于天一 何建峰 张 哲 张勇东 吴 枫
346	一种无醚共轭芳香主链的自交联阴离子交换膜及其制备方法	发明专利	20220606	202210628838.X	20230616	徐铜文 葛晓琳 张 帆
347	一种活性六方氮化硼材料及其制备方法、应用,以及光催化制氢的方法	发明专利	20220407	202210359704.2	20230616	汪谟贞 姜志文 葛学武
348	一种铜纳米线复合网纱、其制备方法及防雾霾纱窗	发明专利	20220505	202210480046.2	20230616	刘建伟 郑诗乔 何 振 郭 建
349	一种核壳结构的负载单原子材料、其制备方法及其应用	发明专利	20220418	202210404634.8	20230616	李文卫 孟 岩 司 洋 柳后起

续表

序号	专利(申请)名称	类型	申请日	申请号	授权日	发明人
350	一种分子筛负载的钌基催化剂的制备方法及其应用	发明专利	20220329	202210318004.9	20230616	曾琳 杜俊杰 颜涛 李洪良 曾杰
351	一种自封闭纳米流道的制造方法	发明专利	20220408	202210365627.1	20230616	温晓镭 胡欢
352	高电荷量的飞秒电子束产生系统及单电子束衍射成像系统	发明专利	20220314	202210246709.4	20230616	何志刚 李成
353	一种复合纤维材料及其制备方法、一种高可拉伸性纤维状超级电容器	发明专利	20220228	202210192140.8	20230616	马明明 刘碟 晏秀男
354	合成蓝铁矿在高级氧化工艺水处理中的应用	发明专利	20220228	202210192105.6	20230616	穆杨 李琦 王明州 侯南南 王静
355	一种碳氮基复合材料、其制备方法及其应用	发明专利	20220128	202210108186.7	20230616	郑旭升 马镇涛 刘培根 黄子翔
356	一种磁性氢氧化镁复合材料及其制备方法和应用	发明专利	20211130	202111442339.3	20230616	殷炜 赵天磊 姚奇志 周根陶
357	一种微生物自合成硫化镉半导体及其制备方法和增强固定二氧化碳的方法	发明专利	20210907	202111043701.X	20230616	熊宇杰 高超 刘光宇 高峰 张宏玮
358	一种氧空位锚定的铱单原子催化剂、其制备方法及应用	发明专利	20211203	202111469262.9	20230616	冯晨 王董弟 张志荣 鲍骏 曾杰
359	氧化钛光热材料、其制备方法及在第二生物红外窗口下光热肿瘤治疗中的应用	发明专利	20210915	202111081041.4	20230616	江俊 王育才 朱青 蒋为
360	一种微波辅助高效制备高性能 MOF 基非贵金属单原子复合材料的方法及复合材料、应用	发明专利	20210707	202110769149.6	20230616	江海龙 刘航 马杏

续表

序号	专利(申请)名称	类型	申请日	申请号	授权日	发明人
361	一种DNA及其甲基化水平的检测试剂盒和制备方法、应用	发明专利	20210406	202110366210.2	20230616	邹　纲　杨珂昕
362	一种荧光光谱水质监测装置及其监测方法	发明专利	20210512	202110516105.2	20230616	俞汉青　钱　晨　杜　蒙　陈洁洁
363	一种烷基芳烃和水直接羰基化合成芳基乙酸的方法	发明专利	20210202	202110142422.2	20230616	黄汉民　丁永正
364	一种含氧空位得碳酸氧铋纳米片及其制备方法和应用	发明专利	20201016	202011110595.8	20230616	孙永福　祖小龙　赵　媛　谢　毅
365	一种燃料电池热管理系统及方法	发明专利	20190226	201910144133.9	20230616	陈宗海　潘　瑞　杨　朵　汪玉洁　杨晓宇
366	一种激光雷达的发射光束方向初步调整垂直装置	发明专利	20170310	201710142209.5	20230616	方　欣　陈廷娣　李　陶　窦贤康
367	与SARS-CoV-2 RBD结合的羊驼源纳米抗体	发明专利	20200925	202011038124.0	20230616	金腾川　马　欢　曾威红
368	与SARS-CoV-2 RBD结合的羊驼源纳米抗体	发明专利	20200925	202011037584.1	20230616	金腾川　马　欢　曾威红
369	一种测量真空设备内激光的原位能量测量装置及测量方法	发明专利	20220104	202210002464.0	20230620	廖昭亮
370	光学聚酯薄膜及其制备方法	发明专利	20210928	202111148798.0	20230620	李良彬　张文文　孟令蒲
371	量子计算程序的生成方法及其表达形式	发明专利	20210510	202110508324.6	20230620	梁福田　吴玉林　邓　辉　龚　明　彭承志　朱晓波　潘建伟

续表

序号	专利(申请)名称	类型	申请日	申请号	授权日	发明人
372	药品包推荐方法、装置、计算机系统及可读存储介质	发明专利	20210126	202110116029.6	20230620	徐　童　郑　值　王　超　申大忠　秦鹏刚　童贵显　陈恩红
373	基于 PXIe 机箱的反馈控制系统及反馈控制方法	发明专利	20190520	201910421531.0	20230620	郭　成　梁福田　邓　辉　龚　明　吴玉林　彭承志　朱晓波　潘建伟
374	基于跨模态置信度感知的图像文本匹配方法	发明专利	20220510	202210504329.6	20230620	毛震东　张勇东　张铧天　张　坤
375	一种基于深度学习的驾驶员疲劳驾驶实时监测方法及系统	发明专利	20210624	202110705480.1	20230620	凌　强　代淇源　李　峰　许永华
376	一种基于深度学习的放疗计划自动生成方法	发明专利	20210202	202110142971.X	20230620	杨益东　袁曾泰
377	一种基于深度学习多权重损失函数的数据均衡方法	发明专利	20210121	202110078808.1	20230620	徐梦娟　姚　鹏　申书伟　邵鹏飞
378	一种基于预估的以总路程最短为指标的导弹车调度方法	发明专利	20190315	201910199264.7	20230620	凌　强　赖泽锋　李　峰
379	一种基于预估的以用时最短为指标的导弹车调度方法	发明专利	20190315	201910198564.3	20230620	凌　强　赖泽锋　李　峰
380	一种双光路成像的紧凑型高分辨率光场相机	发明专利	20170419	201710258097.X	20230620	马晓辉　王　梓　马凤华　王安廷
381	组合式零样本图像分类方法、系统、设备及存储介质	发明专利	20230407	202310364487.0	20230620	王子磊　胡效鸣
382	基于对比掩码图像建模的图像分析方法与系统	发明专利	20230118	202310063063.0	20230620	张越一　占语承　孙晓艳

续表

序号	专利(申请)名称	类型	申请日	申请号	授权日	发明人
383	数学应用题知识构建与解答方法、系统、设备及存储介质	发明专利	20230202	202310051574.0	20230620	黄振亚 刘嘉聿 陈恩红 刘淇
384	面向分布式深度学习算子并行训练的通信优化方法与系统	发明专利	20230113	202310039997.0	20230620	于笑颜 李诚 周泉 王海权 徐伟 许胤龙
385	一种网络货运平台背景下的电商物流中转优化方法及系统	发明专利	20210326	202110323914.1	20230620	姜文文 郭晓龙 程力培 关炳儒
386	一种适用于神经形态计算的人工突触器件	发明专利	20200610	202010524942.5	20230620	罗振 马超 赵乐天 殷月伟 金西 李晓光
387	基于手绘草图的人体三维建模系统	发明专利	20200509	202010385631.5	20230620	陈雪锦 卢锦涛
388	一种方面级别的跨领域情感分类方法及系统	发明专利	20200331	202010243478.2	20230620	陈恩红 刘淇 张凯 王俊 潘镇 金斌斌
389	高精度三维人脸重建方法	发明专利	20200316	202010180492.2	20230620	张举勇 王雪莹 郭玉东
390	一种基于多交互式注意力网络的点击率预测方法与装置	发明专利	20200225	202010115100.4	20230620	陈恩红 刘淇 张凯 刘杨 吴李康
391	多相关句子对的语义匹配评估方法	发明专利	20191031	201911054052.6	20230620	陈恩红 刘淇 陈彦敏 王皓 孙睿军
392	基于笔画和字形的形态学双通道中文词嵌入方法	发明专利	20190918	201910881062.0	20230620	陈恩红 刘淇 徐童 童世炜 陶汉卿
393	离线手写体数学公式识别方法	发明专利	20190325	201910230159.5	20230620	董兰芳 刘汉超

续表

序号	专利(申请)名称	类型	申请日	申请号	授权日	发明人
394	基于卫星超光谱遥感和人工智能的二氧化氮浓度预测系统	发明专利	20211221	202111570646.X	20230620	刘诚 张成歆 赵春晖
395	柴油车排放等级评估方法及系统	发明专利	20230329	202310318780.3	20230623	康宇 刘文清 丁焰 曹洋 张玉钧 尹航 李婧
396	一种受限空间内氢气泄漏扩散试验装置	发明专利	20210810	202110913882.0	20230623	段强领 辛杰 滕越 曾倩 孙金华 肖华华 王青松 金凯强 缪春辉
397	一种数据驱动的订货与预防性转运优化方法及系统	发明专利	20210531	202110599573.0	20230623	程丽红 郭晓龙 余玉刚 姜文文 李肖潇
398	一种地下物流系统内的防灾救灾系统	发明专利	20210317	202110283395.0	20230623	唐飞 葛传玺 杨宇驰 胡隆华 张晓磊
399	FAST 新型馈源舱机构运动学正解求解及控制方法	发明专利	20230410	202310375061.5	20230623	尚伟伟 马逸凡 高新宇 张彬 王晓燕 李朝阳 张飞 姚蕊 殷家宁 李辉 杨清阁 李庆伟 朱文白
400	人体姿态估计模型的训练方法、人体姿态估计方法及装置	发明专利	20230131	202310046127.6	20230627	陈彦 俞聪 张东恒 张冬 孙启彬 赵泽鹏 赵玉林
401	一种考虑时效性的电商仓储只能排产预警系统	发明专利	20210506	202110490587.9	20230630	宋静淼 李肖潇 刘兵兵 余玉刚 王勇
402	基于微流控和图像识别的循环肿瘤检测与分选方法及系统	发明专利	20210805	202110894953.7	20230707	姚鹏 徐亮 邵鹏飞 任维
403	基于深度学习的对话生成方法、电子设备及存储介质	发明专利	20230420	202310428793.6	20230711	万之蕴 何向南

续表

序号	专利(申请)名称	类型	申请日	申请号	授权日	发明人
404	基于镜像级元数据管理和负载感知的 P2P 下载镜像方法	发明专利	20230421	202310435308.8	20230711	李永坤 戚志豪 许胤龙
405	一种 UA2FT 半监督迁移学习建模方法、介质及设备	发明专利	20230419	202310421764.7	20230711	吕文君 张文婷 康 宇 李 鲲 李泽瑞
406	一种任务驱动的机器人操作技能学习方法、介质及设备	发明专利	20230327	202310302473.6	20230711	阚 震 王 浩 张 昊 李 琳 宋永端
407	基于 IPSec 动态融合量子密钥的数据保护方法及系统	发明专利	20230414	202310399867.8	20230711	李 健 王明君 陈鲁同 薛开平 俞能海 孙启彬 陆 军
408	分层系统下基于共识数据库的跨域密钥协商方法及系统	发明专利	20220523	202210561162.7	20230711	苗付友 王瑞凯 王心研 于 跃
409	一种使用伽马射线作为外加能源转化烷烃的方法	发明专利	20220921	202211150692.9	20230711	黄伟新 方 霏
410	一种多相催化剂及其制备方法和应用	发明专利	20220303	202210209087.8	20230711	傅 尧 郭 靖 李 闯
411	一种负载型铜催化剂及其制备方法和应用	发明专利	20220129	202210111273.8	20230711	熊宇杰 江亚文 李嘉威 龙 冉
412	种钯银纳米颗粒以及其应用和制备方法	发明专利	20200821	202010847666.6	20230711	阳丽华 熊宇杰 高 峰 邵天一 李 明
413	一种障碍物检测系统、方法及存储介质	发明专利	20190829	201910807829.5	20230711	杨公帅 黄文超 熊 焰
414	一种飞秒激光雷达以及气体成分探测方法	发明专利	20180724	201810818525.4	20230711	章 振 夏海云 赵力杰 余赛芬 窦贤康

续表

序号	专利(申请)名称	类型	申请日	申请号	授权日	发明人
415	一种单光子拉曼光频梳源	发明专利	20230421	202310431871.8	20230714	王冲 杨淏程 薛向辉 李雨蝶 陈廷娣
416	一种基于率失真代价预测的编码方法和装置	发明专利	20230419	202310417791.7	20230714	刘东 左延辰 李礼 孙晓艳
417	基于硅光芯片的偏振测量系统及偏振测量方法	发明专利	20230417	202310404693.X	20230714	陈召远 王宇昂 李杨 蔡文奇 杨孟 廖胜凯 印娟 任继刚 彭承志 潘建伟
418	基于杂化泛函和第一性原理的分子动力学模拟方法和系统	发明专利	20221124	202211483793.8	20230714	焦诗哲 胡伟
419	含水杨醛亚胺配体的单茂金属催化剂及其制备方法和应用	发明专利	20220802	202210919407.9	20230714	陈昶乐 陈奥
420	一种苝酰亚胺笼型聚倍半硅氧烷聚合物材料及其制备和荧光调控方法	发明专利	20220913	202211108431.0	20230714	张其锦 吴思 王悦淇 梁烁丰
421	一种芥子气的前荧光探针及试剂盒检测试条及其制备方法	发明专利	20220804	202210934197.0	20230714	宋钦华 冯伟
422	一种耐久型抗氧化阻燃聚合物复合材料及其制备方法	发明专利	20220620	202210696025.4	20230714	汪碧波 贾鹏飞 宋磊 胡源
423	一种 γ-或 δ-取代的烷基手性内酯的合成方法	发明专利	20211213	202111514896.1	20230714	邓晋 邓臣强 傅尧
424	一种反向散射通信的调制方法	发明专利	20220614	202210667012.4	20230714	闫宇博 樊晓天 杨盘隆 李向阳
425	一种图像变化像素级检测方法与系统	发明专利	20230406	202310358805.2	20230714	吕文君 张文婷 康宇 李鲲 李泽瑞

续表

序号	专利(申请)名称	类型	申请日	申请号	授权日	发明人
426	基于轮廓特征增强的图像描述方法	发明专利	20230418	202310413900.8	20230714	张勇东　毛震东　赵慧婷　陈伟东　王　婷
427	一种基于去噪式问答的对话摘要方法	发明专利	20230222	202310151490.4	20230714	宋　彦　田元贺　张勇东
428	一种用于三维霍普金森实验系统的拉压一体化装置	实用新型	20230327	202320621738.4	20230714	徐松林　袁良柱　宋晓勇　陈美多　王鹏飞
429	一种物理模型约束深度神经网络的锂电池评估系统及方法	发明专利	20230323	202310288075.3	20230714	毛　磊　刘天宇　章　恒
430	一种基于偏振编码超表面的纳米位移测量装置及方法	发明专利	20220110	202210022572.4	20230714	臧昊峰　鲁拥华　张植宇　席　铮　王　沛
431	一种用于可燃气燃烧实验的气体预热与添加剂汽化装置	发明专利	20211222	202111579892.1	20230714	肖华华　李洪旭　李　敏
432	可调波长与强度的光激发探测材料气敏性能的试验装置和方法	发明专利	20211221	202111572441.5	20230714	孙金华　段佩玉　段强领　肖华华　王青松　金凯强　陈子贤　刘丹丹
433	一种诊断偏滤器等离子体宽谱与高分辨谱结合的光谱系统	发明专利	20211126	202111421981.3	20230714	陈　越　高继昆　朱晓东　马　尧　柯　巍
434	一种利用支持向量机进行脉冲甄别的正电子湮没寿命谱仪	发明专利	20210816	202110939389.6	20230714	赵秋贺　董　赟　叶邦角　刘建党　张宏俊
435	一种故障电弧火灾危险性评价方法	发明专利	20210618	202110680639.9	20230714	康　宁　汪亚龙　林　锦　陆守香
436	一种用于养老系统的有限资源动态配给方法	发明专利	20201224	202011554805.2	20230714	沈晓蓓　熊才源　余玉刚

续表

序号	专利(申请)名称	类型	申请日	申请号	授权日	发明人
437	一种消防泡沫密封性能的测量装置及测量方法	发明专利	20181207	201811491832.2	20230714	余潇阳 姜 宁 陆守香 黎昌海
438	消除流行度偏差的推荐方法、系统、设备及存储介质	发明专利	2030504	202310487681.8	20230714	何向南 陈佳佳 吴剑灿 陈佳伟
439	一种基于 DID 与中继链的多链统一身份管理方法	发明专利	20230403	202310342177.9	20230714	薛开平 徐 卓 王 峰 李 健 罗昕怡 汪子凯
440	概率产品的库存异动预警与调拨方案更新方法及系统	发明专利	20210324	202110314708.4	20230714	吴培彦 郭晓龙 关炳儒 姜文文
441	一种可穿戴体重支撑型步行辅助装置	发明专利	20180706	201810737256.9	20230714	李智军 徐崔超 袁培江
442	一种基于误差状态概率的离心机柔顺操作系统与方法	发明专利	20230407	202310364489.X	20230714	尚伟伟 汤新胜 胡佳豪 张 飞 江 俊
443	夏季青藏高原降水类型分类方法、装置、设备和存储介质	发明专利	20230403	202310342175.X	20230714	杨 柳 傅云飞
444	一种 PtIr 合金纳米材料及其制备方法和应用	发明专利	20230330	202310332085.2	20230714	王功名 黄 婷 王依帆
445	一种金铱核壳纳米线及其制备方法	发明专利	20230330	202310340471.6	20230714	王功名 王依帆 黄 婷
446	一种近红外活性周期性等离子体异质结光阳极材料及其制备方法	发明专利	20221013	202211253584.4	20230714	俞书宏 刘国强
447	一种仿贝壳结构纳米线薄膜的制备方法	发明专利	20220607	202210633199.6	20230714	刘建伟 程日皓 何 振

续表

序号	专利(申请)名称	类型	申请日	申请号	授权日	发明人
448	一种仿生多功能传感器及其制备方法、应用	发明专利	20220606	202210629501.0	20230714	刘建伟　陈　诚　李新林
449	一种仿木黑体材料及其制备方法和应用	发明专利	20220427	202210459468.1	20230714	俞书宏　赵浩雨
450	一种有序介孔碳修饰的石墨烯材料的制备方法	发明专利	20220322	202210282048.0	20230714	朱彦武　叶传仁
451	一种铁电聚合物对临时形状的固定和移除的方法以及应用	发明专利	20220117	202210050682.1	20230714	初宝进　王兆鹏
452	一种混合相石墨的提纯方法	发明专利	20211221	202111570742.4	20230714	朱彦武　熊　娟　潘　飞
453	疫情预测方法及装置	发明专利	20201225	202011565916.3	20230714	陈恩红　徐　童　于润龙　武　晗　李　徵　郝启明　郑　值
454	一种基于量子弱测量的极小相位测量系统以及方法	发明专利	20170629	201710517152.2	20230714	胡孟军　张永生　胡晓敏　柳必恒
455	一种光学超分辨显微成像系统及方法	发明专利	20161208	201611121968.5	20230714	陈向东　孙方稳　郭光灿
456	基于多源信息融合的运动训练设备及评价系统、方法	发明专利	20220419	202210412156.5	20230714	李智军　徐佳成　李国欣
457	码本量化模型的训练方法、搜索数据量化方法及其装置	发明专利	20230417	202310406144.6	20230718	连德富　陈恩红　卢泽普　张　锦　冯　超
458	视频场景边界检测模型的训练方法和场景边界检测方法	发明专利	20230417	202310406256.1	20230718	张勇东　张天柱　魏　曦　喻晓源　肖　磊

续表

序号	专利(申请)名称	类型	申请日	申请号	授权日	发明人
459	一种基于场景提示的单目标跟踪方法	发明专利	20230421	202310430642.4	20230718	张天柱 马银超 尉前进 何建峰 张勇东
460	图像匹配模型的训练方法、图像匹配方法及其装置	发明专利	20230419	202310417575.2	20230718	张天柱 何建峰 高 源 吴 枫
461	一种序列推荐模型的训练方法和对象推荐方法	发明专利	20230414	202310396941.0	20230718	王 翔 杨正一 何向南
462	多视角用户画像方法、多视角用户画像系统、设备和介质	发明专利	20230417	202310407785.3	20230718	张天柱 朱勤豪 冯巍巍 张勇东
463	图像检测模型的训练方法、图像检测方法及电子设备	发明专利	20230403	202310342315.3	20230718	徐楠青 冯巍巍 张天柱 张勇东
464	基于目标特征动态自适应提取的小样本图像分类方法	发明专利	20230329	202310319375.3	20230718	张天柱 李卓滢 伍佳敏 张勇东
465	椭偏测量系统	发明专利	20230419	202310416343.5	20230718	霍永恒 蒋国秋 刘润泽 潘建伟
466	睡眠姿态模型的训练方法和睡眠姿态识别方法	发明专利	20230222	202310149791.3	20230718	李云飞 张东恒 陈 彦 孙启彬
467	基于波束形成的抗干扰呼吸检测方法	发明专利	20230302	202310186771.3	20230718	陈 彦 谢学诚 张东恒 张 冬 孙启彬 吴曼青
468	固体火灾灭火剂效能的检测装置及检测方法	发明专利	20230327	202310300635.2	20230718	王海晖 张凯旋 吴超鹏 靳邦鑫
469	摔倒检测方法及摔倒检测装置	发明专利	20230413	202310391380.5	20230718	杨 飞 童建文 胡 洋 李厚强 孙启彬

续表

序号	专利(申请)名称	类型	申请日	申请号	授权日	发明人
470	常山酮在治疗和预防动脉粥样硬化性疾病的药物中的应用	发明专利	20220129	202210110328.3	20230718	翁建平　徐索文
471	空穴型半导体异质结霍尔棒、其制备和使用方法及用途	发明专利	20170626	201710498740.6	20230718	李海欧　袁　龙　王　柯　曹　刚　郭光灿　郭国平
472	一种基于区块链与环境和商品指纹的可追溯交易方法	发明专利	20210531	202110600609.2	20230718	张　兰　王亦涵　李向阳
473	一种基于迁移模式感知的文本风格迁移方法	发明专利	20230508	202310510077.2	20230718	张勇东　毛震东　赵慧婷　韩靖轩　张立成
474	一种基于视觉概念词关联结构化建模的图像描述方法	发明专利	20230428	202310475627.1	20230718	张勇东　毛震东　张　驰　王朋喆　陈伟东　宋　彦　王　婷
475	基于多轮迭代策略和差异性感知的场景图生成方法	发明专利	20230418	202310413895.0	20230718	张勇东　毛震东　赵慧婷　赵博文
476	一种快速的 NC-OFDM 通信资源分配方法	发明专利	20220406	202210354344.7	20230718	叶中付　杨会超
477	一种超低功耗物联网图像采集和传输系统及方法	发明专利	20230505	202310496140.1	20230718	王志利　袁龙志　姜　楠　龚　伟
478	基于单颗卫星与一地面站的星基量子定位导航系统及方法	发明专利	20230428	202310475698.1	20230718	从　爽　汪泳钦　尚伟伟
479	康复机器人用的人体腿部肌肉模拟装置及腿部模拟装置	发明专利	20230426	202310459292.4	20230718	张　彬　马逸凡　周　煜　尚伟伟　从　爽
480	基于浅层自动编码器模型的推荐方法、系统、设备及介质	发明专利	20230425	202310453939.2	20230718	连德富　陈恩红　范　睿

续表

序号	专利(申请)名称	类型	申请日	申请号	授权日	发明人
481	一种对主账号关联记录的可信匿名管理方法	发明专利	20230331	202310333651.1	20230718	薛开平 艾明瑞 罗昕怡 李健 王峰 汪子凯
482	一种基于指导方向场生成数控机床加工路径的方法	发明专利	20230330	202310328648.0	20230718	王梓睿 傅孝明 刘利刚
483	一种基于区块链的防篡改隐私保护日志审计方法	发明专利	20230330	202310327979.2	20230718	薛开平 艾明瑞 罗昕怡 李健 王峰 汪子凯
484	基于注意力网络的电镜图像配准系统及方法	发明专利	20230306	202310202779.4	20230718	张天柱 冯富禹 熊志伟 吴枫
485	内置区块链的无人机蜂群自适应组网方法	发明专利	20201120	202011313204.2	20230718	姜晓枫 李俊俊 曹琬廑 黄昀辉 刘洵 陈双武 何华森 杨坚
486	基于360度全景视图的结构化环境中车辆定位方法	发明专利	20190321	201910217938.1	20230718	陈宗海 戴德云 洪洋 赵皓 王纪凯 包鹏 江建文 徐萌
487	基于发散运动分量的下肢外骨骼机器人控制系统	发明专利	20220420	202210417881.1	20230718	李智军 郝旭 李国欣
488	利用非欧几里得环上的CRT非迭代算法实现秘密共享的方法	发明专利	20191113	201911108475.1	20230721	苗付友 王旭
489	一种非晶Ru-RuOx复合纳米颗粒催化剂的制备方法及应用	发明专利	20220426	202210449155.8	20230725	姚涛 张伟 刘栋 丁韬
490	一种纤维状样品拆分设备	发明专利	20211109	202111322819.6	20230801	金虎 张世武 柴捷 鲍丙亮 唐维 王二龙 吴勇军 曹童发 褚德扬 欧阳一鸣 胡跃民
491	图上文字擦除方法、系统、设备及存储介质	发明专利	20230113	202310068849.1	20230801	连德富 葛铁铮 陈恩红 蒋刚玮 王诗瑶 周敏 姜宇宁

续表

序号	专利(申请)名称	类型	申请日	申请号	授权日	发明人
492	一种可控氧氛围的可燃液体蒸气最小点火能测试装置	实用新型	20230117	202320162198.8	20230801	薄　兵　陆守香　姚文彬　杨泽华　骆宇霆
493	可分离式真空互联系统	发明专利	20181011	201811186364.8	20230808	张　汇　汪逸凡　施至刚
494	基于自动菊花链的单环 JTAG 背板测试总线电路	发明专利	20171115	201711135123.6	20230808	江　晓　胡　意　李　蔚　潘建伟
495	肝小叶芯片	发明专利	20210531	202110601961.8	20230808	丁卫平　杜　坤
496	一种双目火源图像合成方法、装置及可读存储介质	发明专利	20230602	202310644802.5	20230811	王　冲　张启兴　王　昊　张永明
497	一种锂/钠金属电池电极片保护涂层及其制备方法	发明专利	20220715	202210830833.5	20230819	王功名　周　雅　刘　波　朱子轩　雷　芯　刘馨苗
498	金刚石 NV 色心磁探测装置	发明专利	20230417	202310407426.8	20230822	高学栋　孙方稳　陈向东　张少春　董　杨　林豪彬
499	包含陀螺样本微量离心装置的纸基微流体芯片检测系统及其应用	发明专利	20210521	202110556205.8	20230822	李博峰　金腾川　巩凡吾　魏华兴
500	一种硅基锂电池用无模组电池系统	发明专利	20220329	202210318617.2	20230825	谈　鹏　张志远　李雪妍　龚丽丽　刘　浩　李世敬
501	面向生物医学文本的命名实体识别模型的训练方法	发明专利	20230522	202310574300.X	20230829	刘　际　张传民　李红旗
502	融合地形与力的四足机器人可达性地图构建方法及系统	发明专利	20230412	202310384282.9	20230829	李智军　王　冲　李国欣

续表

序号	专利(申请)名称	类型	申请日	申请号	授权日	发明人
503	可见光诱导甘氨酸衍生物的肼化修饰方法	发明专利	20210513	202110525915.4	20230829	石　景　刘梦婷　王光祖
504	对氧化镓材料退火的方法	发明专利	20191028	201911035988.4	20230829	龙世兵　徐光伟　熊文豪　向学强　赵晓龙
505	软体机械臂及其使用方法	发明专利	20170609	201710437395.5	20230829	张世武　许　旻　杨　浩
506	转向机械臂	发明专利	20220106	202210013707.0	20230829	李智军　夏海生　刘　淇
507	基于轻量化双向驱动助力的膝部柔性外骨骼装置及外骨骼	发明专利	20211202	202111462699.X	20230829	李智军　王贺祥　李琴剑
508	乘用车用悬挂设备	发明专利	20230424	202310446166.5	20230829	孙帅帅　巩　宁　龚兴龙　张世武
509	热辐射场中双层材料板的引燃参数的测试装置及方法	发明专利	20230419	202310417705.2	20230829	方　俊　储　威　杨　鹭
510	一种基于自适应局部挖掘的目标跟踪方法	发明专利	20230417	202310407649.4	20230829	张天柱　马银超　杨大为　何建峰　吴　枫
511	应用于固态量子器件的钝化方法、钝化系统	发明专利	20230515	202310539660.6	20230829	霍永恒　赵军一　钟东勳　刘润泽　潘建伟
512	一种产生多光子 GHZ 纠缠态的装置	发明专利	20230420	202310426877.6	20230829	霍永恒　刘润泽　潘建伟
513	用于钙钛矿半导体材料的磁流变液及磁流变抛光方法	发明专利	20230404	202310347919.7	20230829	胡　芹　程　隆　陈元淦　刘家阳　孙沐霖

续表

序号	专利(申请)名称	类型	申请日	申请号	授权日	发明人
514	量子与经典激光通信复用接收装置、系统	发明专利	20230424	202310442465.1	20230829	彭承志 廖胜凯 李 杨 印 娟 任继刚 潘建伟
515	物品推荐模型训练方法、装置、电子设备及存储介质	发明专利	20221230	202211741511.X	20230829	何向南 傅天任 陈佳伟
516	声波谐振器及其设计方法、制造方法	发明专利	20221027	202211321864.4	20230829	左成杰 杨 凯 林福宏 陶浩然 方纪明
517	新型冠状病毒 CD8＋T 细胞表位肽及其用途	发明专利	20210812	202110927606.X	20230829	金腾川 谭 旭 邓莎莎 张 航
518	邻膦酚光催化剂用于脱氟烷基化及脱氟质子化反应的方法	发明专利	20210929	202111148565.0	20230829	尚 睿 刘 灿 张 浩
519	一种用于立体仓库的存储设置方法	发明专利	20191206	201911246859.X	20230829	余玉刚 刘雨雨 余 虎
520	量子加密存储装置	发明专利	20191009	201910957442.8	20230829	周宗权 李传锋
521	基于减小交易输入的数字凭证区块链压缩方法	发明专利	20190314	201910195612.3	20230829	林宪正 陈晓姣 金 铭
522	基于可见光感知的交通流智能感知系统及方法	发明专利	20180530	201810543974.2	20230829	李上宾 薛伟成 徐正元
523	空穴型半导体电控量子点器件，其制备及使用方法	发明专利	20170626	201710498737.4	20230829	李海欧 袁 龙 王 柯 张 鑫 郭光灿 郭国平
524	一种基于局部对比度预处理的图像融合方法	发明专利	20210802	202110881424.3	20230829	陈 勋 陈宇航 刘爱萍 谢洪涛 张勇东 吴 枫

续表

序号	专利(申请)名称	类型	申请日	申请号	授权日	发明人
525	一种含硫代膦酸酯阻燃多元醇、其合成方法及其在制备阻燃聚氨酯软泡中的应用	发明专利	20210618	202110675479.9	20230829	胡源 周峰 肖玉玲 马超 胡伟兆 宋磊
526	一种基于变分跨模态表征的实时弹幕情感分析方法	发明专利	20230522	202310574093.8	20230829	宋彦 张勇东 陈伟东 罗常凡
527	一种基于空气质量推断的监测站点位置推荐方法及系统	发明专利	20200730	202010747772.7	20230829	康宇 陈杰 曹洋 吕文君
528	一种基于文本组块的层级体系自动构建方法	发明专利	20230425	202310455626.0	20230829	张勇东 宋彦 毛震东 陈伟东 田元贺
529	一种多情绪指导的共情对话生成方法	发明专利	20230522	202310574090.4	20230829	张勇东 毛震东 王朋喆 张驰 符凤仪
530	一种基于联合模型的弹幕情感分析方法及系统	发明专利	20230426	202310458854.3	20230829	宋彦 陈伟东 罗常凡
531	一种基于卷积联合模型的对话情感识别方法	发明专利	20230424	202310443460.0	20230829	宋彦 胡博 田元贺 徐浩培
532	一种扫频与数字编码控相的随机辐射天线阵列的设计方法	发明专利	20230602	202310646920.X	20230829	郭圆月 张士路
533	一种基于 ZYNQ7020 的光束线扫描同步控制装置	实用新型	20230329	202320666797.3	20230829	陈留国 张天哲 刘功发
534	基于超表面光栅的纳米级二维位移测量装置及方法	发明专利	20230525	202310597156.1	20230829	臧昊峰 鲁拥华 王沛
535	基于拥塞预测的 ECN 标记策略和队列管理方法及系统	发明专利	20230421	202310432520.9	20230829	韩江萍 王文涛 薛开平 李健 王伯波

续表

序号	专利(申请)名称	类型	申请日	申请号	授权日	发明人
536	一种用于监测河堤渗漏的电法信号装置	发明专利	20220728	202210897190.6	20230829	曹煜 岳明鑫 陈兴海 吴小平
537	一种不完备充放电数据下的锂离子电池健康状态评估方法	发明专利	20220712	202210815701.5	20230829	毛磊 戴浪
538	一种基于原位观测的碳纳米管阵列纺丝纤维的装置	发明专利	20220623	202210719066.0	20230829	王鹏飞 武扬帆 王德雅 卜乐虎 徐松林
539	一种锂离子电池柜火灾的多级预警及灭火方法	发明专利	20220615	202210672895.8	20230829	王青松 孟祥东 金凯强 段强领孙 金华
540	基于动态界面挤出的可编码水凝胶微纤维制备系统及方法	发明专利	20200717	202010688948.6	20230829	司廷 张明 朱志强 黄芳胜 杨超宇
541	一种用于反场箍缩核聚变装置主动控制的信号获取与处理系统及方法	发明专利	20200331	202010239995.2	20230829	宋树晨 宋克柱 徐天博 钟科 李弘
542	一种选区激光烧结的供给粉末的逐层铺粉压实的方法及装置	发明专利	20181025	201811248004.6	20230829	王翔 崔瑞 周文晓 李晓峰
543	一种面向选区激光烧结的供给粉末的旋转搅拌预热方法及装置	发明专利	20181025	201811247997.5	20230829	王翔 崔瑞 周文晓 李晓峰
544	自封闭螺旋形聚能切缝器	发明专利	20171108	201711111187.2	20230829	马宏昊 邓永兴 沈兆武 杨明 王奕鑫
545	图像语义分割网络持续学习方法、系统、设备及存储介质	发明专利	20230602	202310648233.1	20230829	王子磊 林子涵
546	高保真换脸方法、系统、设备及存储介质	发明专利	20230602	202310648162.5	20230829	张勇东 刘丰源 谢洪涛 于灵云

续表

序号	专利(申请)名称	类型	申请日	申请号	授权日	发明人
547	一种低信噪比周期性信号检测装置及方法	发明专利	20230531	202310630872.5	20230829	沈仲弢 王 选 水雁斌 王 宇 刘树彬 封常青
548	自然场景文字识别方法、系统、设备及存储介质	发明专利	20230530	202310623773.4	20230829	张勇东 王裕鑫 谢洪涛
549	人脸伪造检测方法、系统、设备及存储介质	发明专利	20230523	202310584027.9	20230829	谢洪涛 李家铭 张勇东 于灵云
550	弱监督图像语义分割方法、系统、设备及存储介质	发明专利	20230518	202310560357.4	20230829	王子磊 容圣海
551	人脸伪造主动干扰方法、系统、设备及存储介质	发明专利	20230516	202310547192.7	20230829	张勇东 孙雨豪 谢洪涛 于灵云
552	基于单商用AP接收机的环境WiFi反向散射系统及方法	发明专利	20230509	202310513360.0	20230829	杨一帆 王 帅 龚 伟
553	半监督域适应图像语义分割方法、系统、设备及存储介质	发明专利	20230508	202310507088.5	20230829	王子磊 高 源
554	针对推荐系统的用户隐私保护方法、系统、设备及介质	发明专利	20230427	202310469416.7	20230829	连德富 陈恩红 朱志豪 吴陈旺 范 睿
555	分析高分子溶液陈化过程光谱的方法、系统、设备及介质	发明专利	20230423	202310439724.5	20230829	余海山 孔 源 张大地 崔 雷 焦学琛
556	物品推荐方法、系统、设备及存储介质	发明专利	20230420	202310428078.2	20230829	何向南 吴俊康 陈佳伟 吴剑灿
557	一种基于激光雷达的污染区域增强识别方法	发明专利	20230113	202310039662.9	20230829	王 冲 李雨蝶 薛向辉 王 雨 窦贤康

续表

序号	专利(申请)名称	类型	申请日	申请号	授权日	发明人
558	一种卷积神经网络驱动的图像可逆信息隐藏方法	发明专利	20210909	202111055396.6	20230829	姚远志　张晓雅　俞能海
559	基于联邦学习的知识追踪的方法及系统	发明专利	20200407	202010265714.0	20230829	刘　淇　陈恩红　吴金泽　黄振亚　王士进
560	一种基于能量优化的下肢外骨骼踝关节装置	发明专利	20180305	201810180345.8	20230829	李智军　徐崔超　王　浩　叶雯珺　康　宇　尚伟伟　孙丙宇
561	一种基于单谐振腔的束团长度测量装置及方法	发明专利	20170531	201710398527.8	20230829	罗　箐　王　岍　孙葆根
562	优化数据加载的图采样训练方法、系统、设备及存储介质	发明专利	20230201	202310040431.X	20230829	马煜昕　李　诚　吴　思　龚　平　徐　伟　吕　敏　许胤龙
563	基于卫星微波指数和气象指数估算林火频次和强度的方法	发明专利	20211015	202111202411.5	20230829	李　锐　符玉云　胡继恒　段嘉伟
564	一种基于卫星被动微波遥感的植被总初级生产力估算方法	发明专利	20210913	202111070505.1	20230829	王怿璞　李　锐　胡继恒
565	一种基于有机朗肯循环的烧结环冷机余热综合利用系统	发明专利	20180723	201810810945.8	20230829	冯军胜　裴　刚　高广涛
566	具有有机朗肯循环的烧结冷却废气余热发电系统	发明专利	20171206	201711275160.7	20230829	冯军胜　裴　刚　高广涛
567	一种高效稳定的空气极及其制备方法和应用	发明专利	20220920	202211144592.5	20230829	陆亚林　李欣雨　彭冉冉
568	双金属卤化物 Cs-Ag-X 单晶、其制备方法及在紫外探测器中的应用	发明专利	20220429	202210468617.0	20230829	徐维平　姚明明

续表

序号	专利(申请)名称	类型	申请日	申请号	授权日	发明人
569	卵泡的冷冻保存和复苏方法	发明专利	20220329	202210318082.9	20230829	赵　刚　田聪会　沈凌霄
570	硫中毒钯催化剂作为去除水体中有机污染物的催化剂的应用	发明专利	20211108	202111315359.4	20230829	李文卫　司　洋　郭智妍　张爱勇　柳后起
571	一种利用木质纤维素生物质制取甲酚的方法	发明专利	20210601	202110610156.1	20230829	李全新　罗月会　何雨婷　朱丽娟　范明慧　杨明宇　张焰华
572	一种改性氧化亚硅材料及其制备方法,以及锂离子电池	发明专利	20210129	202110127966.1	20230829	林　宁　钱逸泰　李　阳
573	一种多级孔金属有机框架材料及其制备方法和应用	发明专利	20210201	202110135577.3	20230829	江海龙　蔡国瑞　马　杏
574	光响应协同释放一氧化碳与一氧化氮的供体分子及其衍生物以及制备方法和应用	发明专利	20201229	202011593036.7	20230829	胡进明　高　磊
575	基于相位相关匹配的平移运动物体三维重建方法和系统	发明专利	20201014	202011096228.7	20230829	段明辉　金　一　张　锐　刘卫勇　孙　正　陈恩红　竺长安
576	一种无模板合成微孔硫碳纳米材料的方法及应用	发明专利	20191205	201911233999.3	20230829	梁海伟　陈智勤
577	一种石墨烯基微米棒的宏量制备方法	发明专利	20191010	201910958511.7	20230829	俞书宏　刘逸飞　马　涛　张　龙　杨吉文
578	一种半导体量子器件及其制备方法	发明专利	20170614	201710447858.6	20230829	李海欧　王　柯　袁　龙　曹　刚　郭光灿　郭国平
579	基于毫米波雷达信号的人体活动成像的训练方法及系统	发明专利	20210913	202111068219.1	20230901	陈　彦　俞　聪　张东恒　张　冬　孙启彬　吴曼青

续表

序号	专利(申请)名称	类型	申请日	申请号	授权日	发明人
580	一种用于检验用户防御侧信道攻击能力的方法	发明专利	20210630	202110732998.4	20230901	胡红钢 张佳佳
581	通过程序标记评估学生编程能力的方法	发明专利	20181219	201811578057.4	20230901	孙广中 何 钰
582	一种机器人任务执行方法、装置、设备及可读存储介质	发明专利	20220113	202210037607.1	20230901	张信明 张夏禹 林 楠
583	一种基于区块链的积分交易方法及装置	发明专利	20210331	202110347799.1	20230901	张信明 周维康 许诗赫
584	基于视频预测的动态场景中的入侵物检测方法和系统	发明专利	20210708	202110774596.0	20230901	李智军 刘弘暄 李国欣
585	一种(R)-氟西汀及其衍生物的制备方法	发明专利	20220318	202210271705.1	20230908	邓 晋 邓臣强
586	一种用于调制超导量子比特跃迁频率的系统及方法	发明专利	20230609	202310680483.3	20230922	蒋 磊 徐 昱 李少炜 孙晨寅 孙天佐 江 涛 李劲劲 彭承志 朱晓波 潘建伟
587	一种差压值修正方法及装置、浓度分析仪与可读存储介质	发明专利	20230711	202310843249.8	20230922	陆 松 施 卉 马伟通 张和平
588	用于临近催化化学气相沉积的装置和方法	发明专利	20171208	201711296987.6	20230922	郭国平 杨 晖 李海欧 曹 刚 郭光灿
589	火灾烟雾报警方法及报警装置、报警器与可读存储介质	发明专利	20230801	202310955628.6	20230926	陆 松 施 卉 刘邵南 马伟通 张和平
590	电商短视频广告多目标预估方法、系统、设备及存储介质	发明专利	20230118	202310069380.3	20231003	陈恩红 葛铁铮 连德富 刘 奇 周峙龙 王诗瑶 姜宇宁

续表

序号	专利(申请)名称	类型	申请日	申请号	授权日	发明人
591	一种基于数据驱动的价值取向评估体系构建方法	发明专利	20230719	202310883308.4	20231010	张勇东 毛震东 陈伟东 郭俊波 符凤仪
592	磁性上转换潜指纹显影剂及其制备方法、潜指纹分析方法	发明专利	20220930	202211208870.9	20231010	熊宇杰 毕亚飞 王瑶 章富 龙冉 陈毅豪 薛天
593	用于急性髓系白血病的细胞疗法的嵌合抗原受体	发明专利	20201029	202011178806.1	20231010	魏海明 粘志刚 郑小虎 孙汭 田志刚
594	广告创意智能化推送方法、系统、设备与存储介质	发明专利	20221226	202211682682.X	20231020	陈恩红 葛铁铮 连德富 陈矜 王诗瑶 姜宇宁
595	多通道扣式锂空气电池测试模具	实用新型	20230217	202320288886.9	20231020	任晓迪 蒋金钰
596	一种机器人路径规划方法、电子设备以及存储介质	发明专利	20230627	202310761994.8	20231020	阚震 李劲松 王韶晨 陈子扬 秦家虎
597	雷达互干扰场景下的回波信号的处理方法	发明专利	20230602	202310643675.7	20231020	陈彦 杨帅 张东恒 胡洋 马礼坤 孙启彬 吴曼青
598	一种IRS辅助的车载毫米波广播方法、系统及储存介质	发明专利	20230713	202310857193.1	20231020	张信明 段志钢 杜旭阳
599	一种基于自适应图注意网络的传感器数据异常检测方法	发明专利	20230706	202310823653.9	20231020	卢汉成 陈波文 吴枫
600	基于社交场景用户偏好与文本联合指导的图像生成方法	发明专利	20230614	202310701147.2	20231020	张勇东 胡博 毛震东
601	一种避停优先的移动机器人运动规划与避障决策方法	发明专利	20230706	202310819907.X	20231020	陈宗海 王纪凯 张梦杰 李剑宇 徐萌

续表

序号	专利(申请)名称	类型	申请日	申请号	授权日	发明人
602	基于多尺度双时空网络区域风力发电功率预测方法及系统	发明专利	20230612	202310686515.0	20231020	凌　强　赖泽锋　李　峰　方　毅
603	可学习通用视频编码方法、系统、设备及存储介质	发明专利	20230614	202310701644.2	20231020	李　礼　盛锡华　刘　东　李厚强
604	用于提升细粒度图像分类性能的方法、系统、设备及介质	发明专利	20230616	202310715333.1	20231020	谢洪涛　卢志颖　张勇东　刘传彬
605	跨域小样本分类方法、系统、设备及存储介质	发明专利	20230616	202310717959.6	20231020	王子磊　肖康宇
606	一种基于模型的机器人离线强化学习控制方法	发明专利	20230619	202310725865.3	20231020	尚伟伟　李　想　从　爽
607	开放词表场景图生成方法、系统、设备及存储介质	发明专利	20230703	202310801730.0	20231020	徐　童　陈恩红　冯长凯　吴世伟　许德容
608	自底向上的弱监督时序动作检测方法、系统、设备及介质	发明专利	20230707	202310830419.9	20231020	王子磊　刘钦颖
609	一种液体燃料的火蔓延特性测量平台	实用新型	20230217	202320288670.2	20231020	骆宇霆　陆守香　薄　兵　杨泽华　姚文彬
610	一种边界层高度的反演方法及装置	发明专利	20230628	202310778764.2	20231020	苏　练　夏海云　袁金龙　王　璐　李蔓一
611	一种视觉问答处理方法、系统、存储介质及电子设备	发明专利	20230519	202310582432.7	20231020	刘　淇　冯　彬　阮书岚
612	一种面向推荐系统模型的数据遗忘学习方法、装置及介质	发明专利	20230705	202310814010.8	20231020	何向南　张　洋　冯福利　白移梦　胡治宇

续表

序号	专利(申请)名称	类型	申请日	申请号	授权日	发明人
613	一种基于语义指导的小样本图像分类方法、装置及介质	发明专利	20230627	202310760519.9	20231020	王　硕　卢金达　何向南　郝艳宾
614	基于多模态对称增强的小样本图像分类方法、装置及介质	发明专利	20230613	202310693879.1	20231020	张新宇　王　硕　何向南　郝艳宾
615	一种适用于超低温环境下超低功率的隔振器	实用新型	20230421	202320906540.0	20231020	孙帅帅　周思承　潘立言　巩　宁　杨　健
616	新型圆柱面反射镜拼接槽式太阳能集热系统	实用新型	20230118	202320187846.5	20231020	黄卫东
617	一种新型拼接反射面碟式太阳能集热系统	实用新型	20230206	202320120060.1	20231020	黄卫东
618	促进造血干祖细胞迁移、归巢和植入的组合物及其应用	发明专利	20220614	202210668695.5	20231020	倪　芳　吴明明　蒋　来　程临钊
619	黄芩苷在制备用于治疗弱视的药物中的应用	发明专利	20220715	202210839834.6	20231020	尹　菲　杨昱鹏
620	兼具偏振和滤波功能的光学薄膜及其制备方法	发明专利	20220521	202210554354.5	20231020	凡流露　李　明　刘志鹏　钱大憨　阿特耶·阿里·阿巴克　张放心　张昕昱　刘　文
621	应用于量子密钥分发片上系统的相位调制单元	发明专利	20220128	202210109990.7	20231020	叶　鹏　陈　巍　张国威　王　双　周　政　银振强　何德勇　韩正甫　郭光灿
622	信号处理方法、发射端系统、电子设备及存储介质	发明专利	20220128	202210110956.1	20231020	张国威　陈　巍　叶　鹏　王　双　银振强　何德勇　周　政　韩正甫　郭光灿

续表

序号	专利(申请)名称	类型	申请日	申请号	授权日	发　明　人
623	普通拟杆菌及其组合物在辅助癌症免疫治疗中的应用	发明专利	20210913	202111068204.5	20231020	朱　书　郭　梦　陶万银
624	信息处理方法及装置	发明专利	20220421	202210424453.1	20231020	单博深　姚远志　李卫海　俞能海
625	基于毫米波雷达信号的人体血压检测方法	发明专利	20211025	202111244372.5	20231020	陈　彦　冉　有　张东恒　张　冬　孙启彬　吴曼青
626	一种乙酰丙酸酯的制备方法	发明专利	20211021	202111224407.9	20231020	傅　尧　李兴龙　朱　瑞　刘煦旸
627	一种抗欺骗攻击的分布式数据多类别逻辑回归方法及装置	发明专利	20210625	202110709104.X	20231020	秦家虎　付维明
628	检测 BACE1 酶活性的试剂盒及用途	发明专利	20200713	202010671840.6	20231020	申　勇　包　红　高　峰　刘一鸣
629	跨模态注意力一致性网络自监督学习方法	发明专利	20201231	202011644929.X	20231020	张勇东　闵少波　谢洪涛
630	基于 NOR Flash 的距离计算装置及方法	发明专利	20201231	202011644923.2	20231020	金　西　吴奇哲　陶临风
631	包含至少三方的量子通信装置及方	发明专利	20180704	201810729905.0	20231020	徐飞虎　王文渊　罗开广
632	用于确定临近催化化学气相沉积中催化剂的热形变的装置和方法	发明专利	20171208	201711295337.X	20231020	郭国平　杨　晖　李海欧　曹　刚　郭光灿
633	特定组氨酸甲基化修饰的 S100A9 蛋白免疫原、多克隆抗体及其制备方法	发明专利	20211109	202111322200.5	20231020	潘　文　曹　丹

续表

序号	专利(申请)名称	类型	申请日	申请号	授权日	发明人
634	一种无需外接传感器的光伏组件积雪自动检测电路、方法	发明专利	20210826	202110993436.5	20231020	郑佳楠 刘文 陈方才 凡流露 陈宇轩 张昕昱
635	类别比例引导的无监督领域适应建模方法、系统、设备及介质	发明专利	20220421	202210425027.X	20231020	吕文君 康宇
636	一种中草药增效减毒低温等离子体装置	实用新型	20221220	202223416339.9	20231020	金涛 陈艳 吴征威
637	一种降低质谱探测 H_2 和 H_2O 背景噪声德超高真空装置	发明专利	20210512	202110516726.0	20231020	王兴安 王琴 王思雯
638	一种笼式结构激光扫描共聚焦显微成像系统及方法	发明专利	20190130	201910090810.3	20231020	李强 王俊峰 闫飞飞 程则迪 许金时 李传锋
639	一种基于射流推进的仿生扇贝机器人	发明专利	20180907	201811042721.3	20231020	张世武 王驭陌 王二龙
640	一种自硬化填充式中空结构爆炸复合板及其制作方法	发明专利	20180209	201810132856.2	20231020	马宏昊 孙玉玲 马瑞杰 沈兆武 杨明 王奕鑫 陈艳 陈海军
641	一种自约束高能量利用率的爆炸焊接装置	发明专利	20170323	201710177875.2	20231020	马宏昊 杨明 沈兆武 王奕鑫 周国安
642	一种螺旋缠绕机器人	发明专利	20220524	202210571539.7	20231020	王展翅 尼克
643	学生认知诊断方法	发明专利	20190624	201910549764.9	20231020	刘淇 陈恩红 汪飞 黄振亚 陈玉莹 阴钰 黄仔
644	一种用于原子干涉仪探头的磁场系统	发明专利	20180209	201810135455.2	20231020	杨胜军 谢宏泰 陈帅 潘建伟

续表

序号	专利(申请)名称	类型	申请日	申请号	授权日	发明人
645	一种铱负载金属氧化物的核壳催化剂、其制备方法及应用	发明专利	20221223	202211661160.1	20231020	王功名 王依帆 黄 婷
646	一种具有宽温域高阻尼性能的增硬涂层及其制备方法	发明专利	20220915	202211122581.7	20231020	李良彬 赵怡蕾 陈 鑫 张文文
647	一种贵金属单原子催化剂及其制备方法以及在检测抗坏血酸中的应用	发明专利	20220630	202210761917.8	20231020	吴宇恩 颜牧雨 熊 灿
648	$PtFe-SiO_2$ 纳米复合材料、其制备方法及其应用	发明专利	20220106	202210060738.1	20231020	曾泽昆 罗 雷 曾 杰
649	一种多晶铜纳米材料及其制备方法和应用	发明专利	20211012	202111186086.8	20231020	张梦露 郑婷婷 鲍 骏 曾 杰
650	一种 $PtCu_3$ 金属间化合物及其制备方法和作为脱氢催化剂的应用	发明专利	20210611	202110656158.4	20231020	梁海伟 张乐乐 童 磊
651	一种聚酰亚胺气凝胶薄膜及其制备方法和应用	发明专利	20201231	202011622947.8	20231020	张和平 邓玉睿 龚伦伦 程旭东 潘月磊
652	一种聚电解质材料、其制备方法和碱性聚电解质膜	发明专利	20210202	202110142248.1	20231020	徐铜文 葛晓琳 吴 亮 宋晚杰 葛 亮 杨正金 汪耀明
653	基于分布式深度强化学习的协调充电方法及协调充电系统	发明专利	20201214	202011470610.X	20231020	张子霖 秦家虎 万艳妮
654	酰胺高丝氨酸内酯受体-增强绿色荧光融合蛋白及其制备方法与应用	发明专利	20220401	202210338602.2	20231020	俞汉青 李宇昇
655	虚拟现实显示系统及其显示方法	发明专利	20191212	201911274250.3	20231020	张思远 王安廷

续表

序号	专利(申请)名称	类型	申请日	申请号	授权日	发明人
656	重金属同位素测量的膜去溶装置及其尾气排放组件	发明专利	20180131	201810095857.4	20231020	于慧敏 张英男 黄 方
657	一种面向火星探测的锂-火星气电池包	发明专利	20220130	202210113467.1	20231020	谈 鹏 肖 旭 张卓君
658	一种太阳能驱动水电热的综合产出系统	发明专利	20220722	202210864705.2	20231020	李桂强 何东亮 杜四鹏
659	一种结合解吸电喷雾电离的光电离质谱成像装置	发明专利	20180816	201810935962.4	20231020	潘 洋 刘成园 杨玖重 戚可可 许鸣皋 臧建业 熊 英
660	一种水体中痕量类固醇的快速检测装置	发明专利	20180702	201810705360.X	20231020	潘 洋 赵 婉 杨玖重 刘成园 许鸣皋 戚可可 尹 浩
661	基于柔性机械臂的人机交互自适应控制方法和系统	发明专利	20211201	202111464122.2	20231020	李智军 刘弘暄 李国欣
662	生成对抗网络的训练方法、检测方法及装置	发明专利	20210621	202110686443.0	20231024	杨英光 谢海永 吴曼青
663	三维图像重构的激光主动成像系统	发明专利	20190614	201910519506.6	20231024	徐飞虎 黎正平 曹 原 彭承志 潘建伟
664	保护隐私的表情识别模型训练方法及表情识别方法及装置	发明专利	20210524	202110566847.6	20231024	王上飞 梁 聪 陈小平
665	一种数据质量评估方法及系统	发明专利	20200528	202010472680.2	20231024	李安然 张 兰 李向阳 谢筠庭
666	基于多车意图交互结果的行车风险态势评估方法及系统	发明专利	20200902	202010911972.1	20231024	高洪波 何 希 李智军 朱菊萍 郝正源

续表

序号	专利(申请)名称	类型	申请日	申请号	授权日	发明人
667	一种基于重采样策略的网络训练方法	发明专利	20211224	202111600865.8	20231027	姚　鹏　徐　亮　程　逸　申书伟　徐晓嵘　任　维
668	一种基于超导单磁通脉冲序列调控量子比特的方法	发明专利	20230810	202311003418.3	20231031	孙晨寅　李少炜　徐　昱　孙天佐　蒋　磊　江　涛　李劲劲　彭承志　朱晓波　潘建伟
669	飞机弹舱快速灭火抑爆装置(喷嘴)	外观设计	20230524	202330308856.5	20231117	陆　松　马伟通　施　卉
670	飞机弹舱快速灭火抑爆装置(法兰)	外观设计	20230524	202330308885.1	20231117	陆　松　马伟通　施　卉
671	一种电池安全监测系统、方法及装置	发明专利	20230809	202311010960.1	20231117	王　冲　明可欣　薛向辉
672	一种锆基金属有机框架材料、其合成方法及其应用	发明专利	20221214	202211607463.5	20231117	江海龙　韩文涛
673	一种柔性耐高温碳化硅气凝胶复合隔热材料的制备方法	发明专利	20221025	202211311270.5	20231117	张和平　闫明远　程旭东　潘月磊
674	一种多孔氧化铱纳米材料、其制备方法和应用	发明专利	20220928	202211189734.X	20231117	王功名　黄　婷
675	一种不对称双极膜电渗析装置和制备酸碱的方法	发明专利	20220602	202210620908.7	20231117	徐铜文　符　蓉　汪耀明　陈晨啸
676	一种基于层次结构和共现结构的临床自动诊断方法及系统	发明专利	20201208	202011445147.3	20231117	徐　童　杜逸超　罗鹏飞　洪旭东　张　哲　任　超　陈恩红
677	一种光学读出红外传感器及其制备方法	发明专利	20190520	201910418512.2	20231117	赵　旸　张　鹏　郭　建　侯虎旺　陈　烈

续表

序号	专利(申请)名称	类型	申请日	申请号	授权日	发明人
678	一种用于网络防御博弈决策的策略空间探索方法	发明专利	20230808	202310986647.5	20231117	庄连生 黄义鸿
679	一种用于高光谱伪装的仿生热致变色材料的制备方法	发明专利	20230109	202310027465.5	20231117	龙林爽 黄子真 叶 宏 许 凯
680	地震资料多尺度超分辨率与去噪同步处理方法及系统	发明专利	20221207	202211586531.4	20231117	吕文君 齐振宇 张文婷 康 宇 赵云波
681	不可通约测井曲线缺失段重构方法及存储介质	发明专利	20221207	202211565103.3	20231117	吕文君 康 宇 张文婷 李 鲲
682	一种基于对抗训练与关键路径提取的图像隐写分析方法	发明专利	20200115	202010042082.1	20231117	张勇东 朱佳琪 谢洪涛 邓旭冉
683	一种具有几十微米行程和亚纳米位移精度的驱动器	实用新型	20230420	202320894400.6	20231117	王秋平 姜帅康 杜学维 徐章浪 袁红军 林明昊
684	一种针对接收端设备随机朝向下的 CSK 星座符号设计方法	发明专利	20230823	202311065210.4	20231117	王 渊 魏佳琦 龚 晨 黄 诺 徐正元
685	一种适用于气相燃烧和爆炸的高精度数值模拟方法	发明专利	20230725	202310913470.6	20231117	肖华华 赵明斌 李 敏
686	一种面向云端加密数据的高效动态访问控制方法及系统	发明专利	20220715	202210833795.9	20231117	苗付友 王瑞凯 員亚杰 王心妍 于 跃
687	一种基于面光源的跨动态水-大气界面通信系统	发明专利	20220509	202210499670.7	20231117	林天瑞 龚 晨 黄 诺 徐正元
688	基于中国剩余定理的车联网动态组密钥管理方法及系统	发明专利	20211231	202111678826.X	20231117	苗付友 陈启雅 于 跃

续表

序号	专利(申请)名称	类型	申请日	申请号	授权日	发明人
689	一种基于二阶函数分解法的库存决策方法及系统	发明专利	20210818	202110949453.9	20231117	沈晓蓓　刘书琪
690	一种用于火星大气探测的混合型激光雷达	发明专利	20210316	202110283048.8	20231117	王　冲　孙翔宇　薛向辉
691	一种基于知识图谱的智慧诚实数据构建方法	发明专利	20201229	202011607285.7	20231117	杨　靖　倪　林　倪永健
692	一种基于声表面波谐振器的连续可调双带带阻滤波器	发明专利	20200827	202010874769.1	20231117	陈　畅　陈瑞璇　周凌云　陈卫东　张　翔
693	一种外围式旋转摩擦加热不燃烧烟草的方法及装置	发明专利	20190123	201910061545.6	20231117	张和平　郑　荣　程旭东　龚伦伦　陆　松
694	一种消防泡沫自我修复性能的测量装置及实验方法	发明专利	20181207	201811492063.8	20231117	余潇阳　姜　宁　陆守香　黎昌海
695	一种基于旋转照明的表面波成像系统	发明专利	20180917	201811081983.0	20231117	蒯　雁　张斗国
696	一种推动高沸点液体灭火剂的多级快速灭火装置	发明专利	20180608	201810588896.8	20231117	张和平　曹承阳　陆　松　张　丹
697	一种由爆炸复合板制作耐高温冲击换热器的方法	发明专利	20180209	201810132840.1	20231117	马宏昊　孙玉玲　马瑞杰　沈兆武　杨　明　王奕鑫　张　莉
698	一种免调试柱矢量光纤激光器	发明专利	20171215	201711350366.1	20231117	张一民　姚培军　许立新　顾　春
699	一种评估锂离子电池安全性能的绝缘刺针	发明专利	20170816	201710700170.4	20231117	王青松　崔志仙　陈昊东　孙金华

续表

序号	专利(申请)名称	类型	申请日	申请号	授权日	发明人
700	柔性可拉伸的水凝胶叉指状电极及基于其的微超级电容器	发明专利	20230814	202311019697.2	20231117	文　莉　邱自强　杨俊峰
701	一种多功能阻燃材料的制备及其在火灾安全与防护中的应用	发明专利	20220909	202211104022.3	20231117	余　彬　曹承飞　胡　源
702	一种二氧化碳捕集方法	发明专利	20220318	202210271224.0	20231117	刘　波　向志凌
703	一种内插式旋转摩擦加热不燃烧烟草的方法及装置	发明专利	20190123	201910061544.1	20231121	张和平　郑　荣　程旭东　龚伦伦　陆　松
704	一种基于价格需求响应的确定方法及系统	发明专利	20210406	202110366209.X	20231124	秦家虎　万艳妮
705	磁通门传感器的标定装置	实用新型	20230825	202322296162.1	20231128	陈满明　李毅人　郝新军　刘　凯　潘宗浩　汪毓明
706	用于视频编码的环路滤波方法及装置	发明专利	20230809	202310993006.2	20231128	刘　东　叶　帆　李　礼
707	信号处理方法、装置、无人机及计算机可读存储介质	发明专利	20230809	202310993104.6	20231128	陈　彦　张宾宾　张东恒　胡　洋　孙启彬　吴曼青
708	一种应用于测风激光雷达的焦距调整系统	发明专利	20230713	202310855329.5	20231128	王　冲　蒋逸凡　王　雨　薛向辉　陈廷娣　强　蔚
709	异吲哚啉化合物及其制备方法和应用	发明专利	20220921	202211150308.5	20231128	刘　丹　钟　彬
710	应用于光芯片的量子密钥分发系统的接收端系统	发明专利	20220128	202210110957.6	20231128	张国威　陈　巍　叶　鹏　王　双　银振强　何德勇　周　政　韩正甫　郭光灿

续表

序号	专利(申请)名称	类型	申请日	申请号	授权日	发明人
711	GPR34及其抑制剂在制备脱髓鞘相关疾病治疗药物中的用途	发明专利	20210401	202110355421.6	20231128	周荣斌 江维 林柏龙
712	离子束聚焦的离子传输装置	发明专利	20211215	202111535636.2	20231128	于同坡 徐强 官觊文 周晓国 王占东
713	一种故障电弧引燃实验装置及其实验方法	发明专利	20210817	202110945881.4	20231128	纪杰 葛樊亮 张梦思
714	硼烷助催化剂、合成方法及其应用	发明专利	20210520	202110554934.X	20231128	陈昶乐 邹陈
715	一种测距装置及主动三维成像系统	发明专利	20201225	202011574299.3	20231128	徐飞虎 黎正平 叶俊天 曹原 潘建伟
716	单光子成像雷达系统	发明专利	20201223	202011545201.1	20231128	徐飞虎 黎正平 蒋鹏宇 潘建伟
717	非视域追踪系统	发明专利	20201223	202011545202.6	20231128	徐飞虎 黎正平 吴骋 潘建伟
718	非视域成像装置及方法	发明专利	20200810	202010798493.3	20231128	徐飞虎 吴骋 黎正平 潘建伟
719	一种含金属的高效阳离子抗肿瘤药物及其制备方法和应用	发明专利	20210318	202110289014.X	20231128	尤业字 聂旋 张泽 夏磊 陈光
720	用于多肽的固相合成的设备和方法	发明专利	20190401	201910260208.X	20231128	田长麟 郑勇 贺羽
721	自旋布居数锁定的光子存储方法	发明专利	20191009	201910957445.1	20231128	周宗权 李传锋

续表

序号	专利(申请)名称	类型	申请日	申请号	授权日	发明人
722	一种基于多孔径合成的量子通信接收装置	发明专利	20180409	201810314790.9	20231128	任继刚 印娟 廖胜凯 雍海林 李雪姣 李宇怀 彭承志 潘建伟
723	辐照环境用低暗计数单光子探测装置及方法	发明专利	20171113	201711119157.6	20231128	廖胜凯 杨孟 蔡文奇 任继刚 印娟 曹蕾 彭承志 潘建伟
724	一种带通信号的高精度时间信息提取方法	发明专利	20230816	202311032291.8	20231128	赵雷 范怡淳 秦家军 曹喆 李嘉铭
725	图像人物关系识别方法、系统、设备及存储介质	发明专利	20230816	202311029481.4	20231128	徐童 陈恩红 吴世伟 张超 陈卓 吴李康
726	一种去中心化的分层联邦学习方法	发明专利	20230809	202310998646.2	20231128	施钱宝 刘洵 姜晓枫 杨坚 陈双武
727	层级式视频人物社交互动识别方法、系统、设备及介质	发明专利	20230807	202310982456.1	20231128	徐童 陈恩红 吕元杰 秦鹏刚 朱琛
728	扫频型随机辐射源 Q 值表征方法及频率扫描间隔确定方法	发明专利	20230803	202310968985.6	20231128	郭圆月 张士路
729	数学应用题智能求解方法、系统、设备及存储介质	发明专利	20230802	202310963004.9	20231128	陈恩红 刘淇 刘嘉聿 黄振亚
730	弱监督视频时序动作检测方法、系统、设备及存储介质	发明专利	20230720	202310891912.1	20231128	王子磊 李志林
731	一种结直肠内窥镜视频的实时息肉检测系统及方法	发明专利	20230712	202310851611.6	20231128	陈雪锦 马祎婷
732	一种基于相位调制信号特征融合的卫星通信辐射源个体识别方法	发明专利	20230427	202310479126.0	20231128	吴小坡 江扬帆 李凯洛 施炀明 王刚

续表

序号	专利(申请)名称	类型	申请日	申请号	授权日	发明人
733	基于视觉的机器人的控制方法、设备及存储介质	发明专利	20220609	202210647458.0	20231128	王杰 李斌 杨睿 耿子介 叶鸣轩 吴枫
734	基于数据增强训练的多特征融合神经机器翻译检错方法	发明专利	20210408	202110378632.1	20231128	陈贝多 黄青青 杜俊
735	一种基于单比特采样的多目标弱信号检测方法及装置	发明专利	20201125	202011341301.2	20231128	沈仲弢 胡佳栋 王选 刘树彬 封常青 安琪
736	功率最优化的多对多无线充电设备及控制方法	发明专利	20190505	201910367579.8	20231128	周颢 李向阳 曹国栋
737	一种全固态连续波钠测温测风激光雷达	发明专利	20180613	201810608909.3	20231128	李陶 方欣 李丰 窦贤康
738	用于测试电池电极材料的同步辐射 X 射线吸收谱的原位装置	发明专利	20180504	201810439974.8	20231128	储旺盛 黄伟峰 齐家新 余蓁 万萍
739	一种多层平面膜进样装置	发明专利	20180416	201810338889.2	20231128	孙瑞瑞 陈军 黄培 余业鹏 李照辉 林烜 盛六四
740	一种时间比特相位编码系统及其降噪方法	发明专利	20180411	201810322359.9	20231128	陈腾云 方啸天 潘建伟
741	人脸伪造图像鉴别方法、系统、设备及存储介质	发明专利	20230815	202311022982.X	20231128	谢洪涛 方鸣骐 张勇东 于灵云
742	一种高效且支持 QoS 的虚拟内存架构	发明专利	20210317	202110285644.X	20231128	柴杰 康一
743	一种可穿戴透明隐形眼镜	发明专利	20221111	202211410419.5	20231128	龚兴龙 王胜 陈毅豪

续表

序号	专利(申请)名称	类型	申请日	申请号	授权日	发明人
744	一种基于深度学习的广告曝光预估的方法	发明专利	20210625	202110711389.0	20231201	张兰 李向阳 吴铮涛
745	差分输出的唤醒接收机射频电路	发明专利	20230926	202311243820.9	20231205	左成杰 刘京松 林福宏 邱茂洋 林建伟
746	带内干扰抑制唤醒接收机射频电路	发明专利	20230926	202311243585.5	20231205	左成杰 刘京松 林福宏 邱茂洋 陈桥巧
747	靶向 ADRB1 在免疫治疗中的用途	发明专利	20220808	202210942958.7	20231205	白丽 傅思成 刘木子樱

2023年获科技奖励情况一览表

奖励类别	项目名称	获奖等级	获奖人	备注
安徽省自然科学奖	高功率密度锂电池电极材料的界面工程	一等奖	季恒星 金洪昌 金 松 孔祥华 杜真真	
安徽省自然科学奖	大尺度森林火灾蔓延的燃烧机理与预测方法	一等奖	刘乃安 雷 佼 陈海翔 谢小冬 张林鹤	
安徽省自然科学奖	无机功能材料的表界面合成化学研究	一等奖	吴长征 储旺盛 谢 毅	
安徽省自然科学奖	非传统稳定同位素的分馏机理研究	一等奖	黄 方 吴忠庆 李王晔 王文忠	
安徽省自然科学奖	软件定义网络资源优化分配机理研究	一等奖	徐宏力 黄 河 赵功名 黄刘生	
安徽省技术发明奖	高性能双极膜产业化及示范应用	一等奖	徐铜文 吴 亮 汪耀明 蒋晨啸 王晓林 郑春磊	
安徽省科技进步奖	计算、存储、传输一体化的智能网络技术与设备	一等奖	吴 枫 杨 坚 刘新民 陈双武 谭小彬 孙松儿 郑 烇 卢汉成 薛开平 宋 涛	
安徽省科技进步奖	肿瘤放射治疗智能化质量保证和控制系统平台的建立和应用	一等奖	徐 榭 钱 东 吴爱东 裴 曦 陈 志 张红雁 程 勇 周解平 闫 冰	
安徽省自然科学奖	智能教育中精准学习理论和方法	二等奖	陈恩红 刘 淇 王士进 黄振亚 胡国平	
安徽省自然科学奖	植物干细胞适应环境变化的可塑性调控机制	二等奖	赵 忠 武海军 曾 健 罗林杰 钟佩桥	
安徽省自然科学奖	智简通信理论研究	二等奖	张文逸 陈 力 秦晓卫 陈晓辉 卫 国	
安徽省科技进步奖	清洁高效细水雾防灭火抑爆关键技术及工程应用	二等奖	王喜世 倪小敏 朱小龙 周 扬 王志刚 秦 俊 廖光煊 刘申友	
安徽省科技进步奖	变刚度磁流变智能减振关键技术研发及应用	二等奖	龚兴龙 邓华夏 宣守虎 王 胜 李 俊 李斌商 马孟超 钟 翔	

续表

奖励类别	项目名称	获奖等级	获奖人	备注
安徽省自然科学奖	废弃生物质的新型增值化应用过程机制研究	三等奖	江 鸿 司马小峰 江顺风 张 顺 程彬海	
安徽省科技进步奖	坐着时间去飞行—互动探索自然奥秘的科学之旅	三等奖	张燕翔 叶 卉 张伟伟 孙雪莲 孔 莉 沈易润	
高等学校科学研究优秀成果奖(科学技术)自然科学奖	仿生结构材料的高效精准制备与性能研究	一等奖	俞书宏 茅瓅波 高怀岭 于志龙 吴振禹 陈思铭	
高等学校科学研究优秀成果奖(科学技术)自然科学奖	胞外呼吸微生物降解有毒污染物的机制与调控	一等奖	俞汉青 李文卫 院士杰 孙 敏 刘东风	
高等学校科学研究优秀成果奖(科学技术)技术发明奖	全媒体环境下智能内容风控关键技术及应用	一等奖	张勇东 毛震东 谢洪涛 靳国庆 何向南 邓旭冉	
第九届高等学校科学研究优秀成果奖(人文社会科学)	中国手工纸文库	二等奖	汤书昆	已完成公示
第九届高等学校科学研究优秀成果奖(人文社会科学)	Quantum Reinforcement Learning during Human Decision Making	三等奖	张效初	已完成公示

2004—2023 年入选国际重大进展成果一览表

年份	项 目 名 称	完成人	类 别
2004	Five-photon entanglement	潘建伟 等	国际物理学重大进展(美国物理学会)
2004	Entanglement breaks new record	潘建伟 等	国际物理学重大进展(欧洲物理学会)
2006	Attack of the teleclones	潘建伟 等	国际物理学重大进展(美国物理学会)
2008	Slow but sure progress towards quantum computing	潘建伟 等	国际物理学重大进展(欧洲物理学会)

续表

年份	项 目 名 称	完成人	类 别
2008	New high-temperature superconductors	陈仙辉 等	年度十大科学进展(Science)
2012	Data teleportation: the quantum space race	潘建伟 等	Features of the Year(Nature)
2012	Quantum hops	潘建伟 等	2012 Science News Top 25 (Science News)
2013	Foiling quantum hackers	潘建伟 等	国际物理学重大进展(美国物理学会)
2015	Double quantum-teleportation milestone	潘建伟 等	国际物理学十大突破
2017	A quantum communications satellite proved its potential in 2017	潘建伟 等	Top ten science stories of 2017 (Science News)
2017	“墨子号”量子卫星的研究成果	潘建伟 等	《Nature》杂志年度重大科学事件
2017	Particle-free quantum communication is achieved in the lab	潘建伟 等	国际物理学十大突破
2017	世界首台超越早期经典计算机的光量子计算机	潘建伟 等	年度世界互联网领先科技成果
2018	Quantum cryptography via satellite	潘建伟 等	国际物理学重大进展(美国物理学会)
2021	“祖冲之二号”和“九章二号”量子计算优越性实验	潘建伟 等	国际物理学重大进展(美国物理学会)
2022	超冷三原子分子的量子相干合成(开创超冷化学的新纪元)	潘建伟 等	国际物理学十大突破(英国物理学会)
2022	实数量子力学检验系列实验	潘建伟 等	国际物理学十大进展(美国物理学会)

2001—2023年入选中国、世界十大科技进展新闻一览表

年份	项 目 名 称	完成人	类 别
2001	科学家成功直接观察分子内部结构	侯建国 等	中国十大科技进展新闻
2003	中国科技大学在量子通信实验领域取得重大进展	潘建伟 等	中国十大科技进展新闻
2004	我国量子信息实验领域取得重大突破	潘建伟 等	中国十大科技进展新闻
2005	我国科学家成功实现首次单分子自旋态控制	侯建国 等	中国十大科技进展新闻
2006	实现两粒子复合系统量子态的隐形传输	潘建伟 等	中国十大科技进展新闻
2007	实现六光子薛定谔猫态	潘建伟 等	中国十大科技进展新闻

续表

年份	项 目 名 称	完成人	类 别
2008	量子中继器实验被完美实现	潘建伟 等	中国十大科技进展新闻
2008	铁基超导材料研究获重大进展	陈仙辉 等	世界十大科技进展新闻
2009	量子计算研究获重大突破	杜江峰 等	中国十大科技进展新闻
2009	成功实现太阳能冶炼高纯硅	陈应天 等	中国十大科技进展新闻
2010	实现 16 公里自由空间量子态隐形传输	潘建伟 等	中国十大科技进展新闻
2012	可扩展量子信息处理获重大突破	潘建伟 等	中国十大科技进展新闻
2013	实现最高分辨率单分子拉曼成像	董振超 等	中国十大科技进展新闻
2014	量子通信安全传输创世界纪录	潘建伟 等	中国十大科技进展新闻
2015	首次实现多自由度量子隐形传态	潘建伟 等	中国十大科技进展新闻
2016	成功发射世界首颗量子科学实验卫星“墨子号”	潘建伟 等	中国十大科技进展新闻
2017	世界首台超越早期经典计算机的光量子计算机诞生	潘建伟 等	中国十大科技进展新闻
2017	量子通信“从理想王国走到现实王国”	潘建伟 等	中国十大科技进展新闻
2017	“悟空”发现疑似暗物质踪迹(参与)	安 琪 等	中国十大科技进展新闻
2019	首次观测到三维量子霍尔效应(参与)	乔振华 等	中国十大科技进展新闻
2020	科学家达到量子计算优越性里程碑	潘建伟 等	中国十大科技进展新闻
2020	科学家攻克 20 余年悬而未决的几何难题	陈秀雄 王 兵	中国十大科技进展新闻
2021	稀土离子实现多模式量子中继及 1 小时光存储	李传锋 等	中国十大科技进展新闻
2021	1400 万亿电子伏特　我国科学家观测到迄今最高能量光子(参与)	杨睿智 等	中国十大科技进展新闻
2021	我国首次火星探测任务取得圆满成功(参与)	汪毓明 等	中国十大科技进展新闻
2022	我国科学家将二氧化碳人工合成葡萄糖和脂肪酸(参与)	曾 杰 等	中国十大科技进展新闻

1998—2023 年入选中国科学十大进展一览表*

年份	项 目 名 称	完成人	类 别
1998	我国科学家关于夸克质量比的研究国际领先	闫沐霖 等	中国基础科学研究十大新闻
1999	我国科学家确定碳 60 单分子在硅表面的取向状态	侯建国 等	中国基础科学研究十大新闻

续表

年份	项 目 名 称	完成人	类 别
2001	中国科技大学 C_{60} 纳米材料与纳米结构研究获重要进展	侯建国 等	中国基础科学研究十大新闻
2006	在光纤通信中成功实现一种抗干扰的量子密码分配方案	潘建伟 等	中国基础科学研究十大新闻
2006	发现一种可有效通过皮肤传送大分子药物的透皮短肽	温龙平 等	中国基础科学研究十大新闻
2007	在多光子纠缠和光学量子计算的实验方面取得新进展	潘建伟 等	中国基础科学研究十大新闻
2008	铁基高温超导研究取得系列重要进展	陈仙辉 等	中国基础科学研究十大新闻
2010	实验实现最远距离自由空间量子隐形传态	潘建伟 等	中国科学十大进展
2012	可扩展量子信息处理取得系列重要进展	潘建伟 等	中国科学十大进展
2013	基于等离激元增强拉曼散射实现单分子化学成像	董振超 等	中国科学十大进展
2015	实现单光子多自由度量子隐形传态	潘建伟 等	中国科学十大进展
2015	实现对单个蛋白质分子的磁共振探测	杜江峰 等	中国科学十大进展
2016	研制出将二氧化碳高效清洁转化为液体燃料的新型钴基电催化剂	谢 毅 等	中国科学十大进展
2017	实现星地千公里级量子纠缠和密钥分发及隐形传态	潘建伟 等	中国科学十大进展
2018	首次直接探测到电子宇宙射线能谱在 1 TeV 附近的拐折(我校参与)	安 琪 等	中国科学十大进展
2019	实现对引力诱导量子退相干模型的卫星检验	潘建伟 等	中国科学十大进展
2019	首次观测到三维量子霍尔效应(参与)	乔振华 等	中国科学十大进展
2021	可编程二维 62 比特超导处理器“祖冲之号”的量子行走	潘建伟 等	中国科学十大进展
2021	火星探测任务天问一号探测器成功着陆火星(参与)	汪毓明 等	中国科学十大进展
2022	实现超冷三原子分子的量子相干合成	潘建伟 等	中国科学十大进展
2023	揭示光感受调节血糖代谢机制	薛 天 等	中国科学十大进展
2023	“拉索”发现史上最亮伽马暴的极窄喷流和十万亿电子伏特光子(参与)	戴子高 等	中国科学十大进展

* 原为“中国基础科学研究十大新闻”,2010 年更名为“中国科学十大进展”。

1998—2023年入选中国高等学校十大科技进展一览表

年份	项 目 名 称	完成人	类 别
1998	从四氯化碳催化热解制金刚石	钱逸泰 等	中国高校十大科技进展
2000	过去3000年企鹅数量的变化与环境演变研究	孙立广 等	中国高校十大科技进展
2001	C_{60}单分子的高分辨表征和新型二维取向畴	侯建国 等	中国高校十大科技进展
2003	多光子量子纠缠态的操纵与鉴别	潘建伟 等	中国高校十大科技进展
2004	五光子纠缠和终端未定量子隐形传态的实验实现	潘建伟 等	中国高校十大科技进展
2007	光量子计算机的物理实现和算法应用	潘建伟 等	中国高校十大科技进展
2008	新型铁基高温超导材料的发现及相图研究	陈仙辉 等	中国高校十大科技进展
2009	基于自旋的量子调控实验研究	杜江峰 等	中国高校十大科技进展
2009	双功能单分子器件的设计与实现	侯建国 等	中国高校十大科技进展
2015	纳米尺度量子精密测量	杜江峰 等	中国高校十大科技进展
2019	“界面单位点”新型催化剂结构设计与氢气中微量CO的高效去除	路军岭 等	中国高校十大科技进展
2020	黑磷复合材料的“界面重构”实现高倍率高容量锂存储	季恒星 等	中国高校十大科技进展
2021	基于稀土离子的固态量子存储	李传锋 等	中国高校十大科技进展

2005—2023年入选国内十大科技进展新闻一览表

年份	项 目 名 称	完成人	类 别
2005	中国科大在单分子选键化学研究领域获重大进展	侯建国 等	国内十大科技进展新闻
2005	我国实现国际最长距离实用光纤量子密码系统	郭光灿 等	国内十大科技进展新闻
2008	我科学家发现铁基高温超导材料	陈仙辉 等	国内十大科技进展新闻
2008	我科学家实现世界首个量子中继器	潘建伟 等	国内十大科技进展新闻
2010	我科学家首次实现远距离自由空间量子态隐形传输	潘建伟 等	国内十大科技进展新闻

续表

年份	项目名称	完成人	类别
2011	中科大制备出八光子纠缠态、刷新世界纪录	李传锋 等	国内十大科技进展新闻
2015	中科大首次成功实现“单光子多自由度量子隐形传态”	潘建伟 等	国际/国内 十大科技进展新闻
2017	量子系统研发创纪录，中国实现星地量子通信	潘建伟 等	国际十大科技进展新闻
2017	“墨子号”实现星地量子通信	潘建伟 等	国内十大科技进展新闻
2019	首次验证远距离双场量子密钥分发	潘建伟 等	国内十大科技进展新闻
2020	微分几何学两大核心猜想 20 多年后终获证	陈秀雄 等	国内十大科技进展新闻
2020	“九章”量子计算机问世引发世界关注	潘建伟 等	国内十大科技进展新闻
2021	“祖冲之号”“九章二号”量子计算原型机研制成功	潘建伟 等	国内十大科技进展新闻
2021	凯勒几何两大核心猜想被证明	陈秀雄 等	国内十大科技进展新闻
2021	“拉索”发现迄今最高能量光子(参与)	杨睿智 等	国内十大科技进展新闻
2021	我国首次火星探测任务天问一号着陆火星(参与)	汪毓明 等	国内十大科技进展新闻
2022	二氧化碳“变”葡萄糖和脂肪酸(参与)	曾　杰 等	国内十大科技进展新闻
2023	51 个超导量子比特簇态制备刷新世界纪录	潘建伟 等	国内十大科技进展新闻

发表在《Science》《Nature》《Cell》上的论文一览表

论文名称	期刊名	年，卷	作者
我校为第一署名单位			
Long-range ordered porous carbons produced from C60	Nature	2023，614	朱彦武 等
Observation of intrinsic chiral bound states in the continuum	Nature	2023，613	陈　杨 等
Light modulates glucose metabolism by a retina-hypothalamus-brown adipose tissue axis	Cell	2023，186	薛　天 等
Reducing nonradiative recombination in perovskite solar cells with a porous insulator contact	Science	2023，379	徐集贤 等
A $LaCl_3$-based lithium superionic conductor compatible with lithium metal	Nature	2023，616	姚宏斌 李震宇 等
Near-frictionless ion transport within triazine framework membranes	Nature	2023，617	徐铜文 杨正金 等

续表

论　　文　　名　　称	期刊名	年,卷	作　者
Gasdermin D licenses MHCII induction to maintain food tolerance in small intestine	Cell	2023,186	朱　书 等
Deformable hard tissue with high fatigue resistance in the hinge of bivalve Cristaria plicata	Science	2023,380	俞书宏 吴恒安 茅瓅波 等
Generation of genuine entanglement up to 51 superconducting qubits	Nature	2023,619	潘建伟 朱晓波 彭承志 等
Boryl radical catalysis enables asymmetric radical cycloisomerization reactions	Science	2023,382	汪义丰 傅　尧 张凤莲 等

2001—2022 年收录论文数一览表*

年度	SCI 论文	EI 论文	ISTP 论文	国内论文
2001	880	391	167	1499
2002	903	382	161	1395
2003	1087	629	186	1479
2004	1141	647	201	1430
2005	1499	1048	317	1544
2006	1558	1264	357	1750
2007	1509	1101	453	1668
2008	1544	1135	586	1480
2009	1568	1145	461	1329
2010	1510	1246	647	1237
2011	1663	1213	224	889
2012	1819	1199	196	929
2013	2107	1617	317	906
2014	2460	1702	313	905
2015	2624	2018	211	882

续表

年度	SCI 论文	EI 论文	ISTP 论文	国内论文
2016	2784	2195	614	759
2017	2867	2045	573	821
2018	3205	2415	546	766
2019	3417	2407	646	756
2020	3444	2956	343	738
2021	3733	3741	447	856
2022	4151	3877	476	1019

* 统计数据来自中国科学技术信息研究所。

2001—2022 年发表论文在全国高校排名情况*

年度	SCI 排名	EI 排名	ISTP 排名
2001	4	6	9
2002	5	7	14
2003	5	7	18
2004	5	7	18
2005	5	8	26
2006	6	7	25
2007	5	14	22
2008	8	18	23
2009	11	20	27
2010	13	24	28
2011	14	25	53
2012	16	27	65
2013	15	21	31
2014	15	21	29
2015	18	22	30
2016	18	22	19
2017	21	24	24

续表

年度	SCI 排名	EI 排名	ISTP 排名
2018	19	24	22
2019	20	26	14
2020	21	25	19
2021	23	12	9
2022	26	19	9

* 统计数据来自中国科学技术信息研究所。

2011—2023 年国际论文 10 年段被引篇次和排名一览表*

统计年度	累计被引用篇数	累计被引用次数	累计篇均被引用次数	在 C9 高校排名（累计篇均被引次数）
2011	10275	111421	10.84	1
2012	10562	137105	12.98	1
2013	13540	150241	11.10	1
2014	13141	190591	14.50	1
2015	17493	227909	13.03	1
2016	18638	256343	13.75	1
2017	19766	298069	15.08	1
2018	21084	360758	17.11	1
2019	20134	447223	22.21	1
2020	22047	501666	22.75	1
2021	24099	591675	24.55	1
2022	25878	687316	26.56	1
2023	31270	834698	26.69	1

* 统计数据来自中国科学技术信息研究所（以 2018 年为例，以 SCI 数据库统计 2009—2018 年收录的我校论文截至 2019 年 10 月累计被引用情况）。

2016—2023年自然指数(NI)一览表

年份	FC指数	论文数	国内高校排名	亚太高校排名	全球高校排名
2016	262.33	688	4	6	27
2017	276.91	742	4	5	21
2018	299.53	801	4	6	18
2019	304.73	981	4	5	13
2020	455.82	1231	1	1	4
2021	448.5	1270	1	2	7
2022	502.50	1444	2	2	5
2023	566.94	1634	2	2	4

（数据以当年年报为准）

2009—2023年中国卓越国际论文情况*

统计年度	SCI论文总数	表现不俗论文数	表现不俗论文比例
2009	1554	263	16.9%
2010	1568	345	22.0%
2011	1501	401	26.6%
2012	1663	696	42%
2013	1819	692	38%
2014	2107	890	42.2%
2015	2460	1148	46.7%
2016	2586	1144	44.2%
2017	2784	1529	54.9%
2018	2867	1484	51.76%
2019	3205	1651	51.51%

续表

统计年度	SCI 论文总数	表现不俗论文数	表现不俗论文比例
2020	3417	2146	62.8%
2021	3444	2163	62.8%
2022	3733	1999	53.5%
2023	4151	2350	56.6%

*统计数据来自中国科学技术信息研究所，2016年“表现不俗论文”改为“中国卓越国际论文”，统计年度数据为上一年作者为第一单位发表的论文。

主办(承办)的学术刊物

中文名称	英文名称	刊号	主编	创刊年度	备注
中国科学技术大学学报	Journal of University of Science and Technology of China	CN34-1054/N	包信和	1965	月刊
低温物理学报	Chinese Journal of Low Temperature Physics	CN34-1053/04	陈仙辉	1979	双月刊
实验力学*	Journal for Experimental Mechanics	CN34-1057/03	龚兴龙	1986	双月刊
化学物理学报*	Chinese Journal of Chemical Physics	CN34-1295/06	杨学明	1988	双月刊
火灾科学	Fire Safety Science	CN34-1115/X	张和平	1992	季刊
中国免疫学杂志*	Cellular & Molecular Immunology	CN11-4987/R	曹雪涛 田志刚	2004	月刊
数学与统计学报	Communications in Mathematics and Statistics	CN34-1335/O1	马志明	2013	季刊
研究生教育研究	Journal of Graduate Education	CN34-1319/G4	包信和	1996	双月刊
天文学史与天文遗产	Journal of Astronomical History and Heritage	ISSN1440-2807	石云里	1998	季刊
精准化学	Precision Chemistry	暂无	杨金龙	2022	月刊

《实验力学》由中国力学学会和中国科学技术大学联合主办;《化学物理学报》由中国物理学会主办，中国科学技术大学和中国科学院大连化物所承办;《中国免疫学杂志》(英文版)由中国免疫学会和中国科学技术大学联合主办;其余均为我校主办。

持股企业情况

上市企业		
序号	企业名称	经营范围
1	科大讯飞股份有限公司	智能语音、人工智能及其行业应用
2	科大智能科技股份有限公司	工业机器人、服务机器人、电力和新能源领域的产品研发及应用
3	时代出版传媒股份有限公司	出版传媒、印刷复制
4	科大国创软件股份有限公司	软件开发、系统集成
5	北京辰安科技股份有限公司	公共安全应急平台软件、应急平台装备
6	科大国盾量子技术股份有限公司	量子通信技术及其设备的研制、开发
未上市企业		
序号	企业名称	经营范围
7	国科量子通信网络有限公司	量子通信技术、网络科技领域内的技术开发
8	安徽问天量子科技股份有限公司	量子通信技术及其安全设备、器件的研制、生产
9	合肥中科微电子创新中心有限公司	集成电路销售、技术服务、技术开发
10	深圳市创新天地通信股份有限公司	通信设备的技术开发、网络产品的系统集成
11	国仪量子技术(合肥)股份有限公司	量子精密测量、量子计算及高端科学仪器的技术研发和相关产品的研制、生产与销售
12	合肥科佳高分子材料科技有限公司	膜及膜材料的研发、生产
13	安徽中科国创高可信软件有限公司	网络与信息安全、人工智能软件开发
14	合肥国家大学科技园发展有限责任公司	科技企业孵化器建设及管理
15	安徽科大擎天科技有限公司	安防设备、计算机软硬件产品和系统集成
16	安徽中科新研陶瓷科技有限公司	陶瓷、金属和复合材料粉体
17	微纳感知(合肥)技术有限公司	集成电路、微机电系统芯片的设计研发、生产与销售
18	安徽中科大建成科技有限公司	高新技术产品研发，软件开发
19	合肥华西科技开发有限公司	汽车检测设备、控制系统
20	合肥中科大基础教育集团有限公司	教育咨询、教育服务

续表

序号	企业名称	经营范围
21	本源量子计算科技(合肥)股份有限公司	量子计算机研发、量子计算芯片、测控系统、软件等研发与设计
22	国耀量子雷达科技有限公司	量子传感探测、量子雷达研发及生产
23	安徽中科光栅科技有限公司	光栅、光电仪器研发及生产
24	安徽中科久安新能源有限公司	电化学储能安防系统研发及生产
25	广东广纳新材料有限公司	防火封堵材料、隔热和隔音材料研发及生产

十一、教职工队伍

教职工人员结构情况

（2023 年 9 月）

单位：人

指标名称		教职工数							另有其他人员				
		教职工总数	专任教师	行政人员	教辅人员	工勤人员	专职科研人员	其他附设机构人员	校外教师	行业导师	外籍教师	离退休人员	附属中小学幼儿园教职工
总　计		4232	2274	517	345	159	863	74	137	1440	15	2352	115
其中：女		1147	403	300	153	6	255	30	42	168	5	1024	69
正高级		1073	1010	7	0	0	53	3	*	*	*	*	*
副高级		1270	1145	14	87	0	14	10	*	*	*	*	*
中　级		1090	119	18	175	0	734	44	*	*	*	*	*
初　级		48	0	4	32	0	7	5	*	*	*	*	*
其　他		751	0	474	51	159	55	12	*	*	*	*	*
在编	小　计	2545	1582	375	249	137	148	54	*	*	*	*	*
	其中：女	598	249	192	94	5	39	19	*	*	*	*	*
	正高级	956	896	7	0	0	50	3	*	*	*	*	*
	副高级	674	567	14	80	0	3	10	*	*	*	*	*
	中　级	333	119	16	123	0	48	27	*	*	*	*	*
	初　级	33	0	2	22	0	5	4	*	*	*	*	*
	无职称	549	0	336	24	137	42	10	*	*	*	*	*

专任教师分年龄情况

（2023 年 9 月）

单位：人

指标名称		合计	29 岁及以下	30～34 岁	35～39 岁	40～44 岁	45～49 岁	50～54 岁	55～59 岁	60～64 岁	65 岁及以上
总　计		2274	55	537	471	370	295	221	228	93	4
其中：女		403	13	101	91	57	54	47	32	8	0
其中：获博士学位		2115	53	532	469	359	269	180	174	75	4
其中：获硕士学位		116	2	4	2	10	20	29	38	11	0
按专业技术职务分	正高级	1010	2	98	229	219	150	94	126	88	4
	副高级	1145	48	430	233	145	114	85	88	2	0
	中　级	119	5	9	9	6	31	42	14	3	0
	初　级	0	0	0	0	0	0	0	0	0	0
	未定职级	0	0	0	0	0	0	0	0	0	0
按学历分	博士研究生	2099	53	532	468	357	264	179	170	72	4
	硕士研究生	113	2	5	2	9	21	26	36	12	0
	本科	62	0	0	1	4	10	16	22	9	0

专任教师分学历情况

（2023 年 9 月）

单位：人

指标名称	合计	博士研究生			硕士研究生			本科		
		小计	博士学位	硕士学位	小计	博士学位	硕士学位	小计	博士学位	硕士学位
总　计	2274	2099	2097	1	113	12	97	62	6	18
其中：女	403	344	343	1	37	1	9	22	1	9
正高级	1010	981	981		19	6	12	10	1	3
副高级	1145	1068	1066	1	47	6	39	30	5	12

续表

指标名称	合计	博士研究生			硕士研究生			本科		
		小计	博士学位	硕士学位	小计	博士学位	硕士学位	小计	博士学位	硕士学位
中级	119	50	50		47		46	22		3
初级	0	0	0	0	0	0	0	0	0	0
未定职级	0	0	0	0	0	0	0	0	0	0

专任教师教学领域分学科门类情况

（2023 年 9 月）

单位：人

指标名称	合计	正高级	副高级	中级
总　计	2274	1010	1145	119
其中：女	403	105	258	40
哲学	57	12	24	21
其中：马克思主义哲学	32	5	8	19
经济学	35	12	21	2
法学	8	1	5	2
教育学	18	1	5	12
文学	50	6	20	24
历史学	0	0	0	0
理学	1250	626	604	20
工学	633	264	341	28
农学	0	0	0	0
医学	89	56	32	1
管理学	131	32	92	7
艺术学	3	0	1	2

中国科学院院士、中国工程院院士一览表

（共65人）

姓　名	性别	出生年月	学术领域	当选时间	所属学部
周光召	男	1929.5	理论物理、粒子物理	1980	中国科学院数学物理学部
朱清时	男	1946.2	分子高振动态实验和理论	1991	中国科学院化学部
王　水	男	1942.4	地球物理、空间科学	1993	中国科学院地学部
何多慧	男	1939.2	加速器物理和技术	1995	中国工程院能源与矿业工程学部
马志明	男	1948.1	数学	1995	中国科学院数学物理学部
伍小平	女	1938.2	实验力学	1997	中国科学院技术科学部
施蕴渝	女	1942.4	结构生物学	1997	中国科学院生命科学和医学学部
欧阳钟灿	男	1944.1	理论生物物理	1997	中国科学院数学物理学部
魏复盛	男	1938.11	环境保护	1997	中国工程院环境与轻纺工程学部
白春礼	男	1953.9	物理化学	1997	中国科学院数学物理学部
杜善义	男	1938.8	飞行器结构力学和复合材料	1999	中国工程院机械与运载工程学部
许祖彦	男	1940.2	激光技术	2001	中国工程院信息与电子工程学部
范维澄	男	1943.1	火灾安全科学与工程	2001	中国工程院能源与矿业工程学部
郭光灿	男	1942.12	光学	2003	中国科学院技术科学部
李　灿	男	1960.1	化学	2003	中国科学院化学部
吴　奇	男	1955.3	高分子科学	2003	中国科学院化学部
李曙光	男	1941.2	地球化学	2003	中国科学院地学部
陈国良	男	1938.6	计算机	2003	中国科学院技术科学部
朱日祥	男	1955.8	地球物理学	2003	中国科学院地学部
张裕恒	男	1938.3	凝聚态物理	2005	中国科学院数学物理学部
王红阳	女	1952.1	肿瘤分子生物学与医学	2005	中国工程院医药卫生工程学部
吴一戎	男	1963.7	信号与信息处理	2007	中国科学院信息技术科学部
包信和	男	1958.8	物理化学	2009	中国科学院化学部

续表

姓　名	性别	出生年月	学　术　领　域	当选时间	所　属　学　部
郑永飞	男	1959.1	地球化学	2009	中国科学院地学部
万元熙	男	1939.12	等离子体物理	2009	中国工程院能源与矿业工程学部
崔向群	女	1951.12	天体物理	2009	中国科学院数学物理学部
江　雷	男	1965.3	物理化学	2009	中国科学院化学部
潘建伟	男	1970.1	量子物理和量子信息	2011	中国科学院数学物理学部
沈保根	男	1952.9	磁性物理学	2011	中国科学院技术科学部
李天初	男	1945.11	计量技术	2011	中国科学院信息与电子工程学部
葛均波	男	1962.11	心脏病学	2011	中国科学院生命科学和医学学部
周忠和	男	1965.1	古鸟类学	2011	中国科学院地学部
高鸿钧	男	1963.8	凝聚态物理	2011	中国科学院数学物理学部
鄂维南	男	1963.9	计算数学、应用数学	2011	中国科学院数学物理学部
赵政国	男	1956.12	粒子物理	2013	中国科学院数学物理学部
谢　毅	女	1967.7	无机固体化学	2013	中国科学院化学部
刘文清	男	1954.1	环境监测技术研究和应用	2013	中国工程院环境与轻纺工程学部
金红光	男	1957.5	工程热物理	2013	中国科学院数学物理学部
杜江峰	男	1969.6	粒子物理与原子核物理	2015	中国科学院数学物理学部
陈仙辉	男	1963.3	凝聚态物理	2015	中国科学院数学物理学部
李建刚	男	1961.11	核科学技术应用	2015	中国工程院能源与矿业工程学部
陈晓非	男	1958.2	固体地球物理学	2015	中国科学院地学部
景益鹏	男	1964.1	天体物理	2015	中国科学院数学物理学部
孙世刚	男	1954.7	物理化学	2015	中国科学院化学部
吴伟仁	男	1953.10	深空测控通信	2015	中国工程院信息与电子工程学部
田志刚	男	1956.1	天然免疫学	2017	中国工程院医疗卫生学部
赵宇亮	男	1963.2	纳米生物效应与安全性研究	2017	中国科学院化学部
卞修武	男	1963.11	人体病理诊断和研究工作	2017	中国科学院生命科学和医学学部
张东辉	男	1967.1	物理化学	2017	中国科学院化学部
何国威	男	1963.3	流体力学	2017	中国科学院数学物理学部

续表

姓　名	性别	出生年月	学　术　领　域	当选时间	所　属　学　部
陆　军	男	1964.11	机载综合电子信息系统	2017	中国工程院信息与电子工程学部
窦贤康	男	1966.1	空间物理学	2017	中国科学院地学部
王建宇	男	1959.6	空间光电技术和系统	2017	中国科学院信息技术科学部
叶向东	男	1963.3	基础数学	2019	中国科学院数学物理学部
杨金龙	男	1966.1	物理化学	2019	中国科学院化学部
俞书宏	男	1967.8	无机化学	2019	中国科学院化学部
陆夕云	男	1963.4	流体力学	2019	中国科学院数学物理学部
常　进	男	1966.7	天文学	2019	中国科学院数学物理学部
吴曼青	男	1965.8	网络信息，雷达探测技术	2019	中国工程院信息与电子工程学部
吴汉明	男	1952.6	微电子技术	2019	中国工程院信息与电子工程学部
孙凝晖	男	1968.3	计算机系统结构	2019	中国工程院信息与电子工程学部
赵红卫	男	1966.1	离子加速器物理及技术	2019	中国科学院数学物理学部
李景虹	男	1967.12	分析化学	2019	中国科学院化学部
封东来	男	1972.10	凝聚态物理	2021	中国科学院数学物理学部
俞汉青	男	1966.10	废水生物处理	2023	中国工程院环境与轻纺工程学部

院士工作室名单

设立年份	负责院士姓名	研　究　方　向
2018	王红阳	肿瘤学
2018	葛均波	人工智能与医学
2018	赵宇亮	肿瘤诊疗智能纳米系统
2018	卞修武	智慧病理
2018	蒋华良	药物化学生物学
2019	吴伟仁	月球与深空探测
2019	崔向群	先进天文仪器技术

续表

设立年份	负责院士姓名	研　究　方　向
2019	王建宇	量子信息工程
2019	陆军	信息系统
2020	金红光	多能互补能源转化
2020	孙世刚	能源化学
2020	吴曼青	网络安全与数据科学
2020	景益鹏	星系宇宙学
2021	李景虹	生物分析化学
2021	高鸿钧	显微学与材料物理

国家级教学名师一览表

（共 7 人）

年　度	国家级教学名师
2003	陈国良　李尚志
2006	程福臻
2007	霍剑青　施蕴渝
2009	史济怀
2011	向守平

国家高层次人才特殊支持计划教学名师

（共 3 人）

年　度	国家级教学名师
2014	程福臻
2016	陈发来
2022	程　艺

杰出人才名单

国家自然科学基金委员会
“国家杰出青年科学基金”获得者

(共 184 人)

年　度	“国家杰出青年科学基金”获得者
1994	李晓光　郑永飞
1995	包信和
1996	叶向东
1997	程　艺
1998	赵政国　陈仙辉　谢　毅　戴子高
1999	王挺贵　李嘉禹　姚雪彪
2000	丁泽军　刘海燕　杨金龙　牛立文
2001	田志刚　陈乾旺　陆夕云
2002	陈发来　陈初升　龚为民　封东来
2003	吴文彬　俞书宏　龚流柱
2004	王少杰　刘世勇
2005	汪毓明　陈福坤　卢建新　梁　樑
2006	郑　坚　崔　华　何陵辉　俞汉青
2007	吴明卫　史庆华　韦世强　毕国强　陆全明
2008	王俊贤　王　兵
2009	潘建伟　罗　毅
2010	沈延安　韩　良　何力新　徐铜文　谢周清　翁建平
2011	王　群　麻希南　侯中怀　龚兴龙　赵子福
2012	余玉刚　孔　旭　李　陶　黄　文　黄运锋　胡水明　李微雪　张　忠　叶　强
2013	雷久侯　黄　方　李良彬　徐　宁　李传锋　傅　尧　李厚强　陈恩红
2014	陈宇翱　邓兆祥　彭新华　丁　航　吴　枫　谢庆国　陈　京

续表

年　度	“国家杰出青年科学基金”获得者
2015	张华凤　陆朝阳　黄伟新　周荣斌　吴恒安　史保森　洪春雁　张勇东
2016	秦礼萍　邓友金　彭海平　郭国平　李向阳　刘乃安　田善喜　尤业字　彭承志
2017	熊宇杰　许金时　江海龙　康　宇　袁业飞　单　革
2018	倪怀玮　田长麟　李震宇　盛国平　王　毅　姜海峰
2019	余　彦　袁军华　刘　睿　薛　天　曾　杰　杨上峰　吴长征　叶树集　吴忠庆　黄汉民　龙世兵
2020	江　俊　穆　杨　薛永泉　陈昶乐　路军岭　张　智　黄光明　姜洪源　陈　帅　倪　勇　刘利刚　刘树彬　魏玖长　姚　涛　王育才
2021	姚华建　刘　强　苑震生　赵　瑾　张　强　薛向辉　季恒星　刘建北　王兴安　殷月伟　孙永福　马　杰　石发展　瞿　昆　蒋建华
2022	杜平武　宋　礼　徐航勋　熊　伟　武晓君　胡隆华　孙方稳　刘　诚　刘贤伟　查正军　高敏锐　陈世炳　焦淑红
2023	陈小伍　黄民信　赵　雷　王　亚　赵　文　任希锋　蒋　蔚　蒋　彬　朱彦武　汪义丰　姚宏斌　吴　亮　梁海伟　白　丽　朱　书　高　鹏　吴　东　赵　博　吴　涛　肖　翀　申成龙

国家自然科学基金委员会
“国家优秀青年科学基金”获得者

(共 202 人)

年　度	“国家优秀青年科学基金”获得者
2012	蔡　刚　郭国平　黄汉民　李震宇　刘利刚　刘　睿　刘树彬　陆朝阳　穆　杨　倪　勇　王宝善　吴　杰　吴长征　项国勇　姚华建　张国庆　张少兵　周荣斌
2013	龙世兵　倪怀玮　彭海平　盛国平　王学钦　许金时　薛　天　薛向辉　杨　锋　赵　瑾　赵　文　朱彦武
2014	陈仁旭　高　鹏　胡隆华　康　宇　冷　伟　李明哲　刘　强　梅一德　苏振鹏　孙永福　翁清雄　姚　涛
2015	陈昶乐　陈小伍　丁桂军　胡红钢　李文卫　毛　竹　孙方稳　王慧元　王细胜　魏玖长　吴　亮　吴　涛　吴宇恩　易　为　仲　雷

续表

年度	“国家优秀青年科学基金”获得者
2016	曹利明 查正军 陈伊翔 顾振华 姜洪源 刘光明 刘和福 刘衍文 陆高鹏 马杰 盛茂 王双 肖翀 殷月伟 余彦 张杨 吕琳媛
2017	蔡一夫 仓春蕾 崔萍 丁冬生 董春华 高晓英 胡进明 纪杰 江维 蒋彬 刘诚 刘贤伟 马明明 石发展 司廷 孙道远 徐岩 许峰 张文逸 赵雷
2018	蔡辉山 戴立群 范璐璐 耿雷 龙冬 申成龙 唐建顺 王杰 夏琼霞 徐宏力 宣守虎 银振强 印娟 占成 张兰 周文罡 周鑫 朱书
2019	曹刚 陈勋 封常青 傅斌清 康彦彪 刘行 刘建伟 刘淇 彭慧 秦家虎 汪峰 王奉超 王荣生 王雪娟 杨正金 张晓东 邹长铃 赵立璐
2020	陈洁洁 何玉明 李丰银 连德富 刘东 刘林冬 孙成 肖斌 谢洪涛 许小冶 翟志刚 张天柱 张云龙 郑基深
2021	曹平 陈耕 丁举春 胡衍雷 林岳 刘武军 龙冉 田超 汪耀明 王朝 王辉 张红欣 张举勇 张磊 郑权 郑小虎 周小蓉
2022	周宗权 沈晓蓓 郭璇 田新梅 郑旭升 雷佼 郭昌 高怀岭 侯志博 黄建 孙昊昱 徐童 吴尚犬 刘进勋 葛亮 焦龙 何志成 刘彦 毛震东 商红慧
2023	高新亮 刘宇 孙林峰 朱洪影 孙海定 陈双明 万振华 刘东风 耿志刚 龚明 李星星 时银 李云国 葛晓琳 汪普生 胡晓敏 汤强 张泽 黄坤 陈明城 周春辉

校学术荣誉体系名单

（共196人）

荣誉称号	校学术荣誉体系获得者
荣誉讲席教授	何多慧 钱逸泰 施蕴渝 王水 伍小平 张裕恒
资深讲席教授	郭光灿 朱清时

续表

荣誉称号	校学术荣誉体系获得者
杰出讲席教授	包信和 陈仙辉 陈秀雄 戴子高 杜江峰 封东来 李传锋 李嘉禹 卢征天 陆夕云 陆亚林 罗 毅 牛 谦 潘建伟 彭承志 申 勇 舒歌群 田志刚 吴 枫 谢 毅 杨金龙 叶向东 俞汉青 俞书宏 张振宇 赵政国 郑永飞
讲席教授	安 琪 毕国强 曾 杰 曾长淦 陈昶乐 陈初升 陈恩红 陈发来 陈福坤 陈启瑾 陈乾旺 陈 卿 陈 帅 陈卫东 陈向军 陈宇翱 程临钊 程 艺 褚家如 崔 华 单 革 邓友金 邓兆祥 丁 航 丁卫星 丁泽军 董振超 傅 尧 龚流柱 龚为民 龚兴龙 光寿红 郭国平 韩 良 韩正甫 何力新 何陵辉 洪春雁 侯中怀 胡水明 胡 源 黄 方 黄光明 黄汉民 黄伟新 黄 文 黄运锋 季 杰 江海龙 江 俊 姜海峰 姜洪源 康 宇 孔 旭 雷久侯 李厚强 李良彬 李 陶 李微雪 李向阳 李晓光 李震宇 李智军 刘海燕 刘利刚 刘连新 刘乃安 刘乃乐 刘 睿 刘世勇 刘树彬 刘万东 刘 文 龙世兵 卢建新 陆朝阳 陆轻铀 陆全明 路军岭 罗喜胜 麻希南 穆 杨 倪怀玮 倪 勇 牛立文 彭海平 彭新华 秦礼萍 盛国平 石云里 史保森 史庆华 孙东松 孙金华 孙晓艳 汤书昆 田善喜 田长麟 汪毓明 王 兵 王东进 王官武 王俊贤 王 琳 王 群 王少杰 王挺贵 王学钦 王 毅 王育才 韦世强 魏海明 魏玖长 翁建平 吴恒安 吴文彬 吴宇恩 吴长征 吴忠庆 向成斌 谢周清 熊宇杰 徐 宁 徐铜文 徐 榭 徐正元 许金时 薛 天 薛永泉 杨上峰 姚 涛 姚雪彪 叶邦角 叶民友 叶树集 尤业字 余 彦 余玉刚 俞能海 袁军华 袁业飞 张海江 张和平 张华凤 张梦萍 张 群 张土生 张燕咏 张勇东 张 智 赵 忠 赵子福 郑 坚 周丛照 周江宁 周荣斌 周正威 朱俊发 朱长飞 常晓军 菲利普

正高级专业技术职务人员名单

（2023 年 9 月，共 1067 人）

单　位	正高级专业技术职务人员
校领导	薛 天 邓建松 舒歌群 包信和 潘建伟 蒋 一 王晓平 杨金龙 傅 尧 褚家如 吴 枫 周丛照
少年班学院	陈洪佳 孙广中 卢征天
数学科学学院	殷 峥 库 伦 张梦萍 李皓昭 王 毅 梁 兴 李 新 李 平 胡 森 陈 卿 陈秀雄 任广斌 陈发来 麻希南 欧阳毅 刘利刚 黄 文 邵 松 徐 岩 王作勤 盛 茂 李嘉禹 陈小伍 刘聪文 侯新民 杨周旺 叶 郁 马 杰 薄立军 张举勇 刘世平 程 艺 梁永祺 陈世炳 王 兵 杨 迪 蒋 琰 刘 勇 张土生 陈仁杰 叶向东 左达峰 韦 勇 张先得 曹 阳 韩邦先 徐 宽 杨金榜 赖颖蕾 孙 雯 张 磊 陈景润 陈 峻 孙 哲 于树澄 李俊钢 吴 涵 陈士祥 赵 泉

续表

单位	正高级专业技术职务人员
物理学院	荣星 杨睿智 林子敬 王冠中 徐宁 许小亮 尹民 李晓光 潘必才 陈仙辉 朱弘 吴明卫 段昌奎 张榕京 袁军华 赵瑾 朱文光 秦胜勇 乔振华 丁泽军 殷月伟 樊逢佳 肖正国 何俊峰 应剑俊 王震宇 卢建新 张一飞 王永纲 朱林繁 彭海平 赵政国 叶邦角 王群 陈向军 王文阁 黄光顺 高道能 韩良 郁司夏 邓友金 刘树彬 陈帅 陈凯 黄民信 刘建北 彭新华 曹利明 刘衍文 金革 苏吉虎 宋克柱 邵明 鄢文标 王坚 丁桂军 唐泽波 李明哲 赵雷 封常青 尹春明 张云龙 吴雨生 周双勇 林毅恒 王亚 张宏俊 石发展 浦实 张扬 袁业飞 王挺贵 孔旭 王俊贤 赵文 王慧元 刘桂琳 方文娟 范璐璐 王亮 刘文 史保森 陈巍 柳必恒 邹旭波 郭国平 张斗国 任希锋 韩正甫 王沛 何力新 周正威 李传锋 周幸祥 黄运锋 韩永建 易为 项国勇 许金时 许立新 张永生 龚明 王双 唐建顺 周宗权 邹长铃 丁冬生 董春华 银振强 陈耕 朱晓东 马锦秀 王晓方 王少杰 蒋蔚 杨益东 张增明 张志勇 陈宇翱 朱晓波 徐飞虎 霍永恒 戴汉宁 苑震生 曹刚 许小冶 侯志博 汪骞 姜海峰 林箐 徐来林 王鸿 李阳 童华 周小蓉 冯畅 戴子高 苑光辉 陶靖 牛谦 张红欣 高阳 郑炜 李剑 席铮 彭晨晖 沈胜春 容昱 李海欧 梁文轩 武帅 王臻 王进红 杨洪洮 王恩亮 蒋景华 严飞 张颉颃 高尚 夏慷蔚 鲁楠 罗希望 何志成 陈京 秦维 胡启鹏 王恩赐 姜继安
化学与材料科学学院	胡水明 闫立峰 田善喜 江俊 陈东明 李全新 刘世林 廖结楼 李群祥 陈艳霞 黄伟新 徐瑞雪 路军岭 王兴安 邵翔 张群 周晓国 刘光明 李微雪 蒋彬 汪耀明 陈维 余彦 陈春华 夏长荣 徐鑫 初宝进 杨上峰 向斌 朱彦武 杜平武 郝绿原 陈涛 章根强 马骋 曹瑞国 季恒星 任晓迪 汪义丰 刘扬中 王细胜 熊宇杰 江海龙 汪志勇 崔华 王中夏 宋钦华 王官武 杨晴 谢毅 徐铜文 俞书宏 唐凯斌 田仕凯 邓兆祥 黄光明 顾振华 马明明 江鸿 肖斌 李涛 姚宏斌 吴宇恩 吴亮 黄汉民 王功名 梁海伟 王川 张晓东 刘建伟 闵元增 王志刚 葛学武 洪春雁 尤业字 朱平平 王延梅 刘和文 刘世勇 陈昶乐 徐航勋 邹纲 汪峰 胡进明 吴思 查正根 姚奇志 陈初升 徐集贤 康彦彪 占忠亮 周敏 杨正金 庄涛涛 袁月 焦淑红 苏育德 戴懿涛 王成威 张洁 严欢 崔林松 李闯 刘波 李储鑫 胡祥龙 崔昆朋 刘东 葛君杰 王龙海 孟征 刘进勋 袁龙 葛亮 赵创奇 焦龙 赖敏良 张清伟 张振 张海军
工程科学学院	吴恒安 黄生洪 宣守虎 丁航 张青川 胡小方 陆夕云 何陵辉 文鹤鸣 卢德唐 龚兴龙 孙德军 陈海波 缪泓 汪洋 彭良明 梁海弋 倪勇 姜洪源 徐松林 刘难生 黄海波 高鹏 骆天治 李二强 王海龙 王奉超 司廷 闫锐 许峰 翟志刚 刘诚 徐晓嵘 扎克 王克逸 郑津津 冯志华 赵旸 吴东 张世武 胡衍雷 盛东 毛磊 朱锡锋 裴刚 胡芃 刘明侯 王晓宏 夏维东 季杰 程文龙 叶宏 李文志 龚明 翟超 高怀岭 谈鹏 龙林爽 程万 潘挺睿 吴尚犬 丁举春 王洪波 田超 张忠 孙帅帅 陈立锋 王柳 刘罗勤 公泽 汪国睿 李桂强 刘浩然 杨亮 陈杨 倪劲成 邓华夏 马浩 张晓愿

续表

单位	正高级专业技术职务人员
信息科学技术学院（含网络空间安全学院、微电子学院）	李荐 孙利国 李厚强 田新梅 张文逸 张勇东 陈雪锦 卫国 叶中付 洪佩琳 徐云生 戴礼荣 邱玲 戴旭初 朱冰 俞能海 徐正元 王刚 王卫东 朱旗 周武旸 陈志波 刘发林 卢汉成 凌震华 朱祖勍 龚晨 周文罡 王杰 熊志伟 李斌 何向南 刘东 陈勋 王永 丛爽 殷保群 朱明 陈宗海 季海波 吴刚 熊军林 凌强 杨坚 秦家虎 李智军 张天柱 赵峰 阚震 邱本胜 刘际 陈畅 林福江 龙世兵 左成杰 孙海定 程林 康一 张卫明 胡红钢 孙启彬 赵刚 孙晓艳 陈彦 高南 赵云波 胡芹 谢洪涛 肖鹏 谢庆国 李礼 李鹏 吕頔 冯福利 高洪波 王翔 尼古拉 周熠 石媛媛 宋彦 马平 杨勋 肖力 胡诣哲 毛震东 陈涛 杨树 吕琳媛 林璟锵
计算机科学与技术学院	熊焰 许胤龙 徐云 肖明军 顾乃杰 安虹 华蓓 陈恩红 陈欢欢 张信明 张昱 王上飞 徐林莉 周学海 李向阳 徐宏力 刘淇 龚伟 薛吟兴 程敬原 丁虎 张燕咏 尼克 张兰 谈海生 李京 徐童 连德富 陈雪 赵阳明 彭攀 糜相行 徐小华 邵帅 宋骐 侯嘉慧 阮文杰
软件学院	吴敏 李曦
地球和空间科学学院	肖益林 周根陶 李陶 王荣生 杨晓勇 刘睿 秦礼萍 郑永飞 傅云飞 陈出新 刘贻灿 孙东松 任保华 李毅 陈福坤 刘斌 魏春生 黄金水 唐俊 郑惠南 沈延安 刘桂建 吴小平 陆全明 王传兵 朱仁斌 杨永太 赵子福 张海江 李锐 吴忠庆 汪毓明 雷久侯 冷伟 倪怀玮 毛竹 陶鑫 栾晓莉 薛向辉 张少兵 袁仁民 祝宝友 刘晓东 王雨 仲雷 高晓英 陈仁旭 孙道远 苏振鹏 陈伊翔 赵纯 戴立群 周鑫 耿雷 姜哲 李俊伦 夏琼霞 王宝善 郭璇 伍新明 黄方 陆高鹏 黄建 李泽峰 卢三 李云国 郝记华 郭静楠 汤浩岚 刘佳佳 马晓冬 许效华 邓正宾 潘路 哈吉拉 王文忠 王凯 张诗淮
生命科学与医学部	肖卫华 刘北明 陈林 魏海明 张家海 张华凤 单革 田长麟 蔡刚 周荣斌 阮科 向成斌 牛立文 姚雪彪 孙宝林 史庆华 胡兵 陈宇星 毕国强 刘海燕 赵忠 朱涛 吴清发 丁勇 杨昱鹏 宋晓元 光寿红 臧建业 杨振业 张效初 刘强 白丽 张智 刘丹 熊伟 田志刚 孙汭 周逸峰 梅一德 江维 申勇 汪铭 龚庆国 陈泉 王育才 龙冬 仓春蕾 符传孩 许超 马世嵩 刘行 孙成 彭慧 孙林峰 朱书 陶余勇 黄成栋 郑小虎 傅斌清 唐爱辉 潘文 佘继 项晟祺 鲍坚强 周文超 刘连新 翁建平 程临钊 冯雪竹 何立 温泉 高大兴 王雪娟 刘承武 刘东 孙昊昱 王毅 张志勇 方芳 胡青松 李丰银 郑基深 占成 邱香果 周少华 钱洪武 谢文兵 金腾川 包巍 刘步云 王朝 倪芳 谭树堂 杨新星 王剑 曾筑天 施炯 王东方 唐姗 黄的 杨帆 张凯铭 薛林 段屹 段亚君 李海 张晓峰 徐桂凤 朱乐乐 熊鹏 张济舟 曹洋 曹灿 邢宇航 李小龙 郭傲

续表

单 位	正高级专业技术职务人员
管理学院	刘志迎 翁清雄 冯 锋 崔志坚 查 勇 苟清龙 吴 强 刘和福 梁 樑 余玉刚 吴 杰 毕功兵 郭晓龙 王熹徽 刘林冬 沈晓蓓 张伟平 吴耀华 胡太忠 杨亚宁 张曙光 金百锁 叶五一 郑泽敏 张 洪 王 潇 陈华平 古继宝 杨 锋 王学钦 曹 平 杨 青 殷 哲 韩 潇 郑 权 张恺人 刘 彦 叶 强 李义娜
公共事务学院	魏玖长 宋 伟 张 姝 宋 歌 黄加顺 左晓栋 王元地 尚虎平
人文与社会科学学院	陈纪梁 石云里 杨玉璋 龚德才 钮卫星 周荣庭 汤书昆 孔 燕 徐 飞 夏文彧 褚建勋 纪娇娇 朱孟潇 何晓松 莫 汉 王 珏 王程韡 袁家宏 施 郁 吕心游
马克思主义学院	汤俪瑾 钱 斌 刘 立 魏 荣 谭小琴
环境科学与工程系	穆 杨 俞汉青 盛国平 李文卫 刘贤伟 陈洁洁 谢周清 王允坤 蔡 琛 王 红 刘武军 吕兴霖 花正双 刘江涛 刘启帆 张 宁 张常勇 杨 一 张 鹏
核科学技术学院	谢锦林 刘万东 郑 坚 孙 玄 蔡辉山 庄 革 徐 榭 叶民友 林铭章 陈红丽 常振旗 贾 青 吴征威 丁卫星 邹崇文 姚 涛 龙 冉 封东来 李 倩 廖昭亮 时 银 赵 龙 李 俊 祝曹祥 胡国军 冷用斌 唐靖宇
国家同步辐射实验室	李良彬 尚 雷 何晓业 孙治湖 潘 洋 张善才 李为民 韦世强 孙 喆 孙葆根 田扬超 徐法强 徐宏亮 韩聚广 张国斌 朱俊发 刘 刚 宋 礼 高 辉 洪义麟 王秋平 刘功发 闫文盛 戚泽明 王 琳 鲍 骏 郑旭升 王占东 冯光耀 焦学琛 刘啸嵩 叶逸凡 陈 凯 冯雪飞 韦业龙 刘 超 朱自安 姜 政 沈大伟 贾文红
合肥微尺度物质科学国家研究中心	陈 旸 李震宇 陆亚林 徐春叶 陆轻铀 任继刚 廖胜凯 张国庆 刘乃乐 董振超 吴文彬 罗 毅 陈乾旺 龚为民 赵 博 张 强 包小辉 陆朝阳 吴 涛 石 磊 王海千 徐安武 王德亮 王 兵 彭承志 陈家富 叶树集 陈腾云 丁延伟 张 军 崔 萍 林 岳 孙永福 王征飞 曾华凌 肖 翀 印 娟 张 杨 姚星灿 高敏锐 郭 昌 胡 伟 史朝为 谭世倞 张 尧 张顺洪 侯中怀 闫亚军 汪苏靖 陈晓剑 曾 杰 陈启瑾 李俊云 王义林 程存峰 周 蒙 姜 娟 侯达之 王凌飞 刘永强 何玉明 陈 杲 李玥琪 张学鹏 李 宇 王 辉 付 强 万 雍 周经纬 项子霁 张进一 朱梅俊 李东海 陈殿峰 范其瑭 胡素磊 孔 飞 王志凯 汪冬冬 张 俊 张振宇 袁道福 高 治 孙德猛 陈明城 商红慧 张目亮 李 赛 刘钟华 约翰纳斯
火灾科学国家重点实验室	刘乃安 蒋 勇 宋卫国 王青松 孙金华 王海晖 张和平 胡 源 杨立中 张永明 汪 箭 王喜世 宋 磊 纪 杰 胡隆华 桂 宙 谢启源 陆守香 程旭东 张 俊 雷 佼 肖华华 王 禹 唐 飞 胡 勇 石 龙 朱纪欣 余 彬 金汉锋 居晓宇

续表

单　位	正高级专业技术职务人员
苏州高等研究院	屠　兢
先进技术研究院	康　宇　胡岳东
党政办公室、机关党委、网络安全和信息化办公室	朱长飞
党委组织部(党校)、党委统战部	张　玲　申成龙
党委宣传部、新闻中心	朱霁平
党委教师工作部、人力资源部	陈卫东　蔡一夫
发展和改革办公室、发展规划处	孙方稳　杜少甫
研究生院(校学位委员会办公室)	李思敏　龚流柱　姚华建
本科生院	柴　松
招生就业处	武晓君
教务处	曾长淦　汤家骏　李　蓓
科研部	薛永泉　查正军
科技成果转移转化办公室	吴长征
国际合作与交流部(含港澳台办公室)、国际学院	程光磊　瞿　昆
保卫与校园管理处、实验室安全办公室	徐允河
工　会	史明瑛
网络信息中心	薛开平　李会民　张焕杰

续表

单　位	正高级专业技术职务人员
出版社	高哲峰　伍传平
附属中学	黄严生　戈益超　汤　胜
医院	马树田

我校教师担任安徽省学位委员会委员名单

姓　名	性别	专业技术职务	学科方向
包信和	男	教授	物理化学
杨金龙	男	教授	物理化学
封东来	男	教授	量子材料
田志刚	男	教授	细胞生物学
叶向东	男	教授	基础数学
陆夕云	男	教授	流体力学

2023年中国科学技术大学博士生导师一览表

一级学科	二级学科代码	二级学科	指导教师(校内)	指导教师(校外)
数学科学学院				
0701 数学	070101	基础数学	韦　勇　张　磊　韩邦先　黄　文　欧阳毅　梁永祺　王　毅　王作勤　叶　郁　陈　杲　郭经纬　陈洪佳　邵　松　刘永强　陈小伍　曹　阳　杨　迪　叶向东　王　兵　张　希　李皓昭　梁　兴　麻希南　李思敏　任广斌　盛　茂　李嘉禹　陈　卿　刘世平　赵立丰　刘　勇　陈世炳　刘聪文　许小卫　杨金榜　段　浩	苗长兴　麻小南
	070102	计算数学	张举勇　韦　勇　徐　岩　陈发来　夏银华　邓建松　徐　宽　李　新　陈仁杰　刘利刚　张梦萍　蒋　琰	戴彧虹　鄂维南　袁亚湘　倪国喜　成　娟
	070103	概率论与数理统计	韩邦先　张土生　薄立军　赖颖蕾	陈　薇
	070104	应用数学	张举勇　张先得　欧阳毅　马　杰　王　毅　侯新民　库　伦　杨周旺	周　熠　葛根年
	070105	运筹学与控制论	杨周旺	郭宝珠
	070120	生物数学	梁　兴	
	070121	数学物理	左达峰　杨　迪　陈　卿　殷　峥　胡　森	
物理学院				
0702 物理学	070201	理论物理	曹利明　邓友金　卢建新　王文阁　王　群　高道能　黄民信　周双勇　丁桂军　李明哲　张　扬	

续表

一级学科	二级学科代码	二级学科	指导教师(校内)	指导教师(校外)
物理学院				
0702 物理学	070202	粒子物理与原子核物理	徐来林 吴雨生 刘衍文 林 箐 刘建北 邵 明 张一飞 赵政国 张宏俊 王 群 叶邦角 韩 良 浦 实 苏吉虎 唐泽波 黄光顺 蒋 一 彭海平 张仁友 张云龙 周小蓉 李 阳 鄢文标	赵红卫
	070203	原子与分子物理	朱林繁 林毅恒 陈向军 陈腾云 戴汉宁 蒋 蔚 许金时 单 旭 苑震生 卢征天 陈宇翱 陈 帅 陈 凯 郑 炜	孙志刚 马新文 王建国
	070204	等离子体物理	杨益东 任海骏 马锦秀 朱晓东 王晓方 王少杰 梁文轩	吉亮亮 丁永坤 朱少平 赵宗清 王 峰 李正宏
	070205	凝聚态物理	张志勇 秦胜勇 朱晓波 尹春明 曾长淦 袁军华 童 华 王 鸿 何俊峰 乔振华 王震宇 应剑俊 何力新 汪 骞 王 兵 李晓光 张增明 刘 东 樊逢佳 殷月伟 丁泽军 朱 弘 宋 礼 张顺洪 王晓平 段昌奎 张榕京 高 阳 程光磊 徐 宁 潘必才 朱文光 曾 杰 陈仙辉 赵 瑾 吴明卫 王冠中 林子敬 肖正国 陶 靖 彭晨晖 沈胜春 牛 谦	王建强 张朝阳 吴 强 田 勇 吴卫东 姬广富 黄 兵 杨延强 张 莉
	070207	光学	任希锋 王安廷 李海欧 丁冬生 柳必恒 黄 坤 唐建顺 张斗国 许金时 项国勇 邹旭波 董春华 郭光灿 易 为 曹 刚 李传锋 孙方稳 王 沛 史保森 韩永建 张永生 银振强 陈 巍 周正威 黄运锋 王 双 邹长铃 龚 明 周幸祥 韩正甫 许立新 陆亚林 席 铮 陈 耕 吴玉椿 苑光辉 罗希望	朱美萍 宾建辉 姚金平 刘 军 曾志男 冷雨欣 王 俊 李儒新 吉亮亮 邵建达 田 野 庞 盟 朱健强 邵宇川 许祖彦 胡丽丽 侯 霞 李学春 陈卫标 张 龙 林锦添 姜本学 刘仓理 司徒国海 欧阳钟灿

续表

一级学科	二级学科代码	二级学科	指导教师(校内)	指导教师(校外)
0702 物理学	070220	量子信息物理学	林毅恒 邓友金 陈腾云 荣 星 朱晓波 戴汉宁 石发展 尹春明 徐飞虎 霍永恒 杜江峰 江 晓 苑震生 王 亚 印 娟 段昌奎 陈 帅 郭国平 陈 凯 彭新华 张 强 郁司夏 潘建伟 陆朝阳 夏慷蔚	刘 亮
0704 天文学	070401	天体物理	薛永泉 范璐璐 张红欣 王俊贤 孔 旭 蔡一夫 王慧元 杨睿智 袁业飞 朱青峰 戴子高 王挺贵 刘桂琳 方文娟 赵 文 周宏岩 冯 畅 罗文涛 李 剑	袁 峰
0803 光学工程	080300	光学工程	王安廷 许小冶 柳必恒 黄 坤 张斗国 王 亮 董春华 王 坚 孙方稳 王 沛 史保森 洪义麟 陈 巍 王 双 韩正甫 许立新 鲁拥华 武 帅	朱美萍 宾建辉 姚金平 刘 军 曾志男 冷雨欣 王 俊 李儒新 邵建达 田 野 庞 盟 朱健强 邵宇川 许祖彦 胡丽丽 侯 霞 周 军 李学春 陈卫标 张 龙 吕德胜 魏朝阳 王建宇 王建军 王雪敏 郑万国 司徒国海 欧阳钟灿 粟敬钦 王 逍 朱启华
0809 电子科学与技术	080901	物理电子学	刘树彬 姜海峰 张 军 荣 星 王永纲 宋克柱 王 坚 江 晓 武 杰 赵 雷 封常青 梁 昊	
	080903	微电子学与固体电子学	王 坚 殷月伟 郭国平	
0827 核科学与技术	082702	核燃料循环与材料		汪小琳

续表

一级学科	二级学科代码	二级学科	指导教师(校内)	指导教师(校外)
0827 核科学与技术	082703	核技术及应用		汪小琳
0854 电子信息 (专业学位)	085401	新一代电子信息技术(含量子技术等)	廖胜凯 江　晓 武　杰 陈宇翱 陈　旸 赵　雷 王　坚 霍永恒 荣　星 宋克柱 丁冬生 刘树彬 封常青 杜江峰 梁　昊 朱晓波 曹　刚 王　亚 胡　伟 张　强 李海欧 邹长铃 黄运锋 姜海峰	
	085402	通信工程(含宽带网络、移动通信等)	宋克柱	
	085407	仪器仪表工程	陆轻铀 赵　雷 封常青	
	085408	光电信息工程	孙方稳 陈　巍 王　坚 霍永恒 封常青 张斗国	刘万发 郑万国
0856 材料与化工 (专业学位)	0856	材料与化工	胡　伟	
0858 能源动力 (专业学位)	0858	能源动力	杨益东	
9901 量子科学与技术	990100	量子科学与技术	许小冶 柳必恒 唐建顺 项国勇 李传锋 何力新 孙方稳 陈宇翱 史保森 张永生 银振强 黄运锋 王　双 陈　凯	
管理学院				
0701 数学	070103	概率论与数理统计	韩　潇 杨　青 杨亚宁	

续表

一级学科	二级学科代码	二级学科	指导教师(校内)	指导教师(校外)
0714 统计学	071400	统计学	张　洪　张伟平　王学钦　韩　潇　杨　青　郑泽敏　胡太忠　张曙光　吴耀华　金百锁	巴曙松　张新雨　赵　鹏
	071402	金融工程	王　潇　张曙光	
0854 电子信息(专业学位)	085406	控制工程	余玉刚	
	085411	大数据技术与工程	余玉刚　魏玖长　翁清雄　刘和福　杨　锋　毕功兵　王学钦	
1201 管理科学与工程	120100	管理科学与工程	毕功兵　余玉刚　魏玖长　刘和福　李勇军　刘林冬　苟清龙　杜少甫　杨　锋　朱孟潇　王熹徽　吴　强　吴　杰　翁清雄　陈华平　梁　樑　叶五一　郑　权　曹　平	熊　辉　李建平　汪寿阳
1202 工商管理	120200	工商管理	魏玖长　褚建勋　刘和福　古继宝　殷　哲　苟清龙　崔志坚　杜少甫　杨　锋　刘志迎　吴　强　吴　杰　翁清雄　梁　樑　宋　歌　黄加顺	
化学与材料科学学院				
0703 化学	070301	无机化学	刘扬中　张晓东　刘　波　闵元增　姚宏斌　王功名　江海龙　熊宇杰　周　敏　朱永春　刘建伟　高　超　庄涛涛　龚兴龙　陈　维　俞书宏　谢　毅　洪　勋　李亚栋　吴长征　梁海伟　吴宇恩　唐凯斌　杨　晴　钱逸泰　刘　东　孟　征	李玉良　曹　荣　洪茂椿
	070302	分析化学	袁　月　李　涛　邓兆祥　崔　华　宋钦华　潘　洋　黄光明	宋　杰　张丽华　李　娟　谭蔚泓　郭　鹏　渠凤丽　方晓红　刘湘圣　程向东　韩　达　刘　远　张鹏晖

续表

一级学科	二级学科代码	二级学科	指导教师(校内)	指导教师(校外)
0703 化学	070303	有机化学	龚流柱 黄汉民 郭昌 王细胜 顾振华 康彦彪 王川 徐允河 王中夏 肖斌 汪义丰 张清伟 田仕凯 韩志勇 傅尧 王官武 宋钦华 马明明 汪志勇	丁奎岭 唐勇 俞飚 张新刚 邓亮 周永贵 刘文 李超忠 刘国生 高希珂 赵刚 马大为 胡金波 桂敬汉 左智伟 李昂 李金山
	070304	物理化学	闫立峰 张群 刘世林 江俊 周晓国 陈艳霞 徐瑞雪 田善喜 李震宇 李全新 黄伟新 罗毅 武晓君 刘进勋 李微雪 王兵 蒋彬 胡水明 包信和 郑晓 路军岭 叶树集 侯中怀 邵翔 李群祥 曾杰 吴奇 陈旸 田长麟 王兴安 朱俊发 杨金龙 严欢 王毅琳	叶茂 章福祥 陈萍 任泽峰 申文杰 孙志刚 刘中民 张未卿 吴凯丰 田志坚 李国辉 杨维慎 肖春雷 张东辉 刘万发 金盛烨 李灿 张涛 金玉奇 王峰 潘秀莲 范峰滔 傅强 黄延强 房本杰 杨学明 丁云杰 韩布兴 赵进才 邵志刚 李金山
	070305	高分子化学与物理	闫立峰 初宝进 陈昶乐 刘世勇 吴思 胡进明 徐航勋 刘和文 徐铜文 尤业字 刘光明 杨正金 邹纲 阳丽华 洪春雁 王志刚 马明明 汪峰 王延梅 杜平武 李闯 张洁 崔昆朋 崔林松	李先锋 高希珂 芦艾
	070320	可再生洁净能源	闫立峰 江鸿 李全新 朱锡锋 傅尧	郝勇
	070322	纳米化学	姚宏斌 钱逸泰	
	0703Z2	化学生物学	刘扬中 闵元增 刘世勇 郑基深 袁月 田长麟	刘文

续表

一级学科	二级学科代码	二级学科	指导教师(校内)	指导教师(校外)
0703 化学	0703Z4	能源化学	张晓东 刘 波 谈 鹏 姚宏斌 王功名 陈立锋 熊宇杰 周 敏 朱永春 季恒星 陈 维 陈春华 洪 勋 吴宇恩 钱逸泰	白春礼
0805 材料科学与工程	080501	材料物理与化学	张文华 黄伟新 季恒星 武晓君 阳丽华 任晓迪 章根强 曹瑞国 宋 礼 马 骋 徐集贤 朱彦武 陈 涛 陈乾旺 朱长飞 向 斌 陆亚林 焦淑红	章福祥 陈 萍 王树东 张朝阳 彭述明 张 林 汪小琳
	080502	材料学	余 彦 姚宏斌 初宝进 陈立锋 陈初升 夏长荣 杨上峰 陈春华 占忠亮 徐 鑫 杜平武 王成威	马宗义 张海斌 刘 渝
	080503	材料加工工程	胡 源 徐航勋 刘和文 李良彬 王志刚	
0817 化学工程与技术	081701	化学工程	江 鸿 徐铜文 杨正金 吴 亮 汪耀明 张 颖	宋 杰 陈光文 杨维慎 唐志永 秦建华
	081704	应用化学	刘贤伟 穆 杨 俞汉青 盛国平 吴 亮	陈光文
0827 核科学与技术	082702	核燃料循环与材料		王和义
0831 生物医学工程	083100	生物医学工程	胡祥龙	
0856 材料与化工(专业学位)	0856	材料与化工	刘扬中 闫立峰 黄汉民 王细胜 刘世勇 熊宇杰 季恒星 陈 维 夏长荣 吴 亮 傅 尧 汪志勇 陈 旸 谢 毅 徐允河 张清伟 余 彦 王功名 占忠亮 黄伟新 杨上峰 徐铜文 陈昶乐 崔 华 王成威 崔昆朋 周 敏 江 俊 陈乾旺 朱彦武 唐凯斌 吴 思 陈立锋 戴懿涛 张 颖 李景虹 朱锡锋 肖 斌	唐 勇

续表

一级学科	二级学科代码	二级学科	指导教师(校内)	指导教师(校外)
生命科学学院				
0710 生物学	071005	微生物学	洪洞 孙宝林 高勇 朱书 杨新星	孙际宾 张波 王猛 胡志红 刘涛 张学礼 孙周通 田朝光 周溪 崔宗强 尹文兵 李寅 石正丽 蔡磊 刘翠华 王琳淇 刘双江 吴边 叶健
	071006	神经生物学	汪香婷 刘强 胡兵 唐爱辉 仓春蕾 张智 占成 熊伟 薛天 刘新峰 张艳 温泉 王朝 刘北明 周逸峰 刘步云	刘宁 杨艳 盛能印 姚永刚 王立平 詹阳 焦建伟
	071007	遗传学	鲍坚强 史庆华 何立 光寿红	张亚平 赵建国 宿兵
	071009	细胞生物学	白丽 汪香婷 刘强 傅斌清 周荣斌 朱涛 唐爱辉 刘行 姚雪彪 仓春蕾 杨振业 周文超 占成 魏海明 王雪娟 熊伟 梅一德 彭慧 江维 史庆华 徐素文 高大兴 张华凤 符传孩 倪芳 王育才 田志刚 何立 孙成 李博峰 曾筑天 刘连新 朱书 光寿红 潘文 刘丹 李丰银 王剑 谢文兵 郑小虎	王硕 姚永刚 刘兴国 郑辉 姚红杰 刘峰 曲静 王红阳 李鹏 卞修武 陈勇彬 赵宇亮 王福生 叶昕 秦宝明 潘光锦 陈畅 李尹雄 李志远 李栋 胡俊杰
	071010	生物化学与分子生物学	谭树堂 阮科 许超 洪洞 龙冬 涂晓明 孙林峰 赵忠 单革 陈宇星 刘行 姚雪彪 刘承武 丁勇 郑基深 周丛照 项晟祺 王雪娟 张志勇 蔡刚 金腾川 刘海燕 臧建业 陶余勇 马世嵩 王朝 田长麟 光寿红 薛林 包巍 钱洪武	朱蕾蕾 游淳 陈江华 冯巍 薛愿超 王江云 章新政 孙周通 赖仞 张天宇 刘劲松 王延轶 李磊 王皓毅 江会锋 陈畅 刘翠华 向华 Miguel A. Esteban

续表

一级学科	二级学科代码	二级学科	指导教师(校内)	指导教师(校外)
0710 生物学	071011	生物物理学	胡　兵　龚庆国　闻　捷　张效初　黄成栋　毕国强	饶子和　徐平勇
	071020	结构生物学	阮　科　许　超　孙林峰　王雪娟　龚庆国　佘　继　刘海燕　臧建业　王　朝　田长麟　张凯铭	董宇辉　柳振峰
	071021	生物信息学	熊　伟　刘海燕　瞿　昆　吴清发　马世嵩	周　兵　马红武　姚红杰　刘长宁　周旭明　陈捷凯　江会锋　王琳淇
	071022	生物材料	王育才	
0713 生态学	071300	生态学	刘贤伟　穆　杨　俞汉青　盛国平　周丛照　花正双　李文卫　谢周清	曹　垒　周伟奇　郭宝成　苏　涛　胡彦如　星耀武　陈卫平　刘方邻
地球和空间科学学院				
0708 地球物理学	070801	固体地球物理学	姚华建　王宝善　李泽峰　伍新明　贾晓峰　倪怀玮　温联星　刘　斌　胡　岩　吴忠庆　黄金水　孙道远　冷　伟　李俊伦　毛　竹　倪四道　张　捷　张海江　吴小平　陈晓非	雷建设　陈　凌　孙和平　高　原　徐锡伟　朱日祥
	070802	空间物理学	汪毓明　周　鑫　仲　雷　郑　坚　陆高鹏　王　雨　薛向辉　孙东松　苏振鹏　陆全明　陶　鑫　陈出新　袁仁民　栾晓莉　刘　睿　夏海云　刘　奇　李　陶　王荣生　姜　哲　李　锐　沈延安　雷久侯　申成龙　郭静楠　赵　纯　卢　三　张铁龙　傅云飞　王传兵　任保华　窦贤康　祝宝友　高新亮	吕伟涛　肖子牛　杨惠根　张　鹏　穆　穆
0709 地质学	070902	地球化学	陈伊翔　陈福坤　李云国　刘贻灿　黄　方　肖益林　戴立群　郝记华　倪怀玮　杨晓勇　陈仁旭　夏琼霞　甄军锋　赵子福　周根陶　张少兵　刘桂建　高晓英　郑永飞　刘晓东　耿　雷　秦礼萍　朱仁斌	王　焰　王　强　韦刚健　何宏平　徐义刚　徐伟彪

续表

一级学科	二级学科代码	二级学科	指导教师（校内）	指导教师（校外）
0830 环境科学与工程	083001	环境科学	刘桂建 朱仁斌	
0857 资源与环境（专业学位）	0857	资源与环境	姚华建 伍新明 郝记华 陆高鹏 王　雨 黄金水 李　陶 李俊伦 刘桂建 李　锐 张　捷 耿　雷 吴小平 胡　岩 杨晓勇 薛向辉 孙东松 朱仁斌	吕伟涛 肖子牛 张　鹏 徐义刚
工程科学学院				
0801 力学	080102	固体力学	宣守虎 骆天治 许　峰 姜洪源 汪　洋 龚兴龙 缪　泓 王海龙 何陵辉 张青川 王奉超 徐建中 胡小方 梁海弋 陈海波 吴恒安 倪　勇 邓华夏 张　忠 汪国睿	陈学东 刘　合
	080103	流体力学	翟志刚 李二强 司　廷 罗喜胜 丁　航 高　鹏 程　万 卢德唐 陆夕云 黄海波 孙德军 闫　锐 刘难生 刘罗勤 丁举春 李祝飞	王　裴 李欣竹
	080104	工程力学	徐松林 汪　洋 郑志军 马宏昊 黄生洪 文鹤鸣	任辉启 孙承纬 罗景润 刘仓理 胡海波 尹益辉
	080120	生物工程力学	姜洪源 陆夕云	
	080121	材料力学与设计	许　峰 何陵辉 梁海弋 彭良明 吴恒安 倪　勇	
	080124	工程安全与防护技术		沈　俊 李海波

续表

一级学科	二级学科代码	二级学科	指导教师(校内)	指导教师(校外)
0804 仪器科学与技术	080401	精密仪器及机械	毛　磊　盛　东　田　超　吴　东　翟　超　冯志华　赵　旸 刘　诚　孙明斋　张世武　徐晓嵘　郑津津　王秋平　王克逸 褚家如　孙帅帅　陈　杨　胡衍雷　Zachary Smith(储扎克)	崔向群
	080402	测试计量技术及仪器	毛　磊　田　超　翟　超　冯志华　张世武　王克逸　孙帅帅 王洪波	
0807 动力工程及工程热物理	080701	工程热物理	胡　芃　谈　鹏　龙林爽　程文龙　王晓宏　舒歌群　叶　宏 刘明侯　黄海波　李桂强	陈海生　朱俊强　吕清刚 郝　勇　肖　波
	080702	热能工程	陈立锋　胡茂彬　赵　旸　李文志　舒歌群　刘明侯　裴　刚 朱锡锋　季　杰	金红光　陈海生　吕清刚
	080705	制冷及低温工程	胡　芃　程文龙　裴　刚　季　杰	
0854 电子信息 (专业学位)	085407	仪器仪表工程	徐晓嵘　田　超　翟　超　刘　诚　毛　磊　胡衍雷　褚家如 潘挺睿　郑津津	
0855 机械 (专业学位)	0855	机械	许　峰　龚兴龙　张世武　黄生洪　郑津津　陈海波　徐晓嵘 田　超　翟　超　刘　诚　毛　磊　胡衍雷　潘挺睿　吴　东 孙帅帅　骆天治　郑志军　张　忠　王克逸	陈学东
0858 能源动力 (专业学位)	0858	能源动力	胡　芃　谈　鹏　许　峰　程文龙　马宏昊　王晓宏　李文志 舒歌群　徐建中　裴　刚　季　杰　黄生洪　陈海波　王奉超 龚兴龙　司　廷　李桂强　宣守虎　陈立锋　丁举春　程　万 郑志军　徐松林	金红光　陈海生　朱俊强 吕清刚　郝　勇

续表

一级学科	二级学科代码	二级学科	指导教师(校内)	指导教师(校外)
信息科学技术学院				
0809 电子科学与技术	080904	电磁场与微波技术	王　刚　陈卫东　王卫东　朱　旗　刘发林　徐云生　朱　冰	
0810 信息与通信工程	081001	通信与信息系统	徐正元　王　刚　朱祖勍　戴旭初　陈卫东　薛开平　王卫东　吴　枫　张文逸　邱　玲　卢汉成　徐云生　朱　冰　龚　晨	罗　翀　陆　军
	081002	信号与信息处理	周少华　陈志波　徐正元　谢洪涛　刘　东　凌震华　何向南　熊志伟　赵　刚　周文罡　李　礼　王　杰　戴礼荣　毛震东　李　斌　吴　枫　邱本胜　张勇东　孙晓艳　李　骜　陈　勋　李厚强　俞能海　杨　勋　田新梅　陈雪锦　肖　鹏　谢庆国　肖　力	霍　强　徐常胜　刘庆峰　张　娅　乔　宇　吕　岩　胡　郁　洪　文　颜永红　陶建华　高　文　尤红建　林达华　胡国平　段　楠　徐宁仪　王延峰　李学龙　欧阳万里　Jiebo Luo
0811 控制科学与工程	081101	控制理论与控制工程	李智军　康　宇　谭小彬　尚伟伟　季海波　阚　震　赵云波　凌　强　吴　刚　秦家虎　殷保群　熊军林　杨　坚	乔　红　曾　鹏　王飞跃　吴伟仁　吴新宇　王秋良　王海峰　许海平
	081102	检测技术与自动化装置		王洪光　史泽林
	081103	系统工程	陈宗海	
	081104	模式识别与智能系统	陈宗海　李智军　康　宇　王子磊　张天柱　曹　洋　凌　强　秦家虎　殷保群　熊军林　查正军　赵　峰　高洪波	梅　涛　谭铁牛　王　亮　胡卫明　陶建华　李　硕　曾大军　郭百宁　吴伟仁　林达华　张少霆

续表

一级学科	二级学科代码	二级学科	指导教师(校内)	指导教师(校外)
0811 控制科学与工程	081105	导航、制导与控制	季海波	冯　刚
	081120	网络传播系统与控制	赵云波　朱　明　吴　刚	
	081121	信息获取与控制	陈宗海	杨文晖
0831 生物医学工程	083100	生物医学工程	刘　际　赵　刚　丁　航　邱本胜　温　泉　李　骜　陈　勋　周逸峰	高家红
0839 网络空间安全	083900	网络空间安全	王　双	
0854 电子信息(专业学位)	085401	新一代电子信息技术(含量子技术等)	刘　东　韩正甫　谢庆国　肖　鹏　杨　勋　李　礼　王　刚　王卫东　赵　刚　陈卫东　刘发林　李　骜	
	085402	通信工程(含宽带网络、移动通信等)	李　斌　卢汉成　李厚强　龚　晨　朱祖勍　徐正元　邱本胜　刘　东　吴　枫　张文逸	
	085406	控制工程	康　宇　谭小彬　赵云波　吴　刚　秦家虎　杨　坚　查正军　李智军　陈宗海　尚伟伟　凌　强　殷保群　张天柱	乔　红　吴新宇　王飞跃　吴伟仁　许海平　王海峰
	085409	生物医学工程	刘　际　赵　刚　邱本胜　李　骜	
	085410	人工智能	周少华　凌震华　何向南　熊志伟　周文罡　张天柱　赵云波　凌　强　张勇东　殷保群　孙晓艳　陈　勋　查正军　赵　峰　李厚强　谢庆国　杨　勋　谢洪涛　陈宗海　王　杰　李　礼　王子磊　戴礼荣　赵　刚　毛震东　吴　枫　陈志波	陆　军　胡卫明　乔　红　梅　涛　陶建华　刘庆峰　胡　郁　胡国平

续表

一级学科	二级学科代码	二级学科	指导教师(校内)	指导教师(校外)
人文与社会科学学院				
0101 哲学	010108	科学技术哲学	褚建勋 王高峰 古继宝 纪娇娇 朱孟潇 张效初 何晓松 吕凌峰 陈 霖 刘 立	饶子和 袁银传 房汉廷
0712 科学技术史	071200	科学技术史	关瑜桢 范安川 杨玉璋 石云里 刘桂建 钮卫星 潘建伟 丁兆君	熊卫民
核科学与技术学院				
0702 物理学	070201	理论物理		杨 磊
	070203	原子与分子物理		于得洋
	070204	等离子体物理	吴征威 庄 革 时 银 郑 坚 李 弘 陆全明 谢锦林 蔡辉山 李 俊 孙 玄 叶民友 贾 青 兰 涛	马新文 于得洋 杨 杰 许 敏 项 农 钱金平 李建刚 胡建生 万宝年 龚先祖 丁永坤
	070205	凝聚态物理	李 倩	
	070207	光学	李 倩	
0827 核科学与技术	082701	核能科学与工程	庄 革 彭常宏 谢锦林 孙 玄 陈红丽 叶民友 万元熙 彭 蕾 祝曹祥 胡国军	何 源 顾 龙 段旭如 刘松林 傅 鹏 胡立群 陈俊凌 陆 坤 宋云涛 李建刚 肖炳甲 郑金星 刘甫坤 胡建生 谷渝秋 桑 革
	082702	核燃料循环与材料	林铭章	罗广南 汪小琳 胡 胜

续表

一级学科	二级学科代码	二级学科	指导教师(校内)	指导教师(校外)
0827 核科学与技术	082703	核技术及应用	吴征威 刘树彬 陈 志 徐 榭	苏有武 何 源 陈卫强 黄贵荣 马力祯 孙良亭 蒙 峻 李 强 许 哲 武军霞 毛瑞士 杨建成 高 翔 刘松林 胡纯栋 武 玉 邓建军
	082704	辐射防护及环境保护	陈 志 徐 榭	骆 鹏 苏有武 杨建成
	082720	同步辐射及应用	龙 冉 邹崇文 李 倩 赵 龙 封东来 姚 涛 廖昭亮	
0854 电子信息(专业学位)	085406	控制工程		何 源 肖炳甲
0856 材料与化工(专业学位)	0856	材料与化工	宋 礼 姚 涛	罗广南
0858 能源动力(专业学位)	0858	能源动力	吴征威 陈 志 宋 礼 陈红丽 叶民友 李 倩 蔡辉山 邹崇文 贾 青 李 俊 郑 坚 庄 革 时 银 李 弘 孙 玄 谢锦林 彭常宏 彭 蕾 万元熙 林铭章 徐 榭 赵 龙 廖昭亮 姚 涛 龙 冉 兰 涛 祝曹祥 胡国军 赵 雷 刘树彬 陆全明 封东来 刘庆华	许 敏 顾 龙 马力祯 杨 磊 杨 杰 于得洋 苏有武 杨建成 骆 鹏 孙良亭 蒙 峻 李 强 许 哲 武军霞 毛瑞士 陈卫强 黄贵荣 何 源 马新文 段旭如 武 玉 肖炳甲 汪小琳 胡建生

续表

一级学科	二级学科代码	二级学科	指导教师(校内)	指导教师(校外)
0858 能源动力 (专业学位)	0858	能源动力	吴征威 陈　志 宋　礼 陈红丽 叶民友 李　倩 蔡辉山 邹崇文 贾　青 李　俊 郑　坚 庄　革 时　银 李　弘 孙　玄 谢锦林 彭常宏 彭　蕾 万元熙 林铭章 徐　榭 赵　龙 廖昭亮 姚　涛 龙　冉 兰　涛 祝曹祥 胡国军 赵　雷 刘树彬 陆全明 封东来 刘庆华	李建刚 万宝年 项　农 钱金平 胡立群 刘甫坤 高　翔 郑金星 宋云涛 陆　坤 胡纯栋 罗广南 刘松林 傅　鹏 丁永坤 龚先祖 谷渝秋 李正宏 朱少平 桑　革
计算机科学与技术学院				
0812 计算机科学与技术	081201	计算机系统结构	安　虹 孙广中 龚　伟 周学海 华　蓓 许胤龙 李　京 李　曦 张燕咏 陈国良 李　诚 顾乃杰 王　超 谈海生	吕自成 杨　懋
	081202	计算机软件与理论	孙广中 张信明 薛吟兴 陈欢欢 肖明军 丁　虎 尼　克 徐林莉 李向阳 许胤龙 李　京 徐宏力 张燕咏 陈国良 陈华平 顾乃杰 徐小华 彭　攀 陈　雪 邵　帅	吕自成 乔春明
	081203	计算机应用技术	陈恩红 周少华 安　虹 程敬原 陈发来 薛吟兴 陈欢欢 龚　伟 丁　虎 尼　克 谢希科 王上飞 华　蓓 金培权 徐林莉 李向阳 张　兰 刘　淇 徐宏力 张燕咏 韩　恺 卢德唐 连德富 杨盘隆 赵阳明	谢　幸 秦　涛 张　娅 乔　宇 童　欣 陶大程 王孝宇 邱锂力 王晓刚
	081220	信息安全	张信明 徐宏力 糜相行	
0854 电子信息 (专业学位)	085404	计算机技术	陈恩红 周少华 安　虹 孙广中 张信明 程敬原 薛吟兴 陈欢欢 龚　伟 肖明军 丁　虎 王上飞 周学海 华　蓓 金培权 李向阳 许胤龙 张　兰 刘　淇 李　京 徐宏力 李　曦 张燕咏 韩　恺 连德富 顾乃杰 王　超 谈海生 徐林莉	熊　辉

续表

一级学科	二级学科代码	二级学科	指导教师(校内)	指导教师(校外)
0854 电子信息 (专业学位)	085405	软件工程	周少华　陈恩红	
	085410	人工智能	李向阳　张燕咏　陈恩红　徐林莉	
环境科学与光电技术学院				
0702 物理学	070207	光学	孟　钢　朱文越	
0804 仪器科学与技术	080401	精密仪器及机械	熊　伟	
0830 环境科学与工程	083001	环境科学	刘文清	
	083002	环境工程	刘文清	
0854 电子信息 (专业学位)	085401	新一代电子信息技术(含量子技术等)	刘文清	
	085403	集成电路工程	刘文清	
	085408	光电信息工程	刘文清　朱文越	
	085409	生物医学工程	刘文清	
0857 资源与环境 (专业学位)	0857	资源与环境	刘文清	

续表

一级学科	二级学科代码	二级学科	指导教师(校内)	指导教师(校外)
先进技术研究院				
0854 电子信息(专业学位)	085401	新一代电子信息技术(含量子技术等)	王　坚　肖　鹏　李厚强　郭国平	
	085402	通信工程(含宽带网络、移动通信等)	谭小彬　陈　彦　田　超　邱本胜	
	085403	集成电路工程	谢庆国	
	085404	计算机技术	宋克柱　谭小彬　谢庆国　肖　鹏　杨　勋　田　超　朱孟潇　孙晓艳　毛震东　张天柱　张燕咏　吴　枫	高家红
	085405	软件工程	陈　旸　瞿　昆　毕国强　邱本胜	
	085406	控制工程	李智军　翟　超　张世武　曹　洋　赵云波　康　宇	乔　红
	085409	生物医学工程	唐爱辉　张效初　瞿　昆　田　超　邱本胜	
	085410	人工智能	杨　勋　孙启彬　瞿　昆　谢洪涛　孙晓艳　王子磊　毛震东　刘　东　刘　淇　李厚强　高洪波　赵云波　康　宇　周文罡　熊志伟　张勇东	陆　军　乔　红
	085411	大数据技术与工程	毛震东　张勇东	
	085412	网络与信息安全	张勇东	
0856 材料与化工(专业学位)	0856	材料与化工	徐允河　季恒星　李良彬　刘建伟　耿志刚　曾　杰　占忠亮　闫立峰　徐铜文　陈初升　崔昆朋　俞书宏　吴　亮　杨正金　汪耀明	

续表

一级学科	二级学科代码	二级学科	指导教师(校内)	指导教师(校外)
0857 资源与环境 (专业学位)	0857	资源与环境	穆　杨　王允坤　耿志刚　曾　杰　盛国平　刘贤伟　俞汉青　李俊伦　纪　杰　宋卫国　陆守香	
微电子学院				
0809 电子科学 与技术	080902	电路与系统	许　磊　程　林　龙世兵　康　一　张勇东　刘发林	陈嘉民　薛　宁　胡伟武　范东睿
	080903	微电子学与 固体电子学	胡　芹　霍永恒　许　磊　高　南　孙海定　左成杰　龙世兵　吕　頔　李　鹏	欧　欣　陈云霁　鲁加国　陈嘉民　尤立星　曹立强　鲁华祥　韩银和　边历峰　宋志棠　邹旭东　骆军委　魏钟鸣　刘力源
0854 电子信息 (专业学位)	085401	新一代电子信息技术 (含量子技术等)		陈嘉民
	085403	集成电路工程	胡　芹　许　磊　程　林　高　南　孙海定　左成杰　龙世兵　康　一　谢庆国　李海欧　吴　枫	欧　欣　陈云霁　陈嘉民　尤立星　薛　宁　曹立强　鲁华祥　韩银和　胡伟武　边历峰　宋志棠　邹旭东
马克思主义学院				
0101 哲学	010108	科学技术哲学	钱　斌	

续表

一级学科	二级学科代码	二级学科	指导教师(校内)	指导教师(校外)
网络空间安全学院				
0839 网络空间安全	083900	网络空间安全	陈志波 张先得 马　杰 谢洪涛 叶　郁 凌震华 熊志伟 戴旭初 郭光灿 李传锋 华　蓓 陈洪佳 孙方稳 张　驰 张卫明 薛开平 李向阳 毛震东 史保森 陈小伍 李　斌 孙启彬 张文逸 库　伦 陈　彦 银振强 陈　巍 张勇东 胡红钢 杨　坚 林璟锵 盛　茂 韩正甫 查正军 彭新华 李厚强 刘乃乐 龚　晨 俞能海 潘建伟 冯福利 王　翔 刘　斌	周礼栋 陆　军 许书彬 廖　勇 刘铁岩 吴曼青 李凤华 肖　嵩 袁　征 冯登国 杜跃进 许盛伟 范淑琴
0854 电子信息 (专业学位)	085401	新一代电子信息技术 (含量子技术等)		陆　军
	085404	计算机技术		周礼栋
	085410	人工智能	毛震东	
	085412	网络与信息安全	薛开平 李向阳 李　斌 陈　彦 陈　巍 张勇东 杨　坚 林璟锵 查正军 俞能海 潘建伟 刘　斌 马　杰 廖胜凯 谢洪涛 冯福利	许书彬 廖　勇 吴曼青 许盛伟
软件学院				
0854 电子信息 (专业学位)	085405	软件工程	周学海 许胤龙 李　京 李　曦 陈华平 王　超 谢希科	陈云霁
苏州高等研究院				
0701 数学	070102	计算数学	陈景润	

续表

一级学科	二级学科代码	二级学科	指导教师（校内）	指导教师（校外）
0703 化学	070301	无机化学		郭　林
	070304	物理化学	江　雷	白春礼　封心建　田　野 刘　欢　闻利平　王树涛 夏　洋　吴雨辰　陈华伟
	070305	高分子化学与物理		董智超　蒋　滢　刘明杰 程群峰
	070322	纳米化学	苏育德	赵　勇
	0703Z2	化学生物学		王健君
0804 仪器科学与技术	080401	精密仪器及机械	潘挺睿　褚家如	
0805 材料科学与工程	080501	材料物理与化学	李储鑫	沈　俊　靳　健　李典森
0810 信息与通信工程	081002	信号与信息处理		仇晓兰
0811 控制科学与工程	081104	模式识别与智能系统		王毅军

续表

一级学科	二级学科代码	二级学科	指导教师(校内)	指导教师(校外)
0812 计算机科学与技术	081202	计算机软件与理论	薛吟兴	
	081203	计算机应用技术	谢希科	
0817 化学工程与技术	081704	应用化学	李文卫　戴懿涛	
0831 生物医学工程	083100	生物医学工程	周少华　刘　东　翁建平　潘挺睿　孙明斋　徐晓嵘　汪苏靖 储开芹　褚家如　张　琪	宓现强　陈云霁　裴为华 李　康　罗　茜　陶晓东 仇晓兰　王毅军　郑冶枫 陈　蕾　刘再毅　刘士远 马瑜婷　姚建华　华先胜 吕　滨　王强斌　唐玉国 杨洪波
0854 电子信息 (专业学位)	085405	软件工程	薛吟兴　王　超	
	085409	生物医学工程	周少华　刘　东　胡祥龙　张效初　徐晓嵘　潘挺睿　储开芹 孙明斋　梁文轩　王育才	陈云霁　秦建华　程群峰
0855 机械 (专业学位)	0855	机械	褚家如	
0856 材料与化工 (专业学位)	0856	材料与化工	江　雷　刘　东　王毅琳　戴懿涛　苏育德	程群峰　李典森　闻利平

续表

一级学科	二级学科代码	二级学科	指导教师(校内)	指导教师(校外)
大数据学院				
0701 数学	0701J1	数据科学(数学)	胡　伟　侯新民　刘利刚　杨周旺	鄂维南
0714 统计学	0714J1	数据科学(统计学)	余玉刚　杨亚宁　瞿　昆　温　泉　金百锁	
0810 信息与通信工程	0810J1	数据科学(信息与通信工程)	程敬原　刘　东　何向南　周文罡　李　礼　王　杰　李　斌　李厚强	刘庆峰　胡　郁
0812 计算机科学与技术	081203	计算机应用技术	查正军	
	0812J1	数据科学(计算机科学与技术)	陈恩红　安　虹　张信明　程敬原　陈欢欢　肖明军　丁　虎　谢希科　王上飞　胡　伟　李向阳　张　兰　刘　淇　瞿　昆　连德富	熊　辉
0854 电子信息(专业学位)	085404	计算机技术	陈恩红　安　虹　张信明　程敬原　陈欢欢　王上飞　何向南　周文罡　胡　伟　李向阳　张　兰　李　斌　刘　淇　杨周旺　连德富　查正军　李厚强　冯福利	
	085405	软件工程	杨周旺	
	085410	人工智能	杨周旺	
	085411	大数据技术与工程	朱　书	
国家同步辐射实验室				
0703 化学	070301	无机化学	姚　涛	
	070304	物理化学	鲍　骏　孙世刚	

续表

一级学科	二级学科代码	二级学科	指导教师(校内)	指导教师(校外)
0805 材料科学与工程	080501	材料物理与化学	储旺盛	
0827 核科学与技术	082702	核燃料循环与材料		彭述明　胡　胜
	082703	核技术及应用	何晓业　冯光耀　王　琳　洪义麟　徐宏亮　刘啸嵩　刘功发　孙葆根　尚　雷　何多慧　韦业龙　刘　超　李和廷	孙光爱
	082720	同步辐射及应用	储旺盛　孙　喆　孙治湖　鲍　骏　龙　冉　焦学琛　韩聚广　罗震林　闫文盛　李良彬　宋　礼　张国斌　叶逸凡　田扬超　刘　刚　戚泽明　王秋平　潘　洋　韦世强　朱俊发　徐法强　王占东　孙世刚　刘庆华　陈　凯　冯雪飞	张未卿　孙光爱
0856 材料与化工(专业学位)	0856	材料与化工	储旺盛　鲍　骏　焦学琛　李良彬　宋　礼　潘　洋　韦世强　姚　涛　孙世刚	
0858 能源动力(专业学位)	0858	能源动力	何晓业　储旺盛　孙　喆　鲍　骏　冯光耀　焦学琛　韩聚广　罗震林　王　琳　李良彬　洪义麟　宋　礼　叶逸凡　徐宏亮　田扬超　刘啸嵩　刘功发　潘　洋　孙葆根　韦世强　朱俊发　王占东　姚　涛　尚　雷　孙世刚　邹崇文　闫文盛　刘庆华　李和廷　刘　超　何多慧	
火灾科学国家重点实验室				
0837 安全科学与工程	083700	安全科学与工程	王青松　王　禹　肖华华　胡　源　纪　杰　刘乃安　桂　宙　唐　飞　胡隆华　杨立中　张　俊　张和平　方　俊　王喜世　孙金华　宋　磊　宋卫国　朱霁平　余　彬　蒋　勇　陆守香　朱纪欣　石　龙　胡　勇	

续表

一级学科	二级学科代码	二级学科	指导教师(校内)	指导教师(校外)
0857 资源与环境(专业学位)	0857	资源与环境	王青松 王禹 肖华华 胡源 纪杰 刘乃安 桂宙 唐飞 胡隆华 杨立中 张俊 张和平 王喜世 孙金华 宋磊 宋卫国 余彬 蒋勇 陆守香	
合肥微尺度物质科学国家研究中心				
0701 数学	070101	基础数学	朱梅俊 李宇	
0702 物理学	070203	原子与分子物理	陈向军 陈腾云 姚星灿 徐飞虎 田善喜 程存峰 包小辉 赵博 罗毅 卢征天 胡水明 陈启瑾 陈旸 潘建伟 万雍	
	070205	凝聚态物理	曾华凌 崔萍 张振宇 侯达之 李震宇 肖翀 吴涛 胡伟 王兵 王征飞 姜娟 闫亚军 郑晓 王凌飞 陆轻铀 张杨 董振超 陈启瑾 曾杰 王义林 谭世倞 吴文彬 张汇 封东来 杨金龙 王海千 项子霁	马传许
	070207	光学	陈旸	
	070220	量子信息物理学	任希锋 李海欧 张军 丁冬生 尹春明 姚星灿 唐建顺 许金时 包小辉 董春华 易为 曹刚 薛向辉 赵博 曹原 印娟 韩永建 陈巍 周正威 任继刚 龚明 李俊云 韩正甫 张强 刘乃乐 何玉明 陆朝阳 张进一 周经纬 徐凭 孔飞 Johannes Majer	
0703 化学	070301	无机化学	孙永福 汪苏靖 王辉	
	070302	分析化学	李玥琪 李景虹	

续表

一级学科	二级学科代码	二级学科	指导教师(校内)	指导教师(校外)
0703 化学	070303	有机化学	郭　昌　张国庆　徐安武	
	070304	物理化学	张　凤　陈艳霞　程存峰　赵东锋　张文华　张　尧　胡　伟　李微雪　周　蒙　张　杨　曾　杰　谭世倞　张国庆　陈家富　张学鹏　耿志刚　付　强　李东海　江慧军　范其瑭	马传许
	070305	高分子化学与物理	徐春叶　陈殿峰	
	070322	纳米化学	江海龙　熊宇杰　刘建伟　肖　翀　俞书宏　谢　毅　高敏锐　杨上峰　唐凯斌　杨　晴　徐安武	潘秀莲
	070323	单分子科学	刘世林　王　兵　张　杨　董振超　李群祥　张　汇	
0710 生物学	071010	生物化学与分子生物学	史朝为　龚为民	
	071011	生物物理学	史朝为　毕国强	
	071021	生物信息学	瞿　昆	
0804 仪器科学与技术	080401	精密仪器及机械	程存峰　胡水明　夏海云	
0805 材料科学与工程	080501	材料物理与化学	崔　萍　张宏俊　王征飞　徐春叶　王凌飞　张顺洪　徐安武　王海千　林　岳	
0809 电子科学与技术	080901	物理电子学	廖胜凯　彭承志	

续表

一级学科	二级学科代码	二级学科	指导教师(校内)	指导教师(校外)
环境科学与工程系				
0830 环境科学与工程	083001	环境科学	刘江涛 周　鑫 花正双 谢周清 沈延安 耿　雷 王　红 蔡　琛	单文坡 崔　丽 徐耀阳 姚槐应 苏建强 陈卫平 孙　新 俞　慎 朱永官 肖　航
	083002	环境工程	刘武军 刘江涛 刘贤伟 杨　一 吕兴霖 穆　杨 俞汉青 盛国平 陈洁洁 李文卫 王允坤 张常勇	陈伟强 郑煜铭 贾宏鹏 赵　峰 肖　航
0857 资源与环境(专业学位)	0857	资源与环境	刘贤伟 吕兴霖 穆　杨 俞汉青 盛国平 谢周清 刘江涛 王允坤 杨　一 花正双 刘武军 张常勇 蔡　琛 王　红 李文卫 陈洁洁	赵　峰
附属第一医院				
0710 生物学	071009	细胞生物学	方　芳 王　毅 翁建平 胡青松 祝怀平	
	071010	生物化学与分子生物学	段亚君 唐丽琴 韩舒欣	梁鑫淼
	071011	生物物理学	徐维平	
1002 临床医学	100201	内科学	周　敏 朱小玉 陈　竹 王　炜 翁建平 王兴兵 马礼坤 余　跃 郑昌成 陶金辉	王福生
	100203	老年医学	殷　实	
	100204	神经病学	汤其强 孙　文 刘新峰	
	100207	影像医学与核医学	吕维富	

续表

一级学科	二级学科代码	二级学科	指导教师(校内)	指导教师(校外)
1002 临床医学	100208	临床检验诊断学	王保龙　伍　权　沈佐君　马筱玲　李　庆	
	100210	外科学	尹大龙　肖　峻　牛朝诗　荚卫东　尚希福　王嘉倍　刘连新 葛建军　解明然　王继洲	朱　晨　赵智伟
	100211	妇产科学	周　颖　夏百荣　吴丽敏　郑圣霞　赵卫东	
	100212	眼科学	董　凯	
	100214	肿瘤学	王　哲　潘跃银　钱　东　钱立庭　吴海波	王红阳　卞修武
	100217	麻醉学	王　胜　李　娟	
	100221	重症医学	周　敏	尚　游
生物医学工程学院				
0831 生物医学工程	083100	生物医学工程		蒋树强
未来技术学院				
0702 物理学	070203	原子与分子物理		芮　俊
	070205	凝聚态物理		何　骏
科学岛分院				
0702 物理学	070201	理论物理	郝　宁	
	070204	等离子体物理	黄　娟　夏天阳　高　翔　李国强　揭银先　周海山　臧　庆 王　亮　项　农　徐国盛　曾　龙　胡立群　吴振伟　丁　锐 钱金平　张新军　沈　飙　匡光力　李建刚　刘海庆　吴　斌 吕　波　毛玉周　赵君煜　孙有文　秦成明　倪国华　刘甫坤 胡建生　万宝年　龚先祖　丁伯江　李亚东　梁云峰	

续表

一级学科	二级学科代码	二级学科	指导教师(校内)	指导教师(校外)
0702 物理学	070205	凝聚态物理	杨　杰 郝　宁 王钊胜 宁　伟 李永钢 孙玉平 罗　轩 朱雪斌 王贤龙 张　蕾 方前锋 薛　飞 鲁文建 吴学邦 杨晓萍 张昌锦 郝　林 屈　哲 徐　文 杨昭荣 陈　峰 宋文海 郑小宏 盛志高 张永胜 周建辉 邹良剑 田明亮 曾　雉 戴建明 邵定夫 Eugene Gregoryanz	
	070207	光学	王先华 秦　敏 魏合理 刘　锟 李　昂 孙敦陆 于　磊 黄印博 毛庆和 桂华侨 翁宁泉 孙晓兵 赵卫雄 阚瑞峰 熊　伟 万松明 刘　勇 何亚柏 胡顺星 徐青山 司福祺 钱仙妹 刘　东 张玉钧 詹　杰 赵南京 王英俭 谢晨波 倪友保 张为俊 谢品华 范承玉 江海河 刘文清 刘建国 吴海信 方勇华 罗海燕 李　新 郑小兵 黄宏华 吴晓庆 洪　津 朱文越 高晓明 饶瑞中 黄晨光 侯再红 张庆礼 张天舒	
0703 化学	070302	分析化学	杨良保	
0710 生物学	071009	细胞生物学	方志友	
	071010	生物化学与分子生物学	姚建铭	
	071011	生物物理学	冯慧云 马祖长 吴丽芳 王　军 方志友 黄超群 杨武林 蒋焱熠 王宏志 刘方邻 许　安 谷红仓 赵国平 王俊峰 姚建铭 刘　勇 张　欣 刘　静 刘青松 郑之明 王文超 谢　灿 戴海明 韩　伟 吴正岩 黄　青 胡清源 张　钠 钟　凯 储焰南 林文楚 江力玮 徐维平	

续表

一级学科	二级学科代码	二级学科	指导教师(校内)	指导教师(校外)
0710 生物学	071021	生物信息学	方志友	
	071022	生物材料	王俊峰　谢　灿	
0801 力学	080103	流体力学	黄晨光	
	080104	工程力学	黄晨光	
0803 光学工程	080300	光学工程	王先华　于　磊　黄印博　毛庆和　孙晓兵　王英俭　李健军　江海河　徐　亮　罗海燕　洪　津　饶瑞中　张庆礼	
0804 仪器科学与技术	080401	精密仪器及机械	陈池来　孔德义　胡仁志　熊　伟　邓国庆　王晓杰　杨庆喜　谢晨波　孙少明　李健军　陈思跃　朱锟鹏	
	080402	测试计量技术及仪器	杨庆喜　李　新　郑小兵	
0805 材料科学与工程	080501	材料物理与化学	赵邦传　尹华杰　陈　林　宁　伟　费广涛　李永钢　王先平　徐伟宏　周海山　韩方明　朱雪斌　王贤龙　王　辉　杨良保　陈长伦　蒋长龙　方前锋　罗广南　孟　钢　潘　旭　童　鹏　张海民　张云霞　孙敦陆　陈俊凌　胡林华　吴学邦　杨晓萍　陈　斌　李　越　汪国忠　刘长松　郝　林　张发培　杜海峰　屈　哲　胡小晔　孔令涛　王　化　黄行九　伍志鲲　王振洋　吴正岩　宋文海　盛志高　李家星　倪国华　王命泰　田明亮　曾　雉　梁长浩　戴建明　田兴友　赵爱武　李　亮　陈　健(John Jian Chen)	
	080502	材料学	汪国忠　黄群英	

续表

一级学科	二级学科代码	二级学科	指导教师(校内)	指导教师(校外)
0807 动力工程及工程热物理	080701	工程热物理	蒋洁琼　邢献军	
	080705	制冷及低温工程	谢远来　周　超　张启勇　郑金星　欧阳峥嵘	
0809 电子科学与技术	080904	电磁场与微波技术	王晓洁	
0811 控制科学与工程	081101	控制理论与控制工程	陈池来	
	081102	检测技术与自动化装置	陈池来　黄超群　王焕钦　孔德义　梁华为　沈成银　邓国庆 孙怡宁　杨先军　张玉钧　储焰南　朱锟鹏　牛润新　张　龙 侯再红	
	081104	模式识别与智能系统	高理富　王红强　王焕钦　王儒敬　梁华为　宋全军　李　海 吴仲城　孙丙宇　杨先军　崔超远　宋　博　孔　斌　宋良图	
0812 计算机科学与技术	081203	计算机应用技术	马祖长　王红强　王焕钦　汪建业　王儒敬　吴宜灿　李晓风 吴仲城　崔超远　肖炳甲　宋　博　徐　亮　张　龙　吴晓庆	
0827 核科学与技术	082701	核能科学与工程	秦经刚　高　翔　李国强　谢远来　王晓洁　刘松林　胡纯栋 陈长伦　傅　鹏　周　超　徐昆东　徐国盛　武　玉　汪建业 吴杰峰　罗广南　曾　龙　陈俊凌　陆　坤　吴宜灿　张新军 沈　飙　刘智民　许留伟　匡光力　刘长松　刘华军　宋云涛 李建刚　奚维斌　宋执权　武松涛　吴　斌　宋　勇　吕　波 张启勇　毛玉周　蒋洁琼　肖炳甲　郑金星　潘皖江　刘　方 秦成明　陈思跃　郑明杰　陈文革　胡建生　黄懿赟　高　格 李　格　黄群英　郁　杰　李桃生　郑善良　欧阳峥嵘	

续表

一级学科	二级学科代码	二级学科	指导教师(校内)	指导教师(校外)
0827 核科学与技术	082703	核技术及应用	吴宜灿 武松涛 宋 勇 蒋洁琼 黄 青	
	082704	辐射防护及环境保护	刘松林	
0830 环境科学与工程	083001	环境科学	徐伟宏 秦 敏 李 昂 许 安 胡仁志 翁宁泉 沈成银 徐青山 殷高方 罗 涛 刘 东 赵南京 邢献军 张为俊 谢品华 李家星 刘建国 方勇华	
	083002	环境工程	冯慧云 张海民 桂华侨 孔令涛 殷高方	
0854 电子信息(专业学位)	085404	计算机技术	陈池来 徐昱东 王儒敬 刘 勇 孙怡宁 杨先军 蒋洁琼	
	085406	控制工程	王焕钦 刘智民 肖炳甲	
	085407	仪器仪表工程	陈池来 黄超群 熊 伟 赵南京 孙少明 郑小兵	
	085408	光电信息工程	黄印博 孙晓兵 熊 伟 徐青山 司福祺 王英俭 谢晨波 谢品华 江海河 罗海燕 丁伯江 郑小兵 张 龙 朱文越	
	085410	人工智能	王焕钦 梁华为	
0855 机械(专业学位)	0855	机械	陈池来 周海山 周 超 吴杰峰 刘华军 杨庆喜 孙少明 陈思跃	
0856 材料与化工(专业学位)	0856	材料与化工	费广涛 罗 轩 周海山 杨良保 陈长伦 蒋长龙 罗广南 潘 旭 孙敦陆 陈俊凌 吴学邦 李 越 汪国忠 孔令涛 王 化 伍志鲲 郑之明 王振洋 吴正岩 李家星 梁长浩 张庆礼	

续表

一级学科	二级学科代码	二级学科	指导教师(校内)	指导教师(校外)
0857 资源与环境(专业学位)	0857	资源与环境	刘方邻 胡仁志 汪国忠 赵卫雄 沈成银 孔令涛 徐青山 殷高方 刘东 赵南京 王英俭 谢晨波 吴正岩 李健军 张为俊 谢品华 刘建国 张天舒	
0858 能源动力(专业学位)	0858	能源动力	秦经刚 高翔 谢远来 王晓洁 傅鹏 周超 武玉 罗广南 陈俊凌 吴宜灿 匡光力 李建刚 刘海庆 宋执权 吴斌 宋勇 吕波 张启勇 蒋洁琼 刘方	
应用化学与工程学院				
0703 化学	070301	无机化学	刘孝娟 林君 唐金魁 曲晓刚 任劲松 周亮 马平安 宋术岩 张新波 王立民 陈继 冯婧 张洪杰 尤洪鹏 张海元 黄岗 蒲芳 赵传奇 汪啸 邹兵林 张粟 王樱蕙	
	070302	分析化学	王振新 唐纪琳 金永东 张强 逯乐慧 段太成 于聪 王宏达 姜秀娥 徐国宝 牛文新 董绍俊 周敏 李敬 汪尔康 董献堆 李冰凌 杜衍 杨秀荣 李壮	
	070303	有机化学	康传清 董德文 李胜海 张所波 刘波 韩福社	
	070304	物理化学	刘长鹏 王晓辉 徐维林 武志坚 刘志强 明军 王宏宇 杨向光 葛君杰 邢巍 赵凤玉 宋凤瑞 肖梅玲 刘舒 祝建兵	
	070305	高分子化学与物理	石恒冲 谢志刚 庞烜 白晨曦 汤朝晖 张会良 朱峰 孙德文 王献红 闫东航 苏朝晖 聂伟 门永锋 杨小牛 孙昭艳 徐文生 贺超良 罗传富 王保力 童辉 程延祥 章培标 陈全 石强 李杲 韩艳春 栾世方 李茂	

续表

一级学科	二级学科代码	二级学科	指导教师(校内)	指导教师(校外)
0703 化学	070305	高分子化学与物理	邓鹏飏　唐　涛　李宏飞　边新超　姬相玲　简忠保　谢志元 杨宇明　崔冬梅　王大鹏　姜　伟　邱雪鹏　安立佳　田洪坤 庄秀丽　姚占海　季生象　秦川江　程建华　陈学思　刘　俊 王利祥　刘顺杰　刘向东　丁建勋　赵晓礼　宋万通　刘　剑 刘焱龙　郇　彦　卢宇源	
0805 材料科学与工程	080501	材料物理与化学	李　茂	
0817 化学工程与技术	081703	生物化工	唐纪琳　王晓辉　马平安　贺超良　段太成　王宏达　刘志强 赵凤玉　宋凤瑞　李冰凌　杜　衍	
	081704	应用化学	石恒冲　王振新　唐金魁　曲晓刚　刘长鹏　周　亮　白晨曦 张会良　金永东　朱　峰　闫东航　苏朝晖　聂　伟　康传清 童　辉　于　聪　陈　全　徐维林　石　强　栾世方　邓鹏飏 姬相玲　王立民　陈　继　明　军　杨向光　姜　伟　邢　巍 邱雪鹏　董绍俊　周　敏　姚占海　韩福社　汪尔康　董献堆 杨秀荣	
	0817Z1	材料化学工程	刘孝娟　林　君　谢志刚　任劲松　庞　烜　汤朝晖　宋术岩 孙德文　王献红　门永锋　杨小牛　孙昭艳　徐文生　张　强 逯乐慧　罗传富　王保力　程延祥　章培标　董德文　武志坚 李胜海　李　杲　韩艳春　张所波　唐　涛　李宏飞　边新超 简忠保　张新波　谢志元　杨宇明　姜秀娥　崔冬梅　王宏宇 徐国宝　王大鹏　刘　波　葛君杰　安立佳　牛文新　冯　婧 田洪坤　庄秀丽　季生象　张洪杰　尤洪鹏　李　敬　秦川江 程建华　张海元　陈学思　刘　俊　李　壮　王利祥	

续表

一级学科	二级学科代码	二级学科	指导教师(校内)	指导教师(校外)
0856 材料与化工 (专业学位)	0856	材料与化工	石恒冲 曲晓刚 任劲松 周　亮 王晓辉 白晨曦 门永锋 杨小牛 孙昭艳 逯乐慧 于　聪 章培标 陈　全 栾世方 边新超 姬相玲 王立民 王大鹏 秦川江 张海元 李冰凌 陈学思 刘　俊 张新波 宋术岩 杜　衍 王宏达 谢志元 黄　岗 王献红 姜　伟 赵晓礼 明　军 庞　烜 李宏飞 邱雪鹏 唐金魁 杨宇明 张所波 杨秀荣 丁建勋 简忠保 唐　涛 王利祥 李　敬 汪尔康 张洪杰 冯　婧 韩艳春 崔冬梅 祝建兵 林　君 卢宇源 姜秀娥 汤朝晖	
纳米技术与纳米仿生学院				
0703 化学	070304	物理化学	王强斌 赵建文 樊炤川 马昌期 陈　琪 高雪峰 赵志刚 周小春 苏文明 姜　江 周　超 邓宗武 邸江涛 裴仁军 张永毅 马宏伟 崔　义 张学同 张　凯 潘革波 蔺洪振 李清文 张　珽 邓　浇 沈炎宾	
	070305	高分子化学与物理	吕卫帮 方望熹	
	070322	纳米化学	蔺洪振	
	0703Z4	能源化学	蔺洪振	
0710 生物学	071009	细胞生物学	王强斌 费　浩 朱毅敏 李春炎 姜　江 李　炯 裴仁军 马宏伟 陈艳艳 程国胜 索广力 戴建武 陈光村 王金娥	
0803 光学工程	080300	光学工程	梁　伟	

续表

一级学科	二级学科代码	二级学科	指导教师(校内)	指导教师(校外)
0805 材料科学与工程	080501	材料物理与化学	樊炤川 马昌期 李春炎 陈　琪 高雪峰 赵志刚 李加东 周小春 苏文明 蒋春萍 曾雄辉 周　超 邓宗武 邸江涛 方望熹 孙　钱 裴仁军 张永毅 崔　义 张宝顺 吴晓东 张学同 程国胜 刘建平 曾中明 潘革波 蔺洪振 徐　科 蔡　勇 王建峰 陆书龙 张书明 黄　勇 李清文 杨　辉	
	080502	材料学	吕卫帮 董建荣	
0809 电子科学与技术	080901	物理电子学	宋贺伦	
	080902	电路与系统	宋贺伦 吴晓东 刘　欣	
	080903	微电子学与固体电子学	陈　琪 张兴旺 赵志刚 李加东 宋贺伦 蒋春萍 曾雄辉 刘争晖 孙　钱 秦　华 梁　伟 崔　义 张宝顺 沈文江 刘建平 张　凯 曾中明 徐　科 蔡　勇 王建峰 陆书龙 张书明 刘　欣 黄　勇 杨　辉 张　珽 吴东岷 董建荣 时文华 孙建东	
	080904	电磁场与微波技术	宋贺伦 秦　华	
0854 电子信息 (专业学位)	085401	新一代电子信息技术(含量子技术等)	陈　琪 李加东 秦　华 张宝顺 任　远 曾中明 赵建文 蔡　勇 刘建平 孙　钱 张　凯 杨　辉 吴东岷 王建峰	
	085403	集成电路工程	孙　钱 宋贺伦 曾中明 刘　欣 沈文江 徐　科	
	085404	计算机技术	马　涛	
	085405	软件工程	赵凌霄	
	085407	仪器仪表工程	郭建华	

续表

一级学科	二级学科代码	二级学科	指导教师(校内)	指导教师(校外)
0854 电子信息(专业学位)	085408	光电信息工程	张兴旺 李加东 陈 琪 陆书龙 蒋春萍 梁 伟 苏文明 刘争晖	
	085410	人工智能	张 珽	
0856 材料与化工(专业学位)	0856	材料与化工	陈 琪 周小春 方望熹 裴仁军 崔 义 陈艳艳 张学同 赵建文 赵志刚 马昌期 张永毅 沈炎宾 邓宗武 邸江涛 吕卫帮 李清文 蔺洪振 王强斌 李春炎 吴晓东 邓 浇 张 珽 高雪峰 苏文明 潘革波	
天文与空间科学学院				
0704 天文学	070401	天体物理	敖宜平 张 毅 马 涛 韦大明 郑宪忠 吴雪峰 黄晓渊 吴德金 杜福君 范一中 徐伟彪 金志平 颜景志 李国亮 李 婧 袁 强 毛瑞青 纪 丽 吴昀昭 张 文 缪 巍 任 远 苏 杨 宁宗军 李 瑛 封 莉 陈学鹏 宿英娜 史生才 赵金松 徐 烨 常 进 冯 磊 陈 果 房 敏 李江涛 蔡岳霖	康 熙 马寅哲
	070402	天体测量与天体力学	邓雪梅 王 歆 季江徽 孙荣煜 平一鼎 赵长印 赵海斌 吴昀昭 熊建宁 张晓祥 谢 懿 赵玉晖	
	070420	天文技术与方法	郭建华 李 婧 张 文 缪 巍 任 远 姚骑均 史生才 张晓祥 常 进 胡一鸣 娄 铮	
生物医学工程学院(苏州)				
0831 生物医学工程	083100	生物医学工程	张 威 崔继承 孙敏轩 董文飞 庄 杰 杨晓冬 郭 振 董建飞 殷 建 熊大曦 史国华 缪 鹏 王弼陡 巩 岩 贾宏博 孙海旋 尹焕才 周连群 梅 茜 宋一之 高 静	

续表

一级学科	二级学科代码	二级学科	指导教师（校内）	指导教师（校外）
0831 生物医学工程	083100	生物医学工程	邵维维 简小华 张京钟 戴亚康 张若冰 高　欣 黎海文 郑　健 赵凌霄 武晓东 马汉彬 张　春 杨西斌 崔崤峣 于海利 唐玉国 杨洪波 佘　爽 马　勇 李　辉 郑岷雪 张运海 周志勇	
0854 电子信息（专业学位）	085409	生物医学工程	庄　杰 史国华 周连群 梅　茜 高　欣 杨西斌 崔崤峣 唐玉国 杨洪波 李　炯	
0855 机械（专业学位）	0855	机械	孙海旋 周连群 唐玉国 杨洪波	
材料科学与工程学院				
0805 材料科学与工程	080501	材料物理与化学	杜　奎 刘洪阳 张炳森 刘　伟 任卫军 陈星秋 李　昺 卢　磊 王振华 刘增乾 陈春林 李　达 张广平 齐　伟 张哲峰 胡青苗 唐云龙 徐东生 杨金波 胡卫进 王宇佳 潘庆松 孙　岩	
	080502	材料学	郝玉琳 段德莉 李金国 隋国鑫 王镇波 雷家峰 刘　岗 金海军 张　波 张　洁 王爱民 崔传勇 陶乃镕 袁　超 李　峰 刘　畅 郜凯平 李述军 王建强 王京阳 李阁平 王清江 王　莉 王玉敏 张　健 杜金红 尹利长 楼琅洪 孙晓峰 张　兴 周兰章 曾　尤 杨　锐 白　朔 任文才 孙东明 卢　柯 周亦胄 汤素芳 成会明 孙文儒 朱正旺 徐　川 马英杰 徐　磊 李秀艳	

续表

一级学科	二级学科代码	二级学科	指导教师(校内)	指导教师(校外)
0805 材料科学与工程	080503	材料加工工程	赵明久 肖伯律 王 培 陆善平 谭丽丽 戎利建 严 伟 马宗义 宫 骏 刘 实 李艳芬 姜海昌 倪丁瑞 孙明月 李殿中 栾义坤 汤素芳 胡小强 马颖澈 何 杰 王全兆 王吉强	
	080520	腐蚀科学与防护	宋影伟 郑玉贵 朱圣龙 孙 成 许道奎 鲍泽斌 辛 丽 王俭秋 吴欣强 刘福春 李 瑛 陈 健	
0856 材料与化工(专业学位)	0856	材料与化工	刘洪阳 李金国 刘 岗 朱圣龙 卢 磊 郃凯平 谭丽丽 王 莉 张 健 杜金红 楼琅洪 姜海昌 张 兴 吴欣强 卢 柯 汤素芳 倪丁瑞 马英杰 孙 岩 唐云龙 刘增乾 张 洁 李秀艳 马颖澈 王京阳 严 伟 王振华 齐 伟 李 昺 孙明月 王镇波 王俭秋 张哲峰 李 峰 崔传勇 张广平 张炳森 王全兆 杜 奎 李 瑛 金海军 肖伯律 段德莉 徐 磊 宋影伟 孙东明 王建强 许道奎 白 朔 何 杰 周亦胄 王清江 赵明久 李殿中 刘 畅 胡小强 曾 尤 栾义坤 杨 锐 任文才 尹利长 马宗义 郑玉贵 潘庆松 陆善平 徐东生 雷家峰 鲍泽斌 王 培 孙晓峰 戎利建 张 波	
能源科学与技术学院				
0803 光学工程	080300	光学工程	吕建成	
0807 动力工程及工程热物理	080701	工程热物理	李 刚 蒋方明 闫常峰 卜宪标 曹 晏 李 军 汪小憨 陈朝阳 梁德青	吴创之 张 琦

续表

一级学科	二级学科代码	二级学科	指导教师(校内)	指导教师(校外)
0807 动力工程及工程热物理	080702	热能工程	徐　莹　亓　伟　王　屹　李小森　袁浩然　李栋梁　陈　勇　龚宇烈　舒　杰　阴秀丽　廖玉河　王晨光　黄宏宇　蔡国田　赵增立　张　郁　冯自平　肖秀娣　汪　鹏　谢建军　董凯军　崔演斌	吴创之　马隆龙
	080704	流体机械及工程	盛松伟	
0817 化学工程与技术	081701	化学工程	庄新姝　王忠铭　亓　伟　吕鹏梅　曹　晏　刘丽华　袁浩然　李栋梁　朱顺妮　陈　勇　汪小憨　阴秀丽　陈朝阳　王晨光　陈新德　梁德青　赵增立	马隆龙　张　琦
	081703	生物化工	孙永明　庄新姝　孔晓英　朱顺妮	
	081704	应用化学	徐　莹　闫常峰　刘琪英　张灵志　曹　晏　徐雪青　李新军	刘建国
0856 材料与化工(专业学位)	0856	材料与化工	徐　莹　庄新姝　闫常峰　孔晓英　亓　伟　吕鹏梅　张灵志　曹　晏　袁浩然　陈　勇　王晨光　陈新德　徐雪青　李　军　肖秀娣　王忠铭　朱顺妮　崔演斌　陈朝阳　廖玉河　张　郁　李新军　赵增立	
0858 能源动力(专业学位)	0858	能源动力	孙永明　庄新姝　蒋方明　闫常峰　卜宪标　刘丽华　袁浩然　陈　勇　舒　杰　汪小憨　蔡国田　盛松伟　冯自平　李　军　肖秀娣　董凯军　谢建军　黄宏宇　龚宇烈　李栋梁　汪　鹏　王忠铭　崔演斌　王　屹　李　刚　廖玉河　张　郁　赵增立	马隆龙
稀土学院				
0703 化学	070301	无机化学	刘孝娟　廖伍平　毛江高　张　绘　尤洪鹏　卢灿忠　洪茂椿	
	070303	有机化学	肖吉昌	

续表

一级学科	二级学科代码	二级学科	指导教师（校内）	指导教师（校外）
0703 化学	070304	物理化学	陈庆军　杨向光　郑诗礼　张锁江　张香平	
	070322	纳米化学	刘小龙	
0805 材料科学与工程	080501	材料物理与化学	满其奎　张伟刚　朱浩淼　李　江　苏良碧　沈保根　张　云　罗双江　杨　帆　陈学锋　陈仁杰　齐　涛　刘永升　刘恩克　赵同云　沈　俊	
	080502	材料学	苏良碧　张　云　武安华　张　颖　蔡建旺　闫阿儒	
0830 环境科学与工程	083002	环境工程	贺　泓　王　志　朱廷钰　孙晓琦　余运波　王　勇　李庭刚　李会泉　曹宏斌　孙　峙　万印华	
0856 材料与化工（专业学位）	0856	材料与化工	廖伍平　沈保根　张伟刚　张　绘　张锁江　杨向光　赵同云　尤洪鹏　齐　涛　陈学锋　陈庆军	
0857 资源与环境（专业学位）	0857	资源与环境	王　志　杨　帆　李庭刚　贺　泓　余运波　张锁江　万印华	

国家自然科学基金委员会创新研究群体

序号	年度	团　队　名　称	负责人
1	2001	纳米结构的制备、组装与表征	侯建国
2	2001	量子信息	郭光灿
3	2001	重要细胞活动和生物分子识别的结构生物学基础	施蕴渝
4	2003	纳米材料和纳米结构的化学制备与性质	谢　毅
5	2004	新型类钙钛矿氧化物功能材料的合成、微结构与性能研究	李晓光
6	2007	天然免疫系统与重大疾病的发生发展	田志刚
7	2008	分布系统的协调优化与风险管理	梁　樑
8	2009	大陆俯冲化学地球动力学	郑永飞
9	2011	地球空间环境及其对太阳活动的响应	窦贤康
10	2011	表面单分子量子行为的表征与调控	杨金龙
11	2012	基于光子与冷原子的量子信息物理和技术	潘建伟
12	2013	基于同步辐射装置的新方法与能源材料研究	吴自玉
13	2014	星系和类星体	王俊贤
14	2015	纳米材料制备与能源转换性能研究	俞书宏
15	2016	具有旋涡和界面的复杂流动	陆夕云
16	2016	着丝粒动态组装与调控	姚雪彪
17	2017	TeV 强子对撞机上电弱精确测量与新物理新现象寻找	韩　良
18	2017	稳定同位素生物地球化学	沈延安
19	2017	几何分析	李嘉禹
20	2018	量子光学与量子信息	李传锋
21	2018	废水污染控制与资源转化	俞汉青
22	2018	固有免疫识别和调控	周荣斌
23	2019	平台化供应链运作管理研究	余玉刚
24	2020	响应性高分子功能材料	刘世勇
25	2020	多媒体智能计算	吴　枫
26	2021	脑认知及相关疾病的神经机制	薛　天

续表

序号	年度	团 队 名 称	负责人
27	2021	多媒体内容安全	张勇东
28	2022	计算赋能的蛋白质研究与蛋白质设计	刘海燕
29	2022	催化剂的活性和稳定性设计基础	李微雪
30	2023	无机表界面合成化学	吴长征
31	2023	植物环境感受和可塑性发育	赵　忠
32	2023	火灾燃烧动力学	刘乃安

近年来博士后人数变动情况

（2023 年 9 月）

年　度	当年在站人数	当年进站人数	当年出站人数
2007	201	85	62
2008	232	108	77
2009	289	133	76
2010	337	152	104
2011	415	160	82
2012	469	193	139
2013	478	128	119
2014	473	151	156
2015	390	155	238
2016	455	200	135
2017	478	161	138
2018	584	263	157
2019	544	232	272
2020	676	324	192
2021	785	309	200
2022	729	310	419
2023	671	236	294

2022—2023 学年度在聘外籍语言教师情况

姓　　名	国　籍	合 同 聘 期
NATOLI KYLE WILLIAM	美国	2022.7.1—2024.6.30
RICHARD DAVID DUNCAN CORMACK	英国	2023.7.1—2024.6.30
HAYDEE AVELLANEDA	菲律宾	2022.7.1—2024.6.30
TSUNYOTA KOHET	英国 & 澳大利亚	2023.7.1—2024.6.30
JULIA BORDUKOVA	俄罗斯	2022.7.1—2024.6.30
AARON DEAN LEHMAN	美国	2023.9.1—2024.6.30
RENAE ELIZABETH LEHMAN	美国	2023.9.1—2024.6.30
AUSTIN RUSSELL STRUTZ	美国	2023.9.1—2024.6.30
JESSICA KIYOMI STRUTZ	美国	2023.9.1—2024.6.30
BRADLEY THOMAS HOTLE	美国	2023.7.1—2024.6.30
BEATA KATARZYNA DREWNOWSKA	波兰	2022.7.1—2024.6.30
HEIKO HANSJUERGENS	德国	2023.9.1—2024.6.30
EDMUND MORTON	英国	2023.7.1—2024.6.30
THOMAS YIFANG XIAO	美国	2023.7.1—2024.6.30
JOHN DAVID GANDY	英国	2023.7.1—2024.6.30

十二、国内外学术交流与合作

公派出访人员出国(境)情况

单位：人

总数	学科类别		人员类别								出国(境)类别			
			教职工					学生						
	自然科学	社会科学	教授	副教授	讲师	助教	其他	博士研究生	硕士研究生	本科生	考察访问	合作科研	学术会议	其他
2742	2402	340	1041		89	56	168	749	320	319	118	773	1642	209

近年来接待外宾情况

(一) 按国别分类

单位：人

年度 \ 人数 \ 国别	合计	美国	日本	德国	英国	加拿大	澳大利亚	法国	俄罗斯	其他
2014	1083	453	58	58	50	32	49	38	30	315
2015	1350	523	56	69	72	35	41	47	32	475
2016	1385	641	59	112	78	57	49	36	11	342
2017	1579	776	45	75	68	40	76	47	22	430
2018	1836	825	138	98	69	66	84	53	23	480
2019	2122	719	187	112	132	69	89	70	29	715
2020	159	58	3	3	8	15	6	12	1	53
2021	19	0	0	5	0	0	1	0	1	12
2022	78	40	0	1	7	4	4	2	0	20
2023	1632	429	63	77	70	57	53	61	20	802

(二) 按来访性质分类

单位：人

性质 人数 年度	合 计	主 请	接待来访
2014	1083	1007	76
2015	1350	1163	187
2016	1385	1222	163
2017	1579	1421	158
2018	1836	1614	222
2019	2122	1903	219
2020	159	101	58
2021	19	0	19
2022	78	5	73
2023	1632	1076	556

与国(境)外机构合作科研项目情况

外国青年学者研究基金项目 2 项，外国青年人才计划 3 项，高端外国专家引进计划 1 项，“一带一路”创新人才交流外国专家项目 1 项，111 基地 8 项(含 111 基地 2.0 2 项)。

(一) 科技部 2023 年度获批引智项目

项目类型	项目申请人	所在单位	国拨经费批复金额(万元)
外国青年人才计划	张常勇	环境科学与工程系	20
外国青年人才计划	吕兴霖	环境科学与工程系	20
外国青年人才计划	肖华华	火灾科学国家重点实验室	20
高端外国专家引进计划	郝记华	地球和空间科学学院	30

续表

项目类型	项目申请人	所在单位	国拨经费批复金额（万元）
“一带一路”创新人才交流外国专家项目	赵树良	公共事务学院	20
外国学者研究基金项目	刘森泉	生命科学与医学部	20
外国学者研究基金项目	张增明	物理学院	20

（二）111 基地历年获批名单

项目类别	申请单位	基地名称	基地负责人	获批年度
111 计划 2.0	数学科学学院	计算科学与应用创新引智基地	陈发来	2019
111 计划 2.0	生命科学学院	蛋白质相互作用网络学科创新引智基地	牛立文	2018
111 计划	物理学院	暗物质暗能量的观测与理论研究学科创新引智基地	杜江峰	2022
111 计划	火灾科学国家重点实验室	大尺度火灾防控科学与技术创新引智基地	刘乃安	2021
111 计划	化学与材料科学学院	复杂化学体系多尺度动力学学科创新引智基地培育项目	严以京	2017
111 计划	合肥微尺度物质科学国家研究中心	可拓展量子信息处理创新引智基地	潘建伟/陆朝阳	2016
111 计划	地球和空间科学学院	稳定同位素地球化学创新引智基地	沈延安	2014
111 计划	合肥微尺度物质科学国家研究中心	新型能源材料的量子设计创新引智基地	张振宇	2013

(三) 中国科学院 2023 年度获批引智项目

项目类别	中方合作者	所在单位	外方合作国别/境外合作地区	获批金额（万元）
中国科学院特别交流计划—A 类	刘敬祥	合肥微尺度物质科学国家研究中心	乌兹别克斯坦	10
国际访问学者	季　杰	工程科学学院	巴基斯坦	28.5
国际访问学者	周小蓉	物理学院	美国	36.5
国际访问学者	李桂强	工程科学学院	巴基斯坦	36.5
国际访问学者	裴　刚	工程科学学院	尼日利亚	38
国际访问学者	裴　刚	工程科学学院	埃及	27.5
国际杰出学者	耿　雷	地球和空间科学学院	法国	7
国际杰出学者	朱俊发	国家同步辐射实验室	奥地利	3.5
国际杰出学者	陈艳霞	化学与材料科学学院	西班牙	8
国际杰出学者	王　禹	火灾科学国家重点实验室	西班牙	8
国际杰出学者	李　海	生命科学与医学部	瑞士	4
国际访问学者	刘佳佳	地球和空间科学学院	匈牙利	24.8
国际访问学者	杨　迪	数学科学学院	哥伦比亚	14
国际访问学者	丁泽军	物理学院	巴基斯坦	18.5
国际访问学者	韦　勇	数学科学学院	澳大利亚	12.8
国际访问学者	刘　行	生命科学与医学部	日本	12.5
国际访问学者	徐晓嵘	工程科学学院	澳大利亚	24.8
国际杰出学者	熊宇杰	化学与材料科学学院	加拿大	8
国际杰出学者	刘　行	生命科学与医学部	美国	4
国际杰出学者	申　勇	生命科学与医学部	瑞典	8
国际杰出学者	申　勇	生命科学与医学部	德国	8
国际杰出学者	马晓冬	地球和空间科学学院	美国	4
国际杰出学者	黄伟新	化学与材料科学学院	德国	4

续表

项目类别	中方合作者	所在单位	外方合作国别/境外合作地区	获批金额（万元）
国际杰出学者	杨 迪	数学科学学院	德国	4
ANSO 联合研究合作专项计划	胡 芹	信息科学技术学院	“一带一路”国家	45
ANSO 访问学者计划（大科学装置）	宋 礼	国家同步辐射实验室	巴基斯坦	7
ANSO 访问学者计划（大科学装置）	李良彬	国家同步辐射实验室	苏 丹	12

主办、承办国际大型学术会议情况

会 议 名 称	起 止 时 间	境外代表（人）	境内代表（人）
东亚研究型大学协会第 52 届理事会	2023.4.21	11	11
中国科学院外国专家座谈会	2023.4.24—2023.4.26	20	30
第三届计算社会科学研究方法前沿论坛暨国际传播学会第 73 届学术年会“区域中心”中国分会场	2023.5.27—2023.5.28	5	105
第 12 届国际化学动力学会议	2023.6.26—2023.6.29	120	200
几何研讨会	2023.7.2—2023.7.8	40	51
2023 中国科大- FuSEP 未来科学家国际夏令营	2023.7.9—2023.7.23	10	10
2023 泛太平洋复几何和辛几何会议	2023.7.23—2023.7.29	30	30
仿生智能界面与材料研讨会	2023.8.29—2023.8.31	20	30
2023 年碳化硅自旋缺陷的中德合作交流项目研讨会	2023.9.13—2023.9.17	9	31
第七届细胞动力学与化学生物学国际会议	2023.10.26—2023.10.31	30	470
ALICE 夸克偶素衰变电子物理分析研讨会	2023.10.30—2023.11.1	16	9

续表

会议名称	起止时间	境外代表（人）	境内代表（人）
中国科学技术大学关于举办纪念贾湖遗址发掘四十周年暨第二届贾湖文化国际研讨会	2023.11.1—2023.11.3	19	81
2023年度东亚地区场论与弦论学术研讨会	2023.11.12—2023.11.18	29	41
“基础物理的量子模拟”学术会议	2023.11.16—2023.11.18	15	70
细胞专题研讨会：用于新兴技术的仿生和生物集成材料	2023.12.1—2023.12.3	370	90
第九届大数据与信息分析国际会议	2023.12.15—2023.12.17	20	70
2023年中国科大墨子国际研讨会	2023.12.21—2023.12.24	113	137

与国（境）外机构签订交流协议情况

编号	协议名称	签订日期	有效期限	合作单位
2301	中国科大-加利福尼亚大学伯克利分校继续教育学院暑研项目协议	2023.1.1	2年	加利福尼亚大学伯克利分校
2302	中国科大-日本东北大学学术交流协议	2023.3.24	5年	日本东北大学
2303	中国科大-日本东北大学学生交换合作备忘录	2023.3.24	/	日本东北大学
2304	中国科大-加利福尼亚大学伯克利分校继续教育学院合作备忘录	2023.4.25	3年	加利福尼亚大学伯克利分校
2305	中国科大-加利福尼亚大学尔湾分校合作备忘录	2023.5.8	5年	加利福尼亚大学尔湾分校
2306	中国科大-斯坦福大学UGVR项目合作协议	2023.5.8	1年	斯坦福大学
2307	中国科大-香港城市大学行政管理人员短期研修项目协议书	2023.5.10	5年	香港城市大学

续表

编号	协 议 名 称	签订日期	有效期限	合作单位
2308	中国科大-ITER 国际核聚变组织学术、科学和技术合作协议	2023.6.28	5 年	ITER 国际核聚变组织
2309	中国科大-悉尼科技大学合作备忘录	2023.8.25	5 年	悉尼科技大学
2310	中国科大-京都大学合作备忘录	2023.10.9	3 年	京都大学
2311	中国科大-FMJH 雅克・阿达马数学基金会-FSMP 巴黎数学基金会中法数学英才班合作备忘录	2023.10.26	5 年	FMJH 雅克・阿达马数学基金会、FSMP 巴黎数学基金会
2312	中国科大-ITER IMAS 软件合作备忘录	2023.10.26	5 年	ITER 国际核聚变组织
2313	中国科大-澳门大学教育和科学合作备忘录	2023.12.12	5 年	澳门大学
2314	中国科大-澳门大学学生交换协议	2023.12.12	5 年	澳门大学

十三、全院办校、所系结合

与中国科学院研究院所签署合作共建协议一览表

序号	与科大签署协议的研究院所	协议签署时间
1	中国科学院数学与系统科学研究院	2003.11
2	中国科学院上海生命科学研究院	2003.11
3	中国科学院合肥物质科学研究院	2004.4
4	中国科学院长春光学精密机械与物理研究所	2004.4
5	中国科学院长春应用化学研究所	2004.4
6	中国科学院南京分院	2004.5
7	中国科学院上海分院	2004.5
8	中国科学院武汉分院	2004.6
9	中国科学院长春分院	2004.8
10	中国科学院成都分院	2004.9
11	中国科学院兰州分院	2004.9
12	中国科学院广州分院	2004.9
13	中国科学院沈阳分院	2004.10
14	中国科学院西安分院	2004.12
15	中国科学院昆明分院	2004.12
16	中国科学院高能物理研究所	2005.5
17	中国科学院生物物理研究所	2005.7
18	中国科学院西双版纳植物园	2005.7
19	中国科学院新疆分院	2005.8
20	中国科学院广州能源研究所	2005.5
21	中国科学院上海应用物理研究所	2005.9
22	中国科学院沈阳计算技术研究所	2005.9
23	中国科学院北京分院	2007.3
24	中国科学院苏州纳米技术与纳米仿生研究所	2007.5 (2012.3)

续表

序号	与科大签署协议的研究院所	协议签署时间
25	中国科学院工程热物理研究所	2007.5
26	中国科学院动物研究所	2008.9
27	中国科学院沈阳金属研究所	2009.6
28	中国科学院力学研究所	2009.7
29	中国科学院物理研究所	2009.7
30	中国科学院深圳先进技术研究院	2010.3 (2012.5)
31	中国科学院国家天文台、中国科学院紫金山天文台、中国科学院上海天文台	2010.6
32	中国科学院光电技术研究院	2010.11
33	中国科学院上海微系统研究所	2012.3
34	中国科学院近代物理研究所	2012.4
35	中国科学院宁波材料技术与工程研究所	2012.5
36	中国科学院上海药物研究所	2012.6
37	中国科学院广州能源研究所	2014.5 (2015.10)
38	中国科学院工程热物理研究所	2019.5
39	中国科学院苏州生物医学工程技术研究所	2020.5
40	中国科学院赣江创新研究院	2020.10
41	中国科学上海光学精密机械研究所	2020.11
42	中国科学院计算技术研究所	2021.4
43	中国科学院近代物理研究所	2021.4
44	中国科学院大连化学物理研究所	2021.6
45	中国科学院上海有机化学研究所	2021.6
46	中国科学院武汉病毒研究所	2022.3
47	中国科学院力学研究所	2023.5

聘请中国科学院研究院所领导和专家兼任学校院系领导一览表

序号	姓　名	所属单位和职务	我校聘任职务	聘任时间
1	洪茂椿	中国科学院福建物质结构研究所，院士	化学系主任	2003.11.27
2	李国杰	中国科学院计算技术研究所所长，院士	中国科学技术大学计算机科学技术系主任	2004.6
3	王利祥	中国科学院长春分院院长	高分子科学与工程系主任	2004.9.30
4	刘　钝	中国科学院自然科学史研究所原所长	人文与社会科学学院院长 科技史与科技考古系主任	2005.10.13
5	欧阳钟灿	中国科学院理论物理研究所原所长，院士	物理学院院长	2009.4.26
6	李　灿	中国科学院大连化学物理所学位委员会主任，院士	化学与材料科学学院院长	2009.4.26
7	陈　颙	国家地震局原副局长，院士	地球和空间科学学院院长	2009.4.26
8	马志明	中国科学院数学与系统科学研究院，院士	数学科学学院院长	2009.12.8
9	许祖彦	中国科学院理化技术研究所，院士	光学与光学工程系主任	2009.12.8
10	裴端卿	中国科学院广州生物医药与健康研究院院长	医药生物技术系主任	2009.12.8
11	严　俊	中国科学院国家天文台台长	天文学系主任	2010.1.14
12	杜善义	哈尔滨工业大学复合材料研究所所长，院士	工程科学学院院长	2010.6.11
13	叶甜春	中国科学院微电子研究所所长	电子科学与技术系主任	2010.9.18
14	沈保根	中国科学院物理研究所，院士	物理系主任	2012.4.28
15	吴以成	中国科学院理化技术研究所，院士	材料科学与工程系主任	2012.12.21
16	魏复盛	中国科学院生态环境研究中心博士生导师、中国环境监测总站研究员，院士	环境科学与光电技术学院院长	2013.4.19
17	刘文清	中国科学院安徽光学精密机械研究所所长，院士	环境科学与光电技术学院执行院长	2014.1.24

续表

序号	姓　名	所属单位和职务	我校聘任职务	聘任时间
18	杨　辉	中国科学院苏州纳米技术与纳米仿生研究所所长	纳米技术与纳米仿生学院院长	2016.6.17
19	刘佩华	中国科学院苏州纳米技术与纳米仿生研究所党委书记	纳米技术与纳米仿生学院常务副院长	2016.6.17
20	吴一戎	中国科学院电子学研究所所长,院士	信息科学技术学院院长	2016.6.19
21	徐　波	中国科学院自动化研究所所长	自动化系主任	2016.6.25
22	刘　明	中国科学院微电子研究所,院士	微电子学院院长	2018.1.25
23	左　良	中国科学院金属研究所所长	材料科学与工程学院院长	2018.5.7
24	张东辉	中国科学院大连化学物理研究所分子反应动力学国家重点实验室主任,院士	化学物理系主任	2018.5.7
25	杨小牛	中国科学院长春应用化学研究所所长	应用化学与工程学院院长	2018.9.15
26	许瑞明	中国科学院生物物理研究所所长	生命科学学院院长	2018.10.15
27	刘　岗	中国科学院金属研究所副所长	材料学与工程学院常务副院长	2019.3.24
28	李　扬	中国科学院金属研究所研究生教育处处长	材料学与工程学院副院长	2019.3.24
29	常　进	中国科学院紫金山天文台台长,院士	天文与空间科学学院院长	2019.5.11
30	吴雪峰	中国科学院紫金山天文台副台长	天文与空间科学学院常务副院长	2019.5.11
31	朱日祥	中国科学院地质与地球物理研究所,院士	地球和空间科学学院院长	2020.1.11
32	孙凝晖	中国科学院计算所所长,院士	计算机科学与技术学院院长	2020.1.11
33	吴汉明	中国工程院院士	微电子学院院长	2020.1.11
34	左　良	中国科学院金属研究所所长	材料科学与工程系主任	2020.1.11
35	曹　荣	中国科学院福建物质结构研究所所长、中国科学院城环所所长	化学系主任	2020.1.11
36	杨小牛	中国科学院长春应用化学所所长	高分子科学与工程系主任	2020.1.11
37	何国威	中国科学院力学研究所研究员,院士	近代力学系主任	2020.1.11
38	李天初	中国计量科学研究院,院士	精密机械与精密仪器系主任	2020.1.11
39	朱俊强	中国科学院工程热物理所所长	热科学与能源工程系主任	2020.1.11
40	陈新文	中国科学院广州生物医药与健康研究院院长,国家杰出青年基金获得者,中国科学院百人计划入选者	医药生物技术系主任	2020.1.11

续表

序号	姓　名	所属单位和职务	我校聘任职务	聘任时间
41	汪寿阳	中国科学院预测科学研究中心，发展中国家科学院院士、国际系统与控制科学院院士	管理科学系主任	2020.1.11
42	张新雨	中国科学院数学与系统科学研究院、预测中心研究员	统计与金融系主任	2020.1.11
43	常　进	国家天文台台长，院士	天文学系主任	2020.3.19
44	唐玉国	中国科学院苏州生物医学工程技术研究所所长	生物医学工程学院（苏州）院长	2020.4.27
45	马隆龙	中国科学院广州能源研究所所长	能源科学与技术学院院长	2020.5.9
46	李建刚	中国科学院等离子体物理研究所，院士	核科学技术学院院长	2020.5.15
47	刘文清	中国科学院安光所学术所长，院士	环境科学与工程系主任	2020.6.4
48	欧阳钟灿	中国科学院理论物理研究所，院士	物理系主任	2020.7.16
49	沈保根	中国科学院物理研究所，院士	物理学院院长	2020.7.16
50	周忠和	中国科学院古脊椎动物与古人类研究所所长，院士	人文与社会科学学院院长	2020.7.16
51	王俊峰	中国科学院合肥物质科学研究院副院长	中国科技大学研究生院科学岛分院院长	2020.8.12
52	赵红卫	中国科学院近代物理研究所党委书记、副所长，院士	加速器科学与工程物理系主任	2020.11.16
53	曹则贤	中国科学院物理所研究员	科技传播系主任	2020.12.7
54	潘建伟	中国科学院院士，发展中国家科学院院士	科技哲学系主任	2020.12.7
55	陈　霖	中国科学院生物物理所，院士	心理学系（筹）主任	2020.12.7
56	刘庆峰	科大讯飞董事长	语言科学交叉研究中心主任	2020.12.7
57	向　涛	中国科学院物理研究所，院士	近代物理系主任	2020.12.29
58	王建宇	原中国科学院上海技术物理研究所所长，原中国科学院上海分院院长，院士	工程与应用物理系主任	2020.12.29
59	邓　强	中国科学院苏州纳米所党委书记、副所长（主持工作）	纳米技术与纳米仿生学院副院长（主持工作）	2021.2.1
60	吕建成	中国科学院广州能源研究所所长	能源科学与技术学院院长	2022.2.27
61	齐　涛	中国科学院赣江创新研究院院长	稀土学院院长	2022.6.20
62	万宝年	中国科学院等离子体所首席科学家，院士	等离子体物理与聚变工程系主任	2022.6.26

与中国科学院研究院所联合创办“科技英才班”

校级“科技英才班”一览表

序号	科技英才班名称	合作单位	签署协议时间
1	华罗庚数学科技英才班	中国科学院数学与系统科学研究院	2009.3.18
2	师昌绪材料科学科技英才班	中国科学院金属研究所	2009.6.11
3	贝时璋生命科技英才班	中国科学院生物物理研究所 中国科学院上海生命科学研究院	2009.7.9
4	严济慈物理科技英才班	中国科学院物理研究所	2009.7.9
5	王大珩光机电科技英才班	中国科学院长春光学精密机械与物理研究所	2009.7.9
6	赵忠尧应用物理科技英才班	中国科学院上海应用物理所	2009.7.9
7	钱学森力学科技英才班	中国科学院力学研究所	2009.7.9
8	卢嘉锡化学科技英才班	中国科学院化学研究所、中国科学院上海有机化学研究所	2010.6.9
9	王绶琯天文科技英才班	中国科学院国家天文台、中国科学院紫金山天文台、中国科学院上海天文台	2010.6.9
10	赵九章现代地球和空间科技英才班	中国科学院地质与地球物理研究所	2010.6.9
11	华夏计算机科技英才班	中国科学院计算技术研究所	2010.6.9
12	信息科技英才班	中国科学院电子学研究所	2016.1.6
13	新能源英才班	中国科学院广州能源研究所	2016.8.26
14	精密光机电与环境英才班	中国科学院合肥物质科学研究院	2016.12.15
15	环境科学与工程科技英才班	中国科学院城市环境研究所	2020.12.16

院级“科技英才班”一览表

序号	科技英才班名称	合作单位	签署协议时间
1	钱三强英才班	中国科学院高能物理研究所	2013.6.3
2	黄昆英才班	中国科学院半导体研究所	2013.6.4
3	技术物理英才班	中国科学院上海技术物理研究所	2013.7.3
4	尚光英才班	中国科学院上海光学精密机械研究所	2013.9.1
5	王淦昌英才班	中国科学院等离子体物理研究所	2013.9.29
6	杨澄中英才班	中国科学院近代物理研究所	2013.10.16
7	天眷英才班	中国科学院武汉物理与数学研究所	2013.11.12
8	吴自良超导英才班	中国科学院上海微系统与信息技术研究所	2015.1.7
9	吴仲华英才班	中国科学院工程热物理研究所	2015.3.2
10	稀土英才班	中国科学院赣江创新研究院	2022.9.1

近年来接收中国科学院研究院所代培研究生情况一览表

年度	人数
1999	302
2000	379
2001	522
2002	750
2003	835
2004	859
2005	896
2006	995
2007	961
2008	996
2009	1074

续表

年　　度	人　　数
2010	1065
2011	1075
2012	1106
2013	1050
2014	822
2015	841
2016	774
2017	784
2018	815
2019	857
2020	845
2021	809
2022	842
2023	878
合　计	21132

近年来向中国科学院研究院所推荐免试研究生情况一览表

年　　度	人　　数
1999	52
2000	52
2001	85
2002	167
2003	201
2004	150
2005	180
2006	221

续表

年　度	人　数
2007	198
2008	191
2009	188
2010	194
2011	177
2012	153
2013	145
2014	124
2015	112
2016	84
2017	82
2018	62
2019	56
2020	56
2021	50
2022	71
2023	40
合　计	3091

近年来本科生在中国科学院研究院所开展实践教学情况一览表

年　度	大学生研究计划	专业实习	毕业论文	合　计
2004	223	397	157	777
2005	238	350	101	689
2006	301	368	94	763
2007	487	554	107	1148
2008	284	303	112	699

续表

年　度	大学生研究计划	专业实习	毕业论文	合　计
2009	329	309	108	746
2010	292	335	185	812
2011	228	358	174	760
2012	162	423	172	757
2013	131	690	198	1019
2014	73	469	164	706
2015	104	561	146	811
2016	47	602	139	788
2017	48	547	110	705
2018	30	587	113	730
2019	11	355	55	421
2020	5	262	57	324
2021	6	285	52	343
2022	2	274	56	332
2023	5	856	42	903

中国科学院研究院所在学校设立奖学金一览表

序号	奖学金名称	设　立　单　位	设立时间
1	力学攀登奖	中国科学院力学研究所	1994
2	祖同奖学金	中国科学院西安光学精密机械研究所	2003
3	李薰奖学金	中国科学院沈阳金属研究所	2005
4	长光奖学金	中国科学院长春光学精密机械与物理研究所	2006
5	黄鸣龙奖学金	中国科学院上海有机化学研究所	2006
6	成都光电奖学金	中国科学院光电技术研究所	2006
7	赵九章奖学金	中国科学院空间科学与应用研究中心	2007
8	地学攀登奖学金	中国科学院地质与地球物理研究所	2007
9	吴学周奖学金	中国科学院长春应用化学研究所	2007
10	微系统所奖学金	中国科学院上海微系统与信息技术研究所	2007

续表

序号	奖学金名称	设立单位	设立时间
11	国家天文台奖学金	中国科学院国家天文台	2009
12	大连化学物理研究所优秀学生奖学金	中国科学院大连化学物理研究所	2010
13	化学所英才奖学金	中国科学院化学研究所	2011
14	广州能源所奖学金	中国科学院广州能源研究所	2011
15	电子所奖学金	中国科学院电子学研究所	2011
16	近代物理所奖学金	中国科学院近代物理研究所	2012
17	林兰英奖学金	中国科学院半导体研究所	2012
18	卢嘉锡奖学金	中国科学院福建物质结构研究所	2013
19	华罗庚奖学金	中国科学院数学与系统科学研究院	2015
20	赵忠尧奖学金	中国科学院“粒子物理前沿卓越创新中心”、教育部“基本粒子与相互作用协同创新中心(筹)”	2015
21	中国科学院广能所奖学、奖教金	中国科学院广州能源所	2016
22	上海硅酸盐研究所大学生奖学金	中国科学院上海硅酸盐研究所	2016
23	中国科学院苏州纳米所奖学金	中国科学院苏州纳米技术与纳米仿生研究所	2018
24	中国科学院广州能源所大学生奖学金	中国科学院广州能源所	2018

近年来与中国科学院研究院所共建科教结合平台一览表

序号	机构名称	共建单位	成立时间
1	系统生物学系	中国科学院上海生命科学研究院	2005.9
2	强子物理研究中心	中国科学院近代物理研究所	2006.3
3	医药生物技术系	中国科学院广州生物医药与健康研究院	2006.7
4	核科学技术学院	中国科学院合肥物质科学研究院	2009.1

续表

序号	机构名称	共建单位	成立时间
5	计算机科学与技术学院	中国科学院计算技术研究所、 中国科学院软件研究所、 中国科学院沈阳计算技术研究所	2009.5
6	光学与光学工程系	中国科学院上海光学精密机械研究所、 中国科学院光电技术研究所、 中国科学院西安光学精密机械研究所、 中国科学院长春光学精密机械与物理研究所、 中国科学院安徽光学精密机械研究所	2009.12
7	数学科学学院	中国科学院数学与系统科学研究院	2011.5
8	中国科学院国家数学与交叉科学中心合肥分中心	中国科学院数学与系统科学研究院	2011.5
9	合肥物质科学技术中心	中国科学院合肥物质科学研究院	2011.9
10	环境科学与光电技术学院	中国科学院合肥物质科学研究院	2011.9
11	中国科学院核能安全技术研究所	中国科学院合肥物质科学研究院	2011.9
12	生态与环境研究生交叉学科中心	中国科学院生态环境研究中心	2012.7
13	苏州纳米科技协同创新中心	中国科学院纳米技术与仿生研究所、 苏州大学、东南大学、西安交通大学、 苏州园区管委会	2012.7(组建) 2013.5(揭牌)
14	量子信息与量子科技前沿协同创新中心	中国科学院上海技术物理研究所、 中国科学院半导体研究所、 南京大学、国防科技大学	2012.7(组建) 2014.1(揭牌)
15	粒子物理前沿卓越创新中心	中国科学院高能物理研究所、 中国科学院大学、清华大学、 上海交通大学、北京大学、南开大学、 山东大学、南京大学、北京航空航天大学、 中国科学院理论物理所、中山大学、湘潭大学	2014.1
16	国家示范性微电子学院	中国科学院长春光学精密机械与物理研究所	2015.12
17	合肥能源研究院	中国科学院广州能源研究所、 合肥市人民政府	2016.11

近年来与中国科学院研究院所共建实验室一览表

序号	实验室名称	共建(合作)单位	成立时间
1	星系和宇宙学联合实验室	中国科学院上海天文台	2005.1
2	核探测技术与核电子学联合实验室	中国科学院高能物理研究所	2005.4
3	化学物理联合实验室	中国科学院大连化学物理研究所	2005.6
4	智能科学与技术联合实验室	中国科学院自动化研究所	2005.7
5	蛋白质科学联合实验室	中国科学院生物物理研究所	2005.7
6	网络与通信联合实验室	中国科学院沈阳计算技术研究所	2005.9
7	绿色合成化学联合实验室	中国科学院上海有机化学研究所	2005.11
8	数学物理联合实验室	中国科学院武汉物理与数学研究所	2005.12
9	科技传播研究所	中国科学院科学时报社	2006.2
10	强子物理研究中心	兰州重离子国家实验室	2006.3
11	网络传播系统与控制联合实验室	中国科学院声学研究所	2006.11
12	新能源材料联合实验室	中国科学院上海硅酸盐研究所	2007.4
13	无机固体联合实验室	中国科学院福建物质结构研究所	2007.5
14	高分子薄膜与溶液联合实验室	中国科学院长春应用化学研究所	2007.9
15	分析化学研究伙伴小组	中国科学院长春应用化学研究所	2008.1
16	中国科学院星系宇宙学重点实验室(星系和宇宙学联合实验室)	中国科学院上海天文台	2008.12 (2005.1)
17	核探测与核电子学国家重点实验室(核探测技术与核电子学联合实验室)	中国科学院高能物理研究所	2008.12 (2005.4)
18	中国科学院网络传播系统与控制重点实验室(培育建设)(网络传播系统与控制联合实验室)	中国科学院声学研究所	2008.12 (2006.11)
19	中国科学院能量转换材料重点实验室(新能源材料联合实验室)	中国科学院上海硅酸盐研究所	2008.12 (2007.4)
20	超精密控制与系统联合实验室	中国科学院 长春光学精密机械与物理研究所	2010.5

续表

序号	实验室名称	共建(合作)单位	成立时间
21	微纳电子系统集成研究中心	中国科学院微电子研究所	2010.9
22	环境污染控制联合实验室	中国科学院城市环境研究所	2012.1
23	中国科学院空间信息处理与应用系统技术重点实验室	中国科学院电子学研究所	2013.4
24	生物质催化转化联合实验室	中国科学院广州能源研究所	2013.12
25	中国科学院城市污染物转化重点实验室(环境污染控制联合实验室)	中国科学院城市环境研究所	2014.8 (2012.1)
26	天然活性多肽联合实验室	中国科学院昆明动物研究所	2015.3
27	超导量子器件与量子信息联合实验室	中国科学院 上海微系统与信息技术研究所	2015.10
28	中国科学院微观磁共振重点实验室(量子生物物理联合实验室)	中国科学院生物物理研究所、 中国科学院物理研究所、 中国科学院化学研究所	2016.8 (2014.10)
29	国家合成生物技术创新中心	中国科学院天津工业生物技术研究所	2017.6
30	中国科学院比较行星学卓越创新中心	中国科学院地球化学研究所及遥感所、 地理所、国家空间科学中心、 广州地化所、紫金山天文台、 国家天文台及中山大学、南京大学、 中国地质大学(武汉)、武汉大学、 北京大学、山东大学、吉林大学、 桂林理工、成都理工、 澳门科技大学、香港大学	2019.1
31	海洋物理联合实验室	中国科学院深海科学与工程研究所	2021.3

备注:学校与中国科学院研究院所共建的上述联合实验室中,已有部分实验室升格为国家或省部级重点实验室。

近年来与中国科学院研究院所共建科教融合学院一览表

学科领域	研　究　所	共　建　学　院	成立时间或进展情况
化学化工与材料学科领域	中国科学院金属研究所	材料科学与工程学院	2015.9.2
	中国科学院苏州纳米技术与纳米仿生研究所	纳米技术与纳米仿生学院	2016.6.17
	中国科学院长春应用化学研究所	应用化学与工程学院	2017.8.26
物理天文学科领域	中国科学院合肥物质科学研究院	核科学技术学院	2008.12.18
	中国科学院合肥物质科学研究院	环境科学与光电技术学院	2011.9.28
	中国科学院紫金山天文台	天文与空间科学学院	2016.6.17
生物医学学科领域	中国科学院苏州生物医学工程技术研究所	生物医学工程学院(苏州)	2020.5.16
能源科技与工程领域	中国科学院广州能源研究所	能源科学与技术学院	2020.5.9
稀土领域	中国科学院赣江创新研究院	稀土学院	2020.10.9

十四、办学支撑条件

图书馆馆藏情况

项目		纸质文献总计	电子文献总计（册）	图书								期刊				报纸（册）	视听资料
				合计	中文			外文			电子图书	合计	中文	外文	电子期刊		
					小计	社科	科技	小计	社科	科技							
总藏书量2023		2656897	11575054	2092711	1853689	825121	1028568	239022	23077	215945	614088	564186	267138	297048	180966	6676	0
2014年购置	种数	22690	5840000	21717	20952	11524	9428	765		765		943	798	145		30	0
	册数	55806	6110000	54495	53712	29542	24170	783		783		1271	1125	146		40	0
2015年购置	种数	20375	6090000	19534	18878	12428	6450	656	172	484		795	684	111		46	0
	册数	43351	6630000	42164	41493	24548	16945	671	173	498		1097	985	112		90	0
2016年购置	种数	22121	6350000	21280	20410	13458	6952	870	51	819		795	684	111		46	0
	册数	46175	7180000	44988	44095	26328	17767	893	56	837		1097	985	112		90	0
2017年购置	种数	26290	6650000	25726	24281	13356	10925	1445	68	1504		519	480	39		45	0
	册数	48265	7780000	47413	45841	24060	21781	1572	68	1377		764	725	39		88	0

续表

项目	类别/数量	纸质文献总计	电子文献总计（册）	图书								期刊				报纸（册）	视听资料
				合计	中文			外文			电子图书	合计	中文	外文	电子期刊		
					小计	社科	科技	小计	社科	科技							
2018年购置	种数	15346	6950000	14829	13665	8178	5815	1164	100	1064		473	445	28		44	0
	册数	32097	8380000	31293	29901	15206	14697	1392	163	1229		712	684	28		92	0
2019年购置	种数	24205	7250000	23863	22856	9761	13095	1007	94	913		302	274	28		40	0
	册数	44572	8980000	44064	42995	17117	25878	1069	98	971		434	406	28		74	0
2020年购置	种数	17991	7550000	17731	17260	8161	9099	471	42	429		260	243	17		22	0
	册数	38107	9580000	37337	36849	15501	21348	488	43	445		370	353	17		49	0
2021年购置	种数	34393	7850000	34165	33740	14296	19444	425	29	396		228	211	17		20	0
	册数	58451	10180000	58124	57667	25519	32148	457	34	423		327	310	17		44	0
2022年购置	种数	27312	8150000	27067	26639	15046	11593	428	18	410		245	231	14		20	0
	册数	56907	10780000	56547	56093	26910	29183	454	18	436		360	346	14		54	0
2023年购置	种数	14317	432723	14137	13801	6861	6940	336	23	313	307044	180	167	13	125679	18	0
	册数	40936	795054	40686	40331	17665	22666	355	24	331	614088	250	237	13	180966	51	0

出版社出版图书数据

年度	品种		总印数（万册）	总印张（千印张）	新出图书版面字数（万字）	定价总金额（万元）
	总量	新版				
2016	454	222	216	24067	8039	8562
2017	496	244	169	27242	11195	8016
2018	530	233	195	30180	8265	9532
2019	555	184	185	33166	7082	11945
2020	533	251	178	28275	8621	9032
2021	582	257	178	33585	10650	9302
2022	576	293	173	33445	11203	10787
2023	567	266	169	30104	11196	10723

档案馆馆藏情况

单位：卷、件

类别 \ 年度	2019	2020	2021	2022	2023
文书类档案					30 卷
教学类档案	40496 件	32565 件	44571 件	54429 件	46171 件 60 卷
科研类档案	757 卷	785 卷	662 卷	722 卷	580 卷 3 件
先导专项类档案	157 卷 1668 件	32 卷 25 件	113 卷 11 件	0 卷 0 件	286 卷
产品类档案	1 卷	0 卷	2 卷	0 卷	12 卷
党群类档案	60 件	1029 件	1415 件	1046 件	349 件
行政类档案	1251 件	1625 件	8572 件	70 件	2327 件
外事类档案	101 件	3231 件	2877 件	528 件	3053 件
财会类档案	7549 卷	7294 卷	7253 卷 100 件	6806 卷	8302 卷 84 件
基建类档案	1993 卷	604 卷	3735 卷	1494 卷	398 卷

续表

类别＼年度	2019	2020	2021	2022	2023
设备类档案	35 卷	0 卷	91 卷	348 卷	43 卷
人物类档案	3 卷	0 卷	0 卷	3 卷	151 卷
出版类档案	81 件	124 件	115 件	140 件	130 件
声像类档案	293 件	1580 件	425 件	2548 件	9879 件
寄存类档案				7616 件	19 件
实物类档案	730 件	10 件	36 件	29 件	49 件
文博类档案			158 件	71 件	
资料(不计入)	149 件	2223 件	1546 件	1638 件	1168 件
年度进馆总数	10495 卷 44680 件	8715 卷 40189 件	11856 卷 58280 件	9373 卷 66477 件	9862 卷 62064 件
F192					3950 卷
馆藏总数	152049 卷 464067 件	160764 卷 504256 件	172620 卷 562536 件	181933 卷 629013 件	155387 卷 621385 件

注：1. 党群、行政、教学类档案根据国家有关规定自 2001 年起由案卷级改为文件级。
2. 2023 年度，对馆藏总数统计数据进行修正。
3. 寄存类档案 2023 年移出 64 件。
4. F192 全宗为历年馆藏档案，于 2023 年纳入统计。
5. 本表更新于 2023 年 11 月 30 日。

网络和信息化建设情况

类别＼年度		2020	2021	2022	2023
校园网络	校园网用户量(万人)	1.8	2.1	2.2	3.1
	网络设备数量(万台)	1.06	1.27	1.52	2.02
	有线联网设备数(万台)	4.6	4.6	4.6	4.6
	无线网络设备数(万台)	1.0	1.5	1.8	3.0
	出口带宽使用(Gbps)	30.5	33.5	33.5	35.5
硬件平台	管理服务器数量(虚拟化)	397	536	610	784
	超算平台算力(万亿次/秒)	3169	3169	5409	5720
数据平台	业务数据总量(万条)	4000	8000	9900	44700
	科学数据集数量	—	—	31	1155

续表

类别	年度	2020	2021	2022	2023
应用系统	校园卡用户总量(万人)	6.1	6.5	6.3	6.8
	电子邮件用户数(万人)	9.0	9.6	10.5	11.7
	站群静态网站数(个)	586	616	362	400
	统一认证接入应用数量(个)	157	170	190	214
	网上办事使用数量(万次)	1.59	2.0	0.99	1.66
	网盘托管数据量(TB)	181	238	442	652
	通信平台消息总量(万条)	861	1160	1765	734

年度举办展览情况

序号	展览名称	主办单位	开幕时间
1	霄壤无垠　凌空逐梦——中国航天日主题展	科技史与科技考古系 档案文博院	4月21日
2	爱国　创新　求实　奉献　协同　育人——科学家精神主题展	档案文博院 图书馆 党委宣传部	5月4日
3	纠缠——国家自然科学一等奖项目视觉艺术展	中国科大博物馆	5月22日
4	共饮一江水——三星堆·长江流域青铜文明联展	档案文博院 高新园区管办 图书馆 艺术教学中心 团委	7月3日
5	中国科学技术大学校史简介展	档案文博院	8月23日
6	培兰植桂，肃风雅行——夏培肃先生百年诞辰纪念展	计算机科学与技术学院 档案文博院 科技史与科技考古系	9月3日
7	中国科学技术大学65周年校庆校史展览	档案文博院	9月19日
8	孔子见老子——孔子的时代汉画拓片展暨何人先生捐赠汉代陶俑展	中国科大博物馆 山东临沂市博物馆 山东临沂沂南县北寨汉墓博物馆	10月20日

年度教学科研仪器设备统计表

单位：万元

单位名称	仪器设备拥有量				其中：10万元以上			
	年初数		年末数		年初数		年末数	
	台件	金额	台件	金额	台件	金额	台件	金额
合计	116515	690695.84	124472	755533.10	11432	535768.25	12421	589015.25
少年班学院(少年班、教改试点班	187	151.40	190	153.12	1	11.35	1	11.35
信息管理与决策科学系	312	306.03	334	320.86	2	54.15	2	54.15
管理科学系	691	642.17	740	723.03	4	128.20	5	157.69
统计与金融系	414	458.78	471	563.87	4	74.50	5	105.89
工商管理培训部	36	30.23	34	29.56	0	0.00	0	0.00
MBA 中心	18	7.56	23	8.30	0	0.00	0	0.00
化学院院属	580	1387.38	577	1218.50	27	968.24	26	795.78
化学物理系	2668	16239.61	2877	17264.94	330	11619.97	356	12351.73
材料科学与工程系	2715	10199.57	2799	10483.70	220	7017.36	229	7160.81
化学系	5847	16835.72	6087	17832.45	379	10488.25	410	11275.61
高分子科学与工程系	1811	6093.34	1907	6351.47	134	4439.65	139	4575.90
数学科学学院	1331	2494.19	1442	2828.46	33	1100.59	38	1321.10
化学院实验教学中心	2660	8316.38	2849	8869.72	127	6024.89	130	6325.75

续表

单位名称	仪器设备拥有量				其中：10万元以上			
	年初数		年末数		年初数		年末数	
	台件	金额	台件	金额	台件	金额	台件	金额
地球和空间科学学院	6637	41232.92	6948	42913.52	726	31296.82	775	32834.28
生命学院院属	8759	47044.46	9265	59094.02	790	34399.97	860	45735.75
分子生物学与细胞生物学系	2042	10891.87	2015	10836.92	206	7777.05	207	7723.21
神经生物学与生物物理学系	747	3670.01	771	3877.77	73	2428.58	79	2627.11
系统生物学系	76	310.55	74	278.61	5	179.67	4	148.05
医药生物技术系	53	401.55	48	398.47	10	337.47	10	337.47
工程学院院属	689	1646.99	670	1637.47	36	1153.88	36	1131.38
近代力学系	2055	11020.41	2178	12855.68	229	7384.66	261	8845.66
精密机械与精密仪器系	1725	6120.24	1721	6523.13	147	3840.05	156	4167.57
物理学院院属	247	631.35	457	1173.70	5	425.07	14	664.45
热科学和能源工程系	1317	4061.15	1310	4171.61	73	2459.44	75	2486.85
安全科学与工程系	1	0.54	1	0.54	0	0.00	0	0.00
信息学院院属	1876	3000.95	2097	3595.27	41	1591.94	55	1981.98
电子工程与信息科学系	3239	18319.06	3312	20027.61	461	13320.04	488	14873.98
自动化系	2029	3644.01	2098	3690.31	58	1491.36	57	1399.55
电子科学与技术系	2399	7133.55	2397	7207.05	97	5471.67	99	5536.79
信息安全专业	457	1815.74	597	2138.75	44	1209.62	54	1388.33
信息中心	1485	4180.67	2002	5144.56	46	2994.69	53	3615.30
军事与空间研究基地	19	136.28	19	136.28	5	115.01	5	115.01

续表

单位名称	仪器设备拥有量				其中：10 万元以上			
	年初数		年末数		年初数		年末数	
	台件	金额	台件	金额	台件	金额	台件	金额
教育部微软重点实验室	705	4383.27	671	4372.15	150	3490.10	150	3490.10
物理系	2156	15476.85	2084	16490.12	293	12115.76	311	12874.97
未来网络实验室	492	976.48	547	1400.37	21	551.22	30	910.62
人文学院院属	243	466.52	279	542.59	7	185.51	11	243.01
外语系	119	59.42	52	28.82	0	0.00	0	0.00
科技史与科技考古系	614	2138.38	660	2344.41	44	1631.19	49	1799.93
科技传播系	375	531.12	421	601.67	6	159.66	6	159.66
科技哲学教学研究部	66	34.87	71	38.25	0	0.00	0	0.00
人文素质教学研究部	16	51.86	15	51.34	2	40.00	2	40.00
马克思主义理论教学研究部	3	1.63	3	1.63	0	0.00	0	0.00
体育教学部	235	252.25	286	293.74	2	72.70	2	72.70
陶瓷艺术中心	8	12.61	9	12.85	0	0.00	0	0.00
近代物理系	7827	41091.04	8292	45499.17	816	27956.82	897	31568.15
经济学院院属	3	2.17	3	2.17	0	0.00	0	0.00
烟草科学系	18	8.38	18	8.38	0	0.00	0	0.00
食品科学与工程系	18	6.03	17	5.90	0	0.00	0	0.00
机电工程系	14	4.69	12	4.53	0	0.00	0	0.00
核科学技术学院	1404	6662.09	1643	7583.94	176	4070.32	197	4628.07
计算机科学与技术学院	4125	10366.18	4428	11240.50	199	5472.18	221	6071.71

续表

单位名称	仪器设备拥有量				其中：10万元以上			
	年初数		年末数		年初数		年末数	
	台件	金额	台件	金额	台件	金额	台件	金额
软件学院	1373	1213.07	1370	1208.67	16	382.31	16	382.31
公共事务学院	608	492.65	453	442.05	3	62.35	4	72.75
继续教育学院	1	18.00	1	18.00	1	18.00	1	18.00
国家同步辐射实验室	7288	60857.58	7991	67531.55	1004	47188.39	1096	52561.51
天文与应用物理系	1746	5136.57	1832	6012.11	116	3097.71	141	3694.10
火灾科学国家重点实验室	2523	14547.45	2587	15973.20	236	11157.57	262	12436.67
合肥微尺度物质科学国家研究中心	12079	174197.92	11905	172642.78	1922	156513.60	1901	155232.25
核探测与核电子学国家重点实验室	507	2721.34	536	3019.25	52	2005.98	55	2224.82
中国科学院量子信息重点实验室	2749	33773.17	2769	34309.27	678	28821.01	696	29335.23
非线性中心	219	780.83	219	780.83	13	544.77	13	544.77
烟草与健康研究中心	128	195.82	130	197.81	2	95.53	2	95.53
图书馆	1494	4247.26	1449	4172.35	90	2256.99	90	2207.67
理化科学实验中心	121	583.68	24	562.10	2	535.27	2	535.27
工程科学实验中心	385	8571.88	393	9961.38	91	8207.23	96	9599.22
信息科学实验中心	413	6341.83	418	6686.25	89	5474.10	91	5812.57
光学与光学工程系	915	3579.73	1051	4432.88	74	2062.84	99	2670.23
生命科学实验中心	372	6349.66	390	8637.47	51	6068.22	59	8355.75
量子信息与量子科技创新研究院	517	14523.17	767	18770.52	176	13678.22	215	17667.30
工程与应用物理系	218	828.93	260	1330.01	21	524.72	25	942.95

续表

单位名称	仪器设备拥有量				其中：10万元以上			
	年初数		年末数		年初数		年末数	
	台件	金额	台件	金额	台件	金额	台件	金额
类脑智能技术及应用国家工程实验室	536	9992.31	556	10140.58	164	9314.05	166	9419.44
工程科学实验教学中心	1032	3727.73	1156	3988.73	69	2430.92	71	2526.95
人工智能与数据科学学院	12	12.12	15	15.21	0	0.00	0	0.00
创新创业学院	13	16.18	123	95.83	0	0.00	0	0.00
马克思主义学院	37	17.60	45	21.35	0	0.00	0	0.00
应用化学系	163	348.96	384	747.78	6	142.57	14	360.76
环境科学与工程系	1463	5122.96	1588	6022.57	87	3706.35	107	4251.86
物理实验教学中心	3382	8657.38	3649	10127.95	218	5958.86	255	7072.61
信息与计算机实验教学中心	261	187.79	280	211.97	0	0.00	0	0.00
未来技术学院	1239	11058.90	2731	22524.21	185	9167.25	396	18435.34
苏州高等研究院	42	62.76	71	194.75	0	0.00	4	116.63
碳中和研究院	0	0.00	9	14.86	0	0.00	0	0.00
心理学系	2	3.37	6	6.00	0	0.00	0	0.00
本科生院院属	58	102.88	426	400.41	2	52.76	5	116.48
外语教学中心	0	0.00	3	3.80	0	0.00	0	0.00
管理学院院属	1056	1473.86	1064	1456.84	35	751.08	34	718.88

经费收入情况统计表

单位：万元

项　　目	本　年　收　入
一、教育经费拨款	183064.13
二、科研经费拨款	147639.81
三、基本建设拨款	27575.05
四、其他经费拨款	10877.63
五、上级补助收入	1386.00
六、教育事业收入	41071.67
七、科研事业收入	184827.65
八、经营收入(所属单位对外收入)	21893.31
九、附属单位缴款	—
十、其他收入	128636.14
十一、拨入专款	137.58
合　　计	747108.97

经费支出情况统计表

单位：万元

项　　目	本　年　支　出
一、教育支出	266485.50
二、科研支出	345934.24
三、基本建设支出	107977.23
四、经营支出(所属单位对外支出)	16545.19
五、专款支出	156.02
六、社会保障和就业支出	16125.25
七、住房保障支出	13178.20
合　　计	766401.63

固定资产情况表

单位：万元

项　　目	金　　额
固定资产原值	1399118.63
其中：1. 房屋及建筑物	486728.28
2. 专用设备	373514.75
3. 通用设备	435743.25
4. 图书档案	34357.89
5. 其他固定资产	68774.46

科研经费到款情况表

单位：万元

类　　别	金　　额
一、科研事业费	1786.64
二、主管部门专项费	145439.02
三、国家科技部专项等	54415.40
四、国家自然科学基金项目	68963.08
五、国家其他部委项目	13554.05
六、省、市、自治区专项费	22692.80
七、企、事业单位委托经费	25202.33
八、其他	1523.58
合　　计	333576.90

教育基金会捐赠收入统计

序号	科　目	金　额
1	基础教育基金	507200.00
2	人才建设基金	4960000.00
3	校园建设基金	46530213.70
4	立德树人基金	6931863.16
5	社会公益基金	39000.00
6	科技攻关基金	2000000.00
7	通用基金	21307842.05
8	海外校友基金	1756559.37
9	新创基金	1645200.00
10	郭永怀李佩奖基金	20000.00
11	庆峰基金	1000000.00
12	华米基金	2500000.00
13	杨亚基金	300000.00
14	江淮蔚来基金	300000.00
15	陈林义基金	300000.00
16	蓝风基金	400000.00
17	人文发展基金	1320000.00
18	校友会基金	220453.59
19	少年班学院基金	380000.00
20	数学科学学院基金	3780000.00
21	化学与材料科学学院基金	1953454.91
22	工程科学学院基金	132000.00
23	信息科学技术学院基金	1319920.00
24	地球和空间科学学院基金	282800.00
25	生命科学与医学部基金	1050000.00

续表

序号	科　　目	金　　额
26	计算机科学与技术学院基金	160000.00
27	管理学院基金	348488.00
28	公共事务学院基金	180000.00
29	人文与社会科学学院基金	100000.00
30	核科学技术学院基金	231000.00
31	火灾科学国家重点实验室基金	500.00
32	微电子学院基金	20000.00
33	国家同步辐射实验室基金	220000.00
34	附属第一医院基金	5858890.00
35	环境科学与工程系基金	330000.00
36	网络空间安全学院基金	150000.00
37	大数据学院基金	27600.00
38	文化传播基金	200000.00

竣工和在建校舍情况

单位：万元、m^2

项　目　类　别	投资资金来源			房屋建筑面积		
	完成投资合计	其　　中		施工面积	其　　中	
		国家预算内总投资	自筹总资金		竣工面积	在建面积
一、教学科研	108937	63067	121444	251051	159171	91880
东区人文楼改扩建项目	3280		5000	8000		8000
中国科学院先导C科技专项《高精度电磁测量核心技术装备》示范工程西区新建洁净室项目	3273	5100		2400	2400	
合肥综合性国家科学中心 协同创新交叉研究平台	55941	44129	18913	126871	126871	

续表

项目类别	投资资金来源			房屋建筑面积		
	完成投资合计	其中		施工面积	其中	
		国家预算内总投资	自筹总资金		竣工面积	在建面积
量子信息技术协同创新平台	15925	13838	5931	29900	29900	
物理楼整体改造项目	1850		3000	8000		8000
医算中心附楼项目	870		2200	2000		2000
上海科教基地(一期)	27798		86400	73880		73880
二、生活用房	10077		50000	68737		68737
苏州教师公寓项目	10077		50000	68737		68737
合计	119014	63067	171444	319788	159171	160617
校园总面积	1713539 m^2		校园总建筑面积	1403392 m^2		

十五、2023 年大事记

1 月

3 日 英国《自然》杂志子刊《自然·通讯》发表我校工程科学学院微纳米工程实验室吴东教授、褚家如教授课题组的研究成果。他们基于数字微镜阵列系统，利用激光光场调制技术，加工出一种新颖的高性能自驱动水凝胶微马达，并探究其在动能传输、微型发电机等方面的应用前景，为微型旋转机械的设计与制造开拓了新的方向。

4 日 英国《自然》发表我校郭光灿院士团队任希锋教授等人与新加坡国立大学仇成伟教授、郭强兵博士等合作研究成果。他们在二维材料非线性量子光源研究中取得重大突破，首次利用新型二维材料 $NbOCl_2$ 的非线性过程实现了超薄的量子光源，厚度可低至 46 nm。

4 日 美国《科学》杂志子刊《科学·进展》发表我校 STAR 组与美国布鲁克海文国家实验室、山东大学等单位的联合研究团队研究成果。他们在 STAR 国际合作组中发挥主导作用，首次在高能重离子碰撞过程中以不稳定粒子 ρ0 介子为实体实现了费米尺度的单粒子双缝干涉实验，并利用该过程的线性偏振特征观测到极化空间的干涉现象。

5 日 英国《自然》杂志子刊《自然·通讯》发表我校化学与材料科学学院陈维教授课题组研究成果。他们设计了一种稳定的金属/金属-锌合金异质结界面层，实现了大面容量（200 mAh/cm^2）下无锌枝晶的稳定沉积和溶解反应以及高达 274 Wh/kg 的锌溴电池能量密度。另外，大容量锌溴电池展示出优异的循环稳定性，电池模组与光伏面板集成展示了其对可再生能源的存储能力。

6 日 我校获“国家自然科学基金管理工作先进单位”荣誉称号。

6 日 美国《物理评论快报》发表我校郭光灿院士团队在腔光力系统研究方面取得的新进展。该团队董春华教授研究组通过光辐射压力实现两光学模式和两机械模式间的相互作用，进而实现了任意两模式间全光控的非互易频率转换。

6 日 美国《科学》杂志子刊《科学·进展》在线发表我校中国科学院微观磁共振重点实验室彭新华教授、江敏副研究员等在量子精密测量和检验超越标准模型领域取得的重要进展。他们利用自主研制的量子自旋放大技术实现了对一类超越标准模型的宇称破缺相互作用的超灵敏检验，实验结果提升国际纪录至少 5 个数量级，弥补了现有天文学观测的空白。

10 日 我校 23 位同志当选新一届安徽省人大代表、政协委员。

10 日 我校召开 2023 年教材工作研讨会。

10 日 我校召开 2023 年度国家自然科学基金申报工作部署会。

11 日 校党委理论学习中心组召开 2023 年度第一次集中学习会。

12 日 英国《自然》发表我校化学与材料科学学院材料科学与工程系、合肥微尺度物质科学国家研究中心朱彦武教授团队的研究成果。他们报道了在常压条件下通过化学电荷注入技术，将富勒烯 C_{60} 分子晶体转变为聚合物晶体和长程有序多孔碳（LOPC）晶体的相关进展。

12 日 我校曾杰团队合作取得的研究成果“我国科学家将二氧化碳人工合成葡萄糖和脂肪酸”入选 2022 年度“中国十大科技进展新闻”。

12 日 我校作为国家基金安徽省联络网组长单位组织线上召开“2022 年度国家自然科

学基金安徽省联络网管理工作会议”。

12日 英国《自然》杂志子刊《自然·物理》在线发表我校合肥微尺度物质科学国家研究中心国际功能材料量子设计中心和物理系中国科学院强耦合量子材料物理重点实验室曾长淦教授、李林副研究员研究团队与北京量子信息科学研究院解宏毅副研究员等合作研究成果。他们在二维电双层结构层间长程耦合研究方面取得重要进展。通过构筑石墨烯与氧化物界面超导体系的复合结构，该团队揭示了二维半金属和二维超导体之间由于量子涨落诱导的巨幅超流拖拽效应。

12日 英国《自然》杂志子刊《自然·通讯》发表我校郭光灿院士团队在微腔光学频率梳研究方面取得的重要进展。该团队董春华教授及其合作者邹长铃等人提出一种普适的微腔色散调控机制，实现了光频梳中心频率和重复频率的实时独立调控，并应用于光学波长的精密测量，将波长的测量精度提升到千赫兹量级。

12日 英国《自然》杂志子刊《自然·天文》发表我校物理学院天文学系和深空实验室杨睿智教授、刘冰副研究员与云南大学李广兴教授、中山大学崔昱东博士、德国DESY研究所Emmadeona Wilhelmi博士以及MPIK研究所Felix Aharonian教授等天体物理领域的专家合作研究成果。他们对距离地球较近的巨分子云Taurus和Perseus的伽马射线辐射进行了分析研究，发现致密的分子云团块对低能宇宙线有较强的“屏蔽”作用，分子云致密团块处的宇宙线密度显著低于星际介质中的平均值。

13日 美国《光学》发表我校郭光灿院士团队在多体非线性量子干涉研究中取得的重要进展。该团队任希锋研究组与德国马克斯普朗克光科学研究所Mario Krenn教授合作，基于光量子集成芯片，国际首次展示了四光子非线性产生过程的干涉。

13日 我校4位老师获首期腾讯“新基石研究员项目”资助。

13—14日 我校牵头承担的三项国家重点研发计划项目启动暨实施方案论证会顺利召开。

14日 英国《自然》杂志子刊《自然·通讯》发表我校熊宇杰、龙冉研究团队的研究成果。他们设计了一类等离激元催化材料，发现其独特的界面耦合态直接电子激发机制，实现了可见光区和红外光区二氧化碳与水的高选择性转化。该技术使用广谱低强度光，甲烷产率高达0.55 mmol/(g·h)，碳氢化合物的产物选择性达100%，是目前光驱动二氧化碳资源化利用的最高纪录。

16日 校党委书记舒歌群带队开展春节前走访。

16日 我校召开第十一届校学术委员会第六次全体会议。

16日 英国《自然》杂志子刊《自然·通讯》发表我校工程科学学院机器人与智能装备所张世武教授研究团队李木军副教授、近代力学系王柳特任教授与南加州大学Yong Chen教授合作研究成果。他们提出了一种原位双重加热策略，成功实现了对具有多种流变性质和功能特性的热固性材料的墨水直写打印。

17日 我校11位同志当选新一届全国人大代表、政协委员。

17日 美国《物理评论快报》发表我校潘建伟、陈腾云等与清华大学马雄峰合作研究成果。他们首次在实验上实现了模式匹配量子密钥分发。

19日 英国《自然》发表我校陈杨教授、哈尔滨工业大学深圳校区肖淑敏教授与新加坡国立大学仇成伟教授共同合作，在微纳光学与手性光学的交叉领域取得的重要进展。他们在介质超表面中引入微小倾斜扰动，首次实现并观测到具有极致内禀手性的连续域中束缚态（chiral BIC），在光学波段同时得到高达 0.93 的圆二色谱信号和高达 2663 的光学品质因子，显著增强了光与物质的手性相互作用，这项研究在手性光学领域具有广泛的应用前景。

19 日 《美国科学院院报》在线发表我校生命科学与医学部周丛照教授课题组的研究成果。他们利用冷冻电镜单颗粒技术解析了其中一株肌尾噬藻体 *Pam*3 的完整结构，阐明了一种最简肌尾噬菌体的精细组装模式。此前，英国《环境微生物组》杂志也曾在线发表该团队成功从巢湖分离出五株侵染伪鱼腥藻 *Chao* 1811 的噬藻体，命名为 *Pan*1～*Pan*5，对其进行基因组学和蛋白质组学分析的相关研究成果。

19 日 美国《物理评论快报》发表我校中国科学院微观磁共振重点实验室杜江峰、石发展等人在量子操控领域取得的重要进展。他们基于金刚石氮-空位色心量子比特实现了保真度 99.92％的量子 CNOT 门。

20 日 美国《细胞》杂志在线发表我校生命科学与医学部薛天教授研究团队的研究成果。他们发现了光直接通过激活视网膜上特殊的感光细胞，经视神经至下丘脑和延髓的系列神经核团传递信号，最终通过交感神经作用于外周的棕色脂肪组织，直接压抑了机体的血糖代谢能力。

20 日 《国家科学评论》杂志在线发表我校陈伊翔教授及其合作者的研究成果。他们首次在欧洲西阿尔卑斯造山带 Sesia 地体发现了超高压变质作用，揭示了张裂大陆边缘深俯冲的驱动力并非先前通常认为的大洋俯冲牵引力，而更可能是大洋扩张或大陆张裂引起的远程推力。这项研究不仅对西阿尔卑斯造山带的构造演化提供了新制约，而且对大陆深俯冲的地球动力学机制提供了新认识。

21 日 校党委书记舒歌群带队慰问春节留校学生。

25 日 美国《科学》杂志子刊《科学 · 进展》发表我校工程科学学院机器人与智能装备研究所张世武教授研究团队与英国和澳洲合作者组成的联合研究组的研究成果。他们成功开发了一种可以响应外界机械载荷和电信号变化从而自主调节机械刚度、电导率和灵敏度的新型复合材料。

25 日 美国《科学》杂志子刊《科学 · 进展》发表我校生命科学与医学部瞿昆教授课题组和合肥微尺度物质科学国家研究中心王志凯团队合作在细胞有丝分裂转录调控方面取得的重要成果。

25 日 美国《科学》杂志子刊《科学 · 进展》发表我校郭光灿院士团队在基于简并腔中涡旋光子的拓扑量子模拟上取得的新进展。该团队李传锋、许金时、韩永建等人利用简并光学谐振腔内的涡旋光子构建非厄米人工轨道角动量晶格，观测到了非厄米奇异点。

26 日 英国《自然》杂志子刊《自然 · 水》发表我校环境科学与工程系基于我国市政污水处理设施运行与碳排放的大数据分析的研究成果。他们全面评估了污水行业的温室气体排放特征并探讨了其未来减排潜力及技术路径，为回答污水行业如何实现碳中和这一重要问题提供了重要参考依据。

27 日 校长包信和春节期间赴上海研究院慰问坚守一线的科研人员。

28 日 荷兰《精神病学研究》杂志在线发表我校张效初教授团队在成瘾的脑机制领域

取得的新进展。

31 日 《美国科学院院报》在线发表我校工程科学学院热科学和能源工程系特任教授谈鹏团队的研究成果。他们通过探究多组分协同传输对锂二氧化碳（Li-CO_2）电池的作用规律，重新认识了 Li-CO_2 电池的工作电压，为下一代 Li-CO_2 电池的发展提供了调控策略。

31 日 《德国应用化学》发表我校董振超研究小组在探究针尖增强单分子拉曼光谱的化学增强与猝灭机制方面取得的新进展。

本月 我校九三学社基层委荣获“2021—2022 年社会服务先进集体”和“九三学社全国宣传思想工作先进单位”。

本月 我校九韶团队入选“科创中国”先导技术榜——产业基础领域榜单。

本月 英国《自然》发表我校 STAR 组与美国布鲁克海文国家实验室等单位的联合研究团队在矢量介子自旋物理方面取得的重要进展。他们在相对论性重离子碰撞中首次测量到了 ϕ 矢量介子的自旋取向。

本月 我校光电农业实践项目荣获碳达峰碳中和行动典型案例一等奖。

本月 英国《自然》杂志子刊《自然·通讯》发表我校微尺度物质科学国家研究中心曾杰教授团队在单原子催化二氧化碳电还原制备乙烯和一氧化碳方面取得的重要进展。

本月 美国《应用物理快报》杂志和美国《IEEE 电子器件快报》杂志分别发表我校微电子学院龙世兵教授课题组联合中国科学院苏州纳米所加工平台在氧化镓功率电子器件领域取得的重要进展。他们采用氧气氛围退火和 N 离子注入技术，首次研制出了氧化镓垂直槽栅场效应晶体管。

本月 我校官方微博获“微博 2022 最具服务力学校”荣誉称号。

1—2 月 《德国应用化学》杂志和美国《美国化学会志》杂志分别发表我校合肥微尺度物质科学国家研究中心张国庆教授团队在高分子光物理和光化学领域取得的重要成果。

1—3 月 英国《核酸研究》杂志和英国《自然》杂志子刊《自然·通讯》分别发表了生命科学与医学部的博士研究生张晓静和李珊珊副研究员在经典核酶的自剪接机制研究取得的重要进展。

2 月

1 日 英国《自然》杂志子刊《自然·通讯》发表我校路军岭教授课题组与李微雪教授课题组、韦世强教授课题组合作研究成果。他们在理解双金属纳米催化剂的尺寸效应方面取得重要进展，在原子分子水平上揭示了在苯甲醇选择性氧化反应中，Au@Pd 核壳型双金属催化剂的催化性能随 Au 核尺寸和 Pd 壳层厚度变化的调变规律，首次揭示核壳型双金属纳米催化存在共轭双量子尺寸效应。

1 日 美国《IEEE 模式分析与机器智能汇刊》发表我校杜江峰院士领衔的中国科学院微观磁共振重点实验室在深度功能医学电阻抗成像技术上取得的重要进展。该实验室刘东研究员等提出了一种无须训练的深度电阻抗图像重建方法，为电阻抗成像技术在病变组织特异性判断中的应用开辟了新道路。

1 日 美国《物理评论物理教育研究》发表我校物理学院涂涛副教授、李传锋教授、许金时教授和郭光灿院士等老师组成的团队在量子物理教育研究领域取得的新突破。

3 日 共建中国科大上海科教基地合作协议在浦东新区签署。

4 日 《德国应用化学》发表我校俞书宏院士团队的研究成果。他们报道了一种经过自下而上的策略，利用天然生物质和天然矿物为原料，制备了一种具有优良隔热和耐火性能的纯天然仿木气凝胶。

7 日 美国《先进科学》发表我校心理学系张效初团队的研究成果。他们通过比较自然语言和自然语言生成语言在感知上的神经活动差异，揭示了内隐感知神经信息在语言感知和理解中的重要作用，也为评估自然语言生成语言质量提供了新的思路。

8 日 中国科学院力学研究所罗喜胜所长、科技战略咨询研究院王颖主任、前沿科学与教育局魏志祥副局长一行来我校调研交流。

9 日 美国《地球物理研究快报》发表我校地球和空间科学学院、深空探测实验室雷久侯教授研究团队与德国波恩大学和美国麻省理工学院合作研究成果。他们基于星载加速度计数据反演热层大气密度，首次报道了汤加火山喷发激发的热层大气波动和全球尺度的热层大气密度扰动现象，证实了地表附近的火山喷发事件足以对卫星所在高度（～500 km）大气层产生显著影响，将火山影响拓展至太空区域。

9 日 英国《自然》杂志子刊《自然・物理》在线发表我校 ATLAS 实验组关于首次观测到稀有 ZZ 双玻色子散射过程的研究成果。

10 日 安徽省委副秘书长张明一行来访公共事务学院调研指导工作。

10 日 《中国科学传播报告（2022）》座谈与发布会在北京召开。

15 日 校党委领导班子召开 2022 年度民主生活会。

16 日 校党委理论学习中心组召开 2023 年度第二次集中学习会。

16—17 日 我校召开 2023 年务虚会。

17 日 美国《科学》发表我校徐集贤教授团队与合作者针对钙钛矿太阳电池中长期普遍存在的“钝化-传输”矛盾问题的研究成果。他们提出了一种命名为 PIC（porous insulator contact，多孔绝缘接触）的新型结构和突破方案，基于严格的模型仿真和实验给出了 PIC 方案的设计原理和概念验证，打破了 p-i-n 反式结构器件稳态认证效率的世界纪录，并在多种基底和钙钛矿组分中展现了普遍的适用性。

17 日 我校牵头承担的国家重点研发计划“臭氧及前体物多源卫星高分辨遥感与集成解析技术”项目启动暨实施方案论证会顺利召开。

18 日 校长包信和到苏州高等研究院调研指导。

21—22 日 我校举办第八届中俄“长江-伏尔加河”青年论坛。

23 日 我校召开校友座谈会。

23 日 美国《临床研究杂志》杂志在线发表了我校生命科学与医学部曾筑天课题组的研究成果。他们揭示了肝转移癌逃逸肝脏驻留巨噬细胞（kupffer cells，KC）免疫监视的新机制，相应开发了原位靶向扩增并重塑 KC 抗肿瘤功能的新方法，在多种终末期肝转移癌动物模型中实现了肿瘤清除，从而为临床上转移性肝癌的免疫治疗策略开发提供了新思路。

25 日 我校张华凤教授研究团队被授予“全国巾帼文明岗”荣誉称号。

27 日 英国《自然》杂志子刊《自然・光子学》发表我校物理学院、中国科学院强耦合量子材料物理重点实验室及合肥微尺度物质科学国家研究中心肖正国教授研究组在制备高效稳定的钙钛矿单晶 LED 领域取得的重要进展。他们利用空间限制法生长出高质量、大面积、超薄的钙钛矿单晶，并首次制备出亮度超过 86000 cd/m^2，寿命高达 12500 h 的钙钛矿单晶 LED，向钙钛矿 LED 应用于人类照明迈出了重要一步。

27 日 《美国科学院院报》发表我校国家同步辐射实验室、火灾科学国家重点实验室王占东特任教授课题组在低温燃烧研究取得的重要进展。他们实现低温燃烧链分支中间体-过氧化物的光电离截面的测量和准确定量分析。

27 日 我校与合肥国轩高科动力能源有限公司签署共建联合实验室协议。

27 日 英国《自然》杂志子刊《自然・通讯》发表我校苏州高等研究院杨亮研究员课题组研究成果。他们开发了一套金属氧化物半导体激光微纳制造新方法，实现了亚微米精度的 ZnO 半导体结构的激光打印，并且将其与金属激光打印相结合，首次验证了二极管、三极管、忆阻器及加密电路等微电子元器件和电路的一体化激光直写，从而将激光微纳加工的应用场景推广到微电子领域，在柔性电子、先进传感器、智能微机电系统等领域具有重要的应用前景。

27 日 日本学术振兴会北京代表处所长山口英幸一行来校调研交流。

28 日 中国科学院、国家自然科学基金委来校调研大科学装置国际合作情况。

本月 我校国家示范性微电子学院程林教授课题组设计的一款高效率、高电流密度的降压-升压直流-直流转换器芯片亮相于集成电路设计领域最高级别会议“IEEE 国际固态电路会议”。

本月 我校中法数学英才班学子连续两年被巴黎高等师范学院数学系录取。

2—4 月 我校圆满完成处级领导人员学习贯彻党的二十大精神轮训工作。

3 月

1 日 校机关党委开展 2022 年度基层党支部党建述职考评工作。

1 日 校党委书记舒歌群调研马克思主义学院。

1 日 德国《考古学与人类学科学》发表我校科技史与科技考古系、科技考古实验室在汉代青铜器铅料产地研究中取得的新进展。

2 日 湖南省教育厅来校调研交流。

2 日 江淮汽车集团控股有限公司来校调研交流。

2 日 英国《自然》杂志子刊《自然・物理》在线发表我校卢征天教授、夏添博士及其同事合作研究成果。他们利用原子阱痕量分析方法实现了对极稀有同位素钙-41 的单原子灵敏检测，将该同位素丰度的检测极限压低至 10^{-17}（十亿亿分之一）量级，并演示了对骨头、岩石、海水等典型样品的钙-41 同位素分析，解决了地质、生物样品中钙-41 同位素的探测难题，使得钙-41 有望作为示踪定年同位素被应用于地球科学和考古学等领域。

2—3 日 我校成功举办 2022 年度新晋研究生导师培训交流研讨会。

3 日 我校举办 2022 年度优秀创新创业导师表彰会。

4 日 我校举办《雷锋精神与成才规律》报告会。

6 日 我校召开 2023 年春季学期校教学督导委员会第一次工作会议。

6 日 英国《自然》杂志子刊《自然·通讯》发表我校生命科学与医学部和第一附属医院冯雪竹、光寿红教授课题组和周颖教授团队合作研究成果。该研究以模式生物秀丽隐杆线虫为模型，对 Chromo 结构域蛋白进行了系统性的功能组学研究，并发现了一个新的调控寿命的 H3K9me1/2 阅读器 CEC-5。

6 日 《美国科学院院报》发表我校化学与材料科学学院、合肥微尺度物质科学国家研究中心武晓君教授与中国科学院物理所、北京凝聚态物理国家研究中心陈岚研究员、吴克辉研究员等合作研究成果。他们在 Cu(111)表面可控制备均一尺寸硼团簇、揭示硼团簇的精准结构与有序排列机制以及二维双层硼形成机理方面取得新进展。

7 日 校党委理论学习中心组召开 2023 年度第三次集中学习会。

7 日 第 7 期众言沙龙暨女教职工专场活动顺利举行。

8 日 我校举办女性健康知识竞赛暨“盛开吧！女孩”妇女节主题活动。

8 日 我校举办庆祝“三八”国际劳动妇女节女教职工趣味运动会。

8 日 我校地球和空间科学学院与安徽省地震局续签合作框架协议。

9 日 中国科学院、国家自然科学基金委来校调研大科学装置国际合作情况。

9 日 英国《自然》杂志子刊《自然·通讯》发表我校郭光灿院士团队在实用化量子传感研究中取得的重要进展。孙方稳教授研究组利用微纳量子传感与电磁场在深亚波长的局域增强，研究微波信号的探测与无线电测距，实现 10^{-4} 波长精度的定位。

9 日 《美国国家科学院院报》在线发表我校地球和空间科学学院黄方教授课题组和美国加州大学 Santa Barbara 分校 Roberta L. Rudnick 教授合作研究成果。他们通过冰碛岩和火成岩的钒(V)同位素研究，确定长英质成分主导的陆壳形成于距今 30 亿年之后。

10 日 我校郑永飞院士当选政协第十四届全国委员会常务委员。

10 日 我校牵头承担的重大研究计划“生物大分子动态修饰与化学干预”集成项目启动暨实施方案论证会顺利召开。

10 日 北京中医药大学王琦院士代表团访问我校细胞动力学教育部重点实验室。

10 日 我校召开 2022 年度实验室安全管理工作业务交流会。

10 日 美国《物理评论 X》杂志在线发表我校工程科学学院近代力学系姜洪源教授团队研究成果。他们揭示了不同形式和不同程度的受限力学环境对细胞多极纺锤体的调控机制。

10—11 日 我校举办首期校园心理情景剧专题培训。

11 日 校长包信和当选第十四届全国人民代表大会常务委员会委员。

11 日 我校 FIND 论坛陶粲物理沙龙成功举办。

14 日 英国《自然》杂志子刊《自然·光子学》在线发表我校潘建伟、徐飞虎等与上海微系统所、济南量子技术研究院、哈尔滨工业大学等单位科研人员合作研究成果。他们通过发展高保真度集成光子学量子态调控、高计数率超导单光子探测等关键技术，首次在国际上实现百兆比特率的实时量子密钥分发，实验结果将此前的成码率纪录提升一个数量级。

14 日 美国《物理评论快报》发表我校 STAR 组与美国布鲁克海文国家实验室等单位组成的联合研究团队的研究成果。他们在 STAR 国际合作组中发挥主导作用，精确测量了超高能原子核对撞中底夸克偶素的产生，并以此为探针研究了对撞产生的新物质形态——夸克胶子等离子体的特性。

14日 英国《自然》杂志子刊《自然·通讯》发表我校马骋教授团队的研究成果。他们提出了一种新的关于正极材料的技术路线，可以更充分地发挥全固态电池的潜力。

14日 我校召开2023年研究生招生复试工作会议。

14日 英国《自然》杂志子刊《自然·通讯》发表我校熊宇杰、龙冉研究团队的研究成果。他们开发了一种绿色高效的光催化甲烷卤化技术，在仅利用光照、甲烷和海水的条件下进行卤代甲烷合成，进而以串联反应实现了甲醇和药物中间体的高效合成。

15日 英国《自然》杂志在线发表我校崔林松教授课题组与剑桥大学Neil C. Greenham教授团队合作研究成果。他们设计开发新型多功能分子稳定剂实现了兼具高亮度、高效率和高稳定性的近红外钙钛矿LED，解决了该领域重要难题。

15日 美国《细胞》杂志子刊《焦耳》发表我校化学与材料科学学院陈维教授联合江海龙教授和李震宇教授团队研究成果。他们采用一种功能化的金属有机框架（MOF）材料作电极，实现了锂-氯气二次电池的高比容量（2000 mAh/g）、长循环稳定性（500圈）和低温（−40 ℃）工作等性能。

16日 英国《自然》杂志子刊《自然·通讯》在线发表我校合肥微尺度物质科学国家研究中心、国际功能材料量子设计中心和物理系中国科学院强耦合量子材料物理重点实验室曾长淦教授、李林副研究员研究团队与北京大学物理学院量子材料科学中心冯济教授课题组合作，在二维电双层结构层间拖拽效应研究中取得的新进展。他们通过构筑氮化硼绝缘层间隔的多种石墨烯基电双层结构，首次揭示了在层间拖拽这一复杂的多粒子输运过程中存在显著的量子干涉效应。

16日 《美国化学会志》发表我校杨金龙课题组李星星团队研究成果。他们通过调整有机连接体的自旋态和晶体结构的对称性/拓扑性在二维铬（Cr）基五元杂环金属有机框架中理论预言了一类同时具有五种重要功能特性的单层磁性半导体材料。这五种功能包括拉胀效应、室温亚铁磁性、极为罕见的涡旋手性铁电性、电学可控的自旋极化，以及C_4对称保护的拓扑节线/节点。这类材料是当前集成功能最多的一类二维材料，在磁性、手性、铁电、拓扑和多功能材料领域均具有重要影响。

16日 我校召开2023年度定点帮扶工作领导小组第一次工作会议。

16日 我校与岳西县签署县中托管帮扶协议。

17日 我校召开2023年全面从严治党暨党风廉政建设和反腐败工作部署会。

17日 我校召开第十二届党代会2022年年会暨第十届教代会第四次会议。

17日 由我校主办的“基于量子信息技术的交叉科学战略研讨会”在合肥召开。

17日 我校召开全国两会精神传达学习会。

17日 我校召开全校教授干部大会，部署2023年度党政主要工作。

17日 我校牵头的“实现超冷三原子分子的量子相干合成”入选2022年度中国科学十大进展。

17—19日 我校学子在第十三届“挑战杯”中国大学生创业计划竞赛中取得1金、1银、3铜的优异成绩，实现了近年来在该项赛事上的金奖突破。

18 日 英国《自然》杂志子刊《自然·通讯》发表我校合肥微尺度物质科学国家研究中心张国庆教授团队在分子手性和室温磷光领域取得的重要进展。他们通过构建全手性的掺杂室温磷光体系，发现并命名手性选择室温磷光增强这一普适性现象，揭示了分子间能量转移存在手性依赖特征。该发现深化了对手性分子体系中基于电子交换机理的三线态-三线态能量转移的理解，并为高效的手性识别提供了新的光谱学思路。

18 日 第二十二届中国科学技术大学 RoboGame 机器人大赛颁奖典礼成功举办。

18 日 安徽省委书记韩俊到中国科学技术大学调研时强调："潜心立德树人执着攻关创新勇攀科学高峰，为实现高水平科技自立自强作出更大贡献。"

20 日 《美国科学院院报》发表我校国家同步辐射实验室宋礼教授团队研究成果。他们基于插层型锌离子电池正极材料的同步辐射谱学表征，提出了插层剂诱导 Vt2g 轨道占据的概念，开发了具有快速充电性能的铵根插层五氧化二钒锌离子电池正极材料。

21 日 我校联合申报的 5G 应用安全创新推广中心获工信部批复。

21 日 英国《皇家天文学月报》发表我校近代物理系"核探测与核电子学国家重点实验室"王坚研究员团队联合中国极地研究中心天文学研究室的研究成果。他们完成了面向南极观测的近红外天光背景测量仪，并首次获得了南极昆仑站 J，H，Ks 波段夜空天光背景数据。

21 日 《美国化学会志》发表我校耿志刚副教授等人在丙烯电催化氧化制 1,2-丙二醇领域取得的新进展。他们通过构筑一种具有可逆动态互变结构的分子催化剂，打破对关键中间物种的线性标度关系，实现对丙烯高效电催化氧化制 1,2-丙二醇过程。

22 日 应急管理部科技和信息化司张斌川一行来火灾科学国家重点实验室调研。

22 日 安徽省军区政委王贵胜来校讲党课。

22 日 我校举办 2023 年入党积极分子示范培训班暨青年马克思主义者培养工程"六有"大学生"青马计划"班开班仪式。

23 日 英国《自然》杂志子刊《自然·免疫》发表我校微尺度物质科学国家研究中心和生命科学与医学部魏海明教授、郑小虎教授和田志刚教授课题组，与化学与材料科学学院黄光明课题组以及安徽医科大学第一附属医院钱叶本主任合作研究成果。他们揭示了一种肿瘤免疫逃逸的新机制，为基于 NK 细胞的肿瘤免疫治疗提供了新思路与新靶标。

23 日 英国《自然》杂志子刊《自然·材料》在线发表我校郭光灿院士团队在碳化硅色心高压量子精密测量研究中取得的重要进展。该团队李传锋、许金时、王俊峰等人与中国科学院合肥物质科学研究院固体所高压团队刘晓迪研究员等合作，在国际上首次实现了基于碳化硅中硅空位色心的高压原位磁探测，该技术在高压量子精密测量领域具有重要意义。

24 日 英国《自然》杂志子刊《自然·通讯》发表我校马骋教授的最新研究成果。马骋教授团队通过球差校正电镜的原子尺度观测，研究了空间电荷层对全固态锂电池中离子传输的影响，并发现这一现象的微观机理和过往几十年的认知截然不同。

24 日 我校开展"3.24 世界防治结核病日"主题宣传教育活动。

24 日 安徽省体操击剑运动管理中心来本科生院调研。

24—25 日 我校赴贵州六枝开展科普志愿行和支教回访活动。

24—26 日 由我校参与承办的第五届中国神经控制代谢学术研讨会成功召开。

25 日 我校成功召开精准智能化学重点实验室建设专家咨询会。

25 日 北京中医药大学王琦院士代表团访问我校细胞动力学教育部重点实验室。

25—26 日 我校龙舟队斩获 2023 年安徽省高校龙舟公开赛总冠军。

25—26 日 我校举行教职工“三人制”篮球比赛。

26 日 清华-中科大化学材料学科双边学术研讨会在我校成功举办。

27 日 我校牵头承担的国家重点研究计划“相分离驱动染色体凝集的机制及其对细胞分裂模式的调控”项目启动暨实施方案论证会顺利召开。

28 日 中国科大等七所高校发起组建国际传播学会中国理事会。

28 日 我校举办教职工出国(境)行前教育集中培训会。

29 日 法国《文化遗产杂志》发表我校手工纸研究组在竹纸文物保护领域取得的新进展。他们对不同老化模式下传统手工竹纸的吸湿行为特性进行了深入研究。

29 日 日本科学技术振兴机构执行总监米山春子女士访问我校。

30 日 美国《物理评论快报》发表我校物理系袁军华、张榕京课题组的最新研究成果，他们发展流场单分子施力技术，用于精确测量活细菌鞭毛钩的抗弯刚度，发现细菌鞭毛钩在逆时针和顺时针旋转下的不同弯曲刚度，这种不对称性使得多鞭毛细菌的游动具有鲁棒性。

30 日 我校第九届交叉科学与应用论坛成功举办。

30 日 英国《自然》杂志子刊《自然 · 通讯》在线发表我校合肥微尺度物质科学国家研究中心向斌教授团队和中山大学王志副教授团队合作研究成果。他们通过构建范德瓦尔斯铁磁金属 Fe_3GeTe_2(F)桥接两个单重态超导体 $NbSe_2$(S)，在该平面约瑟夫森结(S/F/S)器件中首次观察到长程超导电流，并且发现该长程超导电流呈现奇异的趋肤效应。

30—31 日 我校召开 2022 年度院级党组织书记抓基层党建述职评议考核暨中层领导班子和领导人员述职评议考核会议。

30—31 日 澳大利亚多位院士访问苏州高等研究院。

本月 荷兰《储能材料》发表我校工程科学学院热科学和能源工程系特任教授谈鹏团队针对电化学系统中的气泡行为和调控机制开展的一系列研究成果。他们提出“气泡二极管”概念用于锌空气电池快充过程中气体的快速排出，实现高性能快速稳定充电，并阐明了电化学系统中气泡传输的内在机理。

本月 《国家科学评论》发表我校地球和空间科学学院张海江教授与中国地质科学院地质研究所侯增谦院士、中国地质大学(北京)王庆飞教授等合作研究成果。他们通过地球物理和地球化学学科交叉，发现岩石圈壳幔解耦形成的岩石圈立交桥构造对造山型金矿带具有控制作用。

本月 英国《能源与燃烧科学进展》发表我校火灾科学国家重点实验室胡隆华研究员和方俊副研究员的长篇综述论文。文章综合胡隆华研究员和方俊副研究员 15 年来在池火方面的研究成果，以及国际上一些重要的研究突破，全面总结、归纳了池火扩散燃烧和火灾动力学行为的基础理论、模型和新的进展，以及环境风、低压、受限边界等不同环境条件对池火行为的影响机制，并对池火研究提出了新挑战和未来展望。

本月 我校《研究生教育研究》入选新版 AMI 综合评价核心期刊。

本月 我校学子在第十三届全国大学生数学竞赛荣获佳绩。

本月 我校2023年学生廉洁教育月活动顺利开展。

本月 我校自动化系研究团队荣获2022世界机器人大赛总决赛共融机器人挑战赛两项冠军。

4月

1日 国家发改委黄卫挺应邀作“深入学习贯彻习近平经济思想”专题报告。

2日 “贺廿迎春”校学生民族乐团专场音乐会成功举办。

2日 我校第七届“溯风”传统文化月开幕。

3日 我校《科学传播与科学教育》编委会2022年度工作会议成功举办。

3日 我校学习贯彻习近平新时代中国特色社会主义思想主题教育专题网上线运行。

3日 英国《自然》杂志子刊《自然·通讯》在线发表我校合肥微尺度物质科学国家研究中心和化学物理系曾杰教授研究团队研究成果。他们利用氢缓释效应结合选择性萃取，实现了用一氧化碳和水直接制备重质烯烃。

4日 我校召开研究生教育质量督导专家组第一次全体会议。

4日 清华大学校长王希勤、党委副书记过勇、副校长曾嵘一行来我校调研交流。

5日 英国《自然》发表我校姚宏斌课题组、李震宇课题组与浙江工业大学陶新永课题组合作研究成果。他们设计开发出镧系金属卤化物基固态电解质新家族$Li_xM_yLn_zCl_3$（Ln为镧系金属元素，M为非镧系金属元素）。得益于镧系金属元素的低电负性，以及金属氯化物良好的耐氧化性和可变形性，镧系金属卤化物基固态电解质可直接与锂金属负极和三元正极匹配，实现无任何电极修饰且室温可运行的全固态锂金属电池。

6日 美国《光学》杂志在线发表我校光学与光学工程系龚雷课题组与新加坡国立大学仇成伟教授、加拿大魁北克大学国家科学研究院Jinyang Liang教授合作研究成果。他们提出一种超高密度3D全息投影的新方法，将光散射引入三维全息投影技术中，同时克服了传统全息投影技术深度调控的两个瓶颈问题，实现了超高密度的三维动态全息投影。

6日 我校牵头承担的国家重点研发计划“重要数据分类、识别与安全评估技术”项目启动暨实施方案论证会顺利召开。

6日 《美国化学会志》发表我校高敏锐课题组研究成果。他们研制了一种结晶/非晶的双相铜催化剂，在中性的氯化钾电解液中，该双相铜催化剂在界面处能显著增强对电解液中氯离子的吸附，从而诱导*CO中间体在催化表面的富集，降低C—C偶联反应的能垒，促进了CO_2向多碳产物高效转化。

7日 我校召开2023年第一季度书记调度会暨机关部处长联席会。

7日 校党委常委会专题研究学习贯彻习近平新时代中国特色社会主义思想主题教育工作。

8日 “科里科气”文艺进高校专场文艺演出顺利开展。

8日 我校第二届“时光之敬”书院嘉年华活动成功举办。

8日 由我校参与承办的中国现场统计研究会教育统计与管理分会换届大会顺利召开。

9 日 2023 年国务院化学学科评议组会议在我校顺利召开。

10 日 中国科学技术大学-紫金山天文台大视场巡天望远镜本体顺利通过出所验收。

10 日 我校召开第十一届校学术委员会第七次全体会议。

11 日 我校召开学习贯彻习近平新时代中国特色社会主义思想主题教育动员大会。

12 日 《美国科学院院报》发表我校物理学院彭晨晖教授团队的研究成果。他们结合光驱动分子马达与向列相液晶分子具有长程有序和取向可控的特点，利用光驱动偶氮苯分子的协同效应诱导液晶分子的集体运动及重新排列，同时引发向列相中向错线的时空演变，从而实现了胶体颗粒的集体传递和可重构自组装。该团队阐明了如何利用预设计的拓扑缺陷和远离平衡态的向错线网络控制可编程胶体自组装的新机制，为设计智能复合材料开辟了新方向。

12 日 学习贯彻习近平新时代中国特色社会主义思想主题教育领导小组召开第一次全体会议。

12 日 日本京都大学国际高等教育院学生交流与东亚事务负责代表韩立友博士访问我校。

12 日 法国驻上海总领事王度(Joan Valadou)先生访问我校。

12 日 我校举办飞跃重洋-出国(境)交流宣讲会。

13 日 校党委理论学习中心组召开学习贯彻习近平新时代中国特色社会主义思想主题教育第一次集中学习会。

13 日 我校举办学习贯彻习近平新时代中国特色社会主义思想主题教育首场专题报告会。

13 日 中国科学技术大学-紫金山天文台大视场巡天望远镜主焦相机调试样机通过验收。

14 日 我校首届“中国科学技术大学善义奖学金”颁奖典礼成功举行。

14 日 英国《自然》杂志子刊《自然·通讯》发表我校郭光灿院士团队在量子网络非局域性研究方面取得的重要进展。该团队李传锋、黄运锋、张超等人与西班牙、瑞士等国的理论物理学家合作，首次实验验证了星形量子网络中的全网络非局域性。

14 日 我校与淮北市举行市校合作协议签约仪式。

14 日 我校举行国家安全教育日系列宣传教育活动。

14 日 我校举办 2024 届选调生经验分享会。

14 日 英国《自然》杂志子刊《自然·通讯》发表我校合肥微尺度物质科学国家研究中心和化学物理系曾杰教授研究团队与电子科技大学材料与能源学院夏川教授、郑婷婷研究员团队合作研究成果。他们研发了配位不饱和铜纳米点催化剂，实现了高活性电催化乙炔半加氢制乙烯并用于乙烯纯化。

14—16 日 我校召开 2023 年工会工作会议。

17 日 “阅壤——月壤科研成果主题艺术展”开幕。

17 日 我校召开第九届校学位评定委员会第十一次工作会议。

17 日 《电化学能源评论》发表我校工程科学学院热科学和能源工程系特任教授谈鹏团队和哈尔滨工业大学朱星宝教授的综述论文。该工作系统地分析了非水系锂-空气电池中多物种输运所面临的挑战，总结了空气组分、锂离子和中间态物质等的传输过程，阐明了固体放电产物形貌、分布与电化学性能的内在关联，并探讨了氧化还原介质应用和四电子转移可行性。在此基础上，提出了强化物质传输、加快反应速率和实现电池稳定运行的策略，为开发高性能锂-空气电池提供了可靠的思路。

18日 德国《先进材料》发表我校国家同步辐射实验室闫文盛教授课题组基于同步辐射技术开展了二维磁性材料设计调控、微观结构和宏观磁性三者之间内在联系的研究，取得的系列研究成果之一。

18—20日 由我校参与承办的中国矿物岩石地球化学学会第18届学术年会在合肥圆满召开。

19日 "多能互补有序转化"研究中心学术交流会暨中科大-工热所所系结合青年研讨会在线上举办。

19日 美国《物理评论应用》发表我校郭光灿院士团队在量子比特操控方案研究中取得的重要进展。该团队郭国平教授、李海欧教授和龚明教授等人与纽约州立大学布法罗分校胡学东教授以及本源量子计算有限公司合作，对量子点系统中常见的多能级系统的量子调控展开研究，发现一种新的、实用的多能级调控方案。在该方案中，通过调控微波驱动频率、幅值等参数，可以实现任意能级结构，进而实现高速、抗噪声的量子比特操控，为实现高保真度量子比特操作提供了一种新途径。

19日 我校举办公益性创新创业基金廉洁教育培训。

19日 学习贯彻习近平新时代中国特色社会主义思想主题教育领导小组召开第二次全体会议。

19日 我校召开老同志调研座谈会。

19日 我校举行"新基石科学实验室"揭牌仪式。

19日 第8期"众言沙龙"暨博士后专场活动顺利举办。

20日 严济慈先生生平档案资料捐赠仪式暨"科学之光——严济慈先生纪念展"开幕式成功举办。

20日 我校召开学习贯彻习近平新时代中国特色社会主义思想主题教育工作培训会。

20日 我校牵头承担的科学前沿交叉研判战略研究联合项目"板块边缘结构组成与动力学"启动会暨第一次研讨会在合肥召开。

20日 校党委书记舒歌群到附属第一医院专题调研全面从严治党工作。

20—24日 我校举办2023年"瀚海游学"活动。

4月20日—5月16日 美国《光学》和《应用物理评论》分别在线发表两项我校郭光灿院士团队在量子密钥分发(QKD)的实际安全性研究方面取得的重要进展。该团队韩正甫、王双、银振强、陈巍等发现了QKD发送端调制器件的一种潜在安全性漏洞，并利用该漏洞完成的量子黑客攻击实验表明：当QKD的发送端未对该漏洞进行严格防护时，攻击者有可能利用其获取全部的密钥信息。

21日 英国《自然》杂志子刊《自然·通讯》在线发表我校生命科学与医学部孙宝林教授课题组研究成果。他们揭示了金黄色葡萄球菌一氧化氮合成酶NOS及其内源产生的NO通过介导靶蛋白的S-亚硝基化修饰以调控万古霉素耐药性发生的具体分子机制。

21 日 我校牵头承担的国家重点研发计划“多尺度壳幔流变结构及其对地震和火山活动的作用机制”项目启动暨实施方案论证会顺利召开。

21 日 英国《自然》杂志子刊《自然·通讯》发表我校俞书宏院士团队在研制非贵金属电解水制氢高效催化剂取得的重要进展。他们报道了一种普适的合成策略用于制备十种单原子掺杂的 $CoSe_2$-DETA($CoSe_2$=二硒化钴,DETA=二乙烯三胺)纳米带。研究人员通过改变掺杂元素,调控掺杂产物的电子结构,进而实现产物电解水制氢性能的优化;最优产物活性与商业贵金属材料接近,表明其在电制“绿氢”领域的潜在应用。

21—24 日 由我校承办的第十三届全国实验流体力学学术会议在合肥成功举办。

21—24 日 我校举办党外人士深入学习贯彻习近平新时代中国特色社会主义思想和中共二十大精神培训班。

22 日 我校举办第八届“中国航天日”系列活动——中国科大 2023 年科技活动周。

22 日 我校举行 2023 年“郭沫若奖学金”颁奖典礼。

22 日 由我校参与主办的首届深空科学国际学术研讨会在合肥开幕。

23 日 美国《细胞》杂志子刊《细胞报告物理科学》发表我校刘波教授、南方科技大学徐强教授和阿卜杜拉国王科技大学 Cafer T. Yavuz 教授领导的国际研究团队合作研究成果。他们开发了一种有前途的碳捕获和存储方法,报告了第一个用 CO_2 作为客体分子模拟 CO_2 水合物结构的例子,使用廉价的硫酸胍与 CO_2 共结晶形成稳定的包合物 $CO_2@Gua_2SO_4$,实现环境温度压力条件下 CO_2 可逆的捕获与释放。

23 日 我校召开老同志调研座谈会。

23—24 日 我校成功举办 2023 年中国航天大会航天科技教育校长论坛。

24 日 由我校参与承办的 2023 年“中国航天日”主场活动在合肥举办。

24 日 北京理工大学校长、我校 84 级校友龙腾一行来校调研交流。

24 日 中国科学院、国家自然科学基金委员会来校调研外国专家工作。

24 日 《美国科学院院报》在线发表我校高分子科学与工程系梁好均教授课题组针对自组装领域中远离平衡态组装系统出现的亚稳态问题,提出了一种新的解决方法。

25 日 我校成功举办暗物质暗能量的观测与理论研究学科创新引智基地项目启动会暨学术研讨会。

25 日 美国《物理评论应用》发表我校郭光灿团队在非绝热几何量子计算领域取得的重要进展。该团队郭国平教授研究组与本源量子计算公司合作,在本源“夸父”6 比特超导量子芯片上实现了演化路径缩短近二分之一的非绝热几何量子计算,并展示了单比特几何相位门对拉比频率误差的绝对优势。

25 日 《物理评论快报》在线发表我校物理学院、合肥微尺度物质科学国家研究中心徐宁教授研究组与复旦大学物理系谭鹏教授研究组合作,在低温结晶机理的相关研究中取得的重要进展。

25 日 我校与六盘水师范学院召开对口支援工作座谈会。

25 日 我校与六盘水市举行校地合作座谈会。

26 日 英国《自然》发表我校徐铜文、杨正金教授团队与合作者的研究成果。他们针对离子膜普遍存在的“传导性-选择性”相互制约关系,提出一类新型三嗪框架聚合物离子膜,基于刚性通道的限域效应和通道内的"离子配位"机制，这类膜材料展示出了近无摩擦的离子传递，实现了水系有机液流电池快充，电池充放电电流密度达到 500 mA/cm^2，是当前普遍报道值的 5 倍以上。

26 日 我校举行贯彻落实习近平总书记考察中国科大重要讲话精神系列活动暨学习贯彻习近平新时代中国特色社会主义思想主题教育读书班开班式。

26 日 我校发布加强基础研究实施方案——"理实工程"。

26 日 校党委召开"六有"大学生培养专项巡视动员部署会。

26 日 美国《纳米快报》在线发表我校郭光灿院士团队在硅基半导体量子计算研究中取得的重要进展。该团队郭国平教授、李海欧教授等人与南方科技大学量子科学与工程研究院黄培豪助理研究员、中国科学院物理研究所张建军研究员以及本源量子计算有限公司合作，在硅基锗量子点中实现了自旋量子比特操控速率的电场调控，以及自旋翻转速率超过 1.2 GHz 的自旋量子比特超快操控，该速率是国际上半导体量子点体系中已报道的最高值。该工作对提升自旋量子比特的品质具有重要的指导意义。

26 日 香港特区政府上海经济贸易办事处在我校国际楼报告厅举行了引进内地人才入境计划宣讲会。

28 日 我校隆重举行第五届教职工荣休典礼。

28 日 我校牵头承担的国家重点研发计划"一/二价高选择性离子交换膜制备及应用技术"和"高稳定性均相离子交换膜设计与制备"项目实施方案论证暨项目启动会顺利召开。

28 日 《美国化学会志》发表我校龙冬教授课题组在膜蛋白取向动力学的核磁共振波谱分析领域取得的重要进展。

本月 我校三部科普图书入选 2022 年全国优秀科普作品。

本月 我校获教育部批准新增"行星科学""网络空间安全"2 个本科专业。

本月 我校组织开展 2023 年度实验室安全自查自纠工作。

本月 我校科学家精神系列微电影参加第十三届北京国际电影节展映并荣获短视频单元"年度最受关注短剧"。

5 月

1 日 英国《自然》杂志子刊《自然·物理》发表我校郭光灿院士团队在量子精密测量的研究中取得的重要进展。该团队李传锋、陈耕等人与香港大学同行合作，利用量子不确定因果序实现了超越海森伯极限精度的量子精密测量。

1 日 英国《自然》杂志子刊《自然·地球科学》发表我校李泽峰课题组的研究成果。他们利用机器学习对全球 3000 余个中大震级地震进行了系统分析，证明了深地震破裂过程和震源参数的差异由地球刚度随深度变化导致，与地震的具体产生机制无关，纠正了该领域长达三十年的错误解释。

4 日 我校举行"学习二十大、永远跟党走、奋进新征程"纪念五四运动 104 周年升旗仪式。

4 日 英国《自然》杂志子刊《自然·天文》发表我校日地空间物理研究团队在太阳爆发

活动的研究中取得的重要进展。他们发现爆发结构在早期爆发过程中发生了复杂的重构演化。

4日 校党委书记舒歌群赴高新园区走访慰问学生代表并开展调研。

4日 我校举办第一期“瀚海师生行”活动。本场活动嘉宾为党委书记舒歌群教授。

5日 我校召开科技人文学科发展研讨会。

5—8日 由我校主办的第四届力学优秀青年科学基金获得者学术交流会在合肥召开。

6日 英国《自然》杂志子刊《自然·通讯》在线发表我校郭光灿院士团队与曼彻斯特大学、南洋理工大学合作,利用量子技术在复杂系统随机建模中的信息存储方面取得的重要进展。该团队李传锋教授和项国勇教授与合作者使用单个量子比特的内存实现的量子模型可以获得比相同内存维度的任何经典模型更高的精度。该研究成功展示了量子技术在复杂系统非马尔可夫过程建模中的存储优势。

6日 我校学习贯彻习近平新时代中国特色社会主义思想主题教育领导小组召开第三次全体会议。

6—11日 校党委书记舒歌群率团访问香港。

7日 我校牵头承担的合肥综合性国家科学中心“中国脑计划——合肥中心”专项启动会顺利召开。

8日 《美国科学院院报》在线发表我校地球和空间科学学院肖益林教授课题组研究成果。他们通过超高压多相流体包裹体的三维成像建模研究,首次定量厘定了俯冲带深部的超临界流体的化学组成,并揭示了超临界流体在俯冲带碳、硫等物质循环过程中的重要作用。这项研究对深入和系统理解自然界超临界流体的作用具有重要的意义。

8日 美国《纳米快报》在线发表我校郭光灿院士团队在单个碳化硅自旋色心荧光增强的研究中取得的新进展。该团队李传锋、许金时等人成功利用表面等离激元大幅增强了单个碳化硅双空位 PL_6 色心的荧光亮度,并利用共面波导的特性大幅提高了自旋操控效率。这项技术成本低、无须复杂的微纳加工工艺,且不影响色心的相干性质,对于发展基于碳化硅自旋色心的量子应用具有重要意义。

8日 我校多个集体和个人获中国科学院、安徽省“两优两红”等表彰。

8日 耶鲁大学国际事务首席顾问 Fawn Wang 女士、耶鲁北京中心主任 Carol Li Rafferty 女士来校访问。

10日 我校承办的第十届 ASC 世界大学生超算竞赛落幕,我校代表队荣获亚军和 e Prize 计算挑战奖。

10日 我校召开学科建设研讨会。

10日 国家知识产权局来我校调研知识产权人才工作。

10日 我校教育基金会与环球数码签订“环球数码科技奖学金”捐赠协议。

10—13日 我校老年大学教材荣获高工委精品教材二等奖。

11日 英国《自然》杂志子刊《自然·通讯》在线发表我校地球和空间科学学院张海江教授课题组与中国地质科学院侯增谦院士和吕庆田研究员、南京大学王孝磊教授、美国伊利诺伊大学香槟分校刘丽军教授、中国地质大学(北京)王瑞教授等合作研究成果。他们通过地震成像、地球化学和地球动力学综合分析,揭示岩石圈拆沉对华南地区大规模中生代岩浆省的形成具有控制作用。

11 日 英国《自然》杂志子刊《自然·物理》发表我校物理学院、中国科学院强耦合量子材料物理重点实验室陈仙辉院士、王震宇教授等人在笼目超导的电子向列相研究中取得的重要进展。他们利用谱学成像-扫描隧道显微技术，在笼目超导体 $Cs(V, Ti)_3Sb_5$ 中成功获得了向列相中电子结构的微观信息，观察到了电-声子耦合所导致的单向电子自能修正，并发现电子向列相与超导态之间存在竞争关系。这些发现不仅为理解笼目超导体的演生物理提供了重要的实验线索，也为研究实际晶格体系中电子的关联效应提供了新的方向。

11 日 我校与中国民生银行举行战略合作协议签约仪式。

11 日 美国《化学研究评述》发表我校合肥微尺度物质科学国家研究中心高敏锐教授研究组受邀撰写的评述论文。基于该小组前期的研究工作，研究人员评述了碱性膜燃料电池阳极镍基 HOR 催化剂的催化作用机制、改良策略和在实际燃料电池中的性能，同时也指出了该研究领域存在的挑战和未来的研究方向，相关成果被《化学研究评述》选为封面论文之一。

12 日 德国《先进材料》发表我校俞书宏院士团队在提升 3D 打印水凝胶结构分辨率研究方面取得的重要进展。他们报道了一种提升墨水直写 3D 打印技术分辨率的方法，该方法是基于一种可打印水凝胶（卡波姆凝胶）的可控收缩特性。

12 日 校党委常务副书记蒋一为校组织部统战部党支部讲党课。

12—13 日 我校成功举办机器科学家雁栖青年论坛。

13 日 “纠缠——国家自然科学一等奖项目视觉艺术展”在中国科大博物馆正式开展。

13 日 USTC 美育系列展演·话剧《小妇人》成功上演。

13 日 由我校主办的 2023 年高性能计算研究发展与应用研讨会在合肥成功举办。

15 日 美国《物理评论快报》发表我校盛东教授与卢征天教授联合课题组的研究成果。他们利用高精度氙同位素共磁力仪寻找中子自旋与万有引力的耦合效应，实验发现中子在自旋朝上与朝下之间的重量差别小于十万亿亿分之二（$<2\times10^{-21}$），结果将该效应的耦合强度设定了新的上限。

16 日 美国《物理评论快报》在线发表我校郭光灿院士团队在量子信息基础研究中取得的重要进展。该团队李传锋、许金时、孙凯等人实验研究了量子导引在开放系统中的动力学演化，验证了非马尔可夫记忆效应在恢复量子导引过程中的作用。

16 日 校长包信和带队到苏州高等研究院开展主题教育调研指导工作。

17 日 德国《先进材料》发表我校俞书宏院士团队研究成果。他们报道了一种高性能纤维素基纳米纸材料，其在极端条件下仍可保持优异的机械和电绝缘性能。该纳米纸是通过该研究团队早期发展的气溶胶辅助生物合成（AABS）方法，利用细菌产出的纤维素纳米纤维（BC）将分散在材料中的合成云母（S-Mica）均匀而紧密地缠结而获得的。

17 日 我校召开主题教育校领导班子第四次集中学习会。

17 日 我校召开主题教育校领导班子第五次集中学习会。

17 日 学习贯彻习近平新时代中国特色社会主义思想主题教育领导小组召开第四次全体会议。

17 日 美国《物质》在线发表我校工程科学学院朱志强特任副研究员、司廷教授和徐晓嵘教授的合作研究成果。他们提出了一种可编程脉冲气动打印方法，建立了多界面液滴制备的理论预测模型，实现了宽 Z 数多界面液滴的可控打印。

18 日 黑龙江省教育厅厅长陈延良一行来我校调研。

18 日 科技部外国专家服务司副司长李昕一行来校访问。

18 日 学习贯彻习近平新时代中国特色社会主义思想主题教育领导小组办公室召开工作会议。

18—22 日 由我校参与承办的第八届全国大学生“创新杯”地球物理知识竞赛在合肥顺利举办。

19 日 匈牙利《行为成瘾杂志》在线发表我校张效初教授团队在网络游戏成瘾脑机制领域取得的新进展。创新性地探索网络游戏成瘾在价值决策中损失厌恶的变化及其背后相关的大脑网络的变化，以及是否能够有助于该疾病的诊断与分类。

19 日 校党委书记舒歌群带队赴深空探测实验室开展主题教育调研。

20 日 我校召开第二十七次学生代表大会和第十二次研究生代表大会。

20 日 英国《自然》杂志子刊《自然・通讯》发表我校郭光灿院士团队在二维材料固态自旋色心领域取得的重要进展。该团队李传锋、唐建顺、王轶韬等人与匈牙利魏格纳物理研究中心 Adam Gali 教授研究组合作，报道了六方氮化硼（hexagonal boron nitride，hBN）中一类超亮的具有优异光学性质和自旋性质的单自旋色心，并实现了对其在室温下的相干操控。

20 日 我校第二届师生校园接力赛圆满结束。

21 日 由我校参与主办的第九届全国科学传播学学术会议暨科学传播与科学教育专业委员会 2023 年年会成功举办。

22 日 我校召开主题教育校领导班子第六次集中学习会。

22 日 《美国科学院院报》发表我校合肥微尺度物质科学国家研究中心、化学与材料科学学院梁好均教授与生命科学与医学部鲍坚强研究员合作研究成果。他们针对目前基因敲入供体的低效率、高成本等问题，优化并提出了一种新型的功能核酸供体，极大地提高了基因敲入的效率。

22 日 我校召开 2023 年第二季度书记调度会暨机关部处长联席会。

23 日 《德国应用化学》杂志在线发表我校国家同步辐射实验室潘洋教授和刘成园特任副研究员课题组研究成果。他们在基于同步辐射装置的甲烷光催化反应中间体探测方法学上取得重要进展。

24 日 我校举行“永远科大人”毕业纪念系列活动开幕式暨 2023 See You 拔河比赛。

24 日 英国《自然》杂志子刊《自然・综述物理》在线发表我校郭光灿院士团队胡晓敏、郭钰、柳必恒、李传锋等人受邀撰写的量子隐形传态综述论文。

25 日 美国《物理评论快报》发表我校潘建伟、张强等与清华大学王向斌、济南量子技术研究院刘洋、中国科学院上海微系统所尤立星、张伟君等合作研究成果。他们通过发展低串扰相位参考信号控制、极低噪声单光子探测器等技术，实现了光纤中 1002 公里点对点远距离量子密钥分发，不仅创下了光纤无中继量子密钥分发距离的世界纪录，也提供了城际量子通信高速率主干链路的方案。

25—26 日 由我校主办的一流大学建设系列研讨会——2022 暨中国大学校长联谊会

顺利举行。

26 日 安徽省科技厅-中国科大科技商学院“千人特训营”科创人才培养计划开学典礼在肥举行。

27 日 “校园大舞台——徽风皖韵进高校”徽剧《刘铭传》在我校成功上演。

27 日 由我校和科大讯飞联合共建的认知智能全国重点实验室第一届学术委员会第一次会议顺利召开。

27—28 日 我校举办国际传播学会(ICA)第 73 届年会“区域中心”中国分会场活动。

27—28 日 中国科大等五校倡议成立长三角安全发展与应急管理研究联盟。

28 日 我校举办第十六届 K-star 校园歌手大赛。

28 日 我校成功举办第二届院系杯“羽林争霸”羽毛球团体赛。

5 月 28 日—6 月 1 日 我校微电子学院两篇论文入选第 35 届 IEEE 功率半导体器件和集成电路国际会议，在功率电子器件领域取得重要进展。

29 日 我校召开主题教育校领导班子第七次集中学习会。

29 日 第 9 期“众言沙龙”暨教职工心理减压专场活动顺利举办。

29 日 我校召开审计委员会第二次会议。

30 日 国家同步辐射实验室和档案文博院入选 2023 年科学家精神教育基地。

31 日 我校在 2023 年全国科技活动周重点示范活动中获表彰。

本月 我校荣获第 48 届日内瓦国际发明展金奖。

本月 我校关工委荣获全省关工委科技教育工作先进集体。

本月 我校学生代表队在安徽省第十五届运动会高校部甲组比赛中取得 16 金、11 银、8 铜的优异成绩。

本月 国家知识产权局来我校调研知识产权人才工作。

本月 我校精品慕课登上“学习强国”平台。

本月 美国《环境遥感》在线发表我校工程科学学院叶宏教授课题组研究成果。他们在国际上首次构建了植物叶片在热红外波段的辐射传输模型，据此揭示了植物叶片热红外反射特征与含水量关系的形成机制。

本月 英国《公众理解科学》发表我校人文与社会科学学院科技传播系褚建勋教授、硕士研究生朱雨琪、纪娇娇特任研究员关于社交媒体上气候变化信息传播语义特征的研究成果。

本月 我校 4 位教授荣获第三届全国创新争先奖。

5—6 月 2023 年“瀚海云讲堂”高考招生系列直播活动圆满收官。

6 月

1 日 我校学子在第十四届全国大学生数学竞赛中再获佳绩，荣获 5 项一等奖、6 项二等奖、1 项三等奖。

1 日 校党委理论学习中心组赴省党风廉政教育馆、渡江战役纪念馆开展现场教学。

1 日 英国《自然》杂志子刊《自然·计算科学》发表我校物理学院、合肥微尺度物质科学国家研究中心国际功能材料量子设计中心赵瑾教授、郑奇靖副教授的研究成果。他们在自主知识产权的计算软件 Hefei-NAMD 中实现了针对动量空间载流子动力学实时演化的第一性原理计算方法。

2 日 我校召开主题教育校领导班子第九次集中学习会。

2 日 美国《光学》发表我校郭光灿院士团队在集成化量子光源制备研究中取得的重要进展。该团队任希锋研究组基于低温集成自发四波混频过程，展示了低温条件下集成量子纠缠光源的制备。

2—4 日 我校代表队在中国大学生物理学术竞赛华东区赛中荣获特等奖。

2—6 日 我校召开第一届地球物理国家野外站联合学术研讨会。

3 日 英国《自然》杂志子刊《自然・通讯》发表我校俞书宏院士团队研究成果。他们提出了一种智能窗户制备新策略，利用气-液界面协同组装的方法，分别将电致变色、热致变色与光谱可调的纳米功能单元进行有序共组装，制备出可动态调控太阳光辐射的智能窗户，为建筑物提供了更加有效的太阳光谱调控和热量管理窗口。

3 日 首届安徽联合医学卓越班毕业典礼在中国科大附属第一医院南区举行。

3 日 我校第五届“中国科大庆峰杯”创新创业大赛圆满落幕。

3—4 日 校龙舟队夺得 2023 年中国名校水上运动龙舟赛冠军。

5 日 我校成功召开数字技术的数学基础与应用教育部重点实验室建设计划论证会。

5 日 英国《自然》杂志子刊《气候与大气科学》发表我校赵纯教授带领的中国科学技术大学大气科学先进计算实验室的研究成果。他们揭示了降水对青藏高原污染物年际变化的影响机制。

5 日 国家文物局督察司司长陈培军一行来我校调研交流。

5 日 我校成功召开“脑启发智能感知与认知”教育部重点实验室建设计划论证会。

5 日 英国《自然》杂志子刊《自然・通讯》发表我校傅尧教授和邓晋副研究员团队联合荷兰 Utrecht 大学 Li Shen 教授的合作研究成果。他们报道了一种通过乙酸化学解聚实现废弃 PET 塑料升级回收的方案。

6 日 英国《自然》杂志子刊《自然・通讯》发表我校原博士后滕尚纯、陶鑫教授、博士生吴一凡、日本京都大学 Yuki Harada 教授、美国加州大学洛杉矶分校 Jacob Bortnik 教授、意大利 ENEA 非线性等离子体物理中心 Fulvio Zonca 教授以及浙江大学陈骝教授合作研究成果。他们利用火星上的波动观测对合声波激发理论模型进行测试。

6 日 农工党中央调研组到我校调研。

6 日 我校召开本科生出国(境)交流专项工作会议。

7 日 我校召开主题教育校领导班子第十次集中学习会。

7 日 学习贯彻习近平新时代中国特色社会主义思想主题教育领导小组召开第五次全体会议。

7 日 巴黎综合理工大学中国代表处负责人陈惠玲女士访问我校。

7—8 日 “驻校艺术家”韩再芬艺术观摩课活动成功举行。

9 日 中国人民对外友好协会会长林松添一行来访我校。

9 日 我校召开文科建设师生座谈会。

9 日 美国《物理评论快报》发表我校郭光灿院士团队在半导体量子点-微波谐振腔杂化系统的动力学驱动研究中取得的重要进展。该团队郭国平教授和曹刚教授等人与马德里材料科学研究所 Sigmund Kohler 高级研究员以及本源量子计算有限公司合作，从实验和理论上研究了非色散耦合的受驱量子点-微波谐振腔杂化系统，发展并验证了一种可适用于不同耦合强度和多量子比特系统的响应理论方法。

10 日 我校成功举办第四届工程类研究生学术论坛。

11 日 我校在第十届“挑战杯”安徽省大学生课外学术科技作品竞赛中再获佳绩，共斩获 6 个一等奖及 4 个二等奖。

11 日 我校学子在第十四届丘成桐大学生数学竞赛中再创佳绩，共斩获 8 个奖项，其中包括金奖 1 项(个人单项)、银奖 3 项(个人单项、团体)、铜奖 4 项。

11—16 日 我校微电子学院左成杰教授课题组两篇论文入选 2023 年 IEEE 国际微波会议，在铌酸锂高频声波器件领域取得重要进展。

11—16 日 我校微电子学院胡诣哲与林福江课题组设计的一款基于全新电荷舵采样技术的极低抖动毫米波全数字锁相环芯片入选 2023 超大规模集成电路国际研讨会，在毫米波频率综合器芯片设计领域取得重要进展。

12 日 校长助理薛天为附一院眼科党支部讲主题教育专题党课。

13 日 美国《物理评论快报》发表我校郭光灿院士团队在量子物理基本问题研究中取得的重要进展。该团队李传锋、许金时等与南开大学陈景灵教授、西班牙塞维利亚大学 Adán Cabello 教授等合作，实验研究了单体高维量子系统中对应于多体非定域性的量子关联，从而观测到迄今为止单体量子系统中最强的量子互文性。

13 日 我校老年大学论文荣获新时代老年教育高质量发展论坛研究成果一等奖。

13 日 校长助理薛天一行到苏州高等研究院开展主题教育调研指导工作。

13 日 英国《自然》杂志子刊《自然 · 通讯》发表我校火灾科学国家重点实验室易建新副教授课题组的研究成果。他们提出一种化学电阻-电位型多变量传感器，实现了单一传感器对多种气体和火灾特征的三维探测与准确识别。

14 日 校党委书记舒歌群为 2023 届毕业生上毕业思政课。

14 日 我校羽毛球队包揽首届安徽省高校羽毛球交流赛冠亚军。

14 日 我校科创训练营首期“雏鹰计划”“雄鹰计划”专题培训班顺利结业。

15 日 美国《细胞》发表我校朱书教授团队在肠道免疫研究中取得的新进展，以及对 GSDMD 在食物耐受中的功能进行的新的解读。

15 日 校党委召开学习贯彻习近平新时代中国特色社会主义思想主题教育整改整治工作推进会暨“六有”大学生培养专项巡视情况反馈会。

15 日 我校与北京协和医学院签署战略合作协议。

15 日 我校赴金寨县龙马村开展科普志愿行活动。

15 日 我校举办第四期外事管理研讨班。

15 日 第二期“瀚海师生行”活动顺利举办。本场活动嘉宾为校长包信和院士，活动主题为“共话成长 筑梦未来”。

15 日 英国《化学学会评论》发表我校微尺度物质科学国家研究中心高敏锐教授课题

组的评述论文。他们从二氧化碳分子的结构与性能、催化剂设计、催化剂重构、局域微环境调控、电解液调控以及电解器件优化等方面系统总结了二氧化碳还原反应中的富集策略，从宏观到微观深入分析了不同策略中反应物和中间体的富集机制，最后对富集效应促进二氧化碳还原中存在的挑战以及未来发展进行了展望。

16日 英国《自然》杂志子刊《自然·通讯》发表我校合肥微尺度物质科学国家研究中心和化学物理系曾杰教授研究团队与电子科技大学夏川教授团队及大连化物所肖建平研究员团队合作研究成果。他们提出了一种硼配位掺杂提升铜单原子催化剂产甲烷性能的策略。

16日 我校举行“中国科学技术大学‘降碳减污’雪迪龙科技创新奖学金”签约仪式。

17日 我校举行2023年上半年全国大学英语四、六级考试。

17日 我校第十届显微摄影比赛圆满落幕。

17日 “永远科大人”See You 2023毕业纪念晚会成功举办。

17—18日 我校举办“一带一路”国际科学组织联盟（ANSO）汽车技术国际培训班。

18日 我校举办2023年学生游泳比赛。

20日 英国《自然》杂志子刊《自然·心血管研究》在线发表我校陈宇星教授和周丛照教授课题组研究成果。他们利用单颗粒冷冻电镜技术解析了人类ABCC4蛋白无配基结合（apo form）、三种底物结合（激动剂 TXA_2 的类似物U46619、拮抗剂阿司匹林和双嘧达莫），以及同时结合U46619和ATP的三维结构。基于结构分析和生化实验，阐明了ABCC4结合广谱底物以及识别并转运血小板激动剂和拮抗剂的分子机制。

20日 德国《先进功能材料》发表我校合肥微尺度物质科学国家研究中心国际功能材料量子设计中心曾华凌教授课题组和物理学院朱文光教授课题组应邀撰写的综述文章。他们探讨了近年来二维层状材料中原子尺度铁电物性的探索、调控与应用，尤其是在二维原子级厚度极限下实现面外方向稳定室温铁电极化的策略和机制，并系统性地总结了相关二维铁电原型器件在非易失性存储、非线性神经元计算和光电子学中的应用。

20日 《美国科学院院报》发表我校地球和空间科学学院吴忠庆教授课题组与南京大学阮友谊副教授及中国科学院精密测量科学与技术创新研究院倪四道研究员合作研究成果。他们在约束地球下地幔的物质组成与温度分布方面取得重大突破。

21日 我校召开第九届校学位评定委员会第十二次工作会议。

21日 我校举办2023届毕业生到西部、基层和部分国家重点单位工作表彰会。

22日 英国《自然》杂志子刊《自然·代谢》在线发表我校生命科学与医学部杨振业教授和附属第一医院国静副研究员团队在非整倍体肿瘤细胞分裂期的代谢调控领域取得的进展。

22日 我校龙舟队勇夺2023长三角城市龙舟邀请赛冠军。

22日 美国《物理评论快报》在线发表我校物理学院、中国科学院强耦合量子材料物理重点实验室陈仙辉教授团队应剑俊特任研究员等人与南京大学孙建教授课题组合作在高压元素超导领域取得的重要进展。他们通过超高压技术手段，发现元素钪在高压下具有高达36 K的超导转变温度，刷新了元素超导最高转变温度的纪录。

23日 美国《科学》发表我校俞书宏院士团队和吴恒安教授团队合作研究成果。他们成功揭示了双壳纲褶纹冠蚌铰链内的可变形生物矿物硬组织的耐疲劳机制，提出了一种多尺度结构设计与成分固有特性相结合的耐疲劳设计新策略，为未来耐疲劳结构材料的合理创制发展提供了新的见解。

24 日　英国《自然》杂志子刊《自然·通讯》发表我校国家同步辐射实验室宋礼教授与何群特任副研究员团队研究成果。他们提出对分子型金属镍位点上发生二氧化碳电还原反应机理的新认识。

25 日　我校举行 2023 年毕业典礼暨学位着装授予仪式。

26 日　安徽省创新创业教育联盟在我校成立。

26 日　英国《自然》杂志子刊《自然·纳米技术》发表我校合肥微尺度物质科学国家研究中心曾杰教授在塑料循环升级领域取得的突破性进展。他们提出了一种脱氢芳构和氢解串联的策略，在无须氢气和溶剂的情况下，将高密度聚乙烯塑料催化转化为高附加值的环状烃。

26 日　我校召开主题教育校领导班子第十一次集中学习会。

26 日　合肥先进光源开工誓师大会隆重举行。

27 日　英国《自然》杂志子刊《自然·通讯》发表我校马骋教授课题组研究成果。他们报道了一种新型固态电解质，它的综合性能和目前最先进的硫化物、氯化物固态电解质相近，但成本不到后者的 4%，很适合产业化应用。

28 日　我校与合肥工业大学举行联合培养芯片人才签约仪式。

28 日　我校第二十二届心理健康主题活动月圆满落幕。

28 日　英国《自然》杂志子刊《自然·通讯》发表我校物理系何俊峰课题组依托陈仙辉院士领衔的强耦合量子材料物理研究团队，与北京理工大学姚裕贵、王秩伟研究团队，中国科学技术大学乔振华、福州大学韩玉磊团队，中国科学院物理研究所高鸿钧院士团队等国内外研究人员的合作研究成果。他们发现了笼目超导体中位于费米能级的范霍夫奇点，并揭示了其与超导之间的关系。

29 日　第 10 期“众言沙龙”暨研究生导师专场活动顺利举办。

29 日　我校与中国国家博物馆签署战略合作协议。

30 日　校党委召开庆祝中国共产党成立 102 周年暨“七一”表彰大会。

30 日　我校举行研究生支教团座谈会暨第 25 届支教队出征仪式。

30 日　我校举行 2023 年暑期“三下乡”社会实践活动出征仪式暨培训会。

30 日　第三期“瀚海师生行”活动顺利举办。本场活动为研究生专场，主题是“研途共进 学而后生”。

30 日　校党委常委褚家如为指导单位讲授主题教育专题党课。

30 日　校学生国标舞协会在安徽省“第五届国际标准舞艺术表演舞比赛”中获得一等奖。

本月　美国《物理评论快报》发表我校潘建伟、陆朝阳、刘乃乐等组成的研究团队研究成果。他们基于“九章”光量子计算原型机完成了对“稠密子图”和“Max-Haf”两类图论问题的求解，通过实验和理论研究了“九章”处理这两类图论问题为搜索算法带来的加速，及该加速对于问题规模和实验噪声的依赖关系。该研究成果系首次在具有量子计算优越性的光量子计算原型机上开展的面向具有应用价值问题的实验研究。

本月 我校18门课程获第二批国家级一流本科课程认定。

本月 我校入选教育部2023年高校党组织示范微党课。

7月

2—6日 我校顺利召开地球与行星科学前沿国际研讨会暨国际中国地球科学促进会2023年年会。

3—6日 我校研究成果获第二十四届IEEE移动数据管理国际学术会议2023年度“时间检验奖”。

4日 校党委书记舒歌群在校会见菲尔兹奖得主、法国科学院院士Laurent Lafforgue。

4日 校党委常委、副校长周丛照作主题教育专题党课。

5日 校党委书记舒歌群讲授学习贯彻习近平新时代中国特色社会主义思想主题教育专题党课。

5日 国家留学基金管理委员会副秘书长李青一行来我校调研。

5日 美国《科学》杂志子刊《科学・进展》发表我校高敏锐教授课题组研究成果。他们受到在自然界酸性环境中能够稳定存在的白铁矿石的启发，研制了一种用于质子交换膜(PEM)电解池阴极析氢反应的白铁矿型催化剂，其可在1 A・cm^{-2}的电流密度和60 ℃条件下稳定运行410 h以上。

5—6日 由我校参与主办的2023年中国首届风云降水星科学应用研讨会在合肥顺利召开。

6日 校长包信和调研稀土学院建设发展情况。

6日 我校举办“学习党章党规，弘扬伟大建党精神”专题报告会。

7日 中国科学院、教育部、安徽省签署重点共建中国科学技术大学协议。

7—9日 中国科学院院长、党组书记侯建国在学校开展主题教育专题调研。

8日 我校举行国际数学与物理交叉科学研究中心揭牌仪式。

8日 第11期“众言沙龙”暨校友专场活动顺利举办。

8日 我校2023年校友值年返校活动圆满举办。

9—13日 由我校参与主办的2023年超级陶粲装置研讨会成功举办。

10日 2023第十届中国科大未来科学家国际夏令营成功开营。

10日 我校举办首期“雏鹰计划”“雄鹰计划”项目成果展。

11日 校党委常委、副校长吴枫作主题教育专题党课。

11日 新疆师范大学来校调研交流对口支援工作。

11日 校长包信和到苏州高等研究院调研指导。

11日 国际燃烧学会前任主席Katharina Kohse-Höinghaus教授受聘我校名誉教授。

12日 英国《自然》杂志在线发表我校中国科学院量子信息与量子科技创新研究院潘建伟、朱晓波、彭承志等组成的研究团队与北京大学袁骁合作研究成果。他们成功实现了51个超导量子比特簇态制备和验证，刷新了所有量子系统中真纠缠比特数目的世界纪录，并首次实现了基于测量的变分量子算法的演示。该工作将各个量子系统中真纠缠比特数目的纪录由原先的24个大幅突破至51个，充分展示了超导量子计算体系优异的可扩展性，对于多体量子纠缠研究、大规模量子算法实现以及基于测量的量子计算具有重要意义。

12日 德国《先进材料》发表我校工程科学学院机器人与智能装备所李木军副教授课题组，联合近代力学系王柳特任教授以及南方科技大学刘吉副教授的合作研究成果。他们提出了一种铁磁液晶弹性体的双各向异性可编程3D打印方法，成功实现了液晶取向和磁化强度的独立编程，以及制件在不同外场刺激（热、光、磁）下的可控多模式变形。

12—18日 六盘水师范学院来校开展对口支援交流培训活动。

13日 校党委开展"七一"走访慰问活动。

13日 我校召开2023届选调生代表座谈会。

13日 我校开展2023年"节能降碳 你我同行"节能宣传周活动。

13日 美国《科学》杂志子刊《科学·进展》在线发表我校天文学系刘桂琳教授、何志成特任教授、沈璐博士牵头的中、美、德三国科研人员组成的国际团队研究成果。他们首次观测到红色类星体驱动外流所产生的成对的超级气泡，这些巨大的气泡正处于从星系爆发性逸出的阶段。

13日 英国《自然》杂志子刊《自然·通讯》发表我校环境科学与工程系刘贤伟课题组在界面化学过程的原位高分辨成像方面取得的进展。

14日 我校召开主题教育校领导班子第十四次集中学习会。

14日 我校举行辅导员班主任学校第二十三期培训班开班仪式暨集中学习培训会。

14日 我校成功召开安徽省能源研究会成立大会暨2023年第一届第一次会员代表大会。

14日 由我校承办的2023年第17届奥加诺（水质与水环境）奖学金评审会系列活动圆满落幕。

15日 我校生物医学工程融合发展论坛圆满结束。

15—16日 校长包信和调研冷湖天文观测基地。

15—25日 我校和科大讯飞股份有限公司共同建设的认知智能全国重点实验室举办首届科大讯飞星火营。

17日 2023年青少年高校科学营中国科大分营开营。

17日 校党委副书记、纪委书记、国家监委派驻监察专员毕金初作学习贯彻习近平新时代中国特色社会主义思想主题教育暨纪检监察干部队伍教育整顿专题党课报告。

17日 我校5位教授获2023年"科学探索奖"。

17日 我校召开专题警示教育会。

17日 英国《自然》杂志子刊《自然·通讯》发表我校微纳米工程实验室吴东教授团队研究成果。他们提出了一种飞秒激光二合一写入多材料的加工策略，制造了由温敏水凝胶和金属纳米颗粒组成的微机械关节，随后开发出具有多种变形模式（>10）的多关节人形微机械。

17日 德国《先进材料》发表我校化学与材料科学学院陈维课题组联合杨金龙院士和

李星星课题组团队合作研究成果。他们探究了不同阴离子对于水系电解液中金属 Ni 沉积溶解的影响，通过电解质调控实现了过渡金属 Ni 的超高容量、无枝晶和高度可逆的沉积溶解。实验结果和理论计算表明，氯离子能够抑制金属 Ni 表面 $Ni(OH)_2$ 钝化层的形成。进而在半电池中实现了 1000 mA・h・cm^{-2} 的超高面容量，并能在低面容量下实现 15000 次的循环寿命。开发了一系列 Ni-MnO_2 和 Ni-PbO_2 全电池，展现出良好的电化学性能。

18 日 我校徐集贤教授团队在钙钛矿太阳电池方面获得重要进展，创造了钙钛矿电池稳态效率 26.1%的认证世界纪录，被美国可再生能源国家实验室 NREL 的《Best Research-Cell Efficiency Chart》收录。

18 日 我校举行中国科学技术大学老年大学附属第一医院分校揭牌仪式。

18 日 我校举行 2023 年本科新生录取通知书颁发仪式。

20 日 我校举行 2023 年优秀大学生夏令营开营仪式。

20 日 香港科技大学副校长汪扬访问我校。

20 日 "安徽省科创导师培养计划"首期培训班在我校开班。

21 日 德国《考古学与人类学科学》发表我校人文与社会科学学院科技史与科技考古系杨玉璋教授团队与河南省文物考古研究院等单位合作研究成果。他们利用炭化植物遗存分析方法，结合系列样品的高精度 $AMS^{14}C$ 年代测定，对中原地区代表性史前遗址长葛石固仰韶文化时期(ca. 6400—5300 cal BP)人类生业模式进行了研究。

21 日 我校 6 项成果荣获"2022 年高等教育(研究生)国家级教学成果奖"。

21 日 2023 年第十届中国科大未来科学家国际夏令营顺利闭营。

21—24 日 2023 年"众行课堂"系列培训班顺利举办。

22 日 校长包信和院士荣获"第九届中国催化成就奖"。

23—25 日 我校承办国家自然科学基金委管理科学部 2023 年度国家杰出青年科学基金项目中期检查与结题审查会暨学科发展座谈会。

24 日 学习贯彻习近平新时代中国特色社会主义思想主题教育领导小组召开第六次全体会议。

24 日 《国家科学评论》发表我校地球和空间科学学院肖益林教授课题组研究成果。他们通过使用拉曼三维成像分析技术，首次在俯冲带深部地幔楔橄榄岩中发现了金刚石-菱镁矿-甲烷共存的多相含碳包裹体，这项研究对深入理解俯冲带弧下深度，尤其是还原环境下的碳循环具有重要的意义。

24 日 《欧洲分子生物学学会杂志》在线发表我校生命科学与医学部陈宇星教授和周丛照教授课题组合作研究成果。他们用单颗粒冷冻电镜技术解析了人类 ABCC3 无配基结合(apo-form)以及生理底物—葡萄糖醛酸雌二醇($E_2 17\beta G$)和硫酸脱氢表雄酮(DHEAS)结合的蛋白质结构，整体分辨率分别为 3.1 Å，3.7 Å 和 3.5 Å。基于蛋白质结构分析以及生化分析的结果，发现 ABCC3 具有一个双亲性的底物结合口袋，两个缀合的激素分子以不对称方式占据该底物口袋。结合以前的文献报道，他们提出了同类多药耐药蛋白底物结合口袋的共同特征，为合理设计 MRPs 的抑制剂提供了方向。

25 日 《美国科学院院报》在线发表我校光学与光学工程系龚雷课题组与加拿大魁北克大学国家科学研究院 Jinyang Liang 教授、香港理工大学 Puxiang Lai 教授的合作研究成果。他们提出了一种基于三维结构光场照明的三维单像素成像新方法。该成像方法实现了接近衍射极限的三维光学分辨率，将现有三维单像素成像的深度分辨率提高了两个量级，并实现了无标记单细胞的高分辨体成像。

25 日 我校召开党委理论学习中心组集中学习(扩大)会。

25 日 我校成功举办长三角高校心理健康学术交流会暨安徽省高校第二届心理健康教育发展论坛。

25—28 日 2023 年中国科大领导干部暑期读书班成功举办。

26 日 我校与宿州市举行市校合作交流座谈会。

26 日 我校成功举办 2023 年智慧物流与平台供应链学术交流会。

26 日 英国《自然》杂志在线发表我校地球和空间科学学院邓正宾特任教授与多位国际学者合作研究成果。他们成功实现了钛稳定同位素组成的超高精度测量方法，应用刻画了地球形成早期到现代的地幔来源火成岩的钛同位素记录，揭示了地球地幔的运转模式是呈阶段性演变的，现代板块构造体制下接近全地幔对流的模式只是地球演化近期的过渡状态。

27 日 我校举办领导干部暑期读书班专题党课报告会。

27—29 日 由我校参与主办的第九届 CMI 国际免疫学研讨会暨 CMI 创刊 20 周年庆典成功举办。

28 日 我校与淮北市举行市校合作交流座谈会。

28 日 我校与淮南市举行市校合作交流座谈会。

28—30 日 由我校参与主办的 JFM/FLOW2023 中国专题学术研讨会在合肥成功举办。

31 日 欧亚太平洋学术协会主席 Wolf-Dieter Rausch 教授率代表团一行访问我校。

本月 校研究生支教团首届贵州支教队荣获贵州省优秀研究生支教团。

本月 英国《自然》杂志子刊《气候与大气科学》、英国《环境研究快报》和我国《大气科学进展》分别发表我校地球和空间科学学院大气科学专业任保华教授课题组的一系列研究成果。他们发现了北极天气尺度增暖与热带海洋和中纬度大气的联系，并揭示了相关的机制。

本月 我校落地多个暑期“三下乡”社会实践教育基地。

本月 美国《IEEE 仪器和测量汇刊》发表我校在大靶面拼接焦面测量技术方面取得的进展。

本月 李政道先生为少年班成立 45 周年题词“庆贺科大少年班 45 周年”。

8 月

1 日 美国《物理评论快报》发表我校潘建伟、苑震生等与清华大学翟荟、兰州大学么志远等合作研究成果。他们使用自主开发的超冷原子量子模拟器，研究了格点规范场理论中的非平衡态热化过程与量子临界性之间的关系，揭示了具备规范对称性的多体系统处于量子相变临界区域时易于热化到平衡态的规律。

1 日 《美国化学会志》发表我校高敏锐教授课题组研究成果。他们研制出一种高抗氨毒化的镍基碱性膜燃料电池阳极催化剂，其在阳极含 10 ppm 氨的膜电极组装中，能保持 95％的初始峰值功率密度和 88％的初始电流密度(0.7 V 下)，远超商业铂碳催化剂。

2 日 美国《地球物理研究快报》发表我校郭静楠教授、李晓磊博士、汪毓明教授以及德国、保加利亚、美国的研究人员合作研究成果。他们首次在地球、月球和火星三个行星体表面观测到太阳高能粒子事件。

2—4 日 由我校主办的合肥光源 2023 年用户学术年会圆满召开。

4 日 美国《科学》发表我校纳米科学技术学院 2020 级硕士研究生高亮为第一作者的研究论文。

7 日 英国《自然》杂志子刊《自然·通讯》发表我校物理学院童华教授课题组与日本东京大学 Hajime Tanaka 教授合作研究成果。他们在理想玻璃特殊结构序的研究中取得重要进展。

9 日 我校牵头承担的国家重点研发计划“文物建筑火灾蔓延机理与评估预警关键技术研究”应用示范专家论证会顺利召开。

10 日 《综合精神医学》发表我校心理学系张效初团队研究成果。他们探讨了静息态脑网络的节点枢纽性与网络游戏障碍易感性间的关系。研究主要发现，在静息状态下的脑功能网络中，与个体的决策冲动性有关的右侧眶内额上回的节点枢纽性可以作为网络游戏障碍的潜在生物标记物。

10—15 日 我校田径队在第 21 届全国大学生田径锦标赛中创佳绩。

11—13 日 我校联合承办 2023 年中国光纤传感大会。

12—14 日 我校学子在第三届全国大学生等离子体科技创新竞赛中获得佳绩。

14 日 英国《自然》杂志子刊《自然·通讯》发表我校环境科学与工程系、极地环境与全球变化安徽省重点实验室谢周清教授、乐凡阁博士与国内外学者合作研究成果。他们在国际北极气候研究多学科漂流观测计划(MOSAiC)实施期间，开展了汞的生物地球化学循环研究，发现边缘冰区是大气汞的重要来源，提出了夏季北极大气汞峰值现象的产生机制。

14—18 日 我校教师在安徽省第六届高校青年教师教学竞赛中取得佳绩，6 名参赛青年教师荣获 1 个一等奖、2 个二等奖、3 个三等奖。我校被安徽省总工会、安徽省教育厅授予“优秀组织奖”。

15 日 我校参与主办的“中国科大医疗帮扶车载磁共振下乡义诊活动”在金寨县燕子河镇龙马村正式启动。

15 日 美国《化学评论》发表我校国家同步辐射实验室宋礼教授课题组研究成果。他们讨论了同步辐射表征技术在材料相工程和能源应用研究中的关键作用，主要涉及具备本征缺陷、原子掺杂、插层和异质界面等的二维纳米材料。在此基础上，其着重介绍了基于同步辐射的多谱学技术在揭示二维材料的本征物相和结构方面的作用。更进一步地，介绍了基于同步辐射的各种原位表征方法在解析二维能源纳米材料结构演变和反应机理方面的作用。最后，总结和展望了二维能源纳米材料和同步辐射光源及其集成技术的未来发展前景。

16 日 我校陈仙辉院士荣获 2023 年“未来科学大奖”。

16 日 《美国科学院院报》在线发表我校物理学院、合肥微尺度物质科学国家研究中心徐宁教授研究组与美国宾夕法尼亚大学 Andrea J. Liu 教授和芝加哥大学 Sidney R. Nagel

教授合作，在非晶固体稳定性机理研究中取得的重要进展。

16—17 日 我校学生在第十四届全国周培源大学生力学竞赛“理论设计与操作”团体赛中喜获佳绩。

17 日 我校召开代谢健康与泛血管病安徽省重点实验室（筹）学术委员会成立大会。

17 日 我校数字与健康圆桌会议成功举办。

18 日 美国《物理评论快报》发表我校潘建伟、苑震生等与清华大学马雄峰、复旦大学周游合作研究成果。他们使用光晶格中束缚的超冷原子，通过制备二维原子阵列、产生原子比特纠缠对、连接纠缠对的分步扩展方式制备了多原子纠缠态，并通过显微学技术调控和观测了其纠缠性质，向制备和测控大规模中性原子纠缠态迈出重要一步。

18—20 日 我校核科学技术学院万宝年院士、郑坚教授获中国物理学会 2022—2023 蔡诗东等离子体物理奖。

19 日 《纳米研究》发表我校国家同步辐射实验室闫文盛教授课题组研究成果。他们基于同步辐射技术开展了二维磁性材料设计调控、微观结构和宏观磁性三者之间内在联系的研究，取得了系列研究成果。

19—21 日 我校赴贵州省六盘水市推进支援帮扶工作。

20 日 我校刘诚教授团队成果荣获国家科技重大专项“高分辨率对地观测系统”技术成果特等奖。

20—24 日 我校代表队在第十四届中国大学生物理学术竞赛中荣获特等奖。

21 日 美国《细胞》杂志在线发表我校田志刚和彭慧课题组与北京大学张泽民课题组等合作研究成果。他们系统描绘 NK 细胞在不同癌症类型和组织之间的异质性，发现了肿瘤微环境特异富集、杀伤功能异常的 NK 细胞亚类，揭示了 NK 细胞与微环境中其他组分的潜在调控关系。

21 日 英国《自然》杂志子刊《自然·催化》在线发表我校黄汉民教授课题组研究成果。他们提出了“金属电子梭催化”的新范式，并利用该范式开拓性地实现了首例非活化烯烃的双烷基化反应。

21 日 美国《纳米快报》发表我校杨金龙院士课题组李星星团队研究成果。他们提出一种在单分子器件中产生纯自旋流的理论方案。

21—28 日 校长包信和率代表团访问澳大利亚。

23 日 英国《皇家天文学会月刊》发表我校天文学系王俊贤教授团队研究成果。他们在对活动星系 NGC 6814 中的 X 射线掩食事件的研究中，揭示了一个奇妙的团块化的、多组分的掩食吸收体。

23 日 美国《科学》杂志子刊《科学·进展》在线发表我校微尺度物质科学国家研究中心史朝为课题组研究成果。他们以氟离子通道蛋白 Fluc-Ec1 作为研究对象，结合氘代和 ^{19}F 定点标记方法，发展并优化膜蛋白固体核磁氢检测及氟检测研究方案，为膜蛋白核磁研究提供新思路。

24 日 我校召开主题教育校领导班子第十六次集中学习会。

24 日 我校领导班子召开学习贯彻习近平新时代中国特色社会主义思想主题教育专题民主生活会。

25 日 我校 2023 级本科新生入学报到。

25 日 我校召开超级陶粲装置关键技术攻关项目启动会。

25 日 由我校承担建设的国家重大科技基础设施“空间环境地基综合监测网(子午工程二期)”重点设备阵列式大口径激光雷达通过工艺测试。

25 日 国家自然科学基金基础科学中心项目“极端流动的多过程问题研究”现场考察会在合肥举行。

25 日 由我校承担的中国工程院-云南省政府 2022 年院地合作重点项目“云南森林火灾智慧防控咨询研究”项目结题评审会召开。

26 日 首届中国科大科学教育前沿论坛成功举办。

29 日 英国《自然》杂志子刊《自然・通讯》在线发表我校孙金华教授和王青松研究员团队与暨南大学郭团教授团队在锂离子电池热失控光纤检测早期预警领域取得的重要成果。他们成功研制出可植入电池内部的高精度、多模态集成光纤器,率先实现了对商业化锂电池热失控全过程的精准分析与早期预警。

29—31 日 由我校主办的仿生智能界面与材料研讨会顺利召开。

30 日 美国《IEEE 传感器期刊》发表我校王亮教授团队和问天量子有限公司合作研发的短波红外单光子激光雷达取得的重大进展。他们通过全自主研发的单光子探测器芯片,匹配读出电路,结合全光纤激光雷达,开发了全天候、大扫描角度的激光雷达成像系统,为短波红外单光子成像及其核心芯片制备提供了开创性的方法。

本月 美国《细胞》杂志子刊《细胞・报告》发表我校光寿红/冯雪竹团队研究成果。他们以模式生物秀丽隐杆线虫为模型,首次揭示了核仁腔中含有大量的核质蛋白以及核糖体 RNA 中间体参与核仁腔的调控。

本月 美国《物理评论快报》发表我校高能物理理论组王群教授领导的研究团队在矢量介子自旋物理方面取得的重要进展。

本月 美国《IEEE 通信调查与教程》在线发表我校网络空间安全学院和陆军院士工作室李忠辉博士、薛开平教授的量子网络综述论文。

本月 美国《IEEE 信号处理杂志》发表我校类脑智能技术及应用国家工程实验室陈勋教授课题组受邀撰写的综述论文。他们基于前期研究工作,课题组系统回顾了过去 25 年脑机接口信号处理技术重要进展,包括预处理、特征表示和模式分类中的关键信号处理技术,尤其系统介绍了信号滤波、盲源分离、锋电位分类、时频分析和深度学习等,同时阐述了该研究领域面临的挑战和未来研究方向。

本月 我校学生在第十四届全国周培源大学生力学竞赛“理论设计与操作”团体赛中喜获佳绩。

本月 我校在 2023 年国家自然科学基金立项实现新突破。在此次评审中,我校获批各类项目 470 项,直接经费 3.6 亿元,立项数、获批经费较去年均增长。

本月 “九章”光量子计算原型机科研实物入藏国家博物馆。

本月 我校学子在第十一届全国高校数字艺术设计大赛中获得佳绩,共获国赛奖项 3 项,其中,获得一等奖 1 项、二等奖 1 项、三等奖 1 项;另外在省级赛中,获得一等奖 8 项、二等奖 5 项、三等奖 8 项。

本月 《国家科学评论》、美国《物理评论快报》和《美国国家科学院院报》分别发表我校中国科学院微观磁共振重点实验室杜江峰院士团队的一系列研究成果。他们利用金刚石中氮-空位色心作为固态自旋量子传感器，在微观尺度对于一系列新奇自旋相互作用展开实验搜寻并给出新的实验限定。

9 月

1 日 我校语音国家工程研究中心智能语音研究团队第四次获国际多通道语音分离与识别评测 CHiME 冠军。

1 日 《美国化学会志》发表我校闫立峰教授课题组研究成果。他们通过利用两亲性甲基脲分子，设计了一种新型结构的水基纳米胶束电解质。这一工作打破了以往对于电解质连续溶剂相的认识，通过纳米胶束结构包裹了自由移动的离子，建立了局部/界面相互作用网络，通过金属离子的控制释放，有效地维持了离子的三维扩散形式和有利的界面成核反应，实现了金属枝晶和电极副反应的有效抑制。相关研究成果率先在锌-锰电池体系中得到了证实。

1 日 我校火灾安全科学与工程教师团队入选教育部第三批黄大年式教师团队。

1 日 英国《国际机器人研究杂志》在线发表我校工程科学学院机器人与智能装备研究所董二宝副教授课题组发布的首个面向高空作业机器人的开源多模态感知数据集 USTC FLICAR。

1—4 日 我校成功举办海峡两岸同步辐射装置及应用研讨会。

2 日 校党委常委、党委统战部部长，安徽省侨联兼职副主席褚家如出席第十一次全国归侨侨眷代表大会并当选新一届常务委员。

2 日 我校举办 2023 级本科新生重点传染病及急救知识培训班。

3 日 我校组织 2023 级本科生观看话剧《今夜星辰》。

3 日 我校举行夏培肃先生百年诞辰纪念展开幕式暨夏培肃先生生平档案资料捐赠仪式。

4 日 英国《自然》杂志子刊《自然・植物》发表我校生命科学与医学部孙林峰教授团队研究成果。他们报道了植物中首个脱落酸外排蛋白 ABCG25 单独的、与底物脱落酸结合的，以及与 ATP 结合的高分辨率结构，并结合生化功能实验阐释了 ABCG25 蛋白的工作机制，加深了对脱落酸运输和信号传导过程的理解。

4 日 我校召开学习贯彻习近平新时代中国特色社会主义思想主题教育总结会议。

4 日 我校举行 2023 级新生升旗仪式。

5 日 我校 2023 级研究生新生入学报到。

5 日 校党委书记舒歌群赴京慰问看望原校长滕藤家人。

6 日 美国《科学》杂志子刊《科学・进展》发表我校沈延安课题组研究成果。他们以高精度硫和汞同位素分析为主要手段对华南间冰期地层进行了系统研究，提出“雪球地球”的消融诱发了大规模火山活动这一新观点，并证明了间冰期海洋的逐渐氧化为早期复杂生命演化提供了有利的环境条件。

6日 英国《自然》杂志子刊《自然・通讯》发表我校工程科学学院微纳米工程实验室胡衍雷教授团队及其合作者研究成果。他们利用飞秒激光微纳制造方法，制备了一种可用于跨尺度液滴操纵的磁响应双面神折纸机器人，实现了多样化液滴操纵功能的有效集成，包括液滴的三维运输、合并、分裂、子液滴分发与按需释放、搅拌以及远程加热等。同时，这种操纵策略的高稳定性赋予了其跨尺度液滴操纵能力，可以实现对～3.2 nL到～51.14 μL体积范围内液滴的操纵。

6日 美国《物理评论快报》在线发表我校潘建伟及其同事彭承志、曹原等与清华大学王向斌，中国科学院上海微系统所尤立星等人合作研究成果。他们首次在国际上实现了远距离测量设备无关的自由空间-光纤混合量子密钥分发网络实验，并在此基础上完成了白天高背景噪声条件和卫星-地面多普勒频移补偿等验证。这项成果全方位验证了星地间测量设备无关量子密钥分发(MDI-QKD)的可行性，向基于卫星的全球化、高安全性量子通信网络迈出了重要一步。

8日 我校举行2023级本科生军训总结大会。

8日 我校党委委员、校长助理薛天率代表团一行应邀访问芝加哥大学北京中心。

8—10日 我校教职工男子足球队夺得第七届中国职工足球联赛选拔赛(安徽站)冠军。

9日 教师节前夕学校组织院士慰问及座谈交流活动。

10日 我校隆重举行新进教师入职欢迎仪式。

10日 校长包信和院士为2023级本科生讲授"开学第一课"。

10日 第12期"众言沙龙"暨教师节专场活动顺利举办。

10日 "我是科大人"新生启航系列活动之迎新晚会顺利举办。

10日 苏州高等研究院举行2023级新生开学典礼。

10—11日 校党委书记舒歌群赴金寨县调研指导定点帮扶工作。

11日 校长包信和调研学校基本建设进展和校园管理情况。

11日 由我校承担的国家文物局"文物博物馆单位消防演练工作指引编制和视频制作"项目结题评审会议顺利召开。

13日 荷兰《地球与行星科学快报》发表我校地球和空间科学学院吴忠庆教授课题组在下地幔热导率和核幔边界热流分布的研究上取得的重要进展。他们利用第一性原理计算与机器学习结合的方法，确定了下地幔最主要的矿物布里奇曼石及其高压相后钙钛矿的热导率，并结合课题组此前获得的下地幔矿物成分与温度分布，明确了核幔边界热流分布及热通量大小。

13日 我校召开科研工作座谈会。

13日 美国《物理评论快报》发表我校郭光灿院士团队在量子密钥分发研究中取得的重要进展。该团队韩正甫、王双、银振强、陈巍与合作者提出了一种无须主动调制的新型量子密钥分发实现方案并完成了实验验证，为实现高现实安全的量子密钥分发系统提供了新思路。

14日 我校举办2023级"科创试点班"系列招生宣讲会。

14日 我校召开2023年第三季度书记调度会暨机关部处长联席会。

14日 英国《自然》杂志子刊《自然・纳米技术》在线发表我校生命科学与医学部王育

才教授和蒋为副教授团队的合作研究成果。他们提出纳米药物肿瘤递送新理论。

14 日 英国《自然》杂志子刊《自然·通讯》发表我校龚为民课题组与美国匹兹堡大学 Cheng Zhang 课题组、新加坡科技研究局 Hao Fan 课题组、美国希望之城综合癌症中心 Mingye Feng 课题组以及英国格拉斯哥大学 Graeme Milligan 课题组合作研究成果。他们报道了分辨率为 3.0 Å 的合成激动剂 6-OAU 结合 GPR84 受体与 Gi 复合物的冷冻电子显微镜(Cryo-electron microscopy, cryo-EM)结构,为针对 GPR84 受体的功能探索,以及设计与筛选出该受体的合理药物或有效化学工具奠定了结构基础。

15 日 我校 2023 年"我是科大人"新生启航系列活动之"踔厉奋进庆华诞 七彩社团绎青春"学生社团游园会成功举办,91 个学生社团和校内部分其他团学组织招收新成员。

16 日 我校 2024 届选调培训顺利开班。

16 日 我校牵头承担的国家自然科学基金委重大项目"染色体蛋白质机器组装的相分离与相变机制研究"研讨会在我校召开。

16 日 我校承办的"智能媒体与学科交叉"2023 年智能与计算传播学年会系列活动在东校区举行。

16 日 我校"纠缠:国家自然科学奖一等奖成果视觉艺术展"参与 2023 年全国科普日主场活动。

17 日 我校墨子巡天望远镜首光仪式暨科学战略研讨会成功举办。

17—22 日 由中国科学院量子信息与量子科技创新研究院举办的第二届新兴量子技术国际会议在合肥成功举办。

18 日 德国《先进材料》发表我校工程科学学院朱志强特任副研究员、司廷教授和徐晓嵘教授在微纳尺度流动理论和调控方面取得的新突破。他们提出了无边界约束的开放式微流动方法,实现了从零维到三维材料的先进制造。新技术克服了传统封闭式微通道的局限性,具有生产效率高、材料适用性广、易于集成化和工业化等特点,在微球和微胶囊制备、增材制造、生物医学、能源环境、传感和微型机器人等领域展现出了重要的应用前景。

18 日 我校召开 2023 年秋季学期校教学督导委员会工作会议。

18 日 校党委召开 2023 年中央巡视整改落实情况"再总结"工作汇报会。

18 日 《美国科学院院报》发表我校刘海燕教授、陈泉教授课题组与复旦大学王文宁教授合作研究成果。他们采用蛋白质结构预测、序列设计等计算手段与蛋白质互补分析和深度突变扫描、X 射线晶体学、NMR 等实验结合的方法,揭示了固有无序的 4.1G 蛋白 C 端结构域识别其固有无序靶标的结构机制。

19 日 我校 2023 级新生心理普查顺利完成。

19 日 我校举行 65 周年校庆校史展览开展仪式。

20 日 我校举行 2023 年开学典礼暨建校 65 周年纪念大会。

20 日 我校举行校风传承月特邀报告会,特别邀请中国科学院原党组副书记、中国科大原党委书记郭传杰作题为《科大为什么能?——科大精神的解读与传承》的报告。

20 日 我校在东区郭沫若广场举行庆祝建校 65 周年升旗仪式。

20 日 2020 和 2021 年度"墨子量子奖"颁奖典礼在安徽省合肥市举行。安徽省委常委、副省长张红文出席颁奖典礼并致辞,校党委书记舒歌群、校长包信和为获奖者颁奖。

20日 合肥先进光源国家重大科技基础设施项目及配套工程启动会在安徽省合肥市未来大科学城合肥先进光源园区举行。安徽省副省长任清华，中国科学技术大学校长包信和院士，安徽省、合肥市有关部门领导，中国科大领导班子成员，合肥先进光源工程科技委员会成员，以及其他特邀领导和嘉宾参会。

20日 第13期“众言沙龙”顺利举办。校长包信和院士作为主讲嘉宾出席。

21日 以色列驻上海总领事馆总领事 Ravit Baer 女士携商务领事 Ben Haimi 先生及政经处主任徐俊杰先生一行来校访问。

21日 《德国应用化学》发表我校张国庆教授和张学鹏研究员团队研究成果。他们报道了一种打破传统认知的增强分子光致发光的设计策略。

21日 第四期“瀚海师生行”活动顺利举办。本场活动邀请到中国科大5912校友王志珍院士和校长包信和院士担任活动嘉宾。

21日 第五期“瀚海师生行”活动顺利举办。本场活动邀请到校长包信和院士、中国陶瓷艺术大师吴能、马晓峰(7265)校友以及几位优秀的青年艺术家担任嘉宾。

22日 我校智慧校园联合创新中心建成投入运行。

22—24日 我校开展党外人士“凝心铸魂强根基、团结奋进新征程”主题教育实践活动。

22—24日 我校两个团队参加“高教社杯”大学生“用外语讲好中国故事”优秀短视频全国现场交流活动，均斩获全国二等奖。

23日 我校举办庆祝建校65周年暨第三届师生龙舟交流赛。

23—24日 我校管理学院MBA中心在第21届中国MBA发展论坛中取得佳绩，荣获10个奖项。

23—24日 我校举办科创训练营“雏鹰计划”“雄鹰计划”团队提升班(第一期)结营仪式暨优秀团队表彰会。

24日 我校举行“我们的节日——走读科大”线下健步走活动启动仪式。

25日 我校召开2023年度“双创基金”立项评审会，最终确定资助项目98个。

25—27日 我校组织开展“中秋、国庆”节前实验室安全专项检查。

26日 我校召开2023年度“华米创新创业基金”项目评审会，最终确定资助项目8个。

26日 西南科技大学党委书记董发勤、校长黄琦带队来校调研，就进一步深化两校对口支援工作进行座谈交流。

26—27日 我校召开2023年中国科学院党建研究会四片区交流研讨会。

27日 校党委书记舒歌群以《勤奋学习 红专并进 争做“六有”时代新人》为题，为2023级本科生上第一堂思政课。

28日 我校举行研究生支教团第26届支教队组队会。

28日 中国科协宣传文化部公布关于“翱翔之翼”大学生科技志愿服务项目立项名单，我校火灾科学国家重点实验室申报的《“走进科技，与‘火’同行” 大学生科技志愿服务》项目获批立项。

本月 魏海明劳模创新工作室荣获“全国教科文卫体系统示范性劳模和职工创新工作室”。

本月 我校信息化项目入选教育部2023年度智慧教育优秀案例。

本月 我校多名学子及导师分获2023年度中国科学院优秀博士学位论文奖和优秀研究生指导教师奖。

本月 共青团中央、应急管理部等23家全国创建青年文明号活动组委会成员单位联合印发《关于命名第21届全国青年文明号并进行星级认定的决定》。由我校与安徽省地震局共建的“蒙城地球物理国家野外科学观测研究站”获评“一星级全国青年文明号”。

9—10月 我校开展了“学生资助政策宣传月”活动。

10月

2日 美国《纳米快报》发表我校杨金龙院士课题组李星星团队研究成果。他们提出一种可逆的化学调控自旋的方法，通过在二维金属有机晶格中的有机配体上发生互变异构反应来调节该配体的自旋态，诱导相邻的过渡金属自旋之间的耦合序发生可逆转变，进而对材料的电学和磁学等性质进行调制。

3日 美国《地球系统模式进展杂志》发表我校赵纯教授带领的大气科学先进计算实验室（LACAR）成功构建全球变网格大气物理化学耦合模拟框架，并以大气沙尘为例开展的相关研究。

4日 美国《科学》杂志子刊《科学·进展》发表我校郭光灿院士团队孙方稳课题组和国家同步辐射实验室、核科学技术学院邹崇文课题组合作研究成果。他们制备了基于二氧化钒（VO_2）相变薄膜的类脑神经元器件，并利用金刚石中氮-空位（NV）色心作为固态自旋量子传感器探测了神经元突触在外部刺激下的动态连接，展示了类脑神经系统中多通道信号传递和处理过程。

5日 英国《自然》杂志子刊《自然·机器智能》在线发表我校张世武教授、金虎副教授与王柳特任教授的合作研究成果。他们基于手指皮肤非均匀形变机制和手部精细动作康复运动机制，以高功重比形状记忆合金（SMA）弹簧为驱动，提出了一种具备精细动作训练的便携式柔性康复手套机器人，有望服务全球数千万手功能障碍患者的精细动作康复与日常生活辅助。

5日 英国《自然》杂志子刊《自然·天文学》在线发表我校天文学系蔡振翼副教授和王俊贤教授合作研究成果。他们通过研究类星体中心超大质量黑洞吸积的极紫外辐射能谱，发现其与类星体本征亮度无关，推翻了该领域的传统认识，他们进一步发现类星体的平均极紫外能谱远比经典吸积盘理论预期更软，对经典吸积盘辐射模型提出了严重挑战，有力地支持了具有普遍盘风的吸积模型。

7日 英国《自然》杂志子刊《自然·通讯》发表我校中国科学院微观磁共振重点实验室杜江峰、石发展、孔飞等人在量子精密测量领域取得的重要进展。他们利用单个纳米金刚石内部的氮-空位色心进行量子传感，克服颗粒随机转动问题，在原位条件下探测到了溶液中顺磁离子的磁共振谱。

8日 我校名誉校长白春礼、校党委书记舒歌群、校长包信和、常务副校长潘建伟一行到苏州高等研究院调研指导。

8—9日 我校2022年度“雏鹰基金”“雄鹰基金”结项汇报会在创新创业学院召开。20

个项目被评为2022年度“雏鹰基金”优秀项目;14个项目被评为2022年度“雄鹰基金”优秀项目。

11日 我校举行“习近平新时代中国特色社会主义思想”系列讲座本学期首场报告会。

11日 我校加入中国高校科创联盟。

12日 我校举行第九届节能减排创新大赛暨第十六届全国大学生节能减排社会实践与科技竞赛颁奖典礼。

12日 英国《自然》杂志子刊《自然·通讯》发表我校蒋彬教授课题组在发展场诱导的原子神经网络力场研究方面取得的重要进展。

12日 苏州市人大常委会主任李亚平一行来校访问。

12日 校党委召开机动巡视动员部署会。

12日 国务院战略规划司颁布知识产权强国建设第二批典型案例,《中国科学技术大学探索“赋权+转让+约定收益”模式,提高知识产权转化运用效益》案例成功入选。

12—20日 第8届中国大学生阳光体育羽毛球赛在辽宁省葫芦岛市成功举办,我校羽毛球队以两个单项全国第五和全国第九收官。

13—15日 我校赴宁夏回族自治区中卫市海原县开展支教25年回访。

13—15日 由我校等离子体物理与聚变工程系和合肥先进计算中心联合主办的“2023等离子体混合模拟研讨会”在合肥中安创谷成功举行。

14—15日 我校举办第51届教职工运动会。

16日 《美国科学院院报》在线发表我校生命科学与医学部许超教授、张凯铭教授与以色列巴伊兰大学Itay Koren教授合作研究成果。他们揭示了$CRL2^{APPBP2}$ E3泛素连接酶识别底物羧基端降解信号(C-degron)的分子机制。

16日 《国家科学评论》杂志在线发表我校江俊教授和王育才教授团队合作研究成果。他们利用电子-质子共掺杂策略向WO_3晶格中引入高还原性的原子氢,首次证明了生物还原性更强的原子氢能够实现氢气所不具备的广谱RONS清除能力,进一步发现氢钨青铜相$H_{0.53}WO_3$(HWO)是一种非常理想的原子氢载体,其显著特征包括相对稳定的原子氢储存、温度依赖的原子氢释放以及pH响应的生物降解性。在慢性创面溃疡疾病模型中,固态原子氢由于其卓越的广谱RONS清除能力,重塑糖尿病伤口微环境、减少炎症,进而促进胶原积累、血管新生,有效加速慢性伤口的愈合。

16日 《细胞研究》在线发表我校生命科学与医学部王雪娟、蔡刚教授团队合作研究成果。该研究解析了酵母Rpd3S/HDAC全酶复合体结合特定修饰核小体底物的复合物结构,首次发现完整的天然底物H3尾巴(1-24 aa)结合在Rpd3S底物结合口袋,且H3K18残基的侧链朝向催化中心待催化;阐明了Rpd3S底物特异性的结构基础以及通过构象变化实现多位点催化的机制,尤其是Rco1亚基在核小体结合和位点特异性催化中起着关键作用,有望为研制高特异性Rpd3S/Sin3B抑制剂用于癌症治疗提供新靶点。

19日 我校召开由合肥市疾病预防控制中心举办的2023年合肥市高校传染病及结核病艾滋病防控工作会议。

19日 校党委书记舒歌群带队到附属医院调研指导。

19日 我校举行2023级本科生“科学与社会”研讨课第二场主题报告会,中国科学院院士秦大河作主题报告。

19—20 日 由我校参与承办的第四届中国生物传感、生物芯片与纳米生物技术高端论坛暨首届器官芯片与微生理系统会议(BBN China 2023)在苏州召开。

20 日 我校举行 2023 年离退休教职工庆祝建校 65 周年暨庆国庆迎重阳文艺演出活动。

20 日 中国地震局副局长王昆一行来校调研,就进一步加强局校合作进行座谈。

21 日 我校举行第二十四期学生骨干培训班暨团校第三十期培训班开班仪式。

21—23 日 由我校参与承办的第二十五届中国科协年会催化科学高端学术论坛在合肥成功举办。

21—28 日 校长包信和院士率代表团赴英国、法国进行为期一周的访问,并在伦敦举办在英校友座谈会,中国科学院院长侯建国院士出席并发表讲话。

22 日 我校举行第二十三届 RoboGame 机器人大赛决赛。

23 日 我校举办"跨越论坛"——应用化学系复系五周年学术研讨会。

23 日 我校举行中国科协主席与大学生见面会。

23 日 《美国科学院院报》在线发表我校工程科学学院热科学和能源工程系特任教授谈鹏团队研究成果。他们揭示了锌电沉积过程中的浓度调节机理,为下一代水系锌基电池的锌均匀沉积提供了调控策略。

24 日 我校举行与中国工商银行全面战略合作协议签署仪式。

25 日 美国《科学》杂志子刊《科学 · 进展》发表我校庄涛涛研究员课题组和俞书宏院士研究团队在可打印的手性圆偏振发光材料以及柔性 3D 图像显示应用方面取得的重要进展。

25 日 我校举行与中国气象局战略合作协议签约仪式。

25 日 《美国化学会志》发表我校化学与材料科学学院陈维课题组研究成果。他们受到了氢氯燃料电池优点的启发,进而将其设计为可充电氢氯电池。通过分级多孔碳正极的构建和磷酸基抗冻电解液的使用,电池可在宽温区范围(40 ℃至−70 ℃)内成功限制氯气的挥发,并激发其高的充放电平台和高比容量。在室温下电池最大可达到 $4.19\ mA \cdot h \cdot cm^{-2}$ 的高放电面容量,并在充电容量 $3\ mA \cdot h \cdot cm^{-2}$ 下稳定循环 500 圈。在超低温条件下,电池仍然能够维持与室温相同的放电平台,在−40 ℃条件下电池能够提供 $273\ mA \cdot h \cdot g^{-1}$ 的高可逆比容量,展现出良好的电化学性能。

25 日 英国《自然》杂志子刊《自然 · 通讯》发表我校熊宇杰/高超研究团队研究成果。他们创制了一种包含生物-非生物杂化能量模块的人工光合细胞,显著增强了具有生物活性的多种辅因子的再生能力,为可编辑的人工光合细胞提供了一个更通用的平台。这种人工光合细胞可以通过与多样化的还原酶耦合来实现可编辑能力,实现了可定制化的 CO_2 转化。

25 日 德国《先进能源材料》发表我校工程科学学院热科学和能源工程系特任教授谈鹏团队研究成果。相关研究将提升对于 $Li\text{-}O_2$ 电池多孔电极中伴随微观结构变化的电化学与传质耦合机理的科学认识,为新一代电极设计提供指导。

25 日 《美国化学会志》发表我校高敏锐课题组研究成果。他们通过原位还原铜硝石,研制出了一种具有高密度堆垛层错的衍生铜催化剂。堆垛层错作为结构缺陷使铜的d带中心上移，增加d电子向CO的2π*反键轨道的捐赠作用，从而加强*CO的吸附，提高*CO覆盖度。这种高*CO覆盖度促使反应通过*CO—COH→*C=C=O途径向乙酸转化。

25—27日 校党委书记、定点帮扶工作领导小组组长舒歌群带队赴贵州省调研。

26—31日 中国科技馆联合中国自然科学博物馆学会科普场馆特效影院专业委员会、全国科幻科普电影放映联盟共同组织开展"光影科学梦"2023年度科学家精神电影全国科普场馆巡映活动，全国68家科普场馆参加巡映。我校联合新华网、新华社安徽分社制作的5部"科学家精神"系列微电影《永怀初心》《月是故乡明》《科学之光》《永恒的东风》《科学的春天》被选为巡映影片。

27日 英国《自然》杂志子刊《自然·通讯》在线发表我校无膜细胞器与细胞动力学教育部重点实验室、微尺度国家研究中心、生命科学与医学部王朝教授课题组和黄成栋教授课题组合作研究成果。他们详细阐释了E-cadherin-AnkG复合物组装的分子机制及其在细胞侧膜极性维持的功能。

27日 校党委书记、定点帮扶工作领导小组组长舒歌群赴六盘水师范学院调研。

27—28日 我校举行第54届学生体育运动大会。

27日 "USTC美育系列展演"活动之中央民族乐团"俪人行"与"青衫渡"室内音乐会精彩上演。

27—30日 我校参与主办的第七届细胞动力学和化学生物学国际研讨会顺利召开。

27—31日 第十八届"挑战杯"全国大学生课外学术科技作品竞赛终审决赛举行。我校荣获主体赛特等奖1项、一等奖1项、二等奖1项、三等奖2项，"揭榜挂帅"专项赛特等奖1项、一等奖1项。

28—29日 2023安徽省高校羽毛球单项交流赛在合肥举办。校羽毛球队获得男子单打冠军、男子双打亚军、女子单打第五名的成绩。

28—31日 由我校承办的"科学技术史、数字人文与历史学教育高端论坛"在校召开。

29—30日 由我校承办的"可解释、可通用的下一代人工智能方法"重大研究计划2023年度学术交流会在苏州高等研究院召开。

31日 我校召开2023年青年教师校内挂职宣布上岗会议。

31日 我校举行与安徽江淮汽车集团股份有限公司共建"中国科大-江汽集团智能新能源汽车联合实验室"签约仪式。

31日 德国《微尺度》发表我校工程科学学院研究团队研究成果。他们基于仿生思想研制出了一种新型高光谱变色材料。该材料能模仿落叶植被在绿色和黄色之间的变色现象，且在两种色态下均能复现植物叶片的太阳光谱反射特征。

本月 美国计算机学会(ACM)公布了获得首届戈登·贝尔气候建模奖提名的研究工作名单。我校在新一代神威超级计算机上的应用成果获得提名。

本月 安徽省委教育工委公布了第二批"全省高校党建工作标杆院系""全省高校党建工作样板支部""全省研究生样板党支部"和全省"研究生党员标兵"创建工作评审结果。我校物理学院党委、化学与材料科学学院党委入选第二批"全省高校党建工作标杆院系"，少年班学院师生联合第一党支部等11个党支部入选"全省高校党建工作样板支部"，物理学院光学与光学工程系光电子信息研究生党支部等 4 个党支部入选“全省研究生样板党支部”，马克思主义学院查至行等 5 名同学入选全省“研究生党员标兵”。

本月 教育部办公厅发布了第八届高校廉洁教育系列活动优秀作品名单。我校纪检监察机构组织拍摄的廉洁教育系列微视频入选“润心话语”视频征集优秀作品名单，与学工部联合报送的“清廉立校、科教报国”案例入选案例展示优秀作品名单。

本月 国家知识产权局发布了关于第二十四届中国专利奖授奖的决定。我校作为第一专利权人，工程科学学院刘诚教授团队荣获第二十四届中国专利优秀奖。

11 月

1 日 “习近平新时代中国特色社会主义思想”系列讲座本学期第二场报告会在东区举行。

2 日 《美国国家科学院院报》发表我校潘建伟、张强等与上海交通大学郁昱、清华大学马雄峰、南方科技大学范靖云等研究者合作研究成果。他们首次实现了一套以器件无关量子随机数产生器作为熵源，以后量子密码作为身份认证的随机数信标公共服务，将其应用到零知识证明（ZKP）领域中，消除了非交互式零知识证明（NIZKP）中实现真随机数的困难所带来的安全隐患，提高了 NIZKP 的安全性。

2 日 《细胞研究》在线发表我校生命科学与医学部田长麟教授课题组研究成果。他们首次解析了人源钙敏感受体（Ca^{2+} Sensing Receptor，CaSR）与下游信号传导蛋白 Gq 的高分辨三维复合物结构，结合细胞信号转导和核磁共振（NMR）揭示了 CaSR 蛋白受激动剂、正向别构调节剂等分子非对称激活的分子机制。

2 日 英国《科学报告》杂志在线发表我校科技传播系张燕翔副教授、硕士研究生王雅，以及马克思主义学院樊桂敏、宋怡、胡云峰老师等合作研究成果。他们提出一种新颖的基于 SCORM 整合 VR 等多种媒体模态的课件模式，有效提升了近代史纲要课程学习认知效果。

3 日 美国《科学》杂志子刊《科学 · 进展》发表我校物理学院、合肥微尺度物质科学国家研究中心张榕京和袁军华研究组在细菌运动机制的研究中取得的重要进展。他们通过定量测量细菌在自由液体环境下游动时的力学条件及相关马达的构成，澄清了在这一领域长期存在的关于马达高负载假设的误解，并揭示了这种构成如何促进细菌运动的鲁棒性机制。

3 日 英国《自然》杂志子刊《自然 · 通讯》发表我校国家同步辐射实验室闫文盛教授课题组基于同步辐射技术开展的二维磁性材料设计调控、微观结构和宏观磁性三者之间内在联系的研究。

3 日 我校召开 2024 年度国家基金人才类项目申报工作会。

3—4 日 由我校主办的第十三届 C9 高校学位办公室主任交流研讨会在合肥召开。

3—5 日 我校 2023 年度离退休教职工趣味运动会顺利举行。

3—5 日 “众行课堂”2023 年新进教职工入职培训活动顺利举办。

3—5 日 我校 2023 年度宣传思想文化工作培训班在安徽金寨干部学院顺利举办。

4 日 我校创建的油气类工业云计算平台进入规模化应用。中国石油油气和新能源公司郑新权副总经理带队，中国石油勘探院副院长付永强及大庆油田首席专家黄有泉等陪同，一行 7 人赴我校工程科学学院调研座谈，双方签署战略合作框架协议。

6 日 《细胞研究》在线发表我校生命科学与医学部周丛照教授和陈宇星教授课题组研究成果。他们利用单颗粒冷冻电镜技术解析了人类 SIDT1 结合磷脂酸的复合物以及突变体 E555Q 的三维结构，整体分辨率分别为 2.9 Å 和 2.4 Å。基于蛋白质结构分析和一系列生化分析，以及与姚雪彪教授课题组合作开展的细胞生物学实验，作者发现 SIDT1 是一种跨膜磷脂酶，并揭示其利用磷脂酶活性调控核酸摄取的分子机制。

6 日 英国《自然》杂志子刊《自然・通讯》发表我校马骏团队研究成果。他们利用皮秒脉冲辐解技术建立一种全新的高时间分辨界面催化反应研究方法，直接观测二氧化碳自由基（$CO_2^{\cdot -}$）在纳米催化剂界面上自纳秒至秒尺度内的中间态结构及其瞬态动力学过程。实验识别了铜、金、镍三种典型金属催化剂界面上 $CO_2^{\cdot -}$ 的特征中间体结构及其反应动力学，并深入考察了催化剂尺寸和电解质中阳离子对中间体界面稳定的重要影响。实验成果阐明了 $CO_2^{\cdot -}$ 界面稳定过程的反应机理，为深入理解二氧化碳选择性还原的内在机制提供了直接实验证据。

7 日 北京师范大学校长马骏一行来我校调研。

7 日 为贯彻落实《中国科学院办公厅关于组织开展 2023 年跨区域安全检查工作的通知》要求，由中国科学院成都分院牵头，联合昆明分院、西安分院组成跨区域安全检查专家组，对我校开展跨区域安全检查。

8 日 校党委理论学习中心组召开 2023 年度第二十一次集中学习会。

9 日 我校创新创业课程实践基地揭牌仪式暨创新创业课程——“创业实战中的创新思维”实践课堂在安徽一维新能源技术有限公司举行。

9 日 校长包信和在苏州会见苏州市主要领导并与昆士兰大学代表团交流。

11 日 我校举办第二届教职工羽毛球混合团体赛。

13 日 英国《自然》杂志子刊《自然・合成》发表我校罗毅教授、江俊教授、尚伟伟副教授团队与深空探测实验室张哲研究员等合作研究成果。他们采用中国科大机器化学家“小来”平台，高效融合人工智能和自动化机器实验，利用火星陨石制备出实用的产氧电催化剂，在 2 个月内就完成需要穷举 2000 年才能完成的复杂优化工作。

13 日 《创新》发表我校俞书宏院士团队研究成果。他们通过在仿生珍珠母基元片中引入纳米梯度结构，诱导基元片产生预应力从而强化其强度，最终大幅提升了材料的断裂韧性，证明了通过引入纳米结构进一步优化仿生结构陶瓷性能的可行性。

13 日 《美国国家科学院院报》发表我校物理学院、合肥微尺度物质科学国家研究中心、国际功能材料量子设计中心赵瑾教授、郑奇靖副教授合作研究成果。他们基于自主知识产权的计算软件 Hefei-NAMD，研究了锐钛矿 TiO_2 中的亮-暗激子转化的动力学过程，揭示了多体效应在其中起到的重要作用。

14 日 《物理学前沿》在线发表我校核探测与核电子学国家重点实验室赵政国院士团队牵头组织国内外众多研究单位开展 STCF 概念性设计和前期预研工作，并取得的一系列重要研究进展的相关成果。

15 日 《德国应用化学》发表我校胡进明课题组研究成果。他们以超声为触发方法，实现了在水溶液中的一氧化碳和硫化氢联合释放，并成功应用于细菌感染关节炎治疗。以硫取代的 3-羟基黄酮衍生物为供体分子，结合甲基丙烯酸寡聚乙二醇酯（OEGMA）成功制备出一种在水溶液中分散的聚合物材料；这种材料在超声（1.0 W/cm^2）激活下，可以联合释放一氧化碳和硫化氢，并表现出对脂多糖（LPS）诱导的巨噬细胞炎症抑制及对金黄色葡萄球菌显著的抗菌活性。

15 日 英国《自然》杂志子刊《自然 · 通讯》发表我校工程科学学院近代力学系、中国科学院材料力学行为和设计重点实验室王奉超研究团队研究成果。他们在纳米通道气体输运的理论研究方面取得重要进展，提出普适的 Knudsen 理论模型，适用于定量描述任意壁面粗糙度的纳米通道内的气体流量。

15 日 我校举行长三角地区全球学习交流周——中国科大“飞跃重洋”全球高等教育展活动。

15 日 安徽省学生心理健康工作现场会代表来校考察。

15—17 日 由我校承办的第六届全国科学实验展演汇演活动在合肥举行。

15—17 日 首届新科技发展与国家治理现代化学术论坛在我校成功召开。

16 日 我校与合肥工业大学计算机学院学生党支部开展了一场主题为“共学共进”的支部共建交流活动。

16—17 日 我校召开国家自然科学基金委员会交叉科学部“生物大分子凝聚态理论与疾病干预”专项研讨会。

17 日 由我校牵头承担的“十四五”国家重点研发计划 “纳米前沿”重点专项项目启动暨实施方案论证会在北京召开。

17 日 巴拿马主义党主席布兰东率领的高级干部考察团来校访问。

18 日 英国《自然》杂志子刊《自然 · 通讯》发表我校胡进明教授课题组与刘世勇教授课题组和安徽省立医院朱晨教授课题组合作研究成果。他们制备出了一种适应生物膜异质性的胶束纳米粒子，通过两种不同的光氧化还原催化机制释放一氧化氮，并实现了在耐环丙沙星绿脓杆菌生物膜感染上的治疗。

18 日 我校第七届中外文化节活动成功举办。

18 日 《钱临照传》编研座谈会顺利召开。

20 日 我校召开中国共产党中国科学技术大学第十二届委员会全体会议，会议讨论通过《关于召开中国共产党中国科学技术大学第十三次代表大会的决议（草案）》。

20 日 新疆师范大学“我们新疆好地方”专场文艺演出在我校精彩上演。

22 日 中国工程院 2023 年院士增选结果正式对外公布，我校环境科学与工程系俞汉青教授当选中国工程院院士。

22 日 美国《地球物理研究通讯》发表我校地球和空间科学学院吴忠庆课题组研究成果。他们揭示地球早期的基底岩浆洋演化会出现水诱导的地幔反转，太古宙大陆是基底岩浆洋演化的一个产物，其中水扮演了极其关键的角色。该工作是大陆起源和早期地球如何运作方面的突破性进展。

22 日 英国《自然》杂志子刊《自然 · 通讯》发表我校瞿昆教授课题组成功开发的一种命名为 SPACEL 的基于深度学习的空间转录组数据分析算法。该算法能够快速高效地处理多个空间转录组切片数据，包括准确预测单个空间点内的细胞类型组成、精准识别跨切片的功能性空间域，以及有效重构复杂组织的三维结构。

22 日 校党委书记舒歌群先后参加马克思主义学院“形势与政策”教研室、“习近平新时代中国特色社会主义思想概论”教研室集体备课会并讲话。

22 日 我校举行 2023 级心理委员岗前培训暨 11·25 心理健康教育主题活动月启动仪式。

23 日 “两院”院士评选结果公布第二天，校长包信和院士带队看望慰问新晋中国工程院院士俞汉青教授。

23—25 日 由我校超算中心主办的“2023 校级算力平台建设研讨会”在合肥成功举办。

24 日 中国科学院第二届职工技能大赛公文领域、网信运维领域线下比赛分别在沈阳、北京成功举办。我校获得大赛网信运维领域第一名。

27 日 澳大利亚昆士兰大学副校长李荣誉，澳大利亚研究理事会（ARC）桂冠院士、澳大利亚科学院院士、澳大利亚生物工程和纳米技术研究所所长 Alan Rowan 访问苏州高等研究院。

27 日 美国《物理评论快报》发表我校中国科学院微观磁共振重点实验室杜江峰、荣星课题组与北京理工大学尹璋琦教授合作，在量子热力学领域取得的重要进展。他们基于金刚石氮-空位色心体系对贾辛斯基等式进行了实验检验。

27 日 美国驻沪总领事王汉一行访问我校。

28—29 日 副校长杨金龙率代表团赴日出席第十三届中日大学校长论坛。

29 日 我校召开机动巡视情况反馈会。

30 日 我校创新创业课程实践基地揭牌仪式暨创新创业课程——“创业实战中的创新思维”实践课堂在福建福昕软件开发股份有限公司（合肥分公司）举行。

11 月 30 日—12 月 1 日 校长包信和院士带队赴四川省绵阳市调研，先后到西南科技大学和有关科研院所交流考察。

11 月 30 日—12 月 2 日 校党委书记舒歌群带队赴四川大学、重庆大学，围绕党代会相关筹备工作开展调研交流，并看望慰问我校在川、渝两地工作的选调生。

本月 荷兰《全球和行星变化》发表我校肖益林教授研究团队与中国科学院南京地质古生物研究所及合肥工业大学合作研究成果。他们对华南桂林地区两个典型的晚泥盆世海相碳酸盐剖面（杨堤剖面和垌村剖面）进行了系统的 Li-C-Sr 同位素研究，并以此制约了生物灭绝事件的发生机制。

本月 我校《研究生教育研究》学术影响力持续提升。由《中国学术期刊（光盘版）》电子杂志社有限公司和中国科学文献计量评价研究中心研制的《中国学术期刊影响因子年报（人文社会科学·2023 版）》正式发布，《研究生教育研究》复合影响因子为 3.249，较上一年度提升 29.39%；综合影响因子为 2.402，较上一年度提升 27.70%，再创历史新高。同期，我国 288 种教育类期刊复合影响因子学科平均值为 1.492，比上一年度提升 16.38%；综合影响因子学科平均值为 0.831，比上一年度提升 12.75%。

本月 《经理人》杂志公布了 2023 年“中国商学院最佳 EMBA 排行榜”，我校管理学院 EMBA 项目凭借优异的办学水平和教育质量在榜单中位列第六。

本月 安徽省纪委监委发布了《关于第三届“安徽廉洁文化精品工程”入选作品的通

报》，校纪委主导制作的《自带酒》《购物卡》两个廉洁教育微视频成功入选，并在安徽纪检监察网进行展播，校纪委荣获“优秀组织奖”。

本月 我校教师叶回春团队的“工程科学实践”课程在“第五届全国高校混合式教学设计创新大赛”中获一等奖。

12 月

1 日 美国《科学》发表我校精准智能化学重点实验室汪义丰教授、傅尧教授和张凤莲副教授联合研究团队研究成果。他们发展了一类手性硼自由基催化的不对称环异构化反应。在该工作中，作者设计开发了一类结构和功能全新的手性氮杂卡宾-硼自由基催化剂，并发展了硼自由基催化的不对称环化异构化反应。

1 日 我校成功举办第三届“寰宇杯”英文演讲比赛决赛。

2 日 “2023 年央广网 MBA 教育年度大会暨管理的力量论坛”在北京举办。我校管理学院荣获“2023 年度 MBA 卓越商学院”。

2 日 我校重庆校友会成立揭牌仪式举行。

2 日 由我校牵头承担的“十四五”国家重点研发计划 “纳米前沿”重点专项项目启动暨实施方案论证会在校召开。

2—3 日 第六届全国大学生网络编辑创新大赛暨电子网络编辑专业委员会成立 20 周年活动举办。我校荣获 2 个全国赛一等奖、1 个全国赛二等奖。

3 日 我校顺利召开苏州高等研究院 2023 年独墅论坛暨第三届青年学术论坛。

3 日 由我校参与主办的中国科学院青年创新促进会合肥分会 2023 年会暨科技前沿与变革研讨会在校成功举办。

3—6 日 中国国际大学生创新大赛(2023)全国总决赛在天津大学举行。我校荣获高教主赛道金奖 2 项、银奖 2 项、铜奖 1 项，产业命题赛道铜奖 1 项。

4 日 我校召开 2023 年警示教育大会。

5 日 安徽省委书记韩俊专程赴我校作形势政策报告。

5 日 我校召开第九届校学位评定委员会第十三次工作会议。

6 日 美国《科学》杂志子刊《科学・进展》发表我校地球和空间科学学院王文忠特任教授与多位国际学者合作研究成果。他们研究类地行星增生演化过程中的同位素分馏，发现地球在早期吸积阶段就已经积聚了足够多的挥发性元素，而吸积形成的星胚熔融挥发进一步重塑了地球的挥发份含量。

8 日 美国《化学教育杂志》发表我校化学与材料科学学院化学实验教学中心教师的教学研究成果，这是我校首次在该期刊发表教育研究论文。该论文的发表实现了我校化学教育类教研论文在国际教育类顶级期刊零的突破。

8 日 校党委书记舒歌群为全校辅导员、班主任作集体备课报告。

8—12 日 校长包信和院士率代表团一行访问香港和澳门。

9—10 日 2023 年“心有所信，方能行远”长三角八校友好辩论赛在复旦大学举行。

9—10 日 第一届无线光通信感知技术与应用研讨会在校成功举办。

10日 我校举办光学与光学工程学科创建六十周年纪念暨学术交流活动，纪念我校从筹建受激发射(激光)专业开始，栉风沐雨、不断开拓创新的一甲子历程。

11日 《美国化学会志》发表我校姚宏斌教授研究团队联合复旦大学商城教授与浙江工业大学陶新永教授研究团队研究成果。他们基于锂、钽和氯三元体系，通过组分的调控与优化，成功构建了玻璃态锂离子传导网络。在这一体系创新的基础上，开发了高锂离子电导率的无定形钽系氯化物固态电解质，并扩展了一系列高性能复合固态电解质体系，克服了传统晶态固态电解质结构和组分设计的限制，并基于此实现了宽温度内范围适用的高镍正极型全固态锂电池。

11日 美国《物理评论快报》发表我校郭光灿院士团队在磁力系统研究方面取得的新进展。该团队董春华教授研究组通过磁振子与声子相互作用，在磁力系统中实现了磁振子频率梳。

12日 我校举行"增添正能量 共筑中国梦"2023年老有所学教学成果汇报展演活动。

12日 《美国国家科学院院报》发表我校高敏锐教授和唐凯斌教授课题组合作研究成果。他们研制了一种具有"储液池"结构的片状铋基催化剂。在酸性环境中，该结构一方面有效抑制钾离子和原位生成的氢氧根向体相电解液扩散，另一方面也限制了体相质子向催化剂表面的内扩散，从而在酸性环境中营造了局域强碱微环境，抑制了析氢副反应，促使二氧化碳向甲酸高效转化。

12日 在澳大利亚悉尼召开的计算机图形学顶级会议 SIGGRAPH Asia 2023 国际会议上，由我校数学科学学院图形计算与感知交互安徽省重点实验室(GCL 实验室)、大连理工大学及微软亚洲研究院王伟明、王扬抟风、杨周旺、刘利刚、童欣、童伟华、邓建松、陈发来、刘秀平合作发表于 Siggraph Asia 2013 的研究工作"Cost-effective Printing of 3D Objects with Skin-Frame Structures"，获得首届"时间检验奖"。

12日 校党委巡视工作领导小组召开专题会议，推进校内巡视整改和成果运用相关工作。

13日 我校举行中国共产党中国科学技术大学第十三次代表大会筹备工作动员部署会。

15日 美国《物理评论快报》发表我校郭光灿院士团队在基于冷原子的量子存储实验研究中取得的重要进展。该团队史保森教授、丁冬生教授等与合作者利用冷原子系综实现了25维量子态的高效率存储。

16日 中国科学院材料力学行为和设计重点实验室召开2023年度学术会议和学术委员会会议。

16日 我校举行与聚辰半导体股份有限公司捐赠签约仪式。

16日 我校上海科教基地开工仪式在上海研究院隆重举行。

18日 学校举行安徽-俄罗斯学术交流会。

18日 美国《物理评论快报》发表我校博士生刘明依、刘啸天和于艺以及赵政国院士、吴雨生教授和徐来林特任教授合作研究成果。他们在 ATLAS 国际合作组内独立完成了该项研究，承担了全部的物理分析工作。这是欧洲核子中心大型强子对撞机 LHC 上的 ATLAS 实验组关于寻找暗光子(dark photon)的论文。

19日 英国《自然》杂志子刊《自然·光子学》发表我校姚宏斌课题组研究成果。他们基于新型铜碘杂化团簇构筑了低成本、高效率、高亮度暖白光发光二极管(LED)器件。得益于所设计的铜碘杂化团簇具备的高构型熵、高发光效率和宽光谱发射等特性,实现了高效暖白光LED器件无掺杂、低成本、大面积的溶液法涂布制备,是非铅金属卤化物LED领域的新突破。

20日 联想集团董事长兼CEO、我校校友杨元庆以个人名义,向母校捐赠2亿元人民币,用于支持我校少年班学院楼建设,助力母校基础科研创新和人才培养。校党委书记舒歌群代表教育基金会、校长包信和代表学校与杨元庆签署捐赠协议,并向其颁发捐赠牌和捐赠证书。

20日 第15期"众言沙龙"顺利举办。

21日 我校举行"培兰植桂,肃风雅行——夏培肃先生雕像揭幕仪式"。

21日 我校举行2023年度教职工表彰大会。

21日 伊朗驻华大使馆技术与创新合作参赞Yasser Mohseni先生、科技参赞Esmaeil Mehryar先生来校访问。

21日 我校召开新一轮本科教育教学审核评估工作动员部署会。

21日 美国《物理评论快报》发表我校与英国牛津大学、意大利国家核物理研究所、中国科学院高能所等国内外先进单位合作研究成果。欧洲核子中心大型强子对撞机(LHC)上的ATLAS实验组发表的最新希格斯玻色子质量的测量结果,测量精度达到了万分之九。我校赵政国院士与杨洪洸特任教授指导的研究生张阳帆独立完成了联合测量及系统误差的分解检验,并代表分析团队向全体ATLAS合作组在合作组周会(ATLAS weekly)上报告测量结果。此外,杨洪洸特任教授担任ATLAS实验希格斯玻色子到光子工作组负责人(convener),领导工作组完成了输入测量中最精确的双光子道($H\rightarrow\gamma\gamma$)的测量工作。

21—22日 我校举办2023年度新晋研究生导师培训交流研讨会。

22日 由我校牵头承担的国家重点研发计划项目"文物建筑火灾蔓延机理与评估预警关键技术研究"课题综合绩效评价会议在合肥召开。

22—25日 我校联合安徽省、合肥市共同举办第八届"墨子论坛"。

23—24日 校长包信和到2024年全国硕士研究生招生考试考场巡考。

23—24日 中国科学院在京召开2024年度工作会议。中国科学院院长、党组书记侯建国院士传达了习近平总书记重要指示批示精神,并作了题为《加快抢占科技制高点 为实现高水平科技自立自强和建设科技强国再立新功》的工作报告。

24日 2023"科大·温馨家园"所系结合学生联谊活动举办。

25日 我校主持完成的一项成果(51个超导量子比特簇态制备刷新世界纪录)入选《科技日报》2023年国内十大科技新闻。

25日 江西理工大学来校对接对口支援工作。

26日 我校主持的两项与合作的一项成果入选《人民日报》2023年重大科技成就。

26日 我校举行第五期外事管理研讨班暨2023外事管理年终总结会。

26日 《美国化学会志》发表我校龙冬教授课题组发展了基于膜顺磁弛豫增强技术(mPRE)的IDP波谱分析方法,成功实现对膜结合IDP分子内部构象动态、膜内旋转及浸没深度的高精度建模。

27 日 宿州市党政代表团来校调研，就市校合作进行座谈交流。

27 日 我校举办校学生会、研究生会学生骨干 2023—2024 学年秋季学期评议会。

28 日 我校举行《人民的数学家》微电影首映式。

28 日 校党委理论学习中心组召开 2023 年度第二十四次集中学习会。

28 日 第六期“瀚海师生行”活动顺利举办。本场活动邀请到中国科学院院士、中国科学技术大学副校长杨金龙担任嘉宾。

28 日 校党委书记舒歌群走访调研学校纪检工作。

28 日 我校召开 2024 年度国家自然科学基金申报工作部署会。

28 日 全国哲学社会科学工作办公室公布的 2023 年度国家社科基金重大项目立项名单中，我校公共事务学院左晓栋教授作为首席专家申报的“人工智能时代大国跨境数据战略竞争与中国应对研究”(批准号：23&ZD335)获得立项。

29 日 校机关党委召开党员大会，选举产生机关出席中共中国科学技术大学第十三次代表大会代表。

29 日 我校召开 2023 年第四季度书记调度会暨机关部处长联席会。

本月 第十届亚洲微电影艺术节在云南省临沧市开幕。我校联合新华网、新华社安徽分社制作的微电影《科学的春天》荣获第十届亚洲微电影艺术节好作品奖。

本月 由我校牵头研制的超光谱三维靶向成像仪荣获 2023 年第二届“金燧奖”中国光电仪器品牌榜金奖。

十六、各学院、国家实验室介绍

少年班学院

一、学 院 概 况

1978 年，在李政道教授等人的大力倡导下，在邓小平等党和国家领导人的支持下，中国科学技术大学按照中国科学院指示，创建了少年班。

1985 年，创办“教学改革试点班”（理科试验班），又称“零零班”。

2008 年，成立少年班学院。

2010 年，启动少年班“创新试点班”招生办法。

2016 年，创建交叉学科英才班。

2022 年，实施一生一方案，设立专业班。

二、思想政治教育

学院紧密围绕“潜心立德树人”核心任务，开展各项思政教育工作。

1. 运用多种形式加强学生教育。党总支书记为新生上专题党课；3 月和 9 月分别赴长丰县杨庙革命烈士纪念馆和金寨县红军广场举行 18 岁学生成人仪式，进行爱国主义教育；各班持续开展宪法教育、诚信教育和警示教育。

2. 加强学生党组织建设。两个师生联合支部在 9 月分别成立支委会，认真落实基础党务和党员发展工作，继续开展党员“1＋1”活动，发挥先锋模范作用。陈宝骥获得共青团中央授予的“全国向上向善好青年”称号。

3. 全力推动党建带团建。院团委召开每月支部书记例会，举办学代会，开展“我为师生办实事”实践活动。学生“第二课堂”参与情况在全校位居前列。

4. 开展社会实践和志愿服务活动。四校荣誉学院联合支教团赴新疆裕民县支教，获评安徽省大中专学生志愿者暑期文化科技卫生“三下乡”社会实践活动优秀团队。学院选聘高年级优秀学生担任助理班主任，组织“郭奖”“国奖”得主撰写感悟《筑梦・自强・飞翔》、拍摄发布视频。

三、学生培养管理

学院学生入学时不分专业，本科期间一直一起学习、生活。学院始终以学生为主体，进行贯穿大学全程的、基础与创新并重的自主化学习和研究培养，形成了基础“宽、厚、实”，专业“精、新、活”的宽口径个性化教育模式。

1. 继续“少年班精品课”项目，促进教育资源共享。10 月《科学、技术与工程导论》教材正式出版。

2. 引导专业自主选择，探索学科交叉。学院新聘请11位专业班班主任，和化学与材料科学学院合作创立“少年班学院交叉学科(精准智能化学)英才班”。

3. 加强科教结合。举办“少年遇伯乐”系列活动，组织科研实践导师见面会、参观实验室、实验室宣讲等，推动学生参与科研实践。3名学生获第一届“国家自然科学基金青年学生基础研究项目”资助。2支学生队伍包揽校RoboGame机器人大赛双冠军。

4. 注重英语能力培养。开办英语提升营系列课程，举办寒假打卡营、英语沙龙和“艺声少年”配音大赛，设立学院语言类标化和学术类标化奖助学金。

5. 重视学困生帮扶。制定《少年班学院学业帮扶工作方案(试行)》，开设数理课程基础能力提升营，对接专业学院，努力提高学困生学习能力。

6. 继续开展蔷薇访学，评定各类蔷薇奖学金。在马东敏校友捐赠成立的“蔷薇基金”的资助下，蔷薇访学共出行8次，前往6个城市，访问46家高新企业、科研院所和实践基地。评选出蔷薇奉公德育、奋进、远志和新荷奖学金，鼓励学生勤于钻研、乐于奉献。

7. 呵护学生身心健康。举办春季、暑期、秋季体育提升营，共开设网球等课程15门次；在校学生体育运动大会上获本科生女子团体、男子团体、男女团体三项第一，新生足球队获“雏鹰杯”冠军；面向新生举办心理知识讲座，班主任密切关注班级情况，做好突发事件应对处理工作。

8. 举办美术提升营，提升美育效果。春、秋各开设3门课程，涉及电脑绘画、iPad绘画、色彩、素描。

9. 重视劳动教育，培养动手能力。组织各班参加学校劳育基地活动，举办出境毕业生行前厨艺培训。

10. 帮助家庭经济困难学生。及时关注学生情况，发放补助，做好心理疏导，解决实际困难。

11. 切实提升学生荣誉感。举办学院新生开学典礼和“我是科大人”入学教育，开展“少年笃行逐梦·不负青春韶华”系列毕业活动，春季开始实行《少年班学院科气值方案》。

12. 整合班级，提升管理服务水平。夏季组织193位信智专业学生搬往高新区，大三重编2个行政班，选聘优秀青年教师担任班主任；大四选聘2位助理班主任。本年度1个班级获评“六有”大学生班集体，7个班级获评校先进班集体，6个班级获评校先进毕业班集体。

四、招生就业

学院严格按规章制度履行招生流程。2023年共招收320名学生，其中少年班42人，少年班“创新试点班”257人，零零班21人。班级管理上对不同招生类型进行混合编班。

学院注重生涯规划，实行关口前移、分类引导，建立就业帮扶台账，推动就业工作切实展开。

1. 开展蔷薇访学，组织学生体验一流企业文化、增加就业机会，邀请各界知名校友分享学习工作经历。

2. 建立考研学生台账，主动对接有关学院能力提升计划。

3. 建立工作学生群，推送招聘信息，帮助打磨简历，定向推荐面试。

2023 届本科毕业生一次就业率 84.7%、深造率 82%、出国出境率 22.3%，居全校前列，获“2023 年本科生就业工作先进集体奖”。

五、学院建设发展

学院不断加强党的建设，强化团队管理，重视宣传校友工作，探索高质量发展道路。

1. 党总支认真开展理论学习，高度重视思想政治引领，落实党员领导干部联系支部情况，及时传达学习意识形态工作精神，组织开展新发展党员培训班，以学生为中心，为师生办实事，主动调研，将成果落到实处。

2. 各支部落实“三会一课”制度，推动支部共建。党总支下辖 1 个教工党支部和 2 个师生联合党支部，截至 12 月底总计党员 74 名，其中正式党员 39 名，预备党员 35 名。师生联合第一党支部获评安徽省第二批样板党支部、校先进基层党组织。

3. 学院选优配强学工队伍，加强师德师风教育，坚持每周学院例会和每月学工例会相结合，召开三次意识形态领域专题工作会议，组织班主任参加业务培训和专题报告，严格管理考核，完善奖惩机制。

4. 学院与浙江大学竺可桢学院、深圳中学等单位进行互访调研，提高教育管理专业化水平。

5. 学院严格管理实体和电子宣传平台，强化政治把关，严格审核机制，及时更新宣传材料，布置校史馆少年班展览。

6. 举办校友值年返校活动，与校友共话学院发展。

数学科学学院

2023 年，学院党委坚持以习近平新时代中国特色社会主义思想为指导，深入学习贯彻党的二十大精神，深入贯彻落实习近平总书记关于教育的重要论述和对中国科大系列重要指示精神，系统开展学习贯彻习近平新时代中国特色社会主义思想主题教育工作，扎实推进主题教育整改落实情况“回头看”工作，推动主题教育走深走实，持续巩固扩大整改成果。

经过多年努力，学院在人才队伍建设方面发展稳健。拥有 1 位中国科学院院士，3 位国家重大人才工程特聘教授，1 位国家重大人才工程讲座教授及 3 位国家重大人才工程青年学者。10 位杰出青年基金获得者，4 位国家高层次人才特殊教授，15 位海外高层次人才引进计划教授，8 位中国科学院引才计划教授，10 位“优青”或“海外优青”获得者，1 位青年拔尖人才获得者。目前拥有固定岗位教师 89 人，其中教授 51 人，副教授 34 人，讲师 4 人；聘期制科研人员 55 人。

一、党 建 工 作

在学校党委的正确领导下，学院党政领导班子加强团结、密切合作，顺利完成了校党委下达的各项任务和年度党建工作计划。

学院党委下设 9 个党支部，其中 2 个教工党支部，7 个学生党支部，共有党员 252 人（不含保留党籍党员），其中教工党员 53 人，学生党员 199 人。学院党委及各党支部组织架构完善，党支部书记和纪检委员配备齐全，教工党支部书记按照双带头人要求配强配齐，学生党支部由党员教师担任党支部书记达到要求。本年度新发展党员 48 名，其中教师党员 2 名，本科生党员 32 名，研究生党员 14 名；本年度新发展入党积极分子 83 名，其中本科生积极分子 66 名，研究生积极分子 17 名。

二、人才引进与教师荣誉

2023 年，学院 1 人获全国创新争先奖、1 人获国家杰出青年科学基金资助、1 人获评国家重大人才工程青年学者、2 人获"海外优青"项目资助、2 人获中国科学院引才计划青年项目资助、1 人获 Clifford 奖、2 人获安徽省高端人才引育行动项目资助。新入职 1 名"海外优青"、2 名中国科学院引才计划青年项目、1 位教授（"四青"人才）、3 位副教授（特任副转）、4 位特任副研究员、14 位博士后研究员。

三、平台建设与科研工作

2023 年，学院教师在一系列重要的数学问题上取得重要突破，共计 270 余篇论文发表在 JEMS 等国际学术期刊上。共获得科研项目 35 项，经费共计 4291. 9 万元，其中国家基金委杰出青年科学基金 1 项，重点项目 1 项，面上项目 12 项，青年基金 3 项，本科生基金 2 项；科技部国家重点研发计划"数学和应用研究"重点专项 1 项；安徽省重大科技攻关专项 1 项等。院刊《Communications in Mathematics and Statistics》（中国数学会 T1 期刊）获安徽省"十佳进步科技期刊"。

平台建设方面，"现代分析与离散结构安徽省基础学科研究中心"入选 2023 年安徽省基础学科研究中心试点建设名单；新增教育部"数字技术的数学基础与应用"重点实验室、安徽省"图形与几何计算"重点实验室；"中国科学技术大学数学与应用科普教育基地"被认定为 2024—2027 年"中国数学会科普教育基地"；积极组织申报科技部"现代分析与离散结构基础学科研究中心"。图形计算与感知交互安徽省重点实验室及其合作者荣获首届"Test-of-Time Award"（时间检验奖）。

四、教 学 工 作

2023 年，共获得国家级（研究生）教学成果二等奖 1 项（叶向东、李嘉禹、麻希南等）；参与获得国家级教学成果二等奖 3 项（左达峰；陈发来、欧阳毅；李思敏）。

本科教学工作方面，程艺等获国家级线下一流课程项目；叶郁获安徽省教学名师；学院获 1 项省级教材建设项目，分获 1 项教学研究项目、2 项课程思政研究项目、2 项"十四五"规划教材项目。2023 年先后编著出版 3 部"十四五"规划教材。2023 年丘成桐大学生数学竞赛中，金、银奖及奖牌总数均位列全国第三。在第十三届全国大学生数学竞赛和第十四届全国大学生数学竞赛决赛中，获奖总数均创我校历史最好成绩。推进英才班建设，3 位“华班”同学荣获郭沫若奖学金。完成强基班顺利转段。2019 级首届中法数学英才班 20 位毕业生中除 1 人国内读研，其余前往法国高校深造。

研究生教学工作方面，对 97 门研究生课程做到课程思政全覆盖。成功举办第十三届大学生数学夏令营。圆满完成校内外 91 名免试研究生的录取工作。完成博士生招生录取工作。成功举办第一届学院研究生学术论坛。对近年 60 篇博士学位论文进行全面排查。

五、学 生 工 作

2023 年，在校党委的正确领导下，在学院党政班子的领导和大力支持下，学院全体学工队伍老师坚守育人初心使命，落实立德树人根本任务，以全力服务学生成长成才为目标，认真完成学校、学院的各项工作和任务。

结合“党建＋”创新工作举措，组织学生党支部举办研究生“研学论道”沙龙活动，积极组织参与“师生面对面”活动。团学方面，顺利开展各项文体活动；做好入学教育和毕业季活动，传播科大文化、打造温馨毕业氛围。完成《蛙鸣》《薪火相传》《青空》特色院刊。开展了专业课指导讲座、英语学习讲座、支持外语考试计划、“我的大学”生涯导航系列活动和 7 场“北斗讲坛”活动，切实支持学生的学业进步和做好职业规划。做好“我为师生办实事”。开展学工队伍交流培训，加强学工队伍建设。成立“图形与几何计算”研究生班级，探索纵向研究生班级管理模式。

六、学 术 交 流

学院高度重视国际化发展，深入实施国际化行动计划，提升全球声誉和影响力，助力世界一流创新型大学建设。通过合作办学、联合培养、共建学术科研中心、举办前沿学术报告和研讨会、开展国际交流等多种形式活动，促进教育教学和科研领域的对外开放与交流合作，拓宽学生的国际视野和竞争力，丰富校园文化生活。2023 年，学院共举办吴文俊实验室报告 73 场，研究生教育创新计划高水平学术前沿系列报告 17 场，Geometry&Topology Seminar 系列讲座 36 场，北斗讲坛系列报告 7 场，中法班讨论班系列报告 13 场，华罗庚英才班特邀报告 4 场，其他各类学术报告共计 122 场，全年举办学术报告总计 272 场；另外，举办各个方向的研讨班、研讨会及学术会议共计 50 场。2023 年学院出访规模不断扩大，教师出访总数达 100 人次，学生出国出访申请总数达 53 人次。

七、特 色 工 作

学院高度重视科学普及工作，发挥学科优势，通过开展品牌科普活动、组织科普人才队伍、建设科普基地等工作，积极带动全院师生参与科普事业。由教师计算与应用党支部牵头的“数学与应用科普”教育基地被认定为 2024—2027 年中国数学科普教育基地，本年度为云南民族大学、黄山学院、北京市仁北中学等校师生作科普报告，激发了广大师生对数学的兴趣，推动了科学素质的提高。

2023年，在校工会和院党委的正确领导下，院分工会紧紧围绕学院发展目标，强化自身建设，结合自身特点，围绕学院工作全局，推进学院民主管理，加强师德建设，充分调动学院教职工教书育人的积极性和创造性，引导教职工积极开展了一系列利和谐、促发展的主题活动。

物理学院

一、党建工作

深入开展学习贯彻习近平新时代中国特色社会主义思想主题教育。学院党委组织开展为期七天的主题教育读书班，号召党员领导干部先学一步、学深一层，发挥好示范引领作用。同时大力弘扬党的光荣传统和优良作风，领导班子带头深入开展调查研究，通过座谈会、实地考察、访谈、问卷调研等多样化形式，面向学院师生、科研骨干、离退休教师、C9高校物理学院、相关研究所等展开20余场调研交流活动。在学院党委领导下，全院形成"领导班子示范学、基层党组织带动学、普通党员踊跃学"的学习格局，推进主题教育走心、走深、走实。学院领导班子将理论学习和人才培养、科学研究等中心工作有机融合，带着问题学，边学边研讨，以学铸魂、以学增智、以学正风、以学促干；基层教工和学生党支部通过开展主题党日、专题党课、主题联学、交流研讨等丰富的活动形式，增强学习实效；普通党员中先进带动集体学、党员带动群众学，推动学习往深里走、往实里走、往心里走，培养学院师生积极担当作为的精气神。

落实党建主体责任，培育师生标杆支部。2023年，学院党委获批"全省高校党建工作标杆院系"；量子信息-合肥国家实验室双聘人员联合党支部、光学与光学工程系光电子信息研究生党支部、院办教工党支部三个支部获批安徽省"党建工作样板支部"，光学与光学工程系光电子信息研究生党支部书记郑佳楠获批安徽省"研究生党员标兵"荣誉称号。学院党委高度重视学生党员队伍建设，认真做好学生党员发展和教育管理服务工作，学生党员思想政治素质不断提高，先锋模范作用得到发挥，2023年共发展党员85人，其中本科生23人、研究生57人、教职工5人。

创新思想政治工作形式，凝聚干事创业奋进力量。2023年，组织了全院党员领导班子、师生支部书记、院办教工党员赴井冈山开展党性教育培训，深刻领会"坚定执着追理想、实事求是闯新路、艰苦奋斗攻难关、依靠群众求胜利"的井冈山精神内涵。充分发挥样板支部的示范引领作用，探索党团共建、党工共建、师生共建新形式，进一步强化党建与中心工作相融合。同时积极探索校地协同育人新路径新平台，举办"挺膺担当逐梦前行——物理学院优秀学子阜南行"活动，在素有"千里淮河第一闸"之称的全国爱国主义教育示范基地王家坝闸设立思想政治教育实践基地，引导青年学生深入了解国情社情，在社会实践的"大思政课"中

“受教育、长才干、作贡献”。

组织开展学校第十三次党代会物理学院党委代表推选和学校党委委员、纪委委员酝酿工作。根据校党委统一部署安排，对照政治信念坚定，忠诚于党的教育事业，具有良好的思想作风、工作作风和生活作风，遵守党章党规党纪和宪法法律法规，具有履行代表职责的能力的基本要求，按照分配的代表名额和有关要求，采用自下而上、自上而下、充分酝酿协商等办法，从党支部开始推荐提名党代会代表。2023 年 12 月 27 日成功召开学院党委选举出席学校第十三次党代会代表的党员大会。

二、教 师 荣 誉

陈仙辉获 2023 年“未来科学大奖”；彭承志、赵瑾当选美国物理学会会士；陈宇翱、彭承志入选第二期“新基石研究员项目”资助名单；陆朝阳获 2023 年何梁何利基金科学与技术创新奖；彭新华、石发展获 2023 年“科学探索奖”；徐飞虎获英国物理学会“国际量子技术青年科学家奖”、中国科学院青年科学家奖；“超冷三原子分子的量子相干合成”成果入选 2022 年度中国科学十大进展；“51 个超导量子比特簇态制备刷新世界纪录”入选 2023 年国内十大科技新闻；“255 个光子的量子计算原型机‘九章三号’刷新世界纪录”“墨子巡天望远镜正式投入观测”“‘拉索’精确测量迄今最亮伽马暴的高能辐射能谱”入选国内 2023 年度重大科技成就。

2023 年，向守平荣获“李佩奖教金”；曾长淦荣获“宝钢优秀教学奖”；潘建伟、彭新华、陆朝阳荣获中国科学院优秀导师奖；尹民荣获陈林义基金“孺子牛精神奖”；林毅恒荣获海外校友基金会“青年教师事业奖”；涂涛荣获海外校友基金会“优秀教学奖”；查王妹、鲁拥华、朱莹春、陶小平荣获“王宽诚育才奖”；凌锋荣获江淮蔚来——爱岗敬业奖；杨玉梅、段开敏荣获杨亚基金——爱岗敬业奖；吴鸿兴、汪秉宏、周永钊荣获“困学守望”育人终身成就奖；余庆选、陶小平、涂涛荣获“困学守望”杰出教学奖；廖源、孙勇杰、潘海俊、周宗权、张斗国、陶鑫、刘明辉、翁明其、丁桂军、韩永建、柳必恒、韦先涛、赵霞荣获“困学守望”优秀教学奖。

三、科 研 成 果

2023 年，学院积极参与国家基础及应用研究领域的重大研究课题以及大科学工程建设，承担了大量国家级科研项目。全年到款竞争性经费总计 26225.7711 万元。获批国家自然科学基金 58 项，“杰青”项目 6 项、“优青”项目 2 项、重点项目 3 项、面上项目 27 项、青年项目 16 项、重大研究计划 1 项、重大项目 1 项、本科生项目 2 项；获批安徽省基金 8 项。获批稳定支持基础研究领域青年团队计划项目 1 项。截至 2023 年 12 月，共有在研项目 624 项。发表 SCI 论文 1002 篇，高端论文亮点突出，其中《Nature》和《Science》正刊 3 篇，《Nature》《Science》子刊 38 篇，《Physical Review Letters》44 篇。

潘建伟、朱晓波、彭承志研究团队与合作者成功实现了 51 个超导量子比特簇态制备和验证，并首次实现了基于测量的变分量子算法的演示；潘建伟、陆朝阳、刘乃乐研究团队与合作者成功构建了 255 个光子的量子计算原型机“九章三号”；戴子高参与的研究成果“拉索”

精确测量迄今最亮伽马暴的高能辐射能谱；任希锋等人与合作者在二维材料非线性量子光源研究中取得重大突破；陈仙辉、王震宇等人在笼目超导的电子向列相研究中取得重要进展；曾长淦团队在二维电双层结构层间长程耦合研究方面取得重要进展；徐宁研究组在非晶固体稳定性机理研究中取得重要进展；杜江峰、荣星团队与合作者基于金刚石氮-空位色心体系对贾辛斯基等式进行了实验检验；陈京与合作者研究了阿秒钟技术中光电子出射角度与隧穿时刻对应关系；赵政国、吴雨生、徐来林研究团队和 ATLAS 国际合作组首次在 LHC 上利用 Z 玻色子的稀有衰变寻找了暗光子这一重要的新物理模型预言的新粒子；李传锋、许金时、王俊峰等人与合作者在国际上首次实现了基于碳化硅中硅空位色心的高压原位磁探测；韩正甫、王双、银振强、陈巍与合作者提出了一种无须主动调制的新型量子密钥分发实现方案并完成了实验验证；龚雷课题组实现了超高密度的三维动态全息投影；蔡振翼、王俊贤团队揭示了超大质量黑洞吸积辐射能谱的新规律；墨子巡天望远镜首光仪式暨科学战略研讨会在青海省海西州冷湖天文观测基地举行，并拍摄到了目前世界上最大视场仙女座星系分辨率图像；新发现两颗首批近地小行星 2023WX1 和 2023WB2。

四、师资队伍建设

截至 2023 年 12 月，共有教职员工 459 人，其中教授(含相当专业技术职务人员)126 人，副教授(含相当专业技术职务人员)118 人，讲师、助教 9 人，管理支撑 44 人，聘期制科研人员 162 人。现有中国科学院与中国工程院院士(含外聘)17 人，国家级教学名师 2 人，教育部人才计划(含青年学者)20 人，国家高层次人才特殊支持计划入选者(含青年人才)23 人，国家杰出青年基金获得者 50 人，国家创新人才计划入选者(含青年人才)69 人，国家优秀青年基金获得者 37 人，中国科学院人才计划学者 52 人，安徽省青年拔尖人才青年学者 1 人，安徽省“杰青”1 人。成功举办中国科学技术大学第八届“墨子·论坛——物理科学分论坛”。引进 2 位大师讲席Ⅱ，4 位海外优青特任教授，1 位人才计划青年项目特任研究员，23 位特任副研究员，以及 37 位博士后研究员。通过 2023 年第一批次、第二批次校“USTC FELLOWSHIP”引进 8 位国际访问教授。赵文、黄民信、王亚、任希锋、蒋蔚、赵雷获国家杰出青年基金资助；应剑俊入选国家人才计划青年拔尖人才；黄坤、胡晓敏获国家优秀青年基金资助；周宗权入青促会优秀会员；江敏入选青促会会员；王鹏飞入选仲英青年学者；曹喆入选安徽省青年拔尖人才青年学者；浦实、何俊峰、丁冬生入选校学术领军人才培养计划。

五、人才培养与教学

2023 年，学院共毕业本科生 283 人，研究生 139 人，其中博士生 101 人，硕士生 38 人。截至 2023 年 12 月，本科毕业生就业率为 86.2%，其中出国出境率为 19.4%，国内升学率为 61.8%，总深造率达 81.2%；研究生总就业率为 95.7%，其中博士就业率为 98%。学院获“本科生就业工作先进集体奖”。

2023 年，241 名教员(其中退休返聘、外聘教员 8 名)承担了本科理论课堂教学 312 个课堂，总授课 17920 学时。147 名教员承担了研究生课程 106 门，总授课 7840 学时。“原子物理”(陈向军等)、“天文学导论”(薛永泉)、“大学物理实验”(张增明等)入选教育部第二批国家级一流本科课程;“量子力学”(涂涛)、“基于 NV 色心的量子精密测量”(孙晓宇)入选省级线下课程和虚拟仿真实验教学课程;申报获批 2023 年度校级质量工程项目一般教学改革研究项目 6 项、“四新”研究与改革实践项目 1 项、线上课程项目 2 项;申报获批 2023 年度校级虚拟仿真实验教学项目 2 项;申报获批 2023 年度校级本科“十四五”规划教材项目 2 项:《实测天体物理基础(上册)》(程福臻)、《量子力学》(施郁)。

学院不断探索拔尖人才培养模式,充分发挥英才班作用。2023 年,严济慈物理科技英才班秋季滚动选拔,补录 2021 级、2022 级和 2023 级学生共 45 人。赵忠尧应用物理英才班等 11 个英才班进行了面试选拔,共录取 2021 级本科生 142 人。

2023 年,“面向世界科技前沿,服务国家发展战略,打造量子科技交叉人才培养体系”荣获高等教育(研究生)国家级教学成果奖一等奖;郭光灿院士所著《颠覆:迎接第二次量子革命》成功入选“典赞 · 2022 科普中国年度科普作品提名奖”和第十八届文津图书奖科普类图书奖。学院不断加强课程教材建设,强化研究生基础课教学,打造精品课程,编写系列专业教材。出版“十四五”时期国家重点出版物出版专项规划项目、“量子信息前沿丛书”的第二本《量子计算导论》,为量子计算研究生课程提供主要参考教材。完成了物理学、天文学一流学科动态数据填报,编写物理学学位授权点建设年度报告,修改完善了物理学双一流建设方案。

2023 年,学院主要负责浙江、重庆、甘肃、云南、宁夏等 4 省 1 市的本科生招生工作,共录取 258 人;研究生招生质量稳中有升,共录取硕士研究生 297 人,其中推荐免试生 246 人,公开招考学生 51 人;博士研究生 192 人;承办第十四届物理与化学夏令营,成功举办第十届“未来物理学家国际夏令营”;荣获 2023 年度国际学院招生团队特等奖。

邓宇皓、苏昊文获中国科学院院长特别奖;朱天翔等 11 位同学获中国科学院院长优秀奖;钟翰森、胥佳玉获中国科学院优秀博士论文;刘明哲等 17 位同学获博士研究生国家奖学金;谢可为等 12 位同学获硕士研究生国家奖学金;高博韬等 12 位同学获本科生“国家奖学金”;王艺迪、谢子晗等组成的参赛队伍荣获美国(国际)大学生数学建模竞赛 ICM 组特等奖;周乃斌团队获第 18 届挑战杯“揭榜挂帅”基于量子计算云平台的软件开发和应用探索专项赛特等奖;学院代表队在第十四届中国大学生物理学术竞赛全国决赛中获特等奖;2020 级本科 1 班获校级最美“六有”团支部、2022 年度全国高校“活力团支部”最具组织力 TOP100 榜;2021 级本科 1 班获校“六有”大学生班集体称号;2023 年,2 个团支部获得“五四红旗团支部”称号;5 个团支部获得校“优秀团支部”称号;39 位同学获得校级优秀学干团干和优秀团员;4 个班级获得先进毕业班集体称号,8 个班级获得先进班集体称号。

六、特 色 活 动

2023 年,学院成功举办专业介绍报告会,全面介绍 14 个专业方向,为学生提供专业方向选择和发展思路。

2023 年,举办 6 场“物理科学与工程导论”讲座,助力大二年级学生专业分流;举办 5 场“悟理有术”学生学业与发展系列活动;打造物理学院品牌讲坛“严济慈大讲坛”,邀国内外知名专家带来 10 场讲座。

2023 年，学院朋辈助学计划第二期采用学习小组的形式，聚焦课程重点和难点，为 101 名大一学员提供辅导。

2023 年，学院先后举办“新生杯”系列赛、“友谊杯”篮球赛、“理化杯”足球赛、“究光杯”代培生篮球赛、“晶萃杯”师生羽毛球赛等各项体育赛事。学院获得校第 54 届学生体育运动大会本科生男女团体第二名、研究生男女团体第二名的好成绩。

学院分工会在校工会和学院党委的领导下，积极组织教职工参加学校工会举办的各项文体活动。完成职工福利采购及发放，积极采购贵州六枝、安徽金寨帮扶农产品。深入了解职工工作、生活情况，为困难职工申请补助，把党的温暖送到职工心里。

2023 年，在党建、队伍建设、人才培养、教学、科研、学生工作、工会等方面工作中，全院师生齐心协力圆满完成了各项工作并取得了骄人的成绩。学院全体师生必将齐心协力，再创佳绩。

化学与材料科学学院

学院由化学物理系、应用化学系、化学系、材料科学与工程系、高分子科学与工程系和化学实验教学中心六个单位组成。院长李灿院士，执行院长刘世勇，分党委书记、副院长闫立峰，副院长邓兆祥、杨上峰、徐航勋，分党委副书记周小东、千坤（2023 年 11 月调任学校团委书记），挂职副院长蒋彬。

学院现有教职工（固职）229 人，其中教授 120 人，副教授 40 人。中国科学院院士 7 人（含兼任），教育部国家重大人才工程特聘教授 10 人，国家杰出青年基金获得者 43 人，高层次人才特殊支持计划科技部领军人才 12 人，国家优秀青年基金获得者 28 人，国家创新人才计划青年项目 47 人。

学院拥有中国科学院能量转换材料重点实验室、中国科学院软物质化学重点实验室、精准智能化学重点实验室、先进功能材料安徽普通高校重点实验室、生物质洁净能源安徽省重点实验室、表界面化学与能源催化安徽普通高校重点实验室、安徽省仿生材料工程实验室、安徽省功能膜材料与技术工程实验室。根据 ESI 数据的统计分析，化学学科、材料科学学科已进入国际前万分之一，在国际学术界产生了重要影响。

一、党 建 工 作

2023 年，学院各级党组织和全体党员深入学习贯彻习近平新时代中国特色社会主义思想，深入学习领会党的二十大精神，深入学习领会习近平总书记系列重要讲话，特别是关于中国科大系列重要指示精神、关于教育和科技创新工作系列重要指示精神，深入开展学习贯彻习近平新时代中国特色社会主义思想主题教育，引导学院师生更加深刻领悟“两个确立”的决定性意义，自觉增强“四个意识”、坚定“四个自信”、坚决做到“两个维护”。团结和凝聚广大师生围绕“潜心立德树人、执着攻关创新”两大核心任务切实做好人才培养和学科发展本职工作，着眼解决问题实际，以实际行动全面推进一流大学建设。

截至2023年底，学院共有党支部54个(含代培生支部)，其中教工党支部11个，学生党支部43个；学生党员1125名，教工党员168名(不含保留党籍和毕业挂靠)。学院党委深入开展主题教育，结合“红专工程”深化实施，不断强化学生党支部建设、配齐配强党支部书记，选配优秀党员教师担任学生党支部书记，选拔品学兼优的学生党员担任支委会成员；要求各基层支部严肃党的组织生活，落实“三会一课”基本制度，定期进行检查。结合党团组织和工会活动切实增强师生思想政治引领，2023年发展教工党员1人，研究生党员91人，本科生党员39人。

二、教学工作

3门课程被认定为第二批国家级一流本科课程，获批校级本科质量工程项目18项，“十四五”规划教材3项，英文授课推进计划课程1门，研究生教育创新计划核心课程项目4项，研究生教育创新计划教材出版项目2项，研究生教育创新计划教学改革研究项目3项。

学院始终坚持以学生成长为中心，大力支持学生参加大学生创新竞赛等科研训练，激发和培养学生主动学习的能力。在第四届全国大学生化学实验创新设计大赛总决赛中，本科生杨春雨、吴毅彬、何炳轩团队获全国特等奖。在华中分赛区初赛中，化学实验教学中心组织的3个参赛团队全部获一等奖。在第十七届上海大学生化学实验竞赛中，3名参赛学生全部获奖，其中林睿获特等奖，殷琦玮和查浩哲获一等奖。在第七届全国化学类专业大学生科技交流活动中，王建平荣获优秀报告奖，关嘉奇荣获优秀墙报奖。在教育部第三届基础学科拔尖学生培养计划2.0“提问与猜想”活动中，王建平获二等奖。

学院2篇博士论文破评为中国科学院优秀博士学位论文；3人获2022年中国科学技术大学优秀博士学位论文奖，2人获校优秀博士学位论文提名奖。

三、科研成果

2023年，学院教师获批科技部国家重点研发计划重点专项牵头项目2项，青年科学家项目2项，获批经费4600万元；获批国家自然科学基金项目58项，其中创新群体1项、杰出青年基金6项、优秀青年基金4项、重点项目1项、国家重大科研仪器研制项目1项、联合基金重点支持项目2项、面上项目22项、青年项目19项、青年学生基础研究项目2项，获批直接经费7409万元；获批中国科学院稳定支持基础研究领域青年团队计划1项，经费2000万元；获批安徽省重点研发计划3项、省杰青项目1项、面上4项、青年5项，获批经费590万元。今年纵向科研经费到账(除去外拨)18072万元，横向经费到账4715万元。

2023年，学院教师以科大为第一单位发表通信作者论文SCI论文772篇，其中JCR Q1论文531篇，Q2论文144篇，高区论文比例87%。今年申请专利226项，授权111项。

四、人才引进和师资队伍建设

学院高度重视人才引进和培养工作，今年引进加州大学钟文婉教授、国家创新人才计划青年项目 2 人、中国科学院人才计划 1 人，聘用 22 名特任副研究员。

汪义丰、蒋彬、吴亮、姚宏斌、梁海伟、朱彦武获国家基金委杰出青年基金资助，李星星、汪普生、葛晓琳、张泽获国家基金委优秀青年基金资助，张文华、洪勋获评国家重大人才工程青年学者。杨金龙院士获第三届全国创新争先奖个人奖，余彦获安徽省最美科技工作者称号，陈昶乐获第九届中国化学会-英国皇家化学会青年化学奖，徐铜文获侯德榜化工科学技术奖成就奖，傅尧、季恒星获化学会“利华益”化学创新奖。朱平平获宝钢优秀教师奖，张清伟获海外校友基金会“青年教师事业奖”，张万群获海外校友基金会“优秀教学奖”，陈涛、刘建伟、李玲玲获校友基金会王宽诚育才奖，吴宇恩获光谷成果转化奖，孙静获江淮蔚来——爱岗敬业奖，李雪获杨亚基金——爱岗敬业奖。

五、合 作 交 流

学院成功举办了国务院化学学科评议组会议、第二十五届中国科协年会催化科学高端学术论坛、第三届材料化学与能源化学青年学者学术交流研讨会、第一届分子碳材料前沿论坛、精准智能化学重点实验室建设专家咨询会、机器科学家雁栖青年论坛、应用化学系复系五周年学术研讨会、清华-中科大化学材料学科双边学术研讨会、材料科学与工程学科高层次人才培养研讨会等多场学术会议和讲座，先后举办了 12 场“郭永怀讲坛”、35 场“郭永怀讲座”、62 场“化学材料学科双一流学术前沿讲座”，邀请知名专家学者为师生作学术报告，搭建良好的学术交流平台。

此外，为化学、生命医学领域的学生更好地搭建相互交流与学习的平台，推进学生培养国际化进程，学院顺利举行第十届中国科大未来科学家国际夏令营“化学 & 生医”分营活动，来自荷兰特文特大学、加拿大麦克马斯特大学、英国曼彻斯特大学、德国波恩-莱茵-锡格应用技术大学、法国光学研究所、爱尔兰都柏林圣三一大学、日本名古屋大学、韩国首尔大学的 12 位国际营员，以及来自清华大学、复旦大学、上海交大、南京大学、西安交大的 7 位 C9 高校营员，与本校营员、志愿者一起进行学习交流。

工程科学学院

一、学 院 概 况

学院成立于 1998 年，其前身为 1958 年由钱学森先生创立的“力学和力学工程系”和吴仲华先生创立的“物理热工系”。学院设有近代力学系、精密机械与精密仪器系、热科学和能源工程系、安全科学与工程系，建有中国科学院材料力学行为和设计重点实验室、中国科学院太阳能光热综合利用研究示范中心、安徽省生物质洁净能源重点实验室3个科研平台。现任执行院长为吴恒安教授，党委书记兼副院长为刘明侯教授。

学院设有5个本科专业，即理论与应用力学、机械设计制造及其自动化、测控技术与仪器、热能与动力工程、安全科学工程，其中理论与应用力学专业为全国仅有的两个理科力学人才培养专业之一。设有一级学科博士点3个，二级学科博士点12个，其中国家一级重点学科1个，国家重点培育学科1个，省重点学科3个；还设有3个博士后流动站和13个硕士点。

现有在编教职工157人，其中教授(含相当技术职务人员)77人，副教授(含相当技术职务人员)52人，"两院"院士1人，国家重大人才工程2人，国家杰出青年基金获得者10人，国家优秀青年基金获得者10人，入选国家高层次青年人才计划19人、中国科学院人才计划7人、国家重大人才培养计划34人。

二、党建工作

1. 起草并印发2023年党委工作要点和2023年理论与时政学习计划，制订学习贯彻习近平新时代中国特色社会主义思想主题教育方案和读书班学习计划，严格执行党委会和党政联席会议制度。全年召开党委会会议10次，党政联席会议9次，院党委理论学习中心组学习12次，举办读书班集中学习7次(其中1次为调研成果交流会)。

2. 召开党支部书记工作例会5次，举办"七一"表彰暨新党员培训和入党宣誓仪式，对新任支委进行培训，暑期赴沂蒙革命老区开展现场教学；各支部"三会一课"和每月一次主题党日均达标。

3. 本科生党支部、中国科学院材料力学行为和设计重点实验室党支部荣获全省第二批样板党支部、全省高校党建工作样板党支部，并被学校推荐申报全国党建"双创"党支部。院党委和本科生党支部获评学校"先进基层党组织"，教工党员叶回春和7名学生党员荣获"优秀共产党员"称号，院党委副书记牟玲获得"优秀党务工作者"称号。

4. 全年共发展党员135人，其中高层次人才2人，学生133人(本科生37人)。

三、本科教学

1. 面向院内外开设本科生理论课程170个课堂，实验课程20000多课时；完成国家大学生创新实验计划课题21项，申请新项目22项。

2. 申报省级和校级教学研究项目20项，其中国家级一流课程9门，国家级课程思政1门，省级教学团队4个，教坛新秀1名，省级教学成果特等奖1项，教材项目2项，新工科项目2项。

3. 成立"拔尖计划2.0钱学森力学科技英才班管理委员会"，执行院长吴恒安任委员会主任。

4. 推行本科生导师制，开发小程序，共128位导师参与，2022级和2021级240名本科生选定了导师，本科生进实验室率90%以上。

5. 叶回春在“第五届全国高校混合式教学设计创新大赛”中获一等奖，并获“设计之星”称号。“工程科学实验教学科普基地”获批安徽省科技厅“安徽省科学普及基地”，倪向贵获学校2023年本科招生“优秀科普报告专家”，并作为唯一候选人参评“全国科普工作先进个人”。承办学校第二十三届RoboGame机器人大赛决赛。

6. “工程科学实践”课程在全国高校教师网络培训中心、新华思政网等多个平台上供培训学习，累计学习人数已有20000余人。

四、研究生培养

1. 2023年招收硕士生290人，博士生129人，其中工程博士生35人，科研博士生33人，代培生(硕、博)71人，留学生4人；取得硕士学位142人，博士学位104人；教育部2023年论文抽检合格率达100%。

2. 成功举办“第十一届工程科学夏令营”，接收推免生197人，其中双一流以上生源达到100%。

3. 全年举办工程科学论坛88场，参与总人次5609。

4. 姜添曦学位论文获第十一届“上银优秀机械博士论文优秀奖”；宋家兴、舒健获优秀博士学位论文奖；宋智莹获院长特别奖，刘顺利、孙宇轩、徐亨宇、张潇、朱玉东获院长优秀奖。

五、学 生 工 作

1. 2020级本科生杨毅豪、欧阳灿灿获得国家自然科学基金青年学生项目。

2. 2022级本科1班以排名第一荣获“六有”大学生班集体；博士生侯远震荣获2023年度“宝钢优秀学生特等奖”、安徽省“最美大学生”称号；侯远震、蒋谟东荣获2023年中国科学技术大学最美“六有”大学生称号。

3. 2023年招收本科生193人，毕业学生138人，目前在校生人数637人；荣获2023年“研究生就业工作先进集体”。

4. 举办本科教学与人才培养专题研讨会，设立“中国科学技术大学善义奖学金”“中国科学技术大学‘降碳减污’雪迪龙科技创新奖学金”，修订《工程科学学院本科生综合素质评价实施细则》，实施“学友计划”，组织学生赴深圳、内蒙古乌海等地参观实践。

六、科 学 研 究

1. “极端流动的多过程问题研究”基础科学中心项目获批，标志着我校在基础研究领域取得历史性突破。

2. 2023年度共到账科研经费14472万元。5个项目获学校青年创新重点资助(50万元/项)，1个项目获原创探索类项目资助(200万元/项)；2个项目获“科大新医学”联合基金资助，1 个项目获同步辐射联合基金资助。共申请专利 94 项，授权专利 69 项，共有 2 个赋权试点项目。教职工以科大为第一单位发表 SCI 收录论文 611 篇。多篇研究成果发表在《自然·机器智能》《自然·通讯》《Nature Communications》《物理评论快报》《PNAS》《Small》等期刊。

3. 王奉超教授团队在纳米通道气体输运的理论研究方面取得重要进展；张世武教授、金虎副教授与王柳特任教授提出了一种具备精细动作训练的便携式柔性康复手套机器人；吴东教授、褚家如教授课题组加工出一种新颖的高性能自驱动水凝胶微马达；李木军副教授、王柳特任教授与合作者提出了一种原位双重加热策略；胡衎雷教授团队及其合作者实现飞秒激光制造磁响应"双面神折纸"机器人；公泽教授与合作者揭示了免疫细胞中控制单个足体振荡和足体簇波状动态的机制；谈鹏特任教授团队在锂二氧化碳电池机理研究中取得重要进展；龙林爽特任研究员、叶宏教授和刘明侯教授团队研制了一种新型高光谱变色材料；朱志强特任副研究员、司廷教授和徐晓嵘教授提出了一种可编程脉冲气动打印方法；姜洪源教授团队揭示了不同形式和不同程度的受限力学环境对细胞多极纺锤体的调控机制；吴恒安教授团队在次晶金刚石成核相变机制研究中取得新进展；司廷教授团队在微纳尺度流动机理和调控方面取得新突破；董二宝副教授课题组发布了首个面向高空作业机器人的开源多模态感知数据集；叶宏教授课题组在国际上首次构建了植物叶片在热红外波段的辐射传输模型；渗流团队创建的油气类工业"ChatGPT"平台进入规模化应用。

七、人事人才

1. 陆夕云教授荣获中国科学技术大学"李佩奖教金"。

2. 罗喜胜教授荣获第十届"徐芝纶力学奖"。

3. 刘诚教授荣获 2023 年何梁何利基金科学与技术创新奖；刘诚教授团队成果荣获第二十四届中国专利优秀奖、国家科技重大专项"高分辨率对地观测系统"技术成果特等奖。

4. 王柳教授荣登福布斯亚洲 2023 年度 30 岁以下精英榜。

5. 陈杨教授入选《麻省理工科技评论》"35 岁以下科技创新 35 人"、荣获中国光学工程学会 PhotoniX Prize 技术突破奖。

6. 吴恒安、陈杨教授荣获 2023 年度杰出研究校长奖。

7. 毛磊研究员团队荣获第 48 届日内瓦国际发明展金奖。

8. 李桂强教授荣获中国工程热物理学会"吴仲华优秀青年学者奖"。

9. 赵斌特任副研究员获世界可持续能源技术协会创新奖。

10. 司廷教授获"2023 年中国力学学会全国徐芝纶力学优秀教师奖"。

11. 王胜副教授荣获"中国流变学青年奖"。

12. 张世武教授、刘难生教授、季杰教授荣获中国科学院优秀导师奖。

八、学术会议

1. 承办第三届损伤与断裂力学及其工程应用研讨会。

2. 承办第十三届全国实验流体力学学术会议。

3. 举办“从基础到应用的流体力学研究”JFM/FLOW2023 中国专题研讨会。

4. 承办中国力学学会第四届全国力学博士生学术论坛。

5. 举办第三届北京大学与中国科学技术大学力学教学科研交流研讨会。

6. 承办第三届金石科学·水中爆炸动力学前沿技术论坛。

7. 举办“十四五”国家重点研发计划“大气与土壤、地下水污染综合治理”重点专项“臭氧及前体物多源卫星高分辨遥感与集成解析技术”项目启动暨实施方案论证会。

8. 承办第十一届中国光纤传感大会。

九、国 际 交 流

1. 举办第三届相场模拟及相关方法国际会议。

2. 成功举办第一期 ANSO 汽车技术国际培训班。

3. 参与组织 2023 年度“中国科大未来科学家国际夏令营工程火灾分营”。

4. 学生国际交流线上 10 人次,线下 60 人次;教师国际交流线上 1 人次,线下 52 人次。荣获学校 2023 年度留学生招生工作二等奖。

信息科学技术学院

一、学 院 概 况

信息科学技术学院由电子工程与信息科学系、自动化系、信息与计算机实验教学中心、信息科学实验中心等单位组成。学院现已形成 14 个国家、省部级重点实验室体系,分别为:

1. 语音及语言信息处理国家工程实验室;
2. 类脑智能技术及应用国家工程实验室;
3. 中国科学院电磁空间信息重点实验室;
4. 中国科学院无线光电通信重点实验室;
5. 中国科学院空间信息处理与应用系统技术重点实验室(南方分部);
6. 网络文化内容认知与检测文化和旅游部重点实验室;
7. 多媒体计算与通信教育部-微软重点实验室;
8. 无线网络通信安徽省重点实验室;
9. 网络传播系统与控制安徽省重点实验室;
10. 脑启发智能感知与认知教育部重点实验室;
11. 集成电路科学与技术安徽省重点实验室;
12. 数字安全安徽省重点实验室;
13. 智能低碳信息技术与装备安徽省重点实验室;

14. 未来网络实验设施。

此外，学院还拥有中国科大-中国通服、教育部-微软重点实验室、中国科大-安广网络公司 3 个国家级工程实践教育中心。

目前，学院已设置电子信息工程/通信工程、自动化、电子科学与技术、信息安全等 4 个本科专业以及生物医学工程、人工智能等 2 个专业方向，拥有信息与通信工程、电子科学与技术、控制科学与工程、集成电路科学与工程、网络空间安全等 5 个一级学科博士硕士学位授权点以及电子信息博士硕士专业学位授权点，设有 3 个博士后流动站。

二、师 资 队 伍

在人才队伍建设方面，学院始终坚持“引进来”与“走出去”相结合的方针，不断优化师资队伍结构，致力于打造国际一流的教学科研队伍。特别在高端人才申报方面，学院积极配合国家、学校等各个层面，做好高端人才的申报工作。

2023 年，学院入选海外优青项目 8 人，国家重大人才工程讲席 1 人，科技创新领军人才 1 人，优青项目 1 人。2023 年，学院共开展了 3 次人才引进工作，校人才会通过 10 人（含续聘、转聘，其中教授 4 人，特任教授 2 人，特任研究员 1 人，副教授 3 人）。

2023 年，学院共新进教工 31 人，其中教授 2 人（国家优秀青年科学基金、国家创新人才计划人才各 1 人），特任教授 4 人（均为海外高层次人才引进计划人才），特任副研究员 4 人，博士后研究员 17 人。截至目前，学院有各类人才头衔教师 61 人（不重复计算）。

三、学生管理情况

学院完成了近 1000 名本科生和 2000 多名研究生的日常管理工作，形成了规模适度、质量较高、专兼职相结合的学生管理队伍，认真做好学业追踪，奖学金、助学金、贷款、学费减免的评定与发放，疫情期间出入校审核、离返校登记、津贴发放、学生评优、学生干部培训、突发事件处理、信息收集、维护校园安全与稳定等常规性工作，通过《信息学院班主任手册》、老带新等方式，促进了班主任辅导员工作相互交流学习。

2023 年，学院本科生奖学金共计 19 项，覆盖全院二年级及以上学生人数比例超过 50%；研究生奖学金共计 17 项（研究生学业奖学金除外）；各类本科生助学项目共计 14 项，覆盖了 100%的本科家庭经济困难学生。学院全年累计获奖、受助学生近千人次。

四、本科生教学

1. 本科教学。2023 年，学院有 146 位教师承担了本科通修课、专业基础课、专业核心课及选修课共计 205 个课堂的教学任务，总授课 11640 学时，选课人数共计 9922 人。在 2023 届全校毕业生参与投票的受益最深课程中，学院开设的“计算机程序设计”位列前 10，同时“计算机程序设计”荣获首批国家级一流课程。

2. 培养方案。电子信息工程系取消了通信工程专业，并对电子信息工程培养方案进行了调整，“现代通信原理”课程层次从专业选修改为专业核心课，“微波技术基础”课程层次从专业核心课改为专业选修课，纳入保研核心课程清单。电子信息工程培养方案还增加三门专业选修课程。

3. 学生培养。2023 年学生申报国创项目 21 项，其中国家级 10 项，省级 11 项。完成了 2019 级 207 名学生的毕业论文开题及中期检查（含部分少年班学院学生），共安排了 251 名学生参加毕业论文答辩（含外院申请到学院答辩学生），并完成成绩录入及毕设校优论文推荐。2019 级毕业派遣生 199 人，继续深造学生 135 人，深造率为 67.8%。2020 级 223 人参与研究生推免，保研 141 人，保研率达到 63.2%。

4. 质量工程项目。2023 年吴枫老师牵头的项目“‘宽厚基础、系统实践、创新思维’三位一体的信息拔尖创新人才培养探索实践”荣获国家级教学成果二等奖。学院申报获批省级重点教学研究项目 1 项，一般项目 1 项；校级教研重点项目 1 项，一般项目 2 项；线下国家一流课程 1 门，线上线下混合式一流课程 1 门；省级课程思政示范课程 2 门；校级教育教学改革研究项目重点项目 1 项，一般项目 3 项。荣获省级教学成果一等奖 1 项，二等奖 1 项，三等奖 2 项。学院还组织申报“十四五”规划教材项目 2 项，省级教材建设项目 1 项。

5. 公共实验教学平台建设。信息与计算机实验教学中心完成了教育部国家级实验教学示范中心 2018—2022 年五年阶段性考核工作。积极筹建了高新校区一号学科楼教学实验室 7 个：智能机器人实验室 1、智能机器人实验室 2、人工智能实验室、自动化实验室、微波与射频实验室、先进电子系统实验室、现代通信实验室。2023 秋季学期已承担高年级实验课程 22 门，总授课 678 学时，总授课人数 1417 人。

五、研究生教育

1. 研究生教学培养。2023 年春、秋季学期，各学科按培养方案安排了 76 门研究生课程，选课总人数达 6491 人次。其中 6 门课程因选课人数多而无大教室安排开设了 2 个课堂，甚至分 2 学期各开设 2 个课堂。为了拓展研究生学术视野，本年度学院共举办了 34 场国内外专家教授的学术讲座，听报告学生 4400 多人次。

2. 学位与学科建设工作。为提高学位论文质量，加强学位论文过程管理，完成 2023 届博士、硕士学位申请材料的审核申报工作，经学位委员会评审，学院本年度共有 87 名学生获博士学位，15 名学生获专业博士学位，132 名学生获工学硕士学位，119 名学生获专业硕士学位，5 名留学生获博士学位，5 名留学生获硕士学位。

组织推荐申报各类优秀博士学位论文。吴枫老师指导的马海川同学获中国图象图形学学会优秀博士学位论文奖；陈宗海老师指导的王丽同学获中国仿真学会优秀博士学位论文奖，1 名博士生获校优秀博士学位论文奖，1 名博士生获得校优秀博士学位论文奖提名奖。

牵头组织完成涉及学校 16 个培养单位的电子信息类专业学位授权点专项核验工作。填报学位授权点基本状态信息表和学位授权点自核验报告。

六、科研成果

1. 科研项目情况。学院科研工作重点是紧紧围绕国家发展战略，坚持面向世界科技前沿,凝练科技发展目标,促进学科交叉,整合学院重点科研优势,积极承担如国家自然科学基金、国家重点研发计划、国家科技重大专项等一批国家级项目,同时与国内外著名信息技术企业进行紧密合作。

2023年,学院组织了各级、各类项目的申请、评审推荐、结题工作。共组织了包括国家自然科学基金项目、国家重点研发计划项目、校青年创新基金项目等项目申请310余项。组织了130余项项目的中期检查和结题工作。

新获批国家自然科学基金项目(主持)33项。其中获得国家基金优青项目1项,重点项目1项,联合基金重点项目8项,专项项目1项,培育项目1项,面上项目11项,青年项目10项。新获批重要项目有:科技创新2030项目1项,课题3项,科技部国家重点研发计划课题2项。

学院本年度共到款科研经费24613.2万元,其中纵向项目到款12215.5万元,军工项目到款4421.8万元,横向项目到款3540.7万元,人才科研启动经费4240.1万元,基地建设运行经费195万元。

2. 科研成果及转化情况。2023年,学院获得教育部高等学校研究优秀成果奖技术发明一等奖1项,安徽省科技进步奖一等奖1项,安徽省自然科学奖二等奖1项。

学院新申请专利427项,专利授权216项,专利申请数大幅增长。学院成果转化4项,转化知识产权数24个,转化金额1120万元。

3. 科研基地。学院以国家级、省部级重点实验室为依托平台,培养和引进高水平人才,进一步凝练方向,加强战略规划布局。

2023年,新获批1个教育部、3个安徽省重点实验室,分别是脑启发智能感知与认知教育部重点实验室、集成电路科学与技术安徽省重点实验室、数字安全安徽省重点实验室、智能低碳信息技术与装备安徽省重点实验室。基地平台共获得建设运行经费195万元。

计算机科学与技术学院

一、基 本 情 况

中国科学技术大学于1958年建校时就设置了计算机专业,老一辈计算机科学家夏培肃先生等亲自执教。1982年成立计算机科学技术系;2009年成立计算机科学与技术学院。1990年获得计算机软件博士学位点;1995年建成了我国第一个国家高性能计算中心;2000年获得一级学科博士学位授予权;2003年陈国良教授当选为中国科学院院士,并获得首届国家教学名师的称号;2007年计算机软件与理论被评为国家重点学科;2010年本学科进入ESI排名世界前1%;2012年全国高校学科评估中,本学科全国排名第九;2017年本学科入选“双一流”建设名单,学科评估A-;2022年入选新一轮“双一流”建设名单;2023年公布第五轮学科评估结果,本学科稳步前进。

二、教学和人才培养

2023 年，学院共招收本科生 160 人，硕士研究生 284 人(科学学位 149 人、专业学位 135 人)，博士研究生 104 人(学术博士 73 人、工程博士 31 人)。学院把培养一流人才放在首位，努力提高教学质量，通过实施大学生创新创业实践计划、大学生研究计划以及与华为研究院的教学类合作项目，提高本科生的实践能力。研究生招生质量不断提高，2023 年招收的推免生总人数为 204 人，比 2022 年增长了 11.9%，推免生 99%来自一流大学或一流学科建设高校。学院严格把关培养各个环节，保证培养质量，在 2023 年教育部、安徽省论文抽检中，学院研究生学位论文全部合格，同时还获得了 1 篇中国科学院优秀博士学位论文、1 篇中国电子学会优秀博士学位论文、2 篇安徽省计算机学会优秀硕士学位论文。

5 月 10 日，学院承办了第十届 ASC 世界大学生超级计算机竞赛总决赛，全球 300 余支高校代表队参加，我校获亚军以及 e Prize 计算挑战奖；11 月 18 日，学院承办了"余庆杯"校园软件设计竞赛，共有 106 支队伍参赛，竞赛旨在激发学生学习计算机专业知识的兴趣，鼓励学生主动灵活地运用计算机知识和技能解决实际问题；11 月 25 日，学院承办了第 48 届 ICPC 国际大学生程序设计竞赛亚洲区域赛(合肥)，来自清华大学、北京大学等 172 所高校的 344 支队伍和 3 支特邀的非正式队伍参加比赛。

2023 届本科毕业生 169 人，硕士毕业生 168 人，博士毕业生 49 人。学院毕业生就业率和就业质量实现双丰收，连续 13 年获得校"毕业生就业先进工作集体"称号。本科生深造率为 75.6%，达到近年最高，深造单位包括海内外著名高校和重点科研机构；就业单位有华为、科大讯飞、中国电信、中国工商银行、比亚迪等业内优质单位；硕士毕业生报考选调生、公务员，选择国防、军工等重要科研单位去向的数量增加显著，2023 届有 1 名毕业生通过央选入职水利部，基层选调生入选 10 名，其中 3 名省级优秀毕业生入选安徽省选调生，4 名毕业生选择北方自动控制技术研究所、中国兵器工业第二〇五研究所、中国空空导弹研究院、中国运载火箭技术研究院等重点科研单位。

学院在教学方面取得多项突出成绩：张昱获得安徽省领军人才项目教学名师称号，李诚获得安徽省青年拔尖人才项目教学名师称号，徐林莉、张俊霞入选教育部高校计算机专业优秀教师奖励计划。学生参加国内外科技竞赛取得好成绩：舒英特同学获得华为杯 ICPC 亚洲区决赛金奖，耿双越同学获得第十八届"挑战杯"全国大学生课外学术科技作品竞赛"揭榜挂帅"专项赛特等奖，机器人实验室情感计算团队在 ACM 国际多媒体会议上夺得双人交互面部反应生成挑战赛冠军。

三、科研与合作交流

2023 年，学院在人才队伍建设方面取得突出成绩，新入选 1 位海外优青、2 位"青拔"人才；入职 1 位国家创新人才、1 位海外优青人才、3 位副高教师、1 位博士后；2 位教师晋升特任教授、3 位教师晋升副教授。

在科研项目方面，学院新立项各类项目 120 项，总合同经费 17896.29 万元。其中，纵向项目 45 项，合同经费 6382.49 万元；横向项目 75 项，合同经费 11513.80 万元。年度到账总经费 11879.65 万元(纵向经费 8355.08 万元，横向经费 3524.57 万元)，首次突破亿元。

学院获得多项具有显示度的大项目，包括张燕咏教授的国家基金重点项目“基于移动群智 SLAM 的高效即时定位与地图构建”，直接经费 229 万元；陈恩红教授的联合基金项目“知识驱动的可信工业智能技术研究与示范应用”，直接经费 266 万元；周学海教授的科技部重点研发计划课题“高能效智能工具链开发技术”，合同经费 1047.62 万元。另外，基金委首次试点青年学生基础研究项目，学院本科生叶升宇同学获批本科生项目。

以计算机学院为第一署名单位正式发表的论文中，CCF 推荐 A、B 类学术会议和期刊论文(含中文期刊)为 181 篇。其中，A 类期刊和会议论文为 113 篇，B 类为 68 篇。学院新增国家授权专利 81 项，均为发明专利，并有 115 项专利进入申请阶段。

9 月 22 日，学院承办了第 26 届全国高校计算机系主任/院长论坛，全国各地约 400 位高校计算机系主任、院长、学者汇聚一堂，共同探讨数字化时代的学科前沿发展方向。

学院举办了夏培肃先生百年诞辰系列纪念活动，包括“培兰植桂，肃风雅行——夏培肃先生百年诞辰纪念展”，以及“培兰植桂，肃风雅行——夏培肃先生雕像揭幕仪式”，进一步向科大师生培育创新文化，传承和弘扬科学家精神。

软 件 学 院

一、学 院 概 况

2002 年 3 月，中国科学技术大学软件学院成立，是教育部和计委(今发改委)首批批准设立的国家示范性软件学院。学院秉承“红专并进、理实交融”的校训和“我创新故我在”的教育理念，坚持“质量优异、规模适度、夯实基础、注重实践”。

2007 年 10 月 28 日，与苏州市签约共建，并与美国克莱姆森大学、法国 SKEMA 商学院和日本法政大学合作，实施联合培养软件工程硕士计划。

2016 年，全国第四轮学科评估中，软件工程学科获评 A－。

2021 年 12 月 30 日，入选首批特色化示范性软件学院，重点建设领域是新型平台软件/嵌入式软件。

2022 年度，全面推进首批特色化示范性软件学院的建设工作。根据“2022 软科中国大学专业排名”，我校软件工程专业在全国 323 所高校软件工程专业中第 6 位。学院以嵌入式智能方向为特色，面向国家重大战略需求，聚焦嵌入式核心软件和平台软件及其战略生态应用等关键领域。

二、党 建 工 作

2023 年，学院对基层党支部组织架构进行调整，目前设有教工党支部 1 个，学生党支部

3个,另有毕业挂靠党支部1个,共有党员143人,毕业挂靠党员41人,教工党员8人,在校学生正式党员53人,预备党员41人。全年发展党员42人。2023年重点开展了毕业挂靠党员的清理工作,成功迁出长期挂靠在学院党委的已毕业党员116人。

按照学校统一部署,学院党委牢牢把握学习贯彻习近平新时代中国特色社会主义思想主题教育的总要求,推动主题教育走深走实。学院党委制定了《读书班学习安排》,完成了总计7天的学习。并根据学院的调研专题,制定了《调研方案》,开展包括到重点单位走访、邀请重点单位来院、与校兄弟部门单位交流、召开学院教师座谈会和学生座谈会等多种形式的调研20余次,推动调查研究工作不断走向深入。归纳总结制定了《软件学院主题教育整改整治工作问题清单》,并于11月前完成逐项整改销号,达到预期整改目标。

学院通过集体学习、线上自学、集中研讨、现场教学等方式开展了师德师风专题学习活动。6月30日在霍山开展师德集中学习教育活动;7月1日开展教工支部主题党日活动;7月6日于苏州组织召开新入职教师师德师风专题学习座谈会;7月中旬组织师德师风专题研讨;9月初入学教育时邀请到中国科学院院士陈国良,为学院师生作题为《院士人生》的报告,传递科大精神。

2023年,学院面向全体教职工召开了2次纪检工作专题会议,2次意识形态专题工作会议,1次师德师风警示教育会议。2023年7月18日,学院组织合肥、苏州全体教职工召开安全工作专题会议,每月定期进行全院安全自查,加强日常管理,防患于未然。

三、教育教学

2023年,学院持续围绕特色化示范性软件学院建设,对学生从入学到毕业实行了严格的教学质量过程管理。今年共有549位工程硕士、5位学术硕士顺利通过论文答辩。

为帮助新生快速了解并融入学院,学院线上线下同步组织开展2023级新生入学教育系列活动。入学教育分为主题报告、专业介绍、综合介绍、科大精神、心理教育等模块。

2023年,学院共为2022级和2023级全日制工程硕士、留学生、工程博士、学术硕士1099位学生安排了91门次课程的教学,安排助教91人次,组织网络及线下讲座30多场。

学院持续落实实习不定期检查,分6站分别在苏州(上海)站、合肥(南京)站、杭州站、深圳(广州、东莞)站、北京站等地组织2021级学生共603人参加检查。参与检查指导会议老师21人,安排检查场次14场。

2023年,学院组织了实习、选调、就业等经验交流分享活动,加强各年级学生间的交流。组织学生积极参与合肥-苏州两地行李转运、科技活动周、实习双选会等各类志愿服务。开展了代码长跑打卡、静待花开文艺作品征集、5.25心理健康月、第二届迎新晚会等各种文体活动,促进学生全面发展。

学院心理健康工作站面向我院在校师生,开展心理讲座2次,心理沙龙16场次并于3月开通线上沙龙,为学院师生提供心理健康援助。

学院关心困难学生,做好帮扶工作。2023年,共帮助7名同学申请包括大病救助及其他助学专项基金,审批2名同学的临时困难申请,确保学生的学业不因经济困难而受阻,激励学生自立自强。

四、招生、实习与就业

2023 年硕士研究生报名人数 3140 余人，共录取研究生 541 人，其中“211 工程”以上生源占 68％，70％是应届毕业生。

学院紧密围绕“潜心立德树人”这一根本任务，服务国家战略，加强就业思政，构建学生生涯导航服务长效机制。2023 年，学院多次组织走访调研活动，先后前往浙江大学微小卫星研究中心、中电集团 38 所、中国科学院空天院（苏州）、青软集团、北方信息技术研究所等多家重点单位调研和交流。学院还与中国航天科技集团四家成员单位、招银科技等重点单位探讨拓宽合作渠道、加强合作交流的可能性；在学院的“实习招聘周”，与校就业办、苏州高等研究院共同举办了“中国科大 2023 年实习供需洽谈会（信息类专场）”，还邀请重点单位来学院举办专场宣讲会，共邀请了 70 余家用人单位来学院招贤纳士，为学生搭建了优质高效实习就业平台。

学院 2023 届毕业生总数 664 人，截至 2023 年 11 月中旬，就业率达 97％。近 80％的毕业生，在上海、北京、广州、深圳、杭州、合肥、苏州和南京等一线软件城市就业。55％以上入职国内外知名 IT 企事业单位；25％以上进入其他行业（金融单位、机关、高校等）。毕业生直接就业率高，重点地域比率高，专业相关度高，平均起薪高，实现了高质量充分就业。

五、教改与科研

2023 年，学院围绕特色化示范性软件学院建设，积极探索创新型合作人才培养模式，规范严格的教学质量控制过程，凝练教学改革成果。

围绕“汽车软件工程”“智能机器人技术”等特色课程，获得教育部产学研协同育人项目 1 项，“基于小米四足机器人的示范性课程体系建设”与小米合作建设“智能机器人技术”课程，在四足机器人平台上结合理论内容，开展实验、应用场景开发。

2023 年，学院出版《实时系统设计与分析》教材，另有《多媒体编码技术实用教程》《领域专用计算》等多本教材在出版流程中，《时空数据挖掘》《区块链技术与实践》等 2 本教材入选研究生教育创新教材出版项目。

2023 年，本年度学院完成了科技委三期、上海处理器技术创新中心、中国科学院长春光机所等项目，国家自然科学基金科研仪器设备研制专项（部门推荐）、国家自然科学基金面上项目及中国科学院稳定支持基础研究领域青年团队计划的研发工作。与多家单位建立了紧密的合作关系，实现了多项知识产权的有效转化，推动了技术的创新和发展。完成了“一种 AI 智能模组的可靠性设计方法”发明专利的成果转化。

学院围绕智能计算系统关键技术展开科研攻关。课题组针对其中重要研究成果和技术突破点，在《IEEE TC》《IEEE TCAD》等国际权威期刊，以及 FPGA、DATE 等 CCF 推荐的重要国际会议上发表论文 11 篇，其中期刊论文 4 篇，会议论文 7 篇，10 篇为 SCI 索引，1 篇为 EI 索引，另外还有数篇在投的期刊与会议论文。

同时，学院围绕“面向城市计算的时空学习应用研究”与“AI for Science”两大研究方向，致力于利用时空计算技术解决以人为中心，以城市、生命科学、化学、材料等交叉学科领域为场景的关键任务。课题组针对数据稀疏性高、模型可扩展性弱等问题攻克了时空预测分布外泛化、多视角长尾数据建模等技术，在城市科学与时空数据预测领域开展应用验证；同时，课题组研究并发展了适应材料构效关系建模、分子性质建模与预测、RNA 谱学反演等场景的新一代人工智能技术，共发表 CCF-B 类以上高水平论文 26 篇，其中 JCR-Q1/CCF-A 等 A 类论文 14 篇，并获国家级奖励 5 项。

2023 年，学院新引进 4 名副研究员专业技术人员，为学院自主可控的智能计算系统这一关键软件领域的科研攻关提供了有力的人才补充，同时也为学院在嵌入式智能软件方向的高层次人才培养提供了有力支撑。学院“智能计算系统研究中心”筹建有序推进，嵌入式智能系统在一些国家重点单位得到实际应用。

六、师 生 荣 誉

2023 年，学院组织评定各类奖项共 611 人次，包括国家奖学金 13 人次、中国科学院院长奖学金 1 人次、学业奖学金 518 人次、各类校专项奖学金 43 人次、苏州工业园区奖学金 30 人次。奖学金金额共计 628.24 万元。7 个班级获得“先进班集体”荣誉称号，3 个毕业班级完成了“先进毕业班集体”的创建工作。26 名同学获省级优秀毕业生称号，98 名同学获校级优秀毕业生称号。

2023 年，学院共有 102 人获评校级优秀团员，51 人获评优秀共青团干部和优秀学生干部，8 个支部获得校级优秀团支部。

2023 年，经评审学院被授予“2023 年毕业生就业工作先进集体奖”，同时吴桂兴、孟宁、杨照芬、丁箐 4 位老师获得“2023 年毕业生就业工作先进个人”称号。

地球和空间科学学院

一、学 院 概 况

地球和空间科学研究领域由地球内部延伸到行星际空间，包括这个广大区域中不同层次的结构和物质，以及物质的运动和各种物理化学过程，其目标是以物理或化学为基础，认识我们生活的地球及其周围的宇宙空间，了解地球本身的运动规律和其他星体对她的影响，为更加有效地利用资源、保护环境、防灾减灾、实现可持续发展奠定科学基础。

学院前身为 1958 年中国科大建校时设立的应用地球物理系与地球化学和稀有元素系，经多次系科调整，于 2001 年 12 月成立学院。目前，中国科学院院士朱日祥教授担任院长，汪毓明教授担任执行院长，刘斌教授担任党委书记、副院长，倪怀玮教授、李锐教授担任副院长，熊成担任党委副书记。

二、党建工作

2023 年,学院开展党委理论学习中心组学习会 5 次,召开党委会议 14 次。通过理论中心组学习和党委会议“第一议题”,学习习近平新时代中国特色社会主义思想;及时学习习近平总书记在学习贯彻党的二十大精神研讨班开班式上的重要讲话、习近平总书记对宣传思想文化工作作出的重要指示等重要讲话精神;及时学习党的二十大报告、学习习近平总书记关于中国科大系列重要指示精神等。

2023 年发展党员 65 人,其中教工 2 人、本科生 18 人、研究生 45 人。2023 年办理组织关系转入 71 人,转出 86 人,办理保留党籍 12 人,恢复党籍 14 人。2023 年收缴党费 173864.61 元,使用党费和党建工作经费 154542.26 元。

三、学科建设

学院下设地球物理与空间科学技术系、地球化学与行星科学系以及地球和空间科学实验教学中心。一级学科包含地球物理学、地质学两个博士点以及大气科学硕士点。地球物理学(含固体地球物理学和空间物理学)是国家一级重点学科,在教育部一级学科评比中排名第一;地球化学是国家二级重点学科,在地质学一级学科评比中排名第五。本科培养专业包括地球物理学、空间科学与技术、大气科学、地球化学。赵九章地球物理学拔尖学生培养基地(赵九章现代地球和空间科技英才班)是教育部首批基础学科拔尖学生培养计划 2.0 基地。地球和空间科学实验教学中心是安徽省级本科实验教学示范中心。

四、师资队伍

学院师资力量雄厚,现有教授 58 名,特任教授 22 名,特任研究员 3 名,副教授 34 名,其中中国科学院院士 3 名,“大师讲席”教授 3 名,国家杰出青年基金获得者 16 名,国家重大人才工程特聘教授 3 名,国家重大人才工程讲座教授 2 名,“四青”人才 48 名,省级教学名师 3 名。

学院持续推进人才引进和师资队伍建设工作,2023 年申成龙老师获批基金委杰出青年项目,李云国、高新亮、刘宇等三位老师获批基金委优秀青年项目,郝记华老师获批国家重大人才工程青年项目,吴小平老师入选领军人才教学名师。2023 年入选了 4 位海外优青,2022 年入选的 2 位海外优青和 2023 年入选的 2 位海外优青全职到岗。2023 年多位老师因为成绩突出获奖:郑永飞团队和吴小平团队分别获得国家级教学成果二等奖。

五、科研基地

学院拥有中国科学技术大学第二个卓越创新中心——“中国科学院比较行星学卓越创新中心”;国家级观测研究平台——蒙城“国家野外地球物理观测研究站”;2 个中国科学院

重点实验室——“壳幔物质与环境实验室”和“近地空间环境实验室”；1 个省级重点实验室——“安徽省全球变化与极地环境重点实验室”。

2023 年，学院获批新增科研经费总额 10137.108 万元，其中纵向经费 8843.268 万元，横向经费 1293.84 万元。获批立项各类纵向科研项目总计 91 项，获批立项的各类横向课题总计 16 项。

六、招 生 就 业

2023 年，学院招收本科生 123 人、硕士研究生 149 人、博士研究生 101 人。硕士研究生中通过推免接收 102 人。

截至 2023 年 11 月底，学院共有 2023 届毕业生 221 人，其中本科生 59 人，就业比例 88.1％；硕士研究生 66 人，就业比例 89.4％；博士研究生 96 人，就业比例 82.3％。

七、人 才 培 养

学院通过优化英才班、学业导师计划、开展野外实习、国际大研计划、推进实验教学中心建设、成立教研组进行教学研讨、组织教材建设及教学研究课题、创建地球和空间科学杰出讲座等多种举措，探索教学与学生培养新措施。

学院继续优化赵九章现代地球和空间科学科技英才班培养模式，探讨淡化专业的可能性。学院通过面试确定了 30 位 2023 级赵九章现代地球和空间科学科技英才班学生名单。对 2022 级、2021 级、2020 级英才班成员进行了调整。

2023 年，确定了 12 位教授担任 2023 级本科生“科学与社会课”导师；同时学院实施了本科生一生一导师方案。8 位同学开展并完成了大学生研究计划，43 位同学组成的 22 个小组完成了大学生创新计划项目，31 位同学组成的 19 个小组成功申请大学生创新计划项目，2023 年恢复了支持同学出国出境参加暑期学校和研究实习的计划。

2023 年，行星科学本科培养方案实施，行星科学专业开始招收本科专业学生。

生命科学与医学部

一、学 部 概 况

中国科学技术大学生命科学与医学部的前身是由我国著名科学家贝时璋院士于 1958 年创建的生物物理系，1978 年成为生物系(8 系)，1998 年更名为生命科学学院，施蕴渝院士任首任院长。2017 年 12 月 23 日，在原生命科学学院基础上由安徽省、国家卫健委、中国科学院三方共建生命科学与医学部(以下简称“生医部”)。

生医部包括生命科学学院、基础医学院、临床医学院、生物医学工程学院、公共卫生研究院、中国科大附属第一医院(安徽省立医院)、生命科学实验中心和生命科学实验教学示范中心。现有2个国家级一流本科专业(生物科学、生物技术)、1个省级一流本科专业(临床医学)、1个“双一流”建设学科(生物学)、4个一级学科博士学位授权点(生物学、生态学、临床医学、生物医学工程)、1个专业学位博士授权点(临床医学)和1个专业学位硕士授权点(生物与医药)。

生医部负责或参与合肥微尺度物质科学国家研究中心的4个研究部(分子与细胞生物物理、神经环路与脑认知、分子医学、BIO-X交叉科学)的建设,同时作为依托单位建有中国科学院天然免疫与慢性疾病重点实验室、中国科学院脑功能和脑疾病重点实验室、中国科学院结构生物学重点实验室、中国科学院临床研究医院(合肥)、无膜细胞器与细胞动力学教育部重点实验室、生物医学与健康安徽省实验室、细胞动力学与化学生物学安徽省重点实验室、衰老生物医学安徽省重点实验室、血细胞研究及应用安徽省重点实验室、分子医学安徽省重点实验室、生物技术药物安徽省工程技术研究中心、安徽省医药生物研究院、安徽省多肽药物工程实验室等13个省部级科研机构,牵头建设合肥综合性国家科学中心大健康研究院。

二、教 学 工 作

1. 学科专业建设方面,完成生物与医药博士专业学位授权点申报工作,完成生物与医药硕士专业学位点专项核验工作。8个学科(生物与生化、环境/生态学、分子生物学与遗传学、植物与动物学、临床医学、免疫学、神经科学与行为学、药理学与毒理学)进入ESI学科全球前1%,占全校近一半。

2. 课程与课程思政建设方面,2门课程获批第二批国家级一流本科课程,3门课程获批省级一流课程建设项目,3门课程获批校级一流课程建设项目,2门课程获批校级课程思政建设项目。

3. 教学质量工程建设方面,获国家级教学成果奖二等奖3项(学部项目1项),获批各类教学研究项目46项。

4. 教材建设方面,出版教材2本,5本教材入选校“十四五”规划教材项目。

三、科 研 工 作

生医部2023年科研成果丰硕。2023年共发表SCI收录论文1410篇,其中以第一单位发表论文598篇,《CELL》2篇,在《NATURE CARDIOVASCULAR RESEARCH》《CELL METABOLISM》《NATURE IMMUNOLOGY》《NATURE MACHINE INTELLIGENCE》《NATURE METABOLISM》《NATURE STRUCTURAL & MOLECULAR BIOLOGY》《NATURE PLANTS》等CNS大子刊发表论文11篇。

2023年科研到账总经费30068.72万元(含附一院),去除外拨后到账23633.09万元。2023年授权专利32项,专利申请86项,成果转化合同总额300万元。

新增国家自然科学基金委创新研究群体项目1项(赵忠),国家杰出青年基金获得者2

人(白丽、朱书),国家优秀青年基金获得者 2 人(孙林峰、朱洪影),科技部重点研发计划青年科学家项目 1 项(唐姗),基金委重点项目 4 项(周荣斌、刘强、史庆华、魏海明)。

四、人 才 建 设

2023 年,生医部除了跟附一院进行双聘人才引进外,还跟大健康研究院一起进行双聘人才引进,提升对人才的吸引力,共引进人才 10 人(曹洋、朱乐乐、曹灿、张济舟、邢宇航、杨鸣雷、李小龙、郭傲、熊鹏、刘东)到岗。

五、交流与合作

生医部持续完善学部-学院多级学术交流体系,设立贝时璋讲坛、贝时璋讲座、贝时璋论坛、贝时璋国际青年学者论坛。基础医学院和公共卫生研究院也分别设立品牌学术讲座。2023 年,生医部共举办学术讲座 138 场,其中包括贝时璋讲坛 8 场、贝时璋讲座 30 场、贝时璋论坛 2 场、基础医学前沿讲座 20 场、公共卫生与健康系列讲座 9 场、植物分子生物学前沿系列讲座 4 场。

生医部申请并获批国家留学基金委创新型人才国际合作培养项目 1 项,即生命科学与医学一流人才国际合作培养。2023 年共有 22 名本科生参与国际交流,到哈佛、斯坦福等校开展暑期研究实习、毕业论文设计、课程学习等。参与组织和承办了 2023 第十届中国科大未来科学家国际夏令营。

六、相 关 获 奖

1. 生医部教师荣获 2022 年度国家级教学成果二等奖 3 项(2023 年公布);
2. 赵忠团队完成的成果“植物干细胞适应环境变化的可塑性调控机制”荣获 2022 年度安徽省科学技术奖——自然科学奖二等奖(2023 年公布);
3. 薛天团队完成的成果“揭示光感受调控血糖代谢机制”入选国家自然科学基金委员会发布的 2023 年度中国科学十大进展;
4. 周荣斌荣获第三届全国创新争先奖个人奖;
5. 田志刚荣获第四届“安徽省突出贡献人才奖”;
6. 张智荣获 2023 年张香桐神经科学青年科学家奖;
7. 张华凤荣获 2023 年度中国科学院优秀导师;
8. 魏海明劳模创新工作室被选为“全国教科文卫体系统示范性劳模和职工创新工作室”;
9. 张华凤教授研究团队被授予 2022 年度“全国巾帼文明岗”荣誉称号(2023 年公布)。

七、大 事 记

1. 免疫应答与免疫治疗重点实验室获中国科学院批准建设;

2. 薛天教授团队的“揭示光感受调控血糖代谢机制”荣获2023年度中国科学十大进展；

3. 生医部教师荣获国家级教学成果二等奖3项；

4. 生医部人才引进与培养工作成果斐然；

5. 生医部科研成果实现新突破；

6. 平衡自由探索与建制化科研，建设生医部研究所；

7. 人工智能生物技术与合成生物学安徽省基础学科研究中心入选首批试点；

8. 生物医学工程学院正式运行；

9. 生物安全三级实验室通过CNAS现场监督评审；

10. 生医部持续完善学部-学院多级学术交流体系；

11. 首届安徽联合医学卓越班毕业典礼隆重举行。

管理学院

一、基本情况

学院共设有工商管理、管理科学、统计与金融3个系，以及MBA(工商管理硕士)、EMBA(高级工商管理硕士)、MF(金融硕士)专业学位教育中心、EDP高层管理者培训与发展项目中心、新商科实验中心以及招生与品牌推广中心。同时，学院还设有现代物流与供应链实验室(安徽省重点实验室)、工商管理创新研究中心(安徽省人文社会科学重点研究基地)、安徽省区域科技创新综合智库(安徽省重点智库)、安徽省科技金融融合综合智库(安徽省重点智库)、四业融合研究中心(安徽省人文社会科学重点研究基地)、智能决策博弈与数字经济创新实验室(安徽省哲学社会科学重点实验室)等研究机构；中国科学技术大学国际金融研究院(合肥市-中国科大共建，以下简称“国金院”)依托管理学院运行。

学院现有教职工285人，其中专职教师84人，聘期制科研人员与博士后94人，管理支撑107人。学院现有教授28人，副教授41人。学院目前拥有国家自然科学基金委“创新研究群体”3个，国家级领军人才10人(不重复计算)和国家级青年拔尖人才21人(不重复计算)。

2023年，国金院立足于“服务一流学科建设，服务地方经济调转促”的使命，在学校、学院和省市区政府的大力支持下，教学科研、创新创业及高端智库建设等工作开展如火如荼，亮点突出。

二、工作重要进展

(一) 教学工作

2023年，学院教学管理人员恪尽职守，为教学秩序的正常展开和学生培养质量持续提高提供了有力保障，推动学院教学工作稳步发展，成效显著。

亮点一：重视一流本科教学工作，持续提升本科教育教学质量。学院张伟平教授的“数理统计”课程获得第二批国家级一流本科课程认定；8 月 18—22 日，在第三届全国高校教师教学创新大赛全国现场赛中，学院刘杰老师团队代表安徽赛区参加全国现场总决赛，荣获全国二等奖。

亮点二：多措并举提升专业学位教学质量，品牌知名度显著提升。在《经理人》杂志公布的 2023 年“中国商学院最佳 EMBA 排行榜”中，中国科大 EMBA 项目凭借优异的办学水平和教育质量在榜单中位列第六；在“2023 年度中国商学院发展论坛暨教育盛典”上，MBA 荣获“2023 年度中国商学院 MBA 项目 TOP100”第六名，学院荣获“2023 年度 MBA 卓越商学院”。

（二）科研工作

2023 年，学院全年累计获批各类项目 73 项，经费总金额达到 1668.5 万元。

亮点一：31 个项目获 2023 年度国家自然科学基金资助，创历年来获批项目数量之最。2023 年度国家自然科学基金申请集中接收项目评审结果公布，学院获批 31 项，其中重点项目 1 项，面上项目 12 项，青年项目 18 项，资助率居全国管理学科前列。

亮点二：学院首次跻身 UTD 全球商学院科研百强榜。根据 UTD 发布的 2018 年至 2022 年全球商学院科研排名百强榜，学院首次进入百强榜单，位列全球第 99 名、亚洲第 11 名、中国大陆第 3 名（仅次于复旦大学和清华大学）。

亮点三：SCI/SSCI 论文发表数量继续位居 C9 商学院首位。根据 2023 年 12 月 29 日检索数据，2023 年学院 UTD 论文发表 15 篇，得分位居 C9 商学院第 4 位，2023 年全院师生发表 SCI/SSCI 论文 326 篇，继续 C9 领航。

（三）学科建设

亮点一：推进科技商学院建设，为管理学科发展争取支持和资源。2023 年，学院成立了科技商学院管理工作委员会，在科技商学院班子到位前由管理学院领导班子先期负责科技商学院管理工作，以更好地完成学校交办的科技商学院建设任务，并整合与协调科技商学院、管理学院、国际金融研究院的发展建设，促进管理科学与工程、工商管理以及统计学的学科发展。

亮点二：2023 年世界权威大学学科排名发布，学院多个学科表现亮眼。泰晤士高等教育（THE）2023 年中国学科排名公布，中国科大管理学院统计学、工商管理、管理科学与工程三个学科均为 A+；QS 全球教育集团发布了第 13 次世界大学学科排名，本次学科排名中，中国科大统计与运筹学专业排名全球第 91 位，内地第 5 位。

（四）国际交流与合作

2023 年，学院不断开拓创新国际交流合作的新思路、新渠道、新模式，全院各部门通力合作，整合各项平台资源，为师生搭建多种形式国际交流桥梁。

亮点一：潜心立德树人，探索学生国际交流新渠道。2023 年，学院持续推进学生交流协议工作，当前已与宾夕法尼亚大学沃顿商学院签署 EMBA 学生培训协议，并完成与加利福尼亚大学伯克利分校的双学位项目合作协议的更新，学院将继续推进与日内瓦大学金融研究院、法国斯特拉斯堡大学、IESEG、SKEMA 等欧洲著名商学院的学生交换项目。7 月 30 日至 8 月 7 日，首届“全球领导力与未来科技商业领袖”研学营赴美国开展研学活动，与海外杰出校友进行深入交流,来自学院的 7 名优秀本科营员参加了此次活动。

亮点二:择优提质,完善国际学生招生、管理、培养、服务工作。在 2023 年国合部留学生招生工作表彰大会中,学院受到了国合部的表彰,获得校留学生招生团队一等奖。

亮点三:深化国际科研合作,积极开展引智工作。学院注重国际师资队伍建设,积极推动老师与国外同行的合作交流,鼓励申报 USTC Fellowship 国际访问教授项目,2023 年学院共计 8 项项目通过学校审批立项,学院老师与来自美国加利福尼亚大学圣芭芭拉分校、加利福尼亚大学长滩分校、圣地亚哥大学、田纳西大学,加拿大约克大学、阿尔伯塔大学,新加坡国立大学和日本庆应义塾大学的教授开展合作交流。

(五) 其他

亮点一:三院协同举办高端活动助力实践教学,凸显"实践、实战、实效"作用。2023 年,管理学院、科技商学院、国际金融研究院协同举办多元高端活动,将各类活动贯穿于实践教学中,举办峰会论坛、主题沙龙、专题讲座等各类活动共计 79 场,包括"五懂"青年硬科技创新沙龙活动、长江商学院来皖座谈及报告会、皖港科技联合创新合作交流会等;举办学术报告会 164 场,邀请来自海内外名校的高端人才开展学术交流活动。

亮点二:发挥咨政建言作用,有效提升社会影响力。刘志迎教授主持承担的国家社会科学基金项目产出阶段性成果《推动"四链"深度融合 加快形成新质生产力》,在新华社《经济参考报》理论版刊发,浏览量破百万;刘志迎教授的研究成果《安徽省国家产业创新中心建设研究报告》分别得到安徽省发改委和合肥市发改委采纳;毕功兵教授、周保环博士在《安徽日报》发表署名文章,题为《"四链驱动"助力数字经济新发展》;张曙光教授的研究课题"安徽省科技金融体系建设路径分析与对策研究"和"安徽省科技人才队伍建设现状分析与引进培育机制分析与对策研究"产出研究成果报送安徽省科技厅;赵征副教授、李家林硕士撰写的《走好创新驱动发展之路》在《安徽日报》理论版刊发。

亮点三:国金院擦亮"金"字招牌,在服务地方产业发展中发挥重要作用。国金院联合国内知名证券公司与期货公司,开展"中国私募证券基金排名"项目,活动获得行业好评和众多知名媒体报道;国金院启动安徽省供应链标准化技术委员会筹建工作,助推安徽省十大战略新兴产业的产业供应链化和供应链产业化;国金院创新创业平台辅导并孵化的校友企业成功参与到"人造小太阳创造 403 秒世界纪录"项目。

公共事务学院

一、学 院 概 况

学院成立于 2010 年,是学校为实施"双一流"建设发展战略,提升高校服务社会功能,促进经济社会发展和公共管理创新而设立的新型特色学院。学院紧扣"潜心立德树人、执着攻关创新"两大核心任务,围绕公共事务领域的发展与安全问题,着力打造深度融合政策智能应用场景和数据分析技术的"科技"型公共管理学科与法学学科。

学院现有公共管理一级学科硕士学位授权点，有公共管理硕士（MPA）、法律硕士（JM）、知识产权硕士3个专业学位授权点。设有公共管理硕士（MPA）教育中心、全日制专业学位管理中心、国家专业技术人才教育基地、科技创新与区域发展研究中心、知识产权研究院等多个科研教学平台。学院已形成与国家治理现代化战略相适应，与学校整体学术导向相匹配的公共管理学科特色研究领域，包含风险治理与应急管理、网络空间治理与数据安全、双碳政策与环境管理、创新管理与科技政策、政府绩效与机关事务管理、健康科技与健康治理等学科方向。学院承办的《科技与法律》杂志是科技法领域的重要期刊，2019年入选CSSCI扩展版来源期刊。

二、强化党建引领，促进学院中心工作

2023年，学院党委坚持把思想政治工作作为重要抓手，认真学习习近平总书记重要讲话及指示精神、党的二十大精神、中国共产党章程等，认真开展党史学习教育和学习习近平新时代中国特色社会主义思想主题教育，增强“四个意识”、坚定“四个自信”、做到“两个维护”、深刻领悟“两个确立”的决定性意义。

坚持以巡促改，不断推动学院各项工作制度化规范化。认真完成中央巡视整改、校内巡视“回头看”整改、“潜心立德树人”专项巡视整改、机动巡视和审计整改等，经过认真整改并巩固深化整改成果，不断营造学院风清气正的政治生态，为学院各项事业发展提供了坚强的政治保障。切实履行抓党建主体责任，党组织书记履行抓党建第一责任人职责。落实党委会会议“第一议题”、党委理论中心组学习制度，认真执行党委会会议、党政联席会议两个议事规则和党支部书记工作例会。认真贯彻落实《公共事务学院党委会会议议事规则》《公共事务学院党政联席会会议议事规则》。每年平均召开党委会会议和党政联席会议分别约25次。

认真贯彻落实《中国共产党普通高等学校基层组织工作条例》。优化调整党支部设置，落实“三会一课”和主题党日等基本制度，充分发挥院党委在学院发展规划、课程建设、教材选用等各项重要工作中的政治把关作用。不断打造学院党建特色品牌、完善思政工作体系，深化“红专”工程，持续开展“双创”工作，推动支部结对共建。院党委坚持大抓基层的鲜明导向，积极打造学院党建特色品牌，两个研究生党支部入选校级样板党支部并定为“三星级党支部”，持续发挥以点带面的辐射作用。组织基层党支部认真开展党建与思想政治研究，2023年党建与思想政治工作研讨会学院两个优秀理论研究成果荣获一等奖，这是学院自校党委开展党建与思想政治工作研究以来取得的最好成绩。通过不断加强党支部规范化、标准化建设，把师生思想政治教育工作落到实处。坚持党建引领，加强党建推动学院事业高质量发展：坚持党管人才，研究制定《公共事务学院引进人才党组织审查工作规程》，为学院人才引进把好政治关，近年来人才引进成果显著；院党委以高质量党建推动学院教学科研与人才培养工作，学院获批重大科研项目和承担重大科研任务的能力和水平不断提升，学生培养质量不断增强等；院党委以高质量党建维护校园安全稳定，防范化解重大风险。

扎实做好基础性党务工作。认真完成学校第十三次党代会代表选举、“两委”委员推选工作，探索制定《公共事务学院团员推优量化指标考核参考》，重视学生入党积极分子过程管

理，为党员发展把好“入口关”，学生党员比例位居全校前列。做好群团与统战工作，不断加强基层师德师风和教学教风建设；院党委带领团组织、研究生会做好团学工作，带领学生骨干组织承担校、院重大活动，促进学生德智体美劳全面发展，承办的大型普法活动引发全校关注，团支部连年获得“先进团支部”和“五四红旗团支部”等荣誉。

三、重视人才引育，师资梯队不断优化

学院围绕重点学科发展方向，通过多元化渠道筑巢引凤。2023 年，吸引海内外人才申请学院岗位 60 人次，成功引进人才 12 人，其中特任研究员 1 人，特任副研究员 8 人，博士后研究员 3 人，成功转聘 1 人。

高度重视人才引育，全面提升人才自主培养质量，人才建设亮点不断。学院左晓栋教授获批国家重大人才工程特聘教授；魏玖长教授当选中国管理科学学会可持续发展管理专业委员会副主任。多名教师当选国家级、省部级专业技术委员会、学术委员会、专业学位教育指导委员会等委员，多名青年教师入选国家级、省级人才项目。

四、强化攻关创新，科学研究开花结果

2023 年，学院获批国家社科基金重大项目、科技人文提升计划项目、国家自然科学基金面上项目、国家社科基金一般项目、教育部人文社科基金项目等新增项目 24 项。新增项目累计经费 641.35 万元。2023 年，学院共有在研项目 45 项，累计项目经费 1924.35 万元。在研项目金额较 2022 年同比上升超 300%，取得飞跃式进步。

我院王元地教授作为首席专家获批教育部主题案例项目。尚虎平教授团队申报的“国内外公共政策有效执行案例分析”入选 2023 年全国公共管理“精品案例课堂”建设计划。13 位教师获研究生教育创新计划项目资助，3 位教师的主题案例通过学校评审提交教育部。组织推动已获批的教育部主题案例项目顺利结项。共有 8 篇案例被中国专业学位案例中心案例库收录；另有 1 篇案例被中国公共管理案例库收录。

五、潜心教学培养，莘莘学子成长成才

学院招生数量、质量齐头并进，招生数量方面，从 2019 年的 166 人增长至 2023 年的 216 人，招生质量方面，学院积极开展公共管理与法律夏令营等活动吸引优质生源。优化调整留学生招生政策。留学生招生获 2023 年度留学生招生团队二等奖。

2023 年，学院召开 6 次教学委员会工作会议。梳理审定各类课程教材 103 本，做到现有马工程教材在相关专业教学中使用率达 100%。审定通过学院教材出版项目 4 项。全年邀请国内外知名专家开设讲座 13 人次。成功举办“科技赋能社会治理创新”第三届“公共管理与法律研究生创新实践论坛”，促进学生将理论学习与实践相结合。

2023 年，学院全日制 MPA 首次招生。学院师生合作完成的案例从 197 所院校的 1942 篇案例中脱颖而出入围全国百强，MPA 教育中心获第七届中国研究生公共管理案例大赛

“三等奖”1 项，“优秀组织奖”1 项。

2023 年，学院全日制毕业生就业率 98.1%。2023 届毕业生初次就业率显著提升(提高 7 个百分点)，法学、法律硕士就业率 100%；升学人数大幅上升(增加 6 人，其中出国/境 4 人)。

六、深化学科布局，学科发展提质增效

统筹做好知识产权、法律硕士两个学科建设调整工作。组织召开学科建设发展座谈会，组织公共管理学位授权点自评估会，教育部、兄弟高校的相关专家为我校公共管理学科的创新发展、人才培养破解难点、痛点、堵点，提出具有战略前瞻性的发展建议。

学院不断提升科学研究和学科建设水平。结合国家发展战略凝练六个学科发展方向，明确公共管理学科的发展定位。各方向均组建了具备深厚学术实力的研究团队，开展扎实的学术研究活动，促进公共管理学科的建设发展。

七、聚力交流协作，合作共建走深走实

2023 年，学院主办/协办了科技人文高端论坛——首届新科技发展与国家治理现代化学术论坛等重要学术会议 10 余场，大力提升学院影响力。围绕研究课题、咨政报告、人才培训、实践教育基地等加强与政府、企业的合作。学院教师撰写的咨政报告被中共中央国家安全委员会办公室采用，并得到中央领导批示。学院代表学校承接省委宣传部交办重大课题攻关任务，研究报告被安徽省委宣传部全文采纳，获省委常委、宣传部长陈舜高度评价，并作为素材用于省委举办的第四场主题教育专题党课报告会。学院教师受阿里云、腾讯等龙头企业委托承担多项合作研究课题。

获批工业和信息化部“5G 应用安全创新推广中心”，积极发挥在数据安全治理、社会风险治理、网络安全顶层设计等方面的优势，为国家新型工业化作贡献。“中国科学技术大学公共事务学院总体国家安全观教学研究实践基地”正式揭牌，将推进总体国家安全观学科发展、学术研究和人才培养。学院将抓住国家安全学成为一级学科的历史契机，着力构建国家安全学教学知识体系。

八、投身公共服务，服务国家社会再上台阶

受中央网信办网络安全协调局委托，学院左晓栋教授牵头起草了《党政机关网站安全管理规定》。左晓栋作为国务院行政法规《网络数据安全管理条例》专家起草组组长支撑条例起草。2023 年，学院教师共参与起草发布国家标准 3 部，其中 2 部的主要起草单位含中国科大。

学院魏玖长教授、左晓栋教授就国家安全领域、网络空间治理等议题多次受中央电视台、安徽电视台、中国企业竞争力年会等媒体平台采访、受邀解读重大政策 10 余次。学院教师积极承担中央宣传部、中央办公厅、中央国安办、中央网信办、商务部等国家部委委托的重要任务，协助完成多篇内参报党中央国务院。

2023 年，学院共完成政府、中国科学院等单位委托的专业人才培训项目 45 项。获得来

自包头工商业联合会、赣州市科学技术局等单位的感谢信。学院将规范办学，依托学科专业优势，举办与学校学院发展定位相一致、与办学能力相适应的非学历教育培训项目。

涓涓不塞，是为江河；源源不断，是为奋斗。学院将继续笃行实干，行稳致远，立足教学、科研两大主责主业，面向国家重大需求，不断提升科学研究和学科影响力，为培养复合型、高层次公共事务管理人才、建设具有中国特色的世界一流大学作出新的贡献。

人文与社会科学学院

一、学 院 概 况

学院设有科技史与科技考古系、科技传播系、科技哲学系、心理学系、语言科学交叉研究中心、艺术与科学研究中心。科技人文高等研究院依托我院建设。在编教职工 51 人(其中教授 13 人，特任教授 1 人)，聘期制科研人员 34 人。各类研究生 583 人(含留学生、延期生、单证生)，本科生 45 人。

学院有科学技术史、哲学 2 个一级学科博士点，科学技术史、哲学、考古学 3 个一级学科硕士点，新闻与传播、文物 2 个专业学位硕士点，网络与新媒体本科专业，1 个“985”二期国家文科基地，1 个 A+学科，1 个省级重点学科，2 个省哲学社会科学重点实验室，2 个省文科科研基地，1 个省级本科特色专业。

二、思想政治工作

学院设有 3 个党总支、19 个党支部，党员 323 人。新接收积极分子 110 名(学生 106 名)，发展党员 41 名(学生 39 名)，转正党员 56 名(均为学生)。教工支部书记 100%符合双带头人要求。

认真学习贯彻习近平新时代中国特色社会主义思想和党的二十大精神，召开党委会议第一议题 27 次、党委理论学习中心组学习 8 次、党支部书记例会 4 次、纪检工作例会 4 次。按月检查支部“三会一课”开展情况，党支部按时换届；贯彻落实《中国共产党普通高等学校基层组织工作条例》。学院党委设星级党支部评星定级审评小组，领导开展了 4 次领导专题调研座谈会。开展本科生五“心”支持帮扶计划。打造“师心斋”“红专哲优”系列活动品牌。

依托“青年大学习”和网络团校开展常态化思想政治教育，开展各种形式的学习教育主题团日活动 90 多项。

三、行 政 工 作

制定《人文与社会科学学院班主任遴选办法》《人文与社会科学学院 2023 年统筹经费使用方案》《人文与社会科学学院东区人文楼办公科研用房分配方案》，修订《人文与社会科学学院统筹经费使用方案》《专业学位教育教学工作浮动绩效标准》。新人文楼即将落成，该楼功能上首先满足科研需求，使用上考虑学院发展空间。

引进教授 2 人，特任研究员 2 人（报到 1 人），特任副研究员转副教授 1 人，特任副研究员、博士后报到 10 人。

落实实验室安全责任制，全年未发生安全事故。

四、教 学 工 作

主动撤销考古学、英语、传播学三个本科专业。文物与博物馆专硕调整为文物专硕学位点。科学技术史、哲学、考古学、新闻与传播、文物与博物馆等学位点参加了周期性合格评估。

网络与新媒体专业分流 11 人，跨院系修读本专业 10 人。

第七届“科技与文化”夏令营报名超 800 人，硕士生源质量明显提高。

开设本科生课程 63 门次，90 个课堂，选课 5572 人次，“大学生心理学”实现了大一新生全覆盖；研究生课程 80 门次，147 个课堂，选课超过 10000 人次。

“生命科学简史”“3D 动画与特效”获评教育部第二批本科线上一流课程。获省级质量工程 3 项，重点教学研究项目 2 项，教学创新团队 1 个，安徽省精品教材建设 2 项，研究生教育创新计划项目 11 项，本科校级质量工程 5 项。

五、科研与学科建设工作

在研纵向项目 87 项，经费 2521.15 万元；横向项目 28 项，经费 804.79 万元；校级项目 36 项，经费 253 万元。

新增国家社会科学基金项目 7 项，国家自然科学基金项目 2 项，教育部人文社会科学研究一般项目 2 项，安徽省自然科学基金项目 1 项，安徽省社会科学基金项目 1 项、青年项目 1 项，校级项目 25 项。

2023 年，发表论文 242 篇（SCI、SSCI、CSSCI、EI 收录期刊 163 篇），论文总数量以及被 SCI、SSCI、CSSCI、EI、CSCD 检索数量较 2022 年有较大增幅。

编辑出版学术专著 5 部，译著 1 部，教材 1 部。

完成可视化作品 32 个（集），“纠缠”全国各地展出 10 场，“阅壤”线上线下展出，线上阅读量超过 100 万次。

2023 年 5 月 5 日上午，在物质楼三楼召开科技人文学科发展研讨会，教育部高教司、校领导、校内外嘉宾、校职能部门领导、学院教师 200 余人参会，人文学院、科技人文高等研究院各单位领导汇报工作。下午，科技人文高等研究院召开第一次学术委员会（扩大）工作会议，通过了工作办法，评审立项了 2023 年度科技人文提升计划项目 3 项、2023 年度科技人文提升计划预研项目 2 项。

六、对外交流与合作工作

《剑与盾之歌：人类对抗病毒的精彩瞬间》英文版新书 Storming of Virus & Human 在肯尼亚发布，朱孟潇老师担任 ICA 中国理事会首任主席，心理学系与中国科学院深圳先进技术研究院就“大中学校创新型人才协同培养路径研究”，开展青少年优秀人才选拔培养研究工作。

主办或参与承办学术会议 10 余场（其中国际会议 3 场）。教师在国内外学术会议上作报告 120 余人次。“科技·历史·遗产”学术沙龙等学术平台开展报告、专题讲座 110 余场。

邀请外专来访/顺访 24 人次，院内教职工出访参会交流 48 人次，纪辰公派巴黎天文台，徐晓飞公派英国威斯敏斯特大学访问。天文学史期刊《Journal of Astronomical History and Heritage》（ISSN：1440—2807）顺利完成第 26 卷共 4 期的正式出版。

七、学 生 工 作

招收学硕 31 人，专硕 87 人，博士生 21 人（含留学生 1 人）；本科毕业 19 人，硕士毕业 123 人，博士毕业 21 人。

硕士毕业生就业率 92%，博士毕业生就业率 100%，本科生首次就业率 65%。

八、荣誉与获奖

袁家宏获省引才计划支持，黄雯入选 2022 年度教育部、中宣传“高校与新闻单位互聘交流‘双千计划’”，褚龙飞获校“学术领军人才”计划支持，罗喆、杨伯顺获国博资助计划支持。

刘锐“生命科学史”获教育部 2023 智慧树“本科一流课程”，王晓燕以骨干成员参与的项目获 2023 年国家级教学成果二等奖，施郁获中国科学院科学传播研究中心第一届“量子信息与量子科技”科普作品比赛二等奖，王珏获美国教育研究协会 2023“Georg William Rasch Early Career Publication Award”和 2023 海峡两岸心理与教育测验学术研讨会“青年学者优秀论文奖”，吕心游获 2023 长三角神经科学青年论坛湖畔启航奖，杨伯顺、褚龙飞获中国科技史学会第 10 届青年科学史研讨会论文二等奖，张居中获中国考古学会环境考古专业委员会“第三届环境考古杰出贡献奖”，查汝晶获“安徽省社科界优秀青年学者”称号，张燕翔获 2023 年全国高校数字艺术设计大赛优秀指导教师、2023 全国高校艺术设计教师教学创新大赛省级赛二等奖，指导多名学生获 2023 高校数字艺术设计大赛全国一、二、三等奖，全国大学生网络编辑大赛华东赛区一、二等奖等，王雅等同学获全国高校数字艺术设计大赛安徽省一等奖，2021 级翻译硕士班多名同学获全国翻译大赛一、二、三等奖等。

马克思主义学院

一、学院概况

学院成立于2016年3月10日，由中国科学技术大学与中共安徽省委党校(安徽行政学院)联合共建。2016年4月26日，习近平总书记来我校考察时，对我校与安徽省委党校共建马克思主义学院的做法给予肯定。学院现有9个教研室(课程组)，承担全校本科生和研究生思政课，以及学院研究生专业课的教学任务。2022年9月获批安徽省重点马克思主义学院。

二、党政工作

学院党总支深入学习贯彻党的二十大精神，认真落实上级组织决策部署，全面加强新时代马克思主义学院建设，在学科建设、课程建设、师资队伍建设、人才培养等方面取得显著成效。

持续深化理论武装。发挥理论学习中心组和党总支会议“第一议题”学习引领示范作用，通过党支部“三会一课”、主题党日和举办专题系列讲座等方式，持续加强师生思想理论武装。丰富学习形式，组织思政课教师赴教育部全国高校思想政治理论课教师社会实践研修基地(延安大学泽东干部学院)开展暑期研修。

深入开展学习贯彻习近平新时代中国特色社会主义思想主题教育，并与持续巩固深化中央巡视、校内巡视整改成果结合起来，一体推进理论学习、调查研究、推动发展、检视整改。主题教育期间，院领导带队赴武汉大学、上海交通大学等单位开展专题调研17次，纳入清单动态管理的问题和专项整治问题均按时对账销号。将调研成果转化为制度，制定党建、教学、科研、学术团队建设等方面的办法和方案6个。如期完成“潜心立德树人”专项巡视整改工作，拓展“六有”大学生培养专项巡视整改工作成效，研究生思政课实现由学院统筹开设管理，课堂规模降至100人/班。

制定《马克思主义学院党支部党建与业务工作深度融合指导方案》，推动党建工作与业务工作深度融合。深入推动支部结对共建工作，组织教工党支部及其共建单位赴金寨县龙马村开展“党建结对 工会助力 共促振兴”主题党日活动。学院研究生党支部获第二批“全省研究生样板党支部”立项，支部党员查至行同志荣获“全省研究生党员标兵”称号；原理纲要教工党支部获评校先进基层党组织；3位师生荣获校级“优秀共产党员”称号。

深入开展师德师风集中学习教育，严格落实意识形态工作责任制。举办师德集中学习教育专题讲座，邀请专家作专题报告。各教工党支部、课程组持续开展师德规范和先进事迹学习，开展反面典型警示教育。

三、教 学 工 作

加强课程组建设，着力打造精品课程。围绕党的二十大精神等融入思政课教学，各课程组开展系列教学研讨和展示。思想道德与法治教研室深入推进具有中国科大马克思主义学院特色的混合式教学改革，自主研发线上思政课程，2023 年秋季学期首期线上课程登录学银在线并投入使用。学院教师获省级质量工程教研项目 1 项，校级教育教学改革研究项目 2 项。

加强教学管理和激励。制定《马克思主义学院关于思政课全过程规范化教学管理的若干规定(暂行)》，督促课程组加强本课程的全过程规范化管理。制定《马克思主义学院教师发表高层次科研成果后期资助项目实施办法(试行)》《2022 年度中国科学技术大学专职思政课教师岗位津贴考核分配方案》，激励教师提升科研水平和教学质量。

深化教学改革。积极探索“大学生讲思政课”新方法，在“毛泽东思想和中国特色社会主义理论体系概论”“中国近现代史纲要”“思想道德与法治”等课程进行“同课异构”，同步开展“小老师”讲红色文化的思政微课活动。中国近代史纲要教研室推出“红色剧本杀”特色课程，创作完成大型红色互动推理剧《觉醒年代》，并联合金寨县革命博物馆、渡江战役纪念馆等开展“中国科大思政课程云端实景教学工程”系列活动。

严格执行推门听课等制度，加强教学质量管理。2022—2023 学年本科生思政课优秀课堂 63 个，比上学年增加了 17 个。其中，2023 年春季学期教学测评，50 个思政课堂中，39 个课堂大于等于 90 分，优秀率达 78%，较去年提高 11.7 个百分点。

四、学科建设与科学研究

在全国第二轮“双一流”建设中期自评工作中，完成学校布置的马克思主义理论学科建设自评报告，进一步梳理和细化了学科建设的目标和举措。

组织并激励教师申报国家社科基金、教育部人文社科基金等高级别科研项目，提高学院科研成果的数量和质量。获批国家社科基金一般项目 1 项，安徽省高校“三全育人”综合改革和思想政治能力提升计划项目 2 项，安徽省哲学社会科学规划项目 1 项；另获中国科大 2023 年度新文科基金项目 5 项，青年创新基金项目 2 项，马克思主义理论专项 4 项，2022—2023 学年度“创新创业教育研究课题”1 项。

学院教师在《中共党史研究》《学校党建与思想教育》《党史研究与教学》《中国高教研究》《中国行政管理》等期刊上发表论文 40 余篇，出版《弘扬科学家精神》等著作 3 部。

五、教师队伍建设

继续开展思政课专职教师招聘、优秀人才引进工作。新引进 1 名教授、3 名博士青年教师；对形势与政策教研室教师进行动态调整，总量保持稳定，略有增长。加强教师培训，组织思政课教师参加教育部“周末理论大讲堂”线上培训 26 期，参加教育部社科司集体备课会 19 场。

加强青年教师培养。1 位教师获安徽省第六届高校青年教师教学竞赛三等奖，2 位教师获校第三届全国高校教师教学创新大赛三等奖，1 名教师获王宽诚育才奖。

六、学 术 交 流

举办“理实交融”马理学科系列讲座 8 场，青年学者沙龙 3 期；举办“学习研究阐释党的二十大精神”——中国科大·合工大·安大马克思主义理论研究生学术论坛、首届长三角高校马克思主义理论研究生论坛；定期举办“书香马院”系列研究生读书会，开展“读原著、学原文、悟原理”主题征文活动，不断提升学生学术素养。多名研究生在国内国际研究生学术会议中获多项佳绩，如“马研杯”第三届全国马克思主义经典文献研习大赛一等奖，安徽省大学生学习马克思主义理论成果大赛一等奖 2 项、二等奖 2 项、三等奖 1 项，陕西高校马克思主义理论学科研究生论坛论文一等奖，南京航空航天大学第十一届研究生国际学术会议优秀论文等。

七、研究生培养

招收硕士研究生 15 名，并完成 2023 级硕士研究生导师遴选工作。严格落实培养过程要求，2023 届毕业生增加了学位论文预盲审环节，进一步加强论文质量管理。

指导研究生参加讲思政课比赛，先后获安徽省大学生讲思政课决赛优秀奖、安徽省第二届大学生讲思政课决赛二等奖、第七届全国高校大学生讲思政课公开课展示活动一等奖。

八、团 学 工 作

在新生入学教育和毕业教育活动中，开展“习近平总书记与大学生在一起”主题班团、校规校纪教育学习和科学道德与学风教育等活动。抓好“青年大学习”网上主题团课常态化学习。

坚持党团班一体化建设，充分发挥党员先锋模范作用，着力提升学生骨干能力，推进协同育人。学院 2021 级硕士班荣获校级“先进毕业班集体”创建资格，2022 级硕士班荣获 2022—2023 学年度“先进班集体”。获国家奖学金 1 人，江淮蔚来汽车奖学金 1 人，杨亚基金奖学金 1 人，中国科大励学之星 2 人。

高度重视学生心理健康教育、就业服务等工作。定期举办“前辈说”就业指导活动，邀请我校大学生就业指导专家、企事业单位招生负责人、优秀毕业生等进行就业、考公、考博经验交流分享。1 位老师获学校毕业生就业工作先进个人称号。

环境科学与工程系

一、系况简介

环境科学与工程系(简称环境系)于 2019 年 8 月成立,拥有环境科学与工程国家一级学科,环境科学与工程本科专业,1 个工程博士学位授权点及 1 个博士后流动站,研究方向特色鲜明,涉及大气污染监测、极地环境、水污染控制等重点领域。现任主任为刘文清院士,执行主任为俞汉青院士,党总支书记为张文真。

目前,环境系拥有大气环境监测技术与装备国家工程实验室、中国科学院城市污染物转化重点实验室、安徽省极地环境与全球变化重点实验室、安徽省废水资源化利用工程实验室,以及全球环境变化与大气污染成因解析平台和水污染控制微观分析平台两个双一流学科平台。

二、党建工作

2023 年,环境系党总支坚持以习近平新时代中国特色社会主义思想为指导,围绕学校两大核心任务,踔厉奋发、勇毅前行,推动党建工作与事业发展同向发力、深度融合。积极组织系师生开展各类党建主题活动,引导广大师生坚定不移听党话、不忘初心跟党走,全面提升师生思想政治觉悟。

2023 年,环境系党总支严格落实“院级两会”制度,履行党建主体责任,年内共召开党总支会议 15 次、党政联席会议 13 次,印发系党字文件 7 份、系字文件 10 份。严格落实党支部书记例会、院级党组织负责人上党课、党员领导干部联系支部等制度,年内开展 4 次党支部书记例会。系党总支书记年内 2 次为系内师生上专题党课,常态化与党外干部、党外人才、新进人才保持密切联系。

2023 年,环境系党总支严格落实意识形态工作责任制,召开 2 次意识形态专题会议,完善意识形态风险防控措施。全面落实对课堂、学术报告会、新引进人才的政治把关,充分发挥基层党组织政治审核把关作用。同时,环境系党总支高度重视党风廉政建设与作风建设、师德师风与科研诚信建设,多次组织师德师风、科研诚信主题教育活动,指导全体教师签订《师德师风建设教师个人承诺书》《科研诚信承诺书》,把师德师风作为评价教师队伍素质的第一标准,切实履行“为党育人,为国育才”的使命担当。

2023 年,环境系党总支持续加强支部建设,优化支部设置,新成立本科生党支部、研究生第四党支部、研究生第五党支部,完成教师党支部、研究生第三党支部换届工作,选取德才兼备的高水平教师担任学生党支部书记;教师党支部致力党建质量创优,获批安徽省第二批“双带头人”教师党支部书记工作室、学校“三星级党支部”,支部团队获第十一届“母亲河”绿色团队奖。

2023 年，在严格落实学校“红专工程”的背景下，环境系党总支开展“红启工程”，助力本科生红色启航。建立“红色纽带”，组织高年级学生党员与本科生面对面交流；选聘重点行业专家学者为单位“红启导师”，组织开展“红启教室”系列专题报告会，营造“传、帮、带”的良好氛围，年内累计发展 12 名中共预备党员(含 5 名本科生)、40 名入党积极分子(含 27 名本科生)，全系本科生递交入党申请书比例近 80%。

三、师资队伍建设

高水平人力资源是增强学校核心竞争力和促进学科建设与发展的关键所在，为吸引优秀人才和团队加盟，环境系充分利用系微信公众号、学校官网以及老师自身人脉资源，广泛宣传、拓宽选拔视野，积极吸纳海内外优秀青年学者。2023 年依托国家各项人才计划，环境系 5 位老师获批国家创新人才计划青年项目，3 位老师入选中国科学院引才计划青年项目候选人。

在坚持做好高层次人才引进工作的同时，环境系高度重视本系教师梯队的培育和选拔，走好人才自主培养之路。2023 年俞汉青教授入选中国工程院院士，刘东风和汤强老师获国家自然科学基金优秀青年基金资助，张信和钱晨两位特任副研究员转为固定教职。另有 9 位特任副研究员和 22 位博士后入职，以加强我系后备师资力量，促进教师岗位结构的不断优化。12 月，环境系举办了第一届环境科学与工程系青年骨干年度工作报告会，为系内青年学者搭建了科研互动的平台，促进了相互之间的学术交流。

截至 2023 年底，环境系有教职工 92 人，其中教学科研人员 85 人，教授 21 人，副教授/副研究员 5 人，特任研究员 3 人，特任副研究员 15 人，博士后 39 人。其中，中国工程院院士 2 人，教育部国家重大人才工程特聘教授 2 人、青年学者 2 人，国家杰出青年科学基金获得者 5 人，国家海外引才项目入选者 8 人，国家优秀青年科学基金获得者 8 人，中国科学院人才项目 12 人，国家高层次人才特殊支持计划 1 人，科技部中青年科技创新领军人才 2 人。

四、本科生教学

环境系围绕学校两大核心任务，着力本科英才教育，教学课程方面，为提升学生对环境学科的兴趣，我系面向全体本科生积极推动环境探索计划，为每位本科生配置一名学业导师，协助本科生尽早接触科研，提高专业认知，并依托优质平台资源提供了各类实践学习机会。同时，做好本科生生涯启航引导工作，我系多次组织开展新师沙龙、学长学姐经验分享会、师生交流会等活动，强化本科生对专业的认同和归属感；为进一步激发学生对境外交流与留学深造的兴趣，开拓学生国际化视野，系组织多场“飞跃重洋”活动，激起本科生对境外交流与国际留学的向往，并针对有意向前往国外深造的同学开展英语项目专项提升计划以及国际暑研计划，为本科生走向全球指明方向。

环境系高度重视创新创业工作，积极动员学生申报科研项目、参与双创赛事，2023 年，环境系学生参加庆峰杯、深水杯、节能减排、互联网＋等双创赛事活动，获得国家级奖项 10 项、省级奖项 10 项、校级奖项 10 余项，另获批学校 2023 年度双创基金 7 项，其中全校共 9

项获 10 万元资助，我系占 2 项；获批学校 2023 年度雏鹰基金 7 项、雄鹰基金 2 项。

环境系积极落实立德树人根本任务，结合专业特色，开展各类特色活动，从职业生涯规划、心理辅导、创新创业等多方面开展培训，提升青年学子在学习、科研和生活等方面的综合能力，培养新时代“六有”大学生，创先争优成果突出，2021 级本科生钟玲娟荣获“第六届全国百佳心理委员”称号（全校仅 1 名），2022 级本科班获得“2022—2023 学年度‘六有’大学生班集体”称号（全校仅 5 个）。

五、研究生工作

为吸引全国优秀大学生来我系攻读研究生，我系加大研究生招生宣传力度，开展了由研究生院主办、我系承办的“中国科大第七届环境科学与工程暑期夏令营”，来自全国多所著名高校环境科学与工程学科的几百名大三学生参加了夏令营活动。

研究生招生录取工作方面，3 月份根据学校相关工作要求，完成了 2023 级硕士研究生复试相关工作。5 月份完成了硕转博、申请-考核制博士以及工程博士进行笔试、相关复试工作。11 月份根据学校要求完成了研究生专业课命题工作。

研究生教学培养方面，我系李文卫老师获得省级研究生核心课程项目立项，杨一老师、王允坤老师获得省级研究生创新计划教学改革项目立项，张颖捷获得中国科学院优秀博士论文，刘练练、刘宏志获研究生学术创新项目立项，花添伟、蒋婷、陈卓、高彤获省级研究生创新创业实践项目立项，李昊潼、时路佳、舒晓萱获得省级研究生“创新创业之星”。

7 月，环境系协助中国科学院生态环境研究中心、苏州工业园区管理委员会、日本奥加诺株式会社以及奥加诺（苏州）水处理有限公司举办第 17 届奥加诺（水质与水环境）奖学金评审会及青年学术沙龙活动，会议吸引了校内外百余学子参与。12 月，环境系举办了第四届环境科学与工程专业研究生学术年会，邀请了企业及外校专家参加，多名研究生也参与其中。

2023 年，我系共 28 名研究生完成答辩，顺利毕业，其中博士生 16 名，硕士生 12 名。1 名硕士生和 2 名博士生获得研究生国家奖学金。

六、科 研 成 果

2023 年，我系师生继续执着攻关创新，始终保持坚定的信念和毅力，不断攻克难题，实现一系列技术突破和成果创新。发表一作/通信作者 SCI 论文 119 篇，其中Ⅰ区论文 100 篇，占比约 84%；其中《Nature Water》1 篇、《Nature Communications》3 篇、《Nature Reviews Materials》1 篇、《PNAS》6 篇、《Advanced Materials》3 篇以及环境领域顶级期刊《Environmental Science & Technology》和《Water Research》15 篇。获授权发明专利 23 项，申请发明专利 26 项。在纵向科研项目攻关方面，本年度环境系获批国家自然科学基金优青项目 2 项、联合基金项目 1 项、面上项目 6 项、青年基金项目 9 项，国家基金集中批次项目申报获批率达 54%，远高于全校平均获批率。获批国家重点研发计划青年科学家项目 1 项、安徽省重点研发项目 1 项、安徽省青年基金 2 项、校创新团队项目 1 项、校青创重点项目 2 项以及其他项目共 28 项，新增科研经费合同额累计 1671 万元，科研项目累计到账 2303 万元；2020 级本科生肖志超获批国家基金首批青年学生基础研究项目（全国环境类仅 2 项）；在技术服务与成果转化方面，本系教职工继续拓宽合作领域，与中石化、宝武水务、延长石油、国祯环保等环保企业展开技术合作，持续推进成果转化，本年度共签订技术服务合同 6 项、企业联合实验室项目 3 项。

七、主 要 荣 誉

1. 中国科学技术大学“护江河之美，绘青春之画”团队获第十一届母亲河奖——绿色团队奖；
2. 环境科学与工程系 2022 级本科班获 2022—2023 学年度“六有”大学生班集体；
3. 俞汉青、盛国平获 2023 年爱思唯尔高被引学者；
4. 俞汉青、刘武军获 2023 科睿唯安高被引学者；
5. 李文卫获 2023 年中国科学院优秀导师；
6. 徐丽获博士后创新人才支持计划项目；
7. 吕兴霖获 2023 年度王宽诚育才奖；
8. 曹静静、闵媛、罗亮、吴刚、赵小娜获国家资助博士后研究人员计划（B 档）；
9. 刘练练、何蕾、屈燕妮获国家资助博士后研究人员计划（C 档）；
10. 陈洁洁、李文卫分别获得安徽省科技进步一等奖；
11. 俞汉青、穆杨、盛国平、陈洁洁、刘江涛、张常勇、袁丽、王允坤、蔡琛、郭璞璨、黄明杰获 2023 年“华骐——绿巨人杯”安徽省大学生生态环境创新创业大赛“优秀指导教师”称号；
12. 刘天懿等获第六届“深水杯”全国大学生给排水科技创新大赛创意竞赛项目全国一等奖；
13. 钟玲娟获第六届全国百佳心理委员；
14. 肖志超获国家奖学金；
15. 郭志恒、杨贺获国家励志奖学金；
16. 杨贺、吴增鑫、侯静、郭志恒获 2023 年“华骐——绿巨人杯”安徽省大学生生态环境创新创业大赛特等奖；
17. 韩江津、赵小娜获安徽省 2023 届优秀毕业生；
18. 蒋婷、贾望晓获中国科学技术大学 2023 年优秀共产党员；
19. 郭智妍、程洲华分别获得中国科学院院长特别奖、优秀奖。

核科学技术学院

一、学院概况

学院于2008年12月由中国科学技术大学和中国科学院合肥物质科学研究院联合共建，是国内唯一同时依托国家级实验室和大科学装置，具有鲜明大科学工程特色的学院，2020年设立加速器科学与工程物理系(51系)、等离子体物理与聚变工程系(52系)、核科学与工程系(53系)。学院瞄准国家战略需求，大力培养高层次核科学技术人才，以促进人类社会发展及科学前沿探索。现任院长为李建刚院士，执行院长为封东来院士，学院党委书记为李良彬教授。

学院拥有“核科学与技术”国家一级重点学科，在多次全国学科评估中本学科均排名前列，获评A＋学科，并分别于2017年和2022年入选国家“双一流”建设学科。

学院具有本-硕-博完整的教育体系，设有“核工程与核技术”“工程物理”和“应用物理学”三个本科专业，并设有核科学与技术学科博士后流动站。硕士、博士研究生教育涵盖了核科学与技术下的五个二级学科：核能科学与工程、核燃料循环与材料、核技术及应用、辐射防护及环境保护、同步辐射及应用，此外还包括等离子体物理、核电子学两个二级学科。工程类学位方面，学院培养核能与核技术工程硕士和能源与环保类工程博士。

二、党建工作

国家同步辐射实验室党委(核科学技术学院党委)深入学习贯彻习近平新时代中国特色社会主义思想和党的二十大精神，重点围绕学习贯彻习近平新时代中国特色社会主义思想主题教育、贯彻落实《中国共产党普通高等学校基层组织工作条例》、推进新时代高校党建示范创建和质量创优工程建设等方面进行。

2023年，1个党支部入选第二批“安徽省高校党建工作研究生样板党支部” 培育创建单位名单，1人获得第二批安徽省“研究生党员标兵”称号。1个党支部被推荐申报第四批新时代高校党建“双创”工作样板支部，1个党支部被推荐申报教育部第三批全国高校“百个研究生样板党支部”，1人被推荐申报教育部“百名研究生党员标兵”。

三、学科建设

2023年负责编写完善“科学第一课”丛书“核科学技术第一课”刘万东教授编写的《等离子体物理导论》出版。完成教育强国学科平台建设项目的预研和可研报告；完成“核科学与技术”学科第二轮“双一流”建设中期自评工作；启动2020—2025年学位点自评估工作。

本科教学实验平台按计划完成建设并更新完善，新开实验课程均顺利完成既定教学目标。实验中心组织各类专业实验研讨会共15次，堆芯颗粒球床燃耗获批省级虚拟仿真教学实验平台。实验中心荣获第三届全国大学生等离子体科技创新竞赛一等奖，省级实验教学成果一等奖以及省级质量工程项目重点项目2项。

加强本科教学研讨。学院召开1次教学委员会工作会议，研讨学院本科教学工作；组织同学与教务处、学院教学院长及教学委员会全体老师座谈，答疑解惑，形成检查报告。举办1期教学研讨沙龙，复旦大学蒋最敏教授分享“力学课程建设和课程思政”报告。

四、招生就业与教学培养

本科生招生与培养。2023年学院招收本科生61人，含“核工程与核技术”专业强基班31人。目前学院在读本科生208名。学院开设“核工程与核技术”“工程物理”及“应用物理学”本科专业。对“加速器科学与工程”课程组和“核工程与核技术”课程组本科培养方案进行调整。学院和物理学院联合培养英才班学生，2021级本科生中5人录取至王淦昌英才班；2人录取至赵忠尧英才班。组织2022、2023级本科生暑期前往中国科学院兰州近代物理研究所、秦山核电站、中国科学院上海应用物理所参观；结合开展大研、毕业设计等工作，2020级本科生共计33人按时提交了开题申请。

研究生招生与培养。加大招生宣传力度，制定研究生名额分配制度，规范导师招生制度，开展提前面试、第九届核科学与技术夏令营、推免生面试(985、211高校生源率达88.9%)。2023年招收硕士生67人，博士生52人；硕士毕业生24人，博士毕业生28人；在读硕士生171人，博士生181人。进一步优化研究生各培养环节，鼓励学生以多种形式听取学术报告，举办7期研究生学术论坛，共计200余人次参加。加强研究生毕业论文预评审、盲审等环节审核。完成奖学金评审，学生获奖：中国科学院院长奖2人 、国家奖学金8人、郭永怀奖学金1人、国仪工匠奖学金1人、校级专项奖学金5人、院级专项奖学金23人。硕士研究生一次性就业率100%，博士研究生一次性就业率98%以上。

学生工作紧扣重点打造亮点。做好入学教育第一课，强化入学思政教育。组织参观托卡马克、合肥光源等大科学装置，将《追光》展厅作为教育基地，增进了解我国先进加速器光源和聚变装置等“大国重器”的建设，突出专业特色，弘扬传承勇攀高峰的科学精神。坚持本科生班级小班管理，选优配强班主任；遴选政治素质高、责任心强的优秀青年教师担任本科生学业导师，师生比达1∶4，发挥全员育人作用。坚持五育并举，以“核光同行”为主题，组织开展 “核光杯”球类赛事、“晨读夜跑”、“永远科大人”毕业晚会、心理沙龙、PPT制作分享会等系列活动，促进学生德智体美劳全面发展。学院全年举办各类团学实践活动30多项，旨在锻炼和提升学生的综合素质和实践能力。

五、科 研 工 作

新增科研项目及经费。2023年学院主持在研科研项目92项(其中纵向70项，横向22项)；本年到账经费3640.56万元，新增各类纵向项目20项，批准经费合计1801万元。

论文发表及专利。2023年以学院为第一单位发表论文93篇，其中SCI收录77篇，Ⅰ区论文 14 篇；申请发明专利 17 项，已授权实用新型专利 1 项。

科普、学术活动。封东来院士在本科招生宣讲会、2023 年青少年高校科学营中国科学技术大学分营，作题为《有用的辐射》《爱上物理的十个理由》等科普报告；特邀知名学者在王淦昌大讲堂作报告，共 6 期：李宁院士“地球物理测井-万米井下的核反应”；方汉先生“如何用理科思维方式去认知和适应人类社会”；常超大校“立志科技报国 前沿交叉创新”；贺贤土院士“我的科学生涯——从事国防、惯性聚变能、基础研究 60 年”；金晶女士“我的‘独立’人生”等。共举办 23 期学院专题学术讲座，加强学术交流。

六、人才引进和师资队伍建设

学院现有教授（正高）57 人，副教授（副高）34 人，中国科学院与中国工程院院士 6 人（含兼任），国家重大人才工程特聘教授 1 人，国家创新人才计划入选者 7 人，国家自然科学基金委杰青获得者 4 人，国家自然科学基金委优青获得者 3 人，中国科学院人才计划资助者 9 人。2023 年新增人员 13 人，包括特任教授（研究员）2 人，副教授 1 人，兼职（客座）教授 2 人，特任副研究员（博士后）7 人，项目聘用 1 人。

学院一直坚持本科教育优先的工作理念，特别强调在人才引进时首先考虑相关课程的授课水平。

2023 年，封东来院士获全国创新争先奖奖章；邹崇文研究员获安徽省高端人才引育行动项目“领军人才特聘教授”；龙冉特任教授获中国科学院青促会优秀会员；廖昭亮特任教授获“校学术领军人才计划”；万宝年院士、郑坚教授获中国物理学会 2022—2023 蔡诗东等离子体物理奖；时银特任研究员获优秀青年科学基金；徐榭教授、陈志副教授获安徽省科学技术进步一等奖、中国辐射防护学会科技进步一等奖。

七、交流合作与文化建设

2023 年学院通过“引进来”和“走出去”相结合充分增进学术交流，加强国际合作。获批 2 项国际访问教授项目。来自比利时核研究中心的 Dmitry Terentyev 教授来访开展合作研究。学院共邀请外专来访或顺访超 18 人次。在加强外国知名专家请进工作的同时，学院鼓励科研人员积极出访交流、扩展眼界、提高知名度。2023 年学院教职工人员因公出访共计 41 人次，参加国际会议开展学术交流。

2023 年国家同步辐射实验室及核科学技术学院共同组织留学生招生评审会，共录取 3 名留学生，获我校留学生招生团队二等奖。秉承“学术优先、教授治学、追求卓越、快乐成长”的学术文化，学院资源向年轻人倾斜达成了共识，本年学院内部经费 410 万元支持六位年轻教师。

环境科学与光电技术学院

一、学院概况

学院是中国科学院领导在践行科教结合、教育创新的基础上，进一步推进“寓教于研”的重要举措。学院经中国科学院批准，由中国科学院合肥物质科学研究院和中国科学技术大学共同筹建，由中国科学院安徽光学精密机械研究所为主，负责落实中国科大环境科学与光电技术学院的合作事宜。以培养环境科学与光电技术交叉学科方面具有实际科研能力的高层次精英人才和领军人才为目标。

中国科学院合肥物质研究院与中国科大在物质科学研究领域具有深厚的基础和优势，其中安徽光学精密机械研究所(安徽光机所)拥有大气光学、环境光学及环境遥感监测技术、激光技术和基础科学等有特色、有优势的学科领域。现有大气污染和温室气体监测技术与装备国家工程研究中心、大气环境监测技术与装备国家工程实验室、国家环境光学监测仪器工程技术研究中心、国家环境保护环境光学监测技术重点实验室、中国科学院通用光学辐射定标与表征重点实验室、中国科学院环境光学与技术重点实验室、中国科学院大气成分与光学重点实验室等，形成了在国内具有较鲜明特色的一流科研团队。

2011 年 9 月 28 日，白春礼院长出席环境科学与光电技术学院揭牌仪式并为学院题名。学院将按照科教结合的崭新方式，对学生进行个性化的培养。在中国科大完成基础课和专业基础课教育，在科学岛完成专业方向课学习，并依托在科学岛相关研究单元雄厚的科研能力和条件完成毕业论文。研究院所将选派相关领域专家承担相应的教学任务，学生将深入研究院所进行专题讨论和科研实习。在校期间，学院还将选派有丰富经验的教授作为学生的学业导师，并聘请国内一流的院士、专家亲自指导学生的学习和科研工作。

二、建设基本思路

以“科教结合、协同创新”为宗旨，发挥中国科大和合肥物质科学研究院综合优势，面向国家环境科技需求和光电技术前沿，探索科技创新与人才培养紧密结合、协同发展的运行机制，培养和造就具有国际视野、立志造福社会，既掌握环境科学又拥有光电技术的高科技综合型实用人才。

三、专业设置

学院现有物理学、环境科学与工程、资源与环境、电子信息等专业。

物理学专业目前的主要专业方向有：环境光学、大气光学、光学遥感、光电子技术、激光技术等。

环境科学与工程专业目前的主要专业方向有:环境监测、大气物理化学、环境毒理学等。

资源与环境专业目前的主要专业方向有:环境光学监测、环境遥感与数据处理、大气物理与环境、光电信息处理等。

电子信息专业目前的主要专业方向有:环境光学监测、光学遥感、激光光谱学、光学工程等。

四、师资队伍

学院师资力量雄厚,现有教授22名,中国工程院院士2人,国家高层次人才特殊支持计划2人,中国科学院引才计划4人,杰青1人,优青1人,国家重大人才培养计划2人。

五、研究生工作

2023年招收28名硕士研究生(其中学硕10人、专硕18人),16名博士研究生(其中学术型博士11人、工程博士5人)。

2023年以学院为第一单位发表论文23篇,其中SCI16篇,EI6篇,中文核心1篇,授权发明专利6个。

2023年毕业15名硕士研究生,转博11人,就业率达100%。毕业9名博士研究生,就业率达100%。部分为选调生和博士后,大多进入高校或国内高新技术企业工作,如高校(陆军炮兵防空学院、黄山学院)、华为(杭州)、中广核等,深受用人单位青睐。

六、科研成果

承担的科研项目有:

国家重点研发项目大气自由基及反应活性精细化监测与定量表征技术(谢品华);

国家重点研发项目移动源超低排放实时监测监管与质控技术(桂华侨);

国家重点研发项目太阳绝对光谱辐照度测量基准载荷工程技术(郑小兵);

国家重点研发项目临近空间大气参量超光谱探测技术(熊伟);

重点基金项目大气NO_3反应活性、有机硝酸盐实时探测新技术及外场观测应用研究(谢品华);

联合基金项目机场大气污染排放精准立体监测与评估关键技术研究(桂华侨);

联合基金项目江淮流域典型农业源活性氮排放特征及其对大气氧化性的作用研究(赵卫雄);

联合基金项目大气关键成分立体探测新方法及江淮地区二次污染形成机制研究(刘文清)。

七、荣誉获得

航天产品质量保障团队获得2023年度全国巾帼文明岗、安徽省巾帼文明岗；

谢品华荣获“安徽省直机关五一劳动奖章”；

桂华侨荣获“中国科学院优秀共产党员”称号；

高分专项卫星应用优秀成果二等奖——超光谱温室气体载荷数据处理及反演技术（熊伟、施海亮、罗海燕等）；

安徽省专利优秀奖/首届中部六省高价值专利大赛二等奖——单波长四拉曼激光雷达探测系统及探测方法（王英俭、谢晨波、赵明等）。

材料科学与工程学院

一、学院概况

学院的成立是学校按照中国科学院“率先行动”计划部署，深化科教融合、协同创新，丰富“全院办校、所系结合”的新形式和新内涵的重要举措。学院经中国科学院批准，由中国科学技术大学和中国科学院金属研究所（以下简称金属所）共同建设，于2015年9月2日正式成立，以培养材料科学与工程学科研究生和高年级本科生为目标。

金属所所长左良教授任学院院长，副所长刘岗研究员任常务副院长，刘世勇教授、李扬任副院长。2016年2月22日成立中国科学技术大学金属所学位评定分委会，现任主任为左良教授，副主任为刘岗研究员。

金属所成立于1953年，是新中国成立后中国科学院新创建的首批研究所之一，是涵盖材料基础研究、应用研究和工程化研究的综合型研究所，创建者是我国著名的物理冶金学家李薰先生，现任所长左良教授。金属所以“创新材料技术，攀登科技高峰，培育杰出人才，服务经济国防”为使命，在高温合金、钛合金、特种合金、钢铁、铝合金、镁合金、金属基复合材料、陶瓷等先进结构材料领域和纳米材料、碳材料、磁性材料、生物材料、能源材料等新型功能材料领域，开展材料的成分设计、结构表征、制备加工、性能测试和使役行为研究。

金属所加快综合性科技创新平台建设，在基础研究领域，2017年，国家科技部依托金属研究所建立沈阳材料科学国家研究中心，这是我国首批组建的6个国家研究中心之一。在高技术研究领域，2019年，金属所贯彻中国科学院党组的决策部署，在国防科工局大力支持下，联合所内外优势创新力量，成立师昌绪先进材料创新中心，致力于提升我国重点工程先进材料自主创新能力和自主可控制备能力。2020年成立材料腐蚀与防护中心，重新整合力量开展材料腐蚀基础研究及重大工程腐蚀防护技术研究。此外，金属所还拥有2个国家级工程技术中心、2个中国科学院重点实验室、1个中国科学院工程实验室。这些平台共同构筑形成了开放融合、多元协同的材料学科全链条、全要素、贯通式科技创新体系。

二、专 业 设 置

学院按材料科学与工程一级学科培养硕士、博士研究生，设材料物理与化学、材料学、材料加工工程、腐蚀科学与防护（自主增设）四个二级学科，以及材料与化工一个专业学位类别。

二、师 资 队 伍

截至 2023 年底，金属所共有在职职工 2262 人，包括“两院”院士 7 人，其中 2023 年新当选 1 名中国科学院院士，1 名高访学者当选中国工程院院士（成果都在我所完成）。硕士生导师 322 人，博士生导师 118 人，其中新增博士生导师 7 人。现共有院级引进人才计划项目入选者 32 人，2023 年新引进院级人才计划项目入选者 1 人。现有所“引进优秀学者”32 人；入选国家高层次人才特殊支持计划 29 人，其中杰出人才 1 人，科技创新领军人才 24 人，青年拔尖人才 5 人，2023 年新获得科技创新领军人才 2 人，青年拔尖人才 1 人。获得国家杰出青年基金资助 16 人。国家优秀青年基金资助 12 人，2023 年新增 2 人。2023 年新增全国创新争先奖 1 人，政府特殊津贴获得者 2 人。

四、课 程 教 学

本年度共开设研究生课程 40 门，开课 1700 余学时，聘用教师 50 余人。实现全部新生赴科大本部上课半年至一年，对教学体系进行调整，满足了学生返所后急迫的选课需求。

五、招 生 就 业

2023 年招收硕士生 195 人，招收国内博士生 153 人，博士留学生 7 人。2023 年争取到 7 个材料专项博士招生指标。截至 2023 年底，在学研究生 1350 人，其中博士生 683 人（含留学生 42 人），硕士生 483 人，合培生 184 人。全年毕业博士生 145 人，硕士生 69 人，年终就业率 97%。2023 年共举行 30 场招生宣讲会，积极发动在校生、未入学新生参与到宣传工作中，以学术科普、所内生活展现、考研经验分享等丰富内容吸引考生。今年共吸引 500 余人报名，240 人参加考核，录取 68 名推免生。此外本年度继续利用 QQ 群、微信公共平台、论坛等新媒体开展招生宣传。招生质量不断提高，共享学校教育资源，实现课程教学等多方面与中国科大的深度融合。

六、培 养 学 位

为进一步提升研究生培养质量，持续完善研究生学位质量监督体系，发布了《2023 版学位申请者科学研究成果要求》，扩大学位论文盲审和抽检范围；2023 年学位论文盲审比例

60%以上，其中9%的学位论文不通过；抽检学位论文101篇，抽检数量是2022年的2倍多。相比2022年，“国际先进”评价比例有所上升，而获得“一般”评价比例下降。修改替换学位论文67篇，占抽检学位论文总数的66.3%；加强研究生创新能力培养，6人获得研究生创新项目资助，完成16名研究生的短期出访审批，获得国际会议资助项目5人，共计2.5万元；持续搭建科教融合学术平台，组织推荐了9名研究生参加了《中科大第四届工程类研究生学术论坛》《第十一届全国高校材料学科研究生凌峰论坛》以及《2023年研究生能源催化学术论坛》，我所研究生获提名奖、优秀展报奖、口头汇报二等奖以及优秀口头汇报奖。

2023年共有20名研究生获院级、校级奖项，其中2人荣获中国科学院优秀博士学位论文奖，7人荣获中国科学院院长奖。

七、合 作 交 流

国际合作与交流稳步回升，全年出访、来访235人次，获批国际人才专项等人才项目7项、国际合作专项5项，经费合计超过500万元。

积极与地方政府、企业开展了多元化、深层次的政产学研合作。持续推进先进适用科技成果转移转化。经费收支继续保持快速增长态势，截至2023年底，经费收入合计22.56亿元。

八、重大科技任务和重大成果产出

科研工作呈现出良好态势。在《Science》《Nature》及其子刊发表论文25篇。首次研究发现梯度序构位错结构可激活原子尺度多滑移层错实现晶体低温超高应变硬化，改变了粗晶结构具有最高加工硬化能力的固有认识。

面向国家重大战略需求，牵头承担的“高端轴承自主可控制造”C类先导专项完成全部攻关目标，研制的直径3 m主轴承在沈阳地铁完成施工；直径8.01 m主轴承通过应用评审，已交付中交集团。在能源装备领域，为我国首台套300 MW级F级重型燃气轮机研制出叶片及护环等12种部件；为我国首座钠冷快堆研制了超过70%的金属结构材料，支撑其成功建造并满功率运行。

在航空领域，为新一代战机发动机研制了高温合金单晶叶片、钛合金眼镜框锻件，为商发研制了钛铝叶片。在航天领域，为长征五号遥六运载火箭提供了钛合金部件，为海洋水色卫星、风云3G星提供了铝基复合材料部件。在深海装备领域，研制多种新型钛合金耐压壳体，顺利通过打压试验。

创新创业学院

一、学 院 概 况

学院成立于2019年11月，以铸造学生创新灵魂、提升学生创新能力和创业意识、培养顶尖科技创新创业人才为目标，致力于打造具有我校特色的创新创业教育培养体系，建立多元化、高层次创新创业教育师资队伍，搭建全覆盖、立体化创新创业教育实践平台，汇聚校内外创新创业教育资源形成特色品牌。目前，我校已入选首批“国家级创新创业学院”、首批“省级创新创业学院”、首批“省级创业研究院”。

2023年，学院以“安徽省资助中国科大学生创新创业计划”为指引，以“铸就创新灵魂，实现创业梦想，赋能经济发展”为目标，以落实“中国科学技术大学学生创新创业和成果转化行动计划”（以下简称“行动计划”）为龙头，通过精心组织两项计划（“雏鹰计划”“雄鹰计划”）、扎实推进三项任务（项目资助、双创教育、平台建设），深入探索中国科大特色“四金”双创教育体系建设，取得了新的进展和成果。

二、重要发展情况

（一）实施双创项目资助

2022—2023学年“雏鹰基金”“雄鹰基金”共立项110个学生、校友的创新创业项目，项目支持总额达2250万元。2023年10月，学院组织召开了首期“雏鹰基金”“雄鹰基金”结项汇报会，共108个项目顺利结项，其中，多个立项项目的技术研发、产业化取得突破性进展，已申请专利128项，已有12个项目落地孵化成立公司，融资超3600万元。此外，这一年里，“学生双创基金”“华米基金”“福昕基金”共立项111个项目，项目支持总额达757万元。

（二）推进特色双创教育

1. 双创课程建设

学院在已有的模块化创新创业课程体系基础上，不断探索并积累新课开设经验，2023年度面向全校本、硕、博学生开设了17门双创课程，“从科技创新到企业”“技术商业化”等新课已经完成课程大纲及内容建设，计划2024年正式开课。

2023年，学院与先进技术研究院、生命科学学院分别合作开办我校“新先产研”“生医同契”科创试点班，培养“专创融合、理实融合、产教融合”的科创型创新创业人才。目前，我校已开设5个科创试点班。

2. 双创教材建设

学院积极推进我校特色双创教材出版工作。2023年，正式出版了《中国科大“新苗计划”创新创业案例——破土(3)》教材。同时，《创新创业法律实务》（暂定名）也正在积极筹备中，计划2024年正式出版。

3. 双创师资培训

(1) 师资队伍建设

为吸纳更多优秀专家加入我校创新创业导师队伍，提升我校创新创业教育水平，一年来，学院先后举办了创新创业大讲堂、创新创业教育沙龙等活动，并举行了优秀创新创业导师表彰会，新聘任了校内外学术、产业、投资等领域的30位专家作为我校创新创业导师，我校创新创业导师总数达到80位。

(2) “安徽省科创导师培养计划”启动

2023年6月，安徽省创新创业教育联盟(以下简称“联盟”)成立大会在我校举行；2023年7月，联盟推出首个师资培训品牌活动——“安徽省科创导师培养计划”，目前已开展2期培训班，来自联盟成员单位的200余名创新创业教育主管部门负责人、一线教师、企业高管等参加了培训，课程得到了参训学员的高度认可。

4. 双创教育课题研究

为扎实推进我校“行动计划”，学院首次启动2022—2023年度“创新创业教育研究课题”申报工作。2023年4月，经资格审查、专家评审等环节，共有18个课题获得立项资助，资助总额达72万元。2023年10月，学院组织开展了创新创业教育研究课题中期交流会。截至目前，课题组研究工作进展顺利，不少项目已取得阶段性进展，如叶回春、吴剑琳、范煜等课题组研究课题获批2023年度省级本科质量工程项目。

5. 双创项目培育辅导

(1) 双创基金项目培育

2023年，在项目资助及跟踪服务的基础上，学院举办了两个阶段、为期近一年的科创训练营“雏鹰基金”“雄鹰基金”专题培训，通过对项目团队成员的系统辅导和培训，项目团队在创新创业意识树立、知识储备、能力提升和实践经验等方面都取得了长足进步。

(2) 双创竞赛项目培育

学院先后组织开展了近百场专题讲座、专项辅导会、项目交流会等辅导项目团队积极备赛。2023年，我校共有200余支创新创业项目团队参加“互联网+”“挑战杯”等重点双创赛事，先后获得“互联网+”“挑战杯”等双创大赛国赛金(特)奖5项、银奖5项、铜奖6项，省级赛事金奖24项、银奖14项、铜奖41项，金奖总数、奖牌总数均创历史最好成绩。

6. 双创基金管理团队建设

学生基金管理团队在双创学院及行业专家指导下，定期进行业务培训，为基金资助项目提供全过程的联络和服务，并根据项目需要提供具有针对性的辅导或支持。2023年，学生基金管理团队积极参与“科创训练营”学生基金管理团队专题培训、双创课程及各类主题活动，累计超过300人次参与，有效提升了业务水平。

(三) 加速实践平台建设

1. 信息平台建设

为进一步实现我校双创教育工作的数字化、智能化管理及双创项目全流程跟踪，为广大师生、校友提供更加便捷、优质的信息化服务，学院围绕项目申报管理、科产信息对接等核心诉求，先后完善建设了“双创项目管理平台”“蒲公英科产信息平台”等信息平台，为完成双创教育综合服务平台——“智慧双创平台”设计方案及建设规划相关功能建设提供了实践经验。

2. 实践基地建设

为充分利用校内外创新创业教育资源，为我校创新创业教育及实践活动提供优质平台支持，学院积极联络校内外相关单位，扎实推进了校内外实践基地建设。目前，已完成“创新工场”规划设计，并与中安创谷共建创新创业实践基地，与皖仪科技、一维新能源、福昕软件等共建创新创业课程实践基地。

(四) 学院大事记

3 月，我校举办 2022 年度优秀创新创业导师表彰会暨“创新创业教育沙龙”(第八期)，就我校双创教育发展工作展开热烈讨论与交流；我校学生创新创业团队在第十三届“挑战杯”中国大学生创业计划竞赛终审决赛中斩获 1 金、1 银、3 铜的优异成绩，实现了我校近年来在该项赛事上的金奖突破；福昕创新创业基金第二期创新创业课题立项答辩会召开，最终确定立项资助“科技普及与新媒体融合传播创新研究之基于混合现实技术的前沿科学传播一体化解决方案”等 6 个课题。

4 月，我校举办创新创业教育沙龙(第九期)暨福昕创新实验室发展战略研讨会，共同商讨创新创业教育工作；我校举办 2022—2023 学年度“创新创业教育研究课题”立项评审会，最终确定立项资助“基础研究成果商业化模式研究”等 18 个课题。

5 月，我校举办科创试点班 2023 年度“创毅行”活动，培养师生团队协作的创新创业精神；我校大学生创新创业实践基地在中安创谷揭牌，由我校与中安创谷公司合作共建。

6 月，我校在第十届“挑战杯”安徽省大学生课外学术科技作品竞赛中再获佳绩，共斩获 6 个一等奖及 4 个二等奖；我校科创训练营首期“雏鹰计划”“雄鹰计划”专题培训班顺利结业，有效促进了项目团队专业素质的提升；我校与安徽皖仪科技股份有限公司共建的创新创业课程实践基地正式揭牌；联盟成立大会在我校隆重举行。

7 月，联盟主办的“安徽省科创导师培养计划”首期培训班在我校顺利举行，与会人员围绕“校企合作育人，产教助力科创”展开交流学习；我校顺利举办首期“雏鹰计划”“雄鹰计划”项目成果展，有效增进了专家、师生对项目的交流互动，并达成约 7000 万元的投资意向。

9 月，我校 2023 年度“华米创新创业基金”项目评审会顺利召开，最终确定立项资助“半导体热处理工艺温度测控装置”等 8 个项目；我校 2023 年度“双创基金”项目评审会顺利召开，最终确定立项资助“大规模、可编程卫星网络试验平台”等 98 个项目；我校科创训练营首期“雏鹰计划”“雄鹰计划”团队提升班顺利结业，为项目团队打下了坚实的科创理论基础。

10 月，我校 2022 年度“雏鹰基金”“雄鹰基金”结项汇报会举行，66 个“雏鹰基金”项目、42 个“雄鹰基金”项目顺利结项；学院与先进技术研究院、生命科学与医学部联合设立的 2023 级“新先产研”“生医同契”科创试点班正式开班；我校在第十八届“挑战杯”全国大学生课外学术科技作品竞赛终审决赛中，共斩获 2 项特等奖、2 项一等奖、1 项二等奖、1 项三等奖，所获特等奖数、一等奖数及奖牌总数重回历史巅峰，并再次捧得优胜杯。

11 月，“安徽省科创导师培养计划”培训班(第二期)成功举办，围绕“发掘种子项目 培育金奖团队”主题展开培训；我校与安徽一维新能源技术有限公司、福建福昕软件开发股份有限公司(合肥分公司)共建的创新创业课程实践基地揭牌。

12 月，我校在中国国际大学生创新大赛(2023)全国总决赛上再创佳绩，斩获 2 金、2 银、2 铜。

国家同步辐射实验室

一、基 本 情 况

国家同步辐射实验室(National Synchrotron Radiation Laboratory,NSRL)是1983年我国批准建设的第一个国家级实验室,建有我国第一台从远红外到软X射线的专用同步辐射光源(合肥光源)和我国第一台用户型红外自由电子激光装置,并承担世界上综合性能最先进的低能区第四代光源——合肥先进光源(Hefei Advanced Light Facility,HALF)的建设,目标是形成先进光源集群,推动创新人才集聚、前沿研究集聚和产业研发集聚,建设基于大科学装置的国家级爱国、科普教育基地,助力国家科技战略布局。

合肥光源是国家"七五"重点建设工程,于1984年动工建设,1991年通过国家验收。后历经二期工程建设(1999—2004年)和重大维修改造(2012—2016年),极大提升了整体性能。建有800 MeV直线加速器注入器、800 MeV电子储存环和10条光束线及相关实验站。目前装置性能良好,运行水平先进。

依托国家重大科研仪器设备研制专项建设的"基于可调谐红外激光的能源化学研究大型实验装置",于2022年3月通过验收,目前已开始运行。装置建有一套具有国际先进水平的覆盖中、远红外波段的可调谐红外自由电子激光光源和5条能源化学研究实验线站。

作为合肥综合性国家科学中心的重要组成部分,国家同步辐射实验室将继续面向世界科技前沿、面向经济主战场、面向国家重大需求、面向人民生命健康,提供先进的研发平台。

二、党 建 工 作

国家同步辐射实验室党委(核科学技术学院党委)深入学习贯彻习近平新时代中国特色社会主义思想和党的二十大精神,贯彻落实全国组织工作会议部署,扎实开展学习贯彻习近平新时代中国特色社会主义思想主题教育,贯彻落实《中国共产党普通高等学校基层组织工作条例》,推进新时代高校党建示范创建和质量创优工程建设。

2023年5月,国家同步辐射实验室入选全国和安徽省科学家精神教育基地。1个党支部入选第二批"安徽省高校党建工作研究生样板党支部"培育创建单位名单,1人获得第二批安徽省"研究生党员标兵"称号。1个党支部被推荐申报第四批新时代高校党建"双创"工作样板支部,1个党支部被推荐申报教育部第三批全国高校"百个研究生样板党支部",1人被推荐申报教育部"百名研究生党员标兵"。

三、合肥光源运行开放

1. 运行开放

合肥光源 2023 年运行 7228.95 小时，供光 5011.67 小时，圆满完成年度运行计划。光源运行有效机时率(availability)达到 99.63%，平均两次故障间隔时间(mean time between failures)为 147.4 小时，平均故障修复时间(mean time to repair)为 0.56 小时，运行水平处于世界同步辐射用户装置最优行列。

2023 年 10 条光束线及实验站正常稳定向国内外用户开放，共执行用户课题 574 个，累计实验机时 42598 小时，课题涉及物理学、化学、生物学、医学、能源、环境科学技术、材料科学与工程等多个领域。

2. 成果产出

2023 年，用户依托合肥光源取得了一系列重要成果，发表论文 480 篇，其中Ⅰ区 393 篇，占比约 82%，发表在《Science》《Nature》《Nature Materials》《Nature Catalysis》《Nature Nanotechnology》《Nature Physics》《Nature Communications》《Nature Protocols》《Joule》《Physical Review Letters》《Advanced Materials》《Journal of the American Chemical Society》《Energy & Environmental Science》《Advanced Energy Materials》等国际著名期刊上。1 人获“第九届中国催化成就奖”。

合肥光源在运行效率、科学成果、运行管理和经费执行等方面的表现优异，荣获 2023 年中国科学院重大科技基础设施运行评比二等奖。

3. 装置发展和性能提升

完成了“质谱光束线维修改造项目”，将能量范围扩展至 5.8～21.6 eV，并将光子通量提高 2 倍，满足了生物分子成像和能源催化中关键物质测量需求。线站开发了原位光催化质谱表征装置，实现了气相反应中间体的原位探测，提升了能源材料研究能力。此外，结合激光解析技术，质谱成像空间分辨率提高了 50 倍，达国际先进水平。

由金华市政府投资，与浙江光电子研究院共建的软 X 射线共振散射实验集成系统进展顺利，能量范围覆盖 250～700 eV。线站建成后将成为世界上第四条同类线站，有效满足轻元素纳米尺度结构表征需求。线站聚焦解析软物质材料在加工和服役条件下的微观结构，建立加工-结构-性能关系，将推动有机晶体管、有机太阳能电池和嵌段共聚物等领域发展，提升我国相关产业的源头创新能力。

四、合肥先进光源项目建设

合肥先进光源项目是我校瞄准量子信息、集成电路、生命健康、脑科学等前沿基础研究领域，以及新一代信息技术、生物技术、新能源、新材料、航空航天等国民经济领域的重大需求，建设的低能量区第四代同步辐射光源，其发射度和亮度的设计指标世界领先。

2023 年 1 月 11 日，中国科学院批复 HALF 项目初步设计方案；6 月 7 日，国家发展改革委批复 HALF 项目初步设计概算(项目建设周期 64 个月，总投资为 27.7892 亿元)；6 月 26

日，召开 HALF 项目开工誓师大会；9 月 20 日，召开 HALF 项目及配套工程启动会、工程科技委员会第一次会议。

2023 年建安工程完成方案规划、建设用地、土地证等事项，通过消防安全性能评估、排水条件等专项评审，完成施工许可证办理及施工总承包合同签订；工艺设备陆续完成工程设计评审，进入招标采购阶段；预研样机及首件研制取得重要进展，其中 200 MW 固态调制器预研、电磁型纵向梯度二极磁铁（LGB2）已完成测试验收，自研首件光栅实现了研制全流程的工艺验证。

五、队 伍 建 设

继续施行《国家同步辐射实验室队伍建设总体实施方案》，进一步探索适应大科学装置建设及发展需求的队伍结构和评价激励机制。多渠道、多模式引进关键岗位人才，逐步优化队伍结构。截至 2023 年 12 月，实验室职工总共 218 人（含在编员工及聘期制科研人员）。2023 年引进和招聘各类人员共计 52 人，包括正高级人才 2 人，副高级人才 20 人，中级人才 2 人，管理岗 1 人，博士后 14 人，项目聘用 13 人。

实验室充分发挥现有高端人才力量，注重现有人才培养，新增国务院特殊津贴获得者 1 人，国家优秀青年科学基金获得者 1 人，中国科学院技术支撑人才项目获得者 1 人，中国科学院引才计划青年项目择优支持 1 人，安徽省优秀青年科学基金获得者 1 人，安徽省青年拔尖人才学者 1 人。

封东来院士获第三届“全国创新争先奖章”，洪义麟教授级高级工程师获中国科学院第四届“科苑名匠”称号。

六、科研及成果转化

2023 年，实验室主持在研科研项目 195 项（其中纵向科研项目 177 项，横向科研项目 18 项）；2023 年到账科研经费 19237.39 万元（其中纵向科研项目经费 16095.32 万元，横向科研项目经费 3142.07 万元）；新增国家和省部级各类项目 34 项，批准经费合计 2063.45 万元。

2023 年，以实验室为第一单位发表论文 134 篇，其中 SCI 收录 103 篇，Ⅰ区论文 34 篇。2023 年实验室申请专利 45 项，其中发明专利 43 项、实用新型 2 项；授权专利 30 项，其中发明专利 28 项，实用新型 2 项。

2023 年，实验室新增赋予科研人员职务科技成果所有权与赋权技术转让项目 1 项。

七、学 生 培 养

实验室依托大科学装置的办学优势和特色，助力学校核科学技术学院加速器科学与工程物理系建设，面向国家重大战略需求和高新产业的迅猛发展，培养具有创新思维、坚实数理基础和全面实验能力的复合型领军人才。

2023 年，实验室共录取硕士研究生 95 人，博士研究生 77 人（含 2 名留学生）；毕业博士研究生 43 人，硕士研究生 16 人；在读硕士研究生 266 人，博士研究生 237 人。

坚持五育并举，丰富“核光”文化，打造“核光同行”系列主题活动，定期组织研究生午间学术沙龙交流。思政教育贯穿学生培养全过程，人才培养工作进步显著，实验室团委获学校“优秀院级团组织”称号，1 人获中国科学院院长特别奖，1 人获中国科学院优秀博士学位论文奖，2 人获郭永怀奖学金等。

八、国内外合作与交流

定期举办“启明论坛”“追光论坛”“聚光论坛”系列学术讲座，与核科学技术学院合办“王淦昌大讲堂”系列专题报告会，进行交流与研讨。

2023 年，实验室共获批 2 项国际访问教授项目，2 项国际学生项目，引进 2 位 ANSO 大科学装置访学计划专家；1 位科研人员获批国家留学基金委青年骨干教师出国研修项目；教职工因公出访共计 68 人次，参加国际会议或开展学术交流；邀请外专来访或顺访超 32 人次。

合肥微尺度物质科学国家研究中心

2017 年 11 月，科技部正式发布《关于批准组建北京分子科学等 6 个国家研究中心的通知》（国科发基〔2017〕358 号），批准组建包括合肥微尺度物质科学国家研究中心（以下简称国家研究中心）在内的 6 个国家研究中心。

2018 年 3 月，国家研究中心建设运行实施方案通过专家论证。

至此，国家研究中心以全新的结构和面貌，清晰定位，面向世界科技前沿、面向经济主战场、面向国家重大需求，聚焦未来信息、新能源和生命健康等重大创新领域，继续以纳米科技、生物科技、信息科技和认知科学的多学科交叉创新为导向，开展微尺度物质体系的基础和应用基础研究，汇聚一流创新资源，完善协同创新体制机制，抢占科学研究制高点，产出一批源发性创新成果，将建设成为微尺度物质科学领域科研与人才培养高地。

国家研究中心现包含 11 个研究部、2 个高水平的公共科研创新支撑平台和 6 个交叉型高端研究平台，涵盖物理、化学、生物、材料、信息 5 大学科。中心以多学科交叉融合为指导思想，聚集微观尺度科学并产生重大原创性成果，在光与冷原子物理、单分子物理与化学、低维物理与化学、纳米材料与化学、纳米催化与能量转化、分子与细胞生物物理、神经环路与脑认知、分子医学、Bio-X 交叉科学、理论与计算科学和尖端测量仪器等 11 个重要研究领域开展基础性研究。

国家研究中心积极响应国家号召，加强引进与培养国家战略人才和急需紧缺人才，聚焦世界科技前沿和国家重大战略需求推进科研创新。2023 年，国家研究中心加大各类人才计划对基础研究人才支持力度，支持青年人才挑大梁、担重任，积极引进海外优秀人才，不断壮大科技领军人才队伍和一流创新团队。国家研究中心 2023 年新增 13 位国家杰出青年科学基金获得者,8 位国家优秀青年基金获得者,7 位国家自然科学基金优秀青年科学基金项目(海外)获得者,3 位国家高层次人才特殊支持计划青年拔尖人才,3 位中国科学院人才计划入选者。国家研究中心教师喜获多项奖励荣誉,封东来院士获 2022 年何梁何利基金科学与技术进步奖;陆朝阳教授获 2023 年何梁何利基金科学与技术创新奖;余彦教授获"安徽省三八红旗手"称号;余彦教授获 2022 年"美团青山科技奖";杨金龙院士、封东来院士、周荣斌教授获第三届全国创新争先奖;陈仙辉院士获 2023 年"未来科学大奖";彭新华、曾杰、石发展、张强 4 位老师获 2023 年"科学探索奖";薛天、陈宇翱、彭承志 3 位老师获腾讯"新基石研究员项目"资助。国家研究中心现有固定人员 488 位,科研人员 407 位,支撑人员 66 位,管理人员 15 位。科研人员队伍中,有 16 位院士,10 位国家创新人才计划长期项目获得者,97 位国家杰出青年基金获得者,22 位国家重大人才工程特聘教授,29 位国家高层次人才特殊支持计划领军人才,114 位国家创新人才计划青年项目获得者,76 位中国科学院人才计划获得者,64 位国家优秀青年基金获得者,以及 16 支国家自然科学基金创新研究群体。

2023 年,国家研究中心发表 SCI 收录论文 1060 余篇,其中包括《Cell》《Nature》和《Science》论文 10 篇;出版专著 4 本;获得授权发明专利 219 项。

2023 年,国家研究中心承担和参与的纵向项目共 770 项,累计已到位经费约 6.08 亿元,按项目来源统计如下:科技部项目(课题)等经费约 15025 万元,占 25%;国家自然科学基金委项目(课题)经费约 20998 万元,占 34%;中国科学院战略性先导科技专项等经费约 19378 万元,占 32 %;省部级及其他项目(课题)经费约 5395 万元,占 9%。本年度在研横向项目 52 项,已到位经费 6189 万元。

国家研究中心已在国家"重大研究计划"中领衔承担项目 20 项,名列国内研究机构前列;承担国家"重点研发计划"52 项。另外,还承担了中国科学院战略性先导科技专项、信息化专项、稳定支持基础研究领域青年团队计划和基金委创新群体、国家重大科研仪器研制项目、重大项目、重大研究计划、重点项目等重点重大科研项目,体现了国家研究中心研究人员承担国家各类重大项目的科研实力。国家研究中心支撑的"量子信息与量子科技前沿卓越创新中心"成为中国科学院首批启动的五个卓越中心之一;2017 年中国科学院量子信息与量子科技创新研究院正式成立,聚焦国家长远目标和重大需求开展大体量大协作的技术攻关,为我国在第二次量子革命中赢得战略主动权奠定坚实基础。

国家研究中心科研人员在国际学术领域不断争取话语权,让世界听到中国的声音:"255 个光子的量子计算原型机'九章三号'刷新世界纪录"入选国内 2023 年度重大科技成就,"51 个超导量子比特簇态制备刷新世界纪录"入选国内十大科技新闻,"'九章三号'光量子计算原型机:刷新光量子信息的技术水平和'量子计算优越性'的世界纪录"入选《光明日报》"二〇二三,科技创新实现新突破"。

平台建设是学科交叉和科研创新的必要支撑。2023 年,国家研究中心购置仪器设备价值约 10783 万元,进一步满足了校内外师生测试、表征、封装和蚀刻等科研需求。仪器管理信息化系统正式上线。综合表征与测试平台全年总测试样品 23.7 万个,总测试机时超过 26.8 万小时,支撑校内 570 个课题组、校外 205 个课题组的科研工作顺利开展。先进材料制备与微纳加工平台测试服务机时约 8 万小时,支撑用户科研论文产出 400 余篇,用户署名致谢的科研产出登上学校主页科研进展 55 次,其中包含 4 篇《Nature》和 1 篇《Science》。全年组织学术交流报告 10 场，开设工艺上机培训课程 69 门、培训人员 1569 人。

2023 年，国家研究中心招收博士生 201 人，其中享受政府奖学金的外国留学生 2 人，硕士生 127 人。毕业授博士学位共 83 人，硕士学位共 12 人。为进一步提高研究生教学质量，鼓励教师授课，2023 年国家研究中心 40 多位教师承担了学校 36 门研究生和本科生理论讲授和实验操作课程，总授课 2707 学时，选课人数 3253 人，选课学生几乎遍及全校的理科专业。

2023 年，国家研究中心成功主办、承办多个国际国内学术会议，包括全国电子顺磁共振波谱学学术研讨会、第六届突触传递与神经可塑性国际研讨会暨 2023 年神经显微成像前沿论坛、第十二届国际化学动力学会议(12th International Conference on Chemical Kinetics)、第二届新兴量子技术国际会议等。其中，以第十二届国际化学动力学会议为例，这是该系列会议首次在亚洲地区举办，此次会议的成功举办不仅有助于向国内学者介绍国际化学动力学领域的新挑战、新方法，还将中国的前沿研究进展推向全球，扩大了国内相关研究单位的国际影响力，对于促进化学动力学学科的发展起到了积极的推动作用。国家研究中心为建立和加强学术联系，开阔专业视野，了解学科动态，邀请了 118 位国内外知名专家、学者作相关研究领域交叉融合学术讲座，其中国内 78 人次、国外 40 人次。

国家研究中心深入学习贯彻习近平文化思想，勇担新时代新的文化使命。网络宣传工作紧密围绕中心定位和目标，本着“传递信息、交流经验、推进建设、促进发展”的宗旨，在国家研究中心党委的领导下，充分利用互联网这块宣传新阵地，发挥宣传作用，取得了卓有成效的业绩。据统计，国家研究中心中文网站的年访客数超 40 万人次，年浏览量超 100 万次。这些数据体现了国家研究中心在国内外知名度的不断攀升，作为展示国家研究中心特色成果的窗口，网站起了很好的宣传和推广作用。

附录　新闻媒体有关我校的报道索引

国际新闻媒体有关我校的报道索引

媒体名称	时间	新　闻　标　题
MDPI	1.1	Neuropsychological alterations of prolactinomas' cognitive flexibility in task switching
MDPI	1.1	Numerical investigations of precise wind field in main landing area during the landing phase of "Shen Zhou" series spacecraft mission
MDPI	1.2	Preparation of 2D ZIF-L and its antibacterial and antifouling properties
Science Direct	1.2	Theoretical investigation on the reaction kinetics of NO_2 with CH_3OH and HCHO under combustion conditions
Science Direct	1.2	Exploring the chemistry behind low temperature auto-ignition of isopropyl nitrate in an RCM: an experimental and kinetic modeling study
Molecular Ecology—Wiley Online Library	1.2	The composite immune risk score predicts overall survival after allogeneic hematopoietic stem cell transplantation: a retrospective analysis of 1838 cases
The Quantum Daily	1.3	Researchers demonstrate high-visibility quantum interference between quantum dots over 300 kilometers
The Science Times	1.4	High-visibility interference of independent semiconductor quantum dots holds vital outcome for information science
China Daily—Hong Kong Edition	1.4	China mulling future based on cutting-edge tech
Newsbrig	1.4	Dawn of solid-state quantum networks: the holy grail of quantum information sciences
Quick Telecast	1.4	Dawn of solid-state quantum networks: the holy grail of quantum information sciences
List 23	1.4	The highest grail of quantum information sciences: the dawn of solid-state quantum networks
RSC Publishing—Royal Society of Chemistry	1.4	Vacancy-cluster-mediated surface activation for boosting CO_2 chemical fixation
Electronics For You	1.4	Breakthrough into solid state quantum networks

续表

媒体名称	时间	新　闻　标　题
MDPI	1.4	Effect of local fluid disturbance induced by weld reinforcement height on the corrosion of a low alloy steel weld
MDPI	1.4	Land-atmosphere interactions and effects on the climate of the Tibetan Plateau and surrounding regions
eLife Sciences	1.4	RPG acts as a central determinant for infectosome formation and cellular polarization during intracellular rhizobial infections
Phys. org	1.4	Monometallic endohedral azafullerene synthesized for first time
MDPI	1.5	Towards accurate identification of antibiotic-resistant pathogens through the ensemble of multiple preprocessing methods based on MALDI-TOF spectra
Mirage News	1.5	Researchers create hybrid system with varied tuning range
MDPI	1.5	Experimental and theoretical analysis of the smoke layer height in the engine room under the forced air condition
MDPI	1.5	Atmospheric gravity wave derived from the neutral wind with 5-minute resolution routinely retrieved by the meteor radar at mohe
Mirage News	1.5	Researchers successfully simulate topological phase transitions
Sky News	1.6	Researchers realize the quantum simulations of topological phase transitions
Acti World	1.6	New strategy for enhancing architectural resistance at different impact velocities
MDPI	1.6	Structural insights uncover the specific phosphoinositide recognition by the PH1 domain of Arap3
Oicanadian	1.6	New kind of entanglement lets scientists “see” inside nuclei
MDPI	1.6	The addition of hypomethylating agents to low-intensity induction chemotherapy does not improve outcomes in elderly acute myeloid leukemia patients: a single-center retrospective study
News 7F	1.6	New strategy to increase architectural resistance at different impact velocities
India Education Diary	1.7	USTC researchers realize the quantum simulations of topological phase transitions
Radiation Oncology	1.7	Dosimetric comparison of deformable image registration and synthetic CT generation based on CBCT images for organs at risk in cervical cancer radiotherapy

续表

媒体名称	时间	新　闻　标　题
MDPI	1.7	Self-sustained euler buckling of an optically responsive rod with different boundary constraints
Nanotechnology Now	1.7	Dawn of solid-state quantum networks: researchers demonstrated high-visibility quantum interference between two independent semiconductor quantum dots—an important step toward scalable quantum networks
MDPI	1.8	An intelligent question-answering model over educational knowledge graph for sustainable urban living
Head Topics	1.8	Chromatic intensity interferometer: high-spatial-resolution interferometry enters the multi-wavelength era
Taylor & Francis Online	1.10	Design and evaluation of a volatile particle remover combining hot dilution and a thermodenuder
MDPI	1.10	Improved reptile search optimization algorithm: application on regression and classification problems
True Viral News	1.10	New algorithm closes quantum supremacy window
Medical Dialogues	1.11	Renoprotective effect of metformin independent of blood sugar control in patients with diabetic kidney disease
MDPI	1.12	New monoterpenoid indole alkaloids from tabernaemontana crassa inhibit β-amyloid42 production and phospho-tau (thr217)
MDPI	1.12	Parameter optimization and development of mini infrared lidar for atmospheric three-dimensional detection
NewsBeezer	1.12	Scientists unveil the mechanism of temperature-dependent structure evolution during electrocatalyst formation
MDPI	1.12	Current advances in technologies for single extracellular vesicle analysis and its clinical applications in cancer diagnosis
MDPI	1.12	Real-time in-situ investigation of the neutron irradiation resistance ability of nd3+-doped gd3sc2al3o12 laser crystal
ScienceDaily	1.12	Discovery of a new form of carbon called long-range ordered porous carbon (LOPC)
News Continue	1.12	Discovery of a new form of carbon called long-range ordered Porous carbon (LOPC)
Phys.org	1.12	Scientists create magno-optomechanical hybrid system with wide tuning range

续表

媒体名称	时间	新　闻　标　题
Phys. org	1. 12	Discovery of a new form of carbon called long-range ordered porous carbon
India Education Diary	1. 13	USTC shines in Ga_2O_3 semiconductor devices
HTDS Content Services-Newswire	1. 13	USTC scientists explain the formation of temperature-dependent structure evolution during electrocatalyst
Semiconductor Today	1. 13	Amorphous p-NiO/n-Ga_2O_3 crystal solar-blind detection
MDPI	1. 13	Impact of e-commerce and digital marketing adoption on the financial and sustainability performance of Msmes during the COVID-19 pandemic：an empirical study
ClinicalTrials. gov	1. 13	Trial of intra-arterial tenecteplase following successful endovascular thrombectomy on functional outcomes in patients with large vessel occlusion acute ischemic stroke
Nanowerk	1. 13	Electron injection in fullerenes builds novel crystalline carbons
MDPI	1. 14	Can one series of self-organized nanoripples guide another series of self-organized nanoripples during ion bombardment：from the perspective of power spectral density entropy?
Taylor & Francis Online	1. 14	Retrieval sequencing in autonomous vehicle storage and retrieval systems
MDPI	1. 15	A new drought monitoring index on the Tibetan Plateau based on multisource data and machine learning methods
Spektrum der Wissenschaft	1. 15	Quantencomputer：Ist die digitale Privatsphäre schon heute gefährdet?
Chemie	1. 16	Elektroneninjektion erzeugt neuartige kristalline Kohlenstoffe
MDPI	1. 16	Detach GaN-based film to realize a monolithic bifunctional device for both lighting and detection
MDPI	1. 16	Effect of noninvasive static human data on maximum data in exercise
MDPI	1. 16	Efficient image segmentation of cardiac conditions after basketball using a deep neural network
Golem. de	1. 16	LOPC：forscher erzeugen neue modifikation von kohlenstoff
MDPI	1. 16	Xanthan gum-mediated silver nanoparticles for ultrasensitive electrochemical detection of Hg^{2+} ions from water

续表

媒体名称	时间	新闻标题
Inside Quantum Technology	1.16	New research shows quantum dots connections expanding over farther distances, suggesting advancements for the future of the quantum internet
ChemEurope.com	1.16	Electron injection builds novel crystalline carbons
Times of News—USA	1.17	Plate tectonics in the twenty-first century
MDPI	1.17	Application of sustainable development of teaching in engineering education: a case study of undergraduate course design of raman spectroscopy based on virtual reality (vr) technology
TechGoing	1.17	Based on optical quantum integrated chip, multi-photon nonlinear quantum interference is released for the first time
Posts US News	1.19	Un nouveau type d'intrication permet aux physiciens nucléaires de "voir" à l'intérieur des noyaux atomiques
List 23	1.19	Nuclear physicists may observe inside nuclear nuclei using a new type of embargo
MDPI	1.19	Spatiotemporal heterogeneity of forest fire occurrence based on remote sensing data: an analysis in Anhui, China
MDPI	1.19	Supplementation of weizmannia coagulans bc2000 and ellagic acid inhibits high-fat-induced hypercholesterolemia by promoting liver primary bile acid biosynthesis and intestinal cholesterol excretion in mice
Molecular Ecology-Wiley Online Library	1.19	Data-driven navigation of ferromagnetic soft continuum robots based on machine learning
Cell Press	1.20	Light modulates glucose metabolism by a retina-hypothalamus-brown adipose tissue axis
UR ALL NEWS	1.20	Researchers create 2D quantum light source from layered materials
MDPI	1.20	Observation of large threshold voltage shift induced by pre-applied voltage to SiO_2 gate dielectric in organic field-effect transistors
Wiley Online Library	1.21	Virtual differential phase-contrast and dark-field imaging of x-ray absorption images via deep learning
UrduPoint Network	1.23	Chinese scientists find that light impacts glucose metabolism
MDPI	1.24	Passive daytime radiative cooling of silica aerogels
Semiconductor Digest	1.24	Scientists enable thinnest quantum light source by new 2D layered materials

续表

媒体名称	时间	新　闻　标　题
TheDailyCheck.net	1.24	Understanding of point defect mechanism boosts photovoltaic performance of antimony selenosulfide
NewsBeezer	1.24	Understanding the point defect mechanism enhances the photovoltaic performance of antimony selenosulfide
One News Page	1.25	Understanding of point defect mechanism boosts photovoltaic performance
MDPI	1.25	Interlayer investigations of GaN heterostructures integrated into silicon substrates by surface activated bonding
MDPI	1.25	On the flame behavior during cable insulation material ignited by fault arc: a flame extracting and noise reduction algorithm
MDPI	1.25	Physical model of D-region ionosphere and preliminary comparison with IRI and data of MF radar at Kunming
MDPI	1.26	Controllable connection of Fe_2Se_3 double chains and Fe(dien)$_2$ complexes for organic-inorganic hybrid ferrimagnet with a large coercivity
MDPI	1.26	Fire risk assessment of heritage villages: a case study on Chengkan Village in China
MDPI	1.27	Improvement of selectivity of RALEX-CM membranes via modification by ceria with a functionalized surface
MDPI	1.27	Fully flexible covalent organic frameworks for fluorescence sensing 2,4,6-trinitrophenol and p-nitrophenol
MDPI	1.27	Real-time measurement of atmospheric CO_2, CH_4 and N_2O above rice fields based on laser heterodyne radiometers (LHR)
Cell Press	1.27	Mitochondrial SENP2 regulates the assembly of SDH complex under metabolic stress
ClinicalTrials.gov	1.27	Intravenous tenecteplase and mechanical thrombectomy techniques on 4.5 to 24 hours after basilar artery occlusion
Bioengineer.org	1.27	Discovery of new form of carbon, called long-range ordered porous carbon (LOPC)
NewsBeezer	1.28	An intelligent elastomer that can adjust its stiffness and conductivity itself
MDPI	1.28	Growth of low-defect nitrogen-doped graphene film using condensation-assisted chemical vapor deposition method

续表

媒体名称	时间	新　闻　标　题
MDPI	1.28	Volatile fatty acids production by acidogenic fermentation of wastewater: a bibliometric analysis
MDPI	1.28	Theoretical research on magnetic confinement mechanism of applied-field magnetoplasmadynamic thruster
MDPI	1.28	Development and validation of a prediction model for anxiety improvement after deep brain stimulation for parkinson disease
MDPI	1.29	Methods and advances in the design, testing and development of in vitro diagnostic instruments
MDPI	1.29	Effect of hot metal gas forming process on formability and microstructure of 6063 aluminum alloy double wave tube
PV Magazine-International Edition	1.30	Novel snow removal tech uses electricity from uncovered PV panels
MDPI	1.30	Twinning behavior, microstructure evolution and mechanical property of random-orientated ZK60 mg alloy compressed at room temperature
Big News Network	1.31	Researchers develop strong, lightweight cermet material
MDPI	1.31	Finite-key analysis for quantum key distribution with discrete-phase randomization
MDPI	1.31	Evaluation and characterization of the influence of solar position algorithm on the performance of parabolic trough solar system
South China Morning Post	1.31	Chinese scientists make quantum leap with first practical use computer
ARCHYDE	1.31	New light and strong material with high damping capacity
Phys.org	1.31	Study unveils a large tunable drag response between a normal conductor and a superconductor
TheDailyCheck.net	1.31	New monovalent anion permselective membranes for high-efficient mono-/di-valent anion separation
SpaceDaily.com	2.1	China's deep space exploration lab eyes top global talents
Nature	2.1	Conjugated dual size effect of core-shell particles synergizes bimetallic catalysis
MDPI	2.2	Dilepton program with time-of-flight detector at the STAR experiment (第一作者非科大)
Nation World News	2.2	China delivers its first practical-use quantum computer

续表

媒体名称	时间	新　闻　标　题
MDPI	2.2	The formation mechanism of a multilayer-structure oxide film during the oxidation of FeCrAl in air at 700 ℃
MDPI	2.2	Cross-well lithology identification based on wavelet transform and adversarial learning(第一作者非科大)
MDPI	2.2	Production of strange and charm hadrons in Pb＋Pb collisions at sNN = 5.02 TeV(第一作者非科大)
MDPI	2.2	Observed quasi 16-day wave by meteor radar over 9 years at Mengcheng (33.4°N, 116.5°E) and comparison with the whole atmosphere community climate model simulation
MDPI	2.3	Tailoring microstructure of austenitic stainless steel with improved performance for generation-IV fast reactor application: a review(第一作者非科大)
MDPI	2.3	Novel pulsating-dc high-voltage linear driving scheme for GaN LED general lighting
MDPI	2.3	Poly(alkyl-biphenyl pyridinium)-based anion exchange membranes with alkyl side chains enable high anion permselectivity and monovalent ion flux(第一作者非科大)
MDPI	2.5	Bipolar membrane electrodialysis for cleaner production of diprotic malic acid: separation mechanism and performance evaluation
UrduPoint Network	2.6	Chinese scientists realize high-quality quantum key distribution
MDPI	2.6	Shock absorption for legged locomotion through magnetorheological leg-stiffness control(第一作者非科大)
Intellasia.net	2.6	China speeding along in quantum computing race
MDPI	2.6	Workspace analysis and path planning of a novel robot configuration with a 9-DOF serial-parallel hybrid manipulator (SPHM)(第一作者非科大)
TechGoing	2.6	Quantum communication network milestone CSU achieves pattern matching quantum key distribution
Medical Xpress	2.6	Researchers reveal neural mechanism of metabolic modulation by light
Compsmag	2.7	China is gaining ground in the race for quantum computing
MDPI	2.7	Successive photocatalytic degradation of methylene blue by ZnO, CuO and ZnO/CuO synthesized from coriandrum sativum plant extract via green synthesis technique(第一作者非科大)
Technology Times	2.7	China's researchers develop high quality quantum key distribution

续表

媒体名称	时间	新　闻　标　题
UrduPoint Network	2.7	Chinese scientists develop all-natural wood-inspired aerogel
Engineering News & Analysis—IHS Engineering360	2.7	Chinese tokamak achieves super I-mode
Happy Euro Anime	2.7	Author correction: senescence atlas reveals an aged-like inflamed niche that blunts muscle regeneration
Targeted News Service (Print Edition)	2.8	Pioneering university of chicago chemist wins 2023 wolf prize
MDPI	2.8	The influence of nanoparticle dispersions on mechanical and thermal properties of polymer nanocomposites using SLA 3D printing(第一作者非科大)
MDPI	2.8	A novel near-infrared ytterbium complex $[Yb(DPPDA)_2](DIPEA)$ with $\Phi = 0.46\%$ and $\tau_{obs} = 105\ \mu s$(第一作者非科大)
Phys.org	2.8	Scientists realize faster method for quantum key distribution
Phys.org	2.8	Scientists develop all-natural, wood-inspired aerogel
Phys.org	2.9	Efficient CO_2 electroreduction to multicarbon products on a defective Cu catalyst derived from La_2CuO_4 perovskite oxide
MDPI	2.9	Study on influencing factors of the information content of satellite remote-sensing aerosol vertical profiles using oxygen A-band
MDPI	2.9	Research on the performance of an active rotating tropospheric and stratospheric doppler wind lidar transmitter and receiver
MDPI	2.9	Electrodialysis metathesis (EDM) desalination for the effective removal of chloride and nitrate from tobacco extract: the effect of membrane type
RaillyNews	2.9	Chinese scientists developed fire resistant "aerogel" for buildings
RayHaber	2.9	Čínští vědci vyvinuli ohnivzdorný"aerogel" pro budovy
RayHaber	2.9	Chinesische wissenschaftler haben feuerfestes "aerogel" für gebäude entwickelt
RayHaber	2.9	Ilmuwan cina mengembangkan "aerogel" tahan api untuk bangunan
MDPI	2.10	Selenium biofortification: strategies, progress and challenges
MDPI	2.10	Machine learning-inspired hybrid precoding for HAP massive MIMO systems with limited RF chains

续表

媒体名称	时间	新　闻　标　题
MDPI	2.12	Automated classification of auroral images with deep neural networks (第一作者非科大)
MDPI	2.12	Spatial variations of fabric and microstructure of blue ice cores at the shear margin of dalk glacier, antarctica(第一作者非科大)
MDPI	2.13	Dimeric product of peroxy radical self-reaction probed with VUV photoionization mass spectrometry and theoretical calculations: the case of $C_2H_5OOC_2H_5$
Molecular Ecology-Wiley Online Library	2.13	Three-dimensional simulation of equatorial spread F: effects of field-aligned plasma flow and ionospheric conductivity
newsbrig	2.13	New form of carbon discovered: "opening up entirely new possibilities"
List 23	2.13	A new carbon form has arrived, experiencing almost new possibilities
MDPI	2.13	Environmental performance of China's industrial system considering technological heterogeneity and interaction(第一作者非科大)
India Education Diary	2.13	USTC experts develop all-natural wood-inspired aerogel
MDPI	2.14	A patent bibliometric analysis of carbon capture, utilization, and storage (CCUS) technology
MDPI	2.14	Exploring the phospholipid transport mechanism of ATP8A1-CDC50(第一作者非科大)
Springer	2.14	Interpretability-mask: a label-preserving data augmentation scheme for better classification
MDPI	2.14	Institutional investors' distraction and executive compensation stickiness based on multiple regression analysis
PLOS Biology	2.14	Alpha oscillatory activity is causally linked to working memory retention
MDPI	2.15	Facile synthesis of ZnO/WO_3 nanocomposite porous films for high-performance gas sensing of multiple VOCs
MDPI	2.15	Itaconate suppresses the activation of mitochondrial NLRP3 inflammasome and oxidative stress in allergic airway inflammation(第一作者非科大)
MDPI	2.15	Change-point detection in a high-dimensional multinomial sequence based on mutual information
Springer	2.15	Experimental study of detonation propagation in a duct filled with repeated slit-plates: propagation limits and re-initiation behaviors

续表

媒体名称	时间	新　闻　标　题
MDPI	2.16	An integrative analysis of nasopharyngeal carcinoma genomes unraveled unique processes driving a viral-positive cancer
MDPI	2.17	Greenhouse gases monitoring instrument on GaoFen-5 Satellite-II: optical design and evaluation(第一作者非科大)
MDPI	2.17	A physical measure for characterizing crossover from integrable to chaotic quantum systems
MDPI	2.19	Polar-functionalized polyethylenes enabled by palladium-catalyzed copolymerization of ethylene and butadiene/bio-based alcohol-derived monomers
MDPI	2.20	The effect of periodic duty cyclings in metal-modulated epitaxy on gan: Mg film
MDPI	2.20	Experimental and correction methods for responsivity temperature dependence in the swir bands of a spaceborne scanning polarimeter
MDPI	2.20	Multi-instrumental observations of midlatitude plasma irregularities over eastern Asia during a moderate magnetic storm on 16 July 2003
Advanced Science News	2.21	Machines can impersonate humans, but the subconscious brain is not fooled
Molecular Ecology—Wiley Online Library	2.21	Internet gaming disorder and tobacco use disorder share neural connectivity patterns between the subcortical and the motor network
Mirage News	2.22	Novel quantum detection solves high-pressure magnetic measurement issue(第一作者非科大)
MDPI	2.22	Feasibility study to byproduce medical radioisotopes in a fusion reactor
MDPI	2.22	Correction: Wang et al. effectiveness in mitigating forest fire ignition sources: a statistical study based on fire occurrence data in China. Fire 2022, 5, 215
MDPI	2.23	Gender differences in psychological symptoms and quality of life in patients with inflammatory bowel disease in China: a multicenter study
Big News Network	2.23	Feature: installing a quantum computer at a E China lab
Singapore Star	2.23	Installing a quantum computer at a E China lab
MDPI	2.24	An energy management strategy for hybrid energy storage system based on reinforcement learning

续表

媒体名称	时间	新　闻　标　题
MDPI	2.24	Defect-induced efficient heteroepitaxial growth of single-wall carbon nanotubes @ hexagonal boron nitride films
Big News Network	2.24	China focus：freezing technology helps tumor patients preserve fertility
MDPI	2.24	Conversion of polyethylene to high-yield fuel oil at low temperatures and atmospheric initial pressure(第一作者为中国科学院，非中科大)
MDPI	2.24	Economic policy uncertainty and bank stability：an analysis based on the intermediary effects of opacity
Cell Press	2.24	JMJ28 guides sequence-specific targeting of ATX1/2-containing COMPASS-like complex in arabidopsis
MDPI	2.24	A novel approach for direction of arrival estimation in co-located mimo radars by exploiting extended array manifold vectors(第一作者非中科大)
MDPI	2.25	An economical composite membrane with high ion selectivity for vanadium flow batteries(第一作者非中科大)
Macau Business	2.25	Freezing technology helps tumor patients preserve fertility
MDPI	2.26	A strong magnetic field alters the activity and selectivity of the CO_2RR by restraining C-C coupling
MDPI	2.27	Influencing factors on bioavailability and spatial distribution of soil selenium in dry semi-arid area
Mirage News	2.27	Non-Hermitian exceptional points discovered in cavity research
Phys. org	2.28	Researchers reveal conjugated dual size effect of core-shell bimetallic nanocatalysts
Phys. org	2.28	Researchers realize non-Hermitian exceptional points in degenerate optical cavity
Medical Xpress	2.28	New method for image reconstruction in electrical impedance tomography
MDPI	2.28	Connecting fiscal decentralization with climate change mitigation in china：directions for carbon capturing systems
MDPI	2.28	Spreading magnetic anomalies separation of the South China Sea based on the nested elliptical directional filters(第一作者非中科大)
MDPI	2.28	CRISPR/Cas9-mediated multi-locus promoter engineering in ery cluster to improve erythromycin production in saccharopolyspora erythraea
MDPI	2.28	A novel approach to tele-ultrasound imaging：compressive beamforming in fourier domain for ultrafast ultrasound imaging

续表

媒体名称	时间	新　闻　标　题
MDPI	3.2	pH-responsive super-porous hybrid hydrogels for gastroretentive controlled-release drug delivery
UR ALL NEWS	3.2	New strategy proposed for bandgap engineering and maintaining material properties under high pressure
medRxiv	3.3	A survey and antibody test following the surge of SARS-CoV-2 Omicron infection in China
MDPI	3.3	Research on biomass waste utilization based on pollution reduction and carbon sequestration(第一作者非中科大)
Times of News—USA	3.3	China releases "landmark" document on ethics reviews of life sciences, medical research involving humans
Business Weekly	3.3	Freezing technology helps tumour patients preserve fertility
Mirage News	3.3	Scientists create self-adjusting elastic materials
Mirage News	3.3	Mystery of Li-CO_2 battery voltages solved by scientists
Molecular Ecology—Wiley Online Library	3.3	Nicotinamide phosphoribosyltransferase-elevated NAD+ biosynthesis prevents muscle disuse atrophy by reversing mitochondrial dysfunction
Scienmag Science Magazine	3.4	Scientists develop self-tunable electro-mechano responsive elastomers
MDPI	3.4	Application of a fusion model based on machine learning in visibility prediction
Quick Telecast	3.4	Researchers reveal disturbances of Tonga volcanic eruption
Physics Magazine	3.4	High-resolution wind detection
Phys. org	3.4	Unveiling the mysteries of operating voltages of lithium-carbon dioxide batteries
MDPI	3.5	Design and evaluation of paeonol-loaded liposomes in thermoreversible gels for atopic dermatitis(第一作者非中科大)
MDPI	3.6	High-quality AIN grown on Si (111) substrate by epitaxial lateral overgrowth
MDPI	3.6	The impact of platform encroachment on the manufacturer's financing strategy
EurekAlert!	3.6	Scientists search for exotic parity-violation interactions with quantum spin amplifiers
Phys. org	3.6	Highly efficient, near-infrared-featured CO_2 reduction by surface plasmon

续表

媒体名称	时间	新　闻　标　题
Techtoday. news	3.7	Highly efficient near-infrared CO_2 reduction by surface plasmon
Technology Networks	3.7	A step in the right direction for artificial photosynthesis
Sky News	3.7	Researchers achieve nonreciprocal frequency conversion with optical and mechanical modes
The Quantum Daily	3.8	China's developing medium-high orbit quantum satellites
MDPI	3.8	Flexoelectric effect of ferroelectric materials and its applications(第一作者非中科大)
NUS Engineering	3.8	Novel crystal material enables a key step forward for optical microchips
Finadium	3.8	Quantum newsletter: quantum key distribution going the distance
Mirage News	3.9	Scientists unveil magic boron clusters on borophene layer
Medical Xpress	3.9	Scientists develop new targeted therapeutic strategies to fight liver metastasis
MDPI	3.9	Development of a rotary damper integrated with magnetorheological bearings toward extremely high torque-volume ratio
MDPI	3.9	A novel image classification method based on residual network, inception, and proposed activation function(第一作者非中科大)
Mirage News	3.9	On-chip viscoelasticity sensor for biological fluids
India Education Diary	3.9	USTC research team progresses with highly bright and stable single-crystal perovskite LEDs
India Education Diary	3.9	USTC scientists develop new targeted therapeutic strategies against liver metastasis
Scienmag Science Magazine	3.9	An on-chip viscoelasticity sensor for biological fluids
MDPI	3.9	Storage stability of 6FDA-DMB polyamic acid solution detected by gel permeation chromatography coupled with multiple detectors(第一作者非中科大)
HTDS Content Services—Newswire	3.10	USTC researchers report highly efficient near-infrared-featured CO_2 reduction by surface plasmon
HTDS Content Services-Newswire	3.10	USTC experts design new heterostructured interface for Zn batteries
HTDS Content Services-Newswire	3.10	USTC professor elected fellow of the combustion institute

续表

媒体名称	时间	新闻标题
India Education Diary	3.10	USTC experts achieve nonreciprocal frequency conversion with optical and mechanical modes
India Education Diary	3.10	Investigation on for exotic parity-violation interactions with quantum spin amplifiers
India Education Diary	3.10	Researchers of USTC unveil mystery of operating voltages in Li-CO_2 batteries
India Education Diary	3.10	Scientists of USTC develop self-tunable electro-mechano responsive elastomers
India Education Diary	3.10	USTC experts observe non-hermitian exceptional points in degenerate optical cavity
MDPI	3.10	Effects of vanadium microalloying and intercritical annealing on yield strength-ductility trade-offs of medium-manganese steels
MDPI	3.10	Unsupervised single-channel singing voice separation with weighted robust principal component analysis based on gammatone auditory filterbank and vocal activity detection(第一作者非中科大)
MDPI	3.10	Diffusion height and order of sulfur dioxide and bromine monoxide plumes from the Hunga Tonga-Hunga Ha'apai volcanic eruption
News 7F	3.10	Reduced nonradiative recombination in perovskite solar cells with porous insulator contact
Techstreet Now	3.10	Reducing nonradiative recombination in perovskite solar cells with a porous insulator contact
Techstreet Now	3.11	Researchers develop high-efficiency buck-boost DC-DC converter
Space News	3.11	China is developing a quantum communications satellite network
Nature	3.11	An effective way to control the radical reaction and its mechanism in EPDM under γ-ray irradiation(第一作者非中科大)
Physics Magazine	3.11	Four walls good, two walls bad for confined cells
News 7F	3.11	Researchers develop high-performance buck-boost DC-DC converter
MDPI	3.12	Adaptive robust autonomous obstacle traversal controller for novel six-track robot
MDPI	3.13	Statistical analysis of single-order diffraction grating with quasi-random structures(第一作者非中科大)
MDPI	3.13	Impacts of shape assumptions on z-r relationship and satellite remote sensing clouds based on model simulations and gpm observations

续表

媒体名称	时间	新　闻　标　题
Power Systems Design	3.13	Researchers unveil mystery of operating voltages in Li-CO_2 batteries
MDPI	3.14	A multi-model ensemble pattern method to estimate the refractive index structure parameter profile and integrated astronomical parameters in the atmosphere
Nature	3.14	High-rate quantum key distribution exceeding 110 Mb s-1
Mirage News	3.14	New constraints on continental deep subduction in rifted margins
MDPI	3.15	RIG-I promotes tumorigenesis and confers radioresistance of esophageal squamous cell carcinoma by regulating dusp6
News Concerns—Latest News Update	3.15	Findings provide evidence for " deconfinement " and insight into seething temperature of the hottest matter on earth
The Namibia Press Agency	3.15	Chinese scientists set new record in high-rate quantum key distribution
Scienmag Science Magazine	3.15	STAR physicists track sequential "melting" of upsilons
MDPI	3.15	A real neural network state for quantum chemistry(第一作者非中科大)
News Concerns—Latest News Update	3.15	Physicists track sequential "melting" of upsilons
technologynewschina	3.15	East China lab to get world-leading quantum computer
Mirage News	3.15	Porous insulator breaks passivation-transport dilemma
Phys.org	3.15	SN 2017egm is a helium-rich superluminous supernova, study finds
Newsdirectory3	3.15	Chinese researchers realize unconditionally secure encryption communication
ScienceDaily	3.15	STAR physicists track sequential "melting" of upsilons
ANTARA News	3.16	Tim ilmuwan China cetak rekor dalam distribusi kunci kuantum
MDPI	3.16	A cryogenic 8-Bit 32 MS/s SAR ADC operating down to 4.2 K
MDPI	3.16	Optimization of sampling mode in macro fourier ptychography imaging based on energy distribution
EurekAlert!	3.16	Researchers prepare ethylene by single-atom catalytic electroreduction of CO_2
Phys.org	3.16	Examining the dynamic and regulatory blueprint of mitotic bookmarking

续表

媒体名称	时间	新　闻　标　题
MDPI	3.17	Modulation of visual responses and ocular dominance by contralateral inhibitory activation in the mouse visual cortex
List 23	3.17	Upsilons in sequential melting: new insight into earth's hottest matter
MDPI	3.17	Characterization and co-adsorption mechanism of magnetic clay-biochar composite for de-risking Cd (Ⅱ) and methyl orange contaminated water
Sky News	3.17	Study sheds light on ancient microbial dark matter
The City Sentinel	3.17	Molecular biologist shixin liu receives $50,000 vilcek prize for creative promise in biomedical science
Newsbrig	3.17	New insight into the hottest matter on earth
FocusTechnica	3.17	Sequential "melting" of upsilons: new insight into the hottest matter on earth
Inside Quantum Technology	3.17	Quantum news briefs March 17: SMART building security: transitioning to post-quantum cryptography; UK chancellor plans £1M annual AI prize, quantum investments & £900M "exascale" computer; Chinese scientists report new record in high-rate quantum key distribution + MORE
Targeted News Service (Print Edition)	3.17	UNLV study sheds light on ancient microbial dark matter
NewsBeezer	3.18	New insights into the hottest matter on earth
Nature	3.18	Secreted protease PRSS35 suppresses hepatocellular carcinoma by disabling CXCL2-mediated neutrophil extracellular traps
Quick Telecast	3.18	New insight into the hottest matter on earth
MDPI	3.19	Leakage detection in water distribution networks based on multi-feature extraction from high-frequency pressure data(第一作者非中科大)
BioMed Central	3.19	UGRP1-modulated MARCO$^+$ alveolar macrophages contribute to age-related lung fibrosis
Head Topics	3.19	Bright and stable perovskite light-emitting diodes in the near-infrared range
MDPI	3.19	Microstructure and mechanical properties of $Y_4Zr_3O_{12}$-added Fe-13.5Cr-2W oxide-dispersion-strengthened steels, containing high contents of C and N, prepared by mechanical alloying and two-step spark plasma sintering

续表

媒体名称	时间	新　闻　标　题
MDPI	3.20	High resolution fourier transform spectrometer for ground-based verification of greenhouse gases satellites
MDPI	3.20	Improving many-to-many neural machine translation via selective and aligned online data augmentation
MDPI	3.20	Dispersion of carbon nanotubes improved by ball milling to prepare functional epoxy nanocomposites(第一作者非中科大)
UroToday—GU Oncology Today	3.21	Management of male erectile dysfunction: from the past to the future
The Quantum Daily	3.21	Chinese scientists set record for generating secret keys for QKD system
Cell Press	3.22	Green light induces antinociception via visual-somatosensory circuits
MDPI	3.22	Low threshold current and polarization-stabilized 795 nm vertical-cavity surface-emitting lasers
MDPI	3.22	Simulation and design of a PIC-based heterodyne optical phase locked loop
TheDailyCheck.net	3.22	Earth's crustal stress can be inferred from fluid flow of fractures in deep boreholes
MDPI	3.22	The power transition under the interaction of different systems:A case study of the Guangdong-Hong Kong-Macao Greater Bay Area
MDPI	3.22	Microstructure and high-temperature ablation behaviour of hafnium-doped tungsten-yttrium alloys
MDPI	3.22	Does ESG impact firms' sustainability performance? The mediating effect of innovation performance(第一作者非中科大)
Nature	3.22	Light scattering in stacked mesophyll cells results in similarity characteristic of solar spectral reflectance and transmittance of natural leaves
MDPI	3.22	Graphene utilization for efficient energy storage and potential applications: challenges and future implementations(第一作者非中科大)
MDPI	3.23	Construction of infinite series exact solitary wave solution of the KPI equation via an auxiliary equation method(第一作者非中科大)
Cell Press	3.23	The RNA binding protein RALY suppresses p53 activity and promotes lung tumorigenesis

续表

媒体名称	时间	新　闻　标　题
Mirage News	3.23	Breakthrough in high-pressure magnetic detection achieved
Nature	3.24	Atomic-scale study clarifying the role of space-charge layers in a Li-ion-conducting solid electrolyte
Sky News	3.24	Chinese breakthrough in high-pressure superconducting magnetic detectiona
MDPI	3.24	Efficient removal of congo red, methylene blue and Pb（Ⅱ）by hydrochar-MgAILDH nanocomposite：synthesis, performance and mechanism
MDPI	3.24	Basal melt patterns around the deep ice core drilling site in the dome a region from ice-penetrating radar measurements(第一作者非中科大)
MDPI	3.24	An in situ study on nanozyme performance to optimize nanozyme-strip for Aβ detection
Quick Telecast	3.24	Lithosphere architecture controls the formation of orogenic gold deposits
Phys.org	3.24	Study：lithosphere architecture controls the formation of orogenic gold deposits
News 7F	3.24	Comparing neural activity differences between human-generated language and NLP-generated language
News Azi	3.24	Comparing the neural activity differences between human-produced and NLP-produced language
Black News—For Us By Us	3.24	Clinical diagnostic value of serum 25-hydroxyvitamin D in severe fever with thrombocytopenia syndrome
MDPI	3.24	An investigation into audio-visual speech recognition under a realistic home-TV scenario
NewsBeezer	3.24	The architecture of the lithosphere controls the formation of orogenic gold deposits
Semiconductor Today	3.24	GaN on silicon through surface-activated bonding(第一作者非中科大)
NewsBeezer	3.24	Detection of a cosmogenic isotope to determine the age of artifacts
EurekAlert!	3.24	Researchers make breakthrough in high-pressure magnetic detection
Phys.org	3.24	Capturing a cosmogenic isotope to determine the age of artifacts
Nature	3.24	Magnetic detection under high pressures using designed silicon vacancy centres in silicon carbide

续表

媒体名称	时间	新 闻 标 题
Nature	3.24	Growth of single-crystal black phosphorus and its alloy films through sustained feedstock release
List 23	3.24	High-pressure superconducting magnetic detection in China: a new high
NewsBeezer	3.25	Chinese breakthrough in superconducting high-pressure magnetic detection
Chip. pl	3.25	Chińczycy dokonali przełomu. Odkrycie zaprocentuje w badaniach nad nowymi materiałami
MDPI	3.26	A novel MPPT controller based on mud ring optimization algorithm for centralized thermoelectric generator under dynamic thermal gradients (第一作者非中科大)
MDPI	3.27	Honeybee (Apis spp.) (hymenoptera: apidae) colony monitoring using acoustic signals from the beehive: an assessment by global experts and our feedback
MDPI	3.27	Aligning superconducting transition-edge sensors by reflected wave intensity measurement
MDPI	3.27	Grammar-supervised end-to-end speech recognition with part-of-speech tagging and dependency parsing
Mirage News	3.27	Moon holds new water reservoir, scientists discover
RASA Informa	3.27	Científicos chinos descubren un depósito de agua en la Luna
MDPI	3.27	High-performance detection of exosomes based on synergistic amplification of amino-functionalized Fe_3O_4 nanoparticles and two-dimensional MXene nanosheets
FocusTechnica	3.28	Chinese scientists discover water reservoir on the moon
Earth. com	3.28	New water reservoir found on the moon's surface
STV	3.28	Researchers discover "potential new water source on the moon"
Bullfrag	3.28	China finds water reserve on the moon, probably with millions of tons
Big News Network	3.28	China focus: researchers discover possible new water reservoir on moon
The Limited Times	3.28	China discovered a large reservoir of water on the Moon and revealed where it comes from
Nature	3.28	In situ constructing atomic interface in ruthenium-based amorphous hybrid-structure towards solar hydrogen evolution

续表

媒体名称	时间	新　闻　标　题
Nation World News	3.28	China has found water reserves on the moon up to 2.7 billion tons
British Bulletin	3.28	Researchers find new potential source of water on the moon
Archy Newsy	3.28	Water on the moon! China finds 270 billion tons reserve
Hong Kong Herald	3.28	Researchers discover possible new water reservoir on moon
knowridge	3.28	Scientists discover new water reservoir on moon
MDPI	3.28	Research on the inheritance path and the branding inheritance model of traditional crafts(第一作者非中科大)
Newswise	3.28	Researchers find new water reservoir on moon
MINING.com	3.28	Researchers closer to understanding how orogenic gold belts are formed
Space News	3.28	A new water reservoir on the moon
Envirotec	3.29	Chinese researchers find new water reservoir on the moon
Hitech Glitz	3.29	Highly visible quantum interference achieved between two independent semiconductor quantum dots
MDPI	3.29	Effect of Ru on deformation mechanism and microstructure evolution of single-crystal superalloys under medium-temperature and high-stress creep
MDPI	3.29	Design and analysis of the inlet valve for the CFETR torus cryopump
MDPI	3.29	Impurity behavior in plasma recovery after a vacuum failure in the experimental advanced superconducting Tokamak(第一作者非中科大)
NewsR	3.30	Porous insulator contact breaks passivation-transport trade-off
MDPI	3.30	Discovery of potential inhibitors of SARS-CoV-2 main protease by a transfer learning method(第一作者非中科大)
Nature	3.30	Long-range skin Josephson supercurrent across a van der Waals ferromagnet
Techtoday.news	3.30	Groundbreaking carbon discovery may revolutionize materials science
MDPI	3.31	Effect of residual water in sediments on the CO_2-CH_4 replacement process(第一作者非中科大)
Nature	3.31	APOBEC3B stratifies ovarian clear cell carcinoma with distinct immunophenotype and prognosis

续表

媒体名称	时间	新　闻　标　题
Nature	3.31	An integrated oxygen electrode derived from a flexible single-walled carbon nanotube film for rechargeable Zn-air batteries produced by electropolymerization
Nature	3.31	Ultrastrong and fatigue-resistant bioinspired conductive fibers via the in situ biosynthesis of bacterial cellulose
MDPI	3.31	Rotate vector reducer fault diagnosis model based on EEMD-MPA-KELM
MDPI	4.1	Studies of the mechanism of nucleosome dynamics: a review on multifactorial regulation from computational and experimental cases(第一作者非中科大)
Denik. cz	4.1	Čína na Měsíci objevila miliardy tun vody, ukrývají se ve skleněných kuličkách
Nature	4.1	Motility-induced phase separation is reentrant
MDPI	4.1	Dual-wavelength smoke detector measuring both light scattering and extinction to reduce false alarms(第一作者非中科大)
MDPI	4.3	Wafer eccentricity deviation measurement method based on line-scanning chromatic confocal 3D profiler
MDPI	4.3	Bionic design of a miniature jumping robot
MDPI	4.3	Hybrid general regression nn model for efficient operation of centralized teg system under non-uniform thermal gradients(第一作者非中科大)
My Droll	4.4	A breakthrough in sustainable methane utilization technology
MDPI	4.4	Data comparison and cross-calibration between level 1 products of DPC and POSP onboard the Chinese GaoFen-5(02) satellite
Molecular Ecology—Wiley Online Library	4.4	Carleman estimates and some inverse problems for the coupled quantitative thermoacoustic equations by partial boundary layer data. Part II: some inverse problems
Mirage News	4.4	Panoramic view on catalytic conversion network for biomass valorization
EurekAlert!	4.4	A panoramic view on catalytic conversion network for lignocellulosic biomass valorization
MDPI	4.4	Dynamics of SARS-CoV-2 antibody pesponses up to 9 months post-vaccination in individuals with previous SARS-CoV-2 infection receiving inactivated vaccines

续表

媒体名称	时间	新　闻　标　题
MDPI	4.5	Highly reliable temperature sensor based on p-GaN/AlGaN/GaN hybrid anode diode with wide operation temperature from 73 K to 573 K
SwiftTelecast	4.5	A panoramic view of the catalytic conversion network for lignocellulosic biomass valorization
Nature	4.5	A LaCl3-based lithium superionic conductor compatible with lithium metal
Nature	4.6	The functional change of the P2X7R containing the Ala348 to Thr polymorphism is associated with the pathogenesis of gout
MDPI	4.6	Preparation of ciprofloxacin-based carbon dots with high antibacterial activity
Mirage News	4.6	Technology advances for realistic 3D holograms in virtual reality
Mirage News	4.6	Tech advance enables realistic 3D holograms for VR
Technology Times	4.7	Researchers develop new way to create more realistic 3D holograms
David Icke	4.7	Next generation of 3D virtual reality is here and won't require a headset
Latest News Around The World—TechiAzi	4.7	Technology advance paves way to more realistic 3D holograms for virtual reality and more: researchers overcome two bottlenecks in current digital holographic techniques
ScienceDaily	4.7	Technology advance paves way to more realistic 3D holograms for virtual reality and more
The Limited Times	4.7	New 3D holograms, like those from Star Wars
MDPI	4.7	Study on the 2D equivalent simulation model of bearing and spindle for precision machine tools
Newsbit	4.7	New strategy for cathode materials in lithium-chlorine battery
AZoOptics	4.7	Researchers overcome two bottlenecks in present digital holographic techniques
PublicNewsTime	4.7	Research team realizes quantum-enhanced microwave ranging
Today News 24	4.8	Researchers overcome two bottlenecks in current digital holographic techniques
Verified News Explorer Network	4.8	AI is trying to get a better handle on hands
Geek Tech Online	4.8	A technology for creating high-density three-dimensional holograms has been developed
List 23	4.8	A new advance paves the way for more realistic 3D holograms

续表

媒体名称	时间	新闻标题
MDPI	4.8	Fast and selective degradation of biomass for xylose, glucose and lignin under mild conditions
PublicNewsTime	4.8	Overcoming two long-standing bottlenecks: new advance paves way to more realistic 3D holograms
Tekno Holic News	4.8	New advance paves way to more realistic 3D holograms
Targeted News Service (Print Edition)	4.8	Optica: advance in technology paves the way to realistic 3D holograms for virtual reality and more
Nature	4.9	A neutrophil mimicking metal-porphyrin-based nanodevice loaded with porcine pancreatic elastase for cancer therapy
Declare Your Independence with Ernest Hancock	4.9	Next generation of 3D virtual reality is here and won't require a headset
Morning Sentinel	4.10	New discovery will take 3D virtual reality to the next level
South China Morning Post	4.10	China scientists find a way to restore body's cancer-fighting cells
MDPI	4.10	An optical spectroscopic study of air-degradation of van der waals magnetic semiconductor $Cr_2Ge_2Te_6$(第一作者非中科大)
MDPI	4.10	Salt-mediated structural transformation in carbon nitride: from regulated atomic configurations to enhanced photocatalysis
Nature	4.10	High quantum efficiency of hydrogen production from methanol aqueous solution with PtCu-TiO_2 photocatalysts(第一作者非中科大)
Interesting Engineering	4.10	New method for producing realistic holograms could enhance virtual reality
MDPI	4.11	Current drops in CF_4 plasma-treated AlGaN/GaN heterojunction in oolar gas ambient
MDPI	4.11	Development of a rapid measurement method for analysis of the NOx conversion process based on quantum cascade laser absorption spectroscopy
MDPI	4.11	High-speed variable polynomial toeplitz hash algorithm based on FPGA
Intellasia. net	4.11	Chinese scientists find a way to restore body's cancer-fighting cells
ChemistryViews	4.11	Oligomerization improves properties of an iridium photosensitizer

续表

媒体名称	时间	新　闻　标　题
MDPI	4.11	A survey on multimodal knowledge graphs：construction，completion and applications
TechGoing	4.11	CSU develops a water-based zinc ion battery that takes only 18 seconds to recharge
MDPI	4.11	Validation of EMI-2 radiometric performance with TROPOMI over dome C site in Antarctica
Bollyinside	4.12	Overcoming boundaries through 41Ca dating
Mirage News	4.12	First high-pressure magnetic detection with silicon carbide color centers
Mirage News	4.12	Li-ion-conducting solid electrolyte's space-charge layers cleared
MDPI	4.12	Investigation on the optical properties of micro-IEDs based on InGaN quantum dots grown by molecular beam epitaxy
Technology Networks	4.12	Breaking down limits with 41Ca dating
Technovery	4.12	Разработана технология создания трехмерных голограмм высокой плотности
IEEE Electronics360	4.12	Holograms appear more realistic thanks to technology advancements
Inceptive Mind	4.13	New strategy for cathode materials in rechargeable Li-Cl_2 batteries
Newsbit	4.13	Space-charge layers of Li-ion-conducting solid electrolyte shown to not cause large resistance
MDPI	4.14	An experimental study on the transportation characteristics of perfluoro (2-methyl-3-pentanone) in a straight pipe
Nature	4.14	A lncRNA from an inflammatory bowel disease risk locus maintains intestinal host-commensal homeostasis
MDPI	4.14	Biology-informed recurrent neural network for pandemic prediction using multimodal data
Nature	4.14	Unconventional correlated insulator in CrOCl-interfaced bernal bilayer graphene
NCBI	4.14	Prospects for tin-containing halide perovskite photovoltaics
Nature	4.15	Certification of non-classicality in all links of a photonic star network without assuming quantum mechanics
Nature	4.15	Pyro-layered heterostructured nanosheet membrane for hydrogen separation

续表

媒体名称	时间	新 闻 标 题
MDPI	4.16	Unveiling the role of green logistics management in improving SMEs' sustainability performance: do circular economy practices and supply chain traceability matter? (第一作者非中科大)
MDPI	4.17	Enhancing the potentiometric H_2 sensing of $Pr_{0.1}Ce_{0.9}O_{2-\delta}$ using Fe_2O_3 surface modification
List 23	4.18	Nicotine abuse is linked to altered brain white matter
Nordot	4.18	Nicotine addiction linked to functional alterations in brain's white matter
MDPI	4.18	A method for high-frequency mechanical scanning ultrasonic flow imaging with motion compensation
Nature	4.18	Exchange bias effect in polycrystalline $Bi_{0.5}Sr_{0.5}Fe_{0.5}Cr_{0.5}O_3$ bulk
Tekno Holic News	4.19	Nation to build up supercomputing capacities
MDPI	4.19	Study of a novel high-frequency ultrasound-guided integrated system for varicose veins ultrasound therapy(第一作者非中科大)
MDPI	4.19	Flaming ignition of pmma, pine wood and pine needle by external radiation: autoignition and radiant distance effect
MDPI	4.19	Investigation of summertime ozone formation and sources of volatile organic compounds in the suburb area of hefei: a case study of 2020
China Daily—Hong Kong Edition	4.19	China to build up supercomputing capacities
MDPI	4.20	Study of corrosion performance and mechanisms of P91, 304SS and IN625 alloys in molten nitrate salts used for thermal energy storage system
Asia News Network	4.20	China to build supercomputing capacities
MDPI	4.20	Effect of phosphorous content on the microstructure and stress rupture properties of 15Cr-15Ni titanium-modified austenitic stainless steel
MDPI	4.20	Sodium silicates modified calcium oxide as a high-performance solid base catalyst for biodiesel production(第一作者非中科大)
India Education Diary	4.21	USTC new strategy for cathode materials in Li-Cl_2 battery
India Education Diary	4.21	Experts capturing a 41Ca atom and asking it about age
India Education Diary	4.21	USTC released "bubbles" in high-rate charging Zn-air battery
HTDS Content Services—Newswire	4.21	USTC realizes quantum-enhanced microwave ranging

续表

媒体名称	时间	新闻标题
HTDS Content Services—Newswire	4.21	USTC researchers design a new route for all-solid-state Li-based batteries
HTDS Content Services—Newswire	4.21	USTC released "bubbles" in high-rate charging Zn-air battery
HTDS Content Services—Newswire	4.21	USTC researchers publish comprehensive review on pool fire dynamics
IEEE Spectrum	4.21	New projection method is key to depth control and reducing image bleed-through
Mirage News	4.21	USTC achieves ultrahigh-density 3D dynamic holographic projection
Mirage News	4.21	Antarctica's sky brightness measured, early results revealed
Mirage News	4.21	USTC achieves light-driven programmable colloidal self-assembly
Nature	4.21	Polyfluorinated crosslinker-based solid polymer electrolytes for long-cycling 4.5 V lithium metal batteries
EurekAlert!	4.21	USTC realizes light-driven programmable colloidal self-assembly
Nature	4.21	Dopant triggered atomic configuration activates water splitting to hydrogen
Sky News	4.21	Scientists realize light-driven programmable colloidal self-assembly
MIS Asia	4.21	Things you need to know about black phosphorus composite and applications
Nature	4.21	Visualizing slow internal relaxations in a two-dimensional glassy system(第一作者非中科大)
Nature	4.22	Transcription tuned by S-nitrosylation underlies a mechanism for staphylococcus aureus to circumvent vancomycin killing
News Concerns—Latest News Update	4.22	Researchers reveal early results in sky-brightness measurements in Antarctica
The Journal of Physical Chemistry C	4.22	Endowing porphyrinic metal-organic frameworks with high stability by a linker desymmetrization strategy
E desh-seba	4.23	Sharper 3D holograms come into focus
MDPI	4.23	Investigation of the global spatio-temporal characteristics of astronomical seeing
Cell Press	4.23	Effectively and equitably steering pro-environmental behavior(第一作者非中科大)

续表

媒体名称	时间	新　闻　标　题
MDPI	4.23	Dispersion caused by the penetration effect in X-ray compressors(第一作者非中科大)
MDPI	4.24	A convenient all-cell optical imaging method compatible with serial SEM for brain mapping
MDPI	4.24	Ultrashort X-ray free electron laser pulse manipulation by optical matrix
CoinMarketBag	4.24	What is loopring (LRC)? Crypto overview ｜ Price prediction ｜ Founders mission
MDPI	4.24	AHY-SLAM：toward faster and more accurate visual SLAM in dynamic scenes using homogenized feature extraction and object detection method(第一作者非中科大)
InAVate APAC	4.25	Scientists discover technique to improve depth control for holographic projection
MDPI	4.25	Investigating the impact of displacement cascades on tritium diffusion in MgT_2：a molecular dynamics study
Discover Magazine	4.25	Asteroid impacts could have warmed ancient mars
Green Building Africa	4.26	Concentrating photovoltaics for agricultural applications(第一作者非中科大)
Nature	4.26	Near-frictionless ion transport within triazine framework membranes
Obesity Reviews	4.26	Refining eligibility criteria of unit selection for myeloablative cord blood transplantation in acute leukemia：real-world experience of a referral center
Wiley Online Library	4.26	Refining eligibility criteria of unit selection for myeloablative cord blood transplantation in acute leukemia：real-world experience of a referral center
MDPI	4.27	Employing FGP-3D, a fully gated and anchored methodology, to identify skeleton-based action recognition(第一作者非中科大)
MDPI	4.27	Vehicle-mounted solar occultation flux fourier transform infrared spectrometer and its remote sensing application
Science.org	4.27	New molecular membranes could slash costs for storing green energy
MDPI	4.27	A study of factors influencing the use of the DingTalk online lecture platform in the context of the COVID-19 pandemic(第一作者非中科大)
MDPI	4.27	Altered resting-state brain activity and functional connectivity in post-stroke apathy：an fmri study

续表

媒体名称	时间	新　闻　标　题
Getaboutcolumbia	4.27	New molecular membranes can reduce green energy storage costs ｜ Science
Big News Network	4.27	Scientists design new ion-transport membranes to boost energy storage
Phys.org	4.28	New membrane design allows selective and near-frictionless ion transport
MDPI	4.28	Irradiation-assisted microstructure evolution and mechanical properties loss of 310S welded joints
MDPI	4.28	Sulfonated PAM/PPy cryogels with lowered evaporation enthalpy for highly efficient photothermal water evaporation
MDPI	4.28	CRC-based reliable WiFi backscatter communiation for supply chain management
U.S. National Library of Medicine	4.28	Impacts of TROPOMI-derived NO_X emissions on NO_2 and O_3 simulations in the NCP during COVID-19
MDPI	4.28	Corrosion evolution of nickel aluminum bronze in clean and sulfide-polluted solutions
Nature	4.28	MasitinibL shows promise as a drug-like analog of masitinib that elicits comparable SARS-Cov-2 3CLpro inhibition with low kinase preference
MDPI	4.30	Enhancing the interfacial shear strength and tensile strength of carbon fibers through chemical grafting of chitosan and carbon nanotubes
MDPI	5.1	Application of crossed polarizer method in the measurement of differential group delay of optical fibers
Eepower	5.2	Understanding performance limiting in solid-state batteries
Science Direct	5.2	TLR2-hif1α-mediated glycolysis contributes to pyroptosis and oxidative stress in allergic airway inflammation(第一作者非中科大)
ChemistryViews	5.2	A direct route to heavy olefins
Nature	5.3	Structural basis for catalysis of human choline/ethanolamine phosphotransferase 1
The Greanville Post	5.3	The 21st Century may see the death of cancer.（But it might come sooner under a more rational system.）
Tellerreport	5.3	The general secretary talked to the young people like this
Nature	5.3	Designing reliable and accurate isotope-tracer experiments for CO_2 photoreduction

续表

媒体名称	时间	新闻标题
WhatsNew2day. com	5.3	Salts developed by researchers for affordable and effective CO_2 capture(第一作者非中科大)
Sky News	5.3	Researchers create salts for cheap and efficient CO_2 capture
Science Direct	5.4	Constructing ion diffusion highway in strongly coupled WSe_2-carbon hybrids enables superior energy storage performance
Journal of Translational Medicine	5.4	Pathogenic mechanisms and regulatory factors involved in alcoholic liver disease
MDPI	5.4	Waist-to-height ratio is a stronger mediator in the association between DASH diet and hypertension: potential micro/macro nutrients intake pathways(第一作者非中科大)
Science Direct	5.4	Smart superwetting COF membrane for controllable oil/water separation
MDPI	5.4	Study on the tribological behavior and the interaction between friction and oxidation of graphite reinforced by impregnated phosphate at high temperatures
Science Direct	5.4	Dual mid-infrared wavelength Faraday rotation spectroscopy NOx sensor based on NdFeB ring magnet array
Nature	5.5	Structure-dependence and metal-dependence on atomically dispersed Ir catalysts for efficient n-butane dehydrogenation
Breaking Latest News	5.5	Anchor goals and tasks, learn deeply and practice carefully (study ideas, strengthen party spirit, focus on practice and make new achievements)
Nature	5.6	Implementing quantum dimensionality reduction for non-Markovian stochastic simulation
Tellerreport	5.6	USTC reveals the reconstruction process of solar eruptions
Dailysocial. id	5.8	Beyond expo 2023 held again, discussing healthcare, sustainability and consumertech
Fast Company Middle East	5.8	Scientists at KAUST find a novel way to store CO_2 in solid form
Science Direct	5.8	Consecutive layer collaborative filter similarity for differentiable neural network pruning
Archynetys	5.8	The genetic architecture of inflammatory bowel disease across East Asian and European ancestry

续表

媒体名称	时间	新　闻　标　题
Climate Samurai	5.9	Researchers develop new energy-efficient method for carbon capture and storage
Nature	5.9	Study on the emergency capacity of coal mine enterprises in Longdong Area based on D-FAHP method
Climate Samurai	5.9	Researchers develop new energy-efficient method for carbon capture and storage
Nature	5.9	Study on the emergency capacity of coal mine enterprises in Longdong Area based on D-FAHP method
World-Energy	5.9	Researchers make progress towards high-performance, aqueous zinc-Ion batteries
EurekAlert!	5.9	USTC discovers long-range skin josephson supercurrent across a Van Der Waals ferromagnet
WhatsNew2day. com	5.9	Van der Waals ferromagnet exhibits long-distance skin Josephson supercurrent, team discovers
Phys. org	5.9	Team discovers long-range skin Josephson supercurrent across van der Waals ferromagnet
Green Car Congress	5.9	Researchers create salts for cheap and efficient CO_2 capture; mimicking methane hydrate
Knowledia	5.10	Large photonic processor solves graph problems
Electronics For You	5.10	Highly efficient zinc-ion batteries
NewsBeezer	5.10	What does the Milky Way look like?
Substack	5.10	Pandaily Digest | Mar 10, 2023
Nature	5.10	Strong and tough magnesium-MAX phase composites with nacre-like lamellar and brick-and-mortar architectures
Knowridge	5.11	Scientists closer to high-performance, aqueous zinc-ion batteries
Nature	5.11	Seismically imaged lithospheric delamination and its controls on the mesozoic magmatic province in south China
Verified News Explorer Network	5.11	Naukowcy opracowali nową metodę wychwytywania CO_2. Ma być tania
RSC Publishing—Royal Society of Chemistry	5.11	An AND-gate bioluminescent probe for precise tumor imaging
Nature	5.12	Upscaled production of an ultramicroporous anion-exchange membrane enables long-term operation in electrochemical energy devices

续表

媒体名称	时间	新　闻　标　题
Science Direct	5.13	Quantum neuronal sensing of quantum many-body states on a 61-qubit programmable superconducting processor
BMC Medical Genomics	5.15	The identification of a two-gene prognostic model based on cisplatin resistance-related ceRNA network in small cell lung cancer
The Hindu	5.16	Explained | How lasers are helping calcium-41 break into radiometric dating premium
Das ist China	5.16	Forscher thomas weise: eine akademische traumkarriere in China
Knowledia	5.16	Testing gravity's effect on quantum spins
Physics Magazine	5.16	Testing gravity's effect on quantum spins
Tellerreport	5.17	College experimental class: "test field" in the ivory tower
Tellerreport	5.17	Visit the core of the second atmospheric science experiment in the Huaihe river basin-Shouxian national climate observatory
Molecular Ecology—Wiley Online Library	5.18	Thermal structure of the paleo-continental subduction zone: insights from quantitatively constrained prograde P-T paths of exhumed LT/UHP eclogites in the Dabie orogen
Ad Hoc News	5.18	The 10th ASC student supercomputer challenge (ASC) finals recently concluded at the University of Science and Technology of China (USTC) in Hefei
DNYUZ	5.18	Chinese breakthroughs bring quantum tools closer to practicality
Scienmag Science Magazine	5.19	Disentanglement: breaking the activity-selectivity "tradeoff" effect in catalytic conversion
Samacharcentral.com	5.19	Breaking the activity-selectivity "tradeoff" effect in catalytic conversion
Phys.org	5.19	Disentanglement: breaking the activity-selectivity "tradeoff" effect in catalytic conversion
Tellerreport	5.19	Helping "double carbon" Chinese scientists achieve the best international level of low-carbon olefin yield
Agoranoticiasbrasil	5.19	Aumentando a eficiência de captura de energia da célula solar com uma camada intermediária derivada de fulereno
Nature	5.20	Coherent control of an ultrabright single spin in hexagonal boron nitride at room temperature
The Hindu	5.20	New technique welcomes calcium-41 to radiometric dating premium
NewsBeezer	5.21	New technique welcomes calcium-41 in radiometric dating

续表

媒体名称	时间	新　闻　标　题
EurekAlert!	5.21	Researchers achieve coherent control of two-dimensional material solid-state spin defects
RSC Publishing—Royal Society of Chemistry	5.22	Role of supramolecular polymers in photo-actuation of spiropyran hydrogels
List.solar	5.23	Scientist introduce a fullerene-derivative interlayer for enhanced solar efficiency
Science Direct	5.23	Malnutrition and poststroke depression in patients with ischemic stroke (第一作者非中科大)
News Azi	5.24	Review of recent advances in the mechanics of two-dimensional materials
India Education Diary	5.24	USTC researchers develop high-performance aqueous zinc-ion batteries
India Education Diary	5.24	USTC study highlights bamboo paper conservation
India Education Diary	5.24	USTC's school of management ranked in the UTD top 100 business school research rankings
Mirage News	5.24	DNA enables escape from metastability
ForeignAffairs.co.nz	5.24	MIL-OSI China: China tops natural-science research ranking
Interesting Engineering	5.24	Novel salt-based strategy may efficiently capture and store carbon dioxide
China Daily—Hong Kong Edition	5.24	China tops natural-science research ranking
Sky News	5.24	DNA facilitates escape from metastability in self-assembling systems
Inceptive Mind	5.25	Novel salt-based method for cheap, efficient CO_2 capture and storage
Nature	5.25	Progress in quantum teleportation
Mirage News	5.25	Quantum tech proposed for complex systems modelling revolution
Energy Daily	5.25	What do we know about the mechanics of two-dimensional materials
ScienceDaily	5.26	Scientists propose revolution in complex systems modelling with quantum technologies
Getaboutcolumbia	5.26	Scientists propose a revolution in modeling complex systems with quantum technologies
Today News 24	5.26	Scientists propose revolution in complex systems modelling with quantum technologies

续表

媒体名称	时间	新闻标题
ChemistryViews	5.26	Hydrogen sulfide in cancer treatment
Phys.org	5.26	Research team reveals reconfiguration process of solar eruptions
Sky News	5.26	Scientists propose revolution in complex systems modeling with quantum technologies
Science Direct	5.26	Deep adversarial reinforcement learning based incentive mechanism for content delivery in D2D-enabled mobile networks
TechBeacon	5.26	Is the newest quantum breakthrough an encryption killer?
GAMINGDEPUTY	5.27	Chinese scientists achieved quantum key distribution over thousands of kilometers of unrepeated optical fibers, setting a world record
GAMINGDEPUTY	5.27	China's optical fiber quantum key distribution breaks through 1000 kilometers! Code rate 0.0034bps
POST Online Media	5.28	Chinese scientists pioneer new method to absorb oil spills
Cell Press	5.30	Revealing the Pnma crystal structure and ion-transport mechanism of the Li_3YCl_6 solid electrolyte
Das ist China	5.31	Chinesische wissenschaftler stellen neuen rekord in der langstrecken-quantenkommunikation auf
NewsBeezer	5.31	A team of Chinese scientists has set a new record in long-distance quantum communications
UrduPoint Network	5.31	Chinese scientists set new record in long-haul quantum communication
Science Direct	5.31	News & Views Entering the error-corrected quantum era
The Namibia Press Agency	5.31	China's 176-qubit quantum computing platform goes online
Sky News	5.31	A breakthrough in the electrooxidation of propylene
Phys.org	5.31	Researchers reveal drug resistance mechanism of pathogen Staphylococcus aureus
Inside Quantum Technology	5.31	Quantum News Briefs May 31: PQShield announces major new collaborations with Tata Consultancy Services & eShard to implement post-quantum cryptography, HSBC and Quantinuum explore real world use cases of quantum computing in financial services, Chinese scientists set new record in long-haul quantum communication + MORE
The Quantum Daily	5.31	Advance in quantum tech could transform complex systems modeling

续表

媒体名称	时间	新闻标题
Semiconductor Engineering	6.1	Latest discoveries in the mechanics of 2D materials
Time. news	6.1	China achieves quantum communication by fiber optics a thousand kilometers
NewsBeezer	6.1	New catalyst design for electrocatalytic acetylene semihydrogenation
Tellerreport	6.1	(High-quality development research line) "Zu Chongzhi" quantum computing cloud platform released access to a 176-bit quantum computer
Quantum Computing Report-Market Analysis, News & Resources	6.1	Chinese upgrade Zuchongzhi-2 quantum computer from 66 to 176 qubits
Phys. org	6.1	New scheme for qubit control in a multilevel system
Archy Newsy	6.2	A team of Chinese scientists set a new record in long-distance quantum communication
Saludiario	6.3	Ranking con los 10 mejores Institutos de Investigación y Desarrollo (I+D) del mundo(第一作者非中科大)
New York Folk	6.3	China to boost quantum research in space
EurekAlert!	6.4	Dynamic smart windows redefine solar radiation control in buildings
Time. news	6.5	China: long distance quantum communication
Science Direct	6.6	A battery thermal management scheme suited for cold regions based on PCM and aerogel: demonstration of performance and availability
Molecular Ecology—Wiley Online Library	6.6	FOXA1-induced LINC00621 promotes lung adenocarcinoma progression via activating the TGF-β signaling pathway
The Middle East North Africa Financial Network	6.6	Quantum computing clouds open for all in china
The Quantum Daily	6.6	Chinese scientists say new upgrade reportedly boosts Zuchongzhi-2 to 176 qubits
Science Direct	6.7	Control system of high-voltage pulse power supply for compact torus injector based on EPICS
Nature	6.8	Microneedle array facilitates hepatic sinusoid construction in a large-scale liver-acinus-chip microsystem

续表

媒体名称	时间	新　闻　标　题
Tellerreport	6.8	The research team of the University of Science and Technology of China used the "Chapter 9" optical quantum computing prototype to solve the graph theory problem
Tekno Holic News	6.8	Chinese scientists achieve breakthrough in quantum computing, surpassing supercomputers in AI tasks by 180 million times
New York Folk	6.9	China's fastest yet quantum computer still way behind US
The Middle East North Africa Financial Network	6.9	China's fastest yet quantum computer still way behind US
Tellerreport	6.9	Chinese newspaper: Beijing builds the world's largest radar for military ships
Vietnam Posts English	6.9	Quantum computers are 180 million times faster than supercomputers
Science Direct	6.9	Characterization of the vertical evolution of urban nocturnal boundary layer by UAV measurements: insights into relations to cloud radiative effect
Mirage News	6.9	Seismic waves uncover lithospheric delamination in south China
The Quantum Daily	6.9	Exploring quantum networks: an overview of their function
NewsBeezer	6.10	New method to escape metastability in a far-from-equilibrium system of DNA-functionalized colloids
World News	6.10	China is developing a computer 180 million times faster than conventional computers
NewsBeezer	6.10	USTC unveils solar energy reconfiguration process
BruDirect	6.10	China focus: exam under reform allows more individuals to chase diverse dreams
Mirage News	6.10	USTC boosts brightness of single silicon carbide spin color centers
Mirage News	6.10	USTC unveils reconfiguration process of solar eruptions
Mirage News	6.10	Single quantum bit models complex systems
OLTNEWS	6.10	Recording the entire process of a tera-electron-volt gamma-ray burst in the death of a massive star
Tellerreport	6.11	USTC has pioneered a new process for recycling waste plastics
UR ALL NEWS	6.11	Enhancing the fluorescence of single silicon carbide spin color centers

续表

媒体名称	时间	新　闻　标　题
UR ALL NEWS	6.12	Seismic waves convey lithospheric delamination mechanism in south China
Inverse	6.12	Plasma "chirps" on both earth and mars—and scientists may finally understand why
eLife Sciences	6.12	GLI1 facilitates collagen-induced arthritis in mice by collaborative regulation of DNA methyltransferases(第一作者非中科大)
Technology Times	6.13	Universities of china surpass top western institutions in scientific research
Getaboutcolumbia	6.13	Scientists achieve quantum key distribution of 1000 km
Phys.org	6.13	Scientists achieve 1000 km quantum key distribution
Phys.org	6.13	Researchers provide comprehensive review of quantum teleportation
News Azi	6.13	A model that can create synthetic speech that matches a speaker's lip movements
Tech Xplore	6.13	A model that can create synthetic speech that matches a speaker's lip movements
Mirage News	6.13	USTC's comprehensive review of quantum teleportation in nature review physics
Mirage News	6.13	USTC makes breakthrough in in-situ detection of gas-phase active intermediates in photocatalysis
AZoLifeSciences	6.13	A new method to escape from metastability
World News	6.14	Researchers develop novel technique for in-situ detection of gas-phase active intermediates in photocatalysis
list.solar	6.14	Unlocking all-perovskite tandem solar cell efficiency
SciTechDaily	6.14	Secure communication breakthrough: 1000 + km quantum key distribution achieved
Mirage News	6.14	Coherent control of 2D material spin defects achieved
Mirage News	6.14	Modeling thermal infrared reflectance of leaves in 8-14 μm region
Sky News	6.14	1000+ km quantum key distribution achieved
Sussex Express	6.14	Worthing school's new global friendships open up world of possibilities for students
Physics World	6.15	Tiny levitating spheres could join the hunt for dark matter
Tekno Holic News	6.15	Reviewing current quantum teleportation research

续表

媒体名称	时间	新　闻　标　题
NewsBeezer	6. 15	Achieved over 1000 km of quantum key distribution
ANSA. it	6. 15	Phosphorus found on “alien” ocean of Enceladus
Ad Hoc News	6. 15	Forscher von terra quantum, einem führenden unternehmen für quantentechnologie, haben einen weltrekord für quantenverschlüsselte datenübertragung aufgestellt.
ChannelBiz	6. 15	Terra quantum bricht weltrekord bei quantenverschlüsselter übertragung und legt grundstein für globale unknackbare verschlüsselung über bestehende glasfasernetze
Prime News Print	6. 15	Thermal infrared reflectance characteristics of natural leaves in the 8～14 μm region
Phys. org	6. 15	Scientists verify trap-release-amplify model by reproducing electromagnetic waves on Mars
Scienmag Science Magazine	6. 15	Quantum hacking alert: USTC uncovers critical vulnerabilities in quantum key distribution
Spoke	6. 15	Terra quantum breaks records in quantum key distribution, paving way to offering unprecedented security over existing fiber-optic networks globally
GAMINGDEPUTY	6. 15	China has agreed to the request of NASA and other national aerospace agencies to use the “magpie bridge” lunar relay satellite
Head Topics	6. 16	Lifelong enrichment: a key to preserving cognitive health
Head Topics	6. 16	Spasticity key to undescended testicles in cerebral palsy
The Limited Times	6. 16	Phosphorus discovered in an alien ocean, that of Enceladus
Picante Today	6. 16	Terra quantum breaks records in quantum key distribution, paving way to offering unprecedented security over existing fiber-optic networks globally
Tellerreport	6. 16	Nature index annual list 2023: China tops the list in the field of natural sciences
Science Direct	6. 16	Design and development of the power regulation system for lead-cooled fast reactor based on system modeling and fuzzy algorithm
HPC Wire	6. 16	Terra quantum achieves unprecedented long-distance quantum encryption milestone
Newsbit	6. 16	Quantum hacking alert: critical vulnerabilities found in quantum key distribution

续表

媒体名称	时间	新　闻　标　题
Mirage News	6.16	USTC develops catalyst synthesis strategy to optimize hydrogen production
Mirage News	6.16	USTC explores gravity's effect on quantum spins
World News	6.16	A catalyst synthesis strategy to optimize hydrogen production from water electrolysis
Inside Quantum Technology	6.16	Quantum news briefs June 16: terra quantum breaks records in quantum key distribution, paving way to offering unprecedented security over existing, global fiber-optic networks; £75m for UK quantum computer, sensor prototypes; U of Tokyo scientists successfully arranged nanoscale quantum sensors on desired targets + MORE
SwiftTelecast	6.17	Resolving the trade-off between sub-nanometer size and high metal loading in meta cluster catalysts
Sky News	6.17	Exploring gravity's effect on quantum spins
AiTHORITY	6.17	Terra quantum breaks records in quantum key distribution, paving way to offering unprecedented security
MarkTechPost	6.17	This AI paper proposes a zero-shot personalized Lip2speech synthesis method: a synthetic speech model to match lip movements
My Droll	6.17	Overcoming the trade-off between sub-nanometer size and high metal loading in meta cluster catalysts
Acti World	6.17	Researchers develop new method of programmable multi-interface droplet printing
Phys.org	6.17	Exploring gravity's effect on quantum spins
GAMINGDEPUTY	6.17	No longer relying on imported domestic magnetic resonance medical equipment A major breakthrough: nicknamed "white fat man"-Fast Technology-Technology changes the future
The Quantum Daily	6.17	Terra quantum breaks records in quantum key distribution, paving way to offering security over existing fiber-optic networks globally
NewsR	6.18	USTC explored gravity's effect on quantum spins
NewsR	6.18	USTC enhances hydrogen production via new catalyst strategy
SciTechDaily	6.18	Casting light on dark mysteries: LHAASO's analysis of tera-electronvolt gamma-ray burst afterglow
Quick Telecast	6.18	LHAASO's analysis of tera-electronvolt gamma-ray burst afterglow

续表

媒体名称	时间	新　闻　标　题
Wiley Online Library	6.18	Donafenib and GSK-J4 synergistically induce ferroptosis in liver cancer by upregulating HMOX1 expression
Wiley Online Library	6.19	Cigarette smoking is linked to an increased risk of delirium following arthroplasty in patients suffering from osteoarthritic pain
3Druck	6.19	Forschende entwickeln neue methode für programmierbaren multi-interface droplet druck
3Printr. com	6.19	Researchers develop new method for programmable multi-interface droplet printing
Nature	6.19	A new method of alternating shooting of two different seismic sources for deep geophysical surveys
eLife Sciences	6.19	Biallelic variants in MAD2L1BP (p31comet) cause female infertility characterized by oocyte maturation arrest
Swiss Biotech	6.20	Leman biotech: cell therapy for patients with recurrent or refractory lymphoma
Physics Magazine	6.20	Long-range quantum cryptography gets simpler
Mirage News	6.21	Tumor cells meet fatal end on cycle
Illinois Solar Energy Association—PRNewswire	6.21	ATIF listing coaching company SOLAREVER initiated the establishment of the international alliance for technological innovation in renewable energies
Sky News	6.21	Research team observes non-Markovian evolution of EPR steering in quantum open systems
Phys. org	6.21	Researchers develop an extreme environment-resistant nanopaper
Phys. org	6.21	Researchers create copolymer to hold drugs that incapacitate defenses of tumor cells
Getaboutcolumbia	6.21	The research team observes non-Markovian evolution of EPR control in quantum open systems
ChemistryViews	6.21	Self-Immolative polyferrocene for tumor treatment
Science-Online. org	6.22	Fataler kreislauf für tumorzellen
Science Direct	6.22	Disease-grading networks with ordinal regularization for medical imaging
ecancer	6.22	Fatal cycle for tumour cells
EurekAlert!	6.22	Fatal cycle for tumor cells

续表

媒体名称	时间	新　闻　标　题
Europe News	6.23	Mussels could help us build a better hinge
Study Finds	6.23	Seafood could save your smartphone! Mussels hold the key to smash-proof screens
The Best Times	6.23	How the humble mussel could help make smartphones become smash-proof
Hiawatha Daily World	6.23	How the humble mussel could make smartphones smash-proof
Mirage News	6.23	Scientists discover fatigue resistance secrets from bivalve hinge
Nature	6.23	Maternal NAT10 orchestrates oocyte meiotic cell-cycle progression and maturation in mice
EurekAlert!	6.23	Scientists learn from hinge in bivalve about fatigue resistance of materials
Tech Investor News	6.23	The secret to better folding phones might hinge on mussels
NewsBeezer	6.23	Scientists learn more about the fatigue resistance of materials using clam hinges
The Science Times	6.23	Mussel shells show resistance against fatigue, hold the key to smash-proof smartphones
AskByGeeks	6.23	Scientists learn about material's fatigue resistance from double-hull hinges
Tellerreport	6.23	The team of China University of Science and Technology has developed a new fireproof and flame-retardant coating that can provide security for new energy
Tellerreport	6.24	USTC has discovered a new anti-fatigue strategy
Stampare in 3D	6.25	Stampa aerodinamica pulsata programmabile per la produzione di compositi multi-interfaccia
Pune. Media	6.25	Scientists learn about fatigue resistance of materials from bivalve hinge
GAMINGDEPUTY	6.25	That man assembled a group of former Huawei departments to build cars-Fast Technology-Technology Changes the Future
Capital Outlook	6.25	Smash-proof smartphones inspired by mussel shells
OLTNEWS	6.26	Youth on tech latest episode: revealing the mysteries of the moon, exploring the universe
Tellerreport	6.27	China University of Science and Technology has opened up a new path for recycling and upgrading waste polyethylene plastics

续表

媒体名称	时间	新　闻　标　题
List 23	6.27	A comprehensive overview of quantum teleportation progress
Sky News	6.27	Comprehensive overview of progress achieved in the field of quantum teleportation
Beauregard Daily News	6.27	HKBU-led research identifies Arctic amplification as cause for dust reduction and suggests sustained anti-desertification measures
Science Direct	6.27	Development of a light yield calibration method for μSR detectors based on Compton edge location
Science Direct	6.27	A large area, high counting rate micromegas-based neutron detector for BNCT
Przeclaw-news	6.28	Naukowcy badają materiały przeciwzmęczeniowe inspirowane małżami
ForeignAffairs. co. nz	6.28	MIL-OSI China: scientists explore fatigue-resistant materials inspired by mussels
Hong Kong Herald	6.28	Scientists explore fatigue-resistant materials inspired by mussels
Tellerreport	6.28	How to build secure and trusted AI? This "dialogue" has attracted the attention of the world
SwiftTelecast	6.29	Decoding the mysterious dance of the Tibetan Plateau
India Education Diary	6.29	USTC observes Non-Markovian Evolution of EPR steering in quantum open systems
India Education Diary	6.29	USTC explored gravity's effect on quantum spins
India Education Diary	6.29	USTC develops catalyst synthesis strategy to optimize hydrogen production from water electrolysis
India Education Diary	6.29	Researchers develop a new method of programmable multi-interface droplet printing
India Education Diary	6.29	USTC develops an extreme environment-resistant nanopaper
India Education Diary	6.29	Cu catalysts with boron dopants boost methane production efficiency
India Education Diary	6.29	Thermal infrared reflectance characteristics of natural leaves in 8-14 μm region: mechanistic modeling and relationships with leaf water content
Dispatchist	6.29	Scientists explore mussel-inspired fatigue-resistant materials.
India Education Diary	6.29	USTC provides comprehensive review of quantum teleportation in nature review physics

续表

媒体名称	时间	新　闻　标　题
India Education Diary	6.29	USTC achieves breakthrough in in-situ detection of gas-phase active intermediates in photocatalysis
India Education Diary	6.29	USTC achieves thousand-kilometer quantum key distribution
India Education Diary	6.29	Single quantum bit achieves complex systems modeling
India Education Diary	6.29	DNA facilitates escape from metastability
India Education Diary	6.29	USTC reveals reconfiguration process of solar eruptions
India Education Diary	6.29	Researchers determine quantitative composition of ultrahigh-pressure fluid in deep subduction zones
India Education Diary	6.29	USTC enhances fluorescence brightness of single silicon carbide spin color centers
India Education Diary	6.29	Seismic waves tell lithospheric delamination mechanism in south China
Quick Telecast	6.29	Unraveling the Tibetan Plateau's enigmatic dance
Sky News	6.29	Researchers develop cryogenic integrated quantum entangled light source
Prime News Print	6.29	Rainfall's impact on pollutants: unraveling the Tibetan Plateau's enigmatic dance
Springer	6.30	Semantic segmentation-assisted instance feature fusion for multi-level 3D part instance segmentation
Science Direct	6.30	Preparation of rGO/PEDOT: PSS composite with high photothermal conversion efficiency for light enhanced quasi-solid-state supercapacitor
The New England Journal of Medicine	6.30	Neutralization of BQ.1, BQ.1.1, and XBB with RBD-Dimer Vaccines (第一作者非中科大)
Knowridge	7.1	How nanomaterials help smart windows control solar heat in buildings
Science Direct	7.2	Development of flexible tactile sensing arrays for hardness recognition
Science Direct	7.2	Inner-paddled atomic force microscopy cantilever for rapid mechanical mapping
Science Direct	7.2	Photocatalytic CO_2 conversion: beyond the earth
News in France	7.2	Take inspiration from the pearl mussel to invent flexible and resistant materials
News 7F	7.2	Smart windows redefine solar radiation control in buildings

续表

媒体名称	时间	新　闻　标　题
GAMINGDEPUTY	7.3	China University of Science and Technology and Hegong University signed an agreement to jointly cultivate high-level chip talents-IT home
Newsdirectory3	7.3	Mainland releases world's first fully automatic AI design CPU "Qimeng No. 1" for AI chip manufacturing
Smart Water Magazine	7.3	Rainfall's impact on pollutants: unraveling the Tibetan Plateau's enigmatic dance
GAMINGDEPUTY	7.3	China University of Science and Technology has developed a new type of all-solid-state lithium battery electrolyte with excellent performance and low cost-IT home
W3. bilkent. edu. tr	7.4	CHEM seminar: "surface chemistry and catalysis of Cu_2O nanocrystal model catalysts"
Electronics For You	7.4	Redefining solar radiation control in buildings with smart windows
Nation World News	7.4	An artificial intelligence did it in five hours
Hackster. io	7.4	Researchers build an AI for chip design, which churns out a 486-Like RISC-V chip in just five hours
Big News Network	7.4	China science, technology news summary
Compsmag	7.4	China's tech revolution unveiled: July 4 Science & Technology News Digest
Getaboutcolumbia	7.7	Vacancy at University of Science and Technology of China job at University of Science and Technology of China
Nature	7.8	Accessing parity-forbidden d-d transitions for photocatalytic CO_2 reduction driven by infrared light
BioMed Central	7.9	Construction and validation of a cuproptosis-related five-lncRNA signature for predicting prognosis, immune response and drug sensitivity in breast cancer
World Nation News | Read Latest News Updates	7.9	Designing a CPU is a difficult task that could take years: an artificial intelligence has done it in five hours
MSN. com	7.9	World's first AI-designed CPU paves way for "self-evolving machines"
Nature	7.10	Topological phenomena at defects in acoustic, photonic and solid-state lattices
Nature	7.11	Realizing long-cycling all-solid-state Li-In||TiS_2 batteries using $Li_{6+x}M_xAs_{1-x}S_5I$ (M=Si, Sn) sulfide solid electrolytes

续表

媒体名称	时间	新　闻　标　题
South China Morning Post	7.11	Could Chinese team's new EV battery tech offer top-class performance at a fraction of the cost?
Nature	7.12	Dual-bionic superwetting gears with liquid directional steering for oil-water separation
World News Era	7.13	Record-breaking number of qubits entangled in a quantum computer
HPC Wire	7.13	Appetizing quantum bits: five papers looking at noise, GANs, VQAs, qubit testing
UroToday—GU Oncology Today	7.13	Establishment and validation of a prognostic nomogram for patients with renal cell carcinoma based on SEER and TCGA database.
Science Direct	7.13	Reveal: robustness-aware VNF placement and request scheduling in edge clouds
Knews Media	7.13	"Superbubbles" of gas around quasars may form thanks to powerful winds
Knowledia	7.13	"Superbubbles" of gas around quasars may form thanks to powerful winds
GAMINGDEPUTY	7.13	"Zuchongzhi No. 2" made another contribution, and Chinese scientists successfully prepared and verified the true entanglement of 51 superconducting qubits to break the world record-IT HOME
Cell Press	7.13	The ABI3-ERF1 module mediates ABA-auxin crosstalk to regulate lateral root emergence
Tellerreport	7.13	Setting a new world record Chinese scientists successfully achieved the preparation and verification of 51-bit superconducting quantum clusters
Wafact	7.13	Record-breaking number of qubits entangled in a quantum computer Wafact
Nature	7.13	Generation of genuine entanglement up to 51 superconducting qubits
NCBI	7.13	Prevention of urinary tract infection using a silver alloy hydrogel-coated catheter in critically ill patients: a single-center prospective randomized controlled study
Springer	7.14	The contribution of genotype-guided selection of $P2Y_{12}$ inhibitor on prognosis in ACS /CCS patients undergoing percutaneous coronary intervention: a retrospective cohort study

续表

媒体名称	时间	新 闻 标 题
Nature	7. 14	A squarate-pillared titanium oxide quantum sieve towards practical hydrogen isotope separation
Journaltime	7. 14	China issues temporary rules targeting AI-generated content
News Day FR	7. 14	51 qubits, mit dem Zuchongzhi-Quantencomputer
ChemistryViews	7. 14	Graphene nanoribbons and nanosheets with periodic pores
UR ALL NEWS	7. 14	Double-stranded DNA donor with novel structure boosts gene knock-in efficiency
GAMINGDEPUTY	7. 14	My country's realization of 51 superconducting quantum entanglements greatly refreshed the world record
World—Energy	7. 14	New oxychloride solid-state electrolyte for lithium batteries shows good performance, low cost
Science Direct	7. 14	Learning controllable elements oriented representations for reinforcement learning
Phys. org	7. 14	Team develops solvent-and hydrogen-free method to upcycle high-density polyethylene plastics
Prime News Print	7. 14	Researchers unravel metabolic regulation in aneuploid tumor cells
Dispatchist	7. 14	Seismological study provides insight into composition and thermal state of earth's lower mantle
EurekAlert!	7. 14	New oxychloride solid-state electrolyte for lithium batteries shows good performance with ultra-low cost
GAMINGDEPUTY	7. 15	New discovery reveals for the first time that Enceladus' seawater may be rich in phosphorus
playcrazygame	7. 15	Seismological investigation provides insight into the composition and thermal state of the earth's lower mantle
Quick Telecast	7. 16	Seismological study provides insight into composition and thermal state of Earth's lower mantle
Tom's Hardware	7. 16	Quantum computing simultaneous qubit entanglement record broken at 51
EurekAlert!	7. 16	USTC develops solvent-and hydrogen-free method to upcycle high-density polyethylene plastics
EurekAlert!	7. 16	Unraveling metabolic regulation in aneuploid tumor cells: key insights for targeted cancer therapies

续表

媒体名称	时间	新闻标题
EurekAlert!	7.16	USTC revealed compositional and thermal state of earth's lower mantle
Quick Telecast	7.17	Quantum computing qubit entanglement record broken at 51
Mirage News	7.17	Scientists create chitin hydrogel from chitosan via chemical transformation
Inside Quantum Technology	7.17	Quantum News Briefs July 17: Quantum computing qubit entanglement record broken at 51 by Xiao-bo Zhu at the U of Science & Technology of China; Extreme measuring device can bring quantum technology to your smartphone; U of Illinois group establishes criterion for nonlocal quantum behavior in networks + MORE
Nature	7.18	Light-triggered multi-joint microactuator fabricated by two-in-one femtosecond laser writing
TheDailyCheck.net	7.18	Team fabricates chitin hydrogel via chemical transformation of chitosan
Nova Ciencia	7.18	Ranking nature: estos son los países iberoamericanos mejor posicionados
Tellerreport	7.18	Chinese Academy of Sciences: form a breakthrough in seizing the commanding heights of science and technology in 2025
Techstreet Now	7.18	Developing a superior low-jitter CSS-ADPLL chip with a charge-steering sampling technique
The Valley Post	7.18	Quantum computers: Chinese scientists break the record with 51 qubits!
Medical Xpress	7.19	Reduced loss aversion and altered functional connectivity in internet gaming disorder
MarkTechPost	7.19	Meet dreamidentity: an optimization-free ai method for each face identity keeping the editability for text-to-image models
Science Direct	7.19	Bismuth oxyhalide photocatalysts for water purification: progress and challenges
Knowledia	7.19	New tidal disruption event discovered by Chinese astronomers
Mirage News	7.19	Scientists witness strongest quantum contextuality in single system
Scienmag Science Magazine	7.19	Researchers observe strongest quantum contextuality in single system
Bioengineer.org	7.19	New theory developed for periodically driven quantum dots-cavity system
Dispatchist	7.19	New theory for a periodically driven quantum dot-cavity system
Science Direct	7.20	ROR1/STAT3 positive feedback loop facilitates cartilage degeneration in Osteoarthritis through activation of NF-κB signaling pathway

续表

媒体名称	时间	新闻标题
GAMINGDEPUTY	7.20	When superconductivity meets quantum: is the era of "undecided quantum mechanics" comes? -Fast technology-Technology changes the future
Tellerreport	7.20	15 professors from USTC have won the Xplorer award
Nature	7.20	Minimizing heat generation in quantum dot light-emitting diodes by increasing quasi-Fermi-level splitting
Playcrazygame	7.21	Scientists observe strongest quantum context
Nature	7.21	Ultralow-field magnetocaloric materials for compact magnetic refrigeration
Phys. org	7.21	New record set for highest elemental superconducting transition temperature
Nature	7.22	Twisting, untwisting, and retwisting of elastic co-based nanohelices
GAMINGDEPUTY	7.22	University of Science and Technology of China team breaks the certified world record for the steady-state efficiency of perovskite cells-IT HOME
Nature	7.23	Fabrication of Al/AlOx/Al junctions with high uniformity and stability on sapphire substrates
MarkTechPost	7.24	Microsoft AI research proposes AltFreezing: a novel training strategy for more general face forgery detection
Sky News	7.25	Record-breaking quantum contextuality observed in single system
EurekAlert!	7.25	Broad-spectrum inhibition of inflammasome activation by inorganic nanomaterials
EurekAlert!	7.25	New study reveals remarkable impact of intrinsic spin shielding in platinum-rare earth alloys on electrocatalysis, paving the way for enhanced fuel cells
Nature	7.25	Hybrid topological photonic crystals
Nature	7.26	Giant Dzyaloshinskii-Moriya interaction, strong XXZ-type biquadratic coupling, and bimeronic excitations in the two-dimensional $CrMnI_6$ magnet
Springer	7.27	Competing refurbishment in a supply chain with different selling modes
Physics World	7.27	China mulls plan to build a $640m super Tau-Charm factory
Nature	7.27	Subsecond periodic radio oscillations in a microquasar

续表

媒体名称	时间	新　闻　标　题
Springer	7.27	Time-series forecasting based on fuzzy cognitive maps and GRU-autoencoder
Science Direct	7.28	Allogeneic-adultimpact of iron overload and iron chelation with deferasirox on outcomes of patients with severe aplastic anemia after allogeneic hematopoietic stem cell transplantation
Mirage News	7.28	USTC reveals ABCC4 platelet drug transporter's 3D structure
Mirage News	7.28	Record-breaking elemental superconducting temperature reached
Scienmag Science Magazine	7.28	USTC unveils 3D structure and molecular mechanism of platelet drug transporter ABCC4
Scienmag Science Magazine	7.28	New record of highest elemental superconducting transition temperature achieved
Springer	7.29	A data-driven approach for intrusion and anomaly detection using automated machine learning for the Internet of Things
Playcrazygame	7.29	AgRP neurons in the hypothalamus may not be essential for maintaining body weight
Phys.org	7.29	Unveiling the 3D structure and molecular mechanism of platelet drug transporter ABCC4
Playcrazygame	7.29	Unraveling the 3D structure and molecular mechanism of the platelet drug transporter ABCC4
Science Direct	7.30	Micromechanical mechanism of oil/brine/rock interfacial interactions based on first-principles calculations
APN News	7.31	Explore the world's top 10 best material science programmes
Smestreet	7.31	Explore the world's top 10 best material science programmes
Physics World	7.31	Physicists track the mass and temperature of a levitated nanoparticle
India Today	7.31	10 institutes in the world with exceptional material science master's programmes
Nature	7.31	Enantioselective nickel-catalysed electrochemical cross-dehydrogenative amination
Renewable Carbon News	8.1	Clariant catalysts fosters decarbonization research in China through sponsorship of NCC award
Import AI	8.1	Import AI 335：synth data is a bad AI drug；Facebook changes the internet with LLaMa release；and Chinese researchers use AI to figure out chip design

续表

媒体名称	时间	新闻标题
India Education Diary	8.1	Record-breaking number of qubits entangled in a quantum computer (New Scientist)
India Education Diary	8.1	2023 10th future scientist international summer camp opens
India Education Diary	8.1	Researchers observe the strongest quantum contextuality in single system
India Education Diary	8.1	USTC illuminates reduced loss aversion and altered functional connectivity in internet gaming disorder
India Education Diary	8.1	New strategy for polyethylene terephthalate upcycling
India Education Diary	8.1	New theory for periodically driven quantum dots-cavity system
Mirage News	8.1	USTC boosts electrocatalytic CO_2 reduction with enriched reactants
Physics Magazine	8.1	Watching a quantum system thermalize
Phys. org	8.2	Electrocatalytic CO_2 reduction by enrichment of reactants and intermediates
HTDS Content Services—Newswire	8.2	USTC develops superior low-jitter CSS-ADPLL chip with charge-steering sampling technique
Juristische Rundschau	8.2	On distance-regular graphs Γ of diameter 3 for which Γ3 is a triangle-free graph
Science Direct	8.2	Satellite observed response of fire dynamics to vegetation water content and weather conditions in southeast Asia
Bezformata	8.2	В Саров вновь приехали зарубежные коллеги
EurekAlert!	8.2	USTC designs ammonia-resistant nickel-based fuel cell catalyst
EurekAlert!	8.2	USTC unveils insights into nucleolar vacuoles
EurekAlert!	8.2	USTC reveals the relationship between thermalization dynamics and quantum criticality in lattice gauge theories
Newsdirectory3	8.3	Global reproduction race: scientists attempt to synthesize room temperature superconductors
NY Breaking	8.3	Massive solar eruption strikes earth, moon, and Mars simultaneously for the first time in history
Mogaznews	8.3	Massive solar eruption slams into earth, the moon and Mars at once for the first time in history
WomanS Tale	8.3	Solar storm that hit earth, the moon and Mars at the same time

续表

媒体名称	时间	新 闻 标 题
EarthSky	8.3	This giant solar eruption rocked earth, moon and Mars
South China Morning Post	8.3	Explainer ｜ What are superconductors and why are scientists sceptical about a breakthrough?
Business Mayor	8.3	Massive solar eruption slams into earth, the moon and Mars at once for the first time in history
Jegtheme	8.3	1st solar eruption to simultaneously impact earth, moon and Mars shows dangers of space radiation
EurekAlert!	8.3	Inaugural solar energetic particle event detected on the surfaces of earth, moon, and Mars
Yahoo! News	8.4	The Sun's powerful 2021 outburst was detected on earth, Mars, and the moon
Universe Today	8.5	A massive solar storm was detected on earth, Mars, and the moon
Playcrazygame	8.5	A massive solar storm was detected on earth, Mars and the moon
I3 Investor	8.5	Astronaut-menacing sunstorm spotted rippling across inner solar system
Health Medicine Network	8.5	For the first time in history, simultaneous Massive solar eruption strikes earth, moon, and Mars
Energy Portal	8.6	Hefei: China's emerging tech hub
ScienceAlert	8.7	Violent solar outburst hits earth, moon, and mars in scientific first
Quick Telecast	8.7	Violent solar outburst hits earth, moon, and Mars in scientific first
Livemint	8.7	An unlikely tech cluster exemplifies China's economic vision
PV Magazine—International Edition	8.7	Dual source heat pump with high seasonal performance factors, near-zero defrosting costs
Bezformata	8.7	Ученые из Китая прибыли в Саров на конференцию
Sott.net	8.7	Violent solar outburst in 2021 detected on earth, moon, Mars, in scientific first
The Science Times	8.7	Powerful solar outburst hit earth, moon, Mars for the first time
Bullfrag	8.7	Powerful solar storm impacts earth, moon and Mars simultaneously for the first time in history
Inside Quantum Technology	8.7	Quantum news briefs August 7: How quantum sensors are revolutionizing robotics; The success of "quantum boulevard in Hefei, China; Is quantum computing the future of DNA analysis?

续表

媒体名称	时间	新　闻　标　题
Applied Technology News	8. 9	CO molecular tilting detected by red-shifted TERS
Dispatchist	8. 9	scientist dedicated to research of quantum science and technology
Science Direct	8. 10	A comparative study on pedestrian flow through bottlenecks between flood evacuation and land evacuation
Tellerreport	8. 10	With the AI payload as the core, the ground guard intelligent emergency response 1 satellite was successfully launched
Xinhua—Deutsch	8. 11	China kündigt Veröffentlichung höchstauflösender geologischer Mondkarte an
Mirage News	8. 11	USTC's breakthrough: dancing microrobots birthed via laser technique
Mirage News	8. 11	USTC unveils dynamic imaging of interfacial electrochemistry
Mirage News	8. 11	USTC reveals high-precision flatness measuring for cryogenic arrays
EurekAlert!	8. 11	Femtosecond laser technique births "dancing microrobots": USTC's breakthrough in multi-material microfabrication
EurekAlert!	8. 11	USTC unveils high-precision flatness measurement for cryogenic mosaic focal plane arrays
Mirage News	8. 11	Quasar-driven superbubble pairs discovered by researchers
Mirage News	8. 11	Scientists uncover process behind daily arctic warming
Mirage News	8. 11	USTC unveils new catalysts for CO_2 electroreduction
Mirage News	8. 11	Gasdermin D's role in food tolerance uncovered by researchers
Natural News	8. 12	Three in one go: huge solar eruption hits earth, the moon and Mars all at once for the first time in history
The News Motion	8. 12	A breakthrough in multi-material microfabrication
Dispatchist	8. 12	Press release: femtosecond laser technique births "dancing microrobots": USTC's breakthrough in multi-material microfabrication
One News Page	8. 12	USTC scientists discover quasar-induced superbubbles
South China Morning Post	8. 12	Quantum computing could give AI the rocket fuel to be transformative
Verified News Explorer Network	8. 12	Quantum computing could give AI the rocket fuel it needs to become transformative, but it's not there yet
TechCodex	8. 12	A high-precision flatness measurement for cryogenic mosaic focal plane arrays

续表

媒体名称	时间	新闻标题
Prime News Print	8.12	Femtosecond laser technique births "dancing microrobots": a breakthrough in multi-material microfabrication
Phys.org	8.12	Femtosecond laser technique births "dancing microrobots": a breakthrough in multi-material microfabrication
Medical Xpress	8.12	Researchers reveal Gasdermin D's hidden power in maintaining food tolerance
Dispatchist	8.12	Femtosecond laser technique births "dancing microrobots"
Samacharcentral.com	8.13	Achieving dynamic imaging of interfacial electrochemistry
Science Direct	8.13	Linking visionary leadership to creativity at multiple levels: the role of goal-related processes
Science Direct	8.13	How verbal and non-verbal cues in a CEO apology for a corporate crisis affect a firm's social disapproval
AZoOptics	8.14	Multi-material microfabrication breakthrough gives birth to dancing microrobots
AZoOptics	8.14	Examining the dynamic variations of active sites in environmental catalytic materials
Power Systems Design	8.15	USTC develops new catalysts for CO_2 electroreduction
MDPI	8.15	Anti-melanogenic and antioxidant activity of bifidobacterium longum strain ZJ1 extracts, isolated from a Chinese centenarian
Deutsche Welle	8.15	Utrka u razvoju „solid-state“ baterija
Science Direct	8.15	Quantum computer-aided design for advanced superconducting qubit: Plasmonium
Science Direct	8.15	Mechanistic insights on non-coding RNAs in learning and memory
Science Direct	8.15	Electric-field control of reversible electronic and magnetic transitions in two-dimensional oxide monolayer magnets
Science Direct	8.15	Spectroscopic evidence of isotropic electronic pairing in kagome superconductors
Carbon Capture Journal	8.15	Developing new catalysts for carbon dioxide electroreduction
لوما نيوز	8.16	Autohersteller rennen um die Entwicklung von Festkörperbatterien für Elektrofahrzeuge-DW-15.08.2023

续表

媒体名称	时间	新　闻　标　题
Tellerreport	8.17	National field station: weaving a large network of observation and research
PLOS Biology	8.18	The AAA-ATPase Yta4/ATAD1 interacts with the mitochondrial divisome to inhibit mitochondrial fission
GAMINGDEPUTY	8.18	GPT-4 mathematics is raised by 30 points, code parser Ren Du Ermai is opened Netizens: like the way the brain works-fast technology-technology changes the future
Українські Новини	8.18	Chinese scientists develop new method of plastic recycling
Physics Magazine	8.18	Milestone for optical-lattice quantum computer
Science Direct	8.21	Design and construction of a ground-based plasma device for Martian boundary layer investigation
Springer	8.22	Development and validation of a nomogram model for central venous access device-related thrombosis in hospitalized children
Tellerreport	8.22	China University of Science and Technology has developed a high-performance fuel cell anode catalyst
Focus Online	8.22	Quantentechnologie: qubits aus ultrakalten Atomen erreichen nächsten Meilenstein
Spektrum der Wissenschaft	8.22	Qubits aus ultrakalten Atomen erreichen nächsten Meilenstein
Mirage News	8.22	Scientists uncover adjustable van hoven singularity, no instability
Mirage News	8.22	Van hove singularity uncovered in Kagome superconductor
The Quantum Daily	8.22	Successful entanglement of cold atoms could pave way for optical-lattice quantum computer
Phys.org	8.23	Study discovers tunable van Hove singularity without structural instability
News Concerns—Latest News Update	8.23	Study finds evidence of the formation and structural evolution of prehistoric agricultural economy in central China
브레이크뉴스	8.23	유정염 문화재청 문화재전문위원, 중국 과학기술대학 세미나에서 발표
Springer	8.23	A proteomic analysis of human follicular fluid: proteomic profile associated with embryo quality
BioMed Central	8.23	"Hooking method" for hepatic inflow control: a new approach for laparoscopic Pringle maneuver

续表

媒体名称	时间	新　闻　标　题
Nature	8.23	A glutamatergic DRN-VTA pathway modulates neuropathic pain and comorbid anhedonia-like behavior in mice
EurekAlert!	8.23	Researchers reveal Van Hove singularity at Fermi level in Kagome superconductor
Science Direct	8.24	Peroxymonosulfate activation by Ni-Fe (hydr) oxides through radical and nonradical pathways for efficient trichloroethylene degradation
Mirage News	8.24	Van Hove singularity discovered in Kagome superconductor
Science Direct	8.24	Diagenetic effect on barium isotope compositions of barites in the lower Cambrian successions
EurekAlert!	8.24	USTC realizes single-pixel imaging of single living cells
Mirage News	8.24	USTC achieves single-pixel imaging of individual live cells
Mirage News	8.24	Van Hoven singularity manipulated sans structural instability: study
Ash Publications	8.24	YBX1 as an oncogenic factor in T-cell acute lymphoblastic leukemia
Blogs	8.25	Realizing single-pixel imaging of single living cells
Tellerreport	8.25	Chinese and foreign scholars have made new progress in the study of the stability of amorphous solids
MDPI	8.25	Integrated encapsulation and implementation of a linear-mode APD detector for single-pixel imaging lidar
GAMINGDEPUTY	8.26	History of Hefei synchrotron radiation light source from scratch-it home
Mac Krishi Jagran	8.26	Study finds unraveling Yangshao culture's economic shifts in central China
Tellerreport	8.26	China's new generation of particle physics research key technology research project was launched
Data Breach Today	8.26	Nation state actors: governance of dual-use technologies
Science Direct	8.27	Can an early exit mechanism attract more pledges in equity-based crowdfunding? Evidence from China
Head Topics	8.29	Pioneering packaging systems since 1893
Phys.org	8.29	Examining photocatalytic carbon dioxide conversion and its application beyond earth
Knowridge	8.29	Scientists discover giant "clouds" blocking X-rays in a distant galaxy
UR ALL NEWS	8.29	Astronomers reveal eclipsing absorber in active galaxy NGC 6814
Nature	8.29	Quantum simulation of conical intersections using trapped ions

续表

媒体名称	时间	新　闻　标　题
Posts Careerengine	8.29	China mulls revoking degrees of students caught using AI
Taylor & Francis Online	8.29	Financing a service-oriented manufacturer when facing the risk of bankruptcy
EnterpriseAI	8.29	An overnight sensation, 30 years in the making: the parallel paths of AI and quantum computing
SpaceDaily.com	8.30	Photocatalytic CO_2 conversion for artificial carbon cycle at extraterrestrial sites
Philippine Times	8.30	Prof. Schlevogt's Compass 2: one chinese city holds the secret cure to many of the world's problems
World News	8.31	Prof. Schlevogt's Compass № 2: one Chinese city holds the secret cure to many of the world's problems
Taylor & Francis Online	8.31	Endoscopic retrograde stent drainage therapies for malignant biliary obstruction: the distal opening of stent location above or across the duodenal papilla? A systematic review and meta-analysis
India Education Diary	8.31	Astronomers reveal marvellous eclipsing absorber in active galaxy NGC 6814
India Education Diary	8.31	Coexisting carbon-bearing inclusions found in deep mantle wedge peridotite
India Education Diary	8.31	Researchers reveal tunable Van Hoven singularity without structural instability
India Education Diary	8.31	USTC set new record in perovskite cell efficiency
India Education Diary	8.31	USTC finds evidence of the formation and structural evolution of prehistoric agricultural economy
India Education Diary	8.31	Researchers reveal mechanism triggering arctic daily warming
India Education Diary	8.31	Researchers discover quasar-driven superbubble pairs
India Education Diary	8.31	Researchers reveal gasdermin D's hidden power in maintaining food tolerance
India Education Diary	8.31	USTC achieved dynamic imaging of interfacial electrochemistry
Blogs	8.31	Prof. Schlevogt's Compass № 2: one Chinese city holds the secret cure to many of the world's problems
MDPI	8.31	Deletion of the chd7 hinders oligodendrocyte progenitor cell development and myelination in zebrafish

续表

媒体名称	时间	新　闻　标　题
Science Direct	8.31	Relief items procurement and delivery through cooperation with suppliers and logistics companies considering budget constraints
Science Direct	9.1	Will informal environmental regulation induce residents to form a green lifestyle? Evidence from China
Mirage News	9.1	Chinese satellite achieves breakthrough in ozone analysis
Bioengineer. org	9.1	Breakthrough in atmospheric analysis: Chinese satellite delivers high spatial resolution ozone profiles
DataBreachToday	9.1	Quantum dragon: China's leap in dual-use technologies
My Droll	9.2	Satellite delivers high spatial resolution ozone profiles
Nature	9.2	Cell-inspired design of cascade catalysis system by 3D spatially separated active sites
Science Direct	9.2	Measuring the thermal neutron fluence of NTD-Ge using the self-monitoring method
Science Direct	9.2	Increased serum IL-12 levels are associated with adverse IVF outcomes
Science Direct	9.2	Article bioinspired microenvironment modulation of metal-organic framework-based catalysts for selective methane oxidation
World News	9.2	Breakthrough in atmospheric analysis: satellite delivers high spatial resolution ozone profiles
Science Direct	9.3	Chemotherapy-induced nanovaccines implement immunogenicity equivalence for improving cancer chemoimmunotherapy
NewsDrum	9.5	China to deploy most powerful Mozi wide field survey telescope this month
Interesting Engineering	9.5	Scientists hope to build a new subatomic particle smasher
Pragativadi	9.5	China to launch powerful sky survey telescope soon to monitor astronomical events
Tellerreport	9.5	The scientific research of the "Chapter 9" optical quantum computing prototype was put into the national museum
Science Direct	9.6	The rhythm of shopping: how background music placement in live streaming commerce affects consumer purchase intention
The Local Report	9.6	China to deploy most powerful wide field survey telescope this month

续表

媒体名称	时间	新　闻　标　题
Dailyhunt	9.6	China to launch wide field survey telescope, pick faintest signals from space
Newsdirectory3	9.6	China builds one of the world's largest space observatory telescopes: Mozi telescope set to begin operations
Newsdirectory3	9.6	China builds MOSI wide field survey telescope, set to begin operations this month
Times of Viral	9.6	China to deploy "most powerful sky survey telescope" this month
ARCHYDE	9.6	China launches most powerful space observation telescope in northern hemisphere
Newsdirectory3	9.6	China launches most powerful space observation telescope in the northern hemisphere
Verified News Explorer Network	9.7	China to launch wide field survey telescope, pick faintest signals from space
Science. org	9.7	Deglacial volcanism and reoxygenation in the aftermath of the Sturtian Snowball Earth
World News Era	9.7	Why haven't we got useful quantum computers yet?
Log News	9.7	How special is China's soon-to-be-launched giant telescope?
Tellerreport	9.7	Chinese scientists reveal the mystery of the evolution of life on "Snowball Earth" 6 million years ago
Science Direct	9.7	Enhancing perovskite solar cells performance via sewing up the grain boundary
Swarajya	9.7	China's powerful wide field survey telescope to begin operations In September
Indonesia Posts English	9.8	China's sky telescope will be operational soon
Nature	9.8	Organo-metal cooperative catalysis for C(sp^3)-H alkylation polymerization
Springer	9.8	A hybrid CEEMD-GMM scheme for enhancing the detection of traffic flow on highways
Vajiram and Ravi Student Portal	9.9	Wide field survey telescope
Українські Новини	9.9	China's wide-field survey telescope to be operational

续表

媒体名称	时间	新　闻　标　题
Science Direct	9.9	Core-shell structure antioxidant microencapsulated piperazine pyrophosphate towards improving service performance and fire safety of styrenic thermoplastic elastomer
Big News Network	9.10	China science，technology news summary
Wiredfocus	9.10	China science，technology news summary
SciTechDaily	9.10	Mimicking mother earth：crafting an artificial carbon cycle beyond our planet
Sky News	9.10	Crafting an artificial carbon cycle beyond our planet
Knowledia	9.10	Chinese breakthrough a step towards scalable quantum computation：paper
Time. news	9.10	Artificial photosynthesis for sustainable space missions：building an artificial carbon cycle on extraterrestrial sites
Tellerreport	9.11	The construction of Qinghai Cold Lake JUST spectroscopic telescope project was officially launched
South China Morning Post	9.11	China's trailblazing telescope ready to train giant eye on night sky
Hydrogen Central	9.12	Researchers design ammonia-resistant nickel-based fuel cell catalyst
Biocompare	9.12	Tumor-Infiltrating human NK cell atlas created
NewsBeezer	9.13	Researchers discover divergent subtype of natural killer cells
BioMed Central	9.13	Plant-based diets，genetic predisposition and risk of non-alcoholic fatty liver disease
Blogs	9.13	New nickel based AEMFC anode catalyst with high resistance to NH_3 toxicity
Medical Xpress	9.13	Researchers uncover aberrant natural killer cell subtype
UR ALL NEWS	9.14	Scientists reveal twisting-untwisting-retwisting cycle of nanohelices
Science Direct	9.14	Chromium isotope system of intraplate basaltic lavas：implication for recycling materials into mantle
CNBS News	9.14	Prof. Schlevogt's Compass No 2：one Chinese city holds the secret cure to many of the world's problems
Knews Media	9.14	City-wide quantum communication network in China is most advanced yet

续表

媒体名称	时间	新闻标题
Nature	9.14	Breaking through the basement membrane barrier to improve nanotherapeutic delivery to tumours
Українські Новини	9.15	Chinese scientists propose new life evolution mechanisms on “Snowball Earth”
Nature	9.15	Direct visible-light-excited flavoproteins for redox-neutral asymmetric radical hydroarylation
Nature	9.15	Light-driven synthesis of C_2H_6 from CO_2 and H_2O on a bimetallic AuIr composite supported on InGaN nanowires
Mirage News	9.15	Millimeter structures boost liquid entrainment: study
List 23	9.15	Discoveries reveal an abnormal subtype of natural killer cells, according to scientists
Blogs	9.15	Chinese researchers create dancing microrobots using lasers
Blogs	9.16	Researchers reveal dominant source of atmospheric mercury in the Arctic
UR ALL NEWS	9.16	Researchers find that millimeter structures improve liquid entrainment
FocusTechnica	9.16	Researchers discover abnormal subtype of natural killer cells
My Droll	9.16	Atomic Ru coordinated by channel ammonia in V-doped tungsten bronze for highly efficient hydrogen-evolution reaction
ARCHYDE	9.16	Unlocking the power of science: celebrating 20 years of national science popularization day in china
EurekAlert!	9.16	Atomic Ru coordinated by channel ammonia in V-doped tungsten bronze as HER electrocatalyst
Nairaland	9.16	New scheme for controlling qubits in a multilevel system-jobs/vacancies-nairaland
News Day FR	9.17	China unveils most advanced quantum communications network yet, spanning an entire city
Tellerreport	9.17	China's Micius sky survey telescope officially launched observation research and released the first light to obtain pictures of the Andromeda Galaxy
Science Direct	9.17	Structure and extinction of methane and propane nonpremixed counterflow flames at extremely low stretch rates in buoyant flowfields
Big News Network	9.18	China science, technology news summary

续表

媒体名称	时间	新　闻　标　题
Daily Finland	9.18	China releases 1st image captured by new wide-field survey telescope
InvesBrain	9.18	USTC propose novel paradigm of metal electron-shuttle catalysis
Bnn.network	9.18	China releases first image captured by new wide-field survey telescope.
NewsBeezer	9.19	Researchers propose new paradigm of metal-electron shuttle catalysis
RaillyNews	9.19	WFST telescope sends new photos of Andromeda
knowridge	9.19	Scientists create super-powerful zinc-manganese battery
TradingCharts	9.19	China dominates in high-quality natural-science research
Bnn.network	9.19	China's WFST telescope: a new eye in the sky
EurekAlert!	9.19	Advancements made in scalable multipartite entanglement achieved with ultracold atoms in optical lattices
EurekAlert!	9.19	Researchers blaze new trails in ultrastable high-energy-density Zn-Mn battery
EurekAlert!	9.19	USTC achieves femtosecond laser fabrication of magnetic-responsive "Janus origami" robots
EurekAlert!	9.19	Revealing earth's ancient enigmas: USTC researchers illuminate "Snowball Earth" melting and early life evolution
Phys.org	9.19	Scalable multipartite entanglement achieved with ultracold atoms in optical lattice
Phys.org	9.19	Researchers illuminate 'Snowball Earth' melting and early life evolution
Pune.Media	9.20	Scientists design ultrastable, high-energy-density Zn-Mn battery
Science Direct	9.20	A novel solar-driven organic rankine cycle system based on the two-stage solar thermal collection and accumulation
USA News Hub	9.20	China's new wide-field survey telescope scopes out Andromeda galaxy
Blogs	9.20	China's new wide-field telescope scopes out Andromeda galaxy
NewsBeezer	9.20	China's new wide-field telescope explores the Andromeda Galaxy
Knowledia	9.20	Researchers propose novel paradigm of metal electron-shuttle catalysis
China Daily—Hong Kong Edition	9.20	WMC to exhibit Anhui's manufacturing prowess
The Quantum Daily	9.20	Attainment of scalable multipartite entanglement using ultracold atoms trapped in an optical lattice

续表

媒体名称	时间	新　闻　标　题
Science Direct	9.22	Understanding step synchronization in social groups: a novel method to recognize group
SpaceDaily.com	9.22	Developed by the University of Science and Technology of China and the purple mountain observatory under the Chinese Academy of Sciences, the Wide Field Survey Telescope (WFST) is now the largest time-domain survey facility in the northern hemisphere
Cell Press	9.22	The thalamic reticular nucleus-lateral habenula circuit regulates depressive-like behaviors in chronic stress and chronic pain
Tellerreport	9.22	Chinese scientists have successfully developed new micro-nano materials to realize the recovery of organic dyes from wastewater
Blogs	9.22	Researchers reveal composition and regulatory mechanism of the nucleolar vacuole in C. elegans
Blogs	9.22	Exploring the relationship between thermalization dynamics and quantum criticality in lattice gauge theories
Nature	9.22	Direct conversion of methane with O_2 at room temperature over edge-rich MoS_2
Mirage News	9.23	Solid-State NMR reveals fluoride ion channel mechanics
Mirage News	9.23	Marvelous X-Ray mask absorber discovered in active galaxy NGC 6814
Scienmag Science Magazine	9.23	Scientists reveal marvellous x-ray mask absorber in the active galaxy NGC 6814
Tellerreport	9.23	More than 600 well-known experts and scholars in the quantum field gathered in Hefei
Blogs	9.23	Researchers make progress in vector meson spin physics
All About Circuits	9.24	Chipmakers, researchers, and hobbyists show off the many faces of RISC-V
UR ALL NEWS	9.25	Scientists achieve femtosecond laser fabrication of magnetic-responsive Janus origami robots
Italy24	9.25	Quantum internet network, how the most advanced in the world works
Knowridge	9.25	Scientists develop high-energy-density battery for clean energy storage
Eurasia Review	9.25	Scientists reveal marvellous x-ray mask absorber in active galaxy NGC 6814
Technologynewschina	9.25	Wide-field telescope put into operation

续表

媒体名称	时间	新　闻　标　题
Phys. org	9.25	Solid-state NMR unveils fluoride ion channel permeation mechanism
Nature	9.25	Bogoliubov quasiparticle on the gossamer Fermi surface in electron-doped cuprates
Science X	9.26	Best of Last Week—electric blue tarantula, AI urban planning, link between chemicals and cancer in women
NewsR	9.26	Researchers illuminate "Snowball Earth" melting and early life evolution
Springer	9.26	A new metaheuristic honey badger-based maximum energy harvesting algorithm for thermoelectric generation system under dynamic operating conditions
VYRE Business News Global	9.26	Shaping the future of document processing: rossum presents the winners of the docile competition
NewsBeezer	9.26	China's powerful new telescope will search for exploding stars
Blogs	9.26	Characterization and modeling of SOI LBJTs at 4K
UroToday—GU Oncology Today	9.26	Association between MTHFR c. 677C > T variant and erectile dysfunction among males attending fertility clinic
Tellerreport	9.27	USTC implements fully passive quantum key distribution
Indonesia Folk	9.27	Membentuk masa depan pemrosesan dokumen: rossum menyajikan para pemenang kompetisi docile
Gilett. news	9.28	Scientists discover new method to convert plastic waste into fuel
UR ALL NEWS	9.28	Giant mid-infrared outburst detected from a distant young stellar object
Phys. org	9.28	Exploring exotic spin interactions at microscale using solid-state spin quantum sensors
Science Direct	9.29	Rapid Li compensation toward highly conductive solid state electrolyte film
Global Research CRG	9.29	China surpassed us in high-quality natural-science research in 2022
Bnn. network	9.29	China's wide field survey telescope: a new eye in the sky
SciTechDaily	9.30	Breaking quantum boundaries: a new theory for periodically driven qd-cavity hybrid systems
Sky News	9.30	A new theory for periodically driven qd-cavity hybrid systems
List 23	9.30	A new theory for the hybrid systems that drive quantum dynamics is called breaking quantum boundaries

续表

媒体名称	时间	新　闻　标　题
Blogs	9.30	Nature index：China surpassed US in science research
Nation World News	10.1	A new response theory is developed for strongly coupled qubit systems
MDPI	10.1	Spot invalid point repair algorithm of detector array measurement system based on image correlation coefficient
Science Direct	10.2	SUMMER：a small modular lead-bismuth-cooled fast reactor for mobile energy supply
Science Direct	10.2	Phytolith evidence for crop structure at the Zhangwangzhuang site during the early and middle Yangshao cultural periods on the southwestern Huanghuai Plain，China
BioMed Central	10.2	M6A methylation modification in autoimmune diseases，a promising treatment strategy based on epigenetics
Springer	10.3	Regional feature fusion for on-road detection of objects using camera and 3D-LiDAR in high-speed autonomous vehicles
Українські Новини	10.3	China releases first image captured by new wide-field survey telescope
Cell Press	10.3	Microbiota-gut-brain axis drives overeating disorders
EurekAlert!	10.3	USTC achieves chemically controlled reversible magnetic phase transition
Українські Новини	10.4	China's new wide-field survey telescope scopes out Andromeda galaxy
MDPI	10.5	Modified model of polarized bidirectional reflectance distribution function used for light detection and ranging (LiDAR)
Science Direct	10.5	What captures attention in the risk communication process：exploring streaming video attractiveness during the first wave of the COVID-19 pandemic in China
Bnn.network	10.5	Revolutionizing urea production：a sustainable approach
Science Direct	10.5	A theoretical study on dissociative photoionization and photoionization cross-sections of a typical ketohydroperoxide in n-butane low-temperature oxidation
Science Direct	10.5	Learning geometric consistency and discrepancy for category-level 6D object pose estimation from point clouds
Science Direct	10.5	Structure-preserving feature alignment for old photo colorization
Bnn.network	10.6	Revolutionizing astronomy：new insights into quasars and black holes
Mirage News	10.6	USTC team unveils new insights on black hole radiation in quasars

续表

媒体名称	时间	新　闻　标　题
Bnn. network	10.7	Revolutionizing our understanding of quasars: new study challenges classical model
Tellerreport	10.8	The team from USTC successfully constructed a global variable grid atmospheric physicochemical coupling simulation framework
Blogs	10.8	Researchers revolutionize understanding of supermassive black hole accretion radiation in quasars
Tellerreport	10.8	USTC reveals new laws of accretion radiant energy spectroscopy of supermassive black holes
NewsBeezer	10.8	Spectral energy challenges established theories
Science Direct	10.8	Modeling the XBB strain of SARS-CoV-2: competition between variants and impact of reinfection
List 23	10.8	Black holes provide evidence for the validity of spectral energy, a theory that challenges established theories and questions fundamental understanding
Sky News	10.8	Spectral energy puts established theories in question
ZENUZZ	10.8	A new study challenges traditional theories of quasar spectral energy distribution
Knowledia	10.10	From quasars to black holes: spectral energy puts established theories in question
EurekAlert!	10.10	Breakthrough method for robust and effective edge detection
Mirage News	10.10	Revolutionary technique unveiled for efficient edge detection
Newsexplorer. net	10.11	Chinese scientists claim record smashing quantum computing breakthrough
ForeignAffairs. co. nz	10.11	MIL-OSI China: China's computational power gains new strength
Tellerreport	10.11	Set a new world record again! The "Chapter 9 No. 3" optical quantum computing prototype was successfully developed
Quantum Zeitgeist	10.11	China's quantum computer breaks speed record, Jiuzhang 3 solves complex problem in microseconds
Blogs	10.11	Defect state nano structure tungsten oxide catalyst is invented
Tellerreport	10.11	Breaking the world record, Chinese scientists successfully build the optical quantum computing prototype "Chapter 9 No. 3"
Newsdirectory3	10.12	China's University of Science and Technology of China introduces "Jiujiang 3.0": a breakthrough in quantum information technology

续表

媒体名称	时间	新　闻　标　题
Crast. net	10. 12	Chinese scientists claim record-breaking quantum computing breakthrough
Pune. Media	10. 12	Chinese scientists create new quantum computer prototype
Nature	10. 12	Rapid and visual detection of Toxoplasma gondii oocyst in cat feces using loop-mediated isothermal amplification (LAMP) assay
Pet News 2Day	10. 12	Fast and visible detection of Toxoplasma gondii oocyst in cat feces utilizing loop-mediated isothermal amplification (LAMP) assay
Tellerreport	10. 12	Guo Guangcan, Guo Guoping: why is China's quantum computing concentrated in Hefei?
BizTechAfrica	10. 12	China unveils new quantum computer prototype in computing power fight against U. S.
Phys. org	10. 12	Elevating neuromorphic computing using laser-controlled filaments in vanadium dioxide
Blogs	10. 12	Nature index top 100
The Middle East North Africa Financial Network	10. 13	China unveils faster light-based quantum computer
NewsBeezer	10. 13	Improving neuromorphic computing using laser-controlled vanadium dioxide filaments
Washington latest	10. 13	The $ 1. 2 billion case for quantum
Asia Financial	10. 13	China scientists claim quantum computer breakthrough
Technologynewschina	10. 13	China's computational power gains new strength with 255-detected-photon quantum computer
The Quantum Daily	10. 13	China's photonic JiuZhang series sets (yet another) speed record
Springer	10. 14	Graphene-modified hybrid coating for improving the atomic oxygen erosion resistance of Kapton
Coin Genius	10. 16	Quantum news briefs October 16: Rensselaer Polytechnic Institute begins installation of first-ever IBM quantum system one on a university campus; UofRochester researchers developing quantum photonic chips to replace gyrocopes in drones; Chinese scientists led by Pan Jianwei claim record smashing quantum computing breakthrough

续表

媒体名称	时间	新　闻　标　题
Inside Quantum Technology	10.16	Quantum news briefs October 16: Rensselaer Polytechnic Institute begins installation of first-ever IBM quantum system one on a university campus; UofRochester researchers developing quantum photonic chips to replace gyrocopes in drones; Chinese scientists led by Pan Jianwei claim record smashing quantum computing breakthrough
News Concerns—Latest News Update	10.17	Constructing a global variable-resolution atmospheric physico-chemical coupling simulation framework
Pharmacy Times	10.17	Likelihood of depression is high in patients with cancer who experience serious adverse events
Newsdirectory3	10.17	China's Jiuzhang-3 quantum computer outpaces US, highlights technological advancements
Mirage News	10.17	Chinese Academy constructs advanced dust simulation framework
Science Direct	10.17	High precision vibration sectioning for 3D imaging of the whole central nervous system
FinanzNachrichten. de	10.17	New system design for spectral-splitting concentrator agrivoltaics
Express Healthcare Management	10.17	Study finds high prevalence of anxiety and depression in cancer patients experiencing serious adverse events
Daily Tech Geek	10.17	Researchers develop soft-packaged, portable rehabilitation glove
Mirage News	10.17	USTC maps heat flow, thermal conductivity at core-mantle border
Phys. org	10.18	Researchers predict thermal conductivity and heat flow distribution at core-mantle boundary
Tellerreport	10.18	Our scientists have made important progress in the field of brain-like chips
TrialBulletin. com	10.19	Safety and efficacy of unrelated umbilical cord blood microtransplantation in patients with AML
Springer	10.19	A polyurethane coating using CoMOF-BTA metal-organic framework for active protection of AA2024-T3
Українські Новини	10.19	China develops new record-breaking "Jiuzhang" quantum computer prototype
Journal of Medical Case Reports	10.19	Cutaneous metastasis from cervical cancer to the scalp and trunk: a case report and review of the literature
Newsexplorer. net	10.20	Top best global universities in China

续表

媒体名称	时间	新　闻　标　题
BioMed Central	10.20	CircPTPN22 modulates T-cell activation by sponging miR-4689 to regulate S1PR1 expression in patients with systemic lupus erythematosus
Xinhua—Deutsch	10.21	Provinz Anhui in Ostchina will innovationen im bereich künstliche intelligenz fördern
Eepower	10.21	Can lab-on-fiber combat thermal runaway in Li-Ion batteries?
Drug Discovery Online	10.21	Towards using quantum computing to speed up drug development
Targeted News Service(Print Edition)	10.21	Nanoscale horizons journal issues research articles in October 2023 edition
Tellerreport	10.23	Inaugural meeting of Journal of Cyberspace Security Science: academicians call for promoting the innovative development of cyberspace security
Pet News 2Day	10.23	Understanding how snakes advanced venoms helps researchers develop their therapies
Chemical & Engineering News	10.23	Understanding how snakes evolved venoms is helping researchers develop their treatments
Phys.org	10.23	Researchers propose new strategy to improve efficiency for nanotherapeutic delivery in tumors
Taylor & Francis Online	10.25	Development of a fog droplet sampler with multi-segment structure and specific temperature control
Chemical Processing	10.25	Catalyst breakthroughs: transforming plastics and photocatalysis
NewsR	10.25	USTC determines thermal conductivity and heat flow distribution at core-mantle boundary
KrASIA	10.25	Time energy storage commences production of megawatt-level aqueous organic flow batteries
News es euro	10.26	Chinese researchers develop hallucination correction engine for AI models
Mirage News	10.26	New luminescent material enables flexible 3D displays
Science.org	10.26	Processable circularly polarized luminescence material enables flexible stereoscopic 3D imaging
Semiconductor Engineering	10.26	Leaps in quantum computing

续表

媒体名称	时间	新　闻　标　题
BM Business News	10.26	Researchers in China developed a hallucination correction engine for AI models by Cointelegraph
Queen Mobile Blog-Review sản phẩm tân tâm tù' Queen Mobile	10.26	Researchers develop "Woodpecker": a groundbreaking solution to AI's hallucination problem
Science Direct	10.26	Robust ADP-based control for uncertain nonlinear Stackelberg games
Pakistan Press International (PPI)	10.26	Chinese Academy of Sciences delegation visits HEC
CryptoRank	10.26	Chinese researchers introduces tool to correct AI hallucination
Multiplatform AI	10.26	Woodpecker: AI's answer to hallucination in multimodal language models
AG Connect	10.26	Hallucinerende AI? Nieuwe tool moet dat oplossen, zonder AI-model opnieuw te trainen
India Education Diary	10.26	USTC constructs global variable-resolution atmospheric physico-chemical coupling simulation framework
India Education Diary	10.26	USTC researchers develop portable soft-packaged rehabilitation glove for fine motor training
India Education Diary	10.26	USTC realized large-scale simulation of earth system cross-layer interactions on the new generation Shenwei Supercomputer
India Education Diary	10.26	China's computational power gains new strength with 255-Detected-Photon quantum computer
India Education Diary	10.26	Eliminating friction in batteries to boost clean energy storage
India Education Diary	10.26	USTC researchers revolutionize understanding of supermassive black hole accretion radiation in quasars
India Education Diary	10.26	USTC explores exotic spin interactions at microscale using solid-state spin quantum sensors
India Education Diary	10.26	Researchers monitor thermal runaway of Lithium-ion cells using optical fibers
Grafa	10.26	Scientists in China create a correction mechanism for AI models
UrduPoint Network	10.26	Chinese Academy of Sciences, HEC to enhance collaboration

续表

媒体名称	时间	新 闻 标 题
Semiconductor Digest	10.27	Printable circularly polarized luminescence materials enables flexible, stereoscopic displaying
CoinmarketCap	10.27	China researchers created AI tool for hallucination correction
Knowledia	10.27	Printable circularly polarized luminescence materials enable flexible, stereoscopic displaying
Blogs	10.27	Woodpecker: the solution to AI hallucinations in language models
Springer	10.27	Tracing the evolution of robotic-assisted total knee arthroplasty: a bibliometric analysis of the top 100 highly cited articles
ETCentric	10.27	Woodpecker: Chinese researchers combat AI hallucinations
Time Business News	10.27	Diving into the world of quantum technology
TelecomLive	10.28	China develops hallucination correction engine for AI models
Science Direct	10.28	OverShard: scaling blockchain by full sharding with overlapping network and virtual accounts
Science Direct	10.29	New method of integrating experiment for maintaining low indoor temperature into numerical modelling: a feasibility demonstration in reduced-scale building model
EurekAlert!	10.29	The solar-driven CO_2 utilization is free from the uncertainty of sunlight supply
BITEXES	10.30	Researchers in China developed a hallucination correction engine for AI models
iTnews Asia	10.30	Chinese researchers develop AI hallucination correction tool
Science Direct	10.31	Macroscopic and microscopic movement properties of the fast walking pedestrian flow with single-file experiments
iHarare.com	11.1	USTC fellowship in China 2024-2025 | Fully funded scholarship
Blogs	11.1	Image sensing topics at upcoming IEDM 2023 Dec 9-13 in San Francisco
Nature	11.1	CHIT1-positive microglia drive motor neuron aging in the primate spinal cord
Blogs	11.2	Experiencing AI with woodpecker framework
Nature	11.2	Multimodal teaching analytics: the application of SCORM courseware technology integrating 360-degree panoramic VR in historical courses

续表

媒体名称	时间	新闻标题
Science Direct	11.2	Super-resolution DOA estimation methods based on element multiplication and summation
Nature	11.2	Structural insights into asymmetric activation of the calcium-sensing receptor-Gq complex
Nature	11.2	Out-of-plane cations homogenise perovskite composition for solar cells
BioRxiv	11.3	Multi-region calcium imaging in freely behaving mice with ultra-compact head-mounted fluorescence microscopes
All Tech Magazine	11.3	Chinese scientists claims to develop AI chip 3000 times faster than Nvidia's A100
EurekAlert!	11.3	The USTC realizes in situ electron paramagnetic resonance spectroscopy using single nanodiamond sensors
Mirage News	11.3	USTC achieves in situ EPR spectroscopy with nanodiamond sensors
My Droll	11.4	Realizing in situ electron paramagnetic resonance spectroscopy using single nanodiamond sensors
Science Direct	11.5	In situ construction of ultra-thin PANI/CeOx layer on proton exchange membrane for enhanced oxidation resistance in PEMFC
Nature	11.6	Human SIDT1 mediates dsRNA uptake via its phospholipase activity
Haria Nasional	11.7	Top 50 university in the world
UroToday—GU Oncology Today	11.7	Causal effects of gut microbiota on erectile dysfunction: a two-sample Mendelian randomization study
Nature	11.7	Biocatalytic enantioselective γ-C-H lactonization of aliphatic carboxylic acids
Nature	11.8	Ligand recognition and G protein coupling of trace amine receptor TAAR1
Blogs	11.8	Researchers report room-temperature magnetic phase transition in an electrically tuned van der Waals ferromagnet
Phys.org	11.8	Gate induced room-temperature magnetic phase transition realized in van der Waals ferromagnet nanoflakes
EurekAlert!	11.8	Gate induced room-temperature magnetic phase transition realized in van der Waals ferromagnet $Cr_{1.2}Te_2$ nanoflakes
NewsBeezer	11.8	Gate-induced magnetic phase at room temperature

续表

媒体名称	时间	新　闻　标　题
BioMed Central	11.9	A model-based clustering via mixture of hierarchical models with covariate adjustment for detecting differentially expressed genes from paired design
Nature	11.9	An evolutionary continuum from nucleated dwarf galaxies to star clusters
TechCodex	11.10	Researchers achieve chemically controlled, reversible magnetic phase transition
Blogs	11.11	Researchers propose chemical method for reversible magnetic phase transition in 2D organometallic lattices
Bnn. network	11.11	Researchers develop chemical method to control spin order, unlocking potential for advanced spintronic devices
Nature	11.11	A wearable adaptive penile rigidity monitoring system for assessment of erectile dysfunction
Lovablevibes. com	11.12	500 ANSO scholarship for young talents 2024 in China (fully funded)
Blogs	11.12	USTC implements device-independent quantum random number generator for the first time, eliminating security risks of non-interactive zero-knowledge proofs
Science Direct	11.12	Synthetic design and analysis of the new feed cabin mechanism in Five-hundred-meter Aperture Spherical radio Telescope (FAST)
Big News Network	11.13	Mars exploration one step closer with AI-chemist that can make oxygen from meteorites
Glasgow Herald	11.14	Living on Mars closer after AI oxygen extraction
London Daily Mirror (Print Edition)	11.14	AI chemist's Mars oxygen extraction [Eire Region]
Bnn. network	11.14	AI robot uses martian meteorites to create oxygen: a step closer to colonizing mars
Don't Worry Buy	11.14	AI robotic makes use of meteorite from Mars to assist make oxygen from water
ARCHYDE	11.14	Robot AI chemist: creating oxygen production catalyst from Martian meteorite
Time. news	11.14	A Chinese robot makes oxygen from Martian meteorites
Blogtop10	11.14	AI robot uses meteorite from Mars to help make oxygen from water

续表

媒体名称	时间	新闻标题
Newsdirectory3	11.14	AI robot chemist creates oxygen from Martian rocks without human intervention
Newsdirectory3	11.14	AI robot chemist successfully produces oxygen-producing catalyst from real Martian meteorites
One News Page	11.14	AI chemist creates Mars-compatible oxygen catalyst from meteorites
Transcontinental Times	11.14	AI-powered robot chemist unleashes Martian magic: synthesizes oxygen-producing compounds from meteorites
Bnn.network	11.14	AI robot chemist paves the way for manned Mars missions
The Mirror US	11.14	AI chemist moves closer to humans living on Mars by bringing oxygen to the planet
Italy24	11.14	Oxygen on Mars? The "AI-chemist" robot will take care of it
Bnn.network	11.14	AI-driven chemical robot could enable human life on Mars
Turkey Posts English	11.14	Scientists approved: people can live on Mars
Time.news	11.14	They discover aquatic activity on Mars
Newsexplorer.net	11.14	Kolonizacja Marsa coraz bliżej? Naukowcy z Chin chcą za pomocą AI otrzymač tlen z wody
Nature	11.14	In situ label-free X-ray imaging for visualizing the localization of nanomedicines and subcellular architecture in intact single cells
Cronache di Scienza	11.14	Un robot chimico produce ossigeno dai meteoriti marziani
Bnn.network	11.14	AI chemist: pioneering oxygen production on Mars
Detik.com	11.14	Manusia bisa hidup di Mars dengan bantuan AI, lho kok bisa?
Noticiero Universal	11.14	Un robot chino fabrica oxígeno a partir de meteoritos marcianos
Bnn.network	11.14	Chinese scientists create catalyst for oxygen production on Mars
Daily Star	11.14	Humans could live on Mars after scientists extracted oxygen from Martian rock
Bnn.network	11.14	AI-powered chemical robot: a leap towards Martian colonization
IANS Live	11.14	With robotic AI chemist, scientist inch closer to make oxygen on MarsIANS
Bnn.network	11.14	AI bot breaks new ground in Mars colonization: extracts oxygen from rocks
Inkl	11.14	AI chemist helps scientists extract oxygen from Martian rock

续表

媒体名称	时间	新　闻　标　题
RaillyNews	11.14	Artificial intelligence supported robotic chemist will produce oxygen on Mars
RayHaber	11.14	Durch künstliche Intelligenz unterstützter roboterchemiker wird sauerstoff auf dem Mars produzieren
The Limited Times	11.14	A chemical robot extracts water and oxygen from Martian meteorites-space and astronomy
Bnn. network	11.14	AI robot synthesizes oxygen from Martian meteorites
News Leaflets	11.14	Chinese scientist inch closer to make oxygen from water on Mars with ai robot chemist
News4Social	11.14	Robotic chemist discovers how to make oxygen from Martian minerals
Nature	11.14	A deep learning model for predicting selected organic molecular spectra
Financial Times Print Edition (Asia)	11.14	Mars meteorite used by AI robot to make oxygen from water
Multiplatform AI	11.14	Researchers have developed an AI-powered robot chemist for extracting oxygen from Martian water
Dazed	11.14	This little AI robot could make oxygen on Mars
Verified News Explorer Network	11.14	Chinese scientists created a robot that can make oxygen on Mars. It could allow humans to someday live on the red planet
Pune. Media	11.14	Chinese scientists created a robot chemist that can make oxygen on Mars
China Daily—Hong Kong Edition	11.14	China's AI robotic chemist finds way to make oxygen on Mars
Gadgets 360	11.14	AI robot chemist could help make oxygen on Mars, & more AI
ARCHYDE	11.14	Martian colonists will be able to breathe massive amounts of oxygen thanks to artificial intelligence
T3N	11.14	Chemie-KI findet molekül für sauerstoffherstellung auf dem Mars
Clayton County Register	11.14	Is China's quantum computer faster than Google?
BBC—CBBC Newsround	11.14	Asteroids and AI robot could create breathable air on Mars
Log News	11.14	Can people live on Mars soon? Scientists have extracted oxygen from rocks, a new report claims

续表

媒体名称	时间	新　闻　标　题
Open Access Government	11.14	Space breakthrough: Mars immigration advancements
Aroged	11.14	China has created a job that will produce oxygen on Mars: a key condition for people to "move" to the Red Planet
Bnn.network	11.14	AI robot chemist expedites oxygen extraction from Martian rocks
Interesting Engineering	11.14	New "AI chemist" could autonomously make oxygen from ice on Mars
Mirage News	11.14	Mars immigration step closer
Courthouse News Service	11.14	Mars exploration one step closer with AI chemist that can make oxygen from meteorites
Blogs	11.14	Utilizing Martian resources: manufacturing oxygen with ai robots from Martian meteorites
Phys.org	11.14	AI chemist synthesizes catalyst for oxygen production from Martian meteorites: one step closer to Mars immigration?
Newsdirectory3	11.14	AI robot chemist creates oxygen-producing catalyst from Martian meteorites: manned exploration expected
Scienmag Science Magazine	11.14	One step closer to Mars immigration
Nature	11.14	This AI robot chemist could make oxygen on Mars
Newsdirectory3	11.15	University of Science and Technology of China develops AI robot chemist to extract oxygen from Mars
Business Today	11.15	AI-powered robot chemist can seemingly make oxygen on Mars; know all about it
Ummid.com	11.15	Developed: AI chemist that can produce oxygen from water on Mars
Crast.net	11.15	Chinese team develops AI robot that uses Martian materials to extract oxygen
SpaceDaily.com	11.15	AI chemist completes the electrochemical measurement and evaluation of practical application potential of the catalyst derived from Martian meteorites
The U.S. Sun	11.15	China's AI-powered "robot chemist" invents way to make oxygen on Mars-and says it would've taken a human 2000 years
The Irish Sun (eClips Web)	11.15	China's AI-powered "robot chemist" invents way to make oxygen on Mars-and says it would've taken a human 2000 years

续表

媒体名称	时间	新　闻　标　题
Italy24	11.15	A chemical robot has found a way to get oxygen on Mars
Bnn. network	11.15	Chinese AI robot capable of extracting oxygen from Mars' water
ForeignAffairs. co. nz	11.15	MIL-OSI China: China's AI robotic chemist synthesizes catalysts for oxygen production on Mars
Newsdirectory3	11.15	University of Science and Technology of China develops AI robot chemist for producing oxygen on Mars
Txtreport. com	11.15	An intelligent chemical robot may produce oxygen on Mars. It summarizes two thousand years of human work
Das ist China	11.15	Chinas KI-roboter produziert sauerstoff für Marsmission
NewsBeezer	11.15	China's AI robot learns to extract oxygen on Mars
Chemistry World	11.15	Peeking inside lithium-ion batteries offers new ways to put a stop to deadly fires
Newsdirectory3	11.15	AI chemist robot develops method for producing oxygen from Martian meteorites
India times	11.15	Say what? AI-powered robotic chemist can possibly generate oxygen on Mars
Portugal Posts English	11.15	Robot chemist creates oxygen from meteorites from Mars
NewsBeezer	11.15	China's AI robotic chemist synthesizes catalysts for oxygen production on Mars
Wirtschaft	11.15	Künstliche Intelligenz findet weg, sauerstoff auf dem Mars zu produzieren
The Millennial Source	11.15	Chinese scientists invent a robot that can create oxygen on Mars
USSA News	11.15	A. I. robot could produce oxygen on Mars from rocks, scientists say
I3 Investor	11.15	AI chemist creates catalysts to make oxygen using Martian meteorites
Newswise	11.15	North Atlantic's marine productivity may not be declining, according to new study of older ice cores
Newspostalk	11.15	AI-powered robot chemist finds molecule to make oxygen on Mars
Bnn. network	11.15	AI robotic chemist could produce oxygen on Mars, Chinese scientists claim
NewsBeezer	11.15	AI chemist brings us one step closer to breathing on Mars

续表

媒体名称	时间	新　闻　标　题
Lumi News	11.15	Chinese scientists say AI chemist can create catalysts to make oxygen from Martian meteorites
South China Morning Post	11.15	Scientists say robot can create catalysts to make oxygen from Martian meteorites
Breaking Latest News	11.15	Chinese scientists develop ai-powered robotic chemist for oxygen production on Mars
Blogs	11.15	AI-powered robot chemist finds molecule to make oxygen on Mars
Time. news	11.15	AI chemist discovers formula to produce oxygen on Mars using material found on the Red Planet | Study published in nature synthesis
UR ALL NEWS	11.15	One step closer to Mars immigration?
The Limited Times	11.15	Artificial intelligence finds way to produce oxygen on Mars
Haberalani. com—Fast News Feed	11.15	Sauerstoff auf dem Mars produzieren? KI-Roboter sucht nach Katalysator
News 7F	11.15	Peeking inside lithium-ion batteries offers new ways to put a stop to deadly fires | Research
ARCHYDE	11.15	AI robots extract oxygen from Mars rocks: a new frontier for human survival
Italy24	11.15	Towards the colonization of Mars? A robot capable of producing oxygen has been created on the Red Planet
The Published Reporter	11.15	Chinese scientists develop oxygen-producing robot for Mars colonization
NewsBeezer	11.15	How is it that humans can live on Mars with the help of AI?
Coin Genius	11.15	AI chemist works oxygen-making method using Mars rocks
Bnn. network	11.15	Artificial intelligence paves the way for oxygen production on Mars
Heise online	11.15	Roboter ermittelt katalysator aus Marsgestein zur sauerstoffherstellung
Ruetir	11.15	An intelligent chemical robot may produce oxygen on Mars… and shorten two thousand years of human work
IoT World Today	11.16	Robot uses Mars meteorites to make oxygen
Newsdirectory3	11.16	Robotic AI chemist produces oxygen from Mars meteorites: breakthrough in manned Mars exploration
Blogs	11.16	AI chemist finds molecule to make oxygen on Mars after sifting through millions

续表

媒体名称	时间	新　闻　标　题
Science Direct	11.16	Global and local neural cognitive modeling for student performance prediction(第一作者非中科大)
Nikkei Asian Review	11.16	China's Oppo bets on its Andes GPT model to cash in on AI boom
Sott.net	11.16	China's latest venture could be key to human activity on Mars
MSN.com	11.16	A robotic "A.I. chemist" could make oxygen on Mars
Smithsonian Magazine	11.16	A robotic "A.I. chemist" could make oxygen on Mars
Fox News Channel	11.16	Red nation on the Red Planet? This communist country's latest venture could be key to human activity on Mars
Time.news	11.16	Creating oxygen on Mars: robotic space chemist breakthrough by Chinese researchers
COMPUTER BILD	11.16	KI-roboter soll auf dem Mars sauerstoff produzieren
All News Press	11.16	Rote nation auf dem roten planeten? Das jüngste unterfangen dieses kommunistischen landes könnte der schlüssel zu menschlichen aktivitäten auf dem Mars sein
Tellerreport	11.16	What is the need for universal first aid education in schools? So the pros say
Newsdirectory3	11.16	Chinese researchers develop AI robot chemist to extract oxygen from Mars
WFIN—AM	11.16	Red nation on the Red Planet? This communist country's latest venture could be key to human activity on Mars
Kaskus.co.id	11.16	AI robot chemist made in china produksi oksigen & kimia lain di planet Mars
IEEE Spectrum	11.16	Corkscrewing light enables flexible 3D displays
Knowledia	11.17	A novel machine learning model for molecular simulation under an external field
Indian American News	11.17	With robotic AI chemist, scientist inch closer to make oxygen on Mars
The Financial Express	11.17	Will Mars become the next home for humans? AI robot finds source to produce oxygen on Red Planet!
ChemistryViews	11.17	Robotic AI chemist creates catalyst for O_2 production using Martian ores

续表

媒体名称	时间	新　闻　标　题
UR ALL NEWS	11.17	Research reveals molecular mechanism of asymmetric calcium-sensitive receptor activation
Mirage News	11.17	Research reveals new treatment target for early-onset Alzheimer's
Medical Xpress	11.18	Study sheds light on sporadic early-onset Alzheimer's disease, potential target for novel treatment
Chemical & Engineering News	11.18	Robotic AI chemist could make oxygen on Mars
Knowridge	11.18	Scientists find new treatment for early-onset Alzheimer's disease
EurekAlert!	11.18	Groundbreaking study sheds light on sporadic early-onset Alzheimer's disease: potential target for novel treatment
The Hindu	11.18	AI-powered chemist makes oxygen from Martian meteorites premium
Nature	11.19	Biofilm heterogeneity-adaptive photoredox catalysis enables red light-triggered nitric oxide release for combating drug-resistant infections
The Science Times	11.19	AI-powered robot chemist from china could generate oxygen in Mars
Samacharcentral.com	11.19	AI-powered chemist makes oxygen from Martian meteorites
Portugal Posts English	11.20	China develops AI robot capable of creating oxygen
Voice of America	11.20	Study: AI robot finds way to produce oxygen from water on Mars
FocusTechnica	11.20	First-ever solar energetic particle event detected on the surfaces of earth, moon, and Mars
Front Page Detectives	11.20	Scientists suggest A.I. robot capable of generating oxygen on Mars using rocks
Crast.net	11.20	This robot is capable of creating oxygen: it may be the key to the future of our species
EurekAlert!	11.20	USTC reveals the molecular mechanism of asymmetric activation of the calcium-sensitive receptors
SlashGear	11.21	This revolutionary AI-powered robot could produce oxygen on Mars
National World	11.21	Mars meteorites into oxygen: can AI help accelerate a human colony on the Red Planet
SciTechDaily	11.21	Unraveling the mysteries of ϕ mesons: a new breakthrough in heavy-ion collision physics
Sky News	11.21	A new breakthrough in heavy-ion collision physics

续表

媒体名称	时间	新　闻　标　题
Knowridge	11.21	A robotic chemist could whip up the perfect batch of oxygen on Mars
The St. Augustine Record	11.21	A robot powered by artificial intelligence may be able to make oxygen on Mars, study finds
Breaking Latest News	11.21	China has developed an AI-driven robot chemist that can use ore to generate oxygen on Mars:Computer King Ada
ARCHYDE	11.21	Mars oxygen generation: AI-driven robot chemist innovations
Yahoo! News	11.21	Chinese scientists develop AI robot that could make oxygen on Mars
Mirage News	11.21	New solid-state atomic hydrogen therapy strategy unveiled
List 23	11.21	Uncovering the secrets of mesons: a new attempt to speak about the mysteries of mesons in heavy-ion collision physics
MSN. com	11.21	Innovative AI robot aims to support human life on Mars
Phys. org	11.21	Researchers achieve zero-knowledge proof based on device-independent quantum random number beacon
Newsdirectory3	11.22	Developing an AI-driven robot chemist to produce oxygen on Mars
NewsBeezer	11.22	An AI-powered robot just figured out how to make oxygen on Mars
Mirage News	11.22	Revolutionary rechargeable hydrogen-chlorine battery design unveiled
TechCodex	11.22	Investigating solid-state atomic hydrogen as a potential hydrogen therapy strategy
Samacharcentral. com	11.22	An AI powered robot just figured out how to make oxygen on Mars
Wirtschaft	11.22	Innovativer KI-roboter soll menschliches Leben auf dem Mars unterstützen
EurekAlert!	11.22	Solid-state atomic hydrogen, a new hydrogen therapy strategy
Tech Times	11.23	Chinese research team crafts all-weather hydrogen-chlorine battery for extreme temperatures
Medical Xpress	11.23	Research reveals pro-phagocytic function and structural basis of GPR84 signaling
UR ALL NEWS	11.23	Study sheds new light on mechanism of robust motility of flagellated bacteria
Newsdirectory3	11.23	China develops AI robot to create oxygen on Mars: a major leap in advancing humanity's journey to the Red Planet

续表

媒体名称	时间	新　闻　标　题
UroToday—GU Oncology Today	11.23	Protocol for SNOTOB study：radical prostatectomy without prostate biopsy following 18F-PSMA-1007 PET/CT based on a diagnostic model：a single-centre，single-arm，open-label study
EurekAlert!	11.23	USTC renews the mechanism of robust motility of flagellated bacteria
EurekAlert!	11.23	USTC reveals pro-phagocytic function and structural basis of GPR84 signaling
Blogs	11.23	Rechargeable hydrogen-chlorine battery with a wide temperature range
Power Systems Design	11.23	New design for rechargeable hydrogen：chlorine battery in wide temperature range
Chemie	11.24	Neuartiges maschinelles lernmodell für die molekularsimulation
Chemical & Engineering News	11.24	Neuroscientists develop fluorescent sensors for numerous peptide signal molecules
Quantum Zeitgeist	11.24	Chinese scientists enhance security of zero-knowledge proofs with quantum technology
NewsBeezer	11.24	Novel machine learning model for molecular simulation under external field
India Posts English	11.24	China with robot chemist；Humans may be able to breathe on Mars
Nature	11.24	The characteristic analysis of phase-controlled array thermo-acoustic emission with multiple emitting surfaces
Famagusta Gazette	11.24	Quantum technique used to determine age of modern Yellow River：study
Tellerreport	11.24	USTC：how do machine chemists “produce” oxygen from Martian meteorites?
Nature	11.24	Self-activated superhydrophilic green $ZnIn_2S_4$ realizing solar-driven overall water splitting：close-to-unity stability for a full daytime(第一作者非中科大)
The Quantum Daily	11.25	USTC achieves zero-knowledge proof based on device-independent quantum random number beacon
ScienceDirect	11.25	Barium isotope compositions of altered oceanic crust from the IODP site 1256 at the east Pacific rise
Breaking Latest News	11.25	Scientists develop a robot with artificial intelligence that can generate oxygen on Mars

续表

媒体名称	时间	新　闻　标　题
Bnn. network	11.26	Introducing FIREANN：a leap forward in data-driven chemistry
Nation World News	11.26	China has developed a robot that can produce oxygen on Mars
Technology Networks	11.27	New rechargeable hydrogen-chlorine battery operates over a wide temperature range
Blogs	11.27	Mineralogical anatomy of the Cr-rich quenched angrite Northwest Africa 12774：implication to mantle heterogeneity(第一作者非中科大)
Bnn. network	11.27	AI-powered robot revolutionizes space exploration by manufacturing oxygen on Mars
Blogs	11.28	An AI robot chemist could make oxygen on Mars
ScienceDirect	11.28	Can industrial transfer improve urban innovation efficiency?（第一作者非中科大）
AHA/ASA Journals	11.28	Endovascular recanalization for nonacute carotid artery occlusion：a nationwide registry-based cohort study(第一作者非中科大)
Bnn. network	11.29	AI-driven robot developed to produce oxygen on Mars
ScienceDirect	11.29	Co-combustion performances of biomass pyrolysis semi-coke and rapeseed cake：PCA，2D-COS and full range prediction of M-DAEM via machine learning
NewsBeezer	11.29	AI robot solves oxygen problem on Mars
Obesity Reviews	11.29	Turning on singlet oxygen generation by outer-sphere microenvironment modulation in porphyrinic covalent organic frameworks for photocatalytic oxidation
Bnn. network	11.30	Chinese telescope WFST discovers two near-earth asteroids
Blaze Trends	11.30	A “potentially dangerous” near-earth asteroid discovered with a Chinese telescope
ScienceDirect	11.30	A-site deficient perovskite lithium praseodymium titanate as a high-rate anode for lithium-ion batteries
Breaking Latest News	11.30	Greentech research：KIT uses AI for high-resolution weather data and precipitation maps
MDPI	11.30	Neuronal scaffold protein ARMS interacts with synaptotagmin-4 C2AB through the ankyrin repeat domain with an unexpected mode
ForeignAffairs. co. nz	11.30	MIL-OSI China：China’s sky survey telescope finds near-earth asteroids

续表

媒体名称	时间	新　闻　标　题
Mirage News	11.30	Shape-shifting microswimmers set to transform biomedicine
Bnn. network	11.30	China's WFST discovers potentially dangerous asteroid
Detik. com	11.30	Robot AI ini bisa buat oksigen di mars, astronaut tak perlu khawatir lagi
syair. co. id	11.30	Teleskop survei langit milik China temukan dua asteroid dekat bumi
ANTARA News	11.30	Teleskop survei langit milik China berhasil menemukan dua asteroid dekat bumi
Breaking Latest News	12.1	Chinese telescope discovers near-earth asteroids, one potentially dangerous
Nature	12.1	Auxetic piezoelectric effect in heterostructures(第一作者非中科大)
NewsBeezer	12.1	This AI robot can produce oxygen on Mars, astronauts no longer have to worry
Xinhua—Deutsch	12.1	Chinas weitwinkel-teleskop entdeckt zwei erdnahe asteroiden
Nature	12.1	Enabling direct-growth route for highly efficient ethanol upgrading to long-chain alcohols in aqueous phase
Українські Новини	12.1	China's sky survey telescope finds two near-earth asteroids
Technologynewschina	12.1	China's AI robotic chemist synthesizes catalysts for oxygen production on Mars
Nature	12.2	Gradient tungsten-doped Bi_3TiNbO_9 ferroelectric photocatalysts with additional built-in electric field for efficient overall water splitting
ScienceDirect	12.2	Antigen-caged-adjuvant nanovaccines elicit potent humoral and cellular immune responses
Time. news	12.2	Revolutionary chemical robot to extract oxygen on Mars without human intervention
GAMINGDEPUTY	12.2	Chinese scientists have created an intelligent robot that brings us closer to colonizing Mars by producing oxygen
The Observatorial	12.3	China discovers potentially dangerous 170-meter asteroid
Tasnnim News Agency	12.3	Wide field telescope discovers two near-earth asteroids
UR ALL NEWS	12.3	Shape-changing helical microswimmers could revolutionize biomedical applications
Bnn. network	12.4	AI-powered robot set to solve oxygen production on Mars

续表

媒体名称	时间	新　闻　标　题
Portugal Posts English	12.4	Chinese experts discover potentially dangerous 170-meter asteroid
China Daily—Hong Kong edition	12.5	“Science city” sees green future become a reality
The Citizen	12.5	TODAY China：Mars/Oxygen
PLOS Pathogens	12.5	Breakthrough infection elicits hypermutated IGHV3-53/3-66 public antibodies with broad and potent neutralizing activity against SARS-CoV-2 variants including the emerging EG.5 lineages
PLOS Biology	12.5	Structural basis for ligand recognition and signaling of the lysophosphatidylserine receptors GPR34 and GPR174
Nature	12.5	Rethinking biochar：black gold or not?
BioMed Central	12.5	Key m6A regulators mediated methylation modification pattern and immune infiltration characterization in hepatic ischemia-reperfusion injury(第一作者非中科大)
Nature	12.5	Cooperative supramolecular polymerization of styrylpyrenes for color-dependent circularly polarized luminescence and photocycloaddition
Portugal Posts English	12.5	Chinese discover potentially dangerous asteroid measuring 170 meters
Nature	12.6	Electrosynthesis of buckyballs with fused-ring systems from PCBM and its analogue
Nature	12.6	Thermal-activated escape of the bistable magnetic states in 2D Fe_3GeTe_2 near the critical point
Nature	12.6	Modelling the capacitance of the elongated plasma in tokamak
MDPI	12.7	Seawater accelerated the aging of polystyrene and enhanced its toxic effects on Caenorhabditis elegans
Nature	12.7	Control of compound leaf patterning by MULTI-PINNATE LEAF1 (MPL1) in chickpea
ScienceDirect	12.7	Yearly photoelectric/thermal and economic performance comparison between CPV and FPV dual-source heat pump systems in different regions
Taylor & Francis Online	12.7	An inventory rotation mechanism for relief supplies considering recycling and remanufacturing

续表

媒体名称	时间	新　闻　标　题
Nature	12.7	Direct production of molecular oxygen from carbon dioxide and helium ion collisions
Taylor & Francis Online	12.7	Behaviour-based pricing for multi-version information goods
Science.org	12.8	Chalcogen isotopes reveal limited volatile contribution from late veneer to earth
Deccan Herald	12.8	Earth may have had all the elements needed for life within it all along: contrary to theories that these elements came from meteorites
Dailyhunt	12.8	Earth may have had all the elements needed for life within it all alon
Springer	12.8	Lqr-based PID controller with variable load tuned with data-driven methods for double inverted pendulum(第一作者非中科大)
Mirage News	12.8	East tethys tectonic domain's metamorphic evolution explored
Nature	12.9	Catalytic stereodivergent allylic alkylation of 2-acylimidazoles for natural product synthesis
One News Page	12.10	Metamorphic evolution of the east tethys tectonic domain and its tectonic implications
TerraDaily	12.11	The Ustyurt Plateau| District of Boszhir| The bottom of a dry ocean Tethys| Rocky remnants| Kazakhstan
Coin Genius	12.12	Researchers grapple with bringing quantum security to the cloud
Physics World	12.12	Researchers grapple with bringing quantum security to the cloud
Blogs	12.12	Earth may have had all the elements needed for life
ScienceDirect	12.12	An accurate and efficient multiphysics 3D model for the design and operation analysis of production-scale solid oxide cell stacks
Mirage News	12.12	USTC advances asymmetric catalysis with chiral boryl radicals
Scienmag Science Magazine	12.12	USTC develops chiral boryl radical catalysts in asymmetric catalysis
Targeted News Service (Print Edition)	12.13	UM, University of Science and Technology of China sign cooperation agreement
International Defense Security & Technology	12.13	Quantum simulators: unlocking the secrets of complex system modeling and simulation
Italy24	12.13	The new discovery of astronomers

续表

媒体名称	时间	新　闻　标　题
BioMed Central	12.13	Association of lncRNA THRIL, HOTAIR genes variations and expression levels with pulmonary tuberculosis
Knowledia	12.13	Researchers develop chiral boryl radical catalysts in asymmetric catalysis
ScienceDirect	12.14	Forecasting bitcoin prices using artificial intelligence: combination of ML, SARIMA, and Facebook prophet models
Yours Bulletin	12.15	Earth may have had all the elements needed for life within it all along
Taylor & Francis Online	12.18	Enhancement of the signal-to-noise ratio by compressing the illumination of a spatial heterodyne Raman spectrometer
Nature	12.19	High efficiency warm-white light-emitting diodes based on copper-iodide clusters
The University of Tennessee	12.19	The conversation: earth may have had all the elements needed for life within it all along—contrary to theories that these elements came from meteorites
GAMINGDEPUTY	12.19	USTC and Microsoft research introduces the initial "scientific risk" benchmark and SciGuard large model, as GPT-4 takes on the role of a malevolent chemist!
Taylor & Francis Online	12.20	Characterization of the middle and upper atmosphere temperatures by Rayleigh scattering Lidar(第一作者非中科大)
Obesity Reviews	12.20	Circularly polarized phosphorescence of benzils achieved by chiral supramolecular polymerization
Nature	12.20	Solving the spectral gap problem with a four-mirror bow-tie cavity in waveguide free-electron laser oscillators
Nature	12.21	A broad-spectrum gas sensor based on correlated two-dimensional electron gas
Wiley Online Library	12.21	Lewis base-boryl radicals promoted selective mono-and di-hydrodechlorination of trichloroacetamides and acetates
Termedia	12.22	Endovascular repair versus best medical treatment for uncomplicated acute type B acute aorta dissection: a meta-analysis(第一作者非中科大)
Obesity Reviews	12.22	Structural element of vitamin u-mimicking antibacterial polypeptide with ultrahigh selectivity for effectively treating MRSA infections
Obesity Reviews	12.22	Rare earth evoked subsurface oxygen species in platinum alloy catalysts enable durable fuel cells

续表

媒体名称	时间	新　闻　标　题
List 23	12.23	Mars-based AI unlocks opportunities to generate oxygen and lead a more human-like lifestyle, bringing life to Mars
FocusTechnica	12.23	One step closer to living on Mars: AI unlocks secrets of oxygen production on the Red Planet
Webtoday	12.25	AI unlocks secrets of oxygen production on the Red Planet
Time. news	12.25	Recent breakthroughs in synthesizing oxygen on Mars using robotic AI-chemist from Martian meteorites
Tellerreport	12.25	More than 1000 young scholars from home and abroad gathered online and offline at the "Mozi Forum"
Wiley Online Library	12.25	CD147 associates cerebrovascular lesion with Aβ pathology in Alzheimer's disease
Wiley Online Library	12.25	Oxidation state-based selectivity tuning in transition metal catalysis
NewsBeezer	12.26	Top 10 Chinese science stories for 2023 revealed: newspaper
Breaking Latest News	12.26	They make incredible discovery on Mars; the possibility of life on this planet increases
UzDaily	12.26	Top 10 Chinese scientific stories for 2023 unveiled: newspaper
Das ist China	12.27	China enthüllt Top 10 der nationalen errungenschaften 2023
World News	12.27	Science key to digging up the past
Phys. org	12.27	A logical magic state with fidelity beyond distillation threshold realized on superconducting quantum processor
News Africa Now	12.28	Science key to digging up the past
Coin Genius	12.28	Quantum news briefs: December 28, 2023: Europe prepares for more of a leadership role in quantum computing ecosystem; Kyoto University researchers find many photons are better than one for advancing quantum technologies; More qubits, more money, more mergers: quantum predictions for 2024; and MORE!
Inside Quantum Technology	12.28	Quantum news briefs: December 28, 2023: Europe prepares for more of a leadership role in quantum computing ecosystem; Kyoto University researchers find many photons are better than one for advancing quantum technologies; More qubits, more money, more mergers: quantum predictions for 2024; and MORE!
Obesity Reviews	12.29	Atomically precise silver clusters stabilized by lacunary polyoxometalates with photocatalytic CO_2 reduction activity(第一作者非中科大)

续表

媒体名称	时间	新闻标题
Taylor & Francis Online	12.29	Joint decisions on selling mode choice and emission reduction investment under cap-and-trade regulation
Tellerreport	12.29	China has added an ion trap quantum computing engineering machine with 50 qubit computing power capacity
Obesity Reviews	12.29	In-situ colloidal synthetic route to monodispersed $NiCo_2S_4$ nanoparticles over nickel foam for high-performance supercapacitive charge storage
One News Page	12.31	Innovative catalyst achieves continuous CO_2 conversion regardless of weather conditions

国家级新闻媒体有关我校的报道索引

综合报道篇

媒体名称	时间	文章标题	作者
人民日报海外版	1.4	好物添新意，暖和过寒冬	李　贞
中国纪检监察报	1.14	纪检监察干部认真学习中央纪委二次全会精神　坚定不移推动健全全面从严治党体系	杨文佳
人民日报海外版	2.6	国家深空探测实验室诚邀香港青年学者加入——为科技强国建设贡献香港力量	汪灵犀
科技日报	2.7	合肥量子信息未来产业科技园：让基础研究“直达”未来产业	吴长锋
央广网	2.8	【习声回响】第一动力强劲发力　汇聚科技创新澎湃“合”力	
人民日报	2.10	安徽推进“科大硅谷”建设	田先进
人民日报海外版	2.15	上海浦东营造创新生态	杨有宗
人民日报	2.17	立足岗位完善提案(代表委员履职故事)	李俊杰
瞭望	2.20	【两会同期声】中科大“从医”记	徐海涛　陈　诺　戴　威
瞭望	2.20	【两会同期声】中国科学技术大学校长包信和：心怀国家事　肩扛国家责	徐海涛　周　畅

续表

媒体名称	时间	文　章　标　题	作　者
瞭望	2.20	【两会同期声】在这条街上他们从实验室走向市场	李亚彪　刘美子 朱　青
瞭望	2.20	【两会同期声】细查科大创新路径	李亚彪　徐海涛 陈　诺
人民日报	2.22	创新发展呼唤更多“共享时刻”(新语)	管璇悦
中国青年报	2.22	90 后导师登场:在大学校园“重塑”师生关系	叶雨婷
中国新闻网	3.2	中国科大国轩高科共建创新电池联合实验室	刘海泉
求是	3.5	凝聚起建设中国式现代化的磅礴力量——从党的二十大到 2023 年全国两会	赵　超　吴　晶 杨玉华　何宗渝 陈　刚
人民日报	3.5	两会特刊丨新的春天・新的征程・新的出发	齐志明
人民日报	3.5	【两会同期声】两会特刊报道印娟代表:聚力科技创新接续奋斗	游　仪
中国青年报	3.5	【两会同期声】政协委员潘建伟:我国正研制中高轨量子卫星通用量子计算还要等 10 年	钱童心
经济日报	3.5	【两会同期声】访郭国平代表:奏响创新“大合唱”	禹　洋　梁　睿
科技日报	3.5	【两会同期声】郭国平代表:推动量子计算产业应用落地	吴长锋
人民日报	3.6	凝聚起建设中国式现代化的磅礴力量——从党的二十大到二〇二三年全国两会	赵　超　吴　晶 杨玉华　何宗渝 陈　刚
央视新闻	3.6	【两会同期声】一年之计看两会:向更远处进发科技创新如何跑出“中国加速度”	帅俊全　李溪茜 张　赛　苗毅萌 杨　光　钱金库
中国纪检监察报	3.6	【两会同期声】以科技自立自强塑造高质量发展新优势	张　驰
经济日报	3.7	【两会同期声】刘连新委员:持续推进分级诊疗	李丹丹
中国科学报	3.8	【两会同期声】郭国平:中国要有自己的强大量子算力	王　敏
人民政协报	3.8	【两会同期声】住皖全国政协委员郑永飞、陈仙辉、严建文、徐晋、许礼进,在北京会议中心驻地与其他住皖全国政协委员网络连线交流	付　裕

续表

媒体名称	时间	文章标题	作者
中国科学报	3.8	【两会同期声】郑永飞委员：推动皖鄂豫三省共建大别山碳汇经济实验区	王　敏
中国青年报	3.8	凝聚起建设中国式现代化的磅礴力量	赵　超　吴　晶　杨玉华　何宗渝　陈　刚
新华社	3.9	【两会同期声】坐住坐稳基础研究“冷板凳”——代表委员热议科技自立自强	李延霞
光明日报	3.9	全力打造“科大硅谷”核心区　建设世界领先科技园区	王　震　项　磊
人民网	3.9	【两会同期声】郑永飞委员：建议跨省共建大别山碳汇经济实验区	汪瑞华
新华网客户端	3.9	【两会同期声】全国人大代表包信和：在全社会营造重视基础科学研究人才培养的良好氛围	
新华网	3.9	【两会同期声】全国人大代表包信和：在全社会营造重视基础科学研究人才培养的良好氛围	王　琦
中国科学报	3.10	【两会同期声】刘连新委员：加快医学博士专业学位研究生教育发展	王　敏
中国科学报	3.10	【两会同期声】俞书宏代表：教育、科技、人才：三位一体　相辅相成	李晨阳
人民日报海外版	3.10	【两会同期声】代表委员热议政府工作报告：健康中国，守护人民幸福生活(民生共话)	王美华　李　贞　廖睿灵
人民日报	3.11	加快实现高水平科技自立自强(提振信心·推动高质量发展)	邱超奕　齐志明　王　瑨　韩　鑫
科技日报	3.11	【两会同期声】郭国平：不缺位、不踏空，为世界提供中国方案	赵卫华　李梦一　李忠明　潘宇菲
人民日报海外版	3.12	众望所归聚民心　掌舵领航向复兴——习近平全票当选国家主席中央军委主席极大鼓舞和激励全党全军全国各族人民踔厉奋发新征程	
中国妇女报	3.12	众望所归聚民心　掌舵领航向复兴	
新华网	3.13	【两会同期声】全国人大代表俞书宏：加强基础研究需强化人才与经费投入	

续表

媒体名称	时间	文 章 标 题	作 者
人民日报	3.13	众望所归聚民心 掌舵领航向复兴——习近平全票当选国家主席中央军委主席极大鼓舞和激励全党全军全国各族人民踔厉奋发新征程	
人民网	3.13	【两会同期声】包信和代表:厚植基础研究人才成长沃土	赵竹青
中国青年报	3.13	众望所归聚民心 掌舵领航向复兴	
央视网	3.14	【两会同期声】两会近距离 肩负使命担当 加快建设科技强国	
人民日报	3.29	着力建设具有全球影响力的科技创新中心 上海加快实施创新驱动发展战略(新时代新征程新伟业・坚定不移推动高质量发展)	李泓冰 黄晓慧
光明日报	3.30	安徽:向上发展 迎风起飞	常 河
人民日报	4.17	目标导向,牵引基础研究	喻思南
科技日报	4.24	用奋斗绘就青春底色	
中国新闻网	4.24	2023年长三角医学创新转化峰会合肥召开	吴 兰
CGTN	4.24	【牢记嘱托建新功】Space day of China: how moon rocks inspire scientists and artists	
人民日报	4.26	合肥高新区:全力推进"科大硅谷"建设 向世界领先科技园区奋力迈进	
光明日报	4.27	大中小学如何携手上好"大思政课"	肖人夫 卢重光
新华社	5.2	固本培元强根基 立德树人建新功——中管高校扎实推进学习贯彻习近平新时代中国特色社会主义思想主题教育	
人民日报	5.3	总书记的"青年观"	姜 洁 杨 昊
解放军报	5.4	牢记总书记嘱托 以奋斗姿态激扬青春	
新华社	5.4	习近平总书记关切事|牢记总书记嘱托 以奋斗姿态激扬青春	刘 菁
人民日报	5.5	中管高校深入开展学习贯彻习近平新时代中国特色社会主义思想主题教育——锚定目标任务 深学细照笃行(学思想 强党性 重实践 建新功)	吴 丹 闫伊乔 吴 月

续表

媒体名称	时间	文　章　标　题	作　者
人民日报	5.7	推进创新链产业链资金链人才链深度融合　安徽着力提高科技成果转化和产业化水平（新时代新征程新伟业·坚定不移推动高质量发展）	吴　焰　徐　靖
中国青年报	5.8	【牢记嘱托建新功】“冷板凳”式科研过时了吗	王海涵
光明日报	5.8	大调研，我们在行动——“破四唯”和“立新标”，如何才能并举	常　戌　蔡侗辰 丰　捷　陈海波 齐　芳　詹　媛 杨　舒　金振娅 张　蕾　孙金行
人民日报	5.10	加快建设高效协同创新体系	游　仪
中国新闻网	5.10	守护“北京时间”、贡献强激光　中科院20个团队个人获授“科苑名匠”	孙自法
中国科学报	5.11	中科院第四届“科苑名匠”发布	陈欢欢
新华社	5.12	机器科学家雁栖青年论坛在中国科大举办	詹燕南
央视新闻	5.13	聚焦前沿重大科学问题　机器科学家雁栖青年论坛举办	王　利
经济日报	5.14	【牢记嘱托建新功】推动建立精准化、智能化驱动模式——人工智能加速基础研究变革	佘惠敏
经济日报	5.14	机器科学家雁栖青年论坛举办	梁　睿
人民日报海外版	5.17	访合肥科大硅谷	施维奇
光明日报	5.18	亘古凌家滩　入梦五千年——记第二届中国凌家滩文化论坛	马荣瑞
人民日报	5.23	在全社会弘扬创造精神（人民论坛）——培育时代新风新貌④	周人杰
央视新闻客户端	5.24	2022年数字中国建设取得哪些进展？一组数据告诉你	李金娟
解放军报	6.1	在创新高地感受“未来已来”——从2023中关村论坛观察前沿科技创新成果	佟欣雨
人民日报	6.1	“交汇点”就是“突破口”（现场评论）	喻思南
光明日报	6.2	高校师生：科研激情在九天绽放	刘博超　邓　晖
人民日报	6.2	彰显中国故事丰富的文化内涵（坚持“两创”　书写史诗·新征程 新辉煌）	黄　雯

续表

媒体名称	时间	文章标题	作者
人民日报	6.8	长三角一体化推动高质量发展	吴　焰　韩俊杰 徐　靖
人民日报	6.13	安徽抓牢创新型省份建设促高质量发展(高质量发展调研行)	吴　焰　孔祥武 游　仪
光明日报	6.13	招生选拔有哪些新变化	陈　鹏
科技日报	6.15	“九天揽月”何时梦想成真——中外青年科研人员热议中国探月进程	龚　茜
中国青年报	6.19	一张面向 2035 年的蓝图:中国如何迈向科学最前沿	杨　洁
光明日报	6.21	电影成为中国文化国际传播新力量	黄　雯　黄湛清
央视网	6.23	志愿填报,选什么专业? 师哥师姐说专业……	杨书杰
央广网	6.24	重大发现! 中国科大揭示河蚌“铰链”的“秘密”	张宣剑
中国青年报	6.27	融入红色资源　推进新时代“大思政课”建设	许玉久　赵彩萍
科技日报	6.28	在中国式现代化建设中挺膺担当——习近平总书记同团中央新一届领导班子成员集体谈话时的重要讲话激励广大青年接续奋斗逐梦前行	
人民日报	6.28	在中国式现代化建设中挺膺担当——习近平总书记同团中央新一届领导班子成员集体谈话时的重要讲话激励广大青年接续奋斗逐梦前行	
中国青年报	6.28	在中国式现代化建设中挺膺担当	
科技日报	6.29	中科大研究人员设计出“氢呼吸”策略　废弃聚乙烯变身“固体石油”	吴长锋
中国青年报	7.4	切实肩负起新时代新征程党赋予的使命任务	杜沂蒙　王璐璐 周围围
科技日报	7.5	协和与四高校合办“协和医班”	张佳星
中国青年报	7.5	在强国建设、民族复兴伟业中争当排头兵和生力军	王姗姗　杨宝光 李　川
中国新闻网	7.8	国际数学与物理交叉科学研究中心揭牌　杨振宁担任名誉主任	田博群
中国科学报	7.10	中国科学院、教育部、安徽省签署重点共建中国科学技术大学协议	赵广立
科技日报	7.10	技术与安全“双轮”驱动 AI 产业发展	刘　艳　杨　雪

续表

媒体名称	时间	文 章 标 题	作 者
中国青年报	7.11	从马克思主义矛盾学说看“第二个结合”的中国化时代化	江可可
科技日报	7.17	十年回望:量子飞跃,未来可期	潘建伟
瞭望	7.17	国家自然科学基金委员会主任、中科院院士窦贤康:发挥基金在科技自立自强中的基础性、引领性作用	扈永顺
瞭望	7.17	凝练基础 研究关键科学问题	扈永顺
瞭望	7.17	依托重大科技基础设施开展建制化研究	扈永顺
瞭望	7.17	催化“青椒”挑大梁、当主角	扈永顺
央广网	7.17	新思想引领新征程|勇担使命奋力拼搏 加快实现高水平科技自立自强	刘梦雅
科技日报	7.18	五年共资助248位科学家,探索社会资金支持研究新模式 “科学探索奖”鼓励青年科研人员“挑大梁当主角”	操秀英
人民日报海外版	7.20	48名青年科学家获支持表彰 第五届科学探索奖名单公布	立 风
人民政协报	7.20	科学探索奖:探索社会资金支持基础研究创新模式 5年资助248位青年科学家	高志民
中国新闻网	7.20	中国科大已有15位教授荣获“科学探索奖”	吴 兰
中国科学报	7.23	包信和院士荣获“第九届中国催化成就奖”	孙丹宁
光明日报	7.25	用创新把握今天赢得明天——安徽合肥以科技赋能高质量发展	常 河 丁一鸣
人民日报海外版	7.25	量子飞跃 未来可期(“四深”领域这样创新④)	杨俊峰 徐 靖
人民政协报	8.1	全国政协委员、中国科学院院士、中国科学技术大学副校长杨金龙:加快推进“智慧医疗+”体系建设	
求是	8.1	以高质量基础研究推动高水平科技自立自强	中共中国科学技术大学委员会
人民日报海外版	8.2	让网红孵化机构健康发展	宋 爽 赵竞凡 杨俊峰
人民日报	8.3	安徽多方联动、多措并举,确保国家集中带量采购中选药品尽快落地——让患者及时用上放心平价药(一线调研·关注集采落地(下))	李俊杰

续表

媒体名称	时间	文　章　标　题	作　者
光明日报	8.10	中国量子计算二十年——写在第二届量子计算大会召开之际	丁一鸣
人民日报	8.12	党外院士专家与留学人员国情考察服务团走进新疆——集智聚力凝共识	杨　昊
中国科学报	8.15	中国量子信息,何以自强不息	赵广立　王　敏
解放军报	8.18	科技云　科技连着你我他	谢　安　薛　程　麻环远
中国新闻网	8.20	车载磁共振下乡义诊助力健康乡村建设	刘　浩
光明日报	8.21	中国科学技术大学:科教报国　追求卓越	常　河　丁一鸣　桂运安
中国科学报	8.21	中国科学技术大学揭示核仁腔组成和调控机制	王　敏
中国新闻网	8.22	中国科大研制出一种高性能燃料电池阳极催化剂	吴　兰
中国科学报	8.23	高抗氨毒化燃料电池阳极催化剂研制成功	王　敏
中国新闻网	8.25	中国新一代粒子物理研究利器关键技术攻关项目启动	吴　兰
中国科学报	8.28	超级陶粲装置关键技术攻关项目启动	王　敏
中国青年报	8.29	历史感:“第二个结合”的重要接榫点	苏振源　王世泰
人民日报	9.1	第二届中国计算机学会量子计算大会举行:量子算力跃升　实现巨大跨越(科技自立自强)	徐　靖
人民日报海外版	9.1	开放浪潮下,侨界青年奋力创未来	张煜欢　周　健
中国科学网	9.7	量子计算机首次入藏中国国家博物馆	王　敏
光明日报	9.7	“九章”量子计算原型机科研实物入藏国博	丁一鸣　王　敏
新华社	9.7	“九章”量子计算原型机科研实物入藏国家博物馆	戴　威
人民日报	9.8	将“以病人为中心”的理念贯穿于医疗服务各环节　让就医更便捷更舒适(健康焦点)	李　蕊　游　仪　赵帅杰
新华社	9.11	墨子巡天望远镜在青海进入设备调试阶段	陈　杰
光明日报	9.12	这场评审会,确实不一样	崔兴毅
新华社	9.17	墨子巡天望远镜正式启用	张　泉　陈　杰
CCTV 新闻联播	9.17	2.5 米口径墨子巡天望远镜正式投入观测	
中国新闻网	9.17	中国墨子巡天望远镜正式开展观测研究　发布首光获取仙女座星系图片	孙自法　岳子岩

续表

媒体名称	时间	文章标题	作者
Xinhua	9.18	China releases first image captured by new wide-field survey telescope	
科技日报	9.18	墨子巡天望远镜成功拍摄首光图片	张　蕴
光明日报	9.18	墨子巡天望远镜正式启用	齐　芳　万玛加　王雯静　李春剑
中国科学报	9.19	北天球最强"星空摄像师"开工　墨子巡天望远镜开启巡天观测研究	倪思洁
China Daily	9.19	Wide-field telescope put into operation	
科技日报	9.20	"双碳"目标下煤炭大省如何走好转型路	韩　荣
光明日报	9.20	墨子巡天望远镜:"十分优异!"	齐　芳
人民日报	9.25	智能科学家生态联盟正式成立	李俊杰
科技日报	9.25	合肥高新区:以优质服务释放创新"增量"效应	吴长锋
CCTV-13 新闻直播间	9.27	制器为先:全国首届文物保护技术装备应用展　防患于未"燃"　为古建铸就安全"金钟罩"	
中国科学报	10.9	嫦娥五号团队获"劳伦斯团队奖"	王　敏　甘　晓
光明网	10.9	中科大知识产权研究院等单位发布氢能产业知识产权分析报告	中国科学技术大学知识产权研究院
光明日报	10.11	中国科学技术大学先进技术研究院:深耕等离子体应用技术　推动成果转化与产业孵化	
中国新闻网	10.23	量子领域专家代表安徽合肥探讨量子科技创新体系化建设	孙自法　吴　兰
科技日报	10.24	安徽合肥:科普点燃创新"星火"	吴长锋　刘　畅　司　晨　葛清政　周文丽
中国新闻网	10.24	"合肥千企万岗请你来"活动启动　将赴省外41所高校招揽人才	张　俊
中国新闻网	10.24	万钢谈人工智能学术应用　寄语大学生在科研过程中坚持读原文、查来源	孙自法　吴　兰
科技日报	10.24	中国科协主席万钢勉励青年学子:失败是迈向科研"高光时刻"的必经之路	都　芃
科技日报	10.25	冷湖天文台增"墨"　时域天文学添彩	张　蕴

续表

媒体名称	时间	文　章　标　题	作　者
科技日报	10.25	时域巡天望远镜如何给星空“拍照”	张　蕴
科技日报	10.26	科幻创作与科技创新,该怎样双向奔赴	陈春有
中国新闻网	10.26	展映28部　2023科学家精神电影全国科普场馆巡映活动启动	孙自法
新华社	10.26	2023年度科学家精神电影全国科普场馆巡映活动启动	温竞华
Xinhua	10.26	Vlog: experiencing technologies at the 6th world voice expo with int'l student	
人民日报海外版	10.30	建会110年以来,欧美同学会已拥有会员近30万人——书写留学报国新故事	孙亚慧
人民日报	11.3	超导——能源信息等领域的战略级科技(开卷知新)	陈仙辉
中国科学报	11.8	揭开超级陶粲装置的神秘面纱	王　敏　李昀泽
中国纪检监察报	11.15	坚持立德树人　培育时代新人　全面提高人才培养质量	
新华网	11.16	聚焦高质量发展|金秋送岗,来一场与“养人合肥”的“双向奔赴”	汤　阳　钟红霞
光明网	11.16	产业链创新链视角下　知识产权如何支撑科技自立自强	宋　伟
经济日报	11.30	合肥优化科技创新创业生态	梁　睿
China Daily	12.5	“Science city” sees green future become a reality	Zhu Lixin
新华网	12.8	东风	
新华网	12.8	中国科大・东风	
央广网	12.11	记嘱托・识校训・践青春|理实交融　践行科技强国梦	鲍玉婵　张宣剑
新华网	12.12	中国科大庆祝光学与光学工程学科创建六十周年	王　敏
人民日报海外版	12.13	墨子巡天望远镜发现首批近地小行星　“星空摄影师”暗夜探宇宙	刘　峣
新华社	12.14	中国科大先研院入选首批安徽省商业秘密保护创新试点单位	刘　姗
科技日报	12.14	打通成果落地“最初一公里”　合肥高新区实施源头技术“淘金”计划	吴长锋

续表

媒体名称	时间	文　章　标　题	作　者
人民日报客户端	12.15	安徽多个项目获“鲁班奖”	
新华社	12.19	从“书架”走上“货架”——高校科交会里的产学融合	刘美子　周　畅　戴　威
工人日报	12.20	杨元庆向母校中国科大捐资2亿元	陈　华
中国青年报	12.20	联想集团杨元庆向母校中国科大捐资2亿元　助力基础科研创新和人才培养	王海涵　王　磊
人民日报客户端	12.20	他向中国科大捐资2亿!	罗阳奇
中国新闻网	12.23	中国科大科技商学院力探“产学研”深度融合新模式	吴　兰
新华网	12.25	中国科大举办第八届“墨子论坛”	胡　明
科技日报	12.26	2023年国内十大科技新闻解读	
人民日报	12.26	这一年,我们的重大科技成就(二〇二三特别报道)	
新华社	12.26	“两心同创”强动能——长三角加快科技创新跨区域协同观察	
中国科学报	12.27	中国科学院颁发2023年度系列奖项	赵广立
光明日报	12.28	二〇二三,科技创新实现新突破	齐　芳　杨　舒　金振娅　张　蕾　常　河
新华社	12.28	跟着AI重走2023中国科技之旅	
新华社	12.29	以团结凝聚力量　以奋斗铸就伟业——习近平总书记在全国政协新年茶话会上的重要讲话催人奋进	
央视新闻	12.30	“人造太阳”、墨子巡天望远镜……今年我国国之重器频现　核心技术不断突破	王　法

科学研究篇

媒体名称	时间	文　章　标　题	作　者
科技日报	1.4	精准剔除“瑕疵”　提升良品率激光退火仪在国内首条量子芯片生产线上投入使用	吴长锋
中国科学报	1.5	发现仿贝壳结构抗冲击性能弱化现象	王　敏

续表

媒体名称	时间	文章标题	作者
中国科技网	1.6	诠释量子纠缠现象的费米尺度干涉实验获重要进展	吴长锋
中国新闻网	1.6	中外科学家首次联手实现费米尺度单粒子双缝干涉实验	吴　兰
光明日报	1.8	科学家实现最薄非线性量子光源	王　敏
科技日报	1.9	“最薄”非线性量子光源首次实现	吴长锋
中国新闻网	1.9	中外高校联手首次实现“最薄”非线性量子光源厚度低至46纳米	吴　兰
科技日报	1.10	EB1蛋白相分离特征影响细胞分裂命运抉择机制被阐明　细胞命运可塑性受生物大分子凝聚态调控	吴长锋
科技日报	1.10	空间复温技术结合封装新方法　实现小鼠卵泡高质量低温保存	吴长锋
科技日报	1.10	大容量高能量密度水系锌电池问世	吴长锋
中国科学报	1.10	科学家利用光力系统实现非互易频率转换	
中国科学报	1.11	费米尺度的单粒子双缝干涉实验首次实现	王　敏
科技日报	1.11	利用光力系统实现非互易频率转换	吴长锋
光明日报	1.12	我科学家构建出新型人工碳晶体	丁一鸣
科技日报	1.12	替代塑料，马尾藻也能用来做餐具	吴长锋
科技日报	1.12	气凝胶：能改变世界的多功能材料	李　禾
央视新闻客户端	1.12	我国科学家构建出新型人工碳晶体	王　利
中国青年报	1.12	我国科学家构建出新型人工碳晶体　制备技术好似“拼乐高”	王海涵　王　磊
新华社	1.12	我国科学家构建出新型人工碳晶体	戴　威
中国科学报	1.14	新型人工碳晶体诞生记	王　敏
中国科学报	1.14	2022年中国十大科技进展新闻	
中国新闻网	1.16	中国科学家构建出新型人工碳晶体	吴　兰
科技日报	1.17	多光子非线性量子干涉首次实现为新型量子态制备等应用奠定基础	吴长锋
科技日报	1.17	从“找水”到“采样”，探索火星生命之谜	史　诗

续表

媒体名称	时间	文　章　标　题	作　者
光明日报	1.19	氟离子电池距离应用有多远	
科技日报	1.19	二维半金属-二维超导体之间超流拖拽效应揭示	吴长锋
科技日报	1.19	波长测量精度实现千赫兹量级	吴长锋
中国科技网	1.19	替代塑料,马尾藻也能用来做餐具	吴长锋
中国科技网	1.19	高性能自驱动水凝胶微马达点亮了LED灯	吴长锋
中国科学报	1.21	科学家首次实现多体非线性量子干涉	王　敏
人民日报客户端	1.21	中国科大揭示光感知调控血糖代谢的神经机制	徐　靖
新华社	1.21	中国科学家研究揭示"光照影响血糖"的奥秘	徐海涛　何曦悦
科技日报	1.31	在固态体系首次实现高保真度量子受控非门	吴长锋
中国科技网	1.31	我学者提出热固性材料的新型3D打印方法	吴长锋
中国科技网	1.31	自响应可变机电性能材料问世	吴长锋
中国科技网	1.31	首次在固态体系实现保真度99.92%的量子CNOT门	吴长锋
中国科技网	1.31	首次观测到基于简并腔中涡旋光子的非厄米奇异点	吴长锋
中国科学报	1.31	中国科学技术大学等开发出自响应可变机电性能材料	张世武
科技日报	2.1	科学家揭示光照影响血糖代谢机制	吴长锋
中国科学报	2.1	光线环境这样改变你的血糖代谢	王　敏
中国科学报	2.1	制成高性能自驱动水凝胶微马达	王　敏
科技日报	2.1	自响应可变机电性能材料问世	吴长锋
科技日报	2.2	调节表面张力实现高速运转　自驱动微马达点亮LED灯	吴长锋
中国科技网	2.4	我学者重新定位下一代锂二氧化碳电池的发展和应用方向	吴长锋
中国科技网	2.5	我国实现模式匹配量子密钥分发	吴长锋
光明日报	2.6	科学家在固态体系首次实现高保真度量子受控非门　为可实用大规模量子计算提供可能	丁一鸣
科技日报	2.6	我国实现模式匹配量子密钥分发	吴长锋
CGTN	2.6	Quantum breakthrough: Chinese scientists realize faster way of quantum key distribution	

续表

媒体名称	时间	文　章　标　题	作　者
中国新闻网	2.6	中国科大首次在固态体系实现保真度 99.92% 量子受控非门	吴　兰
中国新闻网	2.6	中国科大提出热固性材料新型 3D 打印方法	吴　兰
光明日报	2.7	科学家首次实现模式匹配量子密钥分发	常　河
人民日报	2.7	我科学家实现模式匹配量子密钥分发	徐　靖　田先进
中国科学报	2.7	科学家首次在固态体系实现保真度 99.92% 量子受控非门	王　敏
光明日报	2.8	我科学家研制出全天然仿木气凝胶　有望成为现有商业隔热材料理想替代品	丁一鸣
CGTN	2.8	Chinese scientists develop all-natural wood-inspired aerogel	
中国科学报	2.8	中国科学技术大学研制出全天然仿木气凝胶	王　敏
中国科学报	2.8	科学家首次实现模式匹配量子密钥分发	王　敏
人民日报	2.9	我国科学家研制出纯天然仿木气凝胶	徐　靖
中国新闻网	2.13	中国科学家研制耐受 1300 ℃ 高温仿木气凝胶可用于隔热材料	吴　兰
人民日报海外版	2.14	中国科大研制出纯天然仿木气凝胶	徐　靖
中国科学报	2.14	科学家首次实现具有极致内禀手性的连续域中束缚态	王　敏
中国科技网	2.14	深度功能医学影像实现电阻抗图像重建范式突破	吴长锋
中国新闻网	2.14	中国科大在深度功能医学影像方面取得重要进展	吴　兰
科技日报	2.15	细胞有丝分裂期转录调控动态机制揭示	吴长锋
中国科学报	2.15	新方法实现电阻抗的高质量图像重建	王　敏
人民日报	2.15	科学家揭示光感知调控血糖代谢的神经机制	田先进
科技日报	2.16	锂二氧化碳电池未来发展方向或被重新定义	吴长锋
中国科学报	2.16	研究构建细胞有丝分裂期转录调控演变过程	王　敏
科技日报	2.17	全天然仿木气凝胶隔热耐火性能优越	吴长锋
科技日报	2.18	深度功能医学影像实现电阻抗图像重建范式突破	吴长锋
科技日报	2.20	我科学家提出钙钛矿电池新结构方案	吴长锋
科技日报	2.21	我国首次观测到基于简并腔中涡旋光子的非厄米奇异点	吴长锋

续表

媒体名称	时间	文　章　标　题	作　者
科技日报	2.23	同位素溯源技术出手，揪出阳澄湖“洗澡蟹”	李诏宇
中国科学报	2.23	新结构让钙钛矿太阳电池性能大幅改善	王　敏
解放军报	2.24	前瞻与畅想：量子科技改变世界	钟　军　张　媛 王妍妍
科技日报	2.28	我科研人员为氧化镓晶体管找到新结构方案	吴长锋
中国科学报	3.3	光驱动二氧化碳转化速率创新纪录	王　敏
中国新闻网客户端	3.3	刷新最高纪录　中国科大创新红外人工光合成技术	吴　兰
人民日报客户端	3.3	中国科大创新红外人工光合成技术	徐　靖
光明日报	3.7	中科大团队设计等离激元催化新材料　创光驱动二氧化碳转化速率新纪录	马荣瑞
China Daily	3.9	East China lab to get world-leading quantum computer	
中国新闻网	3.13	检测极限压至十亿亿分之一　中国科学家实现一种极稀有同位素极限检测	吴　兰
中国新闻网	3.13	寿命高达12500小时　中国科大制备出钙钛矿单晶LED	吴　兰
光明日报	3.14	中科大团队设计等离激元催化新材料	马荣瑞
新华社客户端	3.14	新华全媒+|中国科学家刷新纪录实现百兆比特率量子密钥分发	徐海涛　戴　威
中国新闻网	3.14	学者实现百兆比特率量子密钥分发	吴　兰
新华社	3.14	刷新纪录！祝贺中国科学家	徐海涛　戴　威
CCTV-13	3.15	新闻直播间|我国科学家实现百兆比特率量子密钥分发	
光明日报	3.15	科技前沿|我科学家实现百兆比特率量子密钥分发	常　河
中国科学报	3.15	极稀有同位素钙-41实现单原子灵敏检测	王　敏
科技日报	3.15	我国实现百兆比特率量子密钥分发	吴长锋
中国科学报	3.16	中科大实现百兆比特率量子密钥分发	王　敏
中国科技报	3.16	新型正极技术路线进一步释放全固态锂电池潜力	吴长锋
中国科技报	3.16	我科学家实现量子增强的微波测距	吴长锋
中国新闻网	3.16	中国学者实现百兆比特率量子密钥分发	吴　兰

续表

媒体名称	时间	文　章　标　题	作　者
光明日报	3.18	它们缘何入选	杨　舒
人民日报	3.20	坚持“四个面向”　潜心基础研究　解读2022年度中国科学十大进展(科技自立自强)	赵永新
人民日报客户端	3.20	中国科大成果入选2022年度中国科学十大进展	
中国科学报	3.20	中国科学技术大学制出寿命达12500小时的钙钛矿单晶LED	王　敏
新华网	3.20	中科大科研人员提出新型技术路线释放全固态锂电池潜力	戴　威
人民日报客户端	3.20	中国科大发现新型路线将进一步释放全固态锂电池潜力	徐　靖
中国新闻网	3.20	中国科大提出一种新型技术路线　充分释放全固态锂电池潜力	吴　兰
中国科学报	3.21	新技术实现量子增强微波测距	王　敏
人民日报	3.21	打造新时代中国的新型百科全书	张明瑟
中国科学报	3.23	“三高”近红外钙钛矿LED问世	王　敏
中国科学报	3.23	中国科大在可燃冰绿色可持续利用领域取得新进展	王　敏
中国科学报	3.24	嫦娥五号样品研究揭示月球年轻火山活动奥秘	沈春蕾
人民日报客户端	3.24	中国科大揭示细胞多极分裂的力学-生物学调控机制	
科技日报	3.24	“三高”近红外钙钛矿LED问世	吴长锋
中国科技网	3.27	我学者发现手性选择能量转移和磷光增强现象	吴长锋
科技日报	3.27	自然杀伤细胞失去抗肿瘤功能关键机制发现	吴长锋
中国新闻网	3.27	中美教授合作研究揭示地球大陆地壳成分演化历史	吴　兰
中国新闻网	3.27	中外教授合作实现“三高”近红外钙钛矿LED制备	刘阳禾
中国新闻网	3.28	中国科大在量子物理教育研究领域取得新突破	吴　兰
科技日报	3.29	全固态电池空间电荷层微观机理揭示	吴长锋
中国科学报	3.29	新路线进一步释放全固态锂电池潜力	王　敏
中国科技网	3.29	全固态电池空间电荷层微观机理揭示	吴长锋

续表

媒体名称	时间	文　章　标　题	作　者
中国科技网	3.29	我首次实现基于碳化硅中硅空位色心的高压原位磁探测	吴长锋
中国科技网	3.29	将成码率国际纪录提高一个数量级　我科学家实现百兆比特率量子密钥分发	吴长锋
中国科学报	3.29	在精密测量领域实现量子优势	张双虎
科技日报	3.29	手性选择能量转移和磷光增强现象揭示	吴长锋
科技日报	3.30	基于碳化硅中硅空位色心的高压原位磁探测实现	吴长锋
中国科学报	3.30	科研人员揭示肿瘤“职业杀手”为何失效	王　敏
光明日报	4.3	科学家揭示地球大陆地壳成分演化历史	丁一鸣
新华网	4.3	中国科大揭示手性选择能量转移奥秘	陈婉婉
人民日报	4.10	量子科技不断突破，应用场景逐渐向纵深拓展　量子赛道　加速奔跑（创新驱动　开辟新领域⑤）	刘诗瑶
科技日报	4.11	吸烟成瘾或导致脑白质功能网络异常	沈　唯
中国科学报	4.11	大陆地壳深俯冲驱动力研究有新发现	王　敏
科技日报	4.12	超高密度三维动态全息投影实现	吴长锋
科技日报	4.17	镧系新型固态电解质来了　有助开发高比能全固态锂电池	吴长锋
科技日报	4.17	超高密度三维动态全息投影实现	吴长锋
中国新闻网	4.17	中国科大设计开发出一类新电解质家族	吴　兰
中国科技网	4.17	我国实现超高密度三维动态全息投影	吴长锋
中国科技网	4.17	具有快速充电性能的水系锌离子电池正极材料问世	吴长锋
科技日报	4.18	宇宙里的第一缕光是如何诞生的	李诏宇
科技日报	4.18	我学者发现光驱动可编程胶体自组装新机制	吴长锋
科技日报	4.18	行星环不只是行星的“装饰品”	李诏宇
中国科学报	4.20	星形网络的量子非局域性首次获验证	王　敏
人民日报海外版	4.20	首次火星探测成果发布、太空“大国重器”亮相、深空探测全国重点实验室挂牌　航天日重磅活动抢先看	刘　峣
中国科学报	4.21	中国科大首次验证星形网络的量子非局域性	王　敏
新华网客户端	4.23	中国星辰|太空中藏着中国式浪漫	

续表

媒体名称	时间	文　章　标　题	作　者
人民日报	4.24	“机器化学家”带来科研新范式	吴月辉
人民日报	4.24	中国科学技术大学科研人员深耕精准智能化学领域　“机器化学家”带来科研新范式(科技视点)	吴月辉
中国科学报	4.25	科学家发现多能级量子比特操控新方案	王　敏
科技日报	4.25	新方法实现常温常压下二氧化碳捕获与释放	吴长锋
科技日报	4.26	“人工智能＋大数据”让化学研究焕然一新	陆成宽
央视新闻	4.27	国产新型离子膜问世　助力实现“双碳”目标	
光明日报	4.27	“离子膜”弯道超车记	崔兴毅　常　河
央视新闻客户端	4.27	国产新型离子膜问世　将推动我国实现“双碳”目标	王洪禹
经济日报	4.27	新型离子膜面世,将大幅提升储能装备效率	佘惠敏
中国科技网	4.27	我国科学家成功研发新型离子膜	陆成宽
中国青年报	4.27	国产“离子膜”弯道超车背后的青年力量	王海涵　王　磊
中国青年报	4.27	新型离子膜面世,将给生活生产带来哪些便利	王海涵　王　磊
中国新闻网	4.27	中国科大团队为“离子膜”注入“中国芯”	吴　兰
中国新闻网	4.27	中国科大开发一种新型离子膜材料	钱姣姣
央视网	4.27	国产新型离子膜问世　将助力实现“双碳”目标	刘　珊
China Daily	4.27	China proposes building lunar research station with partners	
中国科学报	4.28	这个实验室《自然》《科学》论文成堆,原来幕后有帮手	倪思洁
中国科学报	4.28	国产聚合物离子膜有望实现弯道超车	倪思洁
新华社	4.28	我国科学家成功研发新型离子膜　有望大幅提升新能源储能装备性能	张　泉
瞭望	4.28	近无摩擦离子传递膜问世	
中国青年报	4.28	“冷板凳”式科研过时了吗:传统方法要 1400 年,人工智能只需 5 周	王海涵
解放军报	4.28	科技云　科技连着你我他	张齐宁　袁中彪
光明日报	5.1	瞧,实验室里的“机器化学家”	崔兴毅　常　河
中国新闻网	5.1	中国科研工作者打造“机器化学家”　推动科研范式变革	吴　兰

续表

媒体名称	时间	文　章　标　题	作　者
人民日报海外版	5.1	中国科学家成功研发新型离子膜　有望大幅提升新能源储能装备性能	张　泉
科技日报	5.4	在香山科学会议第7次青年系列学术会议上，专家表示——微腔光梳技术有望千倍提高通信带宽	张佳星
新华社客户端	5.5	中国科大先研院技术团队实现深海油气勘探开发核心装备关键技术国产化	王晓冬
中国新闻网	5.6	中科大揭示太阳爆发的重构过程	吴　兰
中国新闻网	5.6	中国科大在量子精密测量的研究中取得重要进展	张子怡
人民日报客户端	5.7	中科大揭示太阳爆发的重构过程	李俊杰
科技日报	5.9	硅基半导体自旋量子比特实现超快调控	吴长锋
科技日报	5.10	我科学家实现超越海森堡极限精度量子测量	吴长锋
中国科学报	5.10	硅基自旋量子比特实现"超快调控"	王　敏
科技日报	5.12	深地震物理过程统一规律揭示	吴长锋
中国新闻网	5.16	中国科大揭示深地震破裂过程由地球刚度随深度变化导致	李　岩
光明日报	5.17	从珠算到量子计算，中国续写计算辉煌	马姗姗　常　河
中国科学报	5.17	机器科学家雁栖青年论坛在中国科大举办	王　敏
科技日报	5.18	能直接加热或食用、可短时间内降解海藻保鲜膜：来自海洋的天然"塑料"	周倩莹
央广网	5.18	中国科大揭示深地震物理过程的统一规律	鲍玉婵
光明日报	5.20	脑科学，破解大脑健康谜团	秦伟利
中国科学报	5.22	科学家展示复杂系统随机建模的信息存储量子优势	王　敏
中国科学报	5.24	研究观测到量子导引的非马尔可夫动力学演化	王　敏
中国科学报	5.25	用细菌制造出高性能绝缘纳米纸	俞书宏
科技日报	5.25	具高选择性和高传导率　新型离子膜"鱼与熊掌"可兼得	陆成宽
中国新闻网	5.26	中国科学家实现千公里无中继光纤量子密钥分发	田博群
经济日报	5.28	安徽以尖端科技聚产业动力	梁　睿
央广网	5.28	新里程碑！我国科学家实现千公里无中继光纤量子密钥分发	卜　叶

续表

媒体名称	时间	文　章　标　题	作　者
新华社	5.28	我国实现千公里无中继光纤量子密钥分发	陈　诺　戴　威
人民日报海外版	6.2	中国 176 比特量子计算云平台向全球开放	徐海涛　陈　诺
中国科学报	6.7	千公里无中继光纤量子密钥分发首度实现	王　敏
中国新闻网	6.7	中科大研究团队利用“九章”光量子计算原型机求解图论问题	吴　兰
科技日报	6.8	量子密钥分发攻防研究获重要进展	吴长锋
科技日报	6.9	“九章”原型机成功求解图论问题	吴长锋
中国新闻网	6.10	中国科大开拓一种废弃塑料循环回收新工艺	吴　兰
中国科学报	6.12	“九章”光量子计算原型机求解图论问题	王　敏
人民日报客户端	6.12	中科大开拓废弃聚酯塑料循环回收新工艺	徐　靖
中国科学报	6.14	中国科学技术大学等开拓废弃聚酯塑料循环回收新工艺	王　敏
科技日报	6.14	科学家发展并验证一种新响应理论方法	吴长锋
中国新闻网	6.17	中国科大揭示食物抗原机制　为食物过敏治疗提供新方向	吴　兰
中国科学报	6.19	科学家观测到单体量子系统中最强量子互文性	王　敏
中国科学报	6.19	中国首台(套)大孔径磁共振功能创新应用成果发布	王　敏
中国新闻网	6.21	中国科大在气体传感器方面取得进展　实现一氧化碳等准确识别	吴　兰
科技日报	6.21	网游成瘾或导致　风险决策能力下降	沈　唯
中国新闻网	6.23	中国科大发现一种抗疲劳新策略	吴　兰
光明日报	6.24	我科学家揭秘河蚌铰链为何耐疲劳	丁一鸣
科技日报	6.26	模拟河蚌“铰链”　柔性耐疲劳材料设计有了新思路	吴长锋
科技日报	6.26	迄今最高超导转变温度元素超导体发现	吴长锋
中国科学报	6.26	为耐疲劳材料研制带来灵感　河蚌数十万次开合背后的秘密	王　敏
中国科学报	6.27	科学家发现最高超导转变温度的元素超导体	王　敏
中国青年报客户端	6.27	河蚌外壳开合“耐疲劳”引发仿生材料制备探索	王海涵　王　磊
中国新闻网	6.27	中国科大开辟废弃聚乙烯塑料循环升级新路径	吴　兰

续表

媒体名称	时间	文　章　标　题	作　者
中国青年报客户端	6.27	十年磨一剑！这群青年科研人员破解河蚌开合之谜	王海涵　王　磊 卢　玥　李晓萌
科技日报	6.28	聚酯塑料循环回收工艺　可减少七成不可再生能源消耗	吴长锋
科技日报	6.29	中科大研究人员设计出“氢呼吸”策略　废弃聚乙烯变身“固体石油”	吴长锋
光明日报	6.29	废弃聚乙烯塑料循环有了新途径	丁一鸣
人民政协报	6.29	揭开河蚌“铰链”耐疲劳奥秘	高志民
中国青年报	7.1	我国科学家为废弃塑料“人工碳循环”找到新方法	王　敏
中国新闻网	7.3	中国科大开发一种新型固态电解质　成本不到目前最先进同类的4%	吴　兰
中国科学报	7.3	“氢呼吸”向白色污染“吹新风”	王　敏
科技日报	7.5	发射探测仪器、建设地下实验室上天入地寻找“黑暗家族”	都　芃
中国科学报	7.6	中国科学技术大学开发成本性能领先的全固态锂电池电解质	王　敏
中国科学报	7.6	科学家揭示地球下地幔物质组成和温度结构	王　敏
光明日报	7.6	新型固态锂电池电解质问世	常　河
科技日报	7.7	低成本、高离子电导率——新型固态电解质开发成功	吴长锋
中国新闻网	7.12	刷新世界纪录　中国科学家成功实现51比特超导量子簇态制备和验证	卞立群
科技日报	7.12	地球下地幔物质组成和温度结构揭示	吴长锋
新华社	7.12	我国科学家实现51个超导量子比特簇态制备　大幅刷新世界纪录	张　泉　徐海涛
央视新闻客户端	7.12	新进展！我国实现世界最大规模51比特量子纠缠态制备	帅俊全　雷　飚
CCTV新闻联播	7.13	我国实现世界最大规模51比特量子纠缠态制备	杨书杰
科技日报	7.13	我科学家成功制备并验证51个超导量子比特的真纠缠	陆成宽
经济日报	7.13	我国多比特量子纠缠态制备取得重大进展	郭静原

续表

媒体名称	时间	文章标题	作者
中国青年报客户端	7.13	刷新世界纪录！我国科学家成功实现51比特超导量子簇态制备和验证	邱晨辉
光明日报	7.13	我科学家刷新量子真纠缠比特数目世界纪录	常河 齐芳
CCTV-13朝闻天下	7.13	我国量子计算研究取得新进展 实现世界最大规模51比特量子纠缠态制备	
中国科学报	7.14	刷新世界纪录 研究实现51个超导量子比特簇态制备	王敏
中国青年报	7.17	我国成功实现51比特超导量子簇态制备和验证	邱晨辉
中国青年报	7.17	“拉索”立新功 科学家揭秘“宇宙烟花”伽马射线暴全过程	杨洁
中国科学报	7.19	中国科学技术大学等新研究发现“食欲神经元”并非不可或缺	刘如楠
中国科学报	7.20	中国科大提出硼配位铜单原子催化剂高效制备甲烷	王敏
中国科学报	7.21	“亲吻病毒”感染T细胞淋巴瘤有新发现	王敏
央视新闻	7.24	窗户也能调控阳光？我国科学家制备出可维持舒适室温的智能窗户	刘梦雅
中国新闻网	7.25	红色类星体驱动外流产生成对的超级气泡首次发现	吴长锋
中国科学报	7.26	首次发现红色类星体驱动外流产生成对的超级气泡	王敏
科技日报	7.26	“宇宙是什么”再添新猜想 新构想认为宇宙或是一个巨大且特别的量子	李诏宇
科技日报	7.26	史前农业经济形成与结构演化面纱揭开	吴长锋
中国新闻网	7.27	中外学者合作揭示地球地幔运转模式的演变	吴兰
央广网	7.27	中国科大揭示地球地幔运转模式的演变	鲍玉婵
中国科学报	7.31	研究揭示地球地幔运转模式并非一成不变	王敏
光明日报	8.1	地球地幔运转模式演变被揭示	常河
人民日报	8.2	中科大揭示地球地幔运转模式演变	徐靖
科技日报	8.3	地球地幔运转模式呈阶段性演变	吴长锋
中国科学报	8.10	新研究实现飞秒激光加工多关节微机械	王敏

续表

媒体名称	时间	文　章　标　题	作　者
科技日报	8.11	利用飞秒激光复合材料造出“舞动微机器人”	吴长锋
中国新闻网	8.11	中国学者在量子模拟上取得新进展	吴　兰
中国科学报	8.14	量子模拟研究取得新进展	王　敏
科技日报	8.15	红色类星体产生的超级气泡结构首次发现	吴长锋
中国新闻网	8.17	中外学者合作发现边缘冰区是大气汞的重要来源	吴　兰
科技日报	8.18	研究发现边缘冰区是大气汞重要来源	吴长锋
中国新闻网	8.24	中外学者合作在非晶固体稳定性研究中取得新进展	吴　兰
科技日报	8.29	充电更快　续航里程更长　安全性更高　多国车企押注全固态电池	刘　霞
科技日报	8.29	高抗氨毒化燃料电池阳极催化剂研制成功	吴长锋
新华网	9.7	量子纠缠研究新突破！中国科学家新成果奠定光晶格量子计算基础	徐海涛　戴　威
中国新闻网	9.7	中国科学家成功制备出可扩展多原子纠缠态	吴　兰
光明日报	9.7	量子纠缠研究取得新进展	常　河　王　敏
中国科技网	9.7	我科学家实现可扩展多体纠缠态的制备和测控	吴长锋
中国科学报	9.7	科学家成功制备出可扩展多原子纠缠态	王　敏
中国新闻网	9.8	中国科学家揭示6亿年前“雪球地球”生命演化奥秘	吴　兰
中国新闻网	9.8	中国科学家成功制备出可扩展多原子纠缠态	吴　兰
新华社	9.13	地球曾是雪球！科学家揭示重要奥秘	徐海涛　周　畅
科技日报	9.14	“雪球地球”消融诱发大规模火山活动	吴长锋
中国科学报	9.21	科学家提出纳米药物肿瘤递送新理论	王　敏
中国科学报	9.26	科学家验证星地间测量设备无关量子密钥分发可行性	王　敏
光明日报	9.26	我科学家实现全被动量子密钥分发	丁一鸣　王　敏
中国科学报	9.27	夏季北极大气汞为何有峰值？	王　敏
科技日报	10.7	新技术可早期预警锂电池热失控	吴长锋
中国新闻网	10.7	中国科大揭示超大质量黑洞吸积辐射能谱新规律	吴　兰

续表

媒体名称	时间	文　章　标　题	作　者
中国新闻网	10.7	中国科大团队成功构建全球变网格大气物理化学耦合模拟框架	吴　兰
科技日报	10.8	超大质量黑洞吸积辐射能谱新规律揭示	吴长锋
光明日报	10.9	科技前沿|科学家揭示超大质量黑洞吸积辐射能谱新规律	丁一鸣
中国科学报	10.9	植入光纤传感器为电池做“体检”	王　敏
中国科学报	10.10	科学家揭示超大质量黑洞吸积辐射能谱新规律	王　敏
中国科技网	10.10	全球变网格大气物理化学耦合模拟框架成功构建	吴长锋
中国科技网	10.10	我团队用化学方法实现材料自旋序的可逆调控	吴长锋
央视网	10.11	“九章三号”进一步巩固我国在光量子计算领域的国际领先地位	刘　珊　刘　亮
新华社	10.11	求解特定问题比超算快一亿亿倍！中国科学家成功研制“九章三号”量子计算原型机	徐海涛　陈　诺　戴　威
中国新闻网	10.11	刷新世界纪录　中国科学家成功构建光量子计算原型机“九章三号”	吴　兰
China Daily	10.11	Chinese scientists create new quantum computer prototype	
光明日报	10.12	“九章三号”光量子计算原型机研制成功	常　河　丁一鸣
Xinhua News	10.12	China Focus：China’s computational power gains new strength with 255-detected-photon quantum computer	
中国新闻网	10.12	中国科大发布首个高空作业机器人多模态感知数据集	吴　兰
中国青年报	10.12	我国科学家构建“九章三号”光量子计算原型机	王海涵　王　磊　王　敏
China Daily	10.13	Scientists build prototype quantum supercomputer	
中国新闻网	10.16	中科大团队研发的勘探装备完成国内首次超深水作业	张　俊
中国新闻网	10.17	中国科大在人工神经元突触的量子成像上取得重要进展	吴　兰
科技日报	10.17	纳米金刚石量子传感技术实现原位溶液磁共振谱测量	吴长锋

续表

媒体名称	时间	文章标题	作者
新华网	10.18	我科学家在类脑芯片领域取得重要进展	丁一鸣
中国科学报	10.19	科学家实现人工神经元突触量子成像	王　敏
中国科技网	10.25	我学者发展出外场诱导的神经网络力场新方法	吴长锋
中国新闻网	10.31	中国科研团队:全球气候变冷导致约3.7亿年前生物灭绝	吴　兰
解放军报	11.3	科技云　科技连着你我他——“双面神”折纸机器人	宋美洋　李欣衍　李　伟
中国科技网	11.6	我学者发现基于原子氢的氢治疗新策略	吴长锋
科技日报	11.8	氧气电池质-电耦合机理揭示	吴长锋
光明日报	11.8	中国科大定量揭示锂氧气电池质-电耦合机理	常　河
光明日报	11.8	中国科大实现基于器件无关量子随机数信标的零知识证明	常　河
人民日报海外版	11.9	我国科学家实现基于器件无关量子随机数信标的零知识证明	戴　威
China Daily	11.9	Chinese physicist aims for quantum computers	Zhu Lixin
新华网	11.10	我国科学家实现基于器件无关量子随机数信标的零知识证明	戴　威
新华社	11.14	中国“机器化学家”成功研发火星制氧催化剂	徐海涛　周　畅
中国科学报	11.14	机器化学家用火星陨石“生产”出氧气	王　敏
科技日报	11.14	钙敏感受体非对称激活的分子机制首次揭示	吴长锋
科技日报	11.15	基于器件无关量子随机数信标的零知识证明实现	吴长锋
人民日报海外版	11.15	中国“机器化学家”成功研发火星制氧催化剂	徐海涛　周　畅
新华社	11.15	科好玩·科学岛语丨来,看这位“机器化学家”打算如何在火星上制氧	徐海涛　周　畅　王文源　屈　彦
央广网	11.15	中国科大机器化学家智能创制火星产氧催化剂	张宣剑
科技日报	11.15	新材料可像树叶般变色	吴长锋
科技日报	11.23	我科学家找到提升仿生珍珠母断裂韧性新机制	吴长锋
中国新闻网	11.24	中国科大提出一种普适理论模型	吴　兰
中国科学报	11.25	研究实现一氧化碳到乙酸的高效电化学转化	王　敏

续表

媒体名称	时间	文　章　标　题	作　者
科技日报	11.27	墨子巡天望远镜新发现两颗近地小行星	金　凤
科技日报	12.4	在单自旋量子体系中检验贾辛斯基等式	吴长锋
中国科技网	12.6	微纳材料实现从零维到三维材料的先进制造	吴长锋
中国科学报	12.7	科学家在单自旋量子体系中检验贾辛斯基等式	王　敏
人民日报客户端	12.15	中科大成功研发出一种新型变色仿生材料	李俊杰
科学网	12.15	大陆起源研究取得突破性进展	王　敏　朱子月
科学网	12.15	中国科大在微流动技术开发方面取得系列进展	王　敏
中国科学报	12.20	科学家实现高维量子态的高效率量子存储	王　敏
中国科学报	12.22	中国科大利用磁力系统实现磁振子频率梳	王　敏
中国科学报	12.25	原子阱痕量分析:为单原子"计数"——记国家重大科研仪器研制项目"原子阱氪、氩同位素定年装置"	张　楠
科技日报	12.26	科学家找到提升　仿生珍珠母断裂韧性新机制	吴长锋
光明日报	12.31	智能机器化学家"小来",来了!	王　法

人才培养篇

媒体名称	时间	文　章　标　题	作　者
中国新闻网	1.16	安徽实施科技创新"栽树工程"　科技创新势能加快向发展动能转化	
工人日报	5.4	创新在一线・如何架起数字人才的"成长阶梯"②|授员工以"渔",培育自身的数字基因	陈　华
央广网	5.4	习声回响|青年人要学得文武艺　报效亿万人民	张宣剑　徐　鹏
光明日报	9.18	创新重镇　英才摇篮	常　河　桂运安
中国青年报	10.9	院士畅谈如何发现和支持青年人才	张　渺
中国教育报	11.2	中国科学技术大学创新科教融合方式,构建卓越科技创新体系——勇攀科学高峰培育科技英才	方梦宇
中国教育报	11.30	中国科学技术大学建立科技成果五元价值评价机制——助科研团队在合适的赛道奔跑	方梦宇
科技日报	12.7	用"养人"生态激活创新热情	舒歌群
中国科学报	12.12	他为量子科研"化缘"18年,机会留给年轻人	

校园文化篇

媒体名称	时间	文　章　标　题	作　者
央广网	2.19	安徽“双创汇”首场活动走进中国科大	徐　鹏
中国新闻网	2.28	当科学遇上艺术　中国科大的“美育”实践	吴　兰
科技日报	3.1	新型超表面体系可增强光与物质的手性相互作用	孙明源
中国科技网	3.2	我学者突破光驱动二氧化碳资源化利用领域瓶颈	吴长锋
中国新闻网	3.16	中国科大：志愿红“点亮”雷锋精神	吴　兰
新华社	4.18	中科大“阅壤”展：月壤研究和艺术跨界会和	栾若卉
中国新闻网	4.18	《阅壤——月壤研究成果艺术展》走进中国科学技术大学	吴　兰
中国科学报	4.21	图片新闻：“阅壤”——月壤科研成果主题艺术展	黄博涵
新华网	4.23	新华云直播——月壤，阅壤！	
中国妇女报	4.25	叩问苍穹　倾听“春蕾”花开——“梦想的力量”进校园科普活动侧记	
中国新闻网	6.7	中国科大：红专并进行不怠　科教报国向未来	成展鹏
新华社	6.10	非遗正青春｜“微”探文房四宝的“青春”密码	陈　诺

科大学人篇

媒体名称	时间	文　章　标　题	作　者
求是	2.16	翁建平委员：立足岗位　完善提案	
光明日报	2.23	2022“中国非遗年度人物”100人候选名单	
中国科学报	2.26	陈昶乐：在“古老”领域挑战“圣杯”	王　敏
光明日报	3.30	助力提升中国量子算力　讲述人：全国人大代表、中国科学院量子信息重点实验室副主任、合肥本源量子计算科技有限责任公司首席科学家　郭国平	常　河
光明日报	3.31	跑出当代青年的最好成绩——记2022年“最美大学生”	徐　壮
中国新闻网	4.25	中国首位女航天员刘洋：要有“蜗牛爬金字塔”的精神	周　驰

续表

媒体名称	时间	文　章　标　题	作　者
中国科学报	5.9	【牢记嘱托建新功】成为风暴驾驭者——走进中国科学院精准智能化学重点实验室	倪思洁
中国科学报	5.15	他们分析了3000个地震,发现30年来主流观点是错的	王　敏
中国科学报	5.15	他们推翻地震研究30年主流观点	王　敏
中国科学报	5.16	“机器化学家”是怎样炼成的	王　敏
科技日报	5.22	中国科学院院士杨金龙:让AI for Science更好服务国家战略需求	陆成宽
中国新闻网	6.6	给研究生上课!“高中生”朱建新成为中科大特聘导师!朱建新:匠心续写徽州楮皮纸传奇	刘　佳
新华社	6.9	非遗正青春|显微世界里探寻“纸寿千年”的奥秘	张书旗　张紫赟
人民日报	6.13	中国“拉索”完整记录迄今最亮伽马暴高能辐射全过程　灼灼探光子　炯炯测余辉(科技自立自强)	吴月辉
中国新闻网	6.13	中国科大陈宝骥:“别人家的孩子”是如何炼成的	吴　兰
中国科学报	6.23	38年专啃“硬骨头”!他是缺什么就造什么的“科苑名匠”	王　敏
中国科学网	6.24	中国科大团队历时10年《科学》发文,破解河蚌开合奥秘	王　敏
中国青年报	7.10	十年磨一剑!这群青年科研人员破解河蚌开合之谜	王海涵　王　磊
中国科学报	8.14	斑斓世界里的追光者	王　敏
中国科学报	8.24	杨金龙:发现新东西是做科研的最大乐趣	王　敏
中国科学报	9.7	到小学当副校长,大学教授这样说	孙　滔　王　敏
中国青年报	9.25	暗夜星空“守望者”　走近墨子巡天望远镜及其青年团队	李瑞璇　张　渺
中国新闻网	10.12	东西问|郭光灿、郭国平:中国量子计算因何在合肥集聚?	张　俊　吴　兰
科学网	10.18	郭光灿院士:中国科大在合肥的复兴之道	王　敏　林思纯　桂运安
中国新闻网	10.19	王扬宗教授:中国科学院贡献了新的大学类型	郑静雯　桂运安
瞭望	10.23	中国科学院院士杨金龙:AI驱动化学研究变革	扈永顺

续表

媒体名称	时间	文　章　标　题	作　者
中国青年网	11.22	雨水无情人有情,乡村振兴见真情	汪子栩
中国科学报	12.4	手性催化剂家族“添丁”	王　敏
人民日报	12.10	树立医者典范　倡导尊医重卫　第七届荣耀医者公益活动在京举办	丁文君
中国科学报	12.22	俞汉青院士:以朋友的姿态与学生“心灵沟通”	王　敏　厉　春
中国新闻网	12.22	新晋院士俞汉青院士谈人才培养:有管理有要求有关怀	吴　兰　厉　春